ECKARD MICHELS

»Der Held von Deutsch-Ostafrika«

PAUL VON LETTOW-VORBECK

Ein preußischer Kolonialoffizier

FERDINAND SCHÖNINGH
Paderborn · München · Wien · Zürich

Bibliografische Information der Deutschen Nationalbibliothek

Die Deutsche Nationalbibliothek verzeichnet diese Publikation in der Deutschen Nationalbibliografie; detaillierte bibliografische Daten sind im Internet über
http://dnb.d-nb.de abrufbar.

Umschlaggestaltung: Evelyn Ziegler

Gedruckt auf umweltfreundlichem, chlorfrei gebleichtem
und alterungsbeständigem Papier ∞ ISO 9706

(Verlag Ferdinand Schöningh GmbH & Co. KG, Jühenplatz 1, D-33098 Paderborn)

Internet: www.schoeningh.de

Printed in Germany. Herstellung: Ferdinand Schöningh, Paderborn

ISBN 978-3-506-76370-9

INHALTSVERZEICHNIS

Vorwort 9

Perspektiven einer Biographie 11
1. Lettow-Vorbeck in der Erinnerung 11
2. Kommandeur in Ostafrika 1914-1918 14
3. Ein preußischer Kolonialoffizier 16
4. Lettow-Vorbeck als Typus 18
5. Projektionsfläche gesellschaftlicher Erwartungen und Werte ... 20

ERSTER TEIL
Protektion und Leistung:
Stationen einer militärischen Karriere im Kaiserreich 1870-1913

I. Frühe Prägungen 25
1. Die Lettow-Vorbecks als preußische Offiziersdynastie 25
2. Kindheit 30
3. Kadett 35

II. Vom Garderegiment zum Generalstab 42
1. Weichenstellungen für die weitere Karriere 44
2. Leutnantsjahre in Spandau 48
3. Kriegsakademie und Generalstab 52
4. Studienobjekt Burenkrieg 57

III. Einsatz in China 61
1. Die Mobilisierung des Expeditionskorps 62
2. Im Stabe des »Weltmarschalls« 65
3. Internationale Offizierskontakte 68
4. Zwischen Untätigkeit und Aktionismus 72
5. Der Abzug des Expeditionskorps 76
6. Eine zwiespältige Erfahrung 77

IV. Krieg in Deutsch-Südwestafrika 78
1. Verstärkungen für die Kolonie 79
2. Die Operationsbedingungen in Deutsch-Südwestafrika 82
3. Trothas Vernichtungsstrategie 84
4. Die Schlacht am Waterberg 89
5. Mit Trotha im Nama-Krieg 93
6. Kompanieführer unter Kriegsbedingungen 96

7. Heimkehr 99
8. Die Dividende des Einsatzes 100

V. Zwischen Heimatheer und Überseeverwendung 103
1. Korpsadjutant in Kassel 103
2. Enttäuschte Erwartungen: Kommandeur des II. Seebataillons .. 104
3. Auf der Warteliste der Schutztruppen 111
4. Zwischenbilanz: Lettow-Vorbecks Karriere bis 1913 115

ZWEITER TEIL
Der Kommandeur: Ostafrika 1914-1918

VI. Friedensmonate in Deutsch-Ostafrika 119
1. Die Kolonie Deutsch-Ostafrika 119
2. Gouverneur und Kommandeur 121
3. Die Struktur der Schutztruppe 125
4. Divergierende Ansichten über die Verwendung der Schutztruppe 133

VII. Der »tolle Mullah« 143
1. Zwischen Mobilmachung und Deeskalation 144
2. Die Schlacht von Tanga 154
3. Die Folgen von Tanga 160
4. Ein teuer erkaufter Sieg: Jassini 163
5. Ostafrikas Bedeutung für den Seekrieg 165
6. Tendenzielle deutsche Überlegenheit und operativer Stillstand . 167
7. Lettow-Vorbecks Führungsstil 172

VIII. In der Defensive 177
1. Der Aufmarsch der Entente 178
2. Der Angriff im Norden 182
3. Die Entwicklung im Westen und Süden 188
4. Smuts' Dilemma 191
5. Die Folgen der Entente-Offensive für die Schutztruppe 196
6. Letzte Kämpfe im Süden Deutsch-Ostafrikas 201
7. Der große Rückzug: Lettow-Vorbecks Strategie und die Schwierigkeiten seiner Gegner 211

IX. Die Geissel Ostafrikas 213
1. Atempause in Portugiesisch-Ostafrika 213
2. Der lange Marsch 218
3. Kapitulation 228
4. Der Krieg in Ostafrika: Charakter, Folgen, Verantwortlichkeiten 234

DRITTER TEIL
Der Kolonialheld 1919-1964

X. GEFEIERTER HEIMKEHRER UND OFFIZIER IN DER REICHSWEHR 245
1. Der große Empfang 246
2. Reaktionär in der Republik 252
3. Im Dienste des Kolonialrevisionismus 257
4. Übernahme in die Reichswehr 262
5. Hoffnungsträger der Rechten 265
6. Der Offizier als Autor 267
7. Herrscher Hamburgs 271
8. Kapp-Lüttwitz-Lettow-Putsch in Mecklenburg 277
9. Das Ende einer Karriere 287

XI. AUF DER SUCHE NACH NEUEN AUFGABEN 290
1. Landleben und Vortragstätigkeit 290
2. Bremen 294
3. »Überparteiliche« Parteipolitik 297
4. Veteranentreffen in London 1929 306

XII. »TROTZDEM IST DIE BEWEGUNG IN IHRER GESAMTHEIT DOCH UNGEHEUER WERTVOLL«: IM DRITTEN REICH 311
1. Hoffnungen und Enttäuschungen in der Phase der nationalsozialistischen Machtkonsolidierung 312
2. Kolonialpolitische »Narrenfreiheit« 319
3. »Jetzt haben wir alle vier Jungs dabei«: Im Zweiten Weltkrieg 324

XIII. NOCHMALS VORBILD 331
1. Not und Privilegien in der Besatzungszeit 331
2. Ehrenbürger von Saarlouis 334
3. »Afrika, wie ich es wiedersah« 339
4. Letzte Jahre 343
5. »Heia Safari« 349

ZUSAMMENFASSUNG 355

Anmerkungen 363

Abkürzungsverzeichnis 409

Quellen- und Literaturverzeichnis
Archivalien/Pressedokumentationen/Zeitzeugenaussagen........ 411
Darstellungen und veröffentlichte Quellen 413

Personenregister.. 431

Bildnachweis.. 435

***

Bildteil.. nach Seite 212

VORWORT

Mitte der siebziger Jahre verbrachte ich mit meinen Eltern gelegentlich Ferien bei Verwandten in Holstein. Eines Tages besuchten wir im nahe gelegenen Pronstorf den Friedhof. Meine Mutter führte mich zu einem Grab und erklärte mir, dass hier Paul von Lettow-Vorbeck beerdigt sei, der berühmte Verteidiger Deutsch-Ostafrikas im Ersten Weltkrieg.

Auch Historiker haben natürlich ein selektives Gedächtnis. Gleichwohl bin ich mir ziemlich sicher, dass ich damals das erste Mal auf die Person gestoßen wurde, mit der sich diese Biographie beschäftigt. Würde ich behaupten, dass ich bereits damals, beeindruckt von diesem Erlebnis, den Entschluss fasste mich mit Lettow-Vorbeck näher zu beschäftigen und jetzt, mehr als dreißig Jahre später, das Versprechen gleichsam eingelöst hätte, so wäre es ein schöner Aufhänger für dieses Buch. Tatsächlich gab es aber eine solche Stringenz in meinem Lebensweg und meinen historischen Interessen nicht. Sie zu behaupten wäre eine »biographische Illusion«, von der noch an anderer Stelle in diesem Buch zu reden sein wird. Vielmehr reifte irgendwann in der zweiten Hälfte der neunziger Jahre in mir der Vorsatz, mich auch am Genre der Biographie zu versuchen. Lettow-Vorbeck war zunächst nur einer von mehreren Soldaten, die ich in Erwägung zog. Dennoch ist nicht auszuschließen, dass der preußische Kolonialoffizier nicht zuletzt wegen der frühen Begegnung mit seinem Grab in Pronstorf überhaupt auf die Kandidatenliste für ein solches Vorhaben kam. Den Ausschlag für ihn gab schließlich, dass mich mein Berufsweg an das Birkbeck College der University of London führte. Ein wichtiger Teil der Quellen zu Lettow-Vorbeck lag damit praktisch vor meiner Haustür.

Die Arbeit ist inzwischen getan, es bleibt die angenehme Aufgabe der Danksagungen: Dass ich überhaupt Historiker bleiben konnte, ermöglichte nicht zuletzt der Deutsche Akademische Austauschdienst. Dieser entsandte mich 1997 für fünf Jahre als Fachlektor für Geschichte nach London. Er schuf damit die materielle Grundlage, um ein weiteres größeres wissenschaftliches Projekt anzugehen. Wertvolle Anregungen und Verbesserungsvorschläge in inhaltlicher wie formaler Hinsicht verdankt das Manuskript Norbert Zaschel, Dr. Egbert Klautke, Prof. Dr. Klaus-Jürgen Müller sowie Prof. Dr. Bernd Wegner. Die beiden Letztgenannten halfen mir zudem, die Klippen des Habilitationsverfahrens an der Helmut-Schmidt-Universität in Hamburg im Frühjahr 2007 sicher zu umschiffen. Dank gebührt natürlich auch allen Mitarbeitern der Archive und Bibliotheken in Deutschland und Großbritannien, die das Material für diese Biographie zur Verfügung stellten. Hervorheben möchte ich Knud Piening vom Politischen Archiv des Auswärtigen Amtes, der mir kurz vor Abschluss des Manuskripts noch Kopien von Dokumenten über Lettow-Vorbecks Afrikareise 1953 zukommen ließ, die er beim Verzeichnen von Akten in einem ganz anderen Zusammenhang zufällig gefunden hatte. Besonders hilfreich war auch Armin Thirion vom Hauptamt der Stadt Saarlouis, der mir unbürokratisch die gesamte Akte über die Ehrenbürgerschaft Lettow-Vorbecks als Kopie nach London sendete. Christiane Lelgemann ermöglichte mir die Recherchen beim WDR in Köln zur Fernsehsendung »Heia Safari« und

Dr. Axel Koppetsch beschaffte mir das Manuskript zu Lettow-Vorbecks Vortrag vor dem Düsseldorfer Industrie-Club. Dr. Karl J. Mayer machte sich die Mühe, den Westarp-Nachlass in Gärtringen in Hinblick auf Unterlagen zu Lettow-Vorbeck zu sichten.

Mein Dank geht auch an Ruth von Bennigsen, die mir Einsicht in den Nachlass ihres Vaters Walter von Ruckteschell in Geisenbrunn gewährte sowie an Randolph Meinertzhagen, der mir die Erlaubnis gab die Tagebücher seines Vaters in Oxford zu nutzen. Ruth von Lettow-Vorbeck, Stiefenkelin des Protagonisten, empfing mich in Hamburg und klärte mich über einige familiäre Hintergründe auf. Dr. Uwe Lamprecht war so freundlich, mir als Zeitzeuge Auskunft über die NAPOLA Plön zu geben. Meine Mutter Leonore und ihre Schwester Jutta Nicolson (beide geb. von Ahlefeld) sowie Eva-Maria Nehm (geb. Pommeranz), die im Bremen der zwanziger und dreißiger Jahre aufwuchsen, gaben mir Einblick in das damalige Leben der »besseren Kreise« der Hansestadt. Sie waren zudem über die Schule mit den Kindern Lettow-Vorbecks bekannt, zu denen sie einige Details beisteuern konnten.

Ohne die Gastfreundschaft von Prof. Dr. Thomas Betzwieser und Eva Betzwieser-Haas, Dr. Veit Didczuneit, Martina Düttmann, Dr. Jochen Hayungs und Meike Terborg sowie Matthias Polifka während meiner wiederholten Forschungsaufenthalte in den Berliner Archiven und Bibliotheken wäre das Projekt ein Wolkenschloss geblieben. In Freiburg gewährten mir Dr. Martin Neher und Dr. Sylvia Stump mehrmals Unterkunft. In Hamburg bewahrten mich Norbert Zaschel und Elisabeth Witthoff vor der Parkbank.

Michael Werner schließlich hielt mir mit großer Geduld und ebenso großem Vertrauen ein Jahrzehnt lang einen Platz im Programm des Schöningh-Verlags für diese Biographie frei.

An großzügiger und vielfältiger Unterstützung und Ermutigung hat es also nicht gefehlt. Dass das Projekt trotzdem ziemlich genau zehn Jahre bis zur Vollendung brauchte, ist eher meiner Lethargie zuzuschreiben. Ich hoffe aber, dass diese lange Entstehungsgeschichte letztlich zur Reifung des Buches beigetragen hat.

Berlin, im Mai 2008 *Eckard Michels*

PERSPEKTIVEN EINER BIOGRAPHIE

Der Erste Weltkrieg endete in Afrika am 25. November 1918, zwei Wochen nach Eintritt der Waffenruhe in Europa. An diesem Tag kapitulierten Generalmajor Paul von Lettow-Vorbeck und die etwa 1 300 verbliebenen Soldaten der deutschen »Schutztruppe«, die hauptsächlich aus schwarzen Söldnern bestand, in dem nordrhodesischen Ort Abercorn vor den Einheiten des britischen Empire. Die von Lettow-Vorbeck kommandierte Schutztruppe Deutsch-Ostafrikas hatte seit Kriegsbeginn 1914 weitgehend abgeschnitten von Unterstützung aus dem Reich gegen personell und materiell weit überlegene britische, indische, süd-, west- und ostafrikanische, belgische sowie portugiesische Truppen Widerstand geleistet. Sie stellte diesen erst ein, als sie vom Waffenstillstand in Europa erfuhr.

1. Lettow-Vorbeck in der Erinnerung

Seit etwa 1917 avancierte Lettow-Vorbeck (1870-1964), der 1914 ein unbekannter Oberstleutnant gewesen war, zu einem der populärsten Heerführer des Ersten Weltkriegs in Deutschland. Zugleich galt er bis in die sechziger Jahre hinein als einziger allgemein bekannter, überwiegend positiv beurteilter und hoch geehrter Kolonialheld, der größte, den Deutschland jemals besaß. Zu seinen öffentlichen, bis in die fünfziger Jahre gehaltenen Afrika-Vorträgen strömten hunderte, teilweise tausende von Zuhörern. Seine Kriegserinnerungen verkauften sich zu hunderttausenden von Exemplaren.[1] Er erhielt 1919 die Ehrendoktorwürde der Berliner Universität und die Ehrenmitgliedschaft der Universität Rostock. 1923 wurde er Senator der Deutschen Akademie in München, 1933 Bremer Staatsrat und noch 1956 Ehrenbürger seiner Geburtsstadt Saarlouis.

»Unter seinen eigenen Landsleuten wurde er als einer ihrer größten Nationalhelden betrachtet und seine Gegner, sowohl die britischen wie die burischen, sahen ihn als geschickten, großherzigen und ritterlichen Soldaten an«, schrieb die Londoner »Times« in ihrem Nachruf am 11. März 1964. Die Anerkennung in Großbritannien und Südafrika, vergleichbar nur mit dem anhaltenden Ansehen, das sich Generalfeldmarschall Erwin Rommel unter seinen Opponenten im Zweiten Weltkrieg erwarb, sicherte Lettow-Vorbecks Popularität in Deutschland über das Jahr 1945 hinaus. Er schien die Verkörperung positiver deutscher Militärtraditionen zu sein, die nicht durch das Dritte Reich verdunkelt waren und empfahl sich damit zur Traditionspflege für die neu erstehenden westdeutschen Streitkräfte. Bei seinem Begräbnis im März 1964 bezeichnete ihn der teilnehmende Bundesverteidigungsminister Kai-Uwe von Hassel als Leitbild für die junge Soldatengeneration.[2] Die Bundeswehr benannte Kasernen in Leer, Bremen, Hamburg und Bad Segeberg nach ihm. Lettow-Vorbeck wurde damit zusammen mit Gerhard Scharnhorst, Werner Freiherr von Fritsch, Prinz Eugen, Gebhard Fürst Blücher, Paul von Hindenburg und Johann Graf York zu Wartenburg bis zur Wiedervereinigung zu dem am häufigsten verwendeten militärischen Namenspaten für Bundeswehrkasernen.[3] Unlängst legte der Journalist Jürgen Busche erneut Lettow-Vorbeck der Bundeswehr als einen von sechs Offizieren des Ersten Weltkriegs als Vorbild nahe. Ihm zufolge bedürften die deutschen Streitkräfte aufgrund ihrer nunmehr weltweiten (Kampf-) Einsätze mehr denn je historischer Beispiele.[4] Auch in jüngeren angelsächsischen Veröffentlichungen erfreut sich Lettow-Vorbeck nach wie vor eines guten Rufs. Er wurde von der dortigen militärhistorischen Publizistik u. a. als einer der größten Guerillaführer der Geschichte bezeichnet[5] und sogar Held eines historischen Romans.[6]

Die Sieger von 1918 annektierten Deutschlands Kolonien unter dem Vorwand, das Reich habe seine Untertanen in Übersee inhuman behandelt. Der Verweis der deutschen Öffentlichkeit auf die Leistungen Lettow-Vorbecks und seiner Askari genannten afrikanischen Soldaten im Weltkrieg sollte Deutschlands koloniale Vergangenheit gegen die Anklagen der Entente verteidigen und bis zum Zweiten Weltkrieg eine Rückgabe der Besitzungen an das Reich legitimieren. Von der Weimarer Republik bis in die Bundesrepublik hinein diente immer wieder die Treue der schwarzen Untergebenen im Krieg gegenüber ihrem angeblich menschlichen und sich in die afrikanische Seele hineinversetzenden Kommandeur Lettow-Vorbeck als Argument, um massenwirksam die Legende von einer auch von den Afrikanern selbst gern erinnerten und zurückgewünschten deutschen Herrschaft aufrecht zu erhalten.

Der 1870 geborene General überlebte im Gegensatz zu den Berühmtheiten aus der Gründungsphase der »Schutzgebiete« in den 1880er und 1890er Jahren wie Adolf Lüderitz, Gustav Nachtigall, Carl Peters oder Hermann von Wissmann, die schon vor dem Ende des Ersten Weltkriegs gestorben waren, noch fast ein halbes Jahrhundert den Verlust des deutschen Kolonialreichs. Er konnte also über Jahrzehnte selbst weiter an seinem Mythos arbeiten bzw. wurde immer wieder von Medien und Politik in Deutschland als gleichsam lebender Beweis für die Popularität der deutschen Kolonialherrschaft unter den Afrikanern hervorgeholt. So war bei Lettow-Vorbecks Beisetzung 1964 nicht nur die Bundeswehr hochrangig vertreten. Auch das Auswärtige Amt (AA) hatte den Leiter seiner Afrikaabteilung entsandt, da der Verstorbene angeblich für das positive Deutschlandbild in Afrika stand. Noch eine Werbeanzeige der Brauerei Fürstenberg aus den 70er Jahren bildete einen Askari ab mit der Überschrift: »Er kann nur drei Worte Deutsch: Lettoffvorbeck, Folkswagen, Fürstenberg«.[7] Sie ist, wenn auch mit humoristischem Unterton, ein Indiz dafür, dass die kreativen Köpfe hinter dieser Anzeige damals erwarteten, dass viele Bundesbürger Lettow-Vorbeck automatisch mit Afrika und dem vermeintlich segensreichen Wirken Deutschlands dort verbinden würden. Sie zeigt aber auch, dass man z. T. in der Bundesrepublik den Afrikanern zu diesem Zeitpunkt noch unterstellte, Lettow-Vorbeck sei für sie wie der Volkswagen ein eher positiv besetzter Begriff. Selbst in jüngster Zeit noch diente der General vereinzelt als Beispiel für das angeblich weitgehend makellose Auftreten der Deutschen in Ostafrika während der Kolonialzeit, indem man die ihm im Weltkrieg bewiesene »Askaritreue« als eine Art Plebiszit der Kolonisierten über die deutsche Herrschaft darstellte.[8]

Lettow-Vorbecks Wirken, mehr aber noch die Interpretation seiner Leistungen durch die deutsche Öffentlichkeit, bildeten also die Brücke von der Endphase des deutschen Kolonialreichs in die folgenden Jahrzehnte der apologetischen Erinnerung an die nur dreieinhalb Jahrzehnte währende Präsenz in Afrika, auf die angeblich auch die betroffenen Länder noch lange nach dem Ende der deutschen Herrschaft nostalgisch zurückblickten. Lettow-Vorbeck wurde damit zum bedeutendsten »Erinnerungsort«[9] der deutschen Kolonialgeschichte. Heute existieren noch in den westdeutschen Städten Bünde, Cuxhaven, Delmenhorst, Fürstenfeldbruck, Halle/Westfalen, Hannover, Kaiserslautern, Löhne, Mönchengladbach, Radolfzell, Saarlouis, Völklingen und Wuppertal Straßen, die nach dem Kolonialoffizier benannt sind. Die Bundeswehr hat inzwischen im Zuge ihrer personellen Verkleinerung seit der Wiedervereinigung die nach Lettow-Vorbeck benannten Liegenschaften in Hamburg und Bremen aufgegeben. Doch trotz seit Mitte der siebziger Jahre gelegentlich von den Kommunen wie aus dem Bundestag vorgetragenen Initiativen, den Offizier nicht mehr als Namenspaten zu verwenden, tragen die Standorte in Leer und Bad Segeberg nach wie vor seinen Namen.

Seit einigen Jahren beschäftigt sich die Historiographie mit Erinnerungs-, Bewältigungs- und Deutungsmustern von Gesellschaften im Umgang mit ihren Vergangenheiten. Für die wichtigsten Bausteine eines kollektiven historischen Gedächtnisses und Bewusstseins, seien es Monumente, Begriffe, Ereignisse oder Personen, haben Hagen Schulze und Etienne François in Anlehnung an Pierre Noras Konzept bedeutender französischer »lieux de mémoire« den Begriff der deutschen Erinnerungsorte eingeführt. Handelt es sich um gesteuerte Prozesse der Erinnerung und Vergangenheitsinterpretation etwa seitens des Staates, wird neuerdings auch von »Vergangenheitspolitik« oder »Geschichtspolitik« gesprochen.[10] Kennzeichen all dieser Ansätze ist, dass die historischen Ereignisse und ihre Ursachen, die den Zeitgenossen Anlass zum Räsonieren über das Geschehene und zum Herausfiltern nur bestimmter als überlieferungswürdig erachteter Bestandteile der Geschichte gaben, als gleichsam bekannt vorausgesetzt werden. Sie treten zurück gegenüber der Diskursanalyse, die sich damit beschäftigt, wie das Geschehen verarbeitet, instrumentalisiert und weitergeben worden ist. Auch die Historiographie zum deutschen Kolonialismus ist von diesem »memory boom«[11] in jüngster Zeit erfasst worden und beschäftigt sich zunehmend mehr mit den geistigen Nachwehen der 1918 verloren gegangenen Überseebesitzungen, also den »Phantasiereichen«, denn mit der kolonialen Realgeschichte der Jahre 1884 bis 1918.[12]

Eine Biographie Lettow-Vorbecks bietet zum einen die Möglichkeit, seine Person als Identifikationsobjekt für die Öffentlichkeit zu untersuchen, die ab 1918 und teilweise bis heute mit seinem Namen eine bestimmte, positive Interpretation der deutschen kolonialen und militärischen Vergangenheit verbindet. Sie zeigt ihn zum anderen als Akteur eines wichtigen Abschnitts der deutschen Kolonial- und Militärgeschichte, der von der Geschichtswissenschaft bislang vernachlässigt wurde. Der koloniale und militärische »Erinnerungsort« Lettow-Vorbeck wird also dem empirischen Befund aus den Quellen über das tatsächliche Geschehen der Jahre 1914-1918 und dessen möglichen Ursachen und Triebkräften gegenübergestellt.

2. Kommandeur in Ostafrika 1914-1918

Jede Biographie Lettow-Vorbecks sollte sich ihm in erster Linie als Offizier nähern, denn dieser Beruf dominierte sein Leben und Selbstverständnis, auch wenn er bereits 1920 im Alter von 50 Jahren wegen Teilnahme am Kapp-Lüttwitz-Putsch seinen Abschied nehmen musste. Als Kommandeur der Schutztruppe von Deutsch-Ostafrika ging er in die Geschichte ein und wird zuweilen noch heute der Bundeswehr als Vorbild empfohlen. Eine Studie über ihn bliebe unbefriedigend, wenn sie nicht anhand des Ostafrikafeldzuges zu klären versuchte, ob er in seinem ureigenen Feld, der taktischen und operativen Kriegführung, aber auch in seiner Fähigkeit, seine Untergebenen, ob schwarz oder weiß, zu motivieren, ein Militär war, der als außergewöhnlich angesehen werden kann, ob er womöglich einer der großen Guerillaführer der Kriegsgeschichte war.

Die vorliegende Biographie wird also u. a. untersuchen, warum es den deutschen Truppen in Ostafrika gelang, sich so lange einer Niederlage gegen die weit überlegenen feindlichen Kräfte zu entziehen. Es gilt zu klären, inwiefern die militärischen Fähigkeiten und die Persönlichkeit des Kommandeurs, seine Geschicklichkeit im Umgang mit den ihm untergebenen Askari und sein in der preußisch-deutschen Armee erlerntes militärisches Rüstzeug entscheidenden Anteil daran hatten, dass weit länger Widerstand geleistet werden konnte, als es 1914 sowohl die vorgesetzten Stellen im Reich wie auch Lettow-Vorbecks Gegner erwartet hatten. In welchem Maße lässt sich dabei eine Art »Askaritreue« gegenüber dem Kommandeur nachweisen, wie sie von den Kolonialapologeten nach 1918 und vereinzelt bis in die Gegenwart behauptet wurde? Mehr noch: Falls es sie tatsächlich gab, konnte sie als stellvertretend für die Einstellung der Bewohner Ostafrikas im Allgemeinen zur deutschen Kolonialherrschaft angesehen werden? Abzuwägen ist auch, inwiefern Lettow-Vorbeck lediglich von einem ererbten, äußerst schlagfähigen militärischen Instrument, das er einige Monate vor Kriegsausbruch übernahm, von den topographischen und klimatischen Gegebenheiten des Kriegsschauplatzes oder gar von der militärischen Unfähigkeit und politischen Uneinigkeit der Gegnerkoalition profitierte.

Der Erste Weltkrieg in Ostafrika wurde bislang vornehmlich operationsgeschichtlich betrachtet, wobei die thematische Verengung u. a. daher rührte, dass sich bis in die jüngste Zeit hinein vor allem Offiziere mit der Materie beschäftigt haben, die sich für die rein militärischen Aspekte des Geschehens interessierten.[13] Die zahlreichen existierenden, fast ausschließlich angelsächsischen, vor allem den angeblich »ritterlichen« Charakter der Kämpfe an dieser Weltkriegsfront betonenden Darstellungen analysieren meist nicht die Motivation der Handelnden jenseits der taktischen, operativen oder strategischen Entscheidungen. Sie klammern die erfahrungsgeschichtliche Dimension aus und fragen nicht nach den Auswirkungen des Geschehens auf die afrikanischen Gesellschaften oder die deutsche Kolonialherrschaft. Sie untersuchen weder die Wahrnehmung des Feldzuges in der zeitgenössischen deutschen Öffentlichkeit, noch seine spätere geschichtspolitische Instrumentalisierung.

Eine quellennahe Darstellung des Ostafrikafeldzuges offenbart hingegen, dass die Identifikation der Person Lettow-Vorbecks nach 1918 mit dem angeblich positiven Erbe der deutschen Kolonialherrschaft in Afrika in einem geradezu krassen Kontrast zu den von ihm in den Jahren 1914-1918 in Ostafrika verantworteten Vorgängen als weitgehend autonom handelnder Befehlshaber steht. Seine Entschlossenheit, bei Kriegsausbruch einer Neutralisierung der deutschen wie der Nachbarkolonien keine Chance zu geben und den Widerstand um jeden Preis fortzusetzen, selbst als Deutsch-Ostafrika weitgehend verloren war, kostete, abgesehen von den (im Vergleich zu den Fronten in Europa) eher geringen militärischen Verlusten auf dem Schlachtfeld, hunderttausenden von afrikanischen Zivilisten das Leben. Sie wurden Opfer einer Politik der verbrannten Erde von deutscher Seite oder starben durch Erschöpfung und Krankheit als rücksichtslos ausgebeutete Zwangsarbeiter. Die Kriegführung Lettow-Vorbecks beschwor in Ostafrika in den Jahren 1914-1918 eine humanitäre Katastrophe für die schwarze Zivilbevölkerung herauf. Sie wurde bislang von der Forschung zwar gelegentlich konstatiert[14], aber im Gegensatz etwa zum intensiv erforschten Herero- und Namakrieg in Deutsch-Südwestafrika von 1904 bis 1907[15] oder zum parallel stattfindenden Maji-Maji-Aufstand in Deutsch-Ostafrika[16] noch nie quellennah und umfassend aufgearbeitet. Erst kurz vor Abschluss dieses Buches erschienen zwei Studien, welche diese Dimension des Krieges in Ostafrika erstmals näher und mit empirischen Belegen thematisieren.[17] In ihrer quantitativen Dimension stehen die Folgen von Lettow-Vorbecks Kriegführung den anderen beiden durch die deutsche Kolonialpolitik heraufbeschworenen Großkatastrophen in Afrika nicht nach. Lettow-Vorbeck als Kommandeur der Schutztruppe in Ostafrika erscheint als eine der großen europäischen kolonialen Geißeln, welche die afrikanischen Gesellschaften heimsuchte, als ein *afrikanischer* Erinnerungsort der rücksichtslosen Unterwerfung und Ausbeutung der Kolonie für die vermeintlichen strategischen Bedürfnisse des Reichs im Ersten Weltkrieg.

Dieser insgesamt eher unbefriedigende Forschungsstand selbst 90 Jahre nach dem Ende des Ersten Weltkriegs erklärt sich auch daraus, dass abgesehen von den erwähnten operationsgeschichtlichen Studien sowohl Einzeluntersuchungen wie auch Gesamtdarstellungen von allen deutschen Besitzungen in Afrika mit dem Ausbruch des Ersten Weltkrieges mehr oder weniger enden. Die Kämpfe der Jahre 1914-1918 in Ostafrika (wie auch in Kamerun und Deutsch-Südwestafrika) wurden allenfalls als eine Art Abspann einer mit Kriegsausbruch ohnehin für Deutschland zu Ende gehenden Ära angesehen. Dabei entfaltete im Moment des Krieges und der Bedrohung von außen der deutsche Kolonialismus zumindest in Ostafrika erneut, wie schon in den Jahren bis 1907, seine volle Brutalität und seinen Zwangscharakter. Diese Entwicklung stellte allerdings eher eine Folge spontaner Reaktionen auf die 1914 neu entstandene Situation dar, als dass sie nach einem vorgefassten Plan ablief. Es wurde aber auch – sehr zum Erstaunen der deutschen Administratoren und Siedler vor Ort, an ihrer Spitze der Gouverneur Heinrich Schnee – offenbar, wie sehr sich die Kolonisatoren die afrikanischen Gesellschaften in den Vorkriegsjahren unterworfen hatten und daher zeitweilig für ihre Kriegsanstrengungen vereinnahmen konnten.

Die bislang mangelnde historiographische Aufarbeitung des Krieges in Ostafrika erklärt sich auch daraus, dass er nicht in erster Linie eine Konfrontation zwischen Kolonialmacht und Kolonisierten war. Er ließ sich nicht, wie die Maji-Maji-Bewegung nach der Unabhängigkeit Tansanias[18] oder der Hererokrieg in Namibia[19], als Widerstandskampf gegen die Fremdherrschaft zur Konstruktion einer post-kolonialen nationalen Identität der betroffenen Staaten interpretieren. Der Ostafrikafeldzug war vornehmlich ein Konflikt zwischen europäischen Kolonialmächten, die sich dazu ihrer schwarzen Untertanen bedienten, welche im Übrigen auf beiden Seiten zu zehntausenden freiwillig als Söldner dienten. Die Folgen dieses Konfliktes waren für die autochthone Zivilbevölkerung aber ähnlich mörderisch wie in den genannten Befreiungskriegen.

3. Ein preussischer Kolonialoffizier

Wenn Lettow-Vorbecks Leben auf den ersten Blick außergewöhnlich erscheint, weil er der einzige auch international bekannte deutsche Kolonialoffizier wurde, so blieb er doch ein *preußischer* Kolonialoffizier. Dieser Begriff ist auf den ersten Blick ein Widerspruch in sich. Wie die Marine stellten die Schutztruppen im Kaiserreich, anders als die einzelstaatlichen Heereskontingente Preußens, Bayerns, Württembergs und Sachsens, reichsunmittelbare Institutionen dar. Das Konzept des *preußischen* Kolonialoffiziers bezieht sich jedoch auf die dominante militärische Prägung Lettow-Vorbecks und seine daraus abgeleiteten Handlungsmaximen für den Krieg in Afrika. Trotz vorangegangener Einsätze in China und Deutsch-Südwestafrika nahm er vor allem seine im preußischen Heimatheer in den Jahren bis 1914 erhaltene militärische Sozialisation und Ausbildung mit nach Afrika und kehrte nahezu unverändert und unbeeinflusst von den dortigen Vorgängen 1919 wieder nach Europa zurück. Gleichwohl wurde ihm in Deutschland fortan über Jahrzehnte eine gewisse Deutungshoheit in Afrikafragen zugeschrieben.

Bei einer Analyse von Lettow-Vorbecks Kriegführung in den Jahren 1914-1918 in Ostafrika wird deutlich, dass er zutiefst von der militärischen Ausbildung für den Krieg in Europa geprägt blieb, wie er sie zur Jahrhundertwende erhalten hatte und die als Königspfad für eine erfolgreiche Karriere in der damaligen deutschen Armee galt. Lettow-Vorbeck passte sich zwar schnell und effektiv an die taktischen Erfordernisse des mobilen Kleinkrieges in Afrika an. Er ignorierte jedoch die Kollateralschäden, die seine rein operative Sichtweise des Krieges für die afrikanischen Gesellschaften, aber auch die Zukunft der deutschen Kolonialherrschaft dort zur Folge hatte. Er interpretierte den Krieg in Afrika und die Ziele, die er damit verfolgte, nur in Bezug auf die Situation des Reichs als Militärmacht in Europa. Ihm fehlte jedes tiefere Verständnis für Afrika, seine Bewohner und ihre Bedürfnisse, jene der weißen Siedler und der Kolonialwirtschaft eingeschlossen, letztlich auch für die Globalstrategie des britischen Empires, das er als seinen Hauptgegner ansah. Lettow-Vorbecks Handeln in Ostafrika zeigt ihn als Produkt und Repräsentant einer preußisch-deutschen Militärelite, die professionelle Kompetenz und höchste

Ansprüche an sich selbst im Kernbereich ihrer Aufgabe, also dem Kriegführen auf taktischer und operativer Ebene, mit einer erschreckenden Unwissenheit über und Ausblendung der gesellschaftlichen und politischen Voraussetzungen, ökonomischen Grundlagen und Folgen militärischen Handelns verband.

Die Interpretation Lettow-Vorbecks als in Ostafrika agierendem *preußischen* Kolonialoffizier erfordert eine Betrachtung seiner Laufbahn und des prägenden militärischen Umfeldes vor 1914, gleichsam eine sozial- und erfahrungsgeschichtliche Einbettung seines Lebensweges, bevor die Biographie sich im zweiten Teil dem Kommandeur im Weltkrieg zuwendet. Lettow-Vorbecks Werdegang als Offizier bis 1914 ließ ihn an den beiden größten militärischen Überseeexpeditionen des Kaiserreichs teilnehmen: der Entsendung des 20 000 Mann starken »Ostasiatischen Expeditionskorps« 1900/1 nach China und dem Einsatz von weiteren etwa 20 000 Soldaten gegen die Herero und Nama in Deutsch-Südwestafrika 1904-7. Seine Karriere vollzog sich vor dem Hintergrund einer militärpolitischen Umorientierung des Kaiserreichs von einer bislang vornehmlich kontinental orientierten Großmacht zu einem Staat, der sich auch Instrumente für eine effektive überseeische Interventionsfähigkeit schaffen wollte, um seine »Weltpolitik« militärisch untermauern zu können. Dennoch steht Lettow-Vorbecks Leben exemplarisch für eine berufliche Elite, deren Denken und Karriereplanung, nicht zuletzt durch die jahrhundertelange Tradition von aristokratischen Offiziersfamilien wie der Seinen, auf das Reich als Macht in der Mitte Europas ausgerichtet blieb. Diese Familien waren selbst innerhalb des preußischen Heeres auf gewisse Laufbahnen und Truppenteile abonniert. Diese selbst gewählte Beschränkung galt als Voraussetzung für einen standesgemäßen und den Ressourcen dieser Familien entsprechenden Berufsweg. Zu diesen Nischen zählte der längere Dienst in Übersee eigentlich nicht, insbesondere für so ambitionierte und erfolgreiche Offiziere wie Lettow-Vorbeck.

Man darf also die Biographie Lettow-Vorbecks nicht bloß von seiner zweiten Lebenshälfte her sehen und, weil er ab 1918 als erfolgreicher Kolonialoffizier wahrgenommen wurde, eine Gradlinigkeit in seinem Lebenslauf im Rückblick für die Jahre von der Jahrhundertwende bis 1918, von der Bearbeitung des Burenkriegs im Großen Generalstab über die Einsätze in China und Deutsch-Südwestafrika bis hin zum Kommando in Ostafrika annehmen. Man würde Opfer einer Art »biographischer Illusion«[20] werden, wie sie letztlich auch Lettow-Vorbeck selbst in seiner Autobiographie konstruierte[21], als er am Ende seines Lebens versuchte, die Mosaiksteine seines Lebens zu einem in sich schlüssigen Ganzen zusammenzusetzen. Zugleich wäre es abwegig, die Dekonstruktion seines Lebensweges so weit zu treiben, die Erfahrungen Lettow-Vorbecks in China und Deutsch-Südwestafrika auszublenden. Denn sie hatten natürlich Einfluss auf seine militärischen Auffassungen wie auch auf den weiteren Verlauf seiner Karriere und formten seine Lageeinschätzung bei Ausbruch des Krieges 1914 in Ostafrika, obwohl jeder dieser drei kolonialen Konflikte anders gelagert war.

Die Kolonialpolitik des Reiches wie auch anderer europäischer Mächte war in erster Linie Gewaltpolitik. Gegenüber dieser traten ökonomische, politische und kulturelle Mittel der Herrschaftsetablierung und Sicherung zurück.[22] Dennoch erstaunt es, dass der militärischen Komponente deutscher überseeischer Präsenz, also gleichsam dem primären Instrument der Eroberung und Unterdrückung, im Gegensatz etwa zu wirtschaftlichen, rechtlichen, ideologischen, politischen oder neuerdings auch kulturellen Aspekten[23] bislang in der Historiographie kaum Beachtung geschenkt worden ist.[24] Die koloniale Militärpolitik des Kaiserreichs wurde von der Forschung, wenn überhaupt, lediglich punktuell in Hinblick auf einzelne Einsätze und Besitzungen, also eher von der Peripherie her betrachtet, aber nicht vom Zentrum her analysiert in Bezug auf ihre institutionellen Strukturen, militärischen Grundsätze und personellen Ressourcen.[25] Dieser Umstand ist wohl nicht zuletzt der spärlichen Quellenlage geschuldet, wurden doch fast alle Unterlagen des Oberkommandos der Schutztruppen (OdS) im AA bzw. des späteren Kommandos der Schutztruppen (KdS) im Reichskolonialamt (RKA) am Ende des Zweiten Weltkriegs im Potsdamer Kriegsarchiv zerstört, inklusive aller Personaldossiers der Angehörigen der Schutztruppen wie auch des preußischen Heeres.

Lettow-Vorbecks Werdegang bis 1914 und sein Handeln in Ostafrika im Ersten Weltkrieg verdeutlichen, dass es dem Reich in seiner relativ kurzen Kolonialgeschichte und wegen den im Vergleich zu Frankreich und Großbritannien eher wertlosen und mit nur wenigen Truppen versehenen überseeischen Besitzungen nicht gelang, ein Offizierskorps für den außereuropäischen Einsatz mit entsprechenden Laufbahnmustern herauszubilden. Seine Biographie zeigt, dass die Militärpolitik des Kaiserreichs gegenüber den Kolonien aufgrund der untergeordneten Bedeutung dieser für die deutsche Großmachtstellung sowie der Rivalität und dem unkoordinierten Nebeneinander von Marine, Heer und RKA in der Militärmonarchie stets von einem starken Moment der Improvisation gekennzeichnet blieb. Dieses lässt sich an der Ausrüstung und Organisation der Verbände, der Sanitätsführung sowie dem Personalersatz nachweisen. Ebenso greift es aber zu kurz, die Schutztruppen, wie bisher in der Forschung geschehen, vornehmlich als Auffangbecken für im Heimatheer gescheiterte Offiziersexistenzen zu charakterisieren. Zugleich zeugt Lettow-Vorbecks Karriere und Persönlichkeit von einem im internationalen Vergleich hohen Standard der damaligen deutschen Offiziersausbildung, dem Selbstbewusstsein und der Einsatzbereitschaft dieser professionellen Elite und der relativen Modernität ihrer taktischen Grundsätze. Diese garantierten selbst auf Afrika übertragen und angesichts nur begrenzter kolonialmilitärischer Erfahrungen und Ressourcen des Reichs eine gewisse militärische Überlegenheit auf den ostafrikanischen Schlachtfeldern gegenüber den gegnerischen Truppen.

4. Lettow-Vorbeck als Typus

Jede Biographie ist ein Balanceakt, bei dem das richtige Verhältnis zwischen dem selbstverantwortlich agierenden Individuum und der Gesellschaft, die es beeinflusste, die seinem Handeln Grenzen setzte und es formte, austariert werden muss. Sie ist gleichfalls ein ständiges Abwägen, ob man die Übertragbarkeit einer Figur, also gleichsam den *Typus* herausarbeiten will, der in einer bestimmten historischen Epoche für eine soziale Gruppe gewisse repräsentative Züge trägt, oder ob das

Untypische, das Individuelle, das Einmalige, ggf. auch das Pathologische der *Persönlichkeit* betont werden soll, welches sie gerade von der Mehrheit ihrer Zeitgenossen abhob.[26] Das Schreiben einer Biographie vollzieht sich also im Spannungsfeld zwischen historischer Bedeutung, Leistung und Einzigartigkeit des Protagonisten/der Protagonistin einerseits sowie der Repräsentativität für möglichst viele seiner/ihrer Zeitgenossen und Verallgemeinerungsfähigkeit der aus der Darstellung individuellen Lebens gewonnenen Erkenntnisse andererseits.

Die Geschichtsschreibung des Historismus seit der zweiten Hälfte des 19. Jahrhunderts wählte die vermeintlich außergewöhnliche *Persönlichkeit* als Objekt einer Biographie und stellte sie als weitgehend autonom handelndes Wesen dar. Es war ein methodischer Ansatz, der insbesondere in der westdeutschen Geschichtswissenschaft zeitweilig als wenig tragfähig galt, weil er eine simplifizierende und wenig überzeugende Reduktion der Geschichte auf das Denken und Wirken einzelner herausragender Menschen darstelle. Der Preis, den eine sich als historische Sozialwissenschaft verstehende Historiographie für diesen vorübergehenden Bannstrahl gegen die Biographik zahlte, war eine weitgehend menschenentleerte und Anschaulichkeit ermangelnde, nivellierte Darstellung der Geschichte. In dieser bestimmten abstrakte wirtschaftliche und soziale Strukturen und Prozesse das Dasein der merkwürdig blass bleibenden Zeitgenossen, die diese eher zu erdulden schienen als sie mitzugestalten. Nun, in dem seit etwa einem Jahrzehnt wiederbelebten und modernisierten, inzwischen einen regelrechten Aufschwung erlebenden Genre der wissenschaftlichen Biographie[27] wird der Nachdruck eher auf die Einbettung des Individuums in bestimmte gesellschaftliche und institutionelle Strukturen und die Übertragbarkeit seines Lebens, seiner Erfahrungen und Wahrnehmung der Vergangenheit auf eine mehr oder minder große, ihm hinsichtlich Alter, Herkunft, Lebensstil oder Profession ähnliche Kohorte von Menschen gelegt. Ausgehend von diesem Ansatz und ihn konsequent fortführend hat sich inzwischen sowohl die Lebensdarstellung von »Alltagsmenschen« bzw., im Bereich der Militärgeschichte, von der zeitgenössischen Öffentlichkeit unbekannten Soldaten mit relativ niedrigem Rang einerseits wie auch die Gruppenbiographie als Unterkategorie andererseits etabliert.[28] Gesucht wird also neuerdings eher der *Typus*.

Eine moderne, wissenschaftlichen Ansprüchen genügende Biographie ist stets anschaulich und damit nachvollziehbar gemachte Gesellschafts-, Institutionen- oder Militärgeschichte. Sie überprüft, konkretisiert und korrigiert ggf. bereits getroffene generalisierende Aussagen zu einer Schicht, Profession, einem Amt oder einer Generation am Einzelfall oder entwickelt daraus einen neuen Typus. Die Biographie bereichert den Leser um die Erfahrungen und das Selbstverständnis des »wirklichen« Menschen in einer bestimmten historischen Epoche. Dieser geht nicht mehr wie zu Hochzeiten der historischen Sozialwissenschaft in den 1970er Jahren in einem farblosen Durchschnittsdasein unter, er wird also nicht mehr zu einem statistischen Zählkandidaten reduziert.

Die Wiederbelebung des Genres der Biographie in der deutschen Geschichtswissenschaft – in den angelsächsischen Ländern wie in Frankreich hat es nie eine vergleichbare Krise der Biographik wie zeitweilig in der Bundesrepublik gegeben – mit den ihm inhärenten historischen Erkenntnismöglichkeiten hat sich in jüngster Zeit auch in zahlreichen Studien zu deutschen Offizieren niedergeschlagen.

Dabei lag der Schwerpunkt bislang auf der militärischen Elite des Dritten Reiches und ihrer Verwicklung in die Verbrechen des Regimes einerseits und deren Rolle im Widerstand gegen dieses andererseits.[29] Die vorliegende Biographie hingegen konkretisiert das Leben und Karrieremuster eines adeligen preußischen Offiziers während des Kaiserreichs, der Teile seiner Laufbahn in Kolonialkriegen absolvierte. Lettow-Vorbecks Karriere wies bis 1913 sowohl Elemente der Protektion der Militärmonarchie gegenüber den Angehörigen des preußischen Militäradels auf wie auch der steigenden Leistungsanforderungen an das Offizierskorps. Nach dem Sturz der Monarchie 1918 und dem Karriereende 1920 repräsentierte Lettow-Vorbeck den wie viele seiner Standesgenossen und vormaligen Offizierskameraden politisch radikalisierten Mann auf der Suche nach neuen Aufgaben, schwankend zwischen dem Bemühen, die alten Verhältnisse notfalls gewaltsam wiederherzustellen, und neuen politischen Leitbildern zu folgen. Eindeutig war er nur in der Ablehnung des politischen Systems der Gegenwart. Damit wurde er anfällig für die Ideen der völkischen Rechten, ohne jemals formal Nationalsozialist zu werden.[30]

5. Projektionsfläche gesellschaftlicher Erwartungen und Werte

Lettow-Vorbecks Bekanntheitsgrad und als Folge dessen die materiellen Bedingungen seines Daseins hoben ihn ab 1919 von der Masse seiner Kohorte ab, ohne dass dies einen wesentlichen Einfluss auf sein Denken und Selbstbild hatte. Als Folge seiner Popularität wurde er auch zum Buchautoren, Vortragsreisenden, Koloniallobbyisten und Parlamentarier. Er übernahm damit Rollen, auf die er durch seinen bisherigen Lebenslauf und sein Selbstverständnis – immerhin war er schon fast 50 Jahre alt, als die Öffentlichkeit ihn entdeckte – , aber auch wegen seiner begrenzten intellektuellen Fähigkeiten und seines engen Wissens- und Interessenshorizonts nur schlecht vorbereitet war. Sie erschienen ihm auch anders als sein Offiziersdasein kaum für die Nachwelt überliefernswert. Es erstaunt im Rückblick, dass ihm diese Rollen trotzdem von der Weimarer Republik bis in die frühe Bundesrepublik wiederholt angetragen und weitgehend widerspruchslos abgenommen wurden. Doch jede Gesellschaft kürt sich nicht zuletzt die Leitfiguren, die sie zu brauchen glaubt.

Ungeachtet der Frage, ob Lettow-Vorbeck tatsächlich oder nur vermeintlich, berechtigt oder unberechtigt aus der Masse seiner adeligen Standesgenossen und Offizierskameraden herausragte, ob er als *Persönlichkeit* oder *Typus* interpretiert und porträtiert werden sollte, macht ihn ein weiterer Aspekt historisch interessant und biographiewürdig. Als Folge der Ereignisse in Ostafrika im Ersten Weltkrieg erhielt er ab 1918 unabhängig von seiner eigenen, eher begrenzten Ausstrahlung und Befähigung, seiner eher unscheinbaren Lebensgestaltung und schließlich seiner marginalen Bedeutung für den weiteren Verlauf von Deutschlands politischer und militärischer Entwicklung, eine Art »Fremdcharisma«.[31] Dieses wurde ihm insbesondere von der konservativen, antirepublikanischen Presse ab 1918/19 erschrieben. Er verkörperte für Teile der Öffentlichkeit, wie eine Analyse vor allem der zeitgenössischen deutschen Presse zeigt[32], über Jahrzehnte hinweg geradezu paradigmatisch bestimmte Werte, Zielsetzungen und eine vorbildliche Haltung in Vergangenheit wie Gegenwart. So sah ihn die radikale politische Rechte in der sich konstituierenden Weimarer Republik kurzzeitig als ihren Hoffnungsträger, der wegen seiner Popularität und der ihm zugeschriebenen Willenskraft und Rücksichtslosigkeit als Diktator geeignet schien. Zugleich galt er ihr als lebender Beweis für das im Feld unbesiegte Heer des Kaiserreichs und die Führungsqualitäten der traditionellen Eliten in Deutschland wie in Afrika. Er erschien wegen seines Aushaltens im afrikanischen Busch trotz auf den ersten Blick aussichtsloser Lage wie eine Art empirischer Beleg für den behaupteten »Dolchstoß« der Heimat in den Rücken der Front, der angeblich die Niederlage in Europa herbeigeführt habe. Das NS-Regime nutzte ihn als repräsentables Aushängeschild und Beispiel für das angebliche Fortleben preußischer Traditionen im neuen Staat und in der Endphase des Zweiten Weltkriegs schließlich als Symbol des Durchhaltewillens um jeden Preis selbst in verzweifelter Lage. In der von einem konservativen gesellschaftlichen Klima geprägten, zugleich sich um internationale Anerkennung bemühenden Bundesrepublik der fünfziger und frühen sechziger Jahre, die versuchte, aus dem Schatten des Dritten Reiches herauszutreten, erfüllte er nochmals eine Vorbildfunktion: Erneut wurden ihm die Tugenden der Menschlichkeit gegenüber schwarz und weiß, der Vaterlandsliebe, der Pflichterfüllung, der nie versiegenden Hoffnung, aber auch der Weltläufigkeit, internationalen Respektabilität und völkerrechtskonformen Kriegführung zugeschrieben.

Umgekehrt diente er der Weimarer Linken und später der DDR wegen seiner Vergangenheit als Kolonialoffizier, Befehlshaber bei der Besetzung Hamburgs 1919 durch die Reichswehr und Teilnehmer am Kapp-Lüttwitz-Putsch als Schreckbild, als Verkörperung politischer Einseitigkeit, reaktionärer Gesinnung, besonderer Brutalität und imperialistischer Kontinuitätslinien bestimmter gesellschaftlicher Schichten in Deutschland in Vergangenheit wie Gegenwart.[33]

Mithin eröffnet eine Biographie Lettow-Vorbecks als Person des öffentlichen Interesses ebenso Einblicke in einige der gängigen Werte, Hoffnungen, Ängste, Vorurteile und tagespolitischen Erfordernisse der Gesellschaft, aus deren Mitte er entstammte und der verschiedenen Epochen der deutschen Geschichte, die seine zweite Lebenshälfte prägten, wie sie über ihn, seine Taten und seinen Typus Aussagen trifft.

Erster Teil

PROTEKTION UND LEISTUNG

Stationen einer militärischen Karriere im Kaiserreich 1870-1913

I. FRÜHE PRÄGUNGEN

1957, im Alter von 87 Jahren, veröffentlichte Paul von Lettow-Vorbeck seine Lebenserinnerungen, mit deren Niederschrift er im Zweiten Weltkrieg begonnen hatte.[1] Die ausgeprägte Beschäftigung in Adelskreisen mit Fragen der Abstammung und die dort als besonders wichtig erachtete Fortführung überkommener Familientraditionen zwecks Statussicherung als herausgehobener Stand schienen dem Einzelnen in der Abfolge der Generationen gleichsam automatisch einen bestimmten Platz zuzuweisen.[2] Dieses adelige Selbstverständnis führte auch dem General beim Verfassen seiner Memoiren die Feder. Er sah sich in seinem Rückblick auf sein Leben als ein repräsentatives Glied in einer Jahrhunderte zurückreichenden Ahnenreihe, die sich durch ihr Wirken als Offiziere in der preußischen Armee eine herausgehobene gesellschaftliche Position im wahrsten Sinne des Wortes erkämpft hatte. In seinem Haus in Bremen, das er Anfang der zwanziger Jahre bezog, hing denn auch ein großer Familienstammbaum. Diesen erläuterte er gerne Besuchern wie seinem ehemaligen britischen Kriegsgegner Oberst Richard Meinertzhagen unter Hinweis auf die vielen Generationen von Soldaten, welche die Familie in der Vergangenheit gestellt habe.[3] »Sie hat keine Genies hervorgebracht, aber eine ganze Reihe tüchtiger, kerniger Männer, mit denen die Könige von Preußen ihre Schlachten geschlagen und ihren Staat in bisher nicht wieder erreichter Höhe aufgebaut haben«, hieß es entsprechend im ursprünglichen Memoirenmanuskript von 1941/42.[4] Die später veröffentlichte Version beginnt ebenfalls nicht mit seiner Geburt oder seinen ersten Eindrücken und Wunschvorstellungen als Kind. Den Auftakt bildet vielmehr ein Rückblick auf die Familientradition, die Lettow-Vorbeck nach seiner Lesart weiterzuführen vorherbestimmt war. Der Protagonist erwähnt sich selbst erstmals auf Seite 19. Alternative Berufs- und Lebensentwürfe zu jenen der durch die Familientradition scheinbar vorgegebenen werden in den Memoiren nicht in Erwägung gezogen.

1. Die Lettow-Vorbecks als preussische Offiziersdynastie

Betrachtet man die Geschichte der Familie Lettow, die zum pommerischen Klein- und Uradel gehörte und sich erst im Jahre 1891 offiziell den Doppelnamen Lettow-Vorbeck zulegte, so sticht tatsächlich die große Gleichförmigkeit der Lebensläufe ihrer männlichen Mitglieder hervor. Nur diese, da in ihnen der Namen des Geschlechts dauerhaft fortlebte, erschienen dem Familienchronisten überliefernswert.[5] Seit dem 18. Jahrhundert, also parallel zum Aufbau einer großen preußischen Armee unter den Königen Friedrich Wilhelm I. und Friedrich II. und der damit einhergehenden Umwandlung des ostelbischen Adels in eine staatliche Dienstelite, überwog bei weitem der Offiziersberuf als Lebensunterhalt und standesgemäße Betätigung bei den Lettows. Die Familienchronik von 1882 verzeichnet seit dem letzten Drittel des 17. Jahrhunderts etwa 140 männliche Mitglieder aller Zweige der Familie, die als Offiziere in der preußischen Armee gedient hatten oder es noch taten, nur 15 hingegen waren in der staatlichen Verwaltung als Landrat, Forstbeamter oder Jurist untergekommen, einer war Theologe geworden.[6] Ca. 40 bis 50 männliche Angehörige dürften in diesen 200 Jahren die der Familie gehörenden sieben Güter, aus denen sich die verschiedenen »Häuser« bzw. »Linien« der Familie ableiteten, bewirtschaftet haben.

Die Lettows, die ihre Wurzeln bis ins 14. Jahrhundert zurückverfolgen konnten, waren also ein gleichsam archetypisches Junkergeschlecht, wenn man unter dem Begriff Junker den im ausgehenden Mittelalter sich östlich der Elbe etablierenden grundbesitzenden, seit der Reformation protestantischen Adel subsumiert, der im 19. Jahrhundert etwa 20 000 Familien umfasste.[7] Dieser lebte zunächst überwiegend von der Landwirtschaft, wurde dann aber im Zuge des Aufbaus der absolutistischen Monarchie und ihrer Machtinstrumente, also stehendem Heer und professionalisierter Verwaltung, in Preußen seit der zweiten Hälfte des 17. Jahrhunderts zur tragenden Säule der entstehenden staatlichen Strukturen. Es war eine »Sozialversicherung auf Gegenseitigkeit«[8]: Der absolutistische Staat garantierte dem Adel zum einen auf dem Lande seine Privilegien, vor allem die Herrschaft über die Bauern, die ihm dienstpflichtig waren und disziplinarisch unterstanden, und er befreite die Junker von der Steuer. Zum anderen gewährte er jenen, die nicht den väterlichen Besitz erben würden, einen exklusiven Zugang zu einer zwar materiell nicht unbedingt großzügig ausgestatteten, aber als standesgemäß erachteten Existenz als Offizier oder Beamter gegenüber Konkurrenten aus dem Bürgertum. Im Gegenzug erkannten die Junker die Autorität des Hauses Hohenzollern in allen Fragen der Innen- wie Außenpolitik uneingeschränkt an. Mehr noch, der preußische Adel erhob den Dienst für die Monarchie zu der neben der Bewirtschaftung der Güter einzig ehrenvollen, ihm angemessenen Daseinsform. Im Laufe der Zeit wurde dieses Dienstideal des angeblich selbstlosen Arbeitens und Opferns für Staat und Monarchie fester Bestandteil des adeligen Selbstverständnisses und Stolzes. So schrieb beispielsweise der Verfasser der Lettow'schen Familienchronik, der selbst General war, ohne einen Anflug von Ironie über das Schicksal der männlichen Nachkommen der letzten 200 Jahre, »dass es in 44 Fällen den Mitgliedern der Familie vergönnt war, Blut oder Leben auf dem Schlachtfelde des Heeres für den Dienst ihres Kriegsherrn hinzugeben«.[9]

Die Lettows stellten damit eine jener so oft im ostelbischen Adel anzutreffenden Offiziersdynastien. In absoluten Zahlen gesehen waren die Lettows zwar im Vergleich zu den bekanntesten adeligen Offiziersdynastien wie den Arnims, Bülows, Kleists, von der Ostens, Puttkamers, von der Schulenburgs, Schwerins, Tresckows und Wedells, die aufgrund der jeweiligen Größe der Familienverbände entsprechend viele Offiziere stellten, nur relativ schwach vertreten. Gab es beispielsweise von den genannten Familien Ende der achtziger Jahre des 19. Jahrhunderts jeweils mehr als 30, im Falle der Bülows gar 53, der Wedells und Arnims jeweils 41 Namensvetter, die gleichzeitig in der preußischen Armee dienten, so brachten die Lettows es nur auf sieben Personen, die ein Offizierspatent innehatten.[10] In Bezug auf den Prozentsatz, zu welchem die männlichen Mitglieder der Lettows über Generationen hinweg die Uniform trugen anstatt andere Lebenswege einzuschlagen, standen sie den bekanntesten Offiziersdynastien jedoch keineswegs nach.

Die nach der katastrophalen Niederlage gegen Napoleon im Jahre 1806 einsetzende preußische Reformära beseitigte zwar formal das starre Korsett der absolutistischen Standesgesellschaft und der durch sie vorgegebenen Lebenswege und Berufsperspektiven. Die Standesgesellschaft des Absolutismus hatte noch 1794 im Preußischen Allgemeinen Landrecht ihre abschließende juristische Kodifizierung erhalten und beispielsweise den Adel einerseits als ersten Stand im Staate definiert, andererseits ihm aber die unternehmerische Betätigung außerhalb der Landwirtschaft unter Androhung des Verlustes des Adelsprivilegs untersagt. Die neue Gewerbefreiheit erschloss nun dem preußischen Adel Berufsfelder jenseits des traditionellen Dreiklangs von Landwirtschaft, Staats- und Militärdienst, ebenso wie sie die Offiziers- und Beamtenlaufbahn zumindest theoretisch für das Bürgertum in größerem Rahmen öffnete. Dennoch hielt die Konzentration des preußischen Adels und damit auch jene der Lettows auf wenige Berufsfelder bis in 20. Jahrhundert an. Praktisch bis zum Ende des Zweiten Weltkriegs überwog vor allem im ostelbischen Adel (im Gegensatz etwa zum englischen) eine Abneigung gegen das Wirtschaftsleben außerhalb der als angemessen erachteten, da traditionellen Landwirtschaft. Handel und Industrie galten als Ausdruck materialistischer Gesinnung, als Abweichung vom adeligen Königsweg der Herrschaft über Land und Leute als Gutsbesitzer bzw. des Dienstes für die Allgemeinheit, zu welchem der Staats- und Militärdienst stilisiert wurden. Eine Art antikapitalistischer Ehrenkodex, das Festhalten am überkommenen, eher auf auskömmliche Existenzsicherung denn Gewinnmaximierung ausgerichteten Wirtschaftsstil, schiere Inkompetenz und Borniertheit gingen Hand in Hand, um seit den 1870er Jahren, welche zunächst den Gründerzeitboom, sodann den Börsenkrach und die anschließende Depression brachten, im preußischen Adel verstärkt einen Gegensatz zwischen den angeblichen aristokratischen Werten »Blut und Ehre« und dem bürgerlichem Ethos von »Geld und Geschäft« zu konstruieren.[11] Auch bei den Studienfächern der ohnehin nicht sehr zahlreichen adeligen Studenten überwogen bis ins 20. Jahrhundert hinein eindeutig jene, welche entweder auf die Führung eines landwirtschaftlichen Betriebes oder auf den Staatsdienst in den traditionellen Sparten der Innen-, Außen- oder Agrarpolitik vorbereiteten. Geistes-, wirtschafts- und naturwissenschaftliche oder technische Studiengänge hingegen wurden selten gewählt.[12]

Diese Selbstbeschränkung des ostelbischen Adels in der Wahl seiner beruflichen Lebensentwürfe auch nach dem Ende der starren absolutistischen Standesgesellschaft hatte mehrere Ursachen. Zum einen schälte sich über die Jahrhunderte eine feste Auffassung von dem, was für einen Adeligen als standesgemäße Beschäftigung zu gelten hatte, heraus, die nicht einfach mit dem Wegfall rechtlicher Schranken abgelegt werden konnte. Zum zweiten wollte der Adel seine Exklusivität und seinen Führungsanspruch innerhalb einer seit dem frühen 19. Jahrhundert nun scheinbar durchlässiger und egalitärer gewordenen Gesellschaft bewahren. Beides wurde durch die Konzentration auf bestimmte Berufsfelder nicht nur herausgestrichen, sondern für das so genannte »Obenbleiben« trotz des gesellschaftlichen und ökonomischen Wandels war diese karrieremäßige Selbstbeschränkung das notwendige materielle wie politische Fundament. Obwohl der relativ schlecht bezahlte Dienst als Offizier oder Beamter immer wieder vom Adel als Beispiel für die Selbstlosigkeit seines Standes herangezogen wurde, beließ er ihn doch zugleich auch nahe an den Schalthebeln der Macht. Durch die starke adelige Selbstrekrutierung in Armee und Verwaltung stellte man sicher, dass die verbleibenden aristokratischen Privilegien, etwa die weiterhin bevorzugte wirtschaftliche Stellung adeliger Rittergüter und die besseren Ein- und Aufstiegschancen der Aristokratie im Staatsdienst bis 1918 größtenteils erhalten blieben. Ursache und Folge zugleich dieser Konzentration auf den Staats- und Militärdienst war eine Art Versorgungsmentalität beim ostelbischen Kleinadel: Der Staat bzw. die Monarchie, denen man schon seit Generationen gedient und für die man sein Blut vergossen hatte, waren es den Junkern und ihrem Nachwuchs gleichsam schuldig, ihnen Stellen im Offizierskorps oder in der Beamtenschaft offen zu halten. Ein stark adeliges geprägtes Offizierskorps wurde zugleich als bester Garant zum Erhalt des anarchronistischen »monarchischen Semi-Absolutismus«[13] angesehen, der durch die Bismarck'sche Reichsverfassung von 1871 etabliert worden war. Daher kam der preußische bzw. ab 1871 der preußisch-deutsche Staat seiner Versorgungspflicht gegenüber dem loyalsten Teil seiner Untertanen vor allem im Bereich des Militärs auch bereitwillig bis 1918 nach.

Durch die seit den 1860er Jahren in mehreren Schüben expandierende Armee bot der Staat dem Adel sogar mehr Offiziersstellen an, als dieser überhaupt ausfüllen konnte, so dass die Armee schließlich verstärkt auf bürgerliche Offiziersanwärter zurückgreifen musste. Zwar sank der Adelsanteil im preußischen Offizierskorps zwischen 1860 und 1913 von 65% auf 30%. Doch im selben Zeitraum wuchs die Zahl der Offiziersstellen von etwa 5 000 im Jahre 1860 auf 22 000, zu denen noch die etwa 8 000 Offiziere der nichtpreußischen Kontingente Bayerns, Württembergs und Sachsens kamen, welche zusammen seit 1871 das deutsche Heer bildeten. Damit stieg auch die absolute Zahl Adeliger, welche die Uniform trug, in diesem halben Jahrhundert von 3 250 auf 6 630. Dabei hatte sich der Adel im gleichen Zeitraum quantitativ nicht entsprechend vermehrt. Der durch die Einigungskriege von 1866 und 1870/71 nunmehr zur Verfügung stehende, ohnehin zahlenmäßig geringere nichtpreußische Adel konnte die Lücken nicht füllen oder wollte es nicht. Anders als in Junkerkreisen sah man dort eine militärische Karriere nicht unbedingt als einzig angemessene adelige Daseinsform an.[14]

Angesichts dieser Konjunktur zur Verfügung stehender Offiziersstellen und den nach wie vor goldenen Brücken, welche dem Adel gebaut wurden, um diese auch tatsächlich zu besetzen, gab es wenig Notwendigkeit aus Sicht der ostelbischen Familien wie den Lettows, sich trotz der im Zuge des 19. Jahrhunderts eingetretenen politischen und ökonomischen Umwälzungen beruflich zu diversifizieren. Im Gegenteil, in der zweiten Hälfte des 19. Jahrhunderts wuchs sogar noch die Abhängigkeit vom Militär als Versorgungsanstalt ganzer Familien, weil sich die bisherige traditionelle Alternative einer Karriere als Beamter schwieriger gestaltete. Für den Staatsdienst wurden immer höhere Qualifikationen gefordert, speziell Abitur plus Hochschulstudium. Diese jedoch konnten nur jene Adelsfamilien erbringen, die über ein gewisses Kapital verfügten. Folglich blieb eine Armeekarriere die einzige erschwingliche Variante für große Teile des relativ mittellosen ostelbischen Kleinadels inklusive der Lettow-Vorbecks, um seine Söhne angemessen unterzubringen.[15]

Der Familienzweig der Lettow-Vorbecks, aus dem der spätere Kolonialoffizier hervorging, ist ein gutes Beispiel für die nicht zuletzt ökonomisch bedingte verengte und gleichzeitig idealisierte Auffassung von Lebensgestaltung und Karriereplanung männlicher Angehöriger des ostelbischen Kleinadels im 19. Jahrhundert. Der Großvater Karl Wilhelm bewirtschaftete den bescheidenen Familienstammsitz, das Gut Wangeritz im Kreis Naugard in Pommern seit 1827, nachdem er die Wartezeit bis zur Übernahme des väterlichen Gutes als Offizier überbrückt hatte. Er übergab es 1871 seinem ältesten Sohn Rüdiger, der zuvor ebenfalls in der Armee gedient hatte. Die fünf anderen Söhne wurden Offiziere, nachdem sie im preußischen Kadettenkorps erzogen worden waren. Die ältesten drei, darunter auch Lettow-Vorbecks Vater Paul Karl, 1832 geboren, brachten es sogar in den Rang eines Generalmajors bzw. Generalleutnants, der vierte schlug nach einigen Jahren in der Armee die Verwaltungslaufbahn ein, der jüngste fiel im deutsch-französischen Krieg als Leutnant.[16]

Der Großvater war ein erzkonservativer Junker, der für die überkommene politische Ordnung gegen alle Herausforderungen und Umwälzungen eintrat. So war er einer der ersten Abonnenten der »Kreuzzeitung«, dem im Zuge der Revolution von 1848/49 entstandenen Hauptorgan des preußischen Konservatismus. Folglich waren ihm, wie Lettow-Vorbeck in seinem ursprünglichen Memoirenmanuskript aus den vierziger Jahren schrieb, »Demokraten von Herzen zuwider«. Er war so konservativ und erzpreußisch eingestellt, dass er Bismarcks Politik der nationalen Einigung als gefährliches Spiel mit dem Feuer ablehnte, da diese 1866 etablierte deutsche Fürsten um ihre Throne gebracht hatte und ein gefährliches Bündnis mit den Liberalen einzugehen schien.[17] Auch der Vater Lettow-Vorbecks wird in der Familienchronik von 1904 als »durch und durch konservativ, echt königstreuer Mann« geschildert.[18] Vermutlich bereits beim Vater, vollends aber bei Lettow-Vorbeck selbst war der großväterliche Vorbehalt gegen Bismarcks »revolutionäre« Politik der 1860er und 1870er Jahre verschwunden. Im Zuge einer generell zu verzeichnenden Abschwächung altkonservativer, legitimistischer, gegen Bismarck opponierender Positionen im preußischen Adel in der ersten Dekade nach der Reichsgründung[19] brach sich in diesen Kreisen die Erkenntnis Bahn, dass die Einigungspolitik des »eisernen« Kanzlers letztlich eher der Festschreibung ostelbischer adeliger Privilegien gedient habe, ja dem Adel im neuen Nationalstaat mit seiner vergrößerten Armee sogar noch bessere militärische Karrierechancen offenbarte als zuvor. So waren denn auch Lettow-Vorbecks Memoiren voll des Lobes für den ersten Reichskanzler.[20]

Das Leben auf den meisten ostelbischen Gütern hatte wenig mit feudaler Prachtentfaltung gemein. Im Gegenteil, es herrschte bei vielen Junkerfamilien ein eher bescheidener Lebensstil vor, denn die Güter warfen oft nicht genügend Geld ab, um sich komfortabel einzurichten.[21] »Mein Vater erzählte, wie er und die zahlreichen Geschwister spartanisch einfach erzogen wurden, dass es morgens zum Frühstück nur ein Stück trockenes Brot und einen Apfel gab. Butter war eine Seltenheit (...) Diese schlechte Lebensweise ist den Kindern gut bekommen. Von den 12 Geschwistern wurden sechs über 80 Jahre alt.«[22] Der begrenzte Lebensstandard, den die Güter meistens nur bieten konnten, wurde geradezu Bestandteil des Junkerstolzes. Nicht nur galten die materiell bescheidenen Umstände als gute Schule zur Vorbereitung auf eine entbehrungsreiche Ausbildungszeit im Kadettenkorps und eine in den unteren Rängen eher spärlich besoldete Offizierslaufbahn. Bescheidene Lebensführung wurde vor allem nach der Reichsgründung und dem damit einhergehenden raschen wirtschaftlichen Aufschwung von Industrie und Handel, durch den der Lebensstandard der Bourgeoisie zunehmend jenen nicht nur des ostelbischen Kleinadels in den Schatten stellte, zu einem »Kult der Kargheit« stilisiert und zur Untermauerung des gesellschaftlichen Führungsanspruches eingesetzt. Gerade weil in Adelskreisen, ob nun als Gutsbesitzer oder Offizier, der Luxus oder selbst ein gewisser Wohlstand weitgehend unbekannt war, stellte adeliges Leben angeblich vor allem in seiner ostelbischen Ausprägung eine höhere Form menschlichen Daseins dar: Es sei angeblich ganz dem Erhalt der überkommenen, »gesunden« Agrargesellschaft bzw. dem schlecht entlohnten Dienst an der Allgemeinheit als Soldat gewidmet. Im Kontrast dazu würden sich Bürgertum, aber auch Teile des süddeutschen Adels in erster Linie dem Genuss, der Mehrung ihres Wohlstandes und der egoistischen Selbstverwirklichung hingeben.[23]

Der im Großeltern- wie Elternhaus gepredigte und vorexerzierte bescheidene, ja geradezu spartanische, dem Komfort und den Zeichen äußerlichen Wohlstands im Grunde genommen indifferent gegenüberstehende Lebensstil prägte denn auch Lettow-Vorbeck zeit seines Lebens, selbst als er in den zwanziger und dreißiger Jahren zu beträchtlichem Wohlstand gekommen war und in den fünfziger Jahren komfortabel von seiner Generalspension leben konnte. »Morgens und abends kalt duschen, die Schuhe selbst putzen, Haferflocken zum Frühstück, einfache, pünktliche Mahlzeiten, Spaziergänge bei jedem Wetter, lieber Straßenbahn als Auto fahren, kein Nikotin, aber gern einen guten Tropfen, auf Jagd gehen, vor dem Zubettgehen ein paar Patiencen legen«, schilderte eine Journalistin die Lebensmaximen des Generals am Vorabend seines 90. Geburtstags.[24] In den fünfziger Jahren trug der Pensionär beispielsweise die Anzüge seiner beiden im Zweiten Weltkrieg gefallenen Söhne auf – nicht etwa, weil ihm Geld für eigene Kleidung fehlte, sondern schlicht aus Sparsamkeit und Indifferenz gegenüber Äußerlichkeiten. Die mit dem Pensionär lebende und ihn betreuende Stieftochter geriet zeitweilig in der Hamburger Nachbarschaft in Verdacht, den General um seine Rente zu prellen, weil dieser sich oft in abgetragener Kleidung in der Öffentlichkeit zeigte.[25]

2. Kindheit

Im Mai 1868 im Alter von 36 Jahren heiratete Lettow-Vorbecks Vater, der nach einer Generalstabsausbildung bereits seit einigen Jahren als Hauptmann und Kompanieführer im Infanterieregiment Nr. 70 in Saarlouis diente, die zehn Jahre jüngere Marie von Eisenhart-Rothe. Sie stammte ebenfalls aus einem pommerischen Junkergeschlecht, das ein Nachbargut von Wangeritz bewirtschaftete. Das bezogen auf die Gesamtbevölkerung eher hohe Heiratsalter des Vaters war im Offizierskorps durchaus üblich. Erst wenn ein Offizier die höheren Besoldungsstufen des Hauptmannsrangs erreicht hatte, erhielt er von der Armee die Erlaubnis zur Heirat.

Eine frühere Vermählung wurde nur genehmigt, wenn die Auserwählte so viel Geld mit in die Ehe brachte, dass eine standesgemäße Lebensführung der zu gründenden Familie trotz der geringen Einkünfte des Offiziers garantiert war.

Ein Jahr nach der Heirat wurde der erste Sohn geboren, der jedoch schon im Juni 1870 starb. Paul Emil von Lettow-Vorbeck kam am 20. März 1870 als zweites Kind in Saarlouis in der Wohnung der Eltern in der Silberherzstraße Nr. 18 zur Welt. Eine bronzene Gedenktafel erinnert noch heute an das Geburtshaus des »unbesiegte(n), ritterliche(n) Verteidigers Deutsch-Ostafrikas im Weltkriege 1914-1918«. Die katholisch geprägte Klein- und Festungsstadt Saarlouis, erst 1815 im Zuge der durch den Wiener Kongress erfolgten Westverschiebung Preußens zum Königreich gekommen, beherbergte damals eine der großen Garnisonen des Königreichs, weil sie sich nur wenige Kilometer hinter der französischen Grenze befand. Sie war aber unter dem überwiegend protestantisch-ostelbisch und adelig geprägten Offizierskorps nicht sonderlich populär, denn sie lag zu weit von den preußischen Kerngebieten entfernt und bot wenig Abwechselung. Saarlouis blieb auch nur eine kurze Durchgangsstation für die Familie, obwohl die Stadt 1956 dem Kolonialoffizier die Ehrenbürgerwürde antrug: Als der deutsch-französische Krieg im Juli 1870 ausbrach, schickte der Offizier Frau und Kind sicherheitshalber ostwärts zu Verwandten nach Pommern, während er, gerade zum Major befördert, den Krieg als Stabsoffizier einer Division mitmachte.

Nach dem Ende des Krieges wurde der Vater Bataillonskommandeur in einer der in Ostfrankreich verbliebenen Besatzungseinheiten, welche die Zahlung der Frankreich auferlegten Reparationen sicherstellen sollten. Folglich kamen die beiden nächsten Kinder, Friedrich und Gerd Wilhelm 1872 in Reims bzw. 1873 in St. Mihiel auf die Welt. Da es Frankreich gelang, innerhalb kürzester Zeit und zum Schock der deutschen Öffentlichkeit, die nicht mit so einem schnellen Wiederaufstieg des »Erzfeindes« nach der Niederlage gerechnet hatte, die zunächst als gewaltig angesehene Reparationssumme von fünf Milliarden Francs aufzubringen, zogen die letzten deutschen Besatzungstruppen schon im Herbst 1873 wieder aus Frankreich ab. Es blieb also für die junge Familie bei einem kurzen, allerdings komfortablen und gern erinnerten Intermezzo: »Die dann folgenden Okkupationsjahre in Frankreich waren eine schöne Zeit: Keine materiellen Sorgen, Kriegsgehalt, Wein, was wollte man mehr.«[26]

Es folgten Verwendungen des Vaters in Brandenburg und Berlin. 1879 wurde er zum Oberst befördert. Das Nomadenleben der Lettow-Vorbecks als Folge der wechselnden militärischen Posten, die der Vater bekleidete, war natürlich nicht untypisch für Soldatenfamilien. Im Falle der Lettow-Vorbecks wurde es noch dadurch abwechslungsreicher, dass der Vater recht schnell avancierte, was ihm in kurzer Zeit neue Verantwortlichkeiten einbrachte. Ob diese Karriere allein auf einer überdurchschnittlichen militärischen Befähigung oder auch zu einem gewissen Grad auf einer königlichen bzw. kaiserlichen Gunst beruhte, lässt sich im Nachhinein nicht mehr feststellen. Für letzteres spricht jedenfalls die Tatsache, dass der Vater während seiner Zeit in der Hauptkadettenanstalt 1849/50 Leibpage des Kronprinzen und späteren Königs und Kaisers Wilhelm I. war. Diese Episode hatte ihm offenbar einen gesellschaftlichen Schliff und eine Vertrauensstellung beim Monarchen verschafft. So wurde der junge Offizier 1866 zur Bewachung des hessischen Kurfürsten in Wilhelmshöhe bei Kassel abkommandiert, der sich im preußisch-österreichischen Krieg auf die letztlich unterlegene Seite gestellt hatte und es mit dem Verlust seiner Herrschaft und der Annexion des Landes durch Preußen büßte. Die Behandlung des gefangenen Landesherrn war eine heikle Aufgabe, die, wie die Familienchronik berichtete, gleichzeitig Strenge und Takt erforderte und der sich der Vater derartig geschickt entledigte, dass er dafür von Bismarck belobigt wurde.[27]

In den Jahren 1877 bis 1885 bekam die Mutter noch weitere vier Kinder, die Töchter Elisabeth und Christine sowie die Söhne Arndt und Carl, von denen letzterer nach einem knappen Jahr starb. Das Muster der Ausrichtung der männlichen Nachkommen der Familie auf eine Militärkarriere wiederholte sich auch in der Generation der Söhne angesichts der bescheidenen materiellen Ressourcen der Familie, der nunmehr seit zweihundert Jahren eingeübten Tradition des Dienstes für die Monarchie, schließlich auch dem Desinteresse an anderen als junkerlichen oder soldatischen Lebensentwürfen seitens der Eltern. Die Tatsache, dass es von den vier überlebenden Brüdern der Vatergeneration im Laufe der 1880er Jahre drei in den Generalsrang schafften, schien nur die Auffassung zu bestätigen, dass die Nachkommen der Lettow-Vorbecks vor allem, ja ausschließlich zu einer Militärkarriere bestimmt seien. Für der Vater stand schon bei ihrer Geburt fest, dass die vier Söhne Paul, Friedrich, Gerd und Arndt ebenfalls Offiziere werden würden. Auf die in Lettow-Vorbecks Taufspruch befindliche rhetorische Frage »Was meinst Du, soll aus dem Kindlein werden?« soll der Vater im Familienkreis spontan geantwortet haben: »Mit Gottes Hilfe ein tüchtiger Soldat.«[28] Alle Brüder fügten sich in den kommenden Jahrzehnten diesem für sie vom Vater bestimmten Lebensweg, welcher für drei der Brüder eher ein Leidensweg wurde: Für die beiden jüngeren Brüder Gerd und Arndt endete er mit dem frühzeitigen Tod, beim zweitältesten Bruder Friedrich mit dauerhafter körperlicher Invalidität.

Der Vater, ein Hüne und sportlich veranlagter Mann mit cholerischem Temperament, bereitete die Brüder mit großer Härte auf das Militärdasein vor, so wie er auch die ihm untergebenen Einheiten mit großer Präzision, Unnachgiebigkeit und Rücksichtslosigkeit »schliff«. »Mein Vater erzog uns überhaupt recht streng, aber er hatte, wenn er sich an seine eigene Kindheit erinnerte, wohl doch den Argwohn, dass er gegen uns zu milde sei. Mit Bezug auf seine eigenen jugendlichen Bestrafungen pflegte er zu sagen, ›schade um jeden Schlag, der vorbei ging‹.«[29] Körperliche Abhärtung und Leistungsfähigkeit nahm von Anfang an einen wichtigen Platz in der väterlichen Erziehung ein, hierin unterschied sich der Vater nicht von anderen adeligen Familienoberhäuptern. Das klaglose Ertragen dieser Härten wurde zu einer adeligen und damit auch Offizierstugend erkoren, der so genannten »Haltung«. Selbst größte körperliche Schmerzen sollten als Zeichen vollkommener Selbstbeherrschung und Willenskraft und damit auch Überlegenheit stillschweigend ertragen werden. Daneben wurde Nachdruck auf die »Charakterbildung« gelegt, die vor allem in der Vermittlung von Kenntnissen der Familiengeschichte und des Antrainierens bestimmter Verhaltensweisen wie etwa dem Herausstellen der Ehre und der Einübung eines selbstbewussten Auftretens, auch gegenüber Autoritäten, bestand.[30] Diese Charakterbildung sollte bereits den Kindern das Bewusstsein und den Habitus vermitteln, einem privilegiertem Stand anzugehören, der durch die Weitergabe der über Generationen erworbenen Praxis der Herrschaftsausübung als Grundbesitzer über Bauern oder als Offizier über Soldaten besondere Führungsqualitäten entwickelt habe und damit auch in Zukunft für eine herausgehobene Position in der Gesellschaft qualifiziert sei.

Dagegen wurden die Kinder im Elternhaus kaum an Bildung in einem weiteren Sinn herangeführt, galt die Welt der Bücher, der Kunst und Musik doch eher als bürgerliche Sphäre, als individuell erworbenes, aber auch nur oberflächliches »Kapital« im Vergleich zu den angeblich durch die Generationen ererbten, da gelebten Fähigkeiten und Erfahrungen, die durch die Charakterschulung nur eine endgültige Ausprägung bekamen. Bildung und Kultur wurden im 19. Jahrhundert zum Ausdruck bürgerlicher Selbstdarstellung, bürgerlichen Selbstbewusstseins und Vehikel des Aufstiegs dieser Schichten insbesondere in den Bildungsinstitutionen und in der Verwaltung. In Abgrenzung dazu kultivierte man vor allem im ostelbischen Adel, der schon aus ökonomischen Gründen seinen Kindern nicht den gleichen Bildungszugang wie die Bourgeoisie ermöglichen konnte in Zeiten des Schulgeldes und der Nichtexistenz von Stipendien, zunehmend eine geradezu bildungsfeindliche Haltung.[31]

Dies schlug auch auf die Armee durch: Ein weiter Bildungshorizont wurde im damaligen Offizierskorps als eine eher unerwünschte Abweichung von der Norm angesehen. In der Reformära leuchtete zwar kurzzeitig das Ideal des umfassend gebildeten Offiziers auf, und die Militärreformer um Gerhard Scharnhorst und August Graf Neidhart von Gneisenau versuchten, dieses durch höhere formale Einstiegskriterien in den Offiziersberuf sowie ein breites Curriculum in den neu errichteten militärischen Bildungseinrichtungen umzusetzen. Mit dem Sieg der Reaktion nach dem Ende der Befreiungskriege verschwand dieses Ideal schnell wieder durch das Herunterschrauben der Bildungsanforderungen, vor allem durch den bereitwillig gewährten Dispens vom Abitur als Voraussetzung für die Offizierslaufbahn. Nur durch möglichst niedrige Bildungsanforderungen konnte der von der Monarchie wie von den Junkern gewünschte adelige Charakter des Offizierskorps garantiert werden. Zugleich schrumpfte der Lehrplan von Kriegsschulen und Kriegsakademie in den folgenden Jahrzehnten mehr und mehr auf die Vermittlung rein militärspezifischen Fachwissens zusammen.[32] Um die Jahrhundertmitte, als der Vater in die Armee eintrat, galt ein Offizier längst wieder als dann viel versprechend, wenn er sein Metier beherrschte und das hierfür nötige Fachwissen besaß, doch möglichst keinen Blick über den militärischen Tellerrand warf. Ein solcher galt als unnötiger Luxus, schlimmer noch als Ablenkung von der eigentlichen Aufgabe gemäß dem vom preußischen Kriegsminister Albrecht von Roon in den 1860er Jahren geprägten Motto, »nicht Universalität, sondern Einseitigkeit macht schneidig für den Zweck«.[33] Ratgeber aus der Epoche, geschrieben für angehende oder junge Offiziere, warnten denn auch vor übermäßigem Bildungsdrang, da dieser nur von der eigentlichen Aufgabe ablenke und zum »Räsonieren«, also zur Besserwisserei oder zum unerwünschten kritischen Hinterfragen tradierter Verhaltensweisen und Auffassungen verführe.

Im Diskurs des Offizierskorps bedeutete Bildung, sich ein Höchstmaß an Fachkenntnis zur perfekten Beherrschung der Berufsaufgaben anzueignen. Im Bürgertum hingegen stand Bildung gerade für die zweckfreie Aneignung von Wissen zur

Vervollkommnung des Individuums.[34] Im noch von adeligen Vorstellungen geprägten Offizierskorps galt man kraft Geburt und Erziehung als eine Persönlichkeit, die nur noch das Handwerk des Krieges erlernen musste, in der bürgerlichen Gesellschaft hingegen wurde man durch eigene Anstrengungen zur kultivierten Persönlichkeit. Der Vorrang des »Charakters« als einer mehr oder weniger ererbten Fähigkeit und angeblich besonders im Adel anzutreffenden Veranlagung gegenüber der »Bildung« als individuell erworbenem Wissen und damit eher bürgerlichem Ausweis einer gewissen Befähigung erhielt für die Armee 1888 allerhöchste Absolution, indem der Generalstabschef Helmuth von Moltke verfügte, dass für die Beurteilung der Absolventen der Kriegsakademie zukünftig der Charakter, also eine gewisse Haltung, nicht die Bildung das ausschlaggebende Kriterium sein solle.[35] Moltkes Neffe, seit 1906 Generalstabschef der deutschen Armee, wurde denn auch wegen seiner im Offizierskorps selten anzutreffenden vielfältigen außermilitärischen Interessen, die der Literatur, der Malerei, dem Cellospiel und den Lehren Rudolf Steiners galten, von seinen Kameraden als tendenziell für den Posten ungeeignet, da zu »philosophisch« angesehen.[36] Paul von Hindenburg dagegen, als Chef der 3. Obersten Heeresleitung (OHL) im Ersten Weltkrieg einer der Nachfolger des zu »philosophischen« jüngeren Moltkes, der angeblich in den ersten Kriegsmonaten versagt hatte, entsprach ganz der Vorstellung, dass nur ein einseitig interessierter Offizier ein guter militärischer Führer sein könne. Er behauptete in seinen Memoiren durchaus selbstbewusst, weder als Kadett noch später als Offizier habe er je ein nichtmilitärisches Buch in die Hand genommen.[37]

Man kann also bei Lettow-Vorbeck und seinen Brüdern nicht nur von einer im Elternhaus wie später im Militär einseitigen Erziehung ausgehen, sondern geradezu von einer bereits in jungen Jahren einsetzenden Entmutigung, zu neuen Wissenshorizonten aufzubrechen oder Erfahrungen außerhalb der traditionellen Domänen der Landwirtschaft, der Jagd und des Militärs zu suchen.

Um den Kindern das häufige Umziehen sowie der Familienkasse das Schulgeld zu ersparen und sie frühzeitig im »richtigen« militärischen Geist zu erziehen und damit ihre Karrierechancen innerhalb der preußisch-deutschen Armee zu vergrößern, schickte der Vater, der selbst Kadett gewesen war, drei der vier Söhne ins Kadettenkorps. Lediglich der dritte Sohn Gerd besuchte ein ziviles Gymnasium. Bei ihm machte die Familie eine Ausnahme, weil er körperlich offensichtlich zu schwach war, um die physischen Härten der vormilitärischen Schulung im Kadettenkorps zu überstehen. Ihm blieb dennoch die vom Vater für ihn vorgesehene militärische Karriere nicht erspart, doch musste er diese bereits zur Jahrhundertwende krankheitsbedingt wiederholt unterbrechen und starb schließlich im April 1904 im Alter von 31 an Herzversagen.[38] Dass die Autorität des Vaters und seine Vision, alle Söhne müssten Offiziere und nichts als Offiziere werden, trotz der möglicherweise fatalen Auswirkungen für die Betroffenen nicht in Frage gestellt wurde, zeigte sich auch am Schicksal des jüngsten Sohnes Arndt. Dieser trat zwar nach dem Kadettenkorps in die Armee ein, immatrikulierte sich aber nebenher während seiner Stationierung in Gießen als Student der Philosophie. In der Familienchronik heißt es lediglich, er habe die Studien nach einiger Zeit wieder aufgegeben. Lettow-Vorbeck hingegen berichtet in seinem unveröffentlichten Memoirenmanuskript von einem Zerwürfnis mit seinem Vater wegen des Schicksals des jüngsten Bruders, der um das

Jahr 1908 schwer erkrankte. »Ich glaube, dass die große Schroffheit meines Vaters meinen Bruder sehr mitgenommen hat. Der erste Bruder war gestorben, weil er die Krankheit vor meinem Vater verheimlicht hatte. Sicher hat mein Vater stets mit größter Gewissenhaftigkeit gehandelt, aber es war schwer, mit ihm auszukommen oder gar ihm etwas einzugestehen, was sich irgendwie verheimlichen ließ.«[39] Dennoch obsiegte erneut die väterliche Autorität, denn der jüngste Bruder blieb Berufsoffizier und fiel im August 1914 als Hauptmann in Belgien.

Lettow-Vorbeck als ältester Sohn schien die Voraussetzungen dafür, dass er eines Tages ein »tüchtiger« Soldat werde, schon im Kindesalter zu erfüllen. Die vom Vater den Kindern auferlegten körperlichen Trainingseinheiten scheint er als Herausforderung angesehen zu haben. So berichtete die Schwester 1918 der Presse, er sei zwar als Kind von eher schmächtiger Statur, aber von robuster Gesundheit und zäher Ausdauer gewesen: »Schon von klein auf war er darauf bedacht, seinen Körper abzuhärten und seine Kräfte zu stählen, so etwa in vielen Prügeleien mit Jungensbanden in der Nachbarschaft.«[40] Bereits als Kind musste er als Vorbild für die Mannschaftsdienstgrade des Regiments, welches der Vater kommandierte, herhalten gemäß der im Offizierskorps fest verankerten Auffassung, den Untergebenen nichts zuzumuten, was man nicht selbst (bzw. der zum Offiziersberuf auserkorene Nachwuchs) auch täte. So schrieb Lettow-Vorbeck, er sei zwar wie sein Vater ein guter Schwimmer gewesen, »aber doch nicht sehr entzückt (gewesen), wenn mich mein Vater vom obersten Turm springen ließ, um gelegentlich einen Grenadier (dazu) zu ermutigen«.[41]

Er wurde mit fünf Jahren eingeschult und besuchte in Berlin zunächst für vier Jahre eine Privatschule. Da die Kadettenanstalten Schüler erst ab dem zehnten Lebensjahr aufnahmen, ging er anschließend zur Überbrückung für ein Jahr auf das französische Gymnasium in der Dorotheenstraße, in dem er täglich eine Stunde in Französisch unterrichtet wurde.

Lettow-Vorbeck verfügte über eine gewisse Begabung für Fremdsprachen, die durch den Kontakt mit der französischen Sprache seit der frühesten Kindheit zunächst als Sohn eines Besatzungsoffiziers, sodann als Schüler des französischen Gymnasiums gefördert worden war. Nach dem Ersten Weltkrieg konnte er sich ohne große Mühe mit seinen ehemaligen britischen und südafrikanischen Gegnern auf Englisch verständigen. Anders als seine Brüder Arndt und Friedrich, die sich trotz der Einseitigkeit der elterlichen Erziehung und des Curriculums der militärischen Bildungsanstalten später zum Studium bzw. im Falle des zweitältesten zur Schriftstellerei hingezogen fühlten[42], scheint er weder als Kind und Jugendlicher noch später besondere Interessen und Fähigkeiten außer jenen für das Militär und die Jagd entwickelt zu haben.

3. Kadett

Zum 1. Mai 1881 endeten Lettow-Vorbecks zivile Schuljahre. Der Vater wurde im Februar 1881 zum Kommandeur des Grenadierregimentes Nr. 12 ernannt und von

Berlin nach Frankfurt/Oder versetzt. Dies erschien der geeignete Zeitpunkt, um den nun elfjährigen Jungen auf eine militärische Bildungsanstalt zu schicken. Mit Beginn der sechsten Klasse (Quinta) kam er in die »Voranstalt« des preußischen Kadettenkorps in Potsdam.

Die Kadettenanstalten waren unter Friedrich Wilhelm I. im frühen 18. Jahrhundert eingerichtet worden als Unterrichts- und Versorgungsanstalten für die Kinder von Offizieren.[43] Zugleich sollte durch diese Maßnahme der adelige Nachwuchs frühzeitig fest an das Land und die Krone gebunden und zumindest für Preußen der im 18. Jahrhundert unter den Adeligen in Europa noch durchaus üblichen Praxis ein Ende bereitet werden, auch Offiziersdienste außerhalb der Landesgrenzen anzunehmen. Da die Hohenzollern seit dem Aufbau eines stehenden Heeres darauf bedacht gewesen waren, ein möglichst sozial wie in seinen Anschauungen homogenes Offizierskorps heranzuziehen, was faktisch bis zur Reformära ein zumindest für Kavallerie und Infanterie beinahe exklusiv adeliges Offizierskorps bedeutete, stellten die Kadettenanstalten sowohl Sozialisationsanstalt für einen monarchisch orientierten militärischen Dienstadel dar als auch eine Art Versorgungsanstalt für die Kinder der meist nicht sehr begüterten Offiziersfamilien. Der Aufenthalt im Kadettenkorps gestaltete sich zwar für die Eltern nicht kostenlos, aber im Vergleich zu einer Ausbildung auf einer zivilen Schule wesentlich günstiger. Eine anschließende Übernahme in die Armee als Offizier galt praktisch als garantiert. Ganz abgesehen davon, dass Familien wie die Lettow-Vorbecks sich ohnehin ihren Nachwuchs nicht anders denn als Landwirt oder Offizier vorstellen konnten, kostete die Ausbildung und Unterbringung im Kadettenkorps ab der Sexta Ende des 19. Jahrhunderts pro Kind etwa 6 000 RM, während man zur Finanzierung von Gymnasium und Studium pro Kind je nach Fach mit 18 000 bis 25 000 RM rechnen musste. Für Kinder aus gänzlich mittellosen, aber gesellschaftlich erwünschten Kreisen, zu denen insbesondere Söhne aus Offiziersfamilien zählten, gab es notfalls königliche Stipendien, um den Besuch der Kadettenanstalt zu ermöglichen.[44]

Das Kadettenkorps war also seit dem 18. Jahrhundert die Pflanzstätte der preußischen Militärmonarchie, in der von Generation zu Generation das Band zwischen adeligem Offiziersnachwuchs und Hohenzollerndynastie zum Vorteil beider Seiten erneuert wurde. Die Kadettenjahrgänge, die um 1880 etwa ein Drittel des zukünftigen Offiziersbedarfs stellten, konnten sich als besonders protegierter militärischer Nachwuchs ansehen, weil sie durch eine dem König direkt unterstehende Institution ausgebildet wurden und gleichsam seine Paten waren. So inspizierte der König jedes Jahr die Absolventen der »Hauptkadettenanstalt« in Großlichterfelde. Jeder wurde ihm persönlich vorgestellt. Das Institut der Hof- und Leibpagen für die königliche Familie, welche die Hauptkadettenanstalt regelmäßig zu stellen hatte, verdeutlichte zusätzlich die enge Beziehung zwischen diesem besonderen Offiziersnachwuchs und der Dynastie.[45]

Der erfolgreiche Besuch der Kadettenanstalt galt wegen der Nähe zur Monarchie und der frühen militärischen Sozialisation der Schüler im kaiserlichen Deutschland schlichtweg als der beste Start für eine ambitionierte Karriere in der preußischen Armee und so wurden neben dem späteren Kolonialoffizier kurz darauf auch seine Brüder Friedrich und Arndt vom Vater dort untergebracht. Etwa die Hälfte aller Offiziere, die 1871 bis 1914 den Generalsrang erreichten, hatte ihre Erziehung im

Kadettenkorps erhalten.[46] Als Lettow-Vorbeck eintrat, gab es in Preußen sechs so genannte Voranstalten des Kadettenkorps in Potsdam, Wahlstatt, Bensberg, Plön, Oranienstein, und Köslin, welche die Jungen von der fünften (Sexta) bis zur neunten Klasse (Obertertia) aufnahmen und für die Hauptkadettenanstalt in Großlichterfelde, damals noch ein Vorort von Berlin, vorbereiteten.

Als Folge der Siege der preußischen Armee in den Jahren 1864 bis 1870/71 vollzog sich eine schleichende Militarisierung der deutschen Gesellschaft. Die Werte und Verhaltensweisen des Militärs rückten an die Spitze der gesellschaftlichen Ansehensskala. Sinnbildlich hierfür war das Streben des Bürgertums, zumindest das Reserveoffizierspatent zu erlangen, wollte man schon nicht Berufsoffizier werden.[47] Gleichzeitig konnte die Monarchie den Luxus adeliger Exklusivität und der Abhängigkeit von Sprösslingen von Offiziersfamilien als einzigem Nachwuchs des Kadetten- und Offizierskorps in Zeiten der Heeresvergrößerung wegen mangelnder personeller Ressourcen der so genannten »erwünschten Kreise« nicht mehr aufrechterhalten. Der Prozentsatz von Kadetten bürgerlicher Abstammung wuchs also parallel zum steigenden Anteil bürgerlicher Offiziere in der Armee seit den Einigungskriegen beständig: Etwa die Hälfte der Kadetten war um 1880 noch adelig; zur Jahrhundertwende waren es noch ca. 40% der Zöglinge in der Hauptkadettenanstalt. Weil in und um Berlin die Garderegimenter mit einem beinahe exklusiv adeligen Offizierskorps lagen, blieb aber die Potsdamer Voranstalt bis 1914 stärker als die anderen Voranstalten von den Sprösslingen der Aristokratie geprägt. Hier konservierte sich ein aus Sicht von Adel und Monarchie wünschenswerter, aber leider immer weniger aufrechtzuerhaltender Idealzustand hinsichtlich der sozialen Zusammensetzung des Offiziersnachwuches länger als an anderen Voranstalten des Kadettenkorps.[48] »Offiziere, Lehrer und Kadetten gehörten derselben gesellschaftlichen Schicht an, in der Königstreue, Vaterlandsliebe, Zucht und Gehorsam als Selbstverständlichkeiten galten. So kam keinerlei Zwiespalt in die jungen Seelen (...) Gewiss war das Leben einseitig, und mit anderen Berufen und Ständen kam man kaum in Berührung. Aber auch gerade dadurch wurde mancher ungünstige Einfluss ferngehalten«, erinnerte sich Lettow-Vorbeck entsprechend.[49]

Die vollkommene Abrichtung der Kinder auf das Militär, die in den meisten Fällen schon im Elternhaus begonnen hatte, wurde in diesen Internatsschulen konsequent fortgeführt. Selbst jene Jungen, die ursprünglich nicht den richtigen »Hintergrund« hatten, erhielten durch diese tendenziell »totale« Institution, in der es keine Trennung zwischen Lernen, Frei- und Ruhezeit gab[50] und die weitgehende soziale Homogenität der Mitschüler schnell den gleichen Habitus aufgedrückt. Der Unterricht wurde in den von Anbeginn an auf dem Lehrplan präsenten militärischen Fächern von Offizieren abgehalten. Schon in den Voranstalten erhielten die Kadetten eine Ausbildung am Infanteriegewehr. Der ganze Tagesablauf war bereits ein Vorgeschmack auf das spätere Leben in der Kaserne inklusive der Uniformierung ab dem ersten Schultag und Rangstufen unter den Kadetten, die aufgrund ihres Betragens in fünf verschiedene so genannte »Sittenklassen« eingestuft wurden. Für jeweils etwa 20-30 Kadetten gab es einen Erzieher, einen verdienten, im Falle Lettow-Vorbecks kriegsinvaliden Offizier, der die Kadetten in ihrer Freizeit und bei den Schulaufgaben beaufsichtigte.

Die Zöglinge wurden im Kadettenkorps keineswegs verwöhnt, vielmehr führten die Anstalten die schon in den junkerlichen Elternhäusern meist praktizierte Erziehung zu Anspruchslosigkeit und körperlicher Härte konsequent weiter: »Ein Kadett hat immer Hunger« schrieb Lettow-Vorbeck rückblickend.[51] Ferner hielten die Erzieher sie dazu an, Streitigkeiten untereinander durch Faustkämpfe auszutragen, was eine Vorbereitung auf die spätere, trotz offiziellem Verbot von der Monarchie insgeheim weiter geduldeten, da als unerlässlich zur Verteidigung der Offiziersehre erachteten Duellpraxis war. »Bei den Kadetten herrschte ein strenger Ehrenkodex. Ich hatte einige Streitigkeiten im offiziellen Duell vor Zeugen auszutragen. Der Gegner wurde gefordert. Bei dem nun folgenden Faustkampf durfte nur auf das Gesicht geschlagen werden. Da meine Gegner stets älter und stärker als ich waren, ging ich immer mit gehörig geschwollenem Gesicht aus dem Kampf hervor.«[52]

In den Anstalten wurde das Leben, aber auch das Sterben der vorangegangen Kadetten- und späteren Offiziersgenerationen regelrecht inszeniert. Die aktuelle Schülergeneration sollte sich als ein Glied in diese Kette vergangenen, gegenwärtigen und zukünftigen Dienens und Sterbens mental bereits einordnen. Der Kadett schien es der Familientradition wie dem König in diesem zwischen der Dynastie und seinem Adel abgeschlossenen militärischen Generationenvertrag gleichermaßen schuldig zu sein. So waren beispielsweise einzelne Plätze in den Esssälen über Jahrzehnte für die Namensträger bestimmter preußischer Offiziersdynastien reserviert. Dies war sowohl eine Art Anerkennung für die von den jeweiligen Familien erbrachten Dienste in der Vergangenheit wie auch ein Appell und eine Verpflichtung der aktuellen Zöglinge diesen Vorbildern nachzueifern. Die Schlafsäle der Hauptkadettenanstalt waren mit Bildern ausgeschmückt, welche Episoden aus der preußischen Militärgeschichte verherrlichten. In Lettow-Vorbecks Erinnerungen hieß es zu dieser fast spirituellen Verbindung zwischen den Lebenden und den Ahnen entsprechend: »Viele Väter der Kadetten waren gefallen, und es hatte etwas Ergreifendes, wenn bei Vorstellungen die Kadetten ihre Namen nannten und anschließend in ganzen Reihen hinzufügten, Vater gefallen bei Vionville, bei Mars-la-Tour, bei Beaumont, Sedan usw.«[53]

Im Frühjahr 1883 wechselte Lettow-Vorbeck von Potsdam in die Hauptkadettenanstalt. Hier blieben die Schüler weitere zwei Schuljahre (Unter- und Obersekunda) im Falle durchschnittlicher Leistungen. Im Falle besonderer Leistung und Eignung konnten sie danach ein zwölftes Schuljahr in der so genannten Selekta verbringen, einer ganz auf die Militärlaufbahn ausgerichteten Klasse. Die Selekta ersetzte die Kriegsschule, die jeder Offiziersanwärter ansonsten nach seinem Eintritt in ein Regiment zu absolvieren hatte. Die Absolventen der Selekta wurden folglich beim Verlassen des Kadettenkorps sofort zum Leutnant befördert, die anderen zum Fähnrich. Alternativ gab es seit 1885 auch die Möglichkeit für überdurchschnittlich begabte Kadetten, das 12. und 13. Schuljahr (Unterprima und Oberprima) bis zum Abitur, das sich an der Reifeprüfung der Realgymnasien, nicht jener der traditionellen humanistischen Gymnasien orientierte, in Großlichterfelde zu bleiben. Für letztere Option entschied sich Lettow-Vorbeck. Dabei kam es ihm (bzw. seinem Vater) nicht so sehr auf den Erwerb der Hochschulreife an, sondern er war schlicht noch zu jung, um nach der Selekta direkt in die Armee eintreten zu können, da das Mindestalter damals 18 Jahre betrug.[54] Der zweitälteste Bruder Friedrich hingegen absolvierte die Selekta, weil sein Geburtstag so lag, dass er unmittelbar nach Vollendung des 17. Lebensjahrs in die Armee eintreten konnte.

Die Einführung des Abiturs und seine steigende Wertschätzung bei den Absolventen war ein deutliches Indiz für die Verbürgerlichung und Professionalisierung, die selbst diese traditionsreiche Institution erfasste. Das Kadettenkorps wollte und musste zunehmend bürgerliche Zöglinge anziehen, um auch in einer expandierenden Armee sicherzustellen, dass ein unverändert großer Prozentsatz des Offizierskorps auch künftig von dieser angeblich besten vormilitärischen Bildungsanstalt gestellt wurde. Die Söhne des Bürgertums, in dem Bildung generell eine höhere Wertschätzung genoss, konnte man jedoch im Gegensatz zu jenen des Adels für die Offizierslaufbahn besser mit dem Abitur ködern, weil dieses notfalls nach dem Kadettenkorps auch eine zivile Karriere eröffnet hätte.[55] Das Kadettenkorps sollte zudem weiterhin die Kaderschmiede eines sich mehr und mehr professionalisierenden Offizierskorps bleiben, denn die moderne Kriegführung erforderte einen besser qualifizierten Offizierstyp, welcher immer stärker durch den elitären, vor allem auf Leistung statt Abstammung abstellenden, und damit zunehmend bürgerlicher geprägten Generalstab verkörpert wurde. Dieser Offizierstyp konnte aber nur geschaffen werden, wenn man bereits bei der Erziehung der Kadetten vom Klientelismus als Muster, nach dem Offizierskarrieren bisher zu einem nicht unerheblichen Teil geschmiedet worden waren, langsam Abschied nahm und dagegen das Leistungsprinzip stärker betonte. Ende der 1880iger Jahre absolvierten nur etwa 5% der Kadetten das Abitur, 1914 schließlich 25%.[56] Vielleicht dämmerte diese Erkenntnis auch dem Vater der Lettow-Vorbecks, denn der jüngste Bruder Arndt machte einige Jahre später ebenfalls Abitur in Lichterfelde.

Die intellektuellen Ansprüche der Kadettenanstalten an ihre Zöglinge blieben dennoch, anders als die körperlichen, nicht sehr hoch. Das dort geforderte und vermittelte Wissenspensum lag deutlich unter jenem in den vergleichbaren zivilen Lehranstalten, nicht zuletzt weil man den Nachwuchs aus Adels- und Offiziersfamilien wegen der erwünschten sozialen Homogenität des Kadetten- und Offizierskorps auf jeden Fall zu benötigen glaubte, selbst wenn dieser Nachwuchs in vielen Fällen eher schwache schulische Voraussetzungen aufwies. Wer den richtigen familiären Hintergrund hatte, dem wurde zunächst einmal die Eignung zum Offizier unterstellt, da letztlich die soziale Zusammensetzung der künftigen Offiziersjahrgänge so weit wie möglich jener der vorangegangenen entsprechen sollte, selbst wenn die Gesellschaft außerhalb der Armee sich wandelte. Jene Kadetten, die wie Lettow-Vorbeck nicht schon in der fünften Klasse, sondern später zu den Kadetten stießen, hatten in der Regel durch den Besuch einer zivilen Schule einen Wissensvorsprung vor ihren Mitschülern. Wer sich unter den Kadetten im Sport, etwa beim Bayonettfechten oder Voltigieren oder in den praktischen Fächern wie Taktiklehre, Zeichnen und Schießen gut bewährte, dem wurden schwache Leistungen in den traditionellen Schulfächern Latein, Französisch, Englisch und Mathematik nachgesehen.[57] Wie schon bei der Erziehung in den Junkerfamilien wurde also mehr Wert auf »Charakter« und »Haltung« denn auf Bildung gelegt. So konnte ein Kadett, wenn er ansonsten ein zufriedenstellendes Betragen an den Tag legte, trotz nicht bestandener Prüfungen versetzt werden oder ihm wurde ggf. die Abschlussprüfung erlassen.

Lettow-Vorbeck wurde von einem Mitkadetten, der mit ihm in Großlichterfelde die Stube teilte, als ernsthafter Schüler geschildert, der sich an Streichen nicht beteiligte. Obwohl er keineswegs von kräftiger Statur gewesen sei und eher etwas »mädchenhaft Zartes« an sich gehabt habe, legte er jedoch bei allen körperlichen Anforderungen äußerste Willenskraft an den Tag und strahlte stets eine Energie aus, die allen imponierte.[58] Diese Stilisierung ist ebenso wie jene von Lettow-Vorbecks Schwester gegenüber der Presse mit Skepsis zu betrachten. Sie projezierte den entschlossenen, nie aufgebenden, auch sich selbst nicht schonenden Offizier, als welcher Lettow-Vorbeck im Ersten Weltkrieg wahrgenommen werden sollte, gleichsam schon auf das Kind und den Jugendlichen zurück. Zudem entsprechen die ihm zugeschriebenen Eigenschaften und Verhaltensweisen dem damals gängigen Idealbild des Offiziers als »Willensmensch«[59], der durch die mentale Disziplinierung und Konditionierung des Körpers, die der Überwindung aller Schwächen und Zweifel diente, zum geborenen Führer wird. Weil Lettow-Vorbeck zum erfolgreichen militärischen Führer wurde, schien er für die sich erinnernden Zeitgenossen die dafür im Zeitkontext als unumgänglich erachteten Voraussetzungen schon von früh an aufzuweisen.

Dennoch: So subjektiv und idealisierend die Erinnerungen der Schwester wie des Mitkadetten an Lettow-Vorbecks Kindheits- und Kadettenjahre gewesen sein mögen, bei ihm vereinten sich anscheinend mehrere Faktoren, um aus ihm einen sehr guten Kadetten zu machen: Fleiß, rasche Auffassungsgabe, ein besseres Vorwissen als die anderen Kadetten durch den Besuch des französischen Gymnasiums, körperliche Ausdauer und Geschicklichkeit – er war ein guter Turner und Schwimmer und einer der besten Fechter seines Jahrganges[60] – sowie eine einwandfreie Herkunft aus einer traditionsreichen, adeligen Offiziersfamilie. So nahm es nicht wunder, dass er als besondere Ehre, die gleichzeitig auch wieder als Auszeichnung für die Leistungen der vorangegangenen Generationen für die Monarchie gewertet werden konnte, 1887/88, seinem letzten Jahr als Kadett in Großlichterfelde, zum Dienst als Leibpage des Kronprinzen Friedrich auserkoren wurde.[61] Zwar stellte die Hauptkadettenanstalt jedes Jahr aus dem Kreise der Selektaner und Oberprimaner 30 Hof- und 30 Leibpagen, die in Uniformen des 18. Jahrhunderts staffiert als Komparsen für das Hofzeremoniell dienten, Botengänge zu erledigen, Türen aufzuhalten und sonstige Handreichungen zu verrichten hatten. Doch als Leibpage (im Gegensatz zum Hofpagen) musste der Kadett nicht nur adelig sein und mindestens eine Fremdsprache gut beherrschen, sondern es wurden auch nur solche jungen Männer ausgewählt, deren Väter Wilhelm I. persönlich bekannt waren.[62] In diesem Fall war es dadurch gegeben, dass Lettow-Vorbecks Vater seinerseits als Leibpage dem damaligen Kronprinzen und jetzigen Kaiser gedient hatte. Einer von zwei Leibpagen des Kronprinzen zu sein war die höchste Auszeichnung und der höchste Ausweis dynastischer Gunst für einen Kadetten nach jener, dem Throninhaber selbst zu dienen. Allerdings konnte Lettow-Vorbeck den Dienst nur für kurze Zeit verrichten, da die schwere Erkrankung des Kronprinzen an Kehlkopfkrebs im Frühjahr 1887 erkannt wurde und er sich ab Mai 1887 bis zur Thronbesteigung im März 1888 als bereits vom Tode gezeichneter Prätendent auf Kur im Ausland befand. Auch der zweite Bruder Friedrich diente zwei Jahre später als Leibpage der Witwe Kaiser Friedrich III., also der Mutter Wilhelm II. Merkwürdigerweise geht Lettow-Vorbeck in seinen autobiographischen Aufzeichnungen auf diese den Lettows gewährte monarchische Gunst nicht ein. Vielleicht hätte dies der Nachwelt den Anschein königlicher Protektion gegeben, während er seine spätere militärische Karriere ausschließlich als Ergebnis seines Willens und seiner Leistungen der Nachwelt überliefern wollte und nicht als zu einem gewissen Teil auch dem Umstand geschuldet, dass er den richtigen familiären Hintergrund besaß. Ein Pagendasein war für die spätere militärische Karriere auf jeden Fall nicht von Nachteil: Während 37% derjenigen Kadetten, welche die Selekta oder die Oberprima besucht hatten, im Kaiserreich oder später einen Generalsrang erreichten, waren es 47% unter jenen, die zusätzlich Pagen gewesen waren.[63]

Ihren Abschluss fand die erfolgreiche Kadettenlaufbahn Lettow-Vorbecks schließlich Anfang 1888 mit einem Abitur, bei dem die Noten »sehr gut« in Latein, Englisch, Geschichte, Geographie, Mathematik, Chemie, Religionslehre und »gut« in Deutsch, Französisch, Physik, Turnen, Zeichnen dominierten.[64] Lettow-Vorbeck wurde – in einem allerdings im Vergleich zu den zivilen Gymnasien eher schwachen Konkurrentenfeld – Jahrgangsbester der dritten Absolventengeneration, welche die Kadettenanstalt nach 13 Schuljahren mit der Hochschulreife verließ. Für diese Leistung erhielt er als erster Abiturient überhaupt der Kadettenanstalt eine kaiserliche Belobigung.[65]

Leistung und Abstammung, Begabung und Charakter schienen in der Person des jungen Lettow-Vorbeck aus Sicht der preußischen Militärmonarchie ausbalanciert gewesen zu sein. Der Absolvent konnte somit auch in einem sich wandelnden gesellschaftlichen und militärischen Umfeld letztlich als Beweis dafür herhalten, dass der ostelbische Adel immer noch besonders viel versprechenden Offiziersnachwuchs hervorbringe: »Wenn der Adel in den höheren Stellen des Heeres überwog, so kann hierin keine ungerechtfertigte Bevorzugung erblickt werden. Man muss vielmehr diese Tatsache als Beweis für die Möglichkeit einer Hochzüchtung für bestimmte Aufgaben auch beim Menschen ansehen, eine Hochzüchtung, wie sie für den deutschen Adel durch seine Entstehung und Entwicklung im Rahmen der Geschichte seines Vaterlandes meines Erachtens gegeben ist.« Diese Zeilen schrieb nach dem Ersten Weltkrieg ein Oberst von Rosenberg des ehemaligen Militärkabinetts, das für die Personalpolitik des Heeres bis 1918 zuständig gewesen war, in dem hagiographischen »Ehrendenkmal der Deutschen Armee und Marine«, um den hohen Anteil von Adeligen in herausgehobenen Positionen des kaiserlichen Militärs gegen Vorwürfe der Günstlingswirtschaft zu verteidigen.[66]

II. VOM GARDEREGIMENT ZUM GENERALSTAB

Die Jahre 1887 und 1888 waren von starken Spannungen zwischen Deutschland und seinen Nachbarn Frankreich und Russland geprägt. Der Grund für die von Reichskanzler Otto von Bismarck geschürten Kriegsdrohungen gegenüber Frankreich lag im scheinbar unaufhaltsamen Aufstieg des nationalistischen, auf Revanche sinnenden französischen Kriegsministers General Georges Boulanger. Zugleich drängte im Winter 1887/88 der deutsche Generalstab gegen den Widerstand des Reichskanzlers und des alten Kaisers wiederholt, aber letztlich erfolglos zum Präventivkrieg gegen den östlichen Nachbarn. Ursache hierfür waren sowohl die Konkurrenz zwischen Russland einerseits und Österreich und Deutschland andererseits in dem soeben unabhängig gewordenen Bulgarien wie auch die Angst des Reiches vor einem ökonomischen Aufstieg des Zarenreichs bei gleichzeitiger Annäherung an Frankreich. Vor dem Hintergrund dieser Kriegsgefahr und damit erhöhter Alarmbereitschaft der Armee begann Lettow-Vorbecks Offizierskarriere. So sollten die Kadetten im Jahre 1887 schon ungewöhnlich früh die Einheit angeben, in der sie als Leutnant dienen wollten. Als Lettow-Vorbeck sich Anfang Februar 1888 erstmals zu seinem Regiment begab, reiste er inmitten mobilisierter Reservisten, die man normalerweise nicht im Winter zu Übungen einberief.[1]

Parallel zu Lettow-Vorbecks Eintritt in die Armee, der sich offiziell am 8. Februar 1888 vollzog, begann der Stern des Vaters durch den 1888 erfolgten zweifachen Thronwechsel zu sinken. Wilhelm II., obwohl im Gegensatz zu Wilhelm I. an Heeresfragen nicht sonderlich interessiert, griff gleich nach seiner Thronbesteigung im Juni 1888 eigenwillig und selbstherrlich in die Personalpolitik des preußischen Heeres ein, ohne Traditionen und eingespielte Entscheidungsabläufe so zu berücksichtigen, wie es sein Großvater getan hatte.[2] Lettow-Vorbecks Vater hatte sich einige Jahre zuvor über das Verhalten des damaligen Kronprinzen, der sich einen Scherz auf Kosten des Offiziers erlaubte, beim alten Kaiser beschwert, was sich nun rächte. Er war seit 1884 Generalmajor und Kommandeur der 4. Infanteriebrigade in Danzig und hoffte Divisionskommandeur zu werden. Stattdessen wurde er zwar im September 1888 zum Generalleutnant befördert, aber auf die Position des Festungskommandanten von Thorn abgeschoben, während ein jüngerer Offizier den erstrebten Posten erhielt. Eine Verwendung als Kommandant einer Festung hingegen galt als Karriereabstellgleis. Folglich bat der Vater im Dezember 1891 im Alter von 59 Jahren um seinen Abschied.[3]

Lettow-Vorbecks Startvoraussetzungen für eine überdurchschnittliche Offizierskarriere als jahrgangsbester Abiturient des Kadettenkorps mit einem aus Sicht des Militärestablishments und der Monarchie »richtigen« familiären Hintergrund waren gut. Gleichwohl konnte er eine erfolgreiche Laufbahn nicht als Selbstverständlichkeit hinnehmen, war doch eine Kombination aus Leistung, »Haltung«, Glück, robuster Gesundheit und Verbindungen zum Militärkabinett oder zur Dynastie unerlässlich, um nicht in der gefürchteten »Majorsecke« nach mehr als 20

Dienstjahren hängen zu bleiben und dann einer frühzeitigen Pensionierung entgegensehen zu müssen. Von den 376 Leutnants des Offiziersjahrgangs 1883 wurden beispielsweise in den folgenden Jahrzehnten 210 Major, aber nur noch 105 Oberstleutnant, 20 schließlich Oberst und ganze zwei schafften es in den Generalsrang.[4] Zwar vergrößerte sich insbesondere ab 1890, als sich die Möglichkeit eines Zweifrontenkrieges gegen Russland und Frankreich abzuzeichnen begann, durch wiederholte Heeresvermehrungen das Offizierskorps der deutschen Armee von etwa 20 000 Stellen auf 30 800 am Vorabend des Ersten Weltkriegs. Dies ließ aber nicht unbedingt auf eine schnellere Beförderung jener hoffen, die seit Ende der 1880er Jahre Offiziere geworden waren. Vielmehr führte die vermeintliche Attraktivität des Offiziersberufes auch zu einem größeren Interesse an dieser Karriere im Bürgertum, so dass es tatsächlich einen stärkeren Konkurrenzkampf als zuvor zumindest um die höheren Ränge gab. Außerdem wurden vor allem neue Stellen für Offiziere in jenen Waffengattungen geschaffen, die für Abkömmlinge der adeligen Offiziersdynastien wegen scheinbar fehlender kriegerischer Ausrichtung und Tradition inakzeptabel oder wegen der hohen technischen Anforderungen mangels entsprechender Vorbildung unerreichbar waren, also bei der Artillerie, den Pionieren sowie den Nachrichten- und Transporteinheiten. Aufs Ganze gesehen gab es im Offizierskorps eher einen Beförderungsstau, der in den Friedensjahrzehnten bis unmittelbar vor dem Ersten Weltkrieg sogar noch zunahm: Konnte um 1875 ein Offizier im Schnitt nach 13 Jahren mit einer Beförderung zum Hauptmann rechnen und nach acht weiteren Jahren mit der Beförderung zum Major, so waren es statistisch gesehen 1913 bereits 15 Jahre, die man als Leutnant und 10 Jahre, die man als Hauptmann dienen musste, um anschließend Major zu werden.[5]

Die Tendenz zur Professionalisierung des Offizierskorps, d. h. die stärkere Betonung der Leistung gegenüber der Abstammung wegen der höheren Anforderungen des technisierten Krieges in der Ära der Massenheere relativierte den Vorteil eines adeligen Namens für eine beschleunigte Karriere zudem langsam aber sicher. Zum »Adel der Geburt« als Empfehlung für eine erfolgreiche Karriere trat nun, wie es in einem berühmten Erlass Wilhelms II. vom März 1890 hieß, der »Adel der Gesinnung«. Es kam faktisch zu einer Art Nobilitierung bürgerlicher Offiziersanwärter, sofern sie aus Familien stammten, die bereits eine gewisse Offizierstradition in den zurückliegenden ein oder zwei Generationen entwickelt hatten. Dieser Stammbaum öffnete auch Offizieren, die kein »von« im Namen trugen, schließlich die Tür zu höchsten Positionen, wie es der Fall Erich Ludendorffs im Ersten Weltkrieg zeigte. Das Konzept des Adels der Gesinnung blockierte aber nach wie vor fähige Offiziere, die der Monarchie ebenfalls treu ergeben waren, aber lediglich einen kleinbürgerlichen, nichtmilitärischen familiären Hintergrund hatten, vom Aufstieg in höchste Verwendungen. Hiervon zeugte beispielsweise der Karriereweg Wilhelm Groeners bis in die Endphase des Ersten Weltkriegs.[6]

Zwar gehörten nach Erhebungen von Daniel Hughes 70% der Generäle des preußischen Heeres der Jahre 1871 bis 1914 dem Adel an. Doch während ihr Anteil für die Dekade bis 1880 noch 82% betrug, sank er für die Dekade 1904-1914 auf 58%.[7] In der Infanterie allerdings, welche die Lettow-Vorbecks traditionellerweise als Waffengattung wählten, war die Adelsdominanz in den höheren Offiziersrängen der preußischen Armee am Vorabend des Ersten Weltkriegs wesentlich stärker ausgeprägt als bei der Stichprobe von Hughes, die alle Waffengattungen umfasst. Dies verdeutlicht eine im liberalen »Berliner Tageblatt« im Februar 1909 veröffentlichte Statistik: Während nur etwa 30% der damals aktiven Leutnants ein »von« im Namen trugen, waren es schon etwa 50% der Majore und Oberstleutnants, 68% der Obristen, 70% der Generalmajore, 86% der Generalleutnants und schließlich fast 95% der Generale, Generalobersten und Feldmarschälle.[8] Nun muss man diese Prozentzahlen etwas relativieren: Erstens gab es insbesondere unter der Generalität eine Anzahl von Bürgerlichen, die wegen ihrer militärischen Verdienste nobilitiert worden waren. Zweitens spiegelten natürlich vor allem die unteren Ränge die zunehmende Verbürgerlichung des Korps wider, die ja vor allem ab den 1890er Jahren einsetzte. Die Generalität hingegen repräsentierte 1909 noch Offiziersgenerationen, die schon mehr als 30 Dienstjahre hinter sich hatten, mithin also in das Heer eingetreten waren, bevor dieses den großen Verbürgerlichungsschub erlebte. Dennoch macht diese Statistik deutlich, dass ein Adelsprädikat immer noch von Vorteil blieb, je höher ein Offizier in der Infanterie aufstieg.

Dass das Abitur an der Kadettenanstalt kombiniert mit einem Adelstitel gleichwohl kein Blankoscheck für eine beschleunigte Karriere war, zeigte das Schicksal von einigen von Lettow-Vorbecks insgesamt 17 Mitabiturienten, davon sechs aus dem Adel, soweit sich ihr weiterer Werdegang aufgrund der Ranglisten nachvollziehen lässt. Bis zum Ausbruch des Ersten Weltkrieges waren zwei als Hauptmann aus der Armee ausgeschieden. Selbst sein Jahrgangskamerad mit dem klingenden Namen Freiherr Marschall von Bieberstein war Ende 1913 lediglich Major im Landwehrbezirk Oberlahnstein und stand zur Disposition (z. D.), d. h. er musste mit seiner baldigen Pensionierung rechnen. Auch der größte Teil der anderen Mitkadetten machte keine außergewöhnliche Karriere bis zum Ausbruch des Ersten Weltkrieges: Sieben von ihnen wurden erst im Laufe des Jahres 1913 zum Major befördert, also nach beinahe 25 Dienstjahren. Es war keineswegs sicher, ob sie in den kommenden Jahren den entscheidenden Sprung zum Oberstleutnant schaffen würden, da ihre bisherigen Karrieren durchschnittlich verlaufen waren. Einer von ihnen namens von Roeder hatte nicht nur einen Adelstitel, sondern es war ihm sogar gelungen, ursprünglich als einer von nur drei Absolventen in einer Einheit des Gardekorps aufgenommen zu werden, was in der Regel als hoffnungsvoller Beginn einer militärischen Karriere gewertet werden konnte. Auch der zweitbeste Abiturient des Jahrgangs, von Rheinbaden, war bei Kriegsausbruch 1914 noch Major, obwohl er ebenfalls seine Karriere aussichtsreich im 3. Garderegiment als Leutnant begonnen hatte. Lediglich Lettow-Vorbeck und ein weiterer Kadett bürgerlicher Abstammung waren eindeutig schneller befördert worden und hatten am Vorabend des Ersten Weltkriegs bereits die kritische »Majorsecke« hinter sich gebracht.[9]

1. Weichenstellungen für die weitere Karriere

Einen potentiellen Startvorteil für seine Karriere erhielt der Absolvent der Hauptkadettenanstalt, wenn es ihm gelang, in eine der als exklusiv angesehenen Einheiten der preußischen Armee aufgenommen zu werden. Während Offiziersanwärter, die nicht ihre Vorbildung im Kadettenkorps erhielten, sich direkt bei den Regimentern bewarben, wurden die Kadetten durch das Militärkabinett über das ganze Land und auf alle Waffengattungen verteilt, damit auch abgelegene und daher unpopuläre Garnisonen oder wenig renommierte Regimenter stets einen ausreichenden Stamm junger Offiziere bekamen. Allerdings konnten die Absolventen zuvor Wünsche hinsichtlich ihrer Verwendung äußern. Je besser die Beurteilung eines Kadetten ausgefallen war, desto eher wurden dessen Vorstellungen berücksichtigt.[10]

Weil der Adel sich aus Tradition wie mangelnder Vorbildung wenig zu den bereits erwähnten »bürgerlichen«, aber expandierenden Waffengattungen hingezogen fühlte, bestand für Lettow-Vorbeck also theoretisch die Wahl zwischen einem Kavallerie- und einem Infanterieregiment, allenfalls wäre noch die (berittene) Feldartillerie in Frage gekommen. Praktisch blieb aber nur die Infanterie als Option übrig: Zum einen, weil das Leben als junger Kavallerieoffizier bzw. Offizier der (berittenen) Feldartillerie einen höheren Zuschuss von väterlicher Seite erforderte, denn der Offizier musste u. a. sein Pferd selbst kaufen. Die Kavallerieregimenter zogen daher Adelige und zunehmend auch Bürgerliche aus recht wohlhabenden Familien an, während die Feldartillerie sich geradezu zu einer Domäne betuchter Bürgersöhne entwickelte. In diesen berittenen Regimentern wurde folglich auch ein höherer Aufwand hinsichtlich der Gestaltung des gesellschaftlichen Lebens betrieben. Sie waren vor allem Anlass für das seit 1871 oftmals vom Offizierskorps beklagte Umsichgreifen eines gewissen »Luxus« in den Garnisonen, der angeblich den kriegerischen Geist unterminiere. Um an diesem Repräsentationsgehabe teilzunehmen, reichte die den Lettow-Vorbeck-Brüdern zur Verfügung stehende väterliche Unterstützung bereits in den 1880er Jahren nicht aus. Zudem war spätestens seit dem deutsch-französischen Krieg nicht nur deutschen Militärs deutlich geworden, dass wegen der seit den 1850er Jahren enorm gesteigerten Wirkung der Schusswaffen hinsichtlich Feuergeschwindigkeit und Reichweite die Kavallerie als schlachtentscheidende Offensivwaffe ausgedient hatte. Das Schlachtfeld der Zukunft würde sowohl für die Offensive wie für die Defensive mehr denn je von der Infanterie in Zusammenarbeit mit der Artillerie beherrscht werden, während es immer schwieriger wurde, eine zeitgemäße Aufgabe für berittene Truppen zu finden.[11] Damit war ein Infanterie- oder Artillerieoffizier auch tendenziell besser für höhere Verwendungen qualifiziert als ein Kavallerieoffizier. Die Statistik bestätigt dies im Rückblick: Bezogen auf den Prozentsatz von Kavallerieoffizieren in der preußischen Armee waren diese sowohl im Generalstab als auch in den Generalsrängen des Kaiserreichs unterrepräsentiert.[12] Diese nachlassende Bedeutung der Kavallerie ließ sich auch an der Entwicklung der Personalstärke der einzelnen Waffengattungen ablesen: Während beispielsweise zwischen 1875 und 1890 die Zahl der Infanteriebataillone in der deutschen Armee von 469 auf 534 stieg und jene der Feldartilleriebatterien von 300 auf 364, blieb die Zahl der Kavallerieschwadronen mit 465 konstant. Die Lettow-Vorbecks waren eine zu professionelle Offiziersdynastie, um sich von dem gesellschaftlichen Glanz der Kavallerieregimenter mit ihrem feudalen Habitus blenden zu lassen, der zur militärischen Bedeutung dieser Formationen zunehmend kontrastierte.

Weil sie sich schon seit mehreren Generationen vom Ideal des grundbesitzenden Junkers entfernt hatten, wussten die Lettow-Vorbecks, dass ihre gesellschaftliche Stellung vor allem von einer erfolgreichen militärischen Karriere ihrer Mitglieder abhing. Wie viele ostelbische Familien des Kleinadels hatten sie schlichtweg keine ökonomisch fundierte Rückfallposition, sollte die militärische Karriere scheitern. Auch mental wäre für die Lettow-Vorbecks ein alternativer Berufsweg wegen des aus Sicht des ostelbischen Adels fehlenden Sozialprestiges praktisch aller Berufe außerhalb des Staatsdienstes kaum denkbar gewesen, ebenso wie dies auch die Optionen innerhalb der Armee auf wenige Waffengattungen beschränkte. Daher blieb eine Karriere in der Infanterie für Lettow-Vorbeck praktisch die einzige Wahl.

Die Chancen für eine erfolgreiche militärische Karriere stiegen für einen angehenden Leutnant, wenn es ihm gelang, in eines der durch und durch adelig geprägten Garderegimenter in und um Berlin aufgenommen zu werden. Der Umstand, dass die Garderegimenter nur ausnahmsweise Bürgerliche einstellten, war ein beständiger Kritikpunkt der oppositionellen Parteien im Reichstag: Die Statistik zeigte, dass eine Aufnahme in einem Garderegiment in der Regel zu einem schnelleren Avancement führte und dadurch vor allem Adelige ein Startvorteil gegenüber bürgerlichen Offiziersaspiranten erhielten. So wies beispielsweise der Abgeordnete Ernst Bassermann von den Nationalliberalen 1913 in einer Debatte der Budgetkommission des Reichstages darauf hin, dass es statistisch gesehen im Heer 37,2 % der Offiziere zum Major brächten, unter den Offizieren der Garderegimenter hingegen 85,5%.[13]

Dem Vater gelang es, seinem Sohn einen Platz im 4. Garderegiment zu Fuß in Spandau zu sichern. Die Aufnahme gestaltete sich problemlos, weil eine Gardeformation wegen des großen Andrangs von Bewerbern bevorzugt solche Kandidaten aufnahmen, die aus Familien stammten, welche schon früher Offiziere in diesem Regiment gestellt hatten. Oskar von Lettow-Vorbeck, der in den 1890er Jahren Oberst und ein bekannter Verfasser militärhistorischer Schriften wurde, hatte beispielsweise von 1877 bis 1881 die 4. Kompanie des Regiments geführt; Hermann von Lettow-Vorbeck, ebenfalls aus einer anderen Linie der Familie, kommandierte sogar 1883-1885 dieses Regiment. Der 1887/88 die Einheit führende Oberst Freiherr von Wilczeck, dem wie allen Regimentschefs in der preußischen Armee die letzte Entscheidung darüber zustand, ob ein Kandidat tatsächlich aufgenommen wurde, war wiederum ein Bekannter des Vaters.[14] Dass das 4. Garderegiment zu Fuß eine Art Erbhof der Lettow-Vorbecks war, zeigte sich auch wenige Jahre später, als der dritte Bruder Gerd hier seine Leutnantsjahre absolvierte.

1887 waren von den 53 Offizieren der Einheit 49 adelig.[15] War allerdings ein Bürgerlicher erst in das Offizierskorps eines Garderegimentes aufgenommen, so verblassten die Standesunterschiede. Eine Art Nobilitierung durch generationslangen Dienst für die Monarchie wog den Adel der Abstammung auf: »Gegenüber den wenigen Bürgerlichen bestand kein Unterschied, und der Sohn des Hauptmannes Werkmeister wurde als Fahnenjunker ins Regiment aufgenommen«, hieß es bei Lettow-Vorbeck.[16] Ohnehin entwickelte sich das preußische Offizierskorps im 19. Jahrhundert dahingehend, dass es zwar nach wie vor das Hauptbetätigungsfeld für den preußischen Kleinadel blieb, seine Reputation jedoch mehr und mehr aus der ihm vor allem seit den Einigungskriegen zugeschriebenen militärischen Kompetenz zog denn aus dem hohen Prozentsatz von Adeligen in seinen Reihen. Junker wie Bürgerliche schickten also ihre Söhne nicht nur in die Armee, weil das Offizierskorps als sozial exklusiv galt, sondern auch, weil sie hier zu Experten in einem gesellschaftlich anerkannten Metier wurden.[17]

Auch wenn mit dem Eintritt in ein Garderegiment der erste Schritt getan war, um auf eine überdurchschnittliche Offizierskarriere hoffen zu können, so unterschieden sich die nun folgenden Jahre als Fähnrich bzw. Leutnant für Lettow-Vorbeck kaum von jenen anderer in Einheiten der Linieninfanterie.[18] Jeder junge Offiziersanwärter konnte damit rechnen, dass er die Jahre bis zum Hauptmannspatent im selben Regiment verbringen würde. Zunächst musste Lettow-Vorbeck wie alle Fähnriche das militärische Metier »von der Pike auf« erlernen. Als erstes erhielt er eine Grundausbildung angelehnt an jene der Mannschaften im Regiment, die durch ausgesuchte Unteroffiziere und getrennt von den einfachen Soldaten erfolgte. Da das Meiste schon aus der Kadettenanstalt vertraut war, dauerte sie aber für Fähnriche wie ihn nur zwei anstatt der sonst üblichen sechs Monate für Offiziersaspiranten, die nicht das Kadettenkorps durchlaufen hatten. Die Fähnriche mussten dabei weniger Schikanen erdulden als gewöhnliche Soldaten, weil ihre Ausbilder wussten, dass diese Rekruten in kurzer Zeit als Leutnants ihre Vorgesetzten sein würden. Anschließend wurde Lettow-Vorbeck vom Regiment für 35 Wochen auf die Kriegsschule nach Kassel geschickt, wo die für den Beruf des Offiziers nötigen Grundkenntnisse vermittelt wurden.

Der Lehrplan der Kriegsschulen, die alle Offiziere außer den Selektanern des Kadettenkorps besuchen mussten, umfasste die Fächer Taktik, Waffenlehre, Befestigungskunst, Terrainlehre, Zeichnen, Heeresorganisation, militärischer Geschäftsstil und Grundlagen des Sanitätsdienstes. Ferner wurden die angehenden Offiziere im Schießen, Exerzieren, Reiten, Fechten, Turnen, Schwimmen sowie in Englisch und Französisch unterwiesen. Die Kriegsschule endete mit einer schriftlichen Prüfung. Diese war allerdings wie schon die Examina in der Kadettenanstalt bzw. die Eignungsprüfung vor Aufnahme in die Armee für jene, die kein Abitur vorweisen konnten, so einfach gestaltet, dass man kaum durchfallen konnte. Wer es schließlich bis zur Kriegsschule geschafft hatte, wurde als grundsätzlich offiziersgeeignet betrachtet und sollte nicht im frühen Stadium seiner Karriere durch übermäßige intellektuelle Anforderungen ausgebremst werden.

Nach Absolvierung der Kriegsschule kamen die Fähnriche zurück in ihr Regiment, wo sie nach einstimmiger Wahl durch ihre Kameraden, die seit der Reformära unbedingte Voraussetzung für die endgültige Aufnahme in die Offiziersgemeinschaft der Einheit war, zum Leutnant ernannt wurden. Lettow-Vorbeck erhielt sein Patent als Secondelieutenant (Leutnant) am 15. Januar 1889. Allerdings wurde es als besondere Konzession an jene Kadetten, die Abitur gemacht hatten und damit ein Jahr nach den Selektanern, die ohne Umweg über die Kriegschule sofort zum Leutnant ernannt worden waren, auf den Zeitpunkt des Abiturs zurückdatiert, sofern sie die Abschlussprüfung der Kriegsschule mit mindestens »gut« bestanden hatten. Dies war bei Lettow-Vorbeck der Fall, folglich trug sein Patent das Datum des 7. Februar 1888. Die Datierung des Patents war für jeden Offizier wichtig, weil die Beförderungpraxis in der Armee offiziell aus einer Kombination der Prinzipien

Anciennität und Leistung bestand. Mithin konnte man also zumindest bis zum Majorsrang nach einer gewissen Zeit mit einer Regelbeförderung rechnen. Zudem war der Offizier mit dem ältesten Patent innerhalb einer Gruppe von gleichrangigen Offizieren immer Vorgesetzter.

2. Leutnantsjahre in Spandau

Die folgenden sechs Jahre verbrachte Lettow-Vorbeck im 4. Garderegiment zu Fuß in Spandau. Hier wurde er am 30. Mai 1895 zum Premierlieutenant (Oberleutnant) befördert. Trotz dieses standardisierten Verfahrens der Formung der unteren Offiziersdienstgrade war der Dienst in einem Garderegiment in dreifacher Hinsicht aussichtsreicher und angenehmer als in einem Linienregiment: Erstens bot die Nähe zu Berlin größere kulturelle Abwechslung und die Möglichkeit gesellschaftliche Kontakte insbesondere zum Hof zu knüpfen, die für die weitere Karriere wertvoll sein konnten. Das 4. Garderegiment gehörte z. B. zu jener Brigade, welche Kronprinz Wilhelm im Jahre 1888 als Bestandteil seiner militärischen Ausbildung, die unerlässlich für die Vorbereitung auf das Amt des Monarchen angesehen wurde, kommandierte. Auch nach seiner Thronbesteigung stattete er dem Regiment noch gelegentlich einen Besuch ab.[19] Es bestand also eine gute Chance für die Offiziere, dem Monarchen, der über das ihm unterstehende Militärkabinett die Personalpolitik der gesamten preußischen Armee steuerte, etwa auf dem Exerzierfeld oder beim Umtrunk im Kasino aufzufallen. Zweitens ließen die Garderegimenter ihren Offizieren größeren Freiraum sich für die weitere Karriere fortzubilden. Die Einheiten organisierten für sie Fachvorlesungen und die Nähe der Universität und vieler Bibliotheken ermöglichte es den Gardeoffizieren sich besser auf die Prüfung zur Kriegsakademie vorzubereiten. Sie wurden auch gelegentlich vom Dienst zwecks Prüfungsvorbereitung freigestellt, denn schließlich wollte das Gardekorps nicht allein durch seinen hohen Adelsanteil glänzen, sondern die von ihm geformten Kader sollten auch bessere Karrierechancen erhalten. Jede aus den Reihen der Garde hervorgehende überdurchschnittliche Karriere unterstrich wiederum den Elitecharakter der Einheiten. Schließlich war der tägliche Dienst in einem Garderegiment für Offiziere auch insofern angenehmer, als diese nur Freiwillige oder ausgesuchte Mannschaften aus ganz Preußen aufnahmen, die als körperlich besonders geeignet, diensteifrig und loyal zur Krone galten. Linienregimenter bekamen, wie schon ihre Namen wie 3. brandenburgisches Infanterieregiment andeuteten, ihren Ersatz jeweils aus bestimmten Wehrkreisen zugewiesen, um die fortgesetzte landsmannschaftliche Zusammensetzung der Regimenter zu gewährleisten. Dies konnte also im Falle von Regimentern, die ihren Ersatz aus industrialisierten Regionen wie beispielsweise dem rheinisch-westfälischen oder dem Berliner Raum erhielten, einen starken Anteil sozialdemokratisch gesinnter Arbeiter unter den Mannschaften bedeuten. In den Garderegimentern gab es wegen der landesweiten Vorauswahl der Soldaten folglich weniger disziplinarische Probleme und weniger Bedarf nach »patriotischem Unterricht« der Mannschaften durch die Offiziere. In

Lettow-Vorbecks Worten war daher das 4. Garderegiment von »große(n), schöne(n) Kerls, nicht vorbestraft, anständig in der Gesinnung«[20] geprägt. In der Regel war auch das Bildungsniveau der Mannschaften in den Garderegimenter höher, galten sie doch als besonders beliebt unter den so genannten »Einjährigen-Freiwilligen«, also jenen Wehrpflichtigen, die aufgrund ihres Abiturs nur ein Jahr zu dienen hatten, sofern sie für Kleidung, Unterkunft und Verpflegung während der verkürzten Wehrdienstzeit selbst aufkamen. Die meisten dieser Freiwilligen erhofften sich im Anschluss an ihren Dienst das mit hohem Sozialprestige behaftete Reserveoffizierspatent, was ihrem Diensteifer nicht abträglich war.

Die Regimentskultur in den Gardeformationen verstärkte also noch die ohnehin in allen Einheiten vorhandene Abkapselung des Offizierskorps von der Realität der sie umgebenden Zivilgesellschaft. Der Gardeoffizier kam, abgesehen von der großen Homogenität seiner Offizierskameraden, im Regiment selbst im Umgang mit den Mannschaften nur mit solchen Schichten der Gesellschaft in Berührung, die das bestehende politische System nicht nur kritiklos akzeptierten, sondern durch ihre Wahl der Garde, die dem Schutz des Throns diente, gleichsam ein Bekenntnis zur Hohenzollernmonarchie abgelegt hatten. Der Dienst im Garderegiment vervollkommnte also die »hermetische«, da weitgehend isoliert von äußeren Einflüssen erfolgende Erziehung[21] der jungen, adeligen Offiziere.

Das Regiment setzte Lettow-Vorbeck als Ausbilder der Einjährig-Freiwilligen ein, was als besonderer Vertrauensbeweis in seine erzieherischen wie militärischen Fähigkeiten gewertet werden konnte. »Im praktischen Dienst kam mir zustatten, dass ich das Exertium vom Kadettenkorps her in seinen Einzelheiten gut beherrschte und den Leuten jeden Griff vormachen konnte.«[22]

Lettow-Vorbeck hatte auch das Glück, dass einer seiner Regimentskommandeure, der spätere Feldmarschall Karl von Bülow, versuchte, den Offizieren des Regiments eine zeitgemäße, d. h. vor allem auf Eigeninitiative und taktische Kreativität aufbauende Ausbildung angedeihen zu lassen.[23] Die praktische Ausbildung des ihm unterstehenden Offizierskorps war die wichtigste Aufgabe eines Regimentskommandeurs und machte diese Stellung so attraktiv innerhalb der Militärhierarchie. Dabei waren die Ausbildungsgrundsätze im preußischen Heer keineswegs einheitlich, sondern bis in das erste Jahrzehnt des 20. Jahrhunderts sehr von den Vorstellungen der einzelnen Kommandeure der Armeekorps, ja selbst der Regimentschefs geprägt.[24] Bülow war schon frühzeitig ein Anhänger der so genannten »Auftragstaktik« geworden und wurde auch einige Jahre später Mitglied jener Kommission, welche 1906 die Auftragstaktik durch das neue Exzerzierreglement der Infanterie zur offiziellen Doktrin erhob.

Die extrem gesteigerte Wirkung der modernen Schusswaffen, wie sie sich im deutsch-französischen Krieg manifestiert hatte, bewirkte, dass das Schlachtfeld der Zukunft sich räumlich wesentlich ausdehnte, da Freund wie Feind Deckung suchten oder der Feuerkraft durch Auflockerung der Gefechtsfeldformation zu begegnen trachteten. Dies führte tendenziell zur Aufsplitterung großer Verbände in kleinere, selbständig operierende Einheiten. Damit war die Kontrolle der höheren Offiziere über die ihnen unterstehenden Einheiten erschwert, wenn nicht gar unmöglich geworden in einer Zeit, als es noch keine drahtlosen Kommunikationsmittel wie Funk gab. Die so genannten »Normaltaktiker« in der deutschen Armee setzten als

Lösung für dieses Dilemma auf eine intensivierte, aber stark standardisierte Ausbildung, die Mannschaften wie Offizieren ein bestimmtes gleichförmiges Verhaltensmuster an die Hand geben sollte. Sie glaubten ferner, dass man der verstärkten Waffenwirkung, welche zu Auflösungserscheinungen in der Truppe führen konnte, nur mit einer stärken Kontrolle der Untergebenen durch ihre Vorgesetzten entgegenwirken könne, was letztlich auf das Beibehalten dichtgedrängter Gefechtsfeldformationen hinauslief. Die Auftragstaktiker wie Bülow hingegen betonten die Unvorhersehbarkeit von Gefechtssituationen, die nach jeweils individuellen Lösungsansätzen rufe. Um Verluste auf dem Gefechtsfeld zu vermeiden, sollten die Formationen auseinander gezogen werden. Der Entscheidungsfreiraum der Unterführer wie auch ihre Urteilsvermögen müssten daher gefördert werden, damit sie in einer eventuell isolierten Position auch ohne Rücksprache mit dem Vorgesetzten die richtigen Entscheidungen träfen.[25] Das Exerzierreglement von 1888 für die Infanterie hatte diese Idee zwar schon in Ansätzen enthalten, war aber noch eine Art Kompromiss zwischen den Normal- und Auftragstaktikern gewesen und ließ den jeweiligen Regiments- und Korpskommandeuren die Möglichkeit, es bei der Ausbildung der Offiziere in der Truppe in die eine oder andere Richtung auszulegen.

Der einzige Nachteil der Garderegimenter für die dort dienenden Offiziere bestand darin, dass sie einen höheren finanziellen Aufwand betreiben mussten als in den Linienregimentern, um ihrer gesellschaftlichen Stellung als angebliche Elite unter den Offizieren gerecht zu werden. Jeder junge Offizier benötigte zumindest bis zum Rang des Hauptmanns einen Zuschuss seitens der Familie, um »standesgemäß« leben zu können. Alternativ musste er eine Frau heiraten, die Geld mit in die Ehe brachte, was für adelige Offiziere auch Ehefrauen aus bürgerlichen Familien akzeptabel erscheinen ließ. Lettow-Vorbeck erhielt als Leutnant im 4. Garderegiment monatlich 135 RM Sold, von denen automatisch ein Teil für Unterkunft, Verpflegung und Kleidung abgezogen wurden, so dass ihm 107 RM monatlich blieben. Zusätzlich erhielt er monatlich 50 RM vom Vater, während seine Kameraden im Schnitt etwa 90 RM Zuschuss von ihren Familien bekamen.[26] Doch da der Vater 1891 in Pension gegangen war, konnte er für seine vier Söhne offenbar nicht mehr Geld erübrigen.

Seitens des Offizierskorps wurde häufig auf die Kargheit des Leutnantsdasein verwiesen, die ganz im Gegensatz zum verantwortungsvollen, ja aufopferungswilligen Dienst an der Allgemeinheit stehe, den der Offizier zu leisten habe und dem daher auch eine besondere Ehrerbietung seitens der Gesellschaft zustehe.[27] Zwar waren die deutschen niederen Offiziersränge im internationalen Vergleich tatsächlich schlecht bezahlt. So verdiente ein deutscher Leutnant Ende des 19. Jahrhunderts nur etwa ein Fünftel dessen, was damals ein US-Leutnant erhielt[28], doch war dies kaum der Vergleichsparameter, an dem die deutschen Offiziere ihre angeblich frugalen Verhältnisse maßen. Lettow-Vorbeck verfügte immerhin als Junggeselle allein durch seinen Sold ohne die väterliche Zulage Mitte der 1890er Jahre über weit mehr als das doppelte monatliche Einkommen eines Nichtselbstständigen in Industrie oder Handel.[29] Der Verweis auf die Ärmlichkeit des Leutnantsdasein zeigte letztlich nur, wie losgelöst von der gesellschaftlichen Realität des Kaiserreichs die Offiziere lebten bzw. welch übersteigerte Auffassung sie von der Bedeutung ihrer

Tätigkeit hatten, die entsprechend gesellschaftlich inszeniert werden musste. Kutschenausfahrten, Trinkgelder, die teureren Uniformen der Garde, der Zwang, als Offizier im Theater im Rang sitzen zu müssen und ähnliche Aufwendungen strapazierten jedenfalls das Budget der unteren Offiziersränge in den Berliner Einheiten mehr als an anderen Orten des Reiches. Dem Besuch von festlichen Veranstaltungen wie z. B. Bällen, der zu einem gewissen Umfang von jedem Offizier erwartet wurde, um seine gesellschaftlichen Umgangsformen zu perfektionieren und gleichzeitig als eine Art Botschafter seiner Einheit zu wirken[30], konnte man sich als Repräsentant eines Garderegimentes noch weniger entziehen als in einem Linienregiment in der Provinz.

Inwieweit Lettow-Vorbeck diese gesellschaftlichen Anlässe über das erforderliche Maß hinaus nutzte, lässt sich nicht eindeutig feststellen. Seine Memoiren über die Berliner Jahre erwähnen eher lange Jagdausflüge in der Umgebung von Berlin sowie Ruder- und Segelexkursionen als gesellschaftliche Festivitäten und die Teilnahme am kulturellen Leben. Dabei konnte sich Lettow-Vorbeck auf gesellschaftlichem Parkett sehr wohl bewegen, wie selbst Heinrich Schnee schrieb, einer seiner schärfsten Kritiker während und nach dem Ersten Weltkrieg.[31] Die Jagdleidenschaft, durchaus typisch für adelige Offiziere, sollte Lettow-Vorbeck im Übrigen sein ganzes Leben über begleiten und Passagen über seine waidmännischen Erfolge finden sich in jedem Abschnitt seiner Lebenserinnerungen. Selbst als Neunzigjähriger ging er noch regelmäßig auf die Pirsch. Die Jagd gehörte zu den gesellschaftlich anerkannten Zerstreuungen der Offiziere, da sie Ausdauer, Geduld, Schießfertigkeit und Geländekenntnis förderte. Zugleich war sie eine besonders im Adel ausgeübte und kultivierte Passion, erinnerte sie doch an jene Zeiten, als der Adel das Vorrecht hatte, überall Wild zu jagen ohne notwendigerweise Grund und Boden zu besitzen.[32]

Das Leben im Regiment war von der Gleichförmigkeit des militärischen Kalenderjahres geprägt: Von November bis Februar erhielten die neuen Rekruten ihre Grundausbildung, für welche vor allem die Unteroffiziere sorgten, während die Offiziere, die eine der Masse der Wehrpflichtigen entrückte Kaste darstellten, schriftliche Ausarbeitungen für den Regimentskommandeur zu taktischen Aufgaben anzufertigen hatten, Vorträgen höherer Offiziere folgten und an so genannten »Kriegsspielen«, also am »grünen Tisch« simulierten Gefechtssituationen teilnahmen. Bei besonderer Eignung wurden sie manchmal auch schon zu solchen Übungen zu höheren Stäben abkommandiert. Im Februar und März erfolgte das Kompanieexerzieren, im März und April das Exerzieren auf Bataillonsebene; von Mai bis Juli wurden die auf dem Kasernengelände vermittelten Fertigkeiten im Felddienst und auf dem Schießplatz angewendet; im August übten die Einheiten im Regiments- oder Brigadeverband. Ende August und Anfang September kam dann der Höhepunkt des militärischen Jahres mit den Manövern im Feld im noch größeren Verband, eventuell sogar im Rahmen der großen »Kaisermanöver« unter teilweise aktiver Teilnahme des Monarchen. Im Oktober wurden die Rekruten auf ihre Entlassung vorbereitet.[33]

Diese Routine war dazu geeignet, den Offizier träge werden zu lassen, weil er ohnehin nach einigen Jahren mit einer automatischen Beförderung zum Oberleutnant oder Hauptmann in seinem Regiment rechnen konnte, sofern er sich nichts zuschulden kommen ließ. Lettow-Vorbeck wäre auch beinahe Opfer dieser durch die Gleichförmigkeit des Dienstes hervorgerufenen Lethargie geworden. Doch sein Vater drängte ihn seiner Karriere eine entscheidende Wendung zu geben, in dem er sich für die Aufnahmeprüfung der Kriegsakademie melden sollte.[34] Inwiefern der Vater tatsächlich als Karriereantreiber diente, ist nicht mehr festzustellen, doch besuchten immerhin später auch die Brüder Friedrich und Gerd die Kriegsakademie.

3. Kriegsakademie und Generalstab

Die Aufnahme in die 1859 gegründete Berliner Kriegsakademie eröffnete dem Offizier verschiedene Wege, um seine Karriere zu beschleunigen: Sie erhöhte die Chancen auf eine Adjutantenlaufbahn, sie qualifizierte ihn potentiell für eine Lehrtätigkeit an den Kriegsschulen (eine Laufbahn, die der Bruder Friedrich einschlug), vor allem aber wurde sie seit den 1880er beinahe unerlässliche Voraussetzung dafür, in den berühmten »Großen Generalstab« zu kommen. Seit den Einigungskriegen hatte sich der von Helmuth von Moltke geprägte Große Generalstab – in den 1850er Jahren noch eine kleine, eher informelle Planungsgruppe, die dem Kriegsministerium unterstand, in den 1890er Jahren eine etwa 600 Offiziere umfassende, vom Kriegsministerium emanzipierte Großorganisation – zum Zentrum der preußisch-deutschen Kriegsplanung entwickelt. Er drängte andere militärische Entscheidungszentren wie die Armeekorpskommandeure und das Kriegsministerium an den Rand und entwertete aufgrund der ihm zugeschriebenen Planungskompetenz praktisch die Befehlsgewalt des Kaisers über die Armee, wie es sich zunächst in der Julikrise 1914, dann im Ersten Weltkrieg zeigen sollte. Dieser durch die Einigungskriege enorm gesteigerten Reputation gab ein damaliges Bonmot Ausdruck, gemäß dem in Europa fünf perfekte Organisationen existierten: die römische Kurie, das britische Parlament, das russische Ballett, die französische Oper und der preußische Generalstab.[35]

Jedenfalls war eine – sei es auch nur zeitlich begrenzte – Abkommandierung zum Generalstab die beste Gewähr für einen Offizier, später die gefürchtete Majorsecke zu umschiffen. Eine Abordnung zum Generalstab war in Friedenszeiten umso wichtiger, da es für Offiziere sonst kaum Möglichkeiten gab sich auszuzeichnen und folglich außer der Reihe zu avancieren.[36]

Zur Aufnahme auf die Kriegsakademie musste der Offizier sich erstmals dem reinen Leistungsprinzip unterwerfen. Zwar wurden nur solche Offiziere zur Prüfung zugelassen, die nach mindestens dreijähriger Leutnantszeit eine positive Beurteilung ihres Regimentskommandeurs vorweisen konnten. Doch waren sie einmal als Kandidat für das Eintrittsexamen akzeptiert, entschied einzig das Ergebnis der Prüfung über Aufnahme oder Ablehnung. Anders als bei den bisherigen Tests während der Kadetten- und Fähnrichszeit handelte es sich nun nicht um ein Examen, das praktisch jeder bestehen konnte. Den Bewerbern wurde vielmehr eine intensive Vorbereitung nahe gelegt und wer es beim ersten Mal nicht schaffte, konnte es noch ein zweites Mal versuchen. Die Aufnahmeprüfung bestand aus militärischen Fächern wie Taktik und Befestigungslehre, ferner wurden Kenntnisse in Mathematik, Geographie, Geschichte und Französisch geprüft. Von den jährlich etwa 600 bis 700 Bewerbern nahm die Kriegsakademie in den 1890er Jahren rund 150 für den dreijährigen Lehrgang auf. Die eingesendeten Prüfungsbogen der Kandidaten waren anonymisiert worden, so dass hier erstmals ein Auswahlverfahren vom Offizier durchlaufen wurde, in dem es keine Bonuspunkte für die bislang so wichtigen, sich einer rationalen Beurteilung weitgehend entziehenden Kriterien Haltung, Charakter und Familienhintergrund gab.[37] Lettow-Vorbeck beispielsweise, dessen Karriere bisher durch diese Faktoren begünstigt worden war, schaffte 1895 die Aufnahme trotz der besseren Ausgangsbedingungen für Offiziere in den Garderegimentern sogar erst im dritten Anlauf. Offenbar erhielt er aufgrund seines Kadetten- und Gardehintergrunds eine Sondergenehmigung für einen dritten Versuch. Er schrieb seinen letztlichen Erfolg u. a. der guten taktischen Schulung im Regiment durch Oberst Bülow zu.[38] Zum 1. Oktober 1895 wurde er Schüler an die Kriegsakademie.

Die Kriegsakademie war eine militärtechnische Fachschule. Der durch das Fortschreiten der Technik komplexer werdenden Kriegführung glaubte man seit den 1880er Jahren nur durch die zunehmende Verringerung des Anteils allgemein bildender Fächer begegnen zu können.[39] Die Kriegsakademie untermauerte also ebenso wenig den vom Militär erhobenen gesellschaftlichen Eliteanspruch durch eine Vermittlung von Kenntnissen über Staat und Gesellschaft außerhalb der rein militärischen Sphäre wie die von einem Offizier wie Lettow-Vorbeck zuvor durchlaufenen Bildungsinstitutionen. Das Soldatenhandwerk, so wie es an der Kriegsakademie den jungen Offizieren gelehrt wurde und später im Generalstab den letzten Schliff erhielt, war so ausgerichtet, dass Kriegführung als eine rein militärische, auf das taktische und operative Geschehen auf dem Schlachtfeld konzentrierte Aufgabe gesehen wurde. Ökonomische und gesellschaftliche Aspekte der Mobilisierung im Zeitalter der Massenheere, Fragen nach der Rolle der Streitkräfte in der Gesellschaft und die Einbettung der Strategie in den außenpolitischen Kontext wurden hingegen nicht diskutiert. Ebenso beschränkte sich die von der Kriegsgeschichtlichen Abteilung des Generalstabs betreute amtliche deutsche Militärgeschichtsschreibung etwa zu den Einigungskriegen auf eine Darstellung der Gefechte und den daraus zu ziehenden taktischen und operativen Lehren.[40] Die Kriegsakademie gab sich zwar elitär und anspruchsvoll, setzte aber gleichsam den Schlussstein bei der Formung des Offiziers als Militärtechnokrat mit einem auf das Kriegshandwerk verengten Horizont, sie vollendete die hermetische Erziehung. Gotthard Breit, der die Memoiren deutscher Generäle beider Weltkriege untersucht hat, also von Offizieren, die zu einem nicht unerheblichen Teil vor und nach der Jahrhundertwende die Kriegsakademie absolviert hatten, attestierte ihnen denn auch eine oft geradezu erstaunliche Ahnungslosigkeit auf allen Gebieten außerhalb des Militärischen.[41]

Das Produkt dieser Erziehung war eine Offizierselite, die an die unbedingte Überlegenheit der in der preußisch-deutschen Armee und ihren Kaderschmieden gelehrten Grundsätze glaubte. Zu diesen Maximen zählte der Glaube an die Überlegenheit der Offensive, an eine mittels Umfassung zu realisierende »Vernichtungsschlacht« als Patentrezept zum schnellen Sieg, die Vernachlässigung von Fragen des Nachschubs und der Gesundheitsvorsorge zu Gunsten taktischer und operativer Entscheidungen auf dem Schlachtfeld, schließlich die Verabsolutierung des Krieges als Mittel ohne zu fragen, welchen Zweck der Einsatz maximaler militärischer Gewalt verfolge und welche eventuellen negativen Folgen dieser jenseits der Vernichtung der feindlichen Armee zeitigen könnte.[42] Die Ausbildung schloss nicht eine grundsätzliche Offenheit für militärtechnische Neuerungen aus, die in beschleunigtem Maße in den letzten etwa 10 Jahren vor Ausbruch des Ersten Weltkrieges in Form von Flugzeug, Luftschiff, Maschinengewehr, Funktelegraphie und schwerer Feldartillerie eine Veränderung des Schlachtfelds der Zukunft erwarten ließen und zum Überdenken der bisherigen Gefechtsfeldtaktik zwangen. Allerdings galten nicht nur im damaligen deutschen Heer Faktoren wie eine höhere Kampfmotivation und ein stärkerer Wille, die sich angeblich vor allem im Angriff manifestierten, als letztlich kriegsentscheidender denn die Modernität des Waffenarsenals oder die bloße Zahl der zur Verfügung stehenden Soldaten.[43]

Lettow-Vorbeck, dessen Familienhintergrund wie bisheriger Bildungsgang seit dem 11. Lebensjahr ohnehin nicht geeignet gewesen waren, ihm Anregungen und Impulse außerhalb des militärischen Milieus zu geben, wurde ein perfektes Produkt dieser Ausbildung. Anders als zumindest zwei seiner Brüder, von denen einer neben dem Offiziersberuf zeitweilig ein Studium aufnahm, während der andere sich schriftstellerisch versuchte, verkörperte Lettow-Vorbeck das einseitig auf das Militärische fixierte Offiziersideal des Kaiserreichs Zeit seines Lebens. Heinrich Schnee, sein späterer Vorgesetzter als Gouverneur Deutsch-Ostafrikas, charakterisierte denn auch Lettow-Vorbeck als eine Person von Entschlusskraft, ausdauernder Zähigkeit und unermüdlicher Arbeitskraft. Doch gleichzeitig seien diese Eigenschaften gepaart mit einer Schroffheit und Einseitigkeit des Denkens, das ganz auf das Soldatische abgestellt gewesen sei. Andere Gedanken hätten dem Offizier fern gelegen und außerhalb rein militärischer Fragen sei er über das geistige Niveau der Kadettenanstalt nicht hinausgewachsen.[44]

Lettow-Vorbecks Einseitigkeit lässt sich gewissermaßen empirisch belegen: An seinem Lebensende umfasste seine Bibliothek ungefähr 800 Bände, deren Titel er in einigen Heften nach Themen geordnet verzeichnete. Sie zeugen von diesem eingeschränkten Bildungs- und Interessenhorizont, dessen Grenzen bereits in den Kindstagen provisorisch abgesteckt und dann durch die militärischen Bildungsinstitutionen ihre endgültige Fixierung fanden: Neben Büchern, welche die vom General durchgemachten Lebensstationen behandelten (130 Titel zu Ostafrika, 30 zu Deutsch-Südwestafrika, 37 zum Boxeraufstand bzw. China), dominierten eindeutig Erinnerungswerke anderer Soldaten, Biographien von Militärs und Herrschern, militärhistorische Abhandlungen sowie Bücher zur Länderkunde insbesondere Afrikas. Ganze 50 Bücher hatte der General in neun Lebensjahrzehnten unter der Rubrik »Malerei, Komponisten, Belletristik« angesammelt, 48 unter der Rubrik »Religion, Philosophie, Archäologie und germanische Vorgeschichte«, 36 zur Jagd.[45]

Am Ende der Kriegsakademie wurde der Absolvent nicht nur nach dem reinen Leistungsprinzip beurteilt, also aufgrund der gezeigten Fähigkeiten bei Kriegsspielen, Geländeübungen und bei schriftlichen Prüfungen in den theoretischen Fächern. Vielmehr sollten zur Gesamtbeurteilung der Absolventen auf Wunsch des Militärkabinetts und Kriegsministeriums, die stets stärker als der Generalstab um die gesellschaftliche und politische Homogenität des Offizierskorps in Zeiten der personellen Expansion besorgt waren, nach wie vor Faktoren wie Haltung und Charakter einbezogen werden, um die vermeintlich besten Jahrgangskandidaten auszuwählen, die anschließend eine Kommandierung in den Generalstab erhielten. Da fast alle Personalakten des preußischen Heeres am Ende des Zweiten Weltkriegs zerstört wurden, wissen wir nicht, wie Lettow-Vorbeck auf der Kriegsakademie abschnitt. Doch angesichts der Tatsache, dass er bereits Mühe hatte, die Aufnahmeprüfung zu schaffen und er während seiner Karriere nie als ein intellektueller Offizier hervorstach, der sich beispielsweise in den einschlägigen Fachzeitschriften wie dem »Militärwochenblatt« zu Fragen der Taktik, Strategie oder Militärpolitik äußerte, kann man davon ausgehen, dass er nicht zu den besten Absolventen seines Jahrganges zählte. Ein Beurteilungssystem, welches aber nach wie vor den Kriterien Charakter und Haltung einen hohen Wert für die weitere Offizierskarriere beimaß, begünstigte auch in diesem Fall Lettow-Vorbeck, der mit einem untadeligen militärischen Familienstammbaum ausgestattet war und eine lehrbuchmäßige bisherige Laufbahn als Kadett, Leibpage und Leutnant eines Garderegiments vorweisen konnte. Er zählte jedenfalls im Sommer 1898 (ebenso wie zwei Jahre später sein Bruder Friedrich) zu jenem glücklichen Drittel der Kriegsakademieabsolventen, welches jedes Jahr eine der begehrten Kommandierungen auf Probe zum Generalstab erhielt. Die Vermutung, dass Lettow-Vorbeck nicht zu den Besten seines Jahrganges zählte, wird dadurch erhärtet, dass er nicht einen Posten in der angesehensten »deutschen« Abteilung des Generalstabs erhielt, die für die grundsätzliche strategische und operative Planung inklusive Mobilisierungsfragen zuständig war und folglich das eigentliche Zentrum der Institution darstellte. Er kam zum 1. April 1899 vielmehr in eine der »Sprachenabteilungen«, für die er allerdings aufgrund seiner guten Sprachkenntnisse auch besonders geeignet war.

Der fast dreißigjährige Oberleutnant, der zur Jahrhundertwende in den Generalstab kommandiert wurde, war nach Beschreibung des damals in der gleichen Abteilung dienenden Hauptmannes Ludwig von Estorff »eine große, schlanke, blonde, echt soldatische Erscheinung, ruhig und bestimmt, sehr bescheiden, klug aber doch keineswegs den Eindruck des genialen Mannes machend, als der er sich bei der Verteidigung Ostafrikas erwies«.[46] Als Lettow-Vorbeck zunächst, wie jeder Absolvent der Kriegsakademie, auf ein Jahr zur Probe zum Großen Generalstab kam, leitete diesen bereits seit acht Jahren Alfred Graf von Schlieffen. Dessen Passion für die Aufgabe der Kriegsvorbereitung war bereits zu seiner Amtszeit legendär. Selbst seine Töchter wurden von ihm mit Vorlesestunden aus militärgeschichtlichen Abhandlungen traktiert. Er erwartete eine ebensolche Hingabe für die Sache von den Offizieren. Unter seiner Ägide war der Generalstab ein Planungsinstrument geworden, in dem lange Arbeitstage von 12 oder 14 Stunden nichts Ungewöhnliches darstellten. Der Generalstabschef unterbreitete seinen Untergebenen gelegentlich als Weihnachtsgeschenk taktische Aufgaben, die über die Feiertage bearbeitet werden mussten. Seine kritischen Kommentare und sein Sarkasmus waren allgemein gefürchtet.[47] Estorff schrieb denn auch über seine Erfahrungen im Generalstab: »Die Arbeitslast, die ich in jenem Winter zu bewältigen hatte, war außerordentlich. Ich musste allen geselligen Verkehr aufgeben und fast allen Briefwechsel mit Bekannten. Die Neujahrsnacht des Jahrhunderts verbrachte ich am Schreibtisch.«[48] Kurzum, der Generalstab war zwar die am meisten bewunderte Institution der preußisch-deutschen Armee, aber nicht unbedingt ein angenehmer Arbeitsplatz. Lange Arbeitszeiten, ausgefüllt zumeist mit reiner Büroarbeit wurden durch wenig ansprechende Arbeitsbedingungen ergänzt: Aus Gründen der Geheimhaltung mussten die Offiziere alle Schreibarbeiten wie auch die Registratur selbst bewältigen und es gab im Gebäude nicht einmal eine Kantine.[49] Für die von der Kriegsakademie abkommandierten jungen Offiziere wurde das Leben im Generalstab noch dadurch erschwert, dass sie sich in einer ständigen Prüfungssituation befanden. Ihre Probezeit dauerte insgesamt drei Jahre und am Ende jedes Jahres wurde nach Ausarbeitung der»Schlieffenaufgabe« durch den jungen Offizier, d. h. der Planung einer Operation für einen größeren Verband, befunden, ob der Kandidat ein weiteres Jahr bleiben durfte oder ob er vielmehr in die Truppe zurückgehen musste. Am Ende dieses dreijährigen Ausleseprozesses konnten etwa ein Drittel der ursprünglich für den Generalstab ausgewählten Absolventen der Kriegsakademie mit einer endgültigen Position als Generalstabsoffizier rechnen. »Die häuslichen Arbeiten kosteten mich manche Nacht, aber im Allgemeinen hatten wir doch Zeit für unsere privaten Neigungen, ich speziell für die Jagd«, schrieb Lettow-Vorbeck über die Zeit im Generalstab.[50]

Er betrachtete diesen Abschnitt seines Lebens mehr als 40 Jahre später recht wohlwollend, so wie ohnehin seine Memoiren jede Kritik an der preußisch-deutschen Armee und ihrer führenden Repräsentanten vermied. Seine Erinnerungen zeigen den Autoren vielmehr immer als äußerst zufriedenen Offizier, der am Ende seines Lebens dafür dankbar war, dass er in dieser angeblich fabelhaften und geradezu perfekten Institution, als welche er die preußische Armee darstellte, hatte dienen können. Dennoch: Im Vergleich zum relativ ungezwungenen Leben als Gardeleutnant, dem nach Dienstschluss am frühen Nachmittag viel Zeit zu Jagdausflügen und anderen Freizeitaktivitäten blieb, war die Generalstabszeit sicherlich ein Abschnitt seines Soldatenlebens, die ihm wenig Freiraum bot und ihn dem ständigen Leistungsdruck aussetzte, die scheinbar sich nutzende Chance für eine beschleunigte Karriere ja nicht verstreichen zu lassen.

Die Sprachenabteilungen, geographisch gegliedert, waren für die Auswertung der militärpolitischen Vorgänge in anderen Ländern sowie der Beobachtung fremder Kriegsschauplätze zuständig. Lettow-Vorbeck kam in die 8. Sprachenabteilung, zuständig für Großbritannien, die USA, Spanien, Portugal und die Niederlande. Diese Tätigkeit erweiterte Lettow-Vorbecks Horizont, dessen bisheriger Lebenslauf und familiärer Hintergrund in geographischer Hinsicht ausschließlich preußisch-deutsch geprägt war, erstmals auch auf die europäischen Kolonien in Übersee, denn die Sprachenabteilungen werteten auch koloniale Konflikte der ihr unterstehenden Länder aus. In seiner Sprachabteilung arbeitete folglich eine Anzahl ehemaliger Schutztruppenoffiziere oder sonstiger überseeisch erfahrener Offiziere. So traf Lettow-Vorbeck hier neben Estorff, der in Deutsch-Ost- und Südwestafrika gedient hatte, Major Erich von Falkenhayn, den späteren Generalstabschef im Ersten Weltkrieg, der soeben von seiner Beratertätigkeit in China zurückgekommen war, ferner Major Adolf Graf von Götzen, der Erfahrungen in der Schutztruppe für Deutsch-Ostafrika gesammelt hatte und 1901 als Gouverneur dorthin zurückkehrte.[51]

4. Studienobjekt Burenkrieg

Der Zufall wollte es, dass sich für die 8. Sprachenabteilung just in dem Jahr von Lettow-Vorbecks Abordnung ein äußerst interessantes Studienobjekt fand: der (zweite) Burenkrieg, der im Oktober 1899 ausbrach und dessen Auswertung Lettow-Vorbeck mit bearbeitete. Die Sympathien der deutschen Öffentlichkeit wie auch der Offiziere lagen in diesem Konflikt auf Seiten der Buren, auch wenn sich Kaiser und Regierung strikt neutral verhielten. Zum Einen, weil hier ein schwacher David sich gegen einen rücksichtslosen Goliath zu behaupten schien, zum Zweiten, weil es sich, wie etwa von den Alldeutschen behauptet, bei den Buren um ein rassisch verwandtes Volk handele, um ein angeblich ehrliches Bauernvolk, dass sich dem unersättlichen Profitstreben der Briten entgegenstemme.[52]

Die anfänglichen militärischen Erfolge der Buren wurden europaweit nicht zuletzt damit erklärt, dass sie ein weniger von der modernen Zivilisation »verweichlichtes« Volk seien als die westeuropäischen Nationen. In der Gesellschaft des Kaiserreichs, dessen militärische Elite sich mit dem Prozess der voranschreitenden Industrialisierung und seinen sozialen und politischen Implikationen nur schwer abfand, stilisierte man die Buren zu einem Volk, das vorbildlich die angeblichen Tugenden einer traditionellen, agrarisch geprägten Gesellschaft verkörpere, also Standfestigkeit, kriegerischen Geist und körperliche Abhärtung. Daher könnten sich die Buren auch auf dem Schlachtfeld besser behaupten als die britischen Truppen, die aus einem Land stammten, in dem Industrialisierung, Technisierung des Alltags und Verstädterung sie zu physisch wie psychisch wenig belastbaren Opfern des seit den 1880er Jahren vielfach beklagten »Zeitalters der Nervosität« gemacht hätten.[53]

Der Burenkrieg stellte seit einem Vierteljahrhundert den ersten größeren Konflikt dar, in dem modern ausgerüstete Truppen aufeinander stießen. Erstmals verfügten beide Seiten über Magazingewehre mit im Vergleich zu früheren Modellen erhöhter Reichweite und Feuergeschwindigkeit, die rauchfreie Munition verschossen und es daher wesentlich erschwerten, den Gegner auf dem Schlachtfeld zu lokalisieren. Der Burenkrieg konnte als eine Art Prüfstein gesehen werden, in welche Richtung sich die Gefechtsfeldtaktik vor allem der Infanterie im Zeitalter extrem gesteigerter Feuerkraft entwickeln würde. Die Rückschläge der britischen Truppen in den ersten drei Monaten des Konflikts wurden aber nicht unbedingt als Menetekel für die zu erwartenden schweren Verluste auf deutscher Seite im Falle eines Konfliktes in Europa gesehen. Während die Auftragstaktiker im deutschen Heer dazu drängten, Konsequenzen aus den Vorgängen in Südafrika zu ziehen und das Verhalten auf dem Schlachtfeld entsprechend anzupassen durch die Übernahme der aufgelockerten, als »Burentaktik« bezeichnete Gefechtsfeldformation, argumentierten die Normaltaktiker, dass die Verhältnisse in Südafrika und die Struktur der beiden Heere nicht eine Übertragung der dortigen Erfahrungen auf einen Krieg zwischen europäischen Großmächten in Mitteleuropa erlaubten.

Der britischen Armee wurde in einer gewissen deutschen Selbstgefälligkeit, die aus dem Glauben gespeist war, ohnehin die beste Armee der Welt zu besitzen, zu großer Schematismus bei der Anwendung ihrer deutsch geprägten Infanterietaktik vorgeworfen. Zudem fehle ihr die Tradition der Verantwortungsdelegation an die unteren Ränge.[54] Die britischen Generale seien ferner nicht in der Führung großer Verbände geschult, weil eine systematische Generalstabsausbildung fehle. Schließlich sei das britische Heer eine Söldnerformation, die sich aus Randexistenzen der Gesellschaft rekrutiere. Von einer solchen könne man nicht die gleiche Hingabe und das gleiche Bildungsniveau wie von den Mannschaften und Unteroffizieren der deutschen Wehrpflichtigenarmee erwarten. Die Buren wiederum seien zwar ausgezeichnete, gleichsam geborene Reiter und Schützen, doch fehlten ihnen die Disziplin und die nötige hierarchische Struktur, um in größeren Verbänden erfolgreich zu operieren und ihre taktischen, vor allem aus der Defensive errungenen Erfolge auf dem Gefechtsfeld durch eine rücksichtslose Verfolgung des angeschlagenen Gegners in einen vollständige Vernichtung der britischen Formationen umzuwandeln.[55]

Immerhin stärkten die Erfahrungen des Burenkriegs die Position der Auftragstaktiker im deutschen Heer, was sich zunächst 1902 in einer Abänderung des Exerziereglements von 1888 für die Infanterie äußerte. Da Lettow-Vorbeck nicht mehr die Einigungskriege miterlebt hatte und damit weniger Gefahr lief, die dort angewendeten Methoden als Wechsel auf einen Sieg auch in der Zukunft anzusehen, kann man davon ausgehen, dass er die Neuerung, die auch sein ehemaliger Regimentskommandeur Bülow seit den 1880ern in Ansätzen gepredigt hatte, wie viele jüngere Offiziere als zeitgemäß betrachtete.[56]

Lettow-Vorbeck schrieb in seinen Erinnerungen von »lehrreichen Ereignissen kolonialer Kriegführung«, die er durch Bearbeitung des Burenkrieges vermittelt bekommen habe, ohne allerdings darauf näher einzugehen.[57] Der Burenkrieg konnte tatsächlich als Lehrbeispiel der kolonialen Kriegführung dienen: Hier traf eine professionelle, zahlen- und materialmäßig weit überlegene europäische Armee auf einen Gegner, der die Taktik des beweglich geführten Kleinkriegs anwendete. Neben ihren besseren Geländekenntnissen und einer höheren Mobilität kam den Buren der Umstand zugute, dass durch die Infrastruktur Südafrikas, die Weite des Raums und die Wasserlosigkeit des Operationsgebietes die tendenzielle militärische Überlegenheit der britischen Armee auf dem Gefechtsfeld zunächst nicht zum Tragen kam. Sie wurde auf britischer Seite durch logistische Schwierigkeiten und die für Kolonialkriege typischen Probleme der medizinischen Versorgung und der erhöhten Ansteckungsgefahr in unbekannten Operationsgebieten überlagert. Bei Lettow-Vorbecks Äußerung handelte es sich jedoch vermutlich um eine Art (auto-) »biographische Illusion« (Bourdieu), geschrieben Jahrzehnte nach den Ereignissen und in dem Wissen um die spätere Laufbahn als Kolonialoffizier: Im Rückblick sollte eine karrieremäßige Gradlinigkeit in der Entwicklung und ein systematischer Lernprozess suggeriert werden vom Beobachter des Burenkrieges an seinem Schreibtisch im Generalstab über den Einsatz in China und Deutsch-Südwestafrika zur Apotheose als Kommandeur der Schutztruppe in Deutsch-Ostafrika im Ersten Weltkrieg.

Tatsächlich aber dürfte sich Lettow-Vorbeck als einer der Bearbeiter des Burenkriegs im Generalsstab wie die meisten deutschen Militärs jener Zeit eher auf die für einen zukünftigen europäischen Krieg relevanten Aspekte dieses Konfliktes konzentriert haben: zum einen die Auswirkungen der erhöhten Feuerkraft auf die Gefechtsfeldtaktik und zum zweiten die Leistungsfähigkeit des Heeres einer europäischen Großmacht und möglichen Gegner Deutschlands. Der Generalstab befasste sich schlichtweg nicht mit Kolonialkriegführung, die für eine Macht in der Mitte Europas irrelevant für die nationale Sicherheit war. Zudem schied Lettow-Vorbeck schon im Juli 1900 aus dem Generalstab aus, erlebte also die zweite, von einem Guerillakrieg seitens der Buren geprägte Phase des Konfliktes, die erst im Sommer 1900 begann, nicht mehr mit. Der im Jahre 1900 veröffentlichte Leitfaden von Major Curt von François jedenfalls, in dem dieser ehemalige deutsche Kolonialoffizier untersuchte, in welchem Maße das deutsche Heer (und nicht etwa die Schutztruppen in Afrika) aus den Ereignissen in Südafrika lernen könnte, konzentrierte sich auf eine Analyse des Gefechtsfeldgeschehens. Er stand damit in der Tradition der auf operative und taktische Aspekte abzielenden deutschen Offiziersausbildung.[58] Die Studie widmete sich hingegen von insgesamt 65 Seiten nur auf zweien den typischen Problemen der Kolonialkriegführung, welche das britische Heer im Burenkrieg zu bewältigen hatte, also Aspekten der Versorgung und des Transports. Die sanitären Herausforderungen fanden überhaupt keine Berücksichtigung. Dabei waren gerade Kolonialkriege diesbezüglich besonders schwierig zu bewältigen, wie auch dieser Konflikt zeigte: Die Ausfälle durch Krankheit in Südafrika waren trotz der um 1900 erreichten medizinischen Standards dank der von Louis Pasteur und Robert Koch gelegten Grundlagen in der Bakteriologie, die entscheidende Fortschritte in der Seuchenbekämpfung brachten, immer noch sehr hoch: Auf britischer Seite fielen auf 1 000 während eines Jahres eingesetzte Soldaten fast 35% aus, was etwa der doppelten Rate der Verluste durch Krankheit unter den deutschen Truppen im deutsch-französischen Krieg entsprach, trotz der 1870/71 noch nicht spürbaren »mikrobiologischen« Revolution.[59]

Die Kombination von Sympathie und Bewunderung für die Buren einerseits und anfänglichen britischen Niederlagen andererseits führte dazu, dass im deutschen Offizierskorps die Auffassung, die britische Armee tauge nicht viel, an Boden gewann. So berichtete der deutsche Militârattaché aus London bereits Ende Dezember 1899 an den Generalstab, dass die Kraft des englischen Heeres zu versiegen beginne.[60] Diese Geringschätzung fand schließlich im Schlieffenplan einige Jahre später ihren sichtbarsten Ausdruck. Dieser behandelte das britische Expeditionskorps, mit dem durch die im Schlieffenplan implizit enthaltene Verletzung der belgischen Neutralität als Gegner zu rechnen war, als Quantité négligable.[61] »Die britischen Führer schienen ihrer Aufgabe anfänglich wenig gewachsen und Reitzenstein (Lettow-Vorbecks Vorgesetzter, E. M.) hielt bei der ungeheuren Ausdehnung des Kampfplatzes und der Gewandtheit der Buren einen Endsieg der Engländer für aussichtslos«, hieß es entsprechend in Lettow-Vorbecks Erinnerungen.[62]

Lettow-Vorbeck erhielt also im Generalstab einen ungünstigen Eindruck von der Leistungsfähigkeit der britischen Armee, die eines Tages sein Gegner werden sollte. Dass diese Auffassung damals durchaus Konsens im preußisch-deutschen Heer war, zeigte u. a. das Beispiel des Generals und bekannten Militärschriftstellers

Friedrich von Bernhardi, der 1912 den Bestseller »Deutschland und der nächste Krieg« veröffentlichte. Dieser attestierte im Rückblick auf den Burenkrieg den britischen Soldaten zwar Tapferkeit, doch habe ihre Armee völlig taktisch wie operativ in der Offensive versagt, und die Führung sei mit wenigen Ausnahmen ihrer Aufgabe nicht gewachsen gewesen.[63] Der Eindruck nur bedingter militärischer Kompetenz der britischen Armee sollte sich bei Lettow-Vorbeck anlässlich seines ersten überseeischen Einsatzes verfestigen.

III. EINSATZ IN CHINA

Im Frühjahr 1900 wurde Lettow-Vorbeck ein zweites Jahr im Großen Generalstab bewilligt. Wenige Monate später fasste er einen Entschluss, der erstmals das Muster einer bilderbuchmäßig angelegten Militärkarriere – Kadettenkorps, Garderegiment, Kriegsakademie, Generalstab – durchbrach. Der Anlass hierfür lag tausende von Kilometern entfernt. Am 2. Juli 1900 traf in Berlin die Nachricht ein, dass zwei Wochen zuvor in Peking der deutsche Gesandte am chinesischen Hof, Clemens Freiherr von Ketteler, ermordet worden war. Die Tat war Folge des so genannten »Boxeraufstandes«, der seit Mitte 1898 zunächst die Provinz Shandong im Nordosten, seit Frühjahr 1900 auch die angrenzende Provinz Zhili erfasste, in der u. a. Peking lag. Die »Boxer« (Yihetuan) standen in der Tradition chinesischer Geheimgesellschaften und Sekten und hatten unter den Bauern als Folge von Missernten, Überschwemmungen und Heuschreckenplagen starken Zulauf gefunden. Ihr Aufstand richtete sich gegen europäische Handelsniederlassungen, Missionen und andere Einrichtungen der Großmächte, aber auch gegen die Minderheit chinesischer Christen. Die Boxer machten jede Art von westlichem Einfluss im Reich der Mitte für die jüngsten Katastrophen verantwortlich. Die seit Ende des Jahrhunderts intensivierten Versuche der Großmächte, ihre Einflusssphären in China abzustecken und Stützpunkte zu erwerben, wie es z. B. Deutschland 1897 mit Kiautschou getan hatte, schienen ihnen Recht zu geben, so dass auch der Kaiserhof und die öffentliche Meinung in China schließlich mit der Bewegung sympathisierten. Dabei war der Kaiserinwitwe Cixi als Regentin die fremdenfeindliche Stoßrichtung der Boxer willkommen, um vom korrupten System der chinesischen Monarchie abzulenken. Der Aufstand gipfelte im Sommer 1900 in der Belagerung des Gesandtschaftsviertels in Peking durch die Aufständischen. Diese erhielten seit Juni, wie es sich bei der Ermordung Kettlers zeigte, offen Unterstützung von der Kaiserinwitwe und den regulären Truppen, ohne dass die chinesische Regierung eine formelle Kriegserklärung an die Westmächte aussprach.[1]

Wilhelm II. trug sich seit Mitte Juni 1900 mit dem Gedanken ein starkes deutsches Expeditionskorps zu entsenden, um den deutschen Beitrag bei den internationalen, hauptsächlich von russischen, japanischen, amerikanischen und britischen Truppen getragenen Anstrengungen zur Niederschlagung des Aufstandes stärker herauszustellen. Die Wirren in China boten eine günstige Gelegenheit, die zweieinhalb Jahre zuvor im Reichstag von Staatssekretär Bernhard von Bülow verkündete neue Ära deutscher »Weltpolitik« durch in Übersee gezeigte militärische Präsenz zu untermauern. Zudem wurde China im Reich wie auch unter den anderen Kolonialmächten als vielversprechendster Überseemarkt der Zukunft angesehen. Im Wettrennen zwischen den Großmächten bei der Aufteilung Chinas wollte das Reich keineswegs zurückstehen.[2] Ein Expeditionskorps von 2 500 Mann der Marine-Infanterie war zur Verstärkung der bis dahin geringen deutschen Truppen in China bereits seit 19. Juni in Aufstellung begriffen und wurde am 3. Juli vom Kaiser in Bremerhaven verabschiedet. Der Mord an dem deutschen Gesandten wurde nun zu einer Beleidigung der gesamten deutschen Nation durch die als rassisch minderwertig angesehenen Chinesen stilisiert und gab dem Kaiser ohne Rücksprache mit Reichskanzler oder AA und ohne Einberufung des Reichstags den willkommenen Anlass, den deutschen Einsatz in Ostasien nochmals zu erhöhen. Die spontane Entscheidung war eines der besten Beispiele für das »persönliche Regiment« des Monarchen, der sich zu diesem Zeitpunkt auf dem Höhepunkt seiner Macht befand.[3] Die Tat sollte nach dem Willen des Kaisers mit einer groß angelegten militärischen Strafaktion gesühnt werden. Zugleich war der Mord die Grundlage, auf welcher der Kaiser den Oberbefehl für eine aufzustellende internationale Interventionstruppe zur Befreiung der in Peking eingekesselten Diplomaten und zur endgültigen Niederschlagung des Boxeraufstands für das Reich reklamierte.

Die China-Expedition wurde der erste Großeinsatz deutscher Truppen seit dem deutsch-französischen Krieg 30 Jahre zuvor und zugleich die erste nennenswerte überseeische Operation in der deutschen Militärgeschichte. Noch am Tage der Verabschiedung des Marine-Expeditionskorps erging also der Befehl, weitere Truppen, insgesamt 600 Offiziere und 11 200 Unteroffiziere und Mannschaften, für die Entsendung nach China aufzustellen. Das Kommando erhielt Generalleutnant Emil von Lessel.

1. Die Mobilisierung des Expeditionskorps

Das Deutsche Reich besaß zur Jahrhundertwende außer den drei der Marine unterstehenden Seebataillonen, d. h. der Marine-Infanterie, die nun bereits vollständig für China mobilisiert waren, keine Interventionstruppen für überseeische Einsätze. Da nur Freiwillige entsandt werden und diese ferner tropentauglich sein sollten, konnte man auf keine bestehenden Einheiten des deutschen Heeres zurückgreifen, weil es sich um eine Wehrpflichtigenarmee handelte. Es mussten vielmehr neue Einheiten, basierend auf den Freiwilligenmeldungen aus dem ganzen Reich, zusammengestellt werden. Neben der Niederschlagung des Boxeraufstandes war das Expeditionskorps auch ausdrücklich dazu gedacht, Erfahrungen für zukünftige militärische Einsätze in Übersee zu sammeln, weil es wahrscheinlich war, dass in der neuen Ära der »Weltpolitik« weitere Interventionen folgen würden.[4] An den Generalstab erging die Anforderung, zwei Offiziere als Adjutanten für die beiden aufzustellenden Infanteriebrigaden des Expeditionskorps zu stellen. Lettow-Vorbeck, dessen Vorgesetzter im Generalstab sich gerade auf Urlaub befand und ihn wohl von diesem Schritt abgehalten hätte, war doch der Oberleutnant bislang nur auf Probe zum Generalstab kommandiert, meldete sich sofort als Freiwilliger.[5]

Diese Entscheidung war für Lettow-Vorbeck wie auch für viele andere, vor allem jüngere Offiziere naheliegend. Nach 30 Friedensjahren, wenn man von kleineren kolonialen Scharmützeln in Afrika absieht, die aber zumeist von schwarzen Söldnern unter Führung weniger deutscher Offiziere ausgefochten worden waren, bestand im Großteil des preußisch-deutschen Offizierskorps ein starker Drang, endlich den »wirklichen« Krieg zu erleben. China erschien als eine der wenigen Chancen, dem Beförderungsstau in der Heimat zu entgehen und die seit Jahrzehnten lediglich auf dem Exerzierfeld und im Manöver geübten Fähigkeiten anwenden zu können oder ggf. im Praxistest einer Revision zu unterwerfen. Zudem war die Erinnerung an die Einigungskriege in Militär wie Öffentlichkeit seit langem in ein Stadium der Verklärung eingetreten. Man gedachte nicht mehr der Opfer vergangener Kriege, sondern nur noch der angeblich ruhmreichen Taten der siegreichen deutschen Armeen und beklagte das Los, anscheinend ein Leben lang auf den Krieg zu trainieren, ohne ihn wie noch die Väter erleben zu dürfen.[6] Für einen Offizier wie Lettow-Vorbeck, der noch am Beginn seiner Karriere stand und keine eigene Familie besaß, war es angesichts von Familientradition, des Wertekanons des Offizierskorps, mentaler Aufrüstung durch die Verherrlichung der vergangenen Kriege und persönlicher Situation nur konsequent, bei dieser ersten seit 30 Jahren sich bietenden Gelegenheit zum Einsatz nicht abseits zu stehen: »Mir schien es natürlich, dies zu tun, da ich den Wunsch hatte, den Krieg auch in der Wirklichkeit kennen zu lernen.«[7] Sein jüngerer Bruder Friedrich hatte sich aus den gleichen Motiven bereits 1895 als Instrukteur für die chilenische Armee verdingt in Erwartung eines zunächst als wahrscheinlich angesehenen chilenisch-argentinischen Krieges. Er kehrte aber ebenso wie die Mehrzahl der insgesamt 26 deutschen Militärberater schon vorzeitig wieder ins Reich zurück, weil sich die Spannungen zwischen den beiden südamerikanischen Staaten zur Enttäuschung der Militärberater letztlich nicht in einem Krieg entluden.[8] Hildegard Baronin von Spitzemberg, eine zuverlässige Chronistin des Lebens und Denkens der Hofgesellschaft im Kaiserreich, notierte denn auch am 12. Juli in ihrem Tagebuch: »Die Militärs sind in größter Aufregung, jeder will mit nach China, aber während vorne die Söhne flehentlich um Mitnahme bitten, bitten hinten die Väter um Nichtbewilligung der Meldung.«[9]

Der einzige Grund, der gegen eine Meldung für das Expeditionskorps aus Sicht eines Offiziers in Lettow-Vorbecks Position sprach, war der Umstand, dass er damit seine Karriere als Generalstabsoffizier riskieren würde, denn er war bislang lediglich auf Probe zum Generalstab abgestellt. Es ist wahrscheinlich, dass die Meldung für das Expeditionskorps im Juli 1900 für ihn auch eine Art Flucht nach vorne darstellte aus der reglementierten, weitgehend bürokratischen Arbeit des Generalstabs in eine scheinbar ebenso viel versprechende, in der Armee anerkannte, aber weniger intellektuell erschöpfende Aufgabe. Auch in finanzieller Hinsicht wurden die Offiziere für ihren Einsatz sehr gut entlohnt. Die Kombination aus jahrzehntelanger Kriegsverherrlichung, bislang fehlenden Möglichkeiten zum Kriegseinsatz und materiellen Anreizen bewirkte, dass die Meldungen für den Einsatz in China im Sommer 1900 sowohl bei Offizieren wie auch Unteroffizieren und Mannschaften den Personalbedarf bei weitem überstiegen.

Das Kriegsministerium wollte bei dieser ersten großen überseeischen militärischen Expedition des Reichs in personeller wie materieller Hinsicht nicht geizen. Die Ausrüstung der Truppe mit Sanitätsmaterial, Zelten, Lebensmitteln, Pferden, Waffen und Munition war großzügig bemessen. Der Aufwand, der diesbezüglich betrieben wurde, kontrastierte zu einer weitgehenden Unkenntnis der tatsächlichen militärischen wie politischen Lage in China, der unklar definierten Aufgabe der Streitmacht, aber auch der mangelnden Erfahrungen mit der Organisation und Durchführung von Überseeeinsätzen dieser Größenordnung.[10]

Ursprünglich sollte sich das Expeditionskorps Mitte August einschiffen, doch der Wunsch des Kaisers, Deutschland möge eine entscheidende Rolle beim Entsatz des Gesandtschaftsviertels und der Niederschlagung des Boxeraufstandes spielen, führte dazu, dass die Truppen Deutschland bereits zwischen dem 27. Juli und dem 4. August verließen. Lettow-Vorbeck war, nicht zuletzt wegen seiner guten Englisch- und Französischkenntnisse, als einer der beiden Adjutanten des Kommandeurs der 1. Ostasiatischen Infanteriebrigade, Generalmajor Julius Gross genannt von Schwarzhoff, vorgesehen, deren zwei Regimenter zur ersten Welle der ausreisenden Truppen gehörten. Schwarzhoff, bisher Brigadekommandeur in Altona, galt als weltgewandter, intellektuell herausragender Offizier, der u. a. in Paris Militärattaché gewesen war und zur deutschen Delegation bei der ersten Haager Friedenskonferenz 1899 gehört hatte, die sich mit Abrüstungs- und Fragen internationaler Schiedsgerichtsbarkeit beschäftigte. Er sprach fließend englisch, französisch und italienisch und galt als einer der viel versprechendsten Generäle der preußisch-deutschen Armee. Ein anderer hoher Offizier des Expeditionskorps beschrieb ihn als »eine Persönlichkeit von kaltem Verstande, die Anerkennung und Hochachtung, aber keine Liebe erzwang, denn er pflegte seine geistige Überlegenheit andere fühlen zu lassen«.[11] Er schien aufgrund seiner Weltläufigkeit eine gute Wahl als Kommandeur der Vorhut des deutschen Expeditionskorps zu sein, das Teil einer internationalen Streitmacht darstellte.

Die Bahnfahrt der Truppen von Berlin nach Bremerhaven fand unter großer Anteilnahme der Bevölkerung statt, die auf allen Bahnhöfen Spalier stand, um die Truppen zu verabschieden.[12] Offenbar hatte die Initiative des Kaisers durchaus den Nerv von Teilen der Öffentlichkeit des Kaiserreichs getroffen, obwohl sie in der sozialdemokratischen und linksliberalen Presse kritisiert wurde. Alfred Graf von Waldersee, der ehemalige Generalstabschef, verglich denn auch Ende Juli die Stimmung in Deutschland angesichts der Ereignisse in China mit jener bei Ausbruch des Krieges 1870.[13]

Der Kaiser brach zur Verabschiedung der ersten Welle der Truppen unter Schwarzhoff, insgesamt 4 000 Mann auf drei von der Marine gecharterten Frachtschiffen der Hamburg-Amerika-Linie und des Norddeutschen Lloyd, die in zweieinhalb Wochen eilig zu Truppentransporten umgebaut worden waren, extra seine alljährliche Nordlandreise ab. So kamen Lettow-Vorbeck und seine Kameraden am 27. Juli 1900, einem strahlenden Sommertag, in Bremerhaven in den zweifelhaften Genuss der berühmt-berüchtigten kaiserlichen »Hunnenrede«. Wilhelm II. appellierte zunächst an die versammelten Truppen, es den bereits entsandten Soldaten der Marine gleichzutun und in China Zeugnis von der altbewährten Leistungsfähigkeit des deutschen Militärs abzulegen. Sodann schärfte er den Truppen ein, dass die Chinesen keine milde Behandlung verdienten, da sie das Gast- und Gesandtenrecht in eklatanter Weise gebrochen hätten. Die Rede gipfelte dann in den oft zitierten und kritisierten Worten: »Ihr sollt fechten gegen eine gut bewaffnete Macht, aber ihr sollt auch rächen, nicht nur den Tod des Gesandten, sondern auch vieler Deutscher und Europäer. Kommt Ihr vor den Feind, so wird er geschlagen, Pardon wird nicht gegeben; Gefangene nicht gemacht. Wer Euch in die Hände fällt, sei in Eurer Hand. Wie vor tausend Jahren die Hunnen unter ihrem König Etzel sich einen Namen gemacht haben, der sie jetzt noch in der Überlieferung gewaltig erscheinen lässt, so möge der Name Deutschlands in China in solcher Weise bekannt werden, dass niemals mehr ein Chinese es wagt, etwa einen Deutschen auch nur scheel anzusehen.« Schließlich folgte noch der Hinweis, dass man vermutlich gegen eine große Übermacht in China zu kämpfen habe.[14]

Der Einsatz in China wurde den ausreisenden Truppen also als eine durchaus militärisch anspruchsvolle Racheaktion dargestellt, in welcher die überkommenen Regeln des Kriegsvölkerrechts außer Kraft gesetzt waren, da man es mit einem heimtückischen, kulturell minderwertigen Gegner zu tun habe. Die Rede dürfte durchaus den Nerv der versammelten Truppe getroffen haben. Diese hatte von den durch die Boxer verübten Grausamkeiten gehört, die nicht nur in der deutschen Presse geradezu mit Sensationsgier ausgebreitet wurden. Die Soldaten waren ohnehin von der europaweit verbreiteten rassistischen Auffassung durchdrungen, dass die weißen Nationen ein Recht auf die Dominanz über den Rest der Welt besaßen. Jeder Widerstand durfte folglich mit äußerster Gewalt niedergeschlagen werden.[15] So war von den Soldaten, welche in den folgenden Tagen zur Einschiffung nach Bremerhaven gelangten, wiederholt die Parole »Pardon wird nicht gegeben« auf die Eisenbahnwagons geschrieben worden.[16] Derartig vom Kaiser aufgehetzt, zeichneten sich die deutschen Truppen, als sie in China angekommen waren, tatsächlich im Vergleich zu den andern Kontingenten durch extreme Härte in ihrem Vorgehen gegen alle Chinesen aus, wie der britische Verbindungsoffizier im deutschen Hauptquartier, Oberst James Grierson, in seinen Berichten nach London wiederholt kritisierte.[17] Lettow-Vorbeck stieß sich, ebenso wie der gleichfalls anwesende Lessel, in seinen Memoiren nicht an den Worten seines obersten Kriegsherrn, sondern nur an der Tatsache, dass angeblich »innere und äußere Hetzer« diese ausgenutzt hätten.[18] Nicht der Kaiser mit seiner blutrünstigen Rede hatte also in Lettow-Vorbecks und Lessels Sichtweise das deutschen Ansehen befleckt, sondern jene Kräfte, die nach Auffassung der großen Mehrheit der Offiziere stets zum Schaden Deutschlands arbeiteten, da sie mit ihrer Kritik die Monarchie und damit die Einheit und Wehrfähigkeit der Nation unterminierten.

2. Im Stabe des »Weltmarschalls«

Die Route der drei Truppentransporter »Batavia«, mit 2 200 Mann inklusive Schwarzhoffs Stab an Bord und 12 500 Bruttoregistertonnen das bei weitem größte Schiff, sowie der wesentlich kleineren Frachter »Halle« und »Dresden«, dicht gefolgt von den in den folgenden Tagen aus Bremerhaven auslaufenden Schiffen, führte durch den Suezkanal. Es schlossen sich Zwischenstopps in Colombo, Singapur, Hongkong und Schanghai an. Die Truppen litten insbesondere im Roten Meer unter der großen Hitze. Lettow-Vorbeck, wie alle Offiziere an Bord der Truppentransporter von einer Einzelkabine profitierend, verkraftete das ungewohnte Klima problemlos[19] und legte damit erstmals Zeugnis von seiner großen körperlichen Widerstandsfähigkeit auch in ungewohnter Umgebung ab. In Singapur erfuhren die Truppen, dass der vom Kaiser neun Jahre zuvor geschasste Generalstabschef und frisch ernannte Feldmarschall Waldersee nach diversen diplomatischen Demarchen zwischen den europäischen Hauptstädten am 13. August zum »Weltmarschall« ernannt worden sei, dem neben den deutschen auch die Truppen der anderen in China operierenden Nationen unterstellt werden sollten. Als durchaus einleuchtende Wahl für den diplomatisches Fingerspitzengefühl erfordernden Posten eines Stabschefs Waldersees war Schwarzhoff ausgewählt worden. Der Generalmajor bot daraufhin Lettow-Vorbeck an, weiterhin als Adjutant für ihn tätig zu bleiben und dieser willigte ein.[20] Die Aufgabe, im Hauptquartier einer internationalen Streitmacht zu arbeiten, erschien noch wesentlich viel versprechender zu sein als die Tätigkeit eines Brigadeadjutanten.

Die Stimmung an Bord der deutschen Truppentransporter erhielt gleichzeitig einen erheblichen Dämpfer als darauf bekannt wurde, japanische, russische und britische Truppen hätten bereits am 14. August Peking besetzt, so dass wenig für die kriegslüsternen Truppen des deutschen Expeditionskorps übrig zu bleiben schien.[21] Trotzdem befanden sich seit Mitte August im Reich noch weitere Truppen für das Expeditionskorps in Aufstellung, um Waldersees Kommando und der deutschen Präsenz in China ein stärkeres Gewicht zu geben. Am Ende standen 22 000 deutsche Soldaten in China im Einsatz – neben den 2 500 Mann des Marine-Expeditionskorps 19 500 Freiwillige des Heeres, darunter 850 Offiziere. Damit stellte Deutschland das stärkste Kontingent, gefolgt von Frankreich mit 15 000 und Großbritannien mit 11 500 Mann sowie Russland und Japan mit jeweils 10 000 Soldaten. Die USA hingegen setzten nur 4 000, Italien 2 100 und Österreich-Ungarn 400 Soldaten in China ein.

Am 8. September 1900 traf die »Batavia« auf der Reede von Dagu ein. Schwarzhoff und seinem kleinen Stab bot sich, als sie an Land gingen und von dort die Reise nach Peking antraten, das zu Waldersees Hauptquartier auserkoren war, ein apokalyptisches Bild. Sämtliche Ortschaften entlang der etwa 250 km langen Strecke waren durch die vorangegangenen Kämpfe zerstört worden. Der Landstrich entlang der Verbindungslinie zwischen Küste und Peking war bis auf die Stadt Tientsin und die Wachtposten der alliierten Truppen menschenleer. Die Reisenden bekamen lediglich streunende Hunde und riesige Heuschreckenschwärme zu sehen, aber keine Chinesen, da diese entweder tot oder geflohen waren.[22]

Mitte September traf die Reisegruppe in Peking ein, das seit seiner Eroberung durch die alliierten Truppen einen Monat zuvor in acht Besatzungszonen aufgeteilt war, in welchen jede westliche Macht selbstherrlich regierte. Von den deutschen Truppen stand bereits das Marine-Expeditionskorps in Peking, Einheiten der 1. ostasiatischen Brigade rückten nun ebenfalls in der Hauptstadt ein, während die 2. Brigade, die Etappe und das Oberkommando der deutschen Truppen unter Lessel in Tientsin blieben. Für Waldersee requirierte der Stab Schwarzhoffs als Vorauskommando den Winterpalast innerhalb der Kaiserstadt, ein ausgedehntes Areal von Gebäuden, Höfen und Teichen. Nach etwa 10 Tagen ging es mit Schwarzhoff zurück an die Küste, um dort Waldersee und seinen Stab in Empfang zu nehmen, der am 27. September in China landete.

Der Kaiser hatte Waldersee, um die Bedeutung von dessen Mission als »Weltmarschall« herauszustreichen, aber auch um möglichst vielen Soldaten die Chance zu geben Erfahrungen auf einem Auslandseinsatz zu sammeln, im August einen großzügigen Stab von 38 Offizieren und Beamten, 30 Unteroffizieren und 146 Mannschaften zugestanden, die mit ihm ausreisten.[23] Folglich zeigten sich Schwarzhoff und Lettow-Vorbeck äußerst erstaunt über den Umfang der Reisegruppe, die sie in Empfang nahmen.[24] Allein die Adjutantur Waldersees umfasste 11 Offiziere. Im Rückblick auf die China-Expedition kritisierte das preußische Kriegsministerium die überreichliche Personalausstattung des Stabs von Waldersee denn auch als unnötig.[25] Lettow-Vorbecks Adjutantenposition bei Schwarzhoff war damit eigentlich überflüssig geworden, doch entließ der Generalmajor ihn nicht aus seinen Diensten.

Die meisten deutschen Offiziere zeigten sich beeindruckt vom ersten Anblick der chinesischen Hauptstadt mit ihrer gewaltigen Stadtmauer, welche ganz Peking auf einer Länge von 36 km umschloss.[26] Allerdings wich dieser Eindruck bald einer Verachtung für das Leben in Peking, da die Stadt den Deutschen innerhalb der Mauern als schmutzig, chaotisch und verwahrlost erschien. Selbst die ausgedehnten Palastanlagen in der nochmals durch eine große Mauer abgeteilten Kaiserstadt trugen für die deutschen Offiziere Züge der jahrzehntelangen Vernachlässigung und des Verfalls, die für sie nicht nur Folge der jüngsten Kämpfe und der anschließenden Plünderungen der Paläste durch russische und japanische Truppen waren.[27] Die Beschreibungen vom angeblichen chinesischen Schlendrian waren auch eine Art Selbstvergewisserung der deutschen wie auch der Offiziere der anderen Kontingente, dass man in einem Land operierte, welches zwar eine jahrtausende alte Kultur besaß und in der Vergangenheit eine wichtige Rolle gespielt haben mochte, nunmehr aber im Niedergang begriffen und daher gleichsam berechtigterweise Beute der modernen, angeblich moralisch und kulturell überlegenen westlichen Mächte geworden sei. Dieser westliche Chinadiskurs hatte sich bereits seit etwa 1800 herausgebildet.[28]

Die Chinesen wurden von den alliierten Mächten systematisch erniedrigt, während sich die westlichen Nationen als unumschränkte und kulturell überlegene Herrscher des Landes inszenierten. Allein schon die Tatsache, dass Waldersee im kaiserlichen Winterpalast Quartier nahm, war ein deutlicher Affront, war es doch bislang selbst den meisten Chinesen nicht erlaubt gewesen, die Kaiserstadt zu betreten. Zum Einzug in den Winterpalast am 17. Oktober hatte der Stab für Waldersee nicht die marmorne Hauptbrücke, sondern eine kleine hölzerne Brücke ausgewählt, die bislang nur vom Kaiser und seinem engsten Gefolge, nie jedoch von Nichtchinesen hatte benutzt werden dürfen. Die Besatzungstruppen aller Nationen missbrauchten zudem die Tempel der Palastanlagen als Ställe. Sie zwangen jeden Chinesen in Peking, nach Einbruch der Dunkelheit auf der Straße zwecks besserer Identifizierung eine Laterne vor sich her zu tragen, galt doch jeder Chinese als potentieller Boxer.[29]

Die Alliierten dehnten im Oktober ihre Besatzungszone, die sich bislang auf die Gebiete an der Verbindungslinie zwischen der Küste, Tientsin und Peking erstreckte hatte, entlang der Küste gen Norden und im Inneren der Provinz Zhili nach Süden auf die Hauptstadt dieser Provinz, Paotung-Fu, aus. Sie stießen dabei weder auf nennenswerten Widerstand von Boxern noch von regulären chinesischen Truppen. Die chinesische Regierung, die sich ins Innere des Landes geflüchtet hatte, nahm vielmehr angesichts der alliierten Übermacht Abstand von ihrem Konfrontationskurs und suchte seit Herbst nach einer diplomatischen Lösung. Unter den Alliierten wollte keine Macht sich länger als nötig mit Truppen in China engagieren, da die Hauptgefahr gebannt zu sein schien und es für sie wichtigere Dinge gab: Russland zog den Großteil seiner Truppen in die Mandschurei ab, weil dort ein Aufstand ausgebrochen war; die USA benötigten die Truppen nun dringender auf den Philippinen, wo ein Unabhängigkeitskrieg gegen sie geführt wurde. Zudem war das Misstrauen der Mächte untereinander derart, dass es ohnehin schwer war, eine gemeinsame westliche Position gegenüber den Chinesen aufzubauen.[30] Für Waldersees Oberkommando bedeutete dies, dass er sich für militärische Operationen neben den deutschen Truppen nur auf die Kontingente Großbritanniens, Japans, Österreichs und Italiens stützen konnte, wobei die Japaner ebenfalls ihre Truppen im Herbst 1900 um die Hälfte reduzierten. Franzosen und Amerikaner hatten den deutschen Oberbefehl ohnehin nie anerkannt. Die dem »Weltmarschall« unterstehenden Kontingente der anderen Staaten beklagten sich im übrigen darüber, dass dessen Stab ausschließlich aus deutschen, oder besser gesagt preußischen Offizieren bestehe, die glaubten, den ausländischen Truppen Befehle erteilen zu können, ohne sie vorher zu konsultieren. Es sei, so Grierson, typisch für das deutsche Militär, in welchem die Meinung der Generalstabsoffiziere selbst in Fragen wie der Verwaltung, von denen sie nichts verstünden, als das letzte Wort gelte.[31] Angesichts der personellen Überbesetzung von Waldersees Oberkommando und des gleichzeitigen Fehlens eines zu bekämpfenden Gegners nahm es also nicht wunder, dass Lettow-Vorbeck über seine Zeit in Peking in seinen Memoiren schrieb: »Ich hatte viel freie Zeit, um persönlichen Neigungen nachzugehen. Ich verkehrte gern mit ausländischen Offizieren, die mir bereitwillig Einblick in Einrichtungen ihrer Armee gaben.«[32]

3. Internationale Offizierskontakte

Tatsächlich boten Peking und die anderen Standorte der westlichen Truppen in China allen beteiligten Armeen in einem Zeitalter, in dem es noch keine supranationalen Institutionen und, abgesehen von China, auch keine multinationalen militärischen Einsätze gab, eine einzigartige Möglichkeit, aus nächster Nähe Ausrüstung, Ausbildung sowie die Berufsauffassungen in den Offizierskorps der damals wichtigsten anderen Mächte über einen längeren Zeitraum und unter Einsatzbedingungen zu studieren. Für die deutschen Offiziere waren die Bedingungen für eine relativ unbefangene Kontaktaufnahme zu den Offizieren anderer Armeen auch insofern günstig, als sich das Reich zu diesem Zeitpunkt noch nicht in die diplomatische Isolation manövriert hatte, in der es sich aufgrund der aggressiven wilhelminischen Weltpolitik bereits einige Jahre später befinden sollte, als diese zunächst die Entente Cordiale zwischen Frankreich und Großbritannien, sodann die Tripel-Entente unter Einschluss Russlands heraufbeschwor. Das deutsche Kontingent in China wirkte vielmehr als eine Art Puffer zwischen den Mächten, insbesondere zwischen Russen und Japanern, Russen und Briten und Briten und Franzosen, die sich aufgrund der Konkurrenz in China und anderswo misstrauisch gegenüberstanden. Schließlich war die Ernennung Waldersees zum nominellen Oberbefehlshaber der Koalitionsstreitkräfte nicht nur Folge der überambitionierten deutschen Politik, sondern auch der Tatsache, dass Deutschland im Jahre 1900 offenbar die einzige militärisch schlagkräftige Großmacht war, die für alle anderen Mächte als Kompromisskandidat zur Führung der Koalition akzeptabel erschien.[33] Selbst die Beziehungen Deutschlands zum »Erbfeind« Frankreich befanden sich zu diesem Zeitpunkt gerade in einer relativen Phase der Entspannung, so dass die deutschen Offiziere übereinstimmend von einem recht guten Verhältnis zu ihren französischen Kameraden berichteten, sofern diese nicht noch den Krieg von 1870/71 mitgemacht hatten. Man war auf beiden Seiten bemüht, Peinlichkeiten und Spannungen zu vermeiden. So schrieb Lettow-Vorbeck, dass zwar die Franzosen nicht den Oberbefehl Waldersees anerkannten, »um so mehr darf daher hervorgehoben werden, dass sich in der Zusammenarbeit mit den Franzosen keinerlei Schwierigkeiten ergaben. Sie waren vielmehr vernünftigen militärischen Gründen stets zugänglich, und auch das kameradschaftliche Verhältnis war gut«.[34]

Auf der Ebene der Offiziersbegegnungen hoben die deutschen Offiziere übereinstimmend besonders das herzliche Verhältnis zu den Briten hervor. Diesen fühlte man sich hinsichtlich Herkunft und Auffassungen am stärksten verbunden, wohl auch wegen der damals, zumindest aus Sicht der Heeresoffiziere, fehlenden Konkurrenz zwischen beiden Ländern. Waldersee schrieb im Dezember 1900 in sein Tagebuch: »Ohne Frage stehen wir uns hier mit den Engländern, die fast alle in Indien gedient haben, sozial am nächsten, was ja wohl auch ganz natürlich ist.« Im halboffiziellen Erinnerungsband des Heeres an den Einsatz in China hieß es entsprechend, die »unverkennbare Stammesverwandtschaft mit den englischen Offizieren ergab bald einen sehr anregenden kameradschaftlichen Verkehr, der besonders durch sportliche Vergnügungen gefördert wurde«.[35] Diese Auffassung wurde auch von britischer Seite geteilt, denn in Griersons Bericht über das deutsche Expeditionskorps hieß es: »Es kann, so glaube ich, kein Zweifel daran bestehen, dass das deutsche Offizierskorps vom militärischen wie sozialen Standpunkt her schlichtweg das Beste von allen Kontingenten ist. Sicherlich stehen unsere Offiziere mit diesem in freundlicherer Beziehung und auf vergleichbarerem Niveau als mit den Offizieren aller anderen Kontingente, die Amerikaner nicht ausgenommen.«[36] Lettow-Vorbecks Erinnerungen an die Begegnungen mit Offizieren aus den anderen Kontingenten fügten sich in dieses Bild. Mit den Franzosen war der Umgang »gleich bleibend sehr angenehm«. Mit den britischen Kameraden traf er sich fast täglich für mehrere Stunden zur wechselseitigen Verbesserung der Sprachkenntnisse. Die Japaner machten auf ihn (wie auch auf andere deutsche Offiziere) einen militärisch »ausgezeichneten« Eindruck.[37]

Abgesehen von der Bestätigung, oder, wohl weitaus seltener, der Überwindung vorgefasster nationaler Stereotype über den Charakter und das Verhalten der Soldaten der jeweiligen Kontingente[38] durch die sich in China ergebenden zwischenmenschlichen Kontakte konnten die deutschen Offiziere durch die Begegnungen vor allem Erfahrungen für zukünftige Kolonialkriege sammeln. Es zeigte sich während des Einsatzes, dass sich das preußische Kriegsministerium zwar bemüht hatte, das Expeditionskorps großzügig auszustatten, doch dass sich die

Ausrüstung nicht unbedingt den Bedingungen in Ländern wie China als angepasst erwies. Weil das Heer beispielsweise nicht genügend Tropenuniformen und Tropenhelme für eine Streitmacht dieser Größenordnung in der Kürze der Zeit hatte beschaffen können, waren in aller Eile die Drillichanzüge des Heeres in Khaki gefärbt und die Truppe mit Strohhüten ausgestattet worden. Die Khakiuniformen verloren schon während der Überfahrt ihre Färbung, während die Strohhüte weder genügend Sonnenschutz boten noch wetterfest waren. Im Vergleich zu den anderen in China im Einsatz stehenden Truppenkontingenten sahen die deutschen Einheiten in ihren Uniformen sehr zum Ärger ihrer Offiziere, die sich ansonsten viel auf die angebliche »Strammheit« ihrer Soldaten zu Gute hielten, ziemlich lächerlich aus. Die vierrädrigen Wagen des Trains waren viel zu schwerfällig für das chinesische Wegenetz, die Zelte für das chinesische Klima ungeeignet. Ferner hatte man vergessen, die Truppen für den kalten Winter in Nordchina auszustatten.

Vor allem die britisch-indischen Truppen wurden von den deutschen Offizieren wegen ihrer praktischen Ausrüstung und Organisation für Kolonialfeldzüge gelobt und als Beispiel dafür herausgestellt, wie viel Deutschland auf diesem Gebiet noch zu lernen habe. »Das erste Mal in seinem Leben in einem fremden Land, fühlt sich der deutsche Offizier in einem gewissen Nachteil. Seinem Instinkt folgend, das Beste aus den sich ergebenden Möglichkeiten zu machen, wendet er sich an den britischen Offizier, um die Kunst der Kriegführung in unzivilisierten Ländern zu erlernen, während er zugleich an seinem Glauben von der Richtigkeit seiner Theorien und der Überlegenheit seiner Armee gegenüber allen anderen festhält. Die Deutschen sind immer am Fragen und Notieren«, hieß es entsprechend bei Grierson.[39] Als im Januar 1901 das preußische Kriegsministerium bei Lessel anfragte, welche Verbesserungen er basierend auf den bisherigen Chinaerfahrungen hinsichtlich Uniformierung und Ausrüstung für zukünftige überseeische Einsätze vorschlage, empfahl der Kommandeur der deutschen Truppen in China Berlin schlichtweg die genaue Kopie der britischen Ausstattung.[40] Auch der mit den deutschen Truppen reisende Kriegsberichterstatter Baron Binder-Krieglstein schloss sich diesem Urteil an: »In Bezug auf Ausrüstung und Verpflegung sind die englischen Truppen als mustergültig zu bezeichnen (...) Die Einrichtungen sind unerreicht und nachahmungswürdig.«[41]

Die zweirädrigen Transportkarren mit Maultierbespannung, Packsättel, Zelte, Uniformen, Lebensmittel- und Wasserbehälter, Krankentransportbahren – alles schien bei den britischen Truppen auf die klimatischen, hygienischen und verkehrstechnischen Verhältnisse des Einsatzortes perfekt abgestimmt zu sein. Als vorbildlich wurden zudem das Ein- und Ausschiffen der Truppen, die Kooperation zwischen Land- und Seestreitkräften, die rasche kartographische Erfassung bislang unbekannter Operationsgebiete und das Signalwesen des britischen Expeditionskorps herausgestellt. Das dichte Aufschließen der Versorgungseinheiten zu den Kampftruppen selbst bei einem drohenden Gefecht, die Größe des britischen Trains im Vergleich zur Zahl der Kampftruppen, aber auch dessen Beweglichkeit, die besondere Aufmerksamkeit, die man einer richtigen Ernährung und der Einhaltung hygienischer Standards beimaß, verdeutlichten den deutschen Offizieren, dass koloniale Einsätze wie jener in China in erster Linie ein logistisches und medizinisches

Problem darstellten. Beweglichkeit, ein hoher Grad von Selbstversorgung, gepaart mit relativem Komfort selbst im Felde der oft weit von ihren Basen entfernt operierenden Truppen und die Einhaltung strikter hygienischer Grundregeln, die von den Offizieren überwacht werden mussten, erwiesen sich als ausschlaggebend für den Erfolg kolonialer Kampagnen. Stärke und Kampfkraft der eingesetzten Verbände hingegen waren in diesen Kriegen, in denen der Gegner meist hinsichtlich Bewaffnung, Ausbildung und Motivation selbst zahlenmäßig wesentlich schwächeren europäischen Truppen kaum gewachsen war, von zweitrangiger Bedeutung.[42]

So sehr auch die deutschen Offiziere glaubten, vor allem von den britischen Truppen hinsichtlich Transport- und Ausrüstungsfragen für zukünftige überseeische militärische Einsätze lernen zu können, so sehr fühlten sie sich doch insgesamt in ihrer professionellen Überlegenheit bestätigt. Die Schwester Lettow-Vorbecks berichtete 1918 beispielsweise der Presse, nach Heimkehr aus China habe ihr Bruder »bewundernd« von der praktischen Ausrüstung der britischen Armee erzählt, weniger begeistert hingegen hätten ihn deren militärische Leistungen.[43] Lettow-Vorbecks Urteil lautete: »Der Gesamteindruck, den die britischen Offiziere machten, war: sehr wohlerzogen, frische Sportleute, aber militärisch nicht durchgebildet. Ihre Liebenswürdigkeit war zumeist bestechend.«[44] Der von Lettow-Vorbeck konstatierte Eindruck mangelnder professioneller Bildung des britischen Offizierskorps im Vergleich zum deutschen enthielt einen wahren Kern. Während damals in jedem deutschen Offizierskasino das »Militärwochenblatt« und ähnliche Fachliteratur auslag, war es in den Offiziersmessen der britisch-indischen Armee, die den Großteil der Empiretruppen in China stellte, beispielsweise um die Jahrhundertwende verpönt militärische Fragen zu erörtern oder dort Militärpublizistik zu lesen. Junge, fortbildungshungrige Offiziere wie Lettow-Vorbecks späterer Gegner Richard Meinertzhagen wurden von den älteren Kameraden entsprechend zurechtgewiesen, wenn sie es dennoch versuchten.[45] In der britischen Armee hielt bis 1914 eine gewisse Nonchalance hinsichtlich der theoretischen wie praktischen Ausbildung von Offizieren wie Mannschaften an, auch wenn man versuchte, die größten Missstände nach dem Schock des Burenkriegs abzustellen.[46]

Was Kampfmotivation, Ausbildungsstand, Disziplin, Auftreten sowie operatives Geschick anging, glaubte man deutscherseits in einer gewissen Selbstgefälligkeit die beste Armee der Welt zu besitzen. So hob der Kriegsberichterstatter Binder-Krieglstein zwar in seinem Überblick über die nichtdeutschen Truppen in China einzelne Stärken der jeweiligen Kontingente hinsichtlich Ausrüstung oder Ausbildungsstand hervor. Der Grundtenor blieb jedoch, dass letztlich keines der fremden Heere in der Gesamtwertung dem Vergleich mit deutschen standhalten könne.[47] Die japanischen Einheiten wurden nicht zuletzt deshalb von den deutschen Expeditionsteilnehmern gelobt, weil sie nach preußischem Muster ausgebildet worden waren. Es schmeichelte den deutschen Offizieren, dass die Japaner gleichsam als Musterschüler bei Manövern und Paraden der deutschen Truppen die zahlreichsten und aufmerksamsten Beobachter stellten.[48] Lettow-Vorbeck resümierte denn auch seine Zeit in China mit den Worten, die Einblicke in die Verhältnisse der anderen Armeen hätten ihm einen Maßstab gegeben »für die unglaublich sachverständige Arbeit, die in Deutschland jahrhundertelang unermüdlich geleistet worden war. Immer wieder hatten die besten Köpfe gewissenhaft gearbeitet und gefeilt, um als Ergebnis eine Wehrmacht aufzubauen, die in der Welt nicht ihresgleichen hatte.«[49]

Grierson, der zuvor britischer Militärattaché in Berlin gewesen war, kam zu einem abgewogeneren Urteil: Er lobte die deutschen Offiziere ob ihrer Kompetenz und ihres Auftretens, die Soldaten für die Disziplin, den perfekten Drill und die Marschleistung. Die Einheiten insgesamt beeindruckten ihn wegen ihrer Kohärenz, obwohl sie erst unmittelbar vor der Einschiffung zusammengestellt worden seien, was von der Einheitlichkeit und dem hohen Standard der militärischen Ausbildung im Reich zeuge. Doch er sah auch die Schattenseiten: Die Fürsorgepflicht und Aufsicht der Offiziere über die deutschen Soldaten höre offenbar da auf, wo der Dienst ende. Folglich seien die deutschen Quartiere erstaunlich vernachlässigt und es herrsche keine Nachtruhe. Zudem werde nicht genügend Wert auf eine gesunde und ausgeglichene Ernährung sowie die Einhaltung sanitärer Mindeststandards gelegt, wie sie gerade bei Operationen in fremden Ländern wichtig seien. Dies habe zur Folge, dass der Krankenstand der deutschen Einheiten stets um ein Mehrfaches höher liege als bei den britischen Einheiten. Die sehr jungen deutschen Wehrpflichtigen, meist nicht älter als 22 Jahre, seien durch die unbekannte Umgebung und den Mangel an Erfahrungen im Ausland verunsichert. Sie neigten daher zu einem Übermaß an Gewalt gegenüber allen Chinesen und würden keine Gelegenheit zum Plündern auslassen. »Ihre Versäumnisse sind Versäumnisse, die aus Unerfahrenheit herrühren«, schrieb er abschließend und war sich sicher, dass die Deutschen mit ihrem Hang zum Perfektionismus rasch lernen und bald eine eindrucksvolle Kolonialarmee haben würden. Griersons Gesamturteil rechtfertigte das von den deutschen Offizieren an den Tag gelegte Selbstbewusstsein dennoch in gewissen Maße: »In jeder Hinsicht, selbst was die Disziplin angeht, sind die Deutschen allen anderen ausländischen Truppen hier weit voraus. Die Amerikaner sind die Einzigen, die vom körperlichen Erscheinungsbild her vergleichbar sind, aber sie sind in ihrem Auftreten so nachlässig, dass sie verglichen mit den deutschen Truppen stark abfallen.«[50]

4. Zwischen Untätigkeit und Aktionismus

Trotz dieses für das Reich insgesamt positiv ausgehenden militärischen Leistungsvergleichs mit den Armeen der damaligen Großmächte herrschte schon bald nach dem Eintreffen in China im Expeditionskorps große Unzufriedenheit. Offiziere, Unteroffiziere wie Mannschaften waren, aufgeputscht durch die jahrzehntelange Verherrlichung der Einigungskriege und durch die kaiserliche Aufforderung, Rache an den Chinesen für den Gesandtenmord zu nehmen, selbst nach der Nachricht über die Einnahme Pekings noch in Erwartung eines »frischen und fröhlichen Krieges« an Land gegangen. Folglich sei die Stimmung zunächst noch eine »ernste und gehobene« gewesen.[51] In Ermangelung eines greifbaren Gegners ließ die Truppenmoral jedoch schon nach wenigen Wochen in China erheblich nach, wie beispielsweise das Tagebuch des bayerischen Oberleutnants Franz Epp zeigte.[52]

Waldersee wie Lessel schickten daher gleichsam als »Beschäftigungstherapie« ihr Kontingent zwischen Herbst und Frühjahr 1900/1 auf zahlreiche Erkundungs- und Strafexpeditionen gegen vermeintliche oder tatsächliche Boxerstützpunkte, die in Gebieten außerhalb der eigentlich besetzten Landesteile lagen, in der Hoffnung, die ihnen vorenthaltende Kampferfahrung nun noch nachholen zu können. Die Truppen der anderen Kontingente hingegen verhielten sich seit Oktober weitgehend passiv. Von 76 Expeditionen dieser Art fanden 51 unter Beteiligung oder alleiniger Durchführung durch deutsche Truppen statt.[53] Gleichwohl konnten diese Operationen das Fehlen eines »frischen und fröhlichen« Krieges nicht überdecken. Die chinesischen Gegner wichen Konfrontationen aus, da sie meist gut über die deutschen Vorstöße unterrichtet waren. Die deutschen Truppen wiederum konnten in Ermangelung ausreichender Kavallerie und Ortskenntnisse die Verfolgung nicht aufnehmen. »Dass es zu ernsten Gefechten nicht gekommen ist, bedauert niemand mehr als das deutsche Expeditionskorps vom General bis zum Musketier herab, wo aber Teile desselben mit Chinesen zusammengestoßen sind, seien es Soldaten oder Boxer, hat es an schärfsten Anfassen nicht gefehlt, was hier sicherlich lange in Erinnerung bleiben wird«, berichtete Waldersee im Dezember 1900 an den Kaiser.[54]

Lettow-Vorbeck, der aufgrund der personellen Überbesetzung des Stabes Waldersees kaum zu tun hatte und als junger Offizier nicht weniger als die anderen Expeditionsteilnehmer auf ein Gefecht hoffte, nahm an mindestens zwei Operationen teil. Zwischen dem 28. Dezember und dem 14. Januar gehörte er zu einer Expedition unter dem Kommando von Oberstleutnant Pavel, der mit einem Bataillon der 1. ostasiatischen Brigade von Peking nach Norden in Richtung der großen chinesischen Mauer zog, um hier entweder chinesische Truppen oder Boxer aufzuspüren und anzugreifen. Zufällig wurde es eine der wenigen deutschen Unternehmungen überhaupt, bei dem es zu einem – wenn auch kurzen – Gefecht zwischen den deutschen Truppen und Chinesen kam.[55] Die 400 deutschen Soldaten griffen im Morgengrauen des 3. Januar 1901 etwa 500 bis 600 Boxer bei dem Dorf Ho Phu an. Diese hatten sich in einer kleinen Festung aus Lehmwällen verschanzt, vor der sich einige Schützengräben und Unterstände sowie ein Astverhau als zusätzliche Sicherungen befanden. Bereits nach weniger als einer Stunde war die Stellung eingenommen, die Verteidiger tot oder geflohen. »Nach kurzem Feuer, bei dem ein deutscher Soldat in meiner Nähe einen tödlichen Bauchschuss erhielt, wurde zum Sturm geschritten. Da die Chinesen zwar viel schossen, aber wenig trafen, war es eine leichte Sache«, hieß es lapidar in Lettow-Vorbecks Erinnerungen an sein erstes Gefecht.[56] Auf deutscher Seite gab es einen Toten und sechs Verwundete, mindestens 140 Chinesen waren gefallen.

Das Gefecht wie auch das Verhältnis der Verluste waren typisch für die deutsche Kriegserfahrung in China. Die Gegner in Ho Phu besaßen das landesüblich bunte Arsenal von z. T. modernen Gewehren wie auch altmodischen Schuss-, Hieb- und Stichwaffen. Er verfügte über keine einheitliche Gefechtsführung, besaß keine Schießausbildung und gab den Kampf schon nach kurzer Zeit auf.[57] Folglich waren die Verluste der deutschen Truppen selbst in diesem Fall, da sie einen gut verschanzten Gegner über freies Feld angriffen, sehr gering. Der einzige Tote auf deutscher Seite an diesem Tage gehörte zur ersten Welle der Angreifer auf die Festung, die kurz am Astverhau vor der Stellung aufgehalten worden war. Man kann also davon ausgehen, dass Lettow-Vorbeck, der sich in dessen Nähe befand, getreu der vom preußischen Offizier erwarteten Rolle in seinem ersten Gefecht an vorderster Front am Sturm auf die Festung teilnahm. Er wollte beweisen, dass er im Ernstfall jene viel gerühmte und seit Kindertagen antrainierte Haltung, also die Unempfindlichkeit gegenüber physischen Gefahren und Härten und zur Schau getragenen Kaltblütigkeit aufbringen würde, obwohl er als gleichsam bloß »mitreisendes« Mitglied des Oberkommandos nicht einmal personelle Verantwortung für die im Einsatz befindlichen Truppen trug.

Die deutschen Truppen rächten sich für die Abwesenheit eines greifbaren und klar zu identifizieren Gegners durch brutale Expeditionen gegen vermeintliche Boxerhochburgen, wobei sie willkürlich Kontributionen erhoben, plünderten, Dörfer niederbrannten und Verdächtige oder Geiseln standrechtlich erschossen. »Es wird dann eine kleine Expedition hinausgeschickt, der entsprechende Ort umzingelt und das Ende ist regelmäßig die Erschießung der Übeltäter«, notierte Waldersee in seinem Tagebuch.[58] Lettow-Vorbeck nahm auch an einer solchen Aktion Anfang 1901 teil, über welche er allerdings ebenfalls nur wenige Worte verlor: »Bei einer anderen Gelegenheit begleitete ich eine Expedition österreichischer Marine südlich von Peking, wo Boxer in ihren Quartieren festgenommen und kriegsrechtlich erschossen wurden.«[59] Da die deutschen Truppen in der Regel bei Gefechten keine Gefangenen machten[60] und die Boxer meist bei der Annäherung deutscher Truppen nach einigen Schüssen flohen, handelte es sich auch hier vermutlich eher um eine dieser blindwütigen Strafaktionen gegen ein Dorf, bei der in Ermangelung von Aufständischen oder der Unmöglichkeit, sie unter der Bevölkerung zu identifizieren, willkürlich Geiseln umgebracht wurden. Dies war eine Praxis, die im Übrigen bei allen Kontingenten der internationalen Streitmacht zu verzeichnen war.[61]

Gerechtfertigt wurde diese Vorgehensweise von den deutschen wie anderen Soldaten mit dem Standardargument, dass die Chinesen (wie andere als rassisch minderwertig angesehene Völker) nur die Sprache der Härte verstünden. Die ausländischen Truppen dürften in einem Lande, in dem ein Menschenleben nichts gelte, wie die verbreite Anwendung der Todesstrafe schon für geringste Vergehen zeige, nicht hinter den landesüblichen Sitten der Sühne zurückstehen, wollten sie glaubwürdig wirken. Tatsächlich war einer der prägendsten Eindrücke, den die deutschen Teilnehmer der Chinaexpedition gleich nach der Ankunft erhielten, jener, dass ein Menschenleben im Reich der Mitte nicht viel galt. So waren öffentliche Exekutionen von Chinesen, die sich des Diebstahls oder anderer kleinerer Vergehen schuldig gemacht hatten, durch die alliierten Truppen oder ihre chinesischen Helfer in Peking eine alltägliche Erscheinung.[62]

Grierson zeigte zwar Verständnis für die Frustration seiner deutschen Kameraden, die nach dreißig Friedensjahren in China zu spät gekommen seien und dies nun durch Überaktivität kompensieren wollten, um dennoch Einsatzerfahrung zu sammeln. Doch die willkürliche Behandlung aller Chinesen als Boxer und das Erstürmen von Dörfern, um sie dann unter fadenscheinigen Gründen auszuplündern, hielt er vom politisch-militärischen Standpunkt aus gesehen für fatal. Durch ihr brutales und herrisches Auftreten würden die Deutschen erst den chinesischen

Widerstand entfachen, was zur Folge habe, dass jene Gebiete, die von ihnen verwaltet würden, stets mehr Truppen zur Aufrechterhaltung der Ruhe benötigten als jene Landstriche, die von den Kontingenten der anderen Nationen besetzt seien. Vergeblich versuchte er Anfang April, nachdem er bereits mehrmals gegen das Verhalten der deutschen Truppen protestiert hatte, Schwarzhoff für eine Änderung der deutschen Vorgehensweise zu gewinnen: 250 Jahre Erfahrung in Kolonialkriegen hätten Großbritannien gelehrt, ausgedehnte Gebiete mit relativ wenigen Soldaten am effektivsten zu beherrschen, indem man die Einwohner anständig behandele, seine Ausrüstung selbst mitbringe statt sie zu requirieren und für Lebensmittel zahle.[63]

Im März 1900 wurde Lettow-Vorbeck zum Hauptmann befördert, also nach 12 Jahren als Leutnant. Er avancierte etwas schneller als der Durchschnitt seiner Kameraden, die üblicherweise 13 bis 14 Jahre auf diese Beförderung warten mussten. »Die Arbeit im Armeehauptquartier, die ohnehin nie sehr umfangreich war, ist nun zu einer reinen Farce geworden«, schrieb Grierson im selben Monat.[64]

In der Nacht vom 17. auf den 18. April 1901 kam es zu einem schweren Brand im Pekinger Winterpalast. Während Waldersee sich durchs Fenster seiner Behausung retten konnte, erstickte Schwarzhoff. »Mit ihm verlor die preußische Armee einen der fähigsten und gebildetesten Offiziere«, lautete Grierson Nachruf.[65] Damit endete plötzlich Lettow-Vorbecks Zeit als unterbeschäftigter und weitgehend überflüssiger Adjutant im Stabe Waldersees. Durch den Tod seines Vorgesetzten wurde Lettow-Vorbeck nun wie eigentlich seit Juli 1900 vorgesehen Adjutant der ersten ostasiatischen Brigade. Dort hatte mit Schwarzhoffs Ernennung zum Stabschef Waldersees Generalmajor Lothar von Trotha das Kommando übernommen. Im Gegensatz zu Schwarzhoff war Trotha zwar ein Soldat mit Kolonialerfahrung in Ostafrika, aber einem auf das rein Militärische begrenztem Horizont.[66] Lettow-Vorbeck fühlte sich trotzdem oder vielleicht gerade wegen der militärischen Einseitigkeit seines neuen Chefs in dessen Stab sehr wohl, da dort der Umgang familiärer als im Stabe Waldersees gewesen und der General im übrigen »sehr unternehmend, liebenswürdig und kameradschaftlich«, aber »nicht weich« gewesen sei.[67]

Schon in der zweiten Märzhälfte hatte Waldersee, ungeduldig wegen der sich hinziehenden Friedensverhandlungen der Mächte mit der chinesischen Regierung, gegenüber dem Kaiser und dem Generalstab wiederholt darauf gedrängt, die deutschen Truppen möglichst noch vor dem Einbruch der Regenzeit aus China abzuziehen, die spätestens im Juni einsetzen würde. Die Untätigkeit der Truppe, die nur oberflächlich durch ihre Expeditionen in die nicht besetzten Gebiete verdeckt wurde, nagte immer mehr an der Moral. Die Regenzeit würde weitere Operationen unmöglich machen und gleichzeitig die Gefahr von Epidemien heraufbeschwören, die zu damaliger Zeit noch für alle Heere die größte Gefahr darstellten.[68] Ohnehin war die China-Expedition aus Sicht des Feldmarschalls für die deutschen Einheiten nicht nur wegen der mangelnden Einsatzmöglichkeiten spätestens zu diesem Zeitpunkt eher negativ zu bewerten. Die Truppen litten angeblich auch durch das »Leben inmitten einer von ihnen verachteten, auch in der äußeren Erscheinung widerwärtigen Bevölkerung, Verkehr mit sittlich tief stehenden Mannschaften anderer Kontingente, geringer Bewertung von Menschenleben, Missachtung fremden Eigentums und dergleichen«.[69]

Auch im Reich hatte sich die in Teilen der Öffentlichkeit ursprünglich vorhandene Begeisterung für das China-Abenteuer rasch gelegt, nicht zuletzt aufgrund der so genannten »Hunnenbriefe«, in welchen deutsche Soldaten des Expeditionskorps die begangenen Gräueltaten an der chinesischen Zivilbevölkerung schilderten und die von der SPD durch ihre Parteipresse und in Reichstagsreden publik gemacht wurden. Gab es im Sommer 1900 noch mehr Freiwilligenmeldungen aus dem aktiven Heer als überhaupt Soldaten für China benötigt wurden, so musste wenige Monate später bereits auf Reservisten, die sich zum Einsatz gemeldet hatten, zurückgegriffen werden, um den personellen Ersatz für das Expeditionskorps sicherzustellen.[70] Der Kaiser, ursprünglicher Initiator der Unternehmung, aber von sprunghaftem Charakter, verlor schon bald jegliches Interesse an den Vorgängen in China.[71]

5. Der Abzug des Expeditionskorps

Am 18. Mai 1901 kam der Befehl aus Deutschland, das Expeditionskorps bis auf eine Besatzungsbrigade von 3 000 Mann abzuziehen. Sie sollte zusammen mit den Besatzungseinheiten der anderen Nationen u. a. zukünftig das Pekinger Gesandtschaftsviertel bewachen. Lettow-Vorbeck erhielt den Auftrag, den Aufbau des 1. Besatzungsregiments der Brigade organisatorisch vorzubereiten. Er kümmerte sich um die Ausrüstung des Regiments mit Waffen und Transportmitteln, die von den abziehenden Truppen übernommen oder angekauft wurden. Es sollte, verglichen mit dem faktischen Nichtstun im Stabe Waldersees, die aktivste und interessanteste Zeit seines Chinaaufenthaltes werden, da er sich gut mit Trotha verstand und dieser ihm freie Hand ließ.[72] Die Besatzungsbrigade, ein gemischter Verband von Infanterie, Kavallerie und Artillerie, von dem ein kleiner Teil schließlich bis zum Ausbruch des Ersten Weltkrieges in China blieb, wurde aus Freiwilligen der in China stehenden deutschen Einheiten gebildet und offiziell am 10. Juni 1901 formiert. Trotz des sehr guten, für die Besatzungsbrigade sogar noch aufgestockten Solds war es nun schwierig, unter den 20 000 deutschen Soldaten des Expeditionskorps genügend Freiwillige zu finden, da kaum ein Soldat länger als notwendig in China bleiben wollte.[73] Auch Lettow-Vorbeck hielt nach Erledigung dieser Aufgabe nichts mehr in China, einem Land, dem er wie die meisten seiner Kameraden mit Unverständnis, ja Verachtung begegnet war und das sie nur als Durchlaufstation ihrer militärischen Karriere angesehen hatten: »Um die chinesische Kultur zu verstehen, bedurfte es Jahre; dazu verspürte ich persönlich keine Neigung. Meine Bestrebungen lagen auf modernem, soldatischem Gebiet, und da bot das damalige China nichts. Ich musste nach Deutschland, um mich militärisch weiterzubilden, mein weiterer Verbleib in China war zwecklos.«[74]

Am 23. Juli 1901 schiffte er sich mit anderen Soldaten wieder auf der »Batavia« ein. Der Drang nach Hause war unter den Soldaten so groß, dass einige von ihnen beim Gang an Bord ihre Typhuserkrankung verheimlichten. Aus Unerfahrenheit unterblieb eine vorherige ärztliche Untersuchung der Heimkehrer.[75] An Bord der wiederum mit mehr als 2 000 Soldaten belegten »Batavia« kam es zu einer Typhusepidemie, die zum Tod von etwa 40 Soldaten führte.[76] Als das Schiff Ende August wieder in Bremerhaven eintraf, gab es für die Chinaveteranen dieses Schiffes wie für die anderen Transporte keinen jubelnden Empfang. Sie mussten vielmehr für mehrere Wochen auf den Truppenübungsplatz Munster in Quarantäne. Fast schien es so, als wollte das Reich die erste große militärische Überseeunternehmung so still wie möglich liquidieren. Der halboffizielle Erinnerungsband der Chinateilnehmer des Heeres – der Generalstab befand anders als die kaiserliche Marine[77] die Chinaexpedition einer eigenen kriegsgeschichtlichen Abhandlung nicht für würdig – verhehlte denn auch nicht eine gewisse Enttäuschung darüber, dass lediglich Waldersee einen festlichen Empfang erhielt, der Rest der Truppen hingegen ohne Aufsehen zurückgeführt worden war.[78]

6. Eine zwiespältige Erfahrung

In seinen Memoiren bereute Lettow-Vorbeck die Teilnahme an der China-Expedition nicht. Vielmehr behauptete er, diese habe seinen Horizont erweitert.[79] Sicherlich waren seine Erfahrungen in Ostasien wertvoll für seine weitere Karriere als Kolonialoffizier. Allerdings konnte er bei seiner Rückkehr nach Deutschland nicht absehen, dass entscheidende Stationen seiner militärischen Laufbahn vor allem durch überseeische militärische Einsätze geprägt werden würden. Erst im selbstzufriedenen Rückblick, und als solchen kann man die Memoiren Lettow-Vorbecks bezeichnen, auf ein als erfolgreich erachtetes oder zumindest so der Nachwelt zu präsentierendes Leben wurden einzelne Karriereabschnitte bewusst oder unbewusst zu sinnvollen, ja notwendigen Bausteinen eines Puzzles umgedeutet, das schließlich ein in sich geschlossenes Lebensbild zu ergeben schien. Es ist mehr als fraglich, ob diese nachträgliche Selbststilisierung den wahren Empfindungen Lettow-Vorbecks bei der Rückkehr ins Reich im Spätsommer des Jahres 1901 entsprach.

Während viele Offiziere des Expeditionskorps als abschließende Gratifikation eine großzügige Pauschale erhielten, um ihre Heimreise selbständig mit touristischen Zwischenstopps in Japan, den USA, Russland und anderswo anzutreten[80], war Lettow-Vorbeck dieses Privileg verwehrt worden. Die Tätigkeit in China stellte für ihn wie für die meisten anderen Offiziere eher eine Enttäuschung dar, weil es kaum zu ernsthaften Kampfhandlungen gekommen war und mithin auch keine Chance bestanden hatte sich auszuzeichnen. Sein potentieller zukünftiger Förderer Schwarzhoff, dem er die meiste Zeit als Adjutant zugeteilt gewesen war, lebte nicht mehr. Als er sich nach Entlassung aus der Quarantäne Anfang September wieder beim Generalstab meldete, musste er erfahren, dass er seine dortige Stelle durch die einjährige Abwesnheit verloren hatte.[81]

IV. KRIEG IN DEUTSCH-SÜDWESTAFRIKA

Zum 9. September 1901 wurde der Heimkehrer ins 3. Gardegrenadierregiment zu Fuß in Berlin-Charlottenburg kommandiert. Es war wiederum eine exklusive Einheit: 1902 gab es beispielsweise keinen einzigen bürgerlichen Offizier in diesem Regiment.[1] Ende Januar 1902 übernahm er die 6. Kompanie, die er mit besonderem Ehrgeiz vor allem hinsichtlich der Schießausbildung »schliff«.[2] Als Kompaniechef trug Lettow-Vorbeck, nunmehr 32 Jahre alt, erstmals Personalverantwortung: Er war für den Ausbildungsstand seiner Soldaten gegenüber dem Regimentskommandeur verantwortlich und übte in begrenztem Maße disziplinarische Befugnisse gegenüber Mannschaften und Unteroffizieren aus. Für ihn war es »eine der schönsten Dienststellungen, die ein Offizier haben kann«.[3] Wieder sollten Ereignisse auf einem anderen Kontingent seiner Karriere eine überraschende Wendung geben.

Mitte Januar 1904 brach in Deutsch-Südwestafrika, dem heutigen Namibia, das 1884 durch die Initiative des Bremer Kaufmanns Adolf Lüderitz das erste, von Bismarck eher widerwillig adoptierte so genannte »Schutzgebiet« des Reichs geworden war, ein Aufstand von bislang im deutschen Kolonialreich nicht erlebter Intensität aus. Deutsch-Südwestafrika war mit 835 000 km^2 etwa um die Hälfte größer als das damalige Deutsche Reich, doch zählte es weniger als eine viertel Million Einwohner, darunter nur knapp 5 000 Europäer. Das Volk der Herero erhob sich unter Führung Samuel Mahareros, nachdem man verdeckt monatelang Vorbereitungen getroffen hatte. Die Herero stellten mit etwa 60 000 bis 80 000 Angehörigen nach den im Norden siedelnden, kaum mit den Deutschen in Kontakt stehenden Ovambo die zweitgrößte Ethnie der Kolonie. Die Herero lebten vor allem im mittleren Teil der Kolonie, wo sie extensive Viehzucht betrieben. Ihre Weidegründe waren jedoch durch die einwandernden deutschen Siedler zunehmend eingeschränkt worden. Zudem sühnte die deutsche Justiz Übergriffe der Weißen auf einzelne Herero nicht angemessen und eine Rinderpest verschärfte zusätzlich ihre Lage. Der Moment für einen Aufstand erschien günstig, denn die deutschen Militäreinheiten im Lande, die »Schutztruppe« von insgesamt etwa 600 Mann, führte gerade zum größten Teil im Süden der Kolonie gegen einen Stamm der Nama (»Hottentotten«) einen Feldzug. Es gelang den Herero, die Kolonialmacht zunächst vollkommen zu überraschen. Zahlreiche Farmen und isolierte Militärposten wurden schlagartig überfallen und mehrere Siedlungen belagert. Insgesamt fielen in den ersten Wochen etwa 150 deutsche Siedler und Soldaten den Angriffen zum Opfer, wobei die Herero aber im Gegensatz zu den alsbald in Deutschland kursierenden Horrorgeschichten Frauen, Kinder und Missionare stets verschonten.[4]

Gouverneur Theodor Leutwein, dem auch die Schutztruppe unterstand, schloss auf die Nachricht des Aufstands hin rasch Frieden mit den Nama und eilte mit seinen Truppen nach Norden. Dennoch war klar, dass ein Aufstand dieses Ausmaßes, bei dem die Herero 6 000 bis 8 000 Kämpfer ins Feld führen konnten, die zu etwa einem Viertel moderne Gewehre besaßen, kaum mit den in der Kolonie vorhandenen Truppen unterdrückt werden konnte.

1. Verstärkungen für die Kolonie

Wieder ließ Wilhelm II. die Seebataillone als erstes mobilisieren, weil sie aufgrund ihrer Zugehörigkeit zur Marine, der unter anderem die Verteidigung der überseeischen Besitzungen oblag, im Rahmen der bestehenden Gesetze überall eingesetzt werden konnten. 730 Marine-Infanteristen verließen am 21. Januar Deutschland zur Verstärkung der Schutztruppe. Das Deutsche Reich besaß 1904 trotz der Empfehlungen Waldersees, die er nach seiner Rückkehr aus China diesbezüglich gemacht hatte[5], abgesehen von den drei Seebataillonen immer noch keine Kolonialeinheiten. Großbritannien hingegen mit seiner großen indischen Armee und Frankreich mit der Kolonialinfanterie und Fremdenlegion verfügten seit Jahrzehnten über Verbände, die als stark genug und als so zuverlässig und tropentauglich angesehen werden konnten, dass sie auch außerhalb der jeweiligen Kolonien einsetzbar waren. Dieser Umstand wurde in Deutschland nach Ausbruch des Krieges in Südwestafrika, an den sich unmittelbar darauf in Deutsch-Ostafrika 1905/6 der Maji-Maji-Aufstand anschloss, den militärischen Fachleuten schmerzlich bewusst.[6]

Die Schutztruppe für Deutsch-Südwestafrika konnte, wie auch die anderen, ebenfalls in den 1890er Jahren entstandenen Schutztruppen in den Kolonien Kamerun und Deutsch-Ostafrika auf keine Reserveformationen in Deutschland zurückgreifen. In Berlin befand sich lediglich das der Kolonialabteilung des AA unterstehende, 1896 gegründete OdS. Der kleine Stab zählte ein dutzend Offiziere, die für Personalersatz und Versorgung der in den Kolonien stehenden Einheiten verantwortlich zeichneten. Die Schutztruppen verfügten über eine eigene Kommando- und Verwaltungsstruktur sowie Budgetierung, weil sie, ebenso wie die Marine und im Gegensatz zum Heer mit seinen preußischen, bayerischen, württembergischen und sächsischen Kontingenten, eine reichsunmittelbare militärische Einrichtung darstellten und sich folglich aus Freiwilligenmeldungen aus allen Bundesstaaten des Reichs zusammensetzten. Während jedoch die Schutztruppen in Kamerun und Deutsch-Ostafrika aus vor Ort angeworbenen schwarzen Söldnern bestanden, die lediglich von deutschen Offizieren und Unteroffizieren befehligt wurden, bildete die Schutztruppe Südwestafrikas wegen des dortigen für Europäer günstigeren Klimas und der als besonders kriegerisch angesehenen Herero und Nama schon zu Friedenszeiten eine ausschließlich aus Deutschen rekrutierte Formation.[7]

Es blieb also, da die Seebataillone nicht ausreichten, nur der Weg der Improvisation wie bei der Aufstellung des »ostasiatischen Expeditionskorps« zuvor. Erneut wurden seit Mitte Januar 1904 Freiwillige im Reich gesucht, die sich für die Dauer des Krieges in der Schutztruppe verpflichten wollten. Wieder gab es aus den gleichen Motiven wie vier Jahre zuvor aus dem preußischen, bayerischen, württembergischen und sächsischen Offizierskorps mehr Freiwilligenmeldungen als Stellen. Hingegen sollte sich im Verlauf der Kampfhandlungen, die bis Februar 1907 andauerten, die Rekrutierung von Mannschafts- und Unteroffiziersdienstgraden wie schon in China als zunehmend schwierig erweisen, je mehr Nachrichten über die Gefahren des südwestafrikanischen Kriegsschauplatzes nach Deutschland drangen, so dass schließlich erneut Freiwilligenmeldungen von Reservisten berücksichtig werden mussten.[8] Das OdS erwies sich rasch als überfordert mit dem Umfang der zu entsendenden Verstärkungen und der sich daraus ergebenden logistischen Anforderungen. Daher übernahm im Frühjahr 1904 das preußische Kriegsministerium die Mobilisierung der Truppen für diesen Kriegsschauplatz.

Für Lettow-Vorbeck war es nur konsequent, sich sofort wieder für den Einsatz in Übersee zu melden. Seine Chancen für eine Verwendung in Südwestafrika standen gut, denn es wurden bevorzugt jene Offiziere ausgewählt, die über Chinaerfahrung verfügten. Er arbeitete zunächst einige Wochen im Kriegsministerium an der Auswahl des Personalersatzes für Südwestafrika, wofür er sich durch seine Tätigkeit beim Aufbau des 1. ostasiatischen Besatzungsregiments qualifiziert hatte. Er hoffte, später als Kompaniechef im Kriegsgebiet zum Einsatz zu kommen.[9]

Seine Meldung erfolgte nicht etwa aus einer großen Begeisterung für die koloniale Sache oder aus einem besonderen Interesse an Afrika. Vielmehr sah er die Schutzgebiete wie die meisten seiner Kameraden schlicht als berufliches Experimentierfeld an, das erst im Falle größerer militärischer Auseinandersetzungen interessant wurde.[10] Deutlich wurde dies auch an seiner Charakterisierung des 1901 ernannten Gouverneurs und Kommandeurs der Schutztruppe in Deutsch-Ostafrika, Götzen, den er in seiner Zeit im Generalstab kennen lernte. Götzen hatte u. a., bevor er zur Schutztruppe stieß, auf eigene Kosten Afrika als Entdeckungsreisender durchquert. Für Lettow-Vorbeck hatte sich Götzen durch sein genuines Interesse an Afrika und Fragen der wirtschaftlichen und politischen Durchdringung der Kolonien zu sehr von seinem eigentlichen militärischen Metier entfernt.[11] Zwar gab Lettow-Vorbeck in seinen Erinnerungen an, dass er sich, ebenso wie sämtliche Unteroffiziere und etwa 40 Soldaten seiner Kompanie, die sich ebenfalls freiwillig meldeten, verpflichtet gefühlt habe, den bedrohten Siedlern in Südwestafrika zu Hilfe zu kommen.[12] Doch war dies für ihn eher eine nachträgliche Rechtfertigung für die Meldung oder allenfalls ein untergeordnetes Motiv. Er sah den Krieg vielmehr als Inbegriff beruflicher und persönlicher Selbstverwirklichung, ja gleichsam als Höhepunkt im Dasein eines Mannes an, der aus einem Kriegergeschlecht wie den Lettow-Vorbecks stammte.

Zunächst war nur an die Verstärkung der bereits in der Kolonie stehenden Einheiten gedacht. Ab April 1904, als die mit den Bedingungen des südwestafrikanischen Kriegsschauplatzes kaum vertrauten Ersatzmannschaften der Schutztruppe und die Marine-Infanterie einige Niederlagen und Rückschläge gegen die Herero erlitten hatten, ging das Kriegsministerium dazu über, in größerem Umfang Freiwillige anzuwerben und daraus eine gänzlich neue Einheit in Deutschland aufzustellen, das so genannte 2. Feldregiment unter Oberst Berthold von Deimling, das eine dreiwöchige Zusatzausbildung für den Krieg in Südwestafrika auf dem Truppenübungsplatz Munster erhielt. Zugleich glaubte man nun im Reich, die Kriegführung müsse aus den Händen des als zu nachgiebig angesehenen Gouverneurs Leutwein in jene eines Berufsmilitärs gelegt werden. Leutwein war zwar selbst aktiver Offizier gewesen mit dem Rang eines Majors, wurde aber trotz seiner früheren Erfolge in den Kriegen gegen die Nama wegen seiner Unterstellung unter die Kolonialabteilung des AA als Zivilist und damit tendenziell in den Augen der obersten Militärinstanzen des Reichs als ungeeignet für die Aufgabe der Niederwerfung des Aufstands angesehen. Die kritischen Stimmen über seine Kriegführung hatten sich nicht nur im Militärestablishment der Heimat, sondern auch unter den Siedlern in der Kolonie seit Januar gemehrt. Man forderte auf beiden Seiten eine harte Bestrafung der Aufständischen, denen eine entscheidende militärische Niederlage beigebracht werden sollte. Der gemäßigte Leutwein hingegen, um die Schwierigkeiten des Kriegsschauplatzes wissend und zudem die wirtschaftliche Entwicklung der Kolonie im Auge behaltend, für welche die Herero als Viehzüchter und Arbeitskräfte unerlässlich waren, favorisierte wie in den vorangegangenen Konflikten eine Verhandlungslösung.

Die Wahl zur Durchführung der groß angelegten militärischen Operation gegen die Herero fiel Anfang Mai auf Generalleutnant Lothar von Trotha. Als Divisionskommandeur in Trier war er es gewohnt, größere Truppenverbände zu führen, denn für die Schutztruppe sollten allein im Jahre 1904 in Deutschland mehr als 11 000 Mann mobilisiert werden. Vor allem aber konnte er neben seinem Einsatz in China Erfahrungen als stellvertretender Kommandeur der Schutztruppe in Deutsch-Ostafrika in den Jahren 1894-1897 vorweisen. In diese Zeit fiel die Niederringung der dortigen, besonders kriegerischen Hehe, an der er allerdings keinen direkten Anteil gehabt hatte.[13] Wie bei den meisten damaligen deutschen Offizieren hatte der Einsatz in Afrika bei ihm in militärischer Hinsicht kaum Eindruck hinterlassen, sondern war nur als eine Art kurze, karrierebeschleunigende Zwischenstation eingeschoben worden. Sein militärisches Denken und Handeln blieb, wie es sich bei der Schlacht am Waterberg zeigen sollte, europäisch geprägt. Dies bezog sich nicht nur auf operative Entscheidungen, sondern auch auf andere, besonders wichtige Aspekte der außereuropäischen Kriegführung. So hielt Trotha offensichtlich nicht viel von den Erkenntnissen der modernen Tropenmedizin. Anlässlich eines Vortrages eines Arztes über diese gab er zum Besten, dass man zur Malariaprophylaxe lieber einen Cognac als Chinin zu sich nehmen solle.[14] Trotha wurde von Zeitgenossen als stattliche Erscheinung mit selbstbewusstem Auftreten geschildert, von welcher sich viele zunächst blenden ließen. Doch zeichnete er sich durch militärische Einseitigkeit, Unbelehrbarkeit sowie einen Rassismus und eine Brutalität aus, die, wie seine Zeit in Ostafrika gezeigt hatte, sogar das damals übliche Maß überschritten.[15] Laut Estorff, der in Deutsch-Südwestafrika unter ihm diente, war Trotha »ein unedler, selbstsüchtiger und kaltherziger Mensch (...) ein Mensch der Oberflächlichkeit und des Scheins«.[16] Reichskanzler und AA sträubten sich gegen seine Ernennung, doch der Chef des Militärkabinetts, General Dietrich von Hülsen-Häseler, setzte sich erfolgreich für Trotha ein.

Die Ernennung Trothas stellte eine Desavouierung Leutweins dar, der zwar vorerst Gouverneur blieb, dem jedoch die Entscheidungsbefugnis über den weiteren Verlauf des Hererokrieges genommen wurde. Trotha hatte erfolgreich darauf gedrungen, keinesfalls Leutwein unterstellt zu werden, sondern allein dem Generalstab unter Schlieffen in Berlin verantwortlich zu sein.[17] Als Lettow-Vorbeck Anfang Mai von Trothas Ernennung aus der Presse erfuhr, brachte er sich beim General brieflich in Erinnerung und wurde von diesem zum Adjutant ernannt, da ihre Beziehungen in China »herzlich« gewesen seien.[18] Aufbauend auf seine Tätigkeit im Kriegsministerium sollte Lettow-Vorbeck in Trothas Stab als erster Adjutant das Personalwesen für die Offiziere bearbeiten. Dies umfasste die Zuweisung des Offiziersersatzes aus Deutschland an die verschiedenen Einheiten, die Vorprüfung in Fällen, bei denen Offiziere für Orden vorgeschlagen worden waren sowie Disziplinar- und so genannte Ehrenangelegenheiten. Ein zweiter Adjutant im Rang eines Oberleutnants zeichnete für die Angelegenheiten von Mannschaften und Unteroffiziere verantwortlich.

Die Laufbahn als höherer Adjutant, d. h. vom Brigadeadjutanten aufwärts, stellte nach jener des Generalstabsoffiziers, die im Kaiserreich mehr und mehr zum Königsweg einer erfolgreichen militärischen Karriere schlechthin wurde, aus der sich der junge Offizier durch seine Meldung nach China aber herauskatapultiert hatte, die zweite Möglichkeit eines beschleunigten Avancements dar.[19] Insofern erschien Lettow-Vorbecks Initiative, Trotha zu kontaktieren, durchaus konsequent, auch wenn die Adjutantentätigkeit erneut bedeuten würde, weder Einfluss auf die Planung der Operationen nehmen, noch selbst eine Einheit ins Gefecht führen zu können. Angesichts der Streitmacht, die Trotha befehligen würde, kam Lettow-Vorbecks Position jener eines Divisionsadjutanten im Reich gleich. Die Meldung fügte sich damit in einen systematischen Karriereweg stets zunehmender Verantwortlichkeiten ein.

2. Die Operationsbedingungen in Deutsch-Südwestafrika

Am 20. Mai 1904 verließen Trotha und sein Stab, nun in der Khakiuniform mit dem breitkrempigen Tropenhut der Schutztruppen gekleidet, auf dem Schiff »Eleonore Woermann« Hamburg. An Bord befanden sich zudem mehr als 500 Mann Verstärkung für die Schutztruppe, darunter, laut Lettow-Vorbeck »manch ein bekanntes Gesicht aus der Boxerzeit in China (...) Aber natürlich war die Mehrzahl Neulinge im Kolonialkriege«.[20]

Im Rückblick lesen sich diese Zeilen so, als seien all jene, die bereits in China gedient hatten, erfahrene Kolonialsoldaten gewesen. Aber dazu konnte man höchstens jene zählen, die bereits früher in der südwestafrikanischen Schutztruppe gedient und sich nun erneut zum Einsatz gemeldet hatten. Doch angesichts der Gesamtzahl der mobilisierten Truppen war dies eine kleine Minderheit. Im Stabe Trothas konnte keiner der Offiziere auf Landeserfahrungen zurückblicken. Eine bloße Teilnahme an der China-Expedition half nur bedingt. Das Kriegsministerium hatte zwar in logistischer Hinsicht von der Chinaexpedition gelernt, denn eine im November 1901 eingesetzte Kommission befasste sich vor allem mit Ausrüstungs- und Fragen des Seetransports bei Auslandseinsätzen.[21] Als Folge der Empfehlungen erwies sich nun das Material für die zu verschiffenden Truppen als deutlich besser verpackt und Ausrüstung und Bekleidung waren, nicht zuletzt, da man in einem bereits zum Reich gehörigen und damit einigermaßen bekannten Gebiet operierte, im Allgemeinen den Bedingungen angemessen.[22] Dagegen konnte der neue Kriegsschauplatz kaum mit den Einsatzbedingungen in China vier Jahre zuvor verglichen werden. In China ergaben sich kaum Gefechte, und bei den wenigen Zusammenstößen zeigten sich Boxer wie reguläre chinesische Truppen als weitgehend ungefährliche Gegner. Sowohl die Herero wie auch die Nama hingegen waren geschickte Gegner, die um das Überleben ihrer Völker kämpften. Zudem waren beide Ethnien seit Jahrzehnten im Umgang mit modernen Gewehren vertraut, so dass sie, anders etwa als die Chinesen, durch Jagd und Kriege gegeneinander wie auch gegen die Kolonialmacht zu guten Schützen und Reitern geworden waren. Die deutschen Verstärkungen hingegen mussten in Munster eilig zu berittener Infanterie ausgebildet werden. Einzig diese Zwitterwaffengattung konnte in den ausgedehnten Weiten des Schutzgebietes mit Aussicht auf Erfolg operieren, so wie auch Herero und Nama im Gegensatz zu den Boxern beritten waren. In den meisten Fällen wurde auf deutscher Seite nur ein schlechter Kompromiss erzielt: Entweder besaß man relativ gute Reiter, die durch ihren Kavalleriehintergrund im Umgang mit Pferden vertraut waren, aber im Gefecht, das in Südwestafrika in der Regel abgesessen geführt wurde, sich nicht im Gelände zu bewegen wussten und schlecht schossen; oder man hatte, im Falle von Freiwilligen aus der Infanterie, es mit ungeübten Reitern zu tun, welche die Pferde durch unsachgemäße Behandlung ruinierten und somit den Operationsradius der Einheiten begrenzten. Auf jeden Fall erwies sich der durchschnittliche deutsche Soldat, der nicht schon ein paar Jahre in der südwestafrikanischen Schutztruppe gedient hatte, die seit ihrer Gründung immer eine berittene Infanterie gewesen war, entweder als Schütze oder als Reiter seinem Herero- oder Namagegner unterlegen.[23] Die Tatsache, dass die Herero, vor allem aber die Nama nomadisierende Völker waren, hatte nicht nur deren körperliche Ausdauer und Anspruchslosigkeit, sondern auch die Kenntnis der topographischen Gegebenheiten des kaum kartierten Schutzgebietes und den Orientierungssinn seiner Einwohner insbesondere hinsichtlich des Auffindens der überlebenswichtigen Wasserstellen hoch entwickelt. Auch hierin besaßen die Aufständischen zunächst einen natürlichen Vorteil gegenüber der Schutztruppe.

Die Frage der Versorgung der deutschen Truppen sollte sich in Südwestafrika ebenfalls als schwieriger denn in China herausstellen. Jener Teil Chinas, in dem die westlichen Interventionsmächte operierten, war dicht besiedelt und fruchtbar genug gewesen, um die Truppen notfalls aus dem Lande ernähren zu können. Wassermangel kannte man in China nicht, und auch das Klima entsprach ungefähr dem kontinentaleuropäischen. In den heißen, wüsten- und savannenartigen Gebieten des zentralen und südlichen Südwestafrikas hingegen gab es nicht genügend Lebensmittel, um größere Truppenansammlungen zu versorgen, so dass ein Großteil von der Küste herangeschafft werden musste. Der im Lande allgegenwärtige Wassermangel machte den Krieg in Südwestafrika im Wesentlichen zu einem Kampf um die Kontrolle der Wasserstellen. Die große Ausdehnung des Schutzgebietes bei gleichzeitig kaum vorhandenen Verkehrsmitteln und Wegen – es gab nur eine Eisenbahnlinie von Swakopmund an der Küste nach Windhuk ins Zentrum, ansonsten musste man auf schwerfällige Ochsenkarrengespanne zurückgreifen – und der gleichzeitige Mangel an Lebensmitteln und Wasser bewirkten, dass ein Großteil der eingesetzten Truppen für Transport- und Versorgungsaufgaben bzw. den Schutz dieser Verbindungslinien eingesetzt werden musste. Der Aktionsradius der Kampftruppen blieb eingeschränkt, weil diese sich wegen der Kargheit des Landes nicht zu weit von den Versorgungsbasen entfernen konnten. Das Problem für die Schutztruppe bestand also vor allem darin, die eigenen Soldaten und den notwendigen

Nachschub an den Feind heranzubringen. »Kleinkriege sind im allgemeinen Feldzüge eher gegen die Natur als gegen feindliche Armeen«, schrieb der britische Major Charles Edward Callwell zur Jahrhundertwende in seinem klassischen Leitfaden zur Kolonialkriegführung.[24] Auch der Konflikt in Südwestafrika sollte hierin keine Ausnahme bilden.

Dass man es mit einem unwirtlichen Land zu tun hatte, wurde jedem Ankömmling deutlich, der in Swakopmund eintraf, der einzigen Landestelle für die Verstärkungen, welche im Hererogebiet zum Einsatz kommen sollten. Viele der Freiwilligen stellten sich trotz der Belehrungen in der Heimat über den Charakter des Landes gemäß dem damals gängigen, von Kolonialschauen, Schulbüchern usw. verbreiteten Afrikabild unter dem Schutzgebiet ein Land der tropischen, üppigen und vielfältigen Flora und Fauna vor. Die scheinbar endlose Öde der namibischen Wüste, die sich entlang der ganzen Küste auf 80 bis 100 km ins Landesinnere erstreckt, wirkte dagegen desillusionierend: »Alles so tot, so trostlos, so öde. Keine Palmen, keine Wälder, keine Bauern, kein Strauch, nur Steine, Felsen, Sand«, beschrieb etwa Hauptmann Maximilian Bayer seinen ersten Eindruck des Landes, als er dort im Februar 1904 landete.[25]

Auch Trothas Stab dürfte es nicht anders gegangen sein, als er am 11. Juni 1904 Swakopmund erreichte. Von dort ging es zunächst nach Okahandja, dem vormaligen Hauptort der Herero im Zentrum ihres Siedlungsgebietes. Ende Juli, nachdem alle Verstärkungen aus Deutschland eingetroffen waren, rückte das Hauptquartier weiter Richtung Nordosten auf den Großen Waterberg vor, wo es zur Entscheidungsschlacht kommen sollte.

3. Trothas Vernichtungsstrategie

Der Große Waterberg ist ein aus der Hochsavanne herausragendes Bergmassiv von etwa 65 km Länge und 25 km Breite im Nordosten Namibias. Wie der Name andeutet, gibt es zahlreiche Wasserquellen an seinem Fuße. Das gesamte Volk der Herero unter Maharero versammelte sich im Mai 1904 südlich der Hänge des Waterbergs mit seinen Rinderherden in einem großen Lager. Die Herero hatten die dem Reich zur Verfügung stehenden, und in einem ständigen Strom seit Januar aus Deutschland eintreffenden Verstärkungen unterschätzt. Die vorangegangenen Gefechte mit der Schutztruppe brachten zwar einige lokale Erfolge, waren aber insgesamt so verlustreich für die Herero verlaufen, dass sie von weiteren offensiven Aktionen vorerst absehen wollten. Zudem war ihnen die Munition knapp geworden. Es ist bis heute unklar, warum die Herero seit Mai passiv in ihrer Stellung am Waterberg verharrten.[26] Möglicherweise hofften sie, mit Gouverneur Leutwein, der in den vergangenen Kriegen stets einen Verhandlungsfrieden gegenüber einer rein militärischen Lösung vorgezogen hatte, eine Übereinkunft erzielen zu können, nicht ahnend, dass dieser inzwischen faktisch durch Trotha entmachtet war. Der Waterberg war abgesehen von seinen Wasserquellen insofern gut von den Herero gewählt, als er dicht genug am Siedlungsgebiet der Ovambos lag, die im Norden der Kolonie lebten und von denen die Herero Pferde, Munition und Waffen kaufen konnten. Zugleich wäre vom Waterberg auch die Flucht in das angrenzende britische Kolonie Beschuanaland möglich gewesen, dem heutigen Botswana.

Als Stabschef Trothas diente Oberstleutnant Martin Chales de Beaulieu, der zuvor Abteilungsleiter im Großen Generalstab in Berlin gewesen war. Er stellte damit sicher, dass die Verbindung zu Schlieffen nicht abriss, auch wenn sich Berlin faktisch nicht in die Operationen einmischte, sondern Trotha vor Ort die Entscheidungen überließ. Trothas Hauptquartier umfasste neben Chales de Beaulieu drei weitere Generalstabsoffiziere, die zwei Adjutanten, den Chef der Intendantur, sowie einen Stabsarzt, einen Stabsveterinär, einen Kriegsgerichtsrat, einen Kommandanten des Hauptquartiers, ferner 64 Unteroffiziere und Mannschaften als Schreiber, Techniker, Stabswachen und Ordonanzen sowie 35 Afrikaner als Köche, Burschen, Fährtenleser usw.

Die Offiziere des Hauptquartiers lebten genauso spartanisch wie die Soldaten, weil das Gepäck auf langsamen Ochsenkarren stets mehrere Tagesetappen zurückfiel. Auf Rangunterschiede wurde im Vergleich zur Heimat nicht zuviel Wert gelegt. Auch Trotha ging gelegentlich während der Operation gegen die Herero nachts auf Wache. Hinsichtlich Dienstformalitäten wie etwa Anzugsordnung, Pflege und Trageweise von Waffen und Ausrüstung oder Respektbezeugungen von Untergebenen gegenüber Vorgesetzten gebärdete sich die Schutztruppe recht nachlässig, wie der britische Oberstleutnant F. J. A. Trench, der 1905/6 als Verbindungsoffizier der britischen Regierung das deutsche Hauptquartier begleitete, erstaunt feststellte.[27]

Der Stab Trothas zeigte sich zuversichtlich den Aufstand der Herero schnell niederschlagen zu können. Nach Auffassung der aus Deutschland kommenden Offiziere brauchte man nur genügend Truppen zu versammeln, um dann in einer großen Zangenbewegung die am Waterberg versammelten Herero einzukesseln und zu vernichten. Im Stabe Trothas wurde daher bei der Ankunft ausschließlich von der Vernichtung des Gegners und seiner Lebensgrundlagen gesprochen. Eine andere Lösung, wie von Leutwein, einigen anderen Beamten und erfahrenen Schutztruppenoffizieren wie Estorff und Victor Franke favorisiert, wurde mit dem Hinweis vom Tisch gefegt, man sei nicht nach Südwestafrika gekommen, um wegen Viehherden Krieg zu führen.[28] Lettow-Vorbeck stellte sich ganz hinter die Auffassung Trothas: Kriegführung sollte eine reine Sache der Militärs sein und nicht durch zivile Institutionen wie den Gouverneur und außermilitärische Erwägungen behindert werden.[29]

Die Auffassung von Trothas Stab, einen Vernichtungsfeldzug gegen die Herero führen zu müssen, setzte sich aus einem Bündel von Motiven zusammen: Tendenziell war jeder Kolonialkrieg aus Sicht der europäischen Mächte ein totaler, auf die Vernichtung der Lebensgrundlagen oder gar der Ausrottung der Völker selbst zielender Konflikt. Weil die Völker Afrikas oder in anderen Teilen der Welt oftmals keine Staaten im europäischen Sinne mit deutlich gekennzeichneten Streitkräften, klar definierten Grenzen, Hauptstädten, Regierungsinstitutionen, wirtschaftlichen Zentren und entsprechender Infrastruktur aus Brücken, Häfen, Bahnlinien etc. bildeten, konnten sie schwer zu einem Entscheidungsschlacht gestellt werden. Es gab weder strategische Punkte, welche die im Widerstand befindlichen Völker unbedingt zum Erhalt ihres Staates verteidigen mussten, noch war aus europäischer

Perspektive eine eindeutige Trennung zwischen Militär- und Zivilgesellschaft, zwischen Front und Hinterland möglich.[30] Die Idee der Vernichtung entsprang zudem den Lehren Schlieffens von der Vernichtungsschlacht, also der Idee, dass militärische Operationen in einem raschen, finalen militärischen Schlag enden sollten, welcher die Kräfte des Gegners endgültig zerstören würde.[31] Außerdem wollte der Stab sich gerade in Zeiten allgemeinen Friedens in Europa die Chance einer großen Entscheidungsschlacht, wie man sie so oft im Generalstab am grünen Tisch durchgespielt hatte, nicht entgehen lassen. Die Konzentration des gesamten Hererovolkes an einer Stelle der Kolonie schien hierfür eine einmalige Gelegenheit zu bieten.

Im Falle Trothas und seines Stabes wurde unter der Vernichtung der Herero allerdings nicht nur im Sinne Schlieffens die militärische Niederringung der gegnerischen Truppen in einer Entscheidungsschlacht verstanden. Die Idee, der Gegner müsse vernichtet werden, war auch Ausdruck des in Kolonialkriegen stets von europäischer Seite ins Spiel gebrachten Standardarguments, dass der – letztlich als unzivilisiert angesehene – Gegner nur die Sprache der Härte verstehe. »Unzivilisierte Völker setzen Nachsichtigkeit mit Furchtsamkeit gleich (...) Fanatiker und Wilde müssen gründlichst gezüchtigt und gebeugt werden oder sie werden sich wieder erheben«, hieß es entsprechend in Callwells Leitfaden. Hauptmann Kurd Schwabe, der ebenfalls um die Jahrhundertwende einen Leitfaden zur Kolonialkriegführung für seine deutschen Kameraden verfasste, warnte ebenfalls vor Milde gegenüber Afrikanern und Asiaten, denn »sie versteht der Eingeborene absolut nicht und hält sie nur für Schwäche und Furcht«.[32] Dieses Insistieren auf Härte im Vorgehen gegen die autochthone Bevölkerung, sei es in China, Südwestafrika oder anderswo, war letztlich Ausdruck der potentiell beunruhigenden Einsicht der Offiziere, dass die Europäer in den unterworfenen Gebieten nur eine verschwindend kleine Minderheit gegenüber der einheimischen Mehrheit bildeten, die sich in ihrer angeblich rassisch begründeten privilegierten Stellung nur halten könne, wenn sie umso brutaler und Furcht einflößender auftrete. Die Operationen waren also als brutales Strafgericht für das gesamte Volk der Herero gedacht, welches vor die Alternative der physischen Liquidierung oder der Vertreibung aus der Kolonie gestellt werden sollte. »Ich glaube, dass ein Aufstand solchen Umfanges erstmal mit allen Mitteln ausgebrannt werden muss. Der Schwarze würde in Weichheit nur Schwäche sehen«, hieß es rückblickend in Lettow-Vorbecks Memoiren, in denen er seinen ehemaligen Kommandeur gegen die Kritik wegen seines Vorgehens in Südwestafrika in Schutz nahm.[33]

Schließlich war der Topos von der notwendigen Vernichtung der Herero auch Ausdruck eines im Stabe von Trothas grassierenden Vulgärdarwinismus über einen ohnehin unausweichlichen Entscheidungskampf zwischen Weißen und Schwarzen, an dessen Ende nur der Untergang der angeblich schwächeren schwarzen Rasse stehen könne. So schrieb von Trotha am 1. Juli 1904 in sein Tagebuch, die Eingeborenen müssten weichen wie in Amerika, entweder durch die Kugel oder durch die »Mission« mittels Alkohol.[34] Die Idee des »Rassenkampfes« in Deutsch-Südwestafrika zwischen Herero und Deutschen erhielt noch dadurch Auftrieb, dass die Kolonie wegen ihres trockenen und daher im Vergleich zu den tropischen Besitzungen relativ gesunden Klimas, welches die Viehzucht begünstigte, als einzige viel versprechende Siedlungskolonie Deutschlands galt. Mithin würde nach Auffassung der Offiziere die Vernichtung der Herero (und Nama) Platz für anzusiedelnde deutsche Farmer schaffen. Scheinbar rationalisiert wurde diese Vorstellung dadurch, dass die Offiziere auf das wirtschaftliche Potential des Landes hinwiesen, welches durch die angeblich lethargischen Herero und Nama nicht entsprechend ausgenutzt worden sei. Durch die Vernachlässigung der natürlichen Ressourcen des Landes habe die autochthone Bevölkerung das Anrecht verloren dort zu leben. Dieses Argumentationsmuster existierte im Übrigen auch in den USA seit Mitte des 19. Jahrhunderts, um die Ausrottung der Indianerstämme im Westen mit ihrer nomadischen, extensiven Wirtschaftsweise zu rechtfertigen.[35]

Selbst das offizielle kriegsgeschichtliche Werk des Generalstabs zum Feldzug in Südwestafrika griff den Topos von der unvermeidlichen Auseinandersetzung nachträglich auf. Zwar sollte Trotha nach seiner Rückkehr nach Deutschland bei Kaiser und Reichskanzler in Ungnade fallen[36] und bereits 1906 aus der Armee entlassen werden. Dennoch wurde sein Vorgehen in der offiziellen kriegsgeschichtlichen Darstellung des Generalstabes, die sich nie kritisch mit den Entscheidungen der jeweiligen militärischen Führer auseinandersetzte, sondern ihnen im Nachhinein stets einen Glorienschein verlieh, noch nachträglich sanktioniert: »Kommen musste die große Auseinandersetzung mit den Eingeborenen mit zwingender Notwendigkeit. Keine noch so geschickte Politik hätte den Rassenkampf abzuwenden gemocht.«[37] Das Postulat der notwendigen Vernichtung der Herero war letztlich auch Ausweis für das Unverständnis der im Generalstab geschulten Offiziere des Hauptquartiers für die wirtschaftliche Dimension der Kolonialpolitik, in welcher das Humankapital, das die Kolonisierten darstellten, gerade den Hauptwert der Besitzungen ausmachte.

Ein aus den dreißiger Jahren datierender Versuch Lettow-Vorbecks, die Erlebnisse in Südwestafrika literarisch auszuschmücken, suggerierte ebenfalls die Idee des gleichsam unausweichlichen Entscheidungskampfes zwischen schwarz und weiß in Deutsch-Südwestafrika. Für den Autoren waren die Motive der Herero und Nama für ihren Widerstand durchaus verständlich, weil es um ihr Überleben ging. Insbesondere die Nama führten ihn mit bewundernswertem militärischen Geschick, doch ebenso musste er mit ihrer vollständigen militärischen wie auch physischen Vernichtung enden, da es für beide Völker in der neuen, durch die deutsche Herrschaft geprägten Zeit, welche das Land in eine weiße Siedlungskolonie verwandeln würde, keinen Platz mehr gab. Das Siedlerdasein in der Kolonie stilisierte Lettow-Vorbeck zum alltäglichen Kampf ums Überleben, in welchem die Eigenschaften des Bauers, Jägers, Reiters und Kämpfers gefordert waren. Der Kolonist könnte sich hier jenseits des Parteienhaders in der Heimat in einer vorindustriellen Idylle frei entfalten.[38] Es war gleichsam die zeitgemäße idealisierte Projektion der mittelalterlichen deutschen Ostkolonisation und der dabei geforderten militärischen Qualitäten, an der die Vorfahren Lettow-Vorbecks beteiligt gewesen waren, auf die Weiten Südwestafrikas.

Die Vorstellung, dass Kolonialpolitik vornehmlich im Gewande der agrarischen Siedlungs- und damit ethnischen Vertreibungspolitik erfolgen müsse, lag für Personen wie Lettow-Vorbeck mit ihrem durch und durch konservativen, ja rückwärtsgewandten Gesellschaftsideal nahe. Ursprünglich hatte der ostelbische Kleinadel der Kolonialpolitik (wie auch der Flottenrüstung) ablehnend gegenübergestanden, weil beides von der Hauptaufgabe der Erhaltung einer agrarischen Gesellschaftsstruktur in Deutschland und der Germanisierung der Ostprovinzen des Reichs auf Kosten der polnischen Minderheit abzulenken schien und im wahrsten Sinne des Wortes den Horizont der Junker sprengte. In den 1890ern wandelte sich diese Auffassung jedoch. Bei der Diskussion um Sinn und Zweck der Kolonialpolitik im Kaiserreich (wie auch nach 1918) entdeckten nun die junkerlich-aristokratischen, politisch bis 1918 der Deutsch-Konservativen Partei (DKP) nahe stehenden Schichten die angeblichen Vorteile des Siedlungskolonialismus, wie er von Carl Peters 1884 gegründeter Gesellschaft für Deutsche Kolonisation propagiert worden war.[39] Überseeische Besitzungen wurden vor wie nach dem Ersten Weltkrieg in diesen, wirtschaftlichen Fragen zumeist unwissend und der modernen Industriegesellschaft eher ablehnend gegenüberstehenden Kreisen, zu denen u. a. der aristokratische Kern des kaiserlichen Offizierskorps zählte, also nicht in erster Linie als potentielle Rohstofflieferanten oder Absatzmärkte gesehen. Sie galten vielmehr in Unkenntnis bzw. bewusster Ausblendung der demographischen Determinanten einer entwickelten Industriegesellschaft, wie sie sich im Reich seit der Jahrhundertwende herausgebildet hatte, als Ventil für ein angebliches »Volk ohne Raum«. In den konservativen Kreisen sah man koloniale Ansiedlungen als geeignetes Mittel an, um die Unzufriedenheit und das daraus resultierende revolutionäre Potential bestimmter Schichten in Deutschland zu kanalisieren. Diese angeblich entwurzelten und daher radikalisierten Schichten sollten gleichsam an die Scholle zurückgeführt werden, auch wenn diese sich auf einem anderen Kontinent befand, und damit gegen die moderne, als bedrohlich angesehene Zivilisation des Industriezeitalters immunisiert werden. Noch im Mai 1934 hielt Lettow-Vorbeck vor dem angesehenen Düsseldorfer Industrie-Club einen kolonialpolitischen Vortrag mit dem bezeichnenden Titel »Ostafrika – Siedlungsland«. In diesem argumentierte er ganz im Sinne der Vordenker der deutschen Kolonialbewegung seit den 1840iger Jahren und in vollkommener Ignorierung der Tatsache, dass seit der Jahrhundertwende die Auswanderungswelle praktisch zum Ende gekommen war und das Bevölkerungswachstum sich verlangsamt hatte. Er beklagte vielmehr den Verlust an Bevölkerung durch Emigration, da es angeblich nicht genügend Betätigung in Deutschland gebe: »Was ist denn der eigentliche Grund dafür, dass wir alle diese Menschen – wir mögen es anstellen wie wir wollen – (...) nicht in den Prozess einschalten können, so kommt es letzten Endes auf den Widerspruch hinaus, der darin liegt, dass ein wachsendes Volk für seine Zunahme an Menschen und für seinen Tätigkeits- und Arbeitszwang nicht das genügende Betätigungsfeld findet (...) Darin sehe ich letzten Endes die koloniale Frage.« An anderer Stelle hieß es: »Ich sehe die Frage weniger so an, dass es für uns notwendig ist, Kaffee und Kautschuk, Hanf und Sonstiges billig nach Deutschland hineinzubekommen, wenn wir es bekommen, ist es schön. Das sind aber letzten Endes keine Lebensfragen. Eine Lebensfrage ist es jedoch für uns, wo wir mit unseren Menschen bleiben. Die Lebensfrage ist es, dass diese ganze Kraft uns nicht verloren geht und das wir die Spannungen und Schwierigkeiten, die wir im Inneren Deutschlands haben, wirklich beseitigen. Ich sehe also die Kolonialfrage ganz wesentlich als eine Siedlungsfrage an (...) Mir schwebt ein Vorgang vor, wie er sich damals ungefähr vom Jahre 1200 an in Ostelbien abgespielt hat, wo Bauern und kleine Siedler angesetzt und wo gleichzeitig Städte und damit Absatzmärkte und wirtschaftliche Zentren geschaffen wurden.«[40]

Allerdings kann man davon ausgehen, dass Lettow-Vorbeck wie die Mehrzahl der mobilisierten Offiziere den Krieg in der Kolonie schlichtweg als karriereförderndes, der beruflichen Selbstverwirklichung dienendes militärisches Betätigungsfeld ansah. Die Notwendigkeit, siedlerische Tätigkeit durch militärische Präsenz zu schützen und zu fördern war allenfalls ein nachgeordnetes Motiv. Wäre zur gleichen Zeit ein europäischer Konflikt ausgebrochen, so hätte die große Mehrzahl der Offiziere sicherlich für diesen Einsatz optiert anstatt sich für die überseeische Siedlungskolonisation in die Bresche zu werfen, weil sie in Europa den Krieg der Zukunft hätten erproben können.

4. Die Schlacht am Waterberg

Anfang August 1904, nachdem genügend Verstärkungen aus Deutschland eingetroffen und an den Feind herangeführt worden waren, umstellten schließlich sechs deutsche Abteilungen, zusammen etwa 100 Offiziere und 1 500 Mann mit 30 Geschützen und 12 Maschinengewehren, das Waterbergmassiv. Allerdings konnte angesichts der Weite des Raumes – die Herero hatten sich in einem Halbkreis von etwa 100 km Umfang südlich des Waterberges niedergelassen – und der geringen deutschen Truppenstärke – zwischen den drei südlich des Waterberges stehenden deutschen Abteilungen unter Deimling, Müller und von der Heyde klafften Lücken von 20 bis 40 km – nicht von einer Einkesselung nach europäischen Maßstäben gesprochen werden. Doch reichte es nach Auffassung Trothas, die potentiellen Fluchtwege der Herero entlang der wenigen Wasserstellen um den Waterberg in Besitz zu nehmen oder abzuriegeln, da ein Ausbruch der Herero aufgrund der Viehherden, die sie bei sich hatten und welche ihr wertvollster Besitz waren, nur entlang dieser erfolgen konnte. Nach Vollendung der Einkreisung sah Trothas Plan vor, die Wasserstelle von Hamakari am südlichsten Rand des Hererolagers anzugreifen und hier die Herero zur Entscheidungsschlacht zu stellen, weil mit Verlust der Wasserversorgung ihre Stellung am Waterberg unhaltbar werden würde. Jeder Offizier im Stab sollte Anfang August einen Angriffsplan entwickeln. In einer Stabsbesprechung am 4. August hielt Lettow-Vorbeck Trothas Plan, gemäß dessen die zwei schwächeren Abteilungen unter Müller und Heyde den Angriff auf Hamakari von zwei verschiedenen Seiten vortragen sollten, für zu riskant. Er riet vielmehr dazu, alle Abteilungen zunächst möglichst dicht an den Gegner heranzuführen und einen gemeinsamen Vorstoß zu führen. Er setzte er sich mit seiner Auffassung allerdings nicht durch.[41]

Im Morgengrauen des 11. August 1904 begann der deutsche Angriff auf die Wasserlöcher, wobei die Abteilung des Majors Müller, der sich auch das Hauptquartier anschloss, die Speerspitze bildete. Ab 9 Uhr morgens war die Kolonne, die 20 Offiziere und 219 Mann mit acht Geschützen und sechs Maschinengewehren zählte, in dem dichten Busch in heftige Gefechte mit den Herero verwickelt. Die nordöstlich vom Hauptquartier stehende, ebenfalls für den Angriff auf Hamakari vorgesehene Abteilung des Majors Heyde, etwa 200 Mann, traf auf heftigen Widerstand und schaffte es nicht, sich mit Müllers Truppen mittels Funk oder Heliograph zu verständigen. Es gelang nicht, wie von Trotha eigentlich vorgesehen, einen koordinierten, gemeinsamen Angriff auf die Wasserstelle vorzutragen. Die zahlenmäßig stärkste Abteilung Deimling, nordwestlich stehend, stieß aufgrund eines Verständigungsfehlers nicht in die richtige Richtung vor, sondern drängte durch ihren Vormarsch noch mehr Herero gegen die Abteilung Müller. Letztere samt Hauptquartier wurde dadurch im Verlauf des Vormittags bei den Kämpfen um Hamakari von den zahlenmäßig überlegenen Herero eingekesselt. In der Mittagszeit gestaltete sich die Lage für die Abteilung so kritisch, dass jeder im Hauptquartier, vom Schreiber bis zum General, zum Gewehr greifen musste, um sich gegen den immer wieder angreifenden Gegner zu wehren.

Es war bezeichnend für den chaotischen Verlauf dieses Gefechts auf deutscher Seite als Folge der Unübersichtlichkeit des Geländes und der anfänglichen Unterschätzung des Gegners, dass die Offiziere zeitweilig glaubten, ein Großteil ihrer Soldaten sei bereits gefallen und die Geschütze vom Gegner überrannt. Am Nachmittag stellte sich zudem bei den deutschen Truppen starker Wassermangel ein, so dass die Situation verzweifelt zu werden drohte. Bei Einbruch der Dunkelheit gegen 19 Uhr gaben die Herero jedoch ihre Angriffe auf, nachdem sie schwere Verluste bei ihren wiederholten Vorstößen auf die Abteilung Müller erlitten hatten, und weil sie traditionellerweise nicht im Dunkeln kämpften. Inzwischen waren auch die anderen deutschen Abteilungen zur Entlastung auf Hamakari vorgerückt. Die Wasserlöcher von Hamakari befanden sich am Abend vollständig in deutschem Besitz.

Im Gegensatz zu den Schreckensmeldungen während des chaotischen Gefechts waren in der Abteilung Müller nur 12 Soldaten tot und 33 verwundet worden, in der Abteilung von der Heyde gab es 11 Gefallene und 14 Verwundete, die anderen deutschen Abteilungen hatten so gut wie keine Gefechtsberührung gehabt. Bei den Herero fielen nach deutschen Schätzungen ca. 120 bis 150 Krieger an jenem Tag.[42]

Trotha und sein Stab hatten, wie Chales de Beaulieu einige Tage später Franke eingestand, den Widerstandswillen der Herero unterschätzt.[43] Nur so war es erklärlich, dass sich das Hauptquartier in eine solch exponierte Lage begab, die fast zur Katastrophe geführt hätte. Der Stab hatte zudem wie viele mit den Kriegsbedingungen in Afrika unvertraute Europäer nicht bedacht, wie schwierig es sein würde, in dem unübersichtlichen, für das ungeübte Auge kaum Anhaltspunkte bietenden Gelände, das weitgehend unbekannt und wegetechnisch weder erschlossen noch kartographiert war, die Operationen mehrerer Kolonnen zu koordinieren, die zu einem vorgesehenen Zeitpunkt an bestimmten Stellen zusammentreffen sollten. Dabei hatte schon Hauptmann Schwabe in seinem 1903 erschienen Ratgeber für Kolonialfeldzüge, der u. a. auf seinen Einsatzerfahrungen aus den 1890er Jahren gegen die Nama basierte, geschrieben, dass der Krieg in Afrika geradezu eine Umkehrung des im Großen Generalstab seit Moltke gelehrten Grundsatzes des »getrennt Marschierens, aber vereint Schlagens« erfordere. »Überall, wo wir die Truppen geschlossen bis auf die Fühlung mit dem Feinde heranführten und erst auf dem Gefechtsfeld teilten, war der Erfolg für uns, während alle, auch noch so genauen Verabredungen misslangen.«[44] Lettow-Vorbecks Vorschlag im Vorfeld der Schlacht, besser eine größere Truppenmasse für den Angriff auf Hamakari zu konzentrieren als auf frühzeitige Diversion zu setzten, stellte also den realistischeren Plan dar als jener, den Trotha schließlich favorisierte.

Das von dichtem Busch bewachsene Gelände und die dünnen deutschen Linien ermöglichten es den Herero mitsamt ihren Familien und dem Vieh im Laufe der Nacht durch den deutschen Sperrgürtel hindurch in südöstlicher Richtung zu entweichen. Allerdings blieb als Fluchtweg nur die fast wasserlose Omaheke-Wüste, die zwischen dem Waterberg und der rettenden Grenze zum britischen Beschuanaland lag.

Im Hauptquartier herrschte allgemeine Enttäuschung darüber, dass die Einkreisung und die anschließende Vernichtungsschlacht misslungen waren und man zeigte sich ratlos.[45] Am 13. August ordnete Trotha gemäß den Lehren des Generalstabs, welcher für diesen Fall die Verfolgung eines geschlagenen Gegners zwecks vollständigen Aufreibens postulierte, eben diese an. Den nun nachsetzenden deutschen Truppen bot sich das Bild eines Volkes in äußerster Verzweifelung und allgemeiner Auflösung. Zurückgelassene Habe, entkräftete Kinder, Frauen und alte Menschen sowie halbverhungertes Vieh säumten den Fluchtweg der Herero in die Wüste. Metertief in den Boden gegrabene Löcher zeugten von den verzweifelten Anstrengungen der Flüchtenden Wasser in der Wüste zu finden.[46] Trotha musste mit dem Gros seiner Truppen schon nach wenigen Tagen die Verfolgung wegen Erschöpfung der Soldaten und mangelnder Wasserversorgung aufgeben. Jene Wasserlöcher, welche entlang des Fluchtweges der Herero lagen, waren durch das vor den Deutschen fliehende Volk nahezu ausgeschöpft worden oder durch Tierkadaver verseucht.

Nun rächte es sich, dass die deutschen Truppen in der Hoffnung auf eine große, kurze Entscheidungsschlacht so schnell an den Waterberg herangeführt worden waren ohne genügend Sorgfalt auf die Etablierung ausreichender Nachschubverbindungen und die Anlage von frontnahen Versorgungsdepots zu verwenden, wie man in Berlin rückblickend kritisch vermerkte.[47] Trotha und sein Stab hatten versucht, einen europäischen Operationsplan auf Afrika anzuwenden, so wie sie es in Kriegsakademie und Generalstab gelernt hatten. Sie erwiesen sich als Produkt einer Offiziersausbildung, die sich auf operative und taktische Aspekte der Kriegführung konzentrierte unter weitgehender Ausblendung logistischer und sanitärer Probleme.[48] Ein Land wie Südwestafrika, dessen Ressourcen keine Selbstversorgung größerer Truppenansammlungen ermöglichte und dessen verkehrstechnische Infrastruktur die schnelle Heranschaffung von Nachschub erschwerte, erlaubte größere Operationen nur, wenn zuvor systematisch ein dichtes Netz von Versorgungswegen und Depots für die Truppen aufgebaut worden war. Hauptmann Bayer hob in seinen Memoiren die Bedeutung des Trains und der Sicherung der rückwärtigen Verbindungen in diesem Krieg hervor und schrieb, allerdings ohne Namen zu nennen: »Ihn (den Train, E. M.) als nebensächliche, wohl gar als nicht vollwertige Waffe zu betrachten, zeugt von unbegreiflicher Kurzsichtigkeit und von törichtem Vorurteil.«[49] Auch der britische Spezialist Callwell nannte in seinem Leitfaden das deutsche Vorgehen am Waterberg als ein Beispiel, wie man möglichst in Kolonialkriegen nicht operieren solle: Überambitionierte Aufmarschpläne paralleler Kolonnen mit dem Ziel einer Zusammenführung der Kräfte an einem Punkt zur Vernichtung des Gegners würden außerhalb Europas in neun von zehn Fällen scheitern. Die Deutschen hätten durch diese Vorgehensweise nur ihre eigenen Truppen durch unnötige Märsche erschöpft und die Versorgungslinien überdehnt, was eine Verfolgung des geschlagenen Gegners erschwerte.[50]

Weil der Entscheidung auf dem Schlachtfeld kein Angebot zum Friedensschluss von deutscher Seite folgte, sollte sich die Verfolgung der Herero durch einzelne Patrouillen in die Omaheke hinein noch bis Mitte Oktober hinziehen. Am 2. Oktober 1904 erließ Trotha, der einsehen musste, dass ihm die vollständige militärische Zerschlagung der Herero letztlich versagt geblieben war, seinen berühmt-berüchtigten »Vernichtungsbefehl«. In diesem ordnete er an, dass alle auf deutschem Territorium anzutreffenden männlichen Herero zu töten seien, was lediglich eine Kodifizierung der schon zuvor von den deutschen Truppen geübten Praxis bedeutete, während Frauen und Kinder zurück in die Wüste geschickt werden sollten. Als Exempel wurden am folgenden Tag zwei gefangene Herero vor dem versammelten Hauptquartier erhängt. Lettow-Vorbeck wohnte der Urteilsvollstreckung bei: »Die Art, wie die Leute ihr Todesurteil hinnahmen, wie sie dessen Vollstreckung ertrugen, war stolz und bewundernswürdig. Nicht ein einziger Laut der Klage, teilweise lächelnd gingen sie in flottem Schritt zum Galgen.«[51] Gegenüber dem Generalstab in Berlin begründete Trotha seinen Befehl damit, dass die Eingeborenen nur die Sprache der Gewalt verstünden und zudem die Truppe nicht die Möglichkeit habe, gefangene Frauen und Kinder zu versorgen, sondern diese nur Krankheiten unter den deutschen Soldaten verbreiten würden.[52] Zugleich wurde die Omaheke von deutschen Truppen weiträumig bis ins Frühjahr 1905 hinein abgesperrt.

Weil den Herero durch den Befehl Trothas die Rückkehr auf deutsches Gebiet verweigert wurde, kam ein Großteil von ihnen schließlich in der Omaheke um. Etwa einem Viertel des Volkes gelang es, entweder durch die Wüste nach Beschuanaland zu flüchten oder durch den deutschen Sperrgürtel hindurch unerkannt zurück in das Innere der Kolonie zu entweichen. Die deutsche Kriegführung gegen die Herero 1904/5 wird angesichts dieses rücksichtlosen Vorgehens auch gegen Nichtkombattanten und das bewusst in Kauf genommene Massensterben von einigen Historikern als erster Völkermord in der deutschen Geschichte angesehen.[53] Die Brutalität und Rücksichtslosigkeit des deutschen Vorgehens schockierte jedenfalls schon damals, zumindest kurzzeitig, selbst die anderen Kolonialmächte. Auf britischer Seite zog man Parallelen zu den sprichwörtlichen Kongo-Gräueln, welche die Belgier sich vor der Jahrhundertwende in ihrer neuerworbenen Kolonie hatten zuschulden kommen lassen.[54]

Trothas Truppen erlitten ebenfalls höhere Verluste nach der Schlacht beim Versuch, die Vernichtung des Feindes zunächst durch die Verfolgung in die Omaheke, sodann durch deren Absperrung zu vollenden, als auf dem Gefechtsfeld. Bei der Suche nach Wasser am Rande der Wüste infizierten sich viele Soldaten im Spätsommer und Herbst 1904 an den verseuchten Wasserstellen mit Typhus, da kein sauberes Wasser herangeführt bzw. sichere Brunnen angelegt werden konnten. Die an die Truppe ausgegebenen Filter verstopften wegen des schlammigen Wassers schnell, so dass es zumeist ungereinigt von den unter Durst leidenden Soldaten getrunken wurde, die trotz ausdrücklicher gegenteiliger Befehle sich nicht die Zeit nahmen es abzukochen.[55] Die deutsche Führung hatte sich nach der China-Expedition noch angenehm überrascht gezeigt, wie wenig Opfer abgesehen vom Batavia-Vorfall durch die gefürchteten Epidemien unter den in Ostasien eingesetzten deutschen Truppen zu beklagen gewesen waren, denn nur 93 von 1 000 eingesetzten Soldaten waren damals erkrankt. Dies war u. a. dem effektiven deutschen Sanitätswesen zugeschrieben worden.[56] Jetzt rächte es sich, dass man die aus Deutschland hastig entsandten Truppen im Vorhinein nicht genügend über die gesundheitlichen Gefahren, die insbesondere bei Kolonialfeldzügen auf europäische Truppen lauerten, aufgeklärt hatte und Trotha maß solchen Fragen wenig Bedeutung bei. Der britische Oberstleutnant Trench zeigte sich erstaunt über die Nonchalance der Schutztruppe in sanitären Fragen. Diese äußerte sich z. B. in der Nachlässigkeit bei der Anlage von Latrinen sowie der mangelnden Überwachung der Wasserzubereitung durch die Offiziere. Trench führte dieses Versagen einer eigentlich wissenschaftlich hoch stehenden Nation mit einer sehr disziplinierten und in der ärztlichen Versorgung ansonsten vorbildlichen Armee auf mangelnde Erfahrungen des Reichs in Fragen der Kolonialkriegführung zurück. Nur die Tatsache, dass das trocken-heiße Klima Deutsch-Südwestafrikas noch relativ gesund, die Verpflegung der Schutztruppe in der Regel ausreichend und größere körperliche Strapazen den berittenen Soldaten meist erspart blieben, habe größere medizinische Katastrophen verhindert, schrieb Trench gegen Ende des Krieges in Deutsch-Südwestafrika.[57] Dennoch stieg der Krankenstand während der Jahre 1904-7 bei den Truppen in Deutsch-Südwestafrika mit einem Durchschnitt von 231 Ausfällen auf 1 000 eingesetzte Soldaten auf ein wesentlich höheres Maß als selbst im deutsch-französischen Krieg dreieinhalb Jahrzehnte zuvor.[58]

An der Typhusepidemie erkrankte zwischen September und Dezember 1904 ungefähr ein Viertel der im Hererogebiet direkt eingesetzten etwa 3 000 Soldaten.[59] Auch Lettow-Vorbeck infizierte sich am Rande der Omaheke und erreichte mühsam teils per Pferd, teils per Ochsenkarren das Lazarett in Windhuk. Erst Anfang 1905, nach einem mehrwöchigen Genesungsaufenthalt in Swakopmund an der See galt er wieder als einsatzfähig und kehrte zum Hauptquartier zurück.[60] Am Ende des fünfzehnmonatigen Feldzuges gegen die Herero zählte man auf deutscher Seite 149 Soldaten als gefallen oder vermisst (im Vergleich zu 27 in China), 307 (im Vergleich zu 173 im fast doppelt so großen Expeditionskorps in China) hingegen waren an Krankheiten gestorben, davon etwa 3/4 an Typhus.[61]

5. Mit Trotha im Nama-Krieg

Das Hauptquartier musste sich mittlerweile mit dem Süden der Kolonie beschäftigen, denn hier erhoben sich erneut die Nama. Maharero hatte im Frühjahr 1904 versucht, mit den Nama ein Bündnis gegen die Kolonialmacht zu schließen. Es gelang ihm jedoch nicht, die traditionelle Feindschaft zwischen Herero und Nama zu überwinden. Stattdessen dienten etwa 100 Nama des Witbooi-Stammes den Deutschen als unentbehrliche Fährtenleser im Hererofeldzug. Doch das rücksichtlose Vorgehen Trothas gegen die Herero weckte bei den Nama Befürchtungen, dass ihre Ausrottung ebenfalls unmittelbar bevorstehe. Entsprechende Kommentare in der deutschen Siedlerpresse, dass man nun auch das »Hottentottenproblem« lösen müsse, taten ein Übriges, um die Nama zu alarmieren. Es waren die Witbooi unter ihre legendären »Kapitän« Hendrik Witbooi, wie die Stammesführer bei den Nama hießen, die Anfang Oktober 1904 die Waffen als Erste ergriffen. Es gelang Witbooi, auch weitere Teile des in mehrere Stämme zerfallenden Nama-Volkes zur Teilnahme zu überreden: die Bondelzwarts, die Nordbethanier unter Cornelius Frederick, die Franzmann-Nama unter Simon Kopper, sowie die Rote Nation und die Feldschuhträger. Insgesamt musste die Kolonialmacht mit etwa 2 000 mit modernen Gewehren bewaffneten Feinden in dieser zweiten Phase des Krieges in Deutsch-Südwestafrika rechnen. Die Zahl der in Südwestafrika eingesetzten Soldaten stieg von etwa 10 000 Ende 1904 auf 15 000 bis Oktober 1905, von denen aber die große Mehrzahl zum Schutz der rückwärtigen Verbindungen und der Überwachung des Hererogebiets gebraucht wurde.[62]

Das Volk der Nama unterschied sich hinsichtlich Herkunft und Lebensweise von den Herero. Die verschiedenen Stämme der Nama zählten zusammen nur ungefähr 20 000 Menschen. Die Herero, welche den fruchtbareren mittleren Teil der Kolonie bewohnten, waren ein relativ wohlhabendes Volk von Viehzüchtern gewesen, das den Krieg nur als notwendiges Übel zur Verteidigung seiner Lebensgrundlagen, zunächst im letzten Drittel des 19. Jahrhunderts gegen die Nama, später gegen die Deutschen ansah. Daher wurde die Kolonialmacht auch so vom Aufstand überrascht, weil man die Herero als ein eher unkriegerisches Volk angesehen hatte und Maharero als dekadenter Genussmensch galt.[63] Die Nama hingegen, die im kargeren südlichen Teil der Kolonie lebten, waren stets ein nomadisierendes Volk gewesen, das teilweise von der Viehzucht lebte, aber auch von der Jagd und Überfällen auf andere Völker. Die Kolonialmacht sah sie seit der deutschen Landnahme in Südwestafrika als einen schwierigen Gegner an wegen ihrer hohen Mobilität, der ausgezeichneten Geländekenntnisse und ihrer Reit- und Schießkünste. Viele Aufzeichnungen von deutscher Seite erkannten zwar den Mut der Herero im Gefecht an. Sie nahmen aber, inklusive jener Lettow-Vorbecks, einen geradezu respektvollen Ton an, wenn die Sprache auf die Gewandtheit der Nama im Kampf, ihre taktischen Fähigkeiten und die Ritterlichkeit ihrer Anführer kam. Diese Achtung galt vor allem Hendrik Witbooi und Jakob Morenga, der, obwohl selbst ein Herero, Teile der Bondelzwart-Nama führte.[64]

Im Vergleich zu den Herero konnten die Nama ihre Familien und Viehherden jenseits der Grenze in Südafrika in Sicherheit bringen, so dass sie eine größere Operationsfreiheit besaßen. Der südliche Teil der Kolonie war noch schlechter erschlossen als das Hererogebiet und sein felsiger, teilweise gebirgiger Charakter bot den Aufständischen bessere Möglichkeiten zum Verschanzen und zum Legen von Hinterhalten als das relativ ebene Siedlungsgebiet der Herero. Das Heranführen von Verstärkungen gestaltete sich für die Kolonialmacht bei den Operationen gegen die Nama schwieriger als im Hereroland, weil es bis zum Ende des Krieges im Süden der Kolonie keine Bahnlinie vom Hafenplatz Lüderitzbucht ins Landesinnere gab. Im Gegensatz zu den Herero vermieden die Nama eine große Konzentration ihrer Truppen, nicht zuletzt weil eine einheitliche Führung wie bei den Herero fehlte, was die Chance auf eine Entscheidungsschlacht à la Waterberg für die deutsche Seite, bei der sie ihre größere Feuerkraft und Disziplin ins Spiel hätte bringen können, von vornherein ausschloss. Stattdessen erkannten die Nama deutlicher als die Herero die Bedeutung des Nachschubwesens und der Kommunikationsverbindungen für die deutsche Kriegführung und suchten beides systematisch durch Überfälle und Sabotageaktionen zu unterbinden.[65] Kurzum, die Kolonialmacht befand sich im Süden der Kolonie seit Oktober 1904 in einem Guerillakrieg, bei dem die Initiative zumeist auf Seiten der beweglicheren, ortskundigeren und ausdauernderen Nama lag, welche die Nachschubkolonnen der Deutschen überfielen oder Hinterhalte für deutsche Patrouillen legten. Dabei kam es ihnen vor allem auf die Erbeutung von Pferden und Vieh an, weniger auf die systematische Niederkämpfung des Gegners, wie es Ziel der Kriegführung in Europa war.[66]

Wie viel schwerer sich die Schutztruppe mit der Bekämpfung der zahlenmäßig im Vergleich zu den Herero weit schwächeren Nama tat, zeigten auch die Gefechtsverluste auf deutscher Seite, die in diesem Feldzug wesentlich höher waren als gegen die Herero. Zwischen Sommer 1904 und März 1907, als der Kriegszustand im Schutzgebiet aufgehoben wurde, fielen gegen die Nama in 207 Gefechten 527 Soldaten, 56 galten als vermisst. Die Todesfälle durch Typhus und andere Krankheiten hingegen waren mit 375 Toten relativ gesehen geringer.[67] Dies lag daran, dass man seit Ende 1904, alarmiert durch die Erfahrungen im Krieg gegen die Herero, die Soldaten systematisch gegen Typhus impfte, was die Infektionsgefahr heruntersetzte bzw. die Überlebenschance im Falle einer Ansteckung wesentlich erhöhte. In medizinischer Hinsicht wurde der Feldzug gegen die Nama ein Großversuch in Sachen Typhusbekämpfung. Die hierbei gesammelten Erfahrungen sollten sich als unschätzbar für die Sanitätsführung im Ersten Weltkrieg erweisen.[68]

Trotha verlegte im März 1905 sein Hauptquartier von Windhuk, wo er sich seit November aufgehalten hatte, in den Süden der Kolonie, zunächst nach Gideon, sodann nach Keetmannshoop. Er glaubte nun, dass keine Gefahr mehr von den Herero drohe. Er übernahm daher die Verantwortung für die Operationen im Süden, die bislang Deimling geleitet hatte. Seit Ausbruch des Aufstandes war auf deutscher Seite erneut versucht worden, durch konzentrische Angriffe mehrerer Kolonnen den Gegner einzukreisen und zu einem Entscheidungsgefecht zu stellen. Doch versagte diese Taktik angesichts der Beweglichkeit der Nama, die durch die umfänglichen Truppenbewegungen für den Aufmarsch meist im Vorhinein schon alarmiert wurden und die Stoßrichtung des deutschen Angriffs erahnen konnten. Die Folge war vielmehr, dass die einzelnen deutschen Abteilungen auf ihren Märschen wie etwa im Januar 1905 bei der Wasserstelle Groß-Nabas, als 250 Schutztruppensoldaten von etwa 1 000 Nama angegriffen wurden, sich gelegentlich einer weit überlegenen Zahl von Gegnern gegenübersahen und in Bedrängnis gerieten. War schließlich deutsche Verstärkung im Anmarsch, so gelang es den Nama stets sich erfolgreich abzusetzen.[69]

Im Sommer 1905 mehrten sich die kritischen Stimmen in Deutschland über die Kriegführung in Deutsch-Südwestafrika. Trothas Vorgehen gegen die Herero im Vorjahr war bereits bei AA, Reichskanzler und Schlieffen auf Kritik gestoßen, so dass man ihn zwang Anfang Dezember 1904 seinen zwei Monate zuvor erlassen Vernichtungsbefehl zu widerrufen. Dem Befehlshaber gelang es nicht nun rasch den Gegner im Süden der Kolonie niederzuwerfen, weil er keine angemessene Taktik zu erfolgreichen Bekämpfung der Nama besaß und ebenso wenig wie zuvor gegenüber den Herero bereit war den Krieg durch Verhandlungen zu beenden. Gedeckt wurde sein Kommando vorerst durch Schlieffen, der seinen Untergebenen in Südwestafrika zumindest noch bis zu seiner Ende des Jahres 1905 anstehenden Pensionierung als Generalstabschef halten wollte.[70]

Im August 1905 wandte sich Trotha in einem geheimen Rundschreiben an seine Offiziere, aus deren Reihen zunehmend Kritik laut geworden war, und rechtfertigte sich für die bisher verfolgte Taktik, also die Nama durch getrennt marschierende Kolonnen nach Möglichkeit einzukreisen und dann zu vernichten. Die von erfahrenen Schutztruppenoffizieren traditionell favorisierte Vorgehensweise, alle Truppen zusammenzuhalten und den Gegner eventuell auch nur partiell anzugreifen, sobald dieser sich in Reichweite befand, lehnte der Oberbefehlshaber nach wie vor ab: Eine solche Taktik ziele nicht auf die Vernichtung der Aufständischen, sondern wolle ihnen nur so schwere Verluste zufügen, dass diese dann einem bereits vorformulierten Friedensvertrag zustimmen würden. Zudem zwängen die geringen Ressourcen des Landes zu einer Aufsplitterung der Truppen in getrennt operierende Kolonnen, weil eine zusammenhängende große Einheit schlichtweg nicht genügend Nahrung und Wasser in dem kargen Lande finde. Trothas Rechtfertigungsdokument, das nach wie vor nur eine rein militärische Lösung des Konflikts mit den Nama kannte, war ein deutlicher Seitenhieb gegen die Kriegführung der Ära Leutwein, in der die Schutztruppe lediglich durch eine Stärkedemonstration den Weg für eine Verhandlungslösung erkämpfen sollte. Doch am 14. September erließ das Hauptquartier neue Richtlinien für die Bekämpfung der Aufständischen, die von der bisherigen Taktik des »getrennt Marschieren – vereint Schlagen« abrückten und praktisch das Ende der Ära Trotha einläuteten.[71] Schließlich kam Trotha einer drohenden Abberufung dadurch zuvor, dass er am 23. September 1905 bat ihn von seinem Kommando abzulösen. Anfang November gab Berlin seinem Ersuchen statt und Ende des Monats reiste der Generalleutnant nach Deutschland zurück. Die Leitung der Kolonie wurde mit seiner Abberufung wieder in die Hände eines zivilen Gouverneurs gelegt, während zunächst Oberst Dame, später Oberst Deimling das Kommando über die Schutztruppe übernahm.[72]

6. Kompanieführer unter Kriegsbedingungen

Mit der Auflösung des Hauptquartiers und der Abreise Trothas endete auch Lettow-Vorbecks Adjutantentätigkeit. Für ihn konnte der Abgang seines Chefs zu diesem Zeitpunkt nur von Vorteil sein. Er hatte genügend Erfahrungen in einer höheren Adjutantenposition gesammelt und erhielt nun gleichsam als Krönung seines Einsatzes in Südwestafrika die Gelegenheit das erste Mal Soldaten unter Kriegsbedingungen zu führen: »Ich sehnte mich nach einer Verwendung an der

Front.«[73] Solange Trotha sein Vorgesetzter gewesen war, hatte er Lettow-Vorbecks Gesuche um Frontverwendung abgelehnt. Ab Anfang Oktober 1905 kommandierte der Hauptmann eine Kompanie, mit der er zunächst einen Teil der Bethanier unter Cornelius Frederick verfolgte.[74]

Im Herbst 1905 zeichnete sich langsam eine Wende im Feldzug zu Gunsten der Deutschen ab: Der über 80-jährige Hendrik Witbooi war am 24. Oktober in einem Gefecht tödlich verwundet worden. Mit ihm fiel der wichtigste und angesehenste Nama-Kapitän. Zwischen November und Januar legten die Witbooi-Abteilungen sukzessive die Waffen nieder. Allerdings erfolgte diese Kapitulation nicht nur wegen des Todes ihres Anführers, sondern auch, weil die Schutztruppe im Herbst Frauen und Kinder der Witbooi praktisch zu Geiseln gemacht hatte, indem sie diesen den Zugang zu den Wasserstellen so lange verwehrte, wie ihre Männer noch nicht die Waffen abgegeben hatten.[75] Der neue Kommandeur der deutschen Truppen im Operationsgebiet, Major Estorff, ein erfahrener Schutztruppenoffizier, erkannte zudem ebenso wie Lettow-Vorbeck die Sinnlosigkeit der Einkreisungs- und Vernichtungsstrategie, welche die an europäischen Schlachtfeldern orientierte Kriegführung Trothas gekennzeichnet hatte. Basierend auf Trothas Befehl vom 14. September änderte sich die deutsche Taktik gegen die Nama dahingehend, dass das Namagebiet nun in Sektoren unterteilt wurde, in denen jeweils eine deutsche Einheit für die Verfolgung des Gegners selbständig verantwortlich zeichnete. Flüchtete eine Nama-Abteilung in den nächsten Sektor, nahmen die dort stehenden, frischen deutschen Truppen die Verfolgung auf. Die deutsche Führung wurde in dieser Vorgehensweise im Übrigen von Oberstleutnant Trench bestärkt, der möglicherweise nur Callwells Empfehlungen für europäische Armeen, die sich mit einem Guerillakrieg konfrontiert sahen, weitergab.[76] Auch wenn die Nama mobiler und im Felde anspruchsloser waren als ihre Verfolger, zermürbte doch diese Taktik auf Dauer ihre Widerstandskraft.

Trotz der Kapitulation der Witbooi und der neuen taktischen Direktiven kamen die deutschen Operationen im Namagebiet zwischen Oktober 1905 und Februar 1906 fast zum Erliegen. Eine Rinderpestepidemie dezimierte die Zugochsen[77] der Gespanne, welche den für die deutschen Truppen in Lüderitzbucht angelandeten Nachschub auf dem 350 km langen so genannten Baiweg ins Namagebiet transportierten. Zugleich sperrten die südafrikanischen Behörden die Grenze, was zwar langfristig der deutschen Seite zugute kam, weil somit die Kapkolonie nicht mehr als Rückzugs- und Nachschubbasis für die noch kämpfenden Nama-Stämme dienen konnte, zunächst aber die Versorgungslage der Schutztruppe im Operationsgebiet weiter verschlechterte.[78] In dieser kurzen Zeitspanne, in der den deutschen Truppen weitgehend die Hände gebunden waren und die verbliebenen kämpfenden Nama-Stämme relativ ungehindert operieren konnten, kam es zu einem Zwischenfall, der sich für Lettow-Vorbecks weitere Karriere als wichtige Wegmarke erweisen sollte.

Nachdem eine Gruppe von etwa 50 Bondelzwart am 21. Dezember vergeblich versucht hatte, bei einem Überfall die Pferde der 8. Feldkompagnie zu stehlen, setzte Lettow-Vorbeck mit seiner Kompanie zur Verfolgung an. Er ortete die Gruppe Anfang Januar 1906 an der Wasserstelle Duurdrift. Es gelang ihm fast das Lager der Nama vollständig einzuschließen und überraschend zu überfallen. Doch wurden diese im letzten Moment gewarnt und besetzten einige Anhöhen, von denen sie die angreifenden deutschen Truppen am Morgen des 5. Januars beschossen. Es entspann sich den ganzen Tag über ein Feuergefecht zwischen den beiden jeweils 50 bis 60 Mann starken Abteilungen, ohne dass eine Seite die Oberhand gewinnen konnte. Schon zu Beginn des Gefechts wurde Lettow-Vorbeck durch Gesteinssplitter, die eine neben ihm einschlagende Kugel aufgewirbelt hatte, schwer am linken Auge verwundet, das erblindete. »Plötzlich empfand ich einen heftigen Schmerz im linken Auge, als sei mir mit der Faust wuchtig draufgeschlagen worden. Ich hatte das Gefühl, das Auge schwappe wie eine dunkelrote Suppe mit schwarzen Klößen drin.«[79] Trotzdem leitete er das Gefecht weiter, bis sich schließlich die Nama in der Dämmerung einer drohenden Einkreisung durch Flucht unter Zurücklassung von drei Toten, darunter dem Bruder Morengas, entzogen. Neben Lettow-Vorbeck wurden sieben weitere Soldaten auf deutscher Seite verwundet, einer fiel. Die Schutztruppe erbeutete zahlreiche Pferde des Gegners.[80]

Das Gefecht war insofern typisch für den Feldzug der Schutztruppe gegen die Nama, als es einmal mehr nicht gelungen war, den Gegner zu überraschen und entweder zu vernichten oder zu Aufgabe zu zwingen. Immerhin lag jedoch durch die sorgfältige Aufklärung Lettow-Vorbecks im Vorfeld bei diesem Gefecht zunächst die Initiative auf Seiten der Schutztruppe, anstatt dass diese, wie so oft in diesem Krieg, mangels ausreichender Erkundung und Geländekenntnis in einen Hinterhalt der Aufständischen geraten war. Selbst Morenga als Meister des Kleinkriegs äußerte sich anschließend gegenüber einem Missionar anerkennend über den fast gelungen Coup des Hauptmanns.[81]

Duurdrift stellte für die Deutschen in dieser Phase einen Achtungserfolg dar, der vor allem Lettow-Vorbeck zu Gute kommen sollte. Seine Vorgesetzten zeigten sich nicht nur von seinem erfolgreichen Aufspüren des Gegners, sondern auch von der gezeigten Willensstärke beeindruckt, das Gefecht trotz der erlittenen Verletzung weiterhin zu leiten. Damit schien Lettow-Vorbeck gleichsam idealtypisch den Offizier zu verkörpern, der ungeachtet aller physischen Gefahren und bar jeder Rücksicht auf die eigene Person führte und damit den Soldaten ein Vorbild abgab. Im offiziellen Generalstabswerk zum Krieg in Südwestafrika fand sein Einsatz lobend Erwähnung, indem es dort hieß: »Der Erfolg war in erster Linie der Entschlossenheit und Tatkraft des Hauptmanns von Lettow zu danken, der vor dem Gefecht unermüdlich erkundet und trotz seiner schweren Verwundung den Kampf bis zu dessen Beendigung mit unerschütterlicher Ruhe geleitet hatte.«[82] Lettow-Vorbeck erhielt als Folge des Gefechts von Duurdrift den Kronenorden 3. Klasse mit Schwertern. Zudem wurde sein Hauptmannspatent zwei Jahre vordatiert auf den März 1899[83], so dass er hoffen konnte, beschleunigt als noch recht junger Offizier zum Major befördert zu werden.

Lettow-Vorbeck erwies sich im Krieg gegen die Nama als ein Frontoffizier, der sich und seine Soldaten bei den Verfolgungsritten nicht im Geringsten schonte. Zugleich betrachtete er die Kriegführung in Südwestafrika nicht etwa mit dem Hochmut des preußischen Gardeoffiziers, sondern er war bereit sich die Tricks des Kleinkriegs im afrikanischen Busch durch Beobachtung der Nama wie auch der auf deutscher Seite kämpfenden Buren bis ins Detail anzueignen. Seine praktische Intelligenz, seine Berufsauffassung, dass ein Offizier alle Aspekte seines

Metiers mindestens ebenso gut wie der einfache Soldat beherrschen müsse und seine grundsätzliche Aufgeschlossenheit gegenüber taktischen wie militärtechnischen Innovationen halfen ihm dabei, seine Kompanie in eine effektive Truppe des Kleinkriegs umzuformen. Er besaß einen wesentlich realistischeren Blick für die Einsatzbedingungen in Deutsch-Südwestafrika als Trotha. Allerdings wagte er es in seinen Memoiren nicht, diesen im Nachhinein zu kritisieren gemäß dem ungeschriebenen Gesetz, das Offizierskorps müsse zumindest nach außen hin ein Bild der Geschlossenheit bieten, so wie es auch von der amtlichen Kriegsgeschichtsschreibung des Generalstabs vorexerziert wurde. Zudem war er so von der Richtigkeit der Karrieremuster des preußisch-deutschen Heeres überzeugt, dass seiner Auffassung nach nur Personen mit dem richtigen familiären Hintergrund, der charakterlichen Eignung und ausreichender Befähigung in die höchsten Ränge gelangten. Jeder Zweifel daran hätte die Grundlagen, auf denen letztlich auch die überdurchschnittlichen Karrieren der eigenen Familienmitglieder der vergangenen wie aktuellen Generationen basierten, in Frage stellen müssen. Es zeigte sich aber bereits beim Gefecht von Duurdrift ein Charakterzug und Führungsstil Lettow-Vorbecks, der im Ostafrikafeldzug noch deutlicher zu Tage treten sollte: Trotz der in der preußischen Armee erhaltenen Schulung in der Auftragstaktik delegierte er ungern im Gefecht Verantwortung. Angesichts seiner schweren Verwundung, zumal mit der damit einhergehenden Minderung der Sehkraft, hätte er durchaus das Kommando an den nächsthöheren Offizier abgeben können.

7. Heimkehr

Im März 1907 wurde der Kriegszustand in der Kolonie aufgehoben, nachdem schließlich durch die Verhandlungsbemühungen Deimlings alle Nama-Stämme kapituliert hatten und der Rest der Aufständischen, darunter Jakob Morenga, nach Südafrika geflohen war. Etwa die Hälfte der Nama ging in den folgenden Jahren an Krankheiten und Fehlernährung in den von den deutschen Behörden eingerichteten Gefangenenlagern zugrunde, so dass sich das Schicksal des Namavolkes letztlich nicht wesentlich von jenem der Herero unterschied, auch wenn es von deutscher Seite diesmal keinen förmlichen »Vernichtungsbefehl« gegeben hatte. Als Folge seiner schweren Verwundung hörte der Krieg für Lettow-Vorbeck jedoch schon im Januar 1906 auf. »Das linke Auge des Hauptmannes ist wohl flöten«, notierte ein Arzt, der zu Lettow-Vorbecks Abteilung gehörte und das Gefecht von Duurdrift mitgemacht hatte, kurz darauf in seinem Tagebuch.[84] In den folgenden Wochen entzündete sich auch das rechte Auge, so dass er zeitweise erblindete. »Diese Spannung machte mich etwas nervös und äußerte sich in Heftigkeit«, schrieb er stark verharmlosend über diese Wochen der Verzweifelung im Lazarett in Ukamas. Doch der Verwundete hatte Glück. Zufälligerweise waren in dem Feldlazarett beide Truppenärzte Augenspezialisten. Es gelang diesen nach zwei Operationen, nicht nur das rechte Auge wieder völlig herzustellen, sondern auch dem linken Auge einen Rest von Sehkraft zu erhalten. Im März 1906 wurde Lettow-Vorbeck als transportfähig aus dem Lazarett entlassen. Er reiste auf dem Landweg nach Kapstadt, wo er einige Wochen in augenärztlicher Behandlung blieb. Von dort ging es per Schiff nach Europa zurück.[85]

Lettow-Vorbecks Erfahrungen als Adjutant Trothas qualifizierten ihn für weitere höhere Stabsverwendungen. Zudem eilte ihm nun der Ruf voraus, auch ein befähigter Kommandeur von Truppen im Feld zu sein, so dass er seiner beruflichen Zukunft relativ zuversichtlich entgegenblicken konnte, als er im Sommer 1906 nach Deutschland zurückkehrte.

Einige Wochen nach seiner Rückkehr spitzten sich die Diskussionen zwischen den Oppositionsparteien im Reichstag und Kanzler Bülow um die Finanzierung des Kriegs in Deutsch-Südwestafrika zu. Die Konfrontation kulminierte schließlich im Dezember 1906 in der Auflösung des Parlaments durch den Kaiser, nachdem sich SPD und Zentrum geweigert hatten, dem durch den Nama-Aufstand notwendigen kolonialen Nachtragshaushalt zuzustimmen. Erstmals seit der kurzen Woge kolonialer Euphorie in der ersten Hälfte der 1880er Jahre, die schließlich im Erwerb von überseeischen Besitzungen mündete, beherrschte die Kolonialpolitik die öffentlichen Debatten im Reich. Im Wahlkampf zur Jahreswende 1906/7, die als »Hottentottenwahlen« in die Geschichte eingegangen sind, trat die Regierung dezidiert für die bisherige Kolonialpolitik ein, die ein entscheidender Baustein für ein auf machtpolitischer Ebene konkurrenzfähiges Deutschland sei. Angesichts der aggressiven, imperialistischen Rhetorik des Regierungslagers vor dem Hintergrund des Kriegs in Deutsch-Südwestafrika erlitten die Oppositionsparteien bei den Wahlen im Januar eine schwere Niederlage.[86] Trotz dieser vorübergehenden Präsenz des Themas Kolonialpolitik in der Öffentlichkeit und des unverhüllten Eintritts der Regierung für die Notwendigkeit und Richtigkeit einer solchen, dachte der regierungstreue Schutztruppenveteran keineswegs daran sich sofort wieder für eine überseeische Verwendung zu melden. Lettow-Vorbeck blieb selbst nach dem zweijährigen Einsatz in Südwestafrika weiterhin auf eine Karriere im Reich fixiert. Seine Zeit als Schutztruppenoffizier hatte sich für ihn als karrierebeschleunigend erwiesen, doch nicht unbedingt sein Interesse an den Kolonien verstärkt.

8. Die Dividende des Einsatzes

Deutsch-Südwestafrika stellte bis 1914 eine der wenigen Gelegenheiten überhaupt seit 1871 für deutsche Offiziere dar Kriegserfahrungen zu sammeln. Dennoch sollten diese als Katalysator für eine beschleunigte Karriere im damaligen deutschen Heer nicht zu hoch bewertet werden. Zwar wies das Heer darauf hin, dass der Kleinkrieg in den Kolonien wegen des verdeckt kämpfenden Gegners, der mangelnden Orientierungspunkte im Gelände und der Aufsplitterung von Einheiten in kleinen Patrouillen einen selbständigeren Soldaten erfordere als er bisher in der Ausbildung im Reich geformt worden sei und somit die Erfahrungen in Südwestafrika auch dem Heimatheer zugute kommen würden.[87] Gleichwohl galten die Kämpfe in den Kolonien im Generalstab wie in dem für die Ausrüstung und Ausbildung des Heeres zuständigen preußischen Kriegsministerium schlichtweg als relativ bedeutungslose Scharmützel, allein schon weil die dortigen Gegner nicht als vollwertig akzeptiert wurden, selbst wenn sie sich als so hartnäckige und geschickte Kombattanten wie die Nama erwiesen. Die vom Generalstab bearbeitete offizielle Geschichte des Feldzugs in Südwestafrika warnte denn auch vor einer Überbewertung der dortigen Erfahrungen für künftige Kriege in Europa.[88] Abgesehen davon, dass Gegner und Operationsbedingungen in Südwestafrika tatsächlich kaum mit einem zu erwartenden Zusammenprall von Massenheeren in Europa vergleichbar waren, sollte der Hinweis auch die große Mehrheit der deutschen Offiziere beruhigen, die nicht in diesem Krieg zum Einsatz gekommen war.

Die militärische Fachöffentlichkeit in Europa zeigte sich damals mehr am Geschehen im russisch-japanischen Krieg von 1904/5 und den daraus zu ziehenden Lehren interessiert als an den Kämpfen in Deutsch-Südwestafrika.[89] In Fernost prallten zwei modern ausgerüstete Massenheere aufeinander, die über einen großen, modernen Artilleriepark verfügten und massiv Maschinengewehre einsetzten. Erstmals erfolgte die Koordinierung von Infanterie und Artillerie auf dem Schlachtfeld über Telefon. Das Erlebnis des Zusammenstoßes der Heere in Fernost begeisterte geradezu die von allen Großmächten dorthin entsandten Militärbeobachter: »Habe einen ganz famosen Rekord: Drei Gefechte, drei Schlachten mit zusammen 18 Tagen im effektiven Gefechte und im Ganzen 39 Tagen, wo geschossen und gekämpft wurde (...) Tote, Verwundete, Verbandsplatz, mit einem Wort ein Bild, wie man's sich nur wünschen kann, um jede einzelnen Phase eines Kampfes an der Theorie ausprobieren zu können«, berichtete beispielsweise ein Offizier der Donaumonarchie nach Wien.[90] So waren es denn auch die Lehren aus den dortigen Schlachten und die hier erneut offensichtlich werdende Feuerkraft moderner Heere, und nicht etwa der Einsatz in Südwestafrika, die im Jahre 1906 der deutschen Armee ein neues Exerzierreglement bescherten, in dem nun endgültig die Auftragstaktik verankert wurde. Außerdem erhielt jetzt jedes Infanterieregiment im Reich eine eigene Maschinengewehrkompanie. Bislang hatte man Maschinengewehre nur als geeignete Waffe zur Niederschlagung kolonialer Aufstände angesehen, ihren Wert im Einsatz gegen einen modern ausgerüsteten Gegner jedoch bezweifelt, weil sie ursprünglich als eine Art leichter, gegenüber Geschützen letztlich unterlegener Artillerie angesehen worden waren.[91]

Die Grundlagen für außergewöhnliche militärische Karrieren, die zu Spitzenpositionen führten, wurden im Kaiserreich, anders etwa als im Frankreich der Dritten Republik, das einen Joseph Gallieni, einen Hubert Lyautey und einen Charles Mangin hervorbrachte oder Großbritannien, das u. a. den späteren Kriegsminister Lord Horatio Herbert Kitchener vorweisen konnte, in der Regel im Großen Generalstab oder durch Fortüne beim Kaiser, aber nicht in den Kolonien gelegt. Abgesehen vom Ausnahmefall des Herero- und Namakrieges überschritten die Operationen der Schutztruppen in den Kolonien bei Aufständen selten Kompaniestärke und die Etatstärke aller drei afrikanischen Schutztruppen vor dem Ersten Weltkrieg umfasste nie mehr als 6 500 Mann. Im Vergleich dazu zählte die französische Armée d'Afrique etwa 90 000 und die auf dem Subkontinent stationierte britisch-indische Armee allein 240 000 Mann, darunter 77 000 britische Soldaten aus dem Mutterland. Die deutschen Schutztruppen waren also zahlenmäßig viel zu klein und ihre militärischen Aufgaben zu marginal, um ein eigenes Laufbahnprofil herauszubilden, das für höchste Verwendungen qualifiziert hätte. Für Generalstabsoffiziere waren sie daher in der Regel unattraktiv.[92]

Der Einsatz in den Kolonien wirkte sich höchstens für einen Offizier karrierefördernd aus, wenn er wie Lettow-Vorbeck das Glück hatte sich bei einem Gefecht auszuzeichnen oder für eine begrenzte Zeit, wie z. B. Trotha in Deutsch-Ostafrika, als Kommandeur einer der Schutztruppen diente. Schutztruppenoffiziere erreichten bis zum Ausbruch des Ersten Weltkriegs allenfalls dann den Generalsrang, wenn sie zuvor wesentliche Stationen ihrer Karriere im Reich abgeleistet hatten. Für die große Mehrheit der Kolonialoffiziere hingegen entwickelte sich ein zu langer Dienst in den Schutztruppen eher zu einer professionellen Sackgasse vergleichbar der Majorsecke im Reich. Ein bezeichnendes Beispiel hierfür ist Victor Franke. Dieser seit 1896 in Deutsch-Südwestafrika dienende Offizier war vier Jahre älter als Lettow-Vorbeck, wurde aber erst 1903, also mit 37 Jahren Hauptmann, während Lettow-Vorbecks meistenteils im Reich absolvierter Dienst ihm schon mit 31 Jahren diesen Rang eingebracht hatte. Lediglich der Herero-Aufstand rettete Frankes Karriere vor der Majorsecke, denn er zeichnete sich bei den ersten Gefechten aus. Er erhielt hierfür 1904 den Orden Pour le Mérite und sein Patent wurde um zwei Jahre zurückdatiert. Erst dadurch nahm die bislang eher unspektakulär verlaufene Laufbahn einen Aufschwung und es gelang ihm die Majorsecke noch vor Ausbruch des Ersten Weltkriegs zu umschiffen.

Für Lettow-Vorbeck als begeistertem, ehrgeizigen und einer gewissen Familientradition verpflichteten Berufsoffizier war es also konsequent, seinen militärischen Horizont weiterhin mitteleuropäisch auszurichten: Im Heimatheer lagen für einen Soldaten seines Rangs, seiner Herkunft und seines bisherigen militärischen Werdegangs vorerst die besten Möglichkeiten weiter beschleunigt zu avancieren.

V. ZWISCHEN HEIMATHEER UND ÜBERSEEVERWENDUNG

Mitte September 1906 wurde Lettow-Vorbeck für ein halbes Jahr zum Generalstab beordert, wo er in der Eisenbahn- und der 3. (Sprach-) Abteilung hospitierte, in welcher er Frankreichfragen bearbeitete. Sein ehemaliger Regimentschef aus der Zeit in Charlottenburg, Generalmajor Fritz von Below, der nun im Generalstab als Oberquartiermeister diente, sprach sich zwar für eine dauerhafte Übernahme Lettow-Vorbecks aus. Diese scheiterte aber an Lettow-Vorbecks Abteilungschef, der sich offenbar keinen Quereinsteiger oktroyieren lassen wollte.[1] Stattdessen wurde diese Kommandierung eine Art Warteschleife für eine weitere höhere Adjutantenposition. Diese trat Lettow-Vorbeck Ende März 1907 an, als man ihn zum Generalkommando des XI. Armeekorps in Kassel versetzte. Im gleichen Monat wurde er zum Major befördert. Er erreichte nicht zuletzt wegen des Gefechts von Duurdrift und der daraus folgenden Rückdatierung seines Hauptmannspatents diesen Rang in relativ jungen Jahren. Die meisten damaligen Offiziere waren eher Anfang 40, wenn sie Major wurden. Dank der Stellung als Korpsadjutant konnte Lettow-Vorbeck erneut auf eine beschleunigte Beförderung hoffen, weil Offiziere der höheren Adjutantur in der Regel schneller avancierten als Frontoffiziere.[2]

1. Korpsadjutant in Kassel

Unter den 25 Generalkommandos, welchen die 25 Armeekorps des Heeres unterstanden, war Kassel, damals eine Stadt mit etwa 100 000 Einwohnern und seit 1867 Sitz der Regierung der preußischen Provinz Hessen-Nassau, aus Sicht eines preußischen Offiziers eine der begehrteren Garnisonen. Die Stadt lag im damaligen Reich zentral und sie war zu 90% protestantisch geprägt. Als vormalige Hauptstadt des Kurfürstentums besaß sie Residenzcharakter mit einem entsprechenden gesellschaftlichen Leben und kulturellem Angebot wie Theater und Oper. Die Attraktivität Kassels schlug sich wiederum in einer höheren Zahl von Adeligen in entscheidenden militärischen Dienststellungen als an anderen Standorten nieder. So kommandierte 1907 u. a. mit Albrecht Herzog von Württemberg der designierte König von Württemberg das XI. Armeekorps. Obwohl nur fünf Jahre älter als Lettow-Vorbeck, war er wegen seiner privilegierten Herkunft aus einem der regierenden deutschen Fürstenhäuser schon mit 41 Jahren zum kommandierenden General befördert worden. Allerdings fehlte ihm im Grunde genommen die nötige militärische Vorbildung für ein so hohes Kommando, wie Lettow-Vorbeck schrieb.[3] Auch die dem Korps unterstehenden beiden Divisionen wurden überdurchschnittlich oft im Vergleich zu anderen Verbänden von Adeligen befehligt.[4]

In dieser Residenz- und Beamtenstadt mit den zahlreichen Stäben der dem XI. Armeekorps unterstehenden Einheiten konnte sich Lettow-Vorbeck also wiederum ganz in Kreisen bewegen, welche durch ihre karrieremäßige Ausrichtung und ihren sozialen Hintergrund die Hohenzollernmonarchie bedingungslos unterstützten. Nach der Jahrhundertwende war dagegen die Erinnerung daran, dass die Preußen ursprünglich als Folge des Krieges von 1866 als Besatzer nach Kassel gekommen waren, verblasst. Ressentiments gegen Preußen, wie sie sich lange noch im annektierten Hannover nach 1866 hielten und die Ausdruck in einer Welfennostalgie fanden, gab es im ehemaligen Kurfürstentum Hessen-Kassel nicht.

Lettow-Vorbeck war als zweiter Adjutant im Generalkommando für die Bearbeitung der Mannschafts- und Unteroffizierspersonalien zuständig. Zudem übertrug man ihm die Ausbildung der Unteroffiziere und Offiziere der Reserveregimenter, die im Kriegsfalle im Bereich des Armeekorps' mobilisiert und diesem unterstellt werden sollten. Er schlug u. a. vor, die Zahl der Unteroffiziersstellen pro Reserveeinheit zu vergrößern und entsprechende Kader des Beurlaubtenstandes auszubilden, um die Einsatzbereitschaft der Reserveformationen im Mobilisierungsfall zu erhöhen. Seine Idee fand die Billigung des Kommandeurs.[5] Es war ein gutes Beispiel dafür, wie sehr zu diesem Zeitpunkt Fragen der Ausbildung im preußischen Heer nicht etwa von Berlin bis in jedes Detail vorgegeben wurden, sondern noch von den einzelnen Armeekorps geprägt waren. Allerdings beschnitt der Generalstab im letzten Jahrfünft vor dem Ersten Weltkrieg diese Unabhängigkeit der Korpskommandeure zunehmend zugunsten einheitlicher Ausbildungsvorgaben für alle Verbände.[6]

Als Major, der durch seine Einsätze in China und Deutsch-Südwestafrika überdies einiges an Geld angespart haben dürfte und zudem eine Adjutantenzulage erhielt, waren nun für Lettow-Vorbeck die materiellen Grundlagen für eine Ehe gegeben. Allerdings hinderte ihn nach eigener Aussage das Zerwürfnis mit seinem Vater über das Schicksal seines Bruders Arndt, als Folge dessen er vorübergehend enterbt wurde, vorerst weiter daran, ernsthaftere Heiratspläne zu verfolgen. Sein fast gleichaltriger Bruder Friedrich hingegen heiratete 1908 als Hauptmann eine süddeutsche Adelige.[7] Ein Privatleben außerhalb der militärischen Sphäre gab es also kaum und Lettow-Vorbeck fühlte sich folglich damals »innerlich zeitweise recht geknickt«.[8] Umso mehr, gleichsam als Kompensation, konzentrierte er sich auf seine beruflichen Aufgaben.

2. Enttäuschte Erwartungen: Kommandeur des II. Seebataillons

Dass ihn das Militärkabinett, möglicherweise der Kaiser selbst für einen sehr fähigen und fördernswerten Offizier hielt, zeigte sich bereits zwei Jahre später, als man ihn überraschend[9] und in ungewöhnlich jungem Alter zum Kommandeur des II. Seebataillons in Wilhelmshaven ernannte. Lettow-Vorbeck wurde gerade 39, als er am 1. März 1909 das Bataillon übernahm. Üblicherweise waren die Kommandeure dieser Einheiten in den zwei Dekaden vor dem Ersten Weltkrieg bei ihrem Dienstantritt eher Mitte bis Ende 40. Selbst viele Hauptleute der Seebataillone waren älter als der neue Kommandeur.[10] Eine solche Ernennung galt als Auszeichnung, denn nur besonders ausgesuchte Offiziere des Heeres versetzte man für einige Jahre in die Marine-Infanterie. Zugleich wurden Offiziere der Marine-Infanterie auch überdurchschnittlich oft für zukünftige höhere Verwendungen empfohlen.[11]

Die zur Marine gehörigen drei Seebataillone in Kiel (I.), Wilhelmshaven (II.) und Tsingtao (III.), jedes etwa 600 Mann stark, galten seit ihrer Entstehung in der zweiten Hälfte des 19. Jahrhunderts als Eliteeinheiten und nahmen eine Sonderstellung im militärischen Gefüge des Kaiserreichs ein. Ursprünglich waren sie dazu gedacht gewesen im Falle von Seegefechten gegnerische Kriegsschiffe auf kurze Distanz zu bekämpfen und ggf. zu entern. Allerdings erwies sich dieser Auftrag durch die Entwicklung einer weit reichenden Schiffsartillerie schon im letzten Drittel des 19. Jahrhunderts als undurchführbar. Vielmehr oblag ihnen jetzt der Schutz der Marineanlagen und der Küste gegen feindliche Landungsversuche. Gleichsam als Verlegenheitslösung fiel ihnen seit dem Beginn der deutschen kolonialen Expansion in den 1880er Jahren auch die Aufgabe zu in Notfällen als eine Art Kolonialinfanterie zu fungieren.[12] Die Mannschaften rekrutierten sich aus Freiwilligen aus dem ganzen Reich, die in den Seebataillonen drei Jahre anstatt der damals in der Infanterie des Heeres üblichen zwei Jahre Wehrpflicht leisteten. Folglich hatten es die Offiziere wie in den Garderegimentern mit besonders willigen und loyal zu Monarchie stehenden Soldaten zu tun. Das II. Seebataillon erhielt traditionell seinen Mannschaftsersatz aus Bayern und Württemberg.

Da die Seebataillone lediglich der in Kiel befindlichen so genannten Inspektion der Marine-Infanterie unterstanden, zeichneten sie sich durch eine vergleichsweise flache Hierarchie aus: Ein Major und Kommandeur eines Seebataillons stellte bereits die zweite Befehlsebene dar und hatte folglich eine höhere Verantwortung und einen größeren Grad von Selbständigkeit als es der Rang und die Stellung auf den ersten Blick vermuten ließen. Praktisch erfüllte er die gleiche Funktion wie ein Oberst als Regimentskommandeur im Heer, denn er verantwortete die Ausbildung des Offizierskorps wie auch der Unteroffiziere und Mannschaften seines Bataillons. Die Bataillone waren zudem kraft ihrer Bestimmung als Einheiten organisiert, die relativ selbständig operieren konnten. So besaßen sie einen eigenen Pionier- und einen Telegraphenzug, 1911 erhielten sie analog zu den Infanterieregimentern des Heeres jeweils eine Maschinengewehrabteilung. Im Heer hingegen stellte das Bataillon nur eine weitgehend unselbständige hierarchische Zwischenebene zwischen Kompanie und Regiment dar, so dass das Kommando über ein Bataillon eine zwar meist notwendige, aber wenig geliebte Durchgangsstation für ambitionierte Offiziere war, die auf ein Regiment hofften. Weil der marinebegeisterte Kaiser zudem regelmäßig nach Kiel und Wilhelmshaven kam, hatten Offiziere der Seebataillone auch wesentlich bessere Chancen, karrierefördernde Kontakte zum Monarchen und seinen militärischen Beratern zu knüpfen als gewöhnliche Bataillonskommandeure. Lettow-Vorbeck nahm beispielsweise in seiner Zeit in Wilhelmshaven an einer der jährlichen sommerlichen Kreuzfahrten des Kaisers nach Norwegen teil.[13]

Lettow-Vorbecks Ernennung zum Kommandeur des II. Seebataillons stellte nicht nur einen Gunstbeweis des Militärkabinetts gegenüber einem besonders verdienten und viel versprechenden Offizier dar. Sie muss auch im Zusammenhang mit den nach dem Ende des Krieges in Südwestafrika einsetzenden Diskussionen im Reich über die Verbesserung der zukünftigen überseeischen militärischen Interventionsfähigkeit gesehen werden. Die Entscheidung über seine Kommandierung fiel just zu dem Zeitpunkt, als die im November 1908 gebildete »Südwestafrika-Kommission« aus Vertretern des Kriegsministeriums, des Generalstabs, des KdS im neu gebildeten Reichskolonialamt (RKA) und der Marine versuchte Lehren aus den zurückliegenden Kolonialkriegen für künftige außereuropäische Einsätze zu ziehen. Das Fehlen einer ausreichend großen, überall einsetzbaren und entsprechend ausgebildeten und ausgerüsteten Truppe war im Krieg gegen die Herero und Nama mehr denn je deutlich geworden.[14] RKA und Kriegsministerium hätten am liebsten die Aufstellung einer permanenten reichseigenen, auf freiwilligen Meldungen beruhenden »Auslandstruppe« gesehen, deren gesonderte Einheiten in Deutschland ständig zu Einsätzen in Übersee bereitstünden.[15] Sie sollte nicht nur umfangreicher als die Marine-Infanterie sein, sondern auch im Gegensatz zu dieser sich aus langdienenden und daher besser ausgebildeten und wegen eines höheren Durchschnittsalters physisch widerstandsfähigeren Berufssoldaten zusammensetzen, die zudem tropentauglich sein müssten. Anders als die Seebataillone sollte die Auslandstruppe nach Möglichkeit auch berittene Abteilungen umfassen. Der Einsatz gegen die Herero hatte zudem gezeigt, dass die Seebataillone trotz des ihnen vorauseilenden Rufes, eine Eliteeinheit zu sein, nicht nur zahlenmäßig der Aufgabe, als militärische Feuerwehr in Kolonialkriegen zu dienen, kaum gewachsen waren. Ihre Intervention war im Frühjahr 1904 vielmehr zu einem regelrechten Fehlschlag geworden: 2/5 der Seesoldaten waren erst im November zuvor eingezogen worden, mithin also fast noch Rekruten, so dass das Marine-Expeditionskorps nach einigen Wochen nur noch für Transportaufgaben verwendet wurde.[16] Ganz abgesehen davon war ihre Ausbildung auf die relativ statische Verteidigung der Häfen und der Küste abgestellt, in welcher die Marinebehörden nach wie vor die Hauptaufgabe der Seebataillone sahen. Sie entsprachen damit keineswegs den Anforderungen eines beweglichen Kleinkrieges wie er teils zu Fuß, teils beritten gegen die Herero und Nama geführt worden war. Schließlich hatte sich in allen bisherigen Kolonialkriegen der europäischen Mächte erwiesen, dass junge Männer, wie sie typisch für Wehrpflichtigenarmeen und damit auch Einheiten wie den Seebataillonen waren, den teilweise extremen klimatischen Bedingungen in Übersee weniger standhielten als Männer mittleren Alters.

Allerdings machten sich Kriegsministerium wie KdS schon zu Beginn der Beratungen wenige Illusionen über die Realisierbarkeit einer solchen Auslandstruppe. Gedacht war seitens des Kriegsministeriums und des Generalstabs, die aufzustellende Truppe nicht etwa aus dem bestehenden Wehretat zu finanzieren, sondern aus einem entsprechend zu vergrößernden Budget des RKA, denn nach Ansicht des Kriegsministeriums durfte keine Umstrukturierung oder Verkleinerung der für den Fall eines europäischen Krieges im Reich stehenden Verbände riskiert werden.[17] Nun war aber selbst im Zeitalter der »Weltpolitik« in Öffentlichkeit wie Reichstag die Bereitstellung höherer Mittel für die Kolonialpolitik nicht in gleichem Maße nationaler Konsens wie etwa in Großbritannien. Der Reichstag zeigte sich stets, wie z. B. bei der Frage des Baus einer Eisenbahnlinie von Lüderitzbucht nach Keetmannshoop während des Nama-Krieges, mehr oder weniger unwillig größere Investitionen für das Kolonialreich zu bewilligen. Zentrum, SPD und Linksliberale zählten zwar jeweils eine mehr oder weniger starke koloniale Lobby in ihren Reihen. Sie verfügten jedoch im Reichstag über eine Sperrmajorität gegen die sich staatstragend und damit eindeutig pro-kolonial gebärdenden konservativen Parteien und die Nationalliberalen. Die erstgenannten Parteien ließen sich die eventuelle Zustimmung zu Vergrößerung des Kolonialbudgets durch innenpolitische Zugeständnisse auf anderen Gebieten von der Regierung teuer vergüten, solange die überseeischen Besitzungen des Reichs ein aus dem Staatshaushalt zu bezuschussendes Verlustgeschäft darstellten, was bis 1914 der Fall bleiben sollte.[18] Daher waren der Regierung enge Fesseln hinsichtlich jeglicher zivilen oder militärischen Investitionen in das Kolonialreich angelegt. Zudem herrschte in den militärischen Stäben die Auffassung vor, dass eine Ausweitung des deutschen Kolonialreiches im Zeitalter des Hochimperialismus, als praktisch die ganze Welt bereits unter den Großmächten aufgeteilt war, kaum durch überseeische Operationen, sondern letztlich auf den Schlachtfeldern Europas entschieden werde, also durch Sieg über die kolonialbesitzenden Nachbarn. »Nicht die Kolonien entscheiden wie bei England die Geschicke des Mutterlandes, sondern die Geschicke der Kolonien werden in Europa ausgekämpft«, hieß es entsprechend selbst in der Vorlage des KdS.[19] Folge dieser militärischen wie finanziellen Sachzwänge und Ressortegoismen der beteiligten Stellen war, wie der an den Kommissionsberatungen teilnehmende, inzwischen zum Oberstleutnant avancierte Estorff schrieb, dass zwar alle an den Sitzungen teilnehmenden Stellen die Notwendigkeit einer solchen Truppe grundsätzlich befürworteten, aber unisono erklärten, selbst weder Geld noch Soldaten zur Verfügung stellen zu können, sondern dies vielmehr von den jeweils anderen Ressorts erwarteten.[20]

Ein weiteres Argument, das letztlich gegen die Aufstellung einer solchen permanenten Eingreiftruppe im Reich sprach, war die damals bei allen Kolonialmächten verbreitete Auffassung, dass europäische Truppen im Grunde wegen des Klimas und der dort lauernden Krankheiten ungeeignet seien zum Einsatz in tropischen Gebieten. Von führender ärztlicher Seite sah man die Tropen als eigentlich nicht zur dauerhaften europäischen Besiedlung geeignet an. »Es ist erwiesen und bekannt, dass die trockene Tageshitze der subtropischen Gebiete, die oft von sehr kühlen, ja kalten Nächten abgelöst wird, einen nur momentan erschlaffenden Einfluss auf den Europäer ausübt, während die feuchte tropische Hitze an seinem Marke zehrt«, hieß es entsprechend in Schwabes Ratgeber zu Kolonialeinsätzen.[21] Die militärische Fachpublizistik verwies als Menetekel auf die französische Eroberung Madagaskars 1895, die hauptsächlich durch weiße Truppen aus dem Mutterland und Nordafrika erfolgt war. 34% der eingesetzten weißen Soldaten starben an Krankheiten, hingegen »nur« 15% der außereuropäischen französischen Soldaten. Folglich, so hieß es in der vom Generalstab herausgegebenen Zeitschrift »Vierteljahrshefte für Truppenführung und Heereskunde«, sei eine Auslandstruppe praktisch nur in klimatisch gemäßigtem Gebieten wie China oder heiß-trockenen Zonen wie Südwestafrika zum Einsatz geeignet.[22]

Aufgrund der finanziellen Probleme und der militärischen wie medizinischen Vorbehalte blieb die Auslandstruppe bis 1914 ein Wunschprojekt. Am Ende der Kommissionsberatungen im März 1909 drängte sich vorerst nur eine Lösung auf: Die Marine-Infanterie musste für künftige überseeische Einsätze besser als bisher vorbereitet werden und zwar möglichst umgehend durch Abordnung von Offizieren mit längerer, aber nicht zu weit zurückliegender Kolonialkriegserfahrung. Die Offiziere sollten mehr Nachdruck auf die Schießausbildung der einzelnen Seesoldaten legen und vermehrte Übungen im Feld- und Patrouillendienst abhalten.[23] Hierin lag wohl der tiefere Grund der für Lettow-Vorbeck überraschenden Abkommandierung nach Wilhelmshaven: Er konnte sowohl Erfahrung in Kolonialeinsätzen vorweisen wie auch als Folge seiner Adjutantenverwendungen in der Auswahl und Ausbildung von Mannschaften, Unteroffizieren und Offizieren.

Ein vielversprechender neuer Abschnitt in Lettow-Vorbecks Karriere schien also mit der Versetzung nach Wilhelmshaven anzubrechen. Doch trat bei ihm bald Ernüchterung über die Gestaltungsmöglichkeiten als Kommandeur des II. Seebataillons ein, welche vermutlich schon vorhandene Vorbehalte gegen die Marine nur bestätigte und verstärkte. Zwar kamen die Offiziere der Seebataillone ausschließlich aus dem Heer, doch bildeten diese eine kleine Minderheit: Im Jahre 1909 stellten sie nur 52 von 2 586 Offizieren in der Marine.[24] Die Seebataillone unterstanden letztlich den höheren Marinedienststellen – im Falle des II. Seebataillons der Marinestation der Nordsee in Wilhelmshaven. Sie waren also ein Instrument, welches zuerst den maritimen Interessen dieser Teilstreitkraft zu dienen hatte.

Die Marine war unter den Offizieren des Heeres nicht sonderlich populär, schien sie doch die Aufmerksamkeit des Kaisers wie auch die finanziellen Mittel des Reichs zu sehr von den Landstreitkräften abzulenken, die im ostelbischen Adel als traditionelle Stütze der Monarchie und Garant preußisch-deutscher Großmachtstellung in Europa galten.[25] Das Offizierskorps der Marine und damit Wilhelmshaven als extra für die Belange der Marine seit dem letzten Drittel des 19. Jahrhundert entstandene und von ihr dominierte Stadt wurde zudem wesentlich stärker vom Bildungs- und Wirtschaftsbürgertum geprägt als jene Institutionen und Standorte, in denen Lettow-Vorbeck bisher als Angehöriger des preußischen Heeres gedient hatte. Zwar bemühte sich die Marineleitung, die Standesauffassungen und Verhaltensweisen des preußischen Heeresoffizierskorps etwa in Form des Duellwesens und der Einrichtung von Ehrengerichten zu imitieren und eine ähnliche starke soziale Homogenität durch bevorzugte Rekrutierung von Söhnen aus Offiziers- und Beamtenfamilien herzustellen. Dennoch ließ es sich nicht leugnen, dass Leistung, nicht Abstammung in dieser relativ jungen, hoch technisierten Teilstreitkraft stärker im Vordergrund stand als in der preußischen Armee, was sich allein schon an der wesentlich höheren Rate von Abiturienten unter den Seeoffiziersanwärtern im Vergleich zu den Fahnenjunkern des Heeres zeigte.[26] Es gab in der Marine auch keine aristokratischen Bastionen wie etwa die Garderegimenter oder die Kavallerie im Heer. Lettow-Vorbeck und vielen seiner Standesgenossen erschien die Marine daher trotz all ihrer Bemühungen, es an Exklusivität und Habitus dem preußischen Offizierskorps gleichzutun, als eine Art militärische Parvenü-Gesellschaft, in der mangels Traditionen keine etablierten Karrieremuster und sozialen Abstufungen erkennbar waren. Entsprechend schrieb Lettow-Vorbeck: »Anders als in der Armee, wo sich die Kommandeure ihren Offiziersersatz selbst heranzogen, die Offiziere meist viele Jahre im gleichen Regiment blieben und Träger des Geistes der Regimenter wurden, herrschte in der Marine dauernder Wechsel.«[27]

Als entscheidender für seine baldige Unzufriedenheit mit diesem nach außen hin prestigeträchtigen Kommando erwies sich aber die Tatsache, dass die Marine nicht gewillt war die Empfehlungen der Südwestafrika-Kommission umzusetzen. Bereits in den Kommissionsberatungen hatte die Marine Einwendungen gegen die Vorstellungen von Kriegsministerium und KdS erhoben.[28] Sie versprach lediglich, weiterhin die Seebataillone für überseeische Einsätze zur Verfügung zu stellen, doch sollten diese nicht länger als drei Monate dauern und die Seebataillone stets, wie bereits im Maji-Maji-Aufstand und im Hererokrieg geschehen, unabhängig von den Schutztruppen operieren. Bezeichnenderweise waren die Schutztruppen schon 1896 aus der Zuständigkeit der Reichsmarineamtes ausgegliedert und der Kolonialabteilung des AA unterstellt worden, was mögliche Synergieeffekte für eine effiziente koloniale Kriegführung bereits frühzeitig blockiert hatte. Vor allem aber sollten nach Auffassung der Marinebehörden die Seebataillone keinesfalls ihren Charakter als Festungstruppe zur Verteidigung der Küsten und Marineanlagen im Reich verlieren. Dies ließ naturgemäß wenig Raum für eine Ausbildung zu einer mobilen, ggf. sogar berittenen Kolonialinfanterie, wie sie von der Kommission empfohlen worden war.[29]

Am Beispiel der Seebataillone zeigten sich der Ressortegoismus und die Unabhängigkeit der Marine im kaiserlichen Deutschland, die sich weder den Wünschen und Vorstellungen des Heeres, noch des relativ einflusslosen RKA beugen wollte. Zwar war die Marine das ausschlaggebende militärische Instrument für die anvisierte »Weltpolitik«, und der Öffentlichkeit schien die Verknüpfung von weltweiter kolonialer und maritimer Präsenz logisch. Tatsächlich jedoch zeigten sich die Seestreitkräfte seit der 1897 eingeleiteten Tirpitz-Ära an den Kolonien desinteressiert und nicht bereit in ihre Verteidigung zu investieren. Nun galt nicht mehr ein Kreuzerkrieg von einem weltweit gestreuten Stützpunktnetz gegen die Handelsrouten potentieller europäischer Gegner als die vielversprechendste maritime Strategie, sondern eine in der Nordsee stationierte Schlachtflotte. Von daher stellten personelle Verpflichtungen etwa in Form der Entsendung von Seebataillonen oder Investitionen zum Bau von Küstenbefestigungen und Hafenanlagen in den Kolonien seit 1897 eine unerwünschte und von der Marine bis 1914 gemiedene Ablenkung von der Hauptaufgabe dar.[30]

Die weitgehende Ergebnislosigkeit der Beratungen der Südwestafrika-Kommission war typisch für das unkoordinierte Nebeneinander der einzelnen höchsten militärischen Stellen im Kaiserreich, also Generalstab, preußischem Kriegsministerium, Reichsmarineamt, Admiralstab der Marine, Militär- und Marinekabinett, die einzig in der Hand des Monarchen als dem laut Verfassung »Obersten Kriegsherr« zusammengeführt wurden. Wilhelm II. zeigte sich von seiner persönlichen Veranlagung her unfähig, diese Koordination zu übernehmen. Ebenso wenig delegierte er sie an einen entscheidungsbefugten ressortübergreifenden Planungsstab, der die Interessen der einzelnen Militärbehörden in Einklang brachte und so eine schlüssige Gesamtstrategie für das Reich entwickelte, wie er z. B. in Großbritannien seit dem Burenkrieg in Gestalt des Committee of Imperial Defense existierte.[31]

Lettow-Vorbeck klagte folglich in seinen Memoiren darüber, dass zur taktischen Weiterbildung der Seebataillone wenig getan wurde und es kaum gemeinsame Manöver mit Heereseinheiten gab, weil sich die Marineleitung daran nicht interessiert zeigte. So wie die Marine die Seebataillone als landgestütztes Rückgrat ihrer schwimmenden Verbände sah und wenig Interesse für die Anforderungen kolonialer Feldzüge aufbrachte, so sah Lettow-Vorbeck, der kaum Verständnis für die Erfordernisse maritimer Kriegführung hatte, diese schlichtweg als eine Infanterieeinheit, die »ins Feld gehörte«. Da es kaum Manöver oberhalb des Bataillonsrahmens gab, sanken natürlich auch Lettow-Vorbecks Chancen, sich für die Zeit nach der Rückkehr ins Heer für das Kommando größerer Truppenverbände zu qualifizieren.[32]

Trotz des eigentlich anders gearteten Auftrags der Marine-Infanterie bemühte sich Lettow-Vorbeck, sein Bataillon zu einer möglichst mobilen, taktisch auf den neuesten Stand gebrachten, auf überseeische Einsätze vorbereiteten Einheit auszubilden. Dabei achtete er auf jedes Detail und schickte das Bataillon ohne Unterlass und häufig zu den unmöglichsten Zeiten ins Feld. Wie üblich verlangte er von Offizieren, Unteroffizieren und Mannschaften höchste körperliche Leistungen, ohne sich selbst zu schonen. Er animierte die Unterführer zu selbstständigem Handeln und seine Manöverkritiken zeigten, dass er sein Metier hervorragend beherrschte.[33] »Lettow-Vorbeck war mein Vorgesetzter, als ich 1912 eine Offiziersübung dort machte für acht Wochen. Er war voller Verständnis für die Truppe und sehr scharf gegen die Offiziere. Ohne weitere Worte ein Beispiel: Nach einem Bataillonsbefehl tobte das Bataillon von 3 Uhr morgens an im Gelände herum, um 9 Uhr Rückkehr und dann (1) Mannschaften Bettruhe (2) Offiziere und Portepee-Unteroffiziere Vortrag von Leutnant der Reserve Koch über Kamerun«, erinnerte sich besagter Reserveoffizier Koch, der später Direktor der Kolonialschule in Witzenhausen werden sollte, an seine Zeit im II. Seebataillon.[34]

Die Qualifikationsberichte der Inspektion der Marine-Infanterie über Lettow-Vorbeck, die einzigen erhaltenen seiner ganzen Offizierslaufbahn, fielen sehr positiv aus. Allerdings stachen sie auch nicht heraus im Vergleich zu den durchweg guten Beurteilungen der anderen Bataillonskommandeure, wurden doch ohnehin nur besonders qualifizierte Offiziere zur Marine-Infanterie abkommandiert. Die Dienstbeurteilungen waren in den damaligen deutschen Streitkräften stark formalisiert und letztlich wenig aussagekräftig, da zu sehr auf den Charakter und das äußere Erscheinungsbild des Offiziers abstellend: »Fester Charakter, sehr gut beanlagt, hat Bataillon gut und sorgsam ausgebildet. Kann Offizierskorps leiten. Füllt Stellung sehr gut aus«, hieß es im Dezember 1909 über Lettow-Vorbeck. »Sehr eifrig, gerader, offener Charakter, bestimmt. Sehr guter Bataillonskommandeur (...) Ein hervorragender Offizier von außergewöhnlicher Festigkeit«, schrieben seine Vorgesetzten ein Jahr später. Im Dezember 1911 hieß es erneut, das Bataillon sei sorgsam ausgebildet, fest in der Disziplin und Lettow-Vorbeck fülle seine Stellung sehr gut aus.[35]

3. Auf der Warteliste der Schutztruppen

Die Unzufriedenheit Lettow-Vorbecks mit seinem Kommando in Wilhelmshaven setzte offenbar schon nach wenigen Monaten ein, denn bereits im Herbst 1909 beantragte er seine Versetzung. Er versuchte u. a., das Kommando über das III. Seebataillon in Tsingtao zu erhalten, weil hier die Möglichkeit zum militärischen Einsatz größer erschien angesichts der anhaltenden Wirren im Reich der Mitte und der dort fortbestehenden Rivalität der europäischen Mächte.[36] Diese Dienststellung war naturgemäß die begehrteste in der Marine-Infanterie und erforderte laut Marinekabinett gute bis sehr gute wirtschaftliche Verhältnisse wegen der damit verbundenen Repräsentationspflichten.[37] Über solche finanziellen Ressourcen verfügte Lettow-Vorbeck nicht, denn er brachte weder aus dem Elternhaus Geld mit, noch war es ihm bislang gelungen, in eine begüterte Familie einzuheiraten.

Neben diesem Antrag auf Versetzung nach Tsingtao bemühte er sich im Herbst 1909 auch um seine Übernahme in eine der Schutztruppen. Im Februar 1910 wurde er vom Militärkabinett auf die so genannte Anwärterliste genommen, was als erster Erfolg anzusehen war. Lettow-Vorbeck konnte fast drei Jahre Dienst in Übersee vorweisen und wurde auch von der Marine »infolge seiner vorzüglichen Beurteilung ganz besonders zu Verwendung bei der Schutztruppe geeignet« angesehen.[38] Der Wechsel von einer führenden Position in den Seebataillonen zu einer solchen in den Schutztruppen war trotz der eigentlich andersartigen Ausrichtung der Marine-Infanterie durchaus üblich. Einer von Lettow-Vorbecks Vorgängern als Kommandeur des II. Seebataillons, Georg von Glasenapp, wurde 1908 nach kurzem Zwischenspiel als Inspekteur der Marine-Infanterie Kommandeur der Schutztruppen im RKA und damit militärischer Vorgesetzter aller Kolonialoffiziere in Übersee. Glasenapps Nachfolger im April 1914, Ernst von Below, hatte nach Glasenapp und unmittelbar vor Lettow-Vorbeck das II. Seebataillon geführt und anschließend das III. in Tsingtao übernommen.

Gleichwohl war der Übertritt in die Schutztruppen nicht selbstverständlich und erforderte einige Geduld, denn das KdS erhielt auch in Friedenszeiten stets eine wesentlich größere Zahl von Bewerbungen von Offizieren für den Dienst in Übersee als Vakanzen zur Verfügung standen. Das Offizierskorps der Schutztruppen verfügte am Vorabend des Ersten Weltkriegs, als die Kolonien als weitgehend befriedet galten, über nur etwa 250 Planstellen. Es machte also weniger als ein Prozent des Heeresoffizierskorps aus. Attraktiv war ein Übertritt in die Schutztruppe wegen des wesentlich höheren Solds – ein Leutnant in der Schutztruppe verdiente etwa vier mal so viel wie im Reich, ein Offizier in Lettow-Vorbecks Rang immerhin noch etwa doppelt so viel. Eine solche Verwendung bot auch eine größere Chance Gefechtserfahrung zu sammeln. Selbst wenn die Kolonien seit 1907 von keinen größeren Aufständen mehr erfasst wurden, kam es doch immer wieder zu kleinen, oft erst durch das brutale und selbstherrliche Vorgehen der lokalen militärischen Führer ausgelöste Scharmützel mit der einheimischen Bevölkerung. Schließlich hatte ein Leutnant oder Hauptmann in den meist abgelegenen Garnisonen nicht nur ein weitgehend unabhängiges militärisches Kommando. Er besaß auch anderweitig eine ungeahnte Machtfülle, wenn er etwa zugleich als Verwaltungschef und

Richter eines Distrikts agierte, der in Ostafrika beispielsweise die Größe ganz Süddeutschlands umfassen konnte.[39]

In der spärlichen geschichtswissenschaftlichen Literatur zu den Schutztruppen werden diese meist als Abstellgleis für im Reich durch Ehrenangelegenheiten, Disziplinarvergehen, Schulden oder exzessiven Alkoholkonsum diskreditierte Offiziere stilisiert.[40] Es sind aber erhebliche Zweifel angebracht, ob dieses Urteil richtig ist. Zwar mag in Einzelfällen ein Offizier aus seiner Stammeinheit im Reich »weggelobt« worden sein. Allerdings dürfte dies zumindest am Vorabend des Ersten Weltkriegs nach den Kolonialreformen der Dernburg-Ära als Folge der Aufstände in Ostafrika und Südwestafrika kaum mehr die Regel gewesen sein. Die Vorschriften für die Aufnahme in das Offizierskorps der Schutztruppe verlangten nun ausdrücklich, dass der Anwärter nicht nur tropentauglich und unverheiratet, sondern auch vollkommen schuldenfrei sein und über gute Beurteilungen verfügen müsse.[41] Zudem wird in der Literatur zwar konstatiert, dass es in den Schutztruppen häufig zu Konflikten mit der Disziplin kam, doch wird dieser Befund nicht in Relation zu ähnlichen Vorkommnissen in Einheiten des Reichs gesetzt, denn »schwarze Schafe« unter den Offizieren gab es in jeder Garnison. Weil nach damaliger Auffassung ein extremes, dem Europäer unvertrautes Klima erst recht die charakterlichen Schwächen einer Person zum Vorschein brachte und daher nur besonders gefestigte Persönlichkeiten nach Afrika entsandt werden sollten, zumal eine gesellschaftliche Kontrolle fern der Zivilisation weitgehend wegfiel[42], ist ebenfalls anzunehmen, dass die in der Literatur geschilderten verkrachten Offiziersexistenzen in den Schutztruppen eher eine Ausnahme bildeten.

Das Gegenteil war wohl die Regel: Ein Schutztruppenoffizier musste in höherem Maße Vorbild sein als ein Offizier in der Heimat, da er zumindest in Deutsch-Ostafrika und Kamerun eine schwarze Söldnereinheit befehligte, in der die Loyalität der Mannschaften, die nur von wenigen weißen Offizieren und Unteroffizieren geführt wurden, einzig durch das militärische Vorbild der Vorgesetzten, nicht aber durch genuinen Patriotismus oder Treue zur Fahne erwartet werden konnte. Auf die besonders strengen Maßstäbe, die bei der Auswahl von Offizieren zu beachten seien, die für eine Söldnertruppe vorgesehen waren, verwiesen im Übrigen auch die britischen Militärbehörden. Sie schufen mit den 1902 gegründeten King's African Rifles (KAR) in ihren ostafrikanischen Protektoraten eine vergleichbare schwarze Söldnertruppe wie das Reich mit seinen Schutztruppen in Kamerun und Deutsch-Ostafrika: »Der eingeborene Afrikaner hatte, was durchaus verständlich ist, kaum ein Empfinden der Loyalität gegenüber irgendeiner bestimmten europäischen Nation an sich. Die von den schwarzen Soldaten gezeigte Treue war eine persönliche Loyalität gegenüber seinem Offizier, der ihn führte (und bezahlte)«, hieß es in einer Aufzeichnung von 1933 über die Erfahrungen mit den KAR im Ersten Weltkrieg.[43]

Wäre der Ruf der Schutztruppen tatsächlich so schlecht gewesen, wie es bislang zumeist von Historikern konstatiert worden ist, hätte sich ein Offizier mit einer Bilderbuchkarriere wie Lettow-Vorbeck sicherlich nicht für eine solche Verwendung gemeldet. Man kann vielmehr davon ausgehen, dass eine Verwendung als Schutztruppenoffizier auf jeden Fall attraktiver war als die Stationierung in einem Linienregiment in einem abgelegenen Standort im Reich. Der Anteil von Adeligen im Offizierskorps der drei afrikanischen Schutztruppen, den man als Indiz für die Reputation dieser Einheiten ansehen kann, zeugte hiervon: Von den insgesamt 238 Offizieren in diesen Einheiten waren am Vorabend des 1. Weltkriegs 70, d. h. knapp 30 % adelig, was ungefähr dem Adelsanteil im Offizierskorps des Heimatheeres entsprach. Er war damit in den Schutztruppen um ein Mehrfaches höher als in Linienregimentern der preußischen Armee in abgelegenen Garnisonen des Reichs, der manchmal nur 5 % betrug.[44]

Die Versuche von 1909, entweder nach Tsingtao oder in die Schutztruppen versetzt zu werden, zeigen, dass Lettow-Vorbeck seit seiner Ernennung zum Kommandeur des II. Seebataillons erstmals seine militärische Zukunft zumindest auf absehbare Zeit und selbst angesichts fehlender kolonialer Konflikte eher in denjenigen Truppen des Reichs sah, die für den überseeischen Einsatz bestimmt waren. Es waren wiederum, wie zuvor bei der Meldung für das ostasiatische Expeditionskorps und zum Krieg in Südwestafrika eher karrierespezifische Erwägungen, die ihn um Versetzung bitten ließen: Angesichts des nunmehr erreichten Rangs und seiner Dienststellung erhoffte er durch diese Bewerbungen die Chancen auf ein weiteres selbstständiges und sogar noch verantwortungsvolleres Kommando, das es ansonsten auf Majorsebene im Reich nicht gab, zu erhöhen und damit das Fundament für ein weiteres rasches Avancement zu legen.

Lettow-Vorbeck musste sich fast vier Jahre gedulden, bis sein Antrag Berücksichtigung fand. In seinen Memoiren machte Lettow-Vorbeck einen Zivilbeamten für diese scheinbare Blockade verantwortlich, den Staatssekretär des Reichskolonialamts Bernhard Dernburg, der sich ausdrücklich gegen seine Ernennung ausgesprochen habe.[45] Zwar stand die Entscheidung über die Ernennung der Kommandeure der Schutztruppen und anderer in Übersee zu verwendenden Offiziere wie bei allen militärischen Personalangelegenheiten im Kaiserreich nicht dem RKA, sondern dem Militärkabinett zu, war also der Kontrolle durch zivile Instanzen entzogen.[46] Allerdings mag sich Lettow-Vorbecks Versetzung nach Übersee tatsächlich dadurch verzögert haben, dass in der kolonialpolitischen Reform-Ära, die mit der überraschenden Ernennung des liberalen Bankiers Dernburg zum Staatssekretär des neugeschaffenen RKA im Jahre 1907 einsetzte, im KdS, das diesem neuen Amt eingegliedert wurde, nun andere Maßstäbe an die Auswahl der Offiziere gelegt wurden als zuvor. Die deutsche Kolonialpolitik versuchte jetzt, da die Phase der militärischen Unterwerfung endgültig abgeschlossen schien, die Verwaltung der Kolonien auf zentraler wie regionaler Ebene in zivile Hände übergehen zu lassen. Die wirtschaftliche Indienstnahme der Kolonien unter Berücksichtigung der Interessen der autochthonen Bevölkerung erhielt unter Dernburg Priorität, der in diesen Gedankengängen vom ersten zivilen Gouverneur Deutsch-Ostafrikas, dem seit 1906 amtierenden Albrecht Freiherr von Rechenberg geprägt wurde.[47] Der fatale Einfluss des Militärs, der bisher die Kolonialpolitik vor Ort gekennzeichnet hatte und oft erst die schweren Konflikte heraufbeschwor[48], welche die wirtschaftlichen Grundlagen der Kolonien zerrütteten und damit jegliche Chance auf einen finanziellen Ausgleich des Kolonialbudgets in weite Ferne rückte, sollte zurückgedrängt werden. Seit der Ära Dernburg, dem 1911 der ebenfalls liberal gesinnte Staatssekretär Wilhelm Solf folgte, sollten die Schutztruppen sich stärker auf die Erschließung des Landes konzentrieren.

Dazu empfahl das KdS, dass ihre Offiziere nach Möglichkeit Erfahrungen in den technischen Truppen, eine landeskundliche Vorbildung durch Besuch des Seminars für Orientalische Sprachen der Berliner Universität, des Kolonialinstituts in Hamburg oder Erfahrungen in der Kartographie vorweisen sollten.[49] Dies waren Kriterien, welche Lettow-Vorbeck als Offizier, der bislang nur in Kampftruppen und als Adjutant gedient hatte, ganz offensichtlich nicht erfüllte. Zudem war er ein Untergebener Trothas gewesen und hatte dessen Vernichtungsstrategie vorbehaltlos mitgetragen. Auch in dieser Hinsicht schien er sich also nicht für ein überseeisches Kommando in der neuen Ära zu empfehlen. Die lange Wartezeit mag aber auch schlichtweg daher gerührt haben, dass es in den kleinen Schutztruppenkontingenten in Kamerun, Deutsch-Südwestafrika und Deutsch-Ostafrika nur sehr wenige Vakanzen für Offiziere seines Rangs und Dienstalters gab. Am Vorabend des Ersten Weltkriegs dienten in den drei Schutztruppen ganze zwei Oberstleutnants und sieben Offiziere im Majorsrang.[50]

Anfang August 1913 teilte ihm das Militärkabinett mit, dass er bereits Mitte Oktober das Kommando über die Schutztruppe in Deutsch-Ostafrika übernehmen solle und er sich möglichst bald Kenntnisse der Suaheli-Sprache aneignen möge.[51] Diese plötzliche Wendung kam daher, dass der Reichstagsabgeordnete des Zentrums, Matthias Erzberger, im Frühjahr 1913 einen einige Jahre zurückliegenden Kolonialskandal vor das Parlament brachte. Erzberger war zwar keineswegs gegen eine deutsche Weltpolitik eingestellt, griff aber gerne koloniale Skandale auf, um die Regierung in Verlegenheit zu bringen und somit Konzessionen für seine Fraktion herauszuhandeln.[52] Diesmal ging es um den langjährigen Kommandeur der Schutztruppe in Deutsch-Ostafrika: Oberstleutnant Kurt von Schleinitz habe 1908 das brutale Vorgehen der Schutztruppe während einer Strafexpedition nach Burundi gegen die lokale schwarze Bevölkerung geduldet und sich zudem vor den Unteroffizieren der Schutztruppe abfällig über den Gouverneur, seinen eigentlichen Vorgesetzten, geäußert.[53] Um nicht weitere Kritik auf sich zu ziehen, war das RKA zunächst schnell bereit, den Offizier zu opfern. Zudem war Schleinitz in der Vergangenheit wiederholt in Konflikt mit Rechenberg, der seit 1912 als Fraktionskollege Erzbergers im Reichstag saß, geraten, weil es für den Offizier unerträglich schien einem Zivilisten unterstellt zu sein. Schleinitz appellierte jedoch direkt an den Kaiser als seinen Obersten Kriegsherrn, so dass sich die Entscheidung über seine endgültige Abberufung verzögerte.[54] Dies hatte zur Folge, dass Lettow-Vorbeck Mitte Oktober plötzlich die Nachricht erhielt, er könne »infolge eingetretener besonderer Umstände« das Kommando in Ostafrika nicht antreten. Allerdings enthielt das Schreiben des Militärkabinetts ein dickes Trostpflaster: »Seine Majestät würden ihn aber zum Kommandeur der Schutztruppe für Kamerun ernennen, weil er infolge der ihm gemachten Eröffnung den Übertritt zur Schutztruppe durch Pferdekauf, Umequipierung usw. wohl schon vorbereitet habe. Seine Majestät geruhten weiter zu bemerken, dass Allerhöchstdieselben es Sich trotzdem vorbehielten, den Oberstleutnant von Lettow-Vorbeck später, wofür der Zeitpunkt sich jetzt noch nicht übersehen ließe, evtl. zum Kommandeur der Schutztruppe für Deutsch-Ostafrika zu ernennen.«[55] Kurz darauf ließ auch der Kaiser Schleinitz fallen. Am 12. Dezember 1913 erhielt Lettow-Vorbeck die Bestätigung, dass er nun doch das Kommando in Ostafrika übernehmen werde.

Zunächst war die Kommandierung für zweieinhalb Jahre vorgesehen, denn dies war die erstmalige Verpflichtungszeit für Offiziere in dieser Kolonie. Weil die Militärmonarchie ungern gegenüber der Öffentlichkeit eingestehen wollte, dass man einen Offizier wie Schleinitz wegen der aus der Mitte des Reichstag vorgetragenen Kritik zu opfern bereit war, reiste Lettow-Vorbeck jedoch Ende Dezember zur Tarnung offiziell als designierter Kommandeur der Schutztruppe in Kamerun aus, der vorübergehend das Kommando in Ostafrika übernehmen solle.

Angesichts dieser plötzlichen und zudem widersprüchlichen Kommandierungen innerhalb weniger Monate blieb für Lettow-Vorbeck kaum Zeit sich auf seine neue Verwendung vorzubereiten. In der Regel sollten ausreisende Schutztruppenoffiziere zuvor einen mehrmonatigen Kurs in Landeskunde und Landessprachen der jeweiligen Kolonien am Seminar für Orientalische Sprachen in Berlin belegen. Im Falle einer Verwendung in Deutsch-Ostafrika hatten sie Grundkenntnisse in Suaheli und Arabisch zu erwerben. Alle Offiziere sollten zudem während ihres Aufenthaltes in Berlin ihre Französischkenntnisse auffrischen und nach Möglichkeit Englischkurse belegen, ferner Vorträgen über Tropenhygiene, Kolonialwirtschaft, geographisch-astronomische Ortsbestimmung und Kartographie folgen. Obligatorisch und gänzlich unakademisch hingegen war ein Kurs, der die Offiziere mit der Benutzung des in Kolonialkriegen bewährten Maschinengewehrs vertraut machte.[56] Allerdings zeigte sich die Mehrheit der Offiziere, die an diesen Vorbereitungsseminaren teilnahmen, im Gegensatz etwa zu den sich auf den Kolonialdienst vorbereitenden Beamten kaum an dem Unterrichtsstoff interessiert, nicht zuletzt weil das in den Vorlesungen vermittelte Wissen nicht abgeprüft wurde.[57] Es ist daher fraglich, ob Lettow-Vorbeck sich selbst bei längerer Einarbeitungszeit in sein neues Kommando angesichts seiner für das Offizierskorps durchaus repräsentativen militärischen Einseitigkeit tatsächlich intensiv auf Ostafrika jenseits der reinen Kommissaspekte seines neuen Postens vorbereitet hätte.

4. Zwischenbilanz: Lettow-Vorbecks Karriere bis 1913

Am 1. Oktober 1913 wurde Lettow-Vorbeck Oberstleutnant. Die bereits zitierte Statistik des »Berliner Tageblatts« von 1909 macht deutlich, wie wichtig dieser Karriereschritt war: In jenem Jahr gab es in der preußischen Infanterie 2 467 Hauptleute, aber nur 1 013 Majore und ganze 204 Oberstleutnants. Das eigentliche Nadelöhr für eine weitere Karriere bildete also die Beförderung vom Major zum Oberstleutnant. War dieser Dienstgrad erreicht, besaß ein Offizier gute Aussichten, in den kommenden Jahren zumindest noch die beiden nächsten Rangstufen zu erklimmen, denn es gab auch 204 Obristen und immerhin 106 Generalmajore.[58] Für Lettow-Vorbeck galt dies umso mehr: Die Dienstaltersliste zeigt, dass er einer der jüngsten Oberstleutnants der damaligen preußischen Armee war und bislang, wenn auch über Umwege, für eine Friedens- und eher unter Beförderungsstau leidende Armee eine fast blitzartige Laufbahn absolviert hatte. Die Liste[59] führt etwa 320 Oberstleutnants aller Waffengattungen auf, die im Herbst 1913 der preußischen und württembergischen Armee angehörten. Bei ca. 60 % der Namen ist das Datum des Leutnantspatents aufgeführt. Aus dieser Stichprobe hatten außer Lettow-Vorbeck lediglich vier weitere Soldaten 1888 oder später ihr Leutnantspatent erhalten, d. h. genauso viele oder sogar noch weniger Dienstjahre gebraucht, um den Rang eines Oberstleutnants zu erreichen. In drei Fällen handelte es sich um Offiziere in damals anerkannt herausgehobenen und privilegierten Dienststellungen, in einem Fall um einen Offizier mit Karrierevorteil qua Geburt: Zwei Offiziere dienten als Flügeladjutanten des Kaisers, einer als Militärattaché in Paris und der Oberstleutnant mit dem jüngsten Leutnantspatent (12. Juli 1890) war Friedrich Wilhelm, Prinz von Preußen. Selbst die in der Dienstaltersliste aufgeführten Majore hatten in der Mehrzahl ihr Leutnantspatent schon einige Jahre vor Lettow-Vorbeck erhalten, zumeist zwischen 1883 und 1886.

Lettow-Vorbeck war zudem, wie schon bei seiner Ernennung zum Kommandeur des II. Seebataillons, mit nur 43 Jahren um etwa drei bis fünf Dienst- und Lebensjahre jünger als andere Offiziere, welche die gleichen Posten in den afrikanischen Schutztruppen bekleideten oder bekleidet hatten, die an sich schon als Auszeichnungen galten. Dies zeigt einmal mehr, wie sehr das Wohlwollen der Militärmonarchie auf seiner Person ruhte und wie hoch man seine militärischen Fähigkeiten einschätzte: Sein ehemaliger Mentor Trotha war im Alter von 48 stellvertretender Kommandeur der ostafrikanischen Schutztruppe geworden, Lettows scheidender Vorgänger Schleinitz im gleichen Alter. Der ins Reich zurückkehrende Oberstleutnant Hans Puder, den er eventuell in Kamerun abgelöst hätte, zählte 46 Jahre, als er dort 1908 den Befehl übernahm und dessen im Frühjahr 1914 ernannter Nachfolger Karl Zimmermann sogar 50.[60]

Zweiter Teil

DER KOMMANDEUR

Ostafrika 1914-1918

VI. FRIEDENSMONATE IN DEUTSCH-OSTAFRIKA

Der frisch beförderte Oberstleutnant und designierte Schutztruppenkommandeur fuhr in den letzten Dezembertagen des Jahres 1913 von Berlin per Bahn nach Marseille. Dort bestieg er den Dampfer »Admiral« der Deutsch-Ostafrika-Linie, die von Hamburg über das Mittelmeer und den Suezkanal zwei Mal monatlich die Seeverbindung zwischen der Kolonie und dem Reich herstellte. An Bord befand sich zufälligerweise auch die Dänin Isak Dinesen alias Karen Blixen, die einige Jahrzehnte später mit ihren Erinnerungen »Jenseits von Afrika« an das Leben auf ihrer Farm in Kenia Weltruhm als Schriftstellerin erlangte. Der für damalige Verhältnisse hochgewachsene, sportlich-durchtrainierte, schnauzbärtige Offizier mit an einigen Stellen schon ergrauendem und sich stark lichtendem Haar und die mit einem Plantagenbesitzer frisch vermählte junge Frau freundeten sich im Laufe der Reise an. Sie blieben bis in die fünfziger Jahre hinein in sporadischem Kontakt. Lettow-Vorbeck mit dem im damaligen preußisch-deutschen Offizierskorps üblichen recht beschränkten Bildungs- und Interessenhorizont war keine intellektuell herausragende Persönlichkeit. Er konnte aber im außerdienstlichen Umgang, wenn er die ihm dort eigene Härte und Rücksichtslosigkeit ablegte, ein charmanter, humorvoller, sich selbst nicht zu wichtig nehmender Gesprächspartner sein, der durch vorzügliche Umgangsformen bestach.[1] »Ich habe nie mehr einen anderen Deutschen getroffen, der mir einen so starken Eindruck vom kaiserlichen Deutschland vermittelte und davon, wofür es stand«, schrieb Dinesen später über die Begegnung.[2] Wo Lettow-Vorbecks Präferenzen lagen, wurde deutlich, als er ihr, die in Mombasa von Bord ging, zum Abschied ein Photo von ihm als berittener Kommandeur des II. Seebataillons schenkte. Es trug die Widmung: »Das Paradies auf Erden/Ist auf den Rücken von Pferden/Und die Gesundheit des Leibes/Am Busen des Weibes.«[3] Er erinnerte sie wiederum als »kluge, hochkultivierte Frau, die später auch eine Anzahl Löwen schoss«.[4] »Er ist kein Mann für Frauen und fühlt sich am wohlsten auf Safari oder im Feld. In allem sehr anspruchslos, ist er ein richtiger Draufgänger«, charakterisierte Ada Schnee, die neuseeländische Frau des Gouverneurs von Deutsch-Ostafrika, den Offizier.[5]

1. Die Kolonie Deutsch-Ostafrika

Am 17. Januar 1914 ging Lettow-Vorbeck in Dar-es-Salaam, der Hauptstadt Deutsch-Ostafrikas, an Land. Die Stadt, die ihren Aufschwung erst in der Kolonialzeit genommen hatte, zählte etwa 25 000 Einwohner, darunter 1 000 Europäer. Sie galt mit ihren breiten, baumgesäumten Straßen, den Parks, der elektrischen Straßenbeleuchtung und den eindrucksvollen öffentlichen Gebäuden als die gepflegteste und am besten angelegte Stadt ganz Ostafrikas.[6] Allerdings verbrachte der neue Kommandeur in den nächsten Monaten hier wenig Zeit. Bis Kriegsausbruch befand er sich meistens auf Inspektionsreisen im Innern der Kolonie, um sich mit den ihm unterstehenden Einheiten und den einzelnen Regionen des Schutzgebietes vertraut zu machen. Offiziell wurde er erst am 17. April 1914 als Kommandeur der Schutztruppe bestätigt. In den ersten drei Monaten seiner Anwesenheit in der Kolonie hingegen galt er noch als designierter Kommandeur der Schutztruppe in Kamerun, bis dort ein geeigneter Nachfolger für den ausscheidenden Kommandeur gefunden und die Pensionierung Schleinitz' vom Militärkabinett bestätig worden war.[7]

Mit 997 000 km^2 war das 1885 erworbene Deutsch-Ostafrika die größte Kolonie des Reichs. Es umfasste das Festland des heutigen Tansanias – also ohne die vorgelagerten, damals in britischem Besitz sich befindlichen Inseln Sansibar und Pemba – sowie im Nordwesten die heutigen Staaten Burundi und Ruanda. Im Norden grenzte die Kolonie an das britische East African Protectorate, wie das heutige Kenia damals hieß, sowie an das ebenfalls britische Uganda. Im Westen bildete die Kette der großen Seen die Trennlinie zum belgischen Kongo und zu den britischen Besitzungen im Südwesten, also Nordrhodesien (das heutige Sambia) und Nyasaland (das heutige Malawi). Im Süden schließlich war der Rovuma der Grenzfluss zu Portugiesisch-Ostafrika, dem heutigen Mozambik.

Der südliche Teil der Kolonie war weit weniger entwickelt als der Norden. Nicht nur zählten schon damals Burundi und Ruanda die meisten Einwohner. Das dortige gesunde Höhenklima eignete sich zur Viehzucht, so dass in Burundi und Ruanda fast die Hälfte der schwarzen Bevölkerung lebte. Zudem lagen alle wichtigen Orte im nördlichen Teil der Kolonie: neben Dar-es-Salaam die beiden Hafenstädte Bagamojo und Tanga, sowie Tabora im Landesinneren. Der Norden war seit vorkolonialer Zeit auf den Handel mit dem von den Arabern beherrschten Sansibar ausgerichtet. Die Insel bildete bis ins späte 19. Jahrhundert hinein das Nadelöhr, über welches der ostafrikanische Handel mit dem Rest der Welt abgewickelt worden war. Tabora, mit 40 000 Einwohnern die größte Stadt der Kolonie, stellte einen bedeutenden Schnittpunkt der Handelswege dar, auf welchen die traditionellen »Güter« Ostafrikas, Elfenbein und Sklaven, aus dem Inneren Schwarzafrikas an die Küste gelangten und von dort über Sansibar nach Arabien und Asien weiterexportiert wurden. Seit den 1890er Jahren hingegen entwickelte sich der äußerste Norden der Kolonie an der Grenze zu Britisch-Ostafrika um den Kilimandscharo, das Pare-, Meru- und Usambaragebirge zum wirtschaftlichen Zentrum des Schutzgebietes. Das dortige trockene, kühle und daher malariafreie Hochland schuf günstige Siedlungsbedingungen für Europäer, und so lebten die meisten Deutschen abgesehen von Dar-es-Salaam in den dortigen Bezirken Tanga, Moshi und Wilhelmstal. Hier entstand ein Großteil der Plantagen, auf denen seit Beginn der deutschen Herrschaft die neuen Exportprodukte Sisal, Kaffee, Gummi und Baumwolle angebaut wurden, die jetzt über Tanga und nicht mehr wie die vorkolonialen Exportprodukte über Sansibar ausgeführt wurden. Die beiden Hauptverkehrsachsen der Kolonie bildeten der »Nordbahn« bzw. »Usambarabahn« genannte Schienenweg, der über 352 km Tanga mit Neu-Moshi am Fuße des Kilimandscharo verband sowie die »Zentralbahn«. Letztere stellte auf einer Länge von 1 252 km den Anschluss zwischen Dar-es-Salaam über Tabora mit Kigoma am Tanganyika-See her.

Obwohl Deutsch-Ostafrika wie alle überseeischen Besitzungen mit Ausnahme der »Musterkolonie« Togo seit seinem Erwerb und bis zum Ausbruch des Ersten Weltkrieges mehr Geld kostete als es einbrachte, galt es den Kolonialenthusiasten im Reich als potentiell wertvollste Besitzung. Diese hofften, sie werde sich eines Tages zu einem »deutschen Indien« entwickeln. Dafür sprachen in ihren Augen die natürlichen Reichtümer und die im Vergleich zu den anderen deutschen Kolonien relativ hohe Bevölkerungszahl von geschätzten 7,5 Millionen schwarzen Einwohnern. Daneben beflügelte die Phantasie der Kolonialisten auch die Tatsache, dass neben den rund 5 400 in der Kolonie lebenden Europäern, davon 4 100 Deutsche, an der Küste auch eine kleine Händlerschicht von etwa 4 000 Arabern, 8 000 Indern und 650 Goanesen (Inder zum Teil portugiesischer Abstammung und christlichen Glaubens) existierte, welche die traditionellen, weit in die vorkoloniale Zeit zurückreichenden Handelsbeziehungen zu Indien und Arabien sicherstellten.[8] Dass das koloniale Interesse in Deutschland sich vor allem auf Deutsch-Ostafrika konzentrierte, schlug sich nicht zuletzt in den Bemühungen um eine intensive wissenschaftliche Erforschung der Natur und Bewohner des Landes, aber auch der Bekämpfung seiner typischen Krankheiten nieder, die es nicht in gleichem Umfang in den anderen Besitzungen gab.

Wegen dieser Gegebenheiten galt der Gouverneursposten als prestigeträchtigste Überseeverwendung in der Kolonialverwaltung des Reichs.[9] Lettow-Vorbeck wiederum hatte nun das wichtigste Kommando der deutschen Landstreitkräfte außerhalb der Reichsgrenzen inne: Die ostafrikanische Schutztruppe, Ende 1913 laut Etat in 14 so genannte »Feldkompanien« gegliedert mit insgesamt 70 Offizieren, 50 Ärzten, einem dutzend Militärverwaltungsbeamten, 140 weißen Unteroffizieren sowie 2 472 afrikanischen Soldaten, war um ein Drittel größer als die Schutztruppe Deutsch-Südwestafrika und besaß 40 % mehr Personal als die Schutztruppe in Kamerun. In Togo und den Südseebesitzungen existierten ohnehin nur kleine Polizeitruppen von einigen hundert Mann. Zusätzlich verfügte die Kolonialmacht in Deutsch-Ostafrika noch über 2 140 schwarze, in kleinen Abteilungen über das Land verteilte Polizisten unter Führung von 45 ehemaligen deutschen Unteroffizieren. Diese unterstanden in Friedenszeiten nicht der Schutztruppe und sollten in Kriegszeiten lediglich für die statische Verteidigung der wichtigsten Plätze und Etappenlinien Verwendung finden.[10]

2. Kommandeur und Gouverneur

Als Lettow-Vorbeck in Deutsch-Ostafrika eintraf, war der Einfluss des Militärs in der Kolonie schon seit Jahren im Schwinden begriffen. Er schrieb rückblickend über die Situation, die er 1914 in Deutsch-Ostafrika vorfand: »Ich hatte die Empfindung, dass sie (die Zivilverwaltung, E. M.) sehr auf Wahrung ihrer Stellung bedacht war. Die Tendenz, das Militär kurz zu halten, war auch beim Gouverneur unverkennbar.«[11] Sein Eindruck kontrastierte also zu seinen Erfahrungen von 1904/5 in Deutsch-Südwestafrika, als Trotha und sein aus Deutschland entsandter Stab diese Kolonie praktisch übernommen und den zivilen Gouverneur entmachtet hatten.

Die Kontrolle der Kolonie lag ursprünglich in den Händen von Militärgouverneuren, also Offizieren wie Hermann von Wissmann, Eduard von Liebert und Adolf Graf von Götzen. Diese prägten die ersten 20 besonders blutigen Jahre der Kolonisation. In diese Periode fielen der »Araberaufstand« 1888-89 an der Küste, sodann der Hehe-Krieg 1891-98 und schließlich der große Maji-Maji-Aufstand 1905-6 im Süden. Erst mit der Ernennung Rechenbergs 1906 ging die Leitung der Kolonie dauerhaft in die Hände eines Zivilverwalters über. Damit endete auch die bisherige Personalunion von Gouverneur und Kommandeur. Den Schutztruppenoffizieren wurde seit 1906 zudem die aus den Anfangstagen der Kolonie stammende Kompetenzanhäufung in den einzelnen Bezirken, in denen sie als militärischer Kommandeur, Verwalter, Steuereintreiber und Richter zugleich agiert hatten, nach und nach genommen. 1914 verwalteten die Offiziere von den 21 Bezirken und drei Residenzen[12], in welche sich das »Schutzgebiet« aufteilte, nur noch die Bezirke Mahenge und Iringa im Südosten. Letztere lagen im vormaligen Zentrum des Maji-Maji-Aufstandes und galten somit als nicht vollständig befriedet. Die anderen Bezirke waren sukzessive in die Hände von zivilen Bezirkshauptmännern übergegangen, denen sich die örtlichen Schutztruppenoffiziere unterordnen mussten. Viele Offiziere betrauerten den Machtverlust und sahen sich quasi unterbeschäftigt als Folge dieser Beschränkung auf nunmehr rein militärische Aufgaben.[13]

Zugleich versuchte der Reichstag in allen Kolonien die Kosten für die militärische Präsenz zu senken, in dem die Zahl der Soldaten verringert werden sollte. Die Kommandeure der Schutztruppen wie auch zum Teil die Gouverneure befanden sich am Vorabend des Ersten Weltkriegs in einer ständigen Abwehr gegenüber den Abrüstungswünschen der Legislative. Erstere begründeten die Notwendigkeit anhaltend starker Schutztruppenverbände in den Kolonien in den letzten Vorkriegsjahren nicht mehr nur mit der Vorsorge gegen weitere Eingeborenenaufstände, sondern zunehmend auch mit dem Argument, dass ein europäischer Krieg auf die Kolonien durchschlagen könnte, diese also auch gegen eine äußere Bedrohung gerüstet sein müssten.[14] Dabei waren die deutschen Kolonien im Vergleich zum Reich, wo vor dem Ersten Weltkrieg das Verhältnis von Soldaten zu Zivilisten ungefähr 1:80 betrug, ohnehin relativ schwach gerüstet, kamen doch in Deutsch-Ostafrika auf einen Militärangehörigen etwa 3 000 Einwohner. Aus der Sicht Berlins aber schien seit der Ära Dernburg in den Kolonien endlich eine Phase weitgehenden Friedens eingetreten zu sein. So kam es 1913 erstmals in der Geschichte Deutsch-Ostafrikas zu keinen militärischen Operationen der Schutztruppe.[15] Die in den Kolonien einkehrende Ruhe sollte dazu genutzt werden, das Reichsbudget von unnötigen militärischen Ausgaben in Übersee zu entlasten, zumal in Deutschland selbst 1912/13 eine von der Reichstagsmehrheit getragene erhebliche Heeresvermehrung anstand. Aus der Mitte des Reichstags wurde bei den Budgetverhandlungen 1913 argumentiert, dass die inzwischen in Deutsch-Südwestafrika und in Deutsch-Ostafrika gebauten neuen Eisenbahnlinien eine schnellere Truppenverschiebung ermöglichen würden, mithin also die militärische Präsenz in den Kolonien ausgedünnt werden könne.

Seit April 1912 unterstand Deutsch-Ostafrika Heinrich Schnee, der Rechenberg ablöste. Der Gouverneur stellte wie in allen »Schutzgebieten« nicht nur die höchste zivile Autorität. Laut § 2 der 1898 erlassenen »Schutztruppenordnung« war er auch Vorgesetzter des jeweiligen Kommandeurs der Schutztruppe und konnte somit letztlich über Aufgaben und Einsatz dieser entscheiden, sie also z. B. zivilen Autoritäten in einzelnen Teilen des Landes unterstellen. Er hatte die einem Divisionskommandeur im Reich entsprechende Disziplinargewalt, die lediglich an den Kommandeur delegiert wurde, dessen Disziplinargewalt jener eines Regimentskommandeurs entsprach. In wichtigen Personalentscheidungen bezüglich der Verwendung der Offiziere innerhalb der Kolonie besaß der Gouverneur das letzte Wort. Der Kommandeur war für Ausbildung, Aufrechterhaltung der militärischen Schlagkraft, Fragen des inneren Dienstes, der Verwaltung sowie die Planung von Operationen im Rahmen der vom Gouverneur vorgegebenen Richtlinien verantwortlich.[16]

Für das damalige Reich, in dem stets das Militär als oberste Autorität und bevorzugter Stand galt, der niemals unter ziviler Kontrolle agierte, sondern vielmehr das Privileg des Immediatzugangs zum Kaiser besaß, war die in der Schutztruppenordnung vorgesehene Kompetenzverteilung eine außergewöhnliche Regelung. Dass es zu einer solchen Machtverteilung kam, unterstrich nur die geringe Bedeutung, welche den Kolonien und ihren bewaffneten Kräften in der Militärmonarchie beigemessen wurde. Die Schutztruppenordnung hatte schon wiederholt in Deutsch-Ostafrika zu Konflikten zwischen den Kommandeuren der Schutztruppe, die sich nicht von Zivilisten in ihr Metier hineinreden lassen wollten, und den Gouverneuren bzw. dem hinter ihnen stehenden RKA geführt.[17] Zwei der früheren Kommandeure in Ostafrika war die Unfähigkeit sich einer zivilen Autorität unterzuordnen sogar zum Verhängnis geworden, so auch Lettow-Vorbecks Vorgänger Schleinitz.

Für Lettow-Vorbeck stellte es ebenfalls eine neue und nur schwer erträgliche Erfahrung dar, erstmals im Leben einem Zivilisten gehorchen zu müssen. Schon anlässlich des Festdiners zum Geburtstag des Kaisers in Dar-es-Salaam 10 Tage nach seiner Ankunft musste er feststellen, wie anders die Verhältnisse in der Kolonie gelagert waren. Im Reich wurde bei öffentlichen Anlässen stets dem Militär der Vortritt gelassen und in der Hofrangliste der Hohenzollernmonarchie rangierte meist der Offizier vor dem Zivilisten.[18] Lettow-Vorbeck jedoch saß an jenem 27. Januar 1914 nicht etwa neben dem Gouverneur, sondern musste neben dessen ersten Sekretär Wilhelm Methner Platz nehmen. Er hatte außerdem den Eindruck, dass die studierten und sich intellektuell überlegen fühlenden Kolonialbeamten auf die Offiziere herabblickten.[19]

Sein neuer Vorgesetzter Schnee war hinsichtlich Herkunft, Lebensweg und Interessen tatsächlich alles andere als ein Pendant des neuen Kommandeurs, wenn man davon absieht, dass beide bisher in ihrem jeweiligen Berufsfeld außerordentlich erfolgreich gewesen waren und Teile ihrer Karriere in Übersee absolviert hatten.[20] Schnee wurde 1871 in Neuhaldensleben in der preußischen Provinz Sachsen geboren. Sein Urgroßvater und sein Großvater waren Pastoren gewesen, sein Vater Landgerichtsrat. Die von Akademikern geprägte Familie maß anders als jene Lettow-Vorbecks Bildung und Büchern stets einen hohen Stellenwert bei. Nach dem

Abitur studierte Schnee Jura. Er gehörte einer schlagenden Verbindung an. Als Einjähriger-Freiwilliger erwarb er auch das Patent als Reserveleutnant. Schnee wies also eine Biographie vor, die typisch für einen der Hohenzollernmonarchie ergebenen Bildungsbürger war. 1896 schrieb er sich zunächst für ein Jahr am Orientalischen Seminar der Universität Berlin ein, um Suaheli zu studieren. 1897 trat er sehr zum Erstaunen seiner Familie in den Kolonialdienst ein. Dieser galt in seinen Anfängen wegen der geringen Bedeutung, welche die Kolonien für das Reich hatten, als Karriereabstellgleis. Die 1890 eingerichtete Kolonialabteilung im AA führte dort folglich ein Schattendasein.[21]

Schnee besaß ein genuines Interesse an den überseeischen Besitzungen des Reichs und ihren Bewohnern. Anders als bei den meisten Schutztruppenoffizieren inklusive Lettow-Vorbeck waren die Kolonien für ihn nicht nur eine Plattform, um rasch Karriere zu machen. Schnees Interesse an Kolonialfragen schlug sich u. a. in einer Anzahl von Publikationen zu Fragen der Ethnologie nieder sowie in der von ihm übernommenen Redaktion des dreibändigen, Maßstäbe setzenden »Deutschen Koloniallexikons«. Schnee, der wie seine Mentoren Dernburg und dessen Nachfolger Solf in der Tradition Rechenbergs für eine liberale, auf die wirtschaftliche Entwicklung der Kolonien abzielende und gegenüber der autochthonen Bevölkerung humane Politik eintrat, machte rasch Karriere. Er arbeitete sowohl in der Zentrale in Berlin wie auch als Kolonialbeamter in den Südseebesitzungen. 1911 wurde er Leiter der »Politischen und Verwaltungsabteilung« im RKA. Als sein Freund Solf Ende des Jahres Staatssekretär wurde, erfüllte sich sein Traum Gouverneur von Deutsch-Ostafrika zu werden. Dieses rasche Avancement erfolgte abgesehen von Schnees Qualifikationen auch deshalb, weil der Kolonialdienst ein sehr junger Zweig des öffentlichen Dienstes war. Er stellte wegen des ursprünglich fehlenden Renommés, anders als etwa der diplomatische Dienst, eine Domäne der Bürgerlichen dar. So kam es, dass Lettow-Vorbeck sich trotz seiner bisherigen militärischen Musterkarriere nicht nur einem zivilen Vorgesetzten gegenübersah, sondern zudem einer Person, die an Lebens- wie Dienstjahren jünger war als er und nicht aus dem Adel entstammte, was sicherlich nicht die Autorität des Gouverneurs in den Augen des Offiziers steigerte.

Schnee, eine gepflegte, weltläufige und nüchterne Erscheinung, die politisch den Nationalliberalen zuneigte, galt als sehr korrekter, im Gegensatz zu Rechenberg eher zurückhaltend auftretender und auf Ausgleich bedachter Vorgesetzter.[22] Er glaubte wie die meisten leitenden Kolonialbeamten der Dernburg- und Post-Dernburg-Ära, dass den Kolonien am Besten dadurch gedient sei, indem man den Einfluss des Militärs in den Schutzgebieten beschneide. Offiziere waren seiner Auffassung nach als Verwalter wenig geeignet, weil sie aufgrund ihres autoritären Auftretens nur unnötig Konflikte mit den europäischen Siedlern oder der schwarzen Bevölkerung heraufbeschwörten. Seiner Ansicht nach begegneten die meisten Offizieren Fragen der Kolonialpolitik mit Desinteresse, hatte er doch diese schon als eher lustlose Kommilitonen bei ihren Vorbereitungskursen am Orientalischen Seminar in Berlin erlebt.[23]

Lettow-Vorbeck trat seine neue Stellung voller Selbstvertrauen an. Dieses wurde vor allem aus seinen Erfahrungen im Heimatheer gespeist. Seine Zeiten in China, Deutsch-Südwestafrika und in der Marine betrachtete er eher als interessante Episoden: »So war ich durch meine Entwicklung darauf geführt worden, mich rasch in neuen Verhältnissen zurechtzufinden. So dankbar ich für jede Erweiterung meines Blickfeldes war, das Beste verdanke ich doch der heimischen Armee, bei der mir unter Anleitung trefflicher Kommandeure vergönnt war, den recht verstandenen Geist militärischen Lebens und echter Disziplin zu erlernen.«[24] Er kam mit der nicht selten anzutreffenden Geringschätzung des Offiziers aus dem Reich, der bisher eine militärische Bilderbuchkarriere hinter sich hatte, für die schon länger in der Schutztruppe dienenden und sich eher in einer karrieremäßigen Sackgasse befindlichen Kameraden nach Ostafrika, die schon den Stab Trothas bei der Ankunft in Deutsch-Südwestafrika gekennzeichnet hatte. In Lettow-Vorbecks Augen waren die »alten Afrikaner« wegen der einseitigen Ausrichtung der Schutztruppe auf die Unterdrückung der schwarzen Bevölkerung weder mit der modernen Kriegführung vertraut noch im Falle der höheren Chargen fähig größere Verbände zu kommandieren. Lettow-Vorbeck äußerte sich denn auch kritisch in seinen privaten Aufzeichnungen am Ende des Ostafrikafeldzugs über den Großteil des Offizierskorps der Schutztruppe, das er 1914 in der Kolonie vorfand.[25] In seinen Augen besaßen die neuen Untergebenen nicht den Blick für größere operative oder gar strategische Zusammenhänge, welche den an Kriegsakademie und im Generalstab geschulten Offizier auszeichneten.

Diese Kritik ging jedoch an den tatsächlichen Verhältnissen und bisherigen militärischen Erfordernissen in der Kolonie am Vorabend des Ersten Weltkriegs vorbei. Operationen gegen Aufständische in Deutsch-Ostafrika hatten bislang selten die Zusammenfassung von mehreren Kompanien erfordert. So hieß es in der »Anleitung zum Felddienst in Deutsch-Ostafrika« der Schutztruppe unter der Rubrik »Taktisches«: »Die Kampfeinheit bildet die Kompanie.«[26]

3. Die Struktur der Schutztruppe

Die Schutztruppe für Deutsch-Ostafrika war in ihren Anfängen eine Privatarmee gewesen, die der preußische Hauptmann Hermann von Wissmann und einige Dutzend vom Dienst in der deutschen Armee freigestellte Offiziere, Ärzte und Unteroffiziere Anfang 1889 im Auftrage Bismarcks aus 600 in Kairo und Alexandria angeworbenen sudanesischen Söldnern aufstellten. Diese Soldaten hatten zuvor im Auftrag der britisch-ägyptischen Regierung gegen die Anhänger des Mahdi im Sudan gekämpft, waren aber zwischenzeitlich arbeitslos geworden. Um sich nicht gänzlich auf die Sudanesen verlassen zu müssen, ließ Wissmann auch etwa 100 Zulu-Soldaten aus dem südlichen Afrika anwerben. Die neue Formation sollte in Deutsch-Ostafrika gegen die aufständische Küstenbevölkerung eingesetzt werden.[27]

Vorangegangen waren Kolonisationsversuche der von Carl Peters gegründeten »Deutsch-Ostafrikanischen Gesellschaft« (DOAG), die Bismarcks ursprünglichen Vorstellungen einer Kolonialpolitik entsprach, welche, wenn sie schon erfolgen müsse, weitgehend auf privater Initiative basieren sollte. Ihre Aktivitäten lösten einen Aufstand der unter arabischem Einfluss stehenden Küstenbevölkerung aus, die ihre wirtschaftlichen Interessen gefährdet sah. Weil die DOAG nicht über ausreichende Machtmittel verfügte, um den Aufstand niederzuschlagen, musste sehr zum Unwillen Bismarcks, dessen Interesse an den Kolonien schon in der zweiten Hälfte der achtziger Jahre rasch wieder verflogen war, das Reich einspringen. Am kostengünstigsten und mit dem geringsten politischen Kollateralschaden im Reich war dies zu bewerkstelligen, indem man auf afrikanische Söldner zurückgriff. Seit dem Ende des Araberaufstands, der das Scheitern eines Versuchs der Verwaltung der Kolonie durch eine private Gesellschaft wie die DOAG offenbarte, wurde Deutsch-Ostafrika vom Reich direkt verwaltet. Die »Wissmann-Truppe« mit ihrem kleinen Kern weißer Führer, welche die schwarzen Mannschaften befehligten, wurde daher 1891 zu einer dauerhaften staatlichen militärischen Formation. In der Schutztruppe wurden seit Wissmanns Tagen alle Befehle auf Deutsch gegeben. Sonstige Kommunikation zwischen den weißen Vorgesetzten und den schwarzen Soldaten erfolgte auf Suaheli, das jeder deutsche Angehörige der Einheit ausreichend beherrschen musste. Die schwarzen Söldner nannte man »Askari«, ein aus dem Arabischen und Suaheli stammender Begriff, der seit dem 19. Jahrhundert auch von anderen Kolonialmächten zur Bezeichnung afrikanischer Soldaten und Polizisten in europäischen Diensten verwendet wurde.[28]

Der Rückgriff auf schwarze Söldner in Deutsch-Ostafrika (und in Kamerun) stellte keine deutsche Eigentümlichkeit dar. Frankreich bediente sich mit den »Tirailleur Sénégalais« schwarzer Truppen zur Sicherung seiner westafrikanischen und zentralafrikanischen Besitzungen; Großbritannien tat das Gleiche mit seiner »Westafrican Frontier Force« in Nigeria und Ghana und den KAR in den ostafrikanischen Besitzungen; Belgien regierte den Kongo mit Hilfe der aus schwarzen Söldnern unter Führung europäischer Offiziere bestehenden »Force Publique« (FP). Auch die große indische Armee Großbritanniens auf dem Subkontinent bestand überwiegend aus Einheiten, die unter den verschiedenen Ethnien des Landes rekrutiert worden waren. Diese allgemein dominierende Personalpolitik wurde durch finanzielle, politische, tropenmedizinische, anthropologische und logistische Gesichtspunkte bestimmt:

(1) Die Unterdrückung der Kolonien durch vor Ort angeworbene Soldaten war für das Mutterland billiger. Ein schwarzer oder indischer Söldner erhielt nur ein Bruchteil des Soldes, den ein europäischer Soldat im überseeischen Einsatz erwarten konnte: So bekam ein Askari der ostafrikanischen Schutztruppe etwa 400 RM im Jahr als Sold, ein langgedienter afrikanischer Feldwebel (»Sol«) brachte es auf 1 200 RM jährlich. Von diesem Geld musste er sich selbst verpflegen. Ein deutscher Unteroffizier der Schutztruppe hingegen erhielt zwischen 3 000 und 3 600 RM zuzüglich des Verpflegungsgeldes.

(2) Kolonialkriege waren sowohl in Deutschland wie auch in Frankreich, in denen allenfalls ein brüchiger nationaler Konsens über Sinn und Nutzen der Kolonialpolitik herrschte, innenpolitisch nur tragbar, wenn sie nicht zu hohe Kosten verursachten und möglichst keine zu hohen Opfer unter den Söhnen des Landes forderten. Auch in dieser Hinsicht erschien der Rückgriff auf ausländische Söldner ratsam.

(3) Weil nach damaliger Auffassung insbesondere das tropische Afrika wegen des für Krankheitserreger günstigeren feucht-heißen Klimas als »Grab des weißen Mannes« galt, dominierte in ganz Europa trotz einer seit Mitte des 19. Jahrhunderts wesentlich verbesserten Prophylaxe gegen Tropenkrankheiten nach wie vor die Auffassung, dass einzig autochthone Truppen eine längere Stationierung oder gar einen kriegerischen Einsatz in diesen Klimazonen standhielten.[29]

(4) Es galt das Credo, dass ein Afrikaner naturgegebene Vorteile beim Kampf auf afrikanischem Boden habe, denn er zeigte sich nicht nur weniger anfällig gegen Krankheiten und die Widrigkeiten des Klimas, sondern seine Sinne erleichterten ihm auch die Orientierung und das Erkennen des Gegners in dem für Europäer ungewohnten und wenig Anhaltspunkte bietenden Gelände, sei es im Urwald oder in der mit dichtem Busch bestandenen Savanne. Er sei daher beim Gefecht in diesen Regionen gegenüber einem Europäer überlegen.[30]

(5) Weil die Bewohner des Landes an das Klima und die zur Verfügung stehenden Ressourcen gewöhnt waren, gleichzeitig als weitgehend immun gegen Tropenkrankheiten wie die Malaria galten und ohnehin nach Auffassung ihrer europäischen Führer einen geringeren Komfort als die Weißen brauchten, verminderte sich beim Einsatz einer afrikanischen Truppe der logistische Aufwand für Operationen: Es mussten weniger Medikamente, Moskitonetze, Zelte, Feldbetten, Kleidungsstücke und aus Europa importierte Lebens- und Genussmittel mitgeführt werden als für eine rein aus Europäern bestehende Einheit. Der Train einer operierenden Einheit verminderte sich damit erheblich, was wiederum die Kosten senkte und die Mobilität und den Aktionsradius der Truppen erheblich erhöhte.

Welch großen logistischen Aufwand militärische Operationen auch in Ostafrika erforderten und wie wichtig es von daher erschien, die Anzahl weißer Soldaten pro Einheit möglichst gering zu halten, wird daran deutlich, dass in Ostafrika (wie auch in Kamerun) vor und während des Ersten Weltkriegs auf deutscher Seite der Transport von Verpflegung, Munition, schweren Waffen, aber auch von Verwundeten fast ausschließlich durch schwarze Träger erfolgte. Diese transportierten die durchschnittlich 30 kg schweren Lasten entweder auf dem Kopf oder an einem Stirngurt hängend auf dem Rücken. Zug- und Reittiere waren im größten Teil Ostafrikas nicht nur wegen der schmalen oder fehlenden Wege kaum einsetzbar, sondern erlagen auch in den niedriger gelegenen Gebieten schnell den von der Tsetse-Fliege übertragenen Krankheiten.

Nach damaliger Auffassung blieb ein Europäer im tropischen Afrika nur dann über einen längeren Zeitraum einsatzfähig, wenn ihm ein gewisser Mindestkomfort auch im Feld erhalten blieb und er sich größerer körperlicher Anstrengungen wie etwa des Marsches in der Mittagszeit oder des Tragens von Gepäck und Gewehr enthielte.[31] Für einen deutschen Schutztruppenangehörigen wurden daher in Deutsch-Ostafrika bei Kriegsausbruch 12 Träger für seine Ausrüstung (darunter Zelt, Feldbett, Stuhl, Tisch), Bekleidung, Verpflegung und Kochutensilien sowie zwei persönliche schwarze Diener, die »Europäerboys«, als notwendig erachtet.[32] Pro Askari hingegen reichte ein Träger, der sowohl Verpflegung und Munition, wie auch Kochgeschirr und Decken für diesen trug. Eine deutsche Feldkompagnie von 150 schwarzen Soldaten hatte in Friedenszeiten in Ostafrika einen Etat zur dauerhaften Anstellung von 322 Trägern. Von diesen waren also allein 60 nur mit dem Gepäck der zwei weißen Offiziere, des Arztes und der zwei Unteroffiziere, die etatmäßig zu jeder Kompanie gehörten, beschäftigt. Zwar wurde nach Kriegsausbruch auf Befehl Lettow-Vorbecks die Zahl der Träger auf fünf bis sechs pro deutschem Soldaten begrenzt. Dennoch: Die 1914/15 vorübergehend aus den deutschen Siedlern aufgestellten reinen Europäereinheiten der Schutztruppe, im Gegensatz zu den Feldkompanien als Schützenkompanien bezeichnet, benötigten bei einer Stärke von 120 Mann 700 Träger, während die aus schwarzen Söldnern bestehenden Feldkompanien nun mit 160 Trägern auskamen.

Das Dogma von der Notwendigkeit eines gewissen Mindestkomforts für die in den Tropen operierenden europäischen Militärangehörigen, sollten diese dauerhaft einsetzbereit bleiben, stellte keine deutsche Besonderheit dar. Als 1916 die belgische FP zum Angriff gegen Deutsch-Ostafrika antrat, waren für ein Bataillon mit 20 weißen Offizieren und 800 schwarzen Soldaten 450 Träger vorgesehen. Von diesen transportierten allein 160 das Europäergepäck inklusive Verpflegung. Lediglich 100 Träger wurden für die Lebensmittel der 800 Askaris verwendet. Die restlichen 140 Mann trugen die Munition und 50 waren als Ambulanzträger vorgesehen. Die ab 1916 in Ostafrika auf britischer Seite zum Einsatz kommende »Nigerian Brigade«, ebenfalls eine schwarze Söldnereinheit unter Führung weißer Offiziere, erhielt beispielsweise von den anderen Einheiten den ironischen Beinamen »Bed-and-Bath-Brigade« wegen des Komforts, den sie ihren europäischen Offizieren selbst im Felde zugestand. Dieser konnte natürlich nur durch eine entsprechend hohe Trägerzahl für jede weiße Charge sichergestellt werden.[33]

Die Zusammensetzung der Schutztruppe in Deutsch-Ostafrika hatte sich, als Lettow-Vorbeck das Kommando übernahm, seit der Jahrhundertwende insofern verändert, als jetzt fast nur noch Soldaten aus der Kolonie selbst eingestellt wurden, denn Großbritannien unterband die Anwerbung von Söldnern aus seinem Einflussbereich seit geraumer Zeit. Am Vorabend des Ersten Weltkrieges machten zum Bedauern ihrer Offiziere, die aus Sicherheitserwägungen weiterhin am liebsten eine rein aus landesfremden Personal zusammengesetzte Söldnereinheit unterhalten hätten[34], Sudanesen, Äthiopier, Somali und Zulu nur noch etwa 30 % der Mannschaften aus. Die Schutztruppe griff vor allem auf bestimmte Ethnien der Kolonie zurück, die als besonders kriegerisch und zugleich zuverlässig galten wie die Ngoni, die Hehe, die Sukuma und die Nyamwezi, um den fehlenden landesfremden Ersatz auszugleichen. Es gab keine Probleme auch innerhalb Deutsch-Ostafrikas genügend Rekruten zu finden. Für einen schlecht ausgebildeten Afrikaner, der ansonsten über keine besonderen Fertigkeiten verfügte, war das zunächst auf fünf Jahre festgelegte Engagement in der Schutztruppe der beinahe einzige Weg in gewissen Maße eine »Karriere« zu machen und einen relativ hohen Lebensstandard zu erreichen.[35] Die Askari wurden für die Verhältnisse der schwarzen Bevölkerung sehr gut bezahlt: »Das festeste Band, das den schwarzen Soldaten mit der deutschen Herrschaft verbindet, ist eine reichliche Löhnung, auf deren pünktliche Auszahlung er mit Sicherheit rechnen kann«, hieß es im Orientierungsheft für neue Schutztruppenoffiziere.[36] Die Askari konnten sich folglich ihrerseits Bedienstete, die so genannten »Askariboys« leisten, die für sie kochten, die Ausrüstung und Uniform pflegten und auf Expeditionen abends das Lager aufschlugen. Die Askariboys gehörten zum festen Tross jeder Feldkompagnie, gleich ob in Friedens- oder Kriegszeiten.

Die im Zentrum der Kolonien im Bezirk Tabora lebenden Nyamwezi und die südlich des Viktoria-Sees siedelnden Sukuma galten zudem als besonders geeignete Träger, weil sie seit Beginn des 19. Jahrhunderts eine Tradition als bezahlte Träger großer, das eigene Stammesgebiet verlassender Handelskarawanen zwischen Küste und Inland herausgebildet hatten. Entsprechend war der Lastentransport auf dem Kopf, der ansonsten in Ostafrika eher als Frauensache galt, in den letzten 100 Jahren allmählich zum Bestandteil gesellschaftlich anerkannter männlicher Erwerbstätigkeit unter den Nyamwezi und Sukuma geworden.[37] Die Träger, die weit schlechter als die Askaris bezahlt wurden, standen in der innerafrikanischen Hierarchie unter den Askari und rangierten selbst noch hinter den Askariboys.

Die Schutztruppe wie auch das Pendant in den ostafrikanischen Protektoraten Großbritanniens, die KAR, versuchten, die Söldner möglichst lange im Dienst zu behalten, damit sie sich ihrem eigenen Stamm entfremdeten und sich in erster Linie als eine Art schwarzer Militärkaste auffassten, deren Loyalität vor allem der Kolonialmacht galt. Dazu wurden bestimmte aus der Anfangszeit der Schutztruppe herrührende, ursprünglich landesfremde sudanesische Traditionen wie etwa die rote Kopfbedeckung, der so genannte Tarbusch, oder sudanesische Schlachtrufe und die ausschließliche Nutzung des Suahelis als Kommandosprache zum festen, gleichsam erfundenen folkloristischen Bestandteil des Askarialltags, um die Enttribalisierung der Schutztruppensoldaten zu fördern. Besonders gerne stellte die Schutztruppe nach der Jahrhundertwende auch die Söhne der ersten Generationen der landesfremden Askari ein. Eine lange Dienstzeit bis an die Grenze der physischen Einsatzfähigkeit, die durch einen steigenden Sold für jedes zusätzliche Dienstjahr lukrativ gemacht wurde, stellte ferner sicher, dass sich jeweils nur wenige militärisch ausgebildete Afrikaner in der Kolonie befanden, die nicht unter Aufsicht ihrer weißen Vorgesetzten standen.[38]

Die Kolonialmacht ahndete Übergriffe auf die Zivilbevölkerung wie Plünderungen oder Vergewaltigungen nur selten.[39] Die Askaris fühlten sich durch das ihnen von der Kolonialmacht übertragene Gewaltmonopol und die gute Bezahlung als ein herausgehobener Stand innerhalb der afrikanischen Gesellschaft. »Mit unsäglicher Verachtung sah so ein Askari auf den Buschneger herab, überhaupt auf alles Schwarze, was nicht den Askarirock trug«, schrieb ein Zeitzeuge des Ostafrika-Feldzugs.[40] Diese Auffassung wurde von der Schutztruppe nach Kräften gefördert: »Wichtig ist es auch, den Askari den bei ihnen bestehenden Glauben zu belassen, dass sie etwas Besseres sind als die übrigen Eingeborenen. Mit Arbeitseinsatz soll man sie z. B. daher nicht so sehr beschäftigen und sie bei diesen nach Möglichkeit als Aufseher und zu solchen Aufgaben verwenden, die besonderes Geschick erfordern«, hieß es entsprechend in den »Anleitungen zum Felddienst«.[41] Im Kern zutreffend formulierte ein ehemaliger Schutztruppenoffizier nach dem Ersten Weltkrieg in einem Vortrag die Vorgehensweise zur Bindung der Söldner an ihre deutschen Vorgesetzten wie folgt: »Mit Absicht war dem Askari im Lande eine besondere Stellung eingeräumt. Sie betrachteten sich als besondere Kaste den anderen Negern gegenüber. Dadurch zogen wir sie immer mehr an uns heran und konnten damit rechnen, dass sie sich in unruhigen Zeiten immer auf die Seite der deutschen Regierung stellen würden.«[42]

Dennoch hielt es die Kolonialmacht als Rückversicherung bis Kriegsausbruch für unerlässlich, jeder Kompanie ein Drittel landesfremder Söldner zuzuweisen. Außerdem wurde darauf geachtet, dass in der Kolonie angeworbene Söldner lediglich in Teilen des Landes stationiert wurden, in denen andere Ethnien lebten. Als zusätzliche Vorsichtsmaßnahme blieb die Bedienung der Maschinengewehre in jeder Kompanie unter der Kontrolle der deutschen Unteroffiziere.[43]

Neben einer guten und regelmäßigen Bezahlung, einer gewissen strafrechtlichen Immunität gegenüber dem Rest der schwarzen Bevölkerung, den Versuchen, ein spezifische landesfremde Askariidentität zu schaffen und der Stationierung fern der eigenen Stammesgebiete gab es noch weitere tradierte Grundsätze der Schutztruppe, um die Zuverlässigkeit der schwarzen Soldaten in deutschen Diensten sicherzustellen. Die »Anleitung zum Felddienst« warnte davor, gegenüber den Askari in »gewohnheitsmäßiges, planlosen Schimpfen« zu verfallen und sie zu misshandeln. Daneben wurde von den Offizieren verlangt, dass sie die Kultur und Lebensweise ihrer Soldaten respektierten: »Um das private Leben der Askari, insbesondere ihr Familienleben, soll man sich nur dann kümmern, wenn allgemeine oder dienstliche Interessen durch dasselbe geschädigt werden oder wenn der Askari selbst den Rat des Europäers einholt. Seine Religion wie seine Sitten und Gebräuche, die meist auf althergebrachten Überlieferungen beruhen und vielfach in den afrikanischen Verhältnissen ihre voll berechtigte, wenn auch dem Europäer nicht immer ohne Weiteres verständliche Begründung haben, soll man so weit wie irgend angängig achten.«[44] So war es selbstverständlich, dass ein Askari mehrere Frauen haben konnte und diese ebenso wie die Kinder in der Kaserne lebten. Obwohl mehr als 90 % der Bevölkerung der Kolonie am Vorabend des Ersten Weltkriegs Animisten waren, bekannten sich 67 % der Askari zum Islam, ein Vermächtnis des ursprünglich sudanesisch-ägyptischen personellen Stamms der Schutztruppe. 28,3 % der Söldner waren Animisten und weniger als 5 % Christen. Dieser Tatbestand rief die Kritik der christlichen Missionen wie auch der Koloniallobby im Reich hervor. Die Schutztruppe selbst jedoch sah seit Wissmanns Tagen den Islam als eine Religion an, welche der Aufrechterhaltung der Disziplin in der Truppe förderlich sei. Daher wurde nichts gegen seine Ausbreitung unter den Söldnern getan, diese vielmehr begrüßt, weil der Koran angeblich die Reinlichkeit, Selbstdisziplin und Abstinenz des Soldaten fördere.[45] Es wurde den deutschen Offizieren sogar empfohlen im dienstlichen Verkehr mit den schwarzen Soldaten weniger auf Abstand bedacht zu sein als gegenüber den Wehrpflichtigen im Reich: Der Askari als Söldner und »auf einer tieferen Kulturstufe stehend« sehe seinen weißen Vorgesetzten eher als eine Art väterlichen Berater und tendiere daher zu einem vertraulicheren Umgang mit ihm als dies ansonsten in Deutschland gemäß den »altpreußischen Grundsätzen« geduldet werden könne.[46] Schließlich wurde es als unerlässlich angesehen, dass die weißen Offiziere im Gefecht stets ein Vorbild abgaben, weil die Loyalität des schwarzen Söldners gegenüber seinem weißen Offizier nicht zuletzt auf der persönlichen Achtung für dessen kriegerische Qualitäten basierte.[47]

Diese Prinzipien dürfen nicht darüber hinwegtäuschen, dass es in der Schutztruppe Deutsch-Ostafrikas wie auch Kameruns seit der Gründung klare Rassenschranken gab. § 3 der Schutztruppenordnung machte dies deutlich: »Deutsche Militärpersonen gehen den ›Farbigen‹ ohne Rücksicht auf die Charge stets vor.«[48]

Was Herbert Pürschel in den dreißiger Jahren rückblickend in seiner apologetischen und weitgehend den Diskurs der Vorkriegszeit aufgreifenden Darstellung über die Schutztruppe Kameruns schrieb, galt auch für das ostafrikanische Pendant: »Ein kameradschaftliches Verhältnis zwischen den deutschen und den farbigen Unteroffizieren und Mannschaften bestand nicht.«[49]

Um dieses Autoritätsverhältnis zu legitimieren, wurde in der Schutztruppe auf ein Arsenal tradierter rassistischer Vorurteile und Stereotype gegenüber Afrikanern zurückgegriffen: Der Askari galt den deutschen Offizieren als zuverlässiger, seinen Offizieren treu ergebener und körperlich hervorragend für den Militärdienst veranlagter Soldat. Sein leicht erregbares Temperament mache ihn zwar besonders geeignet für Angriffe, vor allem auch mit dem Bajonett. Ihm gehe aber die geistige Willensstärke ab, um zum Beispiel militärische Rückschläge zu überwinden oder die angeblich erforderliche ruhige und zähe Tapferkeit ein Gefecht aus der Defensive heraus zu führen oder einen geordneten Rückzug anzutreten.[50] Ohne dauernde Aufsicht und Vorbild der weißen Vorgesetzten sei es ihm unmöglich das erreichte Niveau militärischer (oder anderer »zivilisatorischer«) Kompetenz zu halten, er falle vielmehr »schnell wieder in seine alte Trägheit und Sorglosigkeit zurück«.[51] Ferner sei er von einer gewissen Antriebslosigkeit und mangelnden Fähigkeit zum selbständigen Handeln gekennzeichnet, die ihn zwar zum idealen Untergebenen, nicht jedoch zum Führer bestimmten: »Das Exerzieren lag dem Askari außerordentlich und eine Askarikompanie konnte sich in dieser Hinsicht mit jeder Kompanie in der Heimat messen (...) Hier wie später im Kriege musste man die Erfahrung machen, dass der Askari, wohlvertraut mit seinem Lande, begabt mit einem für uns übernatürlichen Orientierungssinn, selbstständig wenig verwendbar war, jedoch unter Führung eines Europäers Gewaltiges zu leisten vermochte.«[52] Die Charakterisierung der Afrikaner durch ihre Offiziere als im Grunde genommen gutmütige, leicht formbare, aber antriebslose »Kinder«, die der ständigen Beaufsichtigung durch ihre weißen Vorgesetzten bedurften, war im übrigen ebenso in der britischen wie französischen Kolonialarmee anzutreffen.[53]

Lettow-Vorbecks Auffassungen über Afrikaner dürften 1914 von diesen sowohl in der Schutztruppe Kameruns wie Ostafrikas fest etablierten Vorurteilen kaum abgewichen sein. Schließlich gehörte er einer adeligen Kaste an, die aufgrund ihrer Herkunft und Verdienste auch in Deutschland einen privilegierten Platz einforderte und schon in Hinblick auf die Gesellschaft des Kaiserreichs entsprechend den Dogmen konservativen Denkens von der prinzipiellen Ungleichheit der Menschen ausging. Von daher konnte ein Afrikaner erst recht keine Gleichbehandlung als Soldat von Lettow-Vorbeck erwarten. Immerhin hatte Lettow-Vorbeck aber als Folge seiner Erfahrungen im Herero- und Namakrieg einen erheblichen, möglicherweise größeren Respekt als viele andere Offiziere der ostafrikanischen Schutztruppe vor der Tapferkeit, Ausdauer und taktischen Geschicklichkeit afrikanischer Soldaten, als er in der Kolonie eintraf.[54] Dieser war aber gleichzeitig Ausdruck einer weitgehenden Nivellierung aller afrikanischen Ethnien in ein bestimmtes, aus weitgehender Unkenntnis hinsichtlich der Gegebenheiten des schwarzen Kontinents herrührendes rassisches Raster, obwohl die Einwohner Südwestafrikas bezüglich Herkunft, Traditionen und Lebensbedingungen sich kaum mit den Völkern Deutsch-Ostafrikas vergleichen ließen. Während Lettow-Vorbeck wie andere Zeitgenossen es weit von sich gewiesen hätte, beispielsweise Deutsche mit Spaniern oder Russen in militärischer oder anderer Hinsicht gleichzusetzen, nur weil sie Europäer waren, wichen solche Differenzierungen gegenüber Afrikanern einer Tendenz zur Pauschalisierung »des Schwarzen« an sich.[55]

Die Schutztruppe hatte sich seit den Tagen Wissmanns in fast allen Gefechten ihren Gegnern als überlegen erwiesen. Die einzige größere Niederlage, welche sie bis 1914 erlitt, die fast vollständige Vernichtung der 400 Mann starken Abteilung Zelewski durch die Hehe im August 1891, datierte denn auch aus ihren Anfangsjahren, als die deutschen Offiziere noch nicht mit den Operationsbedingungen in Ostafrika genügend vertraut gewesen waren.[56] Sie ließen sich damals aufgrund mangelnder Aufklärung im Busch in einen Hinterhalt locken, in dem sie den Vorteil ihrer weittragenden Gewehre gegen den zahlenmäßig überlegenen Hehe nicht mehr ausnutzen konnten. Selbst im großen, erstmals mehrere Ethnien gegen die Kolonialmacht vereinenden Maji-Maji-Aufstand standen den etwa 250 000 Opfern auf Seiten der schwarzen Bevölkerung, die größtenteils verhungerten, da die Kolonialmacht die Taktik der verbrannten Erde im Aufstandsgebiet anwendete, ganze 15 tote Europäer und 73 gefallene Askari gegenüber.[57] Wie ungefährlich die Kriege der ostafrikanischen Schutztruppe für ihre europäischen wie schwarzen Angehörigen bisher gewesen waren, trotz ständiger Strafexpeditionen auch in den relativ friedlichen Perioden zwischen bzw. nach den großen Aufständen, zeigte die Verluststatistik der Schutztruppe für die Jahre 1889-1906: 30 deutsche Offiziere, Unteroffiziere und Ärzte fielen in Kämpfen, 144 hingegen kamen durch Krankheiten oder Unfälle ums Leben.[58]

Die bisherigen Gegner hatten nur wenige, zumeist veraltete Schusswaffen besessen. Folglich war in der Schutztruppe wenig Wert auf eine moderne, aufgelockerte Gefechtsfeldtaktik gelegt worden wie sie sich in Europa wegen der Feuerkraft moderner Waffen als unbedingt notwendig erwies, noch auf die Schießausbildung oder eine moderne Ausrüstung. So dominierte noch das »Knäuel«, eine dicht gedrängte Aufstellung der Einheiten zur Rundumverteidigung gegen große Massen angreifender Afrikaner im dichten Busch und das Salvenfeuer einer engen Reihe hockender oder stehender Schützen die Exerzierübungen der Schutztruppe, als Lettow-Vorbeck sie übernahm.[59] Die Schutztruppe verwendete das für den Krieg gegen Afrikaner als ausreichend angesehene alte Infanteriegewehr M71, das unmittelbar nach dem deutsch-französischen Krieg im deutschen Heer eingeführt worden war. Es verschoss nicht nur rauchstarke Munition, sondern musste zudem nach jedem Schuss nachgeladen werden. Abgesehen davon, dass das Reich so wenig Geld wie möglich in die Ausrüstung der Schutztruppen investieren wollte und ihnen deshalb moderne Schusswaffen vorenthalten hatte, besaß ein solches Gewehr auch einen weiteren Vorteil in den Augen der Ausbilder: Der Soldat konnte im Gefecht weniger Munition verschießen als mit den inzwischen in Europa üblichen Gewehren wie dem deutschen, zur Jahrhundertwende eingeführten Gewehr 98, das nicht nur rauchfreie Munition verschoss, sondern auch über ein Magazin für fünf Schuss verfügte. Den deutschen Kadern galten die afrikanischen Söldner als undisziplinierte, leicht den Kopf verlierende Schützen, die dazu neigten im Gefecht zu viel Munition zu verbrauchen. Aus dem gleichen Grund legte die Schutztruppe auch so viel Wert auf das in Europa in der Infanterieausbildung längst nicht mehr übliche Salvenfeuer.[60] So wurde, wie Hauptmann Richard Meinertzhagen von den KAR bei einer Inspektion einer deutschen Feldkompanie im Jahre 1906 feststellte, in der Schutztruppe bei der Schießausbildung zwar besonders viel Wert auf eine munitionssparende Feuerdisziplin gelegt, weniger aber auf die Zielgenauigkeit auf größere Entfernung, denn eingeborene Gegner konnten wegen ihres Mangels an modernen Fernwaffen auf kurze Distanz bekämpft werden.[61]

Abgesehen von einigen veralteten Geschützen gab es keine Artillerie bei der Schutztruppe, weil der Transport dieser sich in Afrika als zu schwierig und die Mobilität der Truppen unverhältnismäßig verlangsamend erwies. Modern war die Schutztruppe nach europäischen Maßstäben und im Vergleich zu den afrikanischen und indischen Einheiten Großbritanniens lediglich dahingehend, dass seit 1912 die Maschinengewehre auf die Feldkompanien verteilt worden waren und nicht als eine Art leichte Artillerie in zentraler Reserve gehalten wurden, wie es in den europäischen Armeen noch im letzten Jahrzehnt vor dem Ersten Weltkrieg der Fall gewesen war.

Deutschland und die anderen Kolonialmächte in Afrika verließen sich für den Fall von größeren Aufständen darauf rasch Verstärkungen aus Europa oder anderen Kolonien über See heranzuführen zu können. Daher besaßen die Schutztruppen Deutsch-Ostafrikas, Kameruns und Deutsch-Südwestafrikas keine gekaderten Reserveformationen mit einem entsprechenden Vorrat an Ausrüstung, Waffen und Munition, um im Kriegsfalle ihre Ränge rasch und erheblich vergrößern zu können, so wie es bei den europäischen Armeen der Fall war, die bei der Mobilmachung 1914 innerhalb weniger Tage den Personalbestand um ein Mehrfaches vergrößerten. Wegen des Grundsatzes, die schwarzen Söldner bis an die Grenze der physischen Verwendbarkeit in der Truppe dienen zu lassen, gab es auch nur sehr wenige altgediente Soldaten, die man im Kriegsfalle hätte reaktivieren können. Entsprechend existierten keine Stäbe in Deutsch-Ostafrika, ebenso wenig wie in den anderen Kolonien, welche auf die Administration, Versorgung oder Führung größerer Verbände vorbereitet gewesen wären. An zentralen Einrichtungen wies die Schutztruppe in Dar-es-Salaam eine kleine Intendantur und das so genannte Rekrutendepot auf, welches lediglich so viele neue Askaris ausbildete, wie zur Aufrechterhaltung der Etatstärke der aktiven Einheiten der Schutztruppe notwendig waren. Ferner existierte eine Signalabteilung zwecks Ausbildung von schwarzen Soldaten zur Bedienung der »Heliographen«, Apparate, die mittels optischer, mit Spiegeln und Sonnenlicht arbeitender Signale die Verbindung zwischen der Hauptstadt und den im Lande stationierten Feldkompanien sicherstellten. Schließlich gab es noch eine kleine schwarze Militärkapelle.

4. Divergierende Ansichten über die Verwendung der Schutztruppe

Der in der Schutztruppenordnung niedergelegte und bis 1914 offiziell nicht revidierte Auftrag für die Einheiten in Afrika lautete, die weiße Bevölkerung gegenüber den Schwarzen zu schützen, generell die Aufrechterhaltung von Ruhe und Ordnung zu gewährleisten und den Sklavenhandel zu bekämpfen.[62]

Für den Großteil des Offizierskorps der ostafrikanischen Schutztruppe, insbesondere den seit 1900 in der Kolonie dienenden Schleinitz und seinen Stellvertreter, Major Arthur Kepler, war die prägende militärische Erfahrung die große Maji-Maji-Erhebung von 1905/6 gewesen, die das gesamte südliche Drittel der Kolonie erfasst hatte. In der »Anleitung zum Felddienst in Deutsch-Ostafrika« von 1911 hieß es entsprechend: »Der Neger liebt uns nicht, sondern fürchtet nur unsere Macht. Jedes Zeichen von Schwäche, welches er bei uns zu bemerken glaubt, wird für ihn Versuchung sein, die Waffen gegen uns zu erheben und uns aus seinem Lande zu vertreiben (...) Anhänglichkeit, Dankbarkeit und Treue in unserem Sinne kennt der von Natur aus grausame Neger nicht (...) Volksstämme, auf deren Zuverlässigkeit wir uns unbedingt verlassen können, gibt es nicht. Auch wenn nur Teile der Kolonie aufständig sind, muss das gesamte Schutzgebiet im militärischen Sinne als Feindesland betrachtet werden, in dem nur auf militärisch besetzte sowie stark gesicherte Plätze und Etappenlinien unbedingter Verlass ist.«[63]

Eine flächendeckende Präsenz der über die ganze Kolonie verteilten 14 Feldkompanien der Schutztruppe sollte es den Deutschen ermöglichen, im Falle von Unruhen an jedem Punkt der Besitzung relativ schnell intervenieren zu können. Der Schutz der Europäer in der Kolonie besaß in Schleinitz' Augen Priorität, selbst im Falle eines Krieges unter den europäischen Kolonialmächten, den seiner Auffassung nach die Afrikaner zum allgemeinen Aufstand gegen die Kolonialherren nutzen würden.[64] Diese Ansicht wurde vom KdS in Berlin geteilt, das sich auf Schleinitz' Lagebeurteilung vor Ort stützte: »Ohne Frage werden die Eingeborenen mehr zu einem Aufstande neigen, wenn wir mit einer fremden Macht im Kriege liegen, besonders wenn wir die Küstenplätze räumen müssen, da uns dies als besondere Schwäche ausgelegt werden wird (...) Die Truppenverschiebungen dürfen daher nie einen Bezirk vollständig von Truppen entblößen.« Es sei, so die Denkschrift vom April 1912, vielmehr zu überlegen, ob man nicht präventiv im Falle eines europäischen Krieges Geiseln unter der schwarzen Bevölkerung nehmen solle um ihr Wohlverhalten zu erzwingen.[65]

Für Lettow-Vorbeck, der die letzten sieben Jahre in Deutschland verbracht hatte und den Posten in Ostafrika anders als etwa Schleinitz nicht als Höhepunkt seiner Laufbahn, sondern nur wie sein einstiger Vorgesetzter Trotha als eine weitere Durchgangsstation zu einer im Reich fortzusetzenden Karriere sah, war der Blickwinkel ein anderer. Er wollte nicht als Kolonialverwalter wirken und sich nicht damit zufrieden geben eine Truppe zu kommandieren, deren bisherige Hauptaufgabe es gewesen war, militärisch kaum ernst zu nehmende aufständische Afrikaner zu unterdrücken. Er war vielmehr von der Vorstellung des unvermeidlich bevorstehenden großen europäischen Krieges überzeugt, die von Deutschlands junkerlich-aristokratischen, militärischen und bildungsbürgerlichen Eliten seit der zweiten Marokkokrise 1911 Besitz ergriff. Diese, der langen Friedensjahrzehnte überdrüssig und durch die ständigen diplomatischen Krisen hart am Rande des Krieges, die Europa seit einigen Jahren erschütterten, ohnehin in einem ständigen Zustand der Alarmbereitschaft lebend, erhofften sich von einem möglichst bald auszulösenden Krieg einen die Nation »belebenden« Effekt: Er werde gemäß den damals zirkulierenden sozialdarwinistischen Vorstellungen die Gesellschaft erneuern, innenpolitische Spannungen auflösen und Deutschlands diplomatische »Einkreisung« sprengen. Diese Haltung fand sichtbarsten Ausdruck in Bernhardis 1912 veröffentlichten Bestseller »Deutschland und der nächste Krieg«.[66] Lettow-Vorbeck traf also mit der Erwartungshaltung in der Kolonie ein, es werde über kurz oder lang ein Krieg zwischen Deutschland und seinen europäischen Nachbarn ausbrechen.[67]

Für einen ambitionierten und letztlich an den Kolonien desinteressierten Offizier wie ihn war die Vorstellung unerträglich, im Falle eines großen Konflikts in Europa lediglich im fernen Afrika »Gewehr bei Fuß« stehen und sich darauf beschränken zu müssen weiterhin die Unterdrückung der eingeborenen Bevölkerung sicherzustellen. Die Jahre in der Marine wiesen ihm die Richtung, aus welcher eine Bedrohung zu erwarten war. Sie sah seit Beginn des Aufbaus einer großen Schlachtflotte um die Jahrhundertwende durch Tirpitz Großbritannien als Hauptgegner. Zumindest in dieser Hinsicht waren die Jahre als Kommandeur des Seebataillons für Lettow-Vorbeck prägend: »In meiner Wilhelmshavener Zeit hatte ich gelernt, dass den Engländern nicht zu trauen war, ein Krieg mit ihnen im Bereich des Möglichen lag.«[68]

Auch die konservative Presse, welche die Auffassungen der adeligen und militärischen Eliten widerspiegelte, kaprizierte sich seit dem für Deutschland enttäuschenden Ausgang der zweiten Marokkokrise vor allem auf das Vereinigte Königreich, trotz Gegensteuerungsversuchen von liberalen Imperialisten wie Solf und dem Reichskanzler Theobald von Bethmann Hollweg. Großbritannien wurde wegen seiner 1911 gezeigten Solidarität gegenüber Frankreich als Verräternation gebrandmarkt, die aus Neid Deutschland keinen »Platz an der Sonne« gönne und daher als verantwortlich für die angeblichen Einkreisungsbemühungen der Tripel-Entente galt. Frankreich, so Bernhardis Lageeinschätzung, habe 1911 lediglich aufgrund von Londons Unterstützung gewagt dem deutschen Druck zu widerstehen, während Russland vorerst zu geschwächt sei wegen der Niederlage 1904/5 gegen Japan um eine energische Politik zu betreiben: »Wer sich befähigt glaubt, der Welt den Stempel aufzudrücken, verzichtet nicht kampflos auf die beherrschende Stellung, wenn er den Sieg sicher in der Hand zu haben glaubt. Ein friedlicher Ausgleich mit England ist nach alledem eine Fata Morgana, der nachzustreben kein ernster deutscher Staatsmann unternehmen sollte. Wir müssen vielmehr die Möglichkeit eines Krieges mit England stets im Auge behalten und danach unsere politischen und militärischen Maßregeln treffen, unbekümmert um etwaige friedliche Kundgebungen englischer Politiker.«[69] Erst im letzten Dreivierteljahr vor dem Ausbruch des Krieges rückte wieder die »russische Bedrohung« in den Vordergrund der Öffentlichkeit, also zu einem Zeitpunkt, als Lettow-Vorbeck schon im Begriff war nach Afrika auszureisen.[70] In Lettow-Vorbecks geistigem Rüstzeug, das er nach Ostafrika mitbrachte, ging also eine Bedrohung Deutsch-Ostafrikas hauptsächlich von den angrenzenden britischen Besitzungen und der Royal Navy aus, nicht von einem Aufstand der Afrikaner.

Der Oberstleutnant sah diese Konstellation durchaus als Chance: Die Kolonie konnte ihren Beitrag in einem zukünftigen, von ihm als wahrscheinlich erachteten deutsch-britischen Konflikt dadurch leisten, dass sie als Operationsbasis gegen die britischen Nachbarbesitzungen dienen und damit Großbritannien zwingen werde, Truppen vom europäischen Kriegsschauplatz zwecks Schutz dieser nach Ostafrika abzuzweigen. Somit würde in Lettow-Vorbecks Augen die deutsche Kolonie zur Entlastung der europäischen Fronten des Reichs beitragen. In einer Denkschrift vom 15. Mai 1914, die er nach den ersten ausführlichen Inspektionsreisen durch die Kolonie erstellte, hieß es: »Es ist doch sehr fraglich, ob bei der jetzigen Entwicklung der Besiedlung, der Bahn und deren beabsichtigter noch weiterer Vergrößerung die bisher ins Auge gefasste im allgemeinen passive Verteidigung aufrechterhalten bleiben kann (...) Der Krieg hier in der Kolonie darf doch nicht so ganz als eine Episode für sich aufgefasst werden. Er und der große Krieg beeinflussen sich gegenseitig. So verhindern wir durch energisches Verhalten den Abtransport englischer Truppen; zwingen den Feind, Verstärkungen über See heranzuführen und zu deren Schutz Kriegschiffe zu binden. Dadurch gewinnen aber unsere Kreuzer Vorteile für den Kaperkrieg gegen feindliche Handelsschiffe. Hat die Schutztruppe auch nur einige Aussicht, Einfluss auf den großen Krieg zu nehmen, so muss sie dies tun.« Konkret schlug Lettow-Vorbeck vor einen Großteil der Schutztruppe im Kriegsfalle im nördlichen Teil Deutsch-Ostafrikas an der Grenze zum heutigen Kenia zu konzentrieren unter Entblößung weiter Teile der Kolonie. Durch diesen Aufmarsch sollte jedoch nicht nur der Kern des deutschen Siedlungsgebiets geschützt werden. Vielmehr plante Lettow-Vorbeck einen Vorstoß von hier auf die nur etwa 80 km parallel zur deutsch-britischen Grenze verlaufende Ugandabahn, die über 700 km Uganda via Nairobi mit Mombasa verband und das wirtschaftliche wie strategische Rückgrat Ugandas und des East African Protectorate bildete. Eine solche Truppenmassierung und die von ihr ausgehende Gefahr für die Uganda-Bahn würden seiner Ansicht nach Großbritannien bewegen Truppen aus Europa abzuziehen um seine Kolonie zu verteidigen.[71] Lettow-Vorbeck ging, basierend auf seiner Evaluierung britischer Kampfkraft in seiner Zeit im Generalstab und seinen Erlebnissen in China, davon aus, dass eine nach deutschen Grundsätzen ausgebildete Truppe wegen der im britischen Heer weder vor noch nach dem Burenkrieg praktizierten Auftragstaktik und des grundsätzlich hohen Ausbildungsstandes des Offizierskorps des Reichs auch stärkeren feindlichen Formationen überlegen sei. »Oft habe ich sie dort (die britisch-indischen Einheiten in China, E. M.) beobachtet und ehrlich bewundert. Ihre Disziplin, ihre Ausrüstung, Nachschub, Bewaffnung, alles war vorzüglich, aber doch etwas Wichtiges, das war anders als bei uns. Stets musste jeder angestoßen und dorthin gestellt werden, wohin er sollte, und hörte der Antrieb auf, dann stand er still, bedurfte eines neuen Befehls.«[72]

Die Überlegung, die deutschen Kolonien zu einer strategischen Diversion zu nutzen, war im übrigen schon von Bernhardi in seinem Bestseller vorgeschlagen worden und beeinflusste möglicherweise Lettow-Vorbecks Denken, hieß es doch im Buch: »Diese Truppen (gemeint ist das von Bernhardi auf 150 000 Mann veranschlagte Exeditionskorps Großbritanniens für den europäischen Kriegsschauplatz, E. M.) bilden aber gleichzeitig die Reserve der in den Kolonien befindlichen Truppen, die bei ernsten Verwicklungen der Verstärkung bedürfen. Darin liegt die Schwäche der englischen Wehrmacht. Nur solange in den Kolonien alles ruhig ist, vermag England seine reguläre Armee in einem Festlandkriege zu verwenden und es erhellt, wie wichtig es wäre, im Kriegsfalle England in seinem Kolonialbesitz und insbesondere in Ägypten bedrohen zu können.«[73] Wie es sich zeigen sollte, erwiesen sich Bernhardis und Lettow-Vorbecks letztlich kontinentaleuropäisch geprägten und nicht in globalen Dimensionen denkenden Einschätzungen als verfehlt, denn das Vereinigte Königreich zog zum Schutz seiner Kolonien nicht etwa Truppen aus dem Mutterland heran, sondern aus anderen Teilen des Empire und aus den Dominions.

Bernhardis wie auch Lettow-Vorbecks Überlegungen über die Rolle, welche die Kolonien in einem künftigen deutsch-britischen Konflikt spielen könnten, belegen, dass beide von einem längeren Krieg ausgingen und nicht von einem sechswöchigen Blitzfeldzug, wie ihn der »Schlieffenplan« zumindest für die Westfront suggerierte. Sie teilten offenbar die Skepsis gegenüber der von den Militärs nach außen stets aufrechterhaltenen und in der Öffentlichkeit verbreiteten Illusion, ein zukünftiger Krieg zwischen den europäischen Großmächten werde zugleich ein kurzer sein. Diese Zweifel ergriffen in den letzten Jahren vor dem Ersten Weltkrieg selbst den deutschen Generalstabschef Helmuth von Moltke, obwohl dieser am Schlieffenplan als scheinbarem Patentrezept für einen schnellen Sieg festhielt.[74] Eine Ablenkungsstrategie an der Peripherie, wie sie Bernhardi und Lettow-Vorbeck anvisierten, würde wegen der geringen in den Kolonien stationierten Kräfte, der dortigen unterentwickelten Mobilisierungsmechanismen, den im Vergleich zu Europa fehlenden modernen Transportmöglichkeiten und der von den Truppen zum Aufmarsch zu überwindenden Distanzen allenfalls nach einigen Monaten Wirkung zeigen.

Mit dieser Auffassung des zu erwartenden künftigen Gegners und der von Kolonien zu spielenden strategischen Rolle in einem europäischen Konflikt unterschied sich Lettow-Vorbeck nicht nur von seinem Vorgänger Schleinitz, sondern auch von der Koloniallobby im Reich, die von dem anglophilen Staatssekretär des RKA Solf repräsentiert wurde, und den Administratoren und Siedlern in den Schutzgebieten selbst, für die u. a. Schnee stand. Die kolonialpolitischen Beziehungen zwischen Großbritannien und Deutschland hatten sich in den letzten Jahren vor dem Ersten Weltkrieg merklich verbessert, was sich an zahlreichen Grenzabkommen und dem Versuch manifestierte, die deutsch-britische Zusammenarbeit durch eine anvisierte Aufteilung der portugiesischen Besitzungen in Afrika zu vertiefen.[75] Für Solf, Schnee und die wenigen tausend deutschen Siedler war eine weitere Verbesserung der deutsch-britischen Beziehungen wünschenswert, ein Krieg mit Großbritannien dagegen ein Horrorszenario: zum Einen, da die deutschen Kolonien wegen der britischen Seeherrschaft zu exponiert lagen; zum zweiten, weil nach ihrer Auffassung jeder Konflikt zwischen den Kolonialmächten einen grundsätzlich destabilisierenden Effekt auf die Herrschaft von Europäern über Afrikaner haben werde.

Die Hoffnungen der deutschen Kolonialadministratoren in Berlin und vor Ort, der europäischen Siedler und der in Afrika tätigen christlichen Missionen beruhten darauf, dass selbst im Falle einer deutsch-britischen Konfrontation die Kolonien gemäß einer in der Kongo-Akte von 1885 verankerten Klausel von den kriegführenden Mächten für neutral erklärt werden würden. So berichtete der britische Konsul in Dar-es-Salaam im Juni 1914 nach London, es werde unter den Deutschen in der Kolonie nicht als unvermeidlich angesehen, dass ein europäischer Konflikt auch auf das Schutzgebiet übergreife. »Dass Feindseligkeiten zwischen Europäern in Afrika nur die bedauerlichsten Folgen auf die eingeborene Bevölkerung haben können, wird allgemein anerkannt und es wird damit gerechnet, dass die Regierungen der entsprechenden Staaten alles tun werden, um dies zu verhindern.«[76] Diese Hoffnung hielt sich bei Solf und Schnee noch bis in die ersten Kriegswochen hinein. Denn in ihren Augen war die Solidarität der Europäer in Afrika untereinander zwecks Legitimierung und Aufrechterhaltung der Herrschaft weniger Weißer über eine überwältigende schwarze Bevölkerungsmehrheit wichtiger als mögliche strategische Vorteile, die sich aus einer Ausdehnung des Krieges auf Afrika für die eine oder andere Seite ergeben könnten. Auch in Kenia teilte man die Auffassung, dass Ostafrika aus einem europäischen Konflikt nach Möglichkeit herausgehalten werden sollte. So weigerten sich die dortigen Behörden Informationen über den Rüstungsstand der deutschen Nachbarkolonie nach London zu leiten für dortige, seit 1903/4 gelegentlich angestellte Planungen möglicher Operationen gegen das Schutzgebiet für den Fall eines deutsch-britischen Krieges. Zugleich rechnete man weder in London noch in Britisch-Ostafrika damit, dass von der Schutztrupppe eine Bedrohung der eigenen Besitzungen ausgehen könnte, denn die Deutschen würden im Falle eines Krieges vollauf mit der Kontrolle ihrer eigenen schwarzen Bevölkerung beschäftigt sein. Noch am 22. Augtst 1914 schrieb der in Mombasa erscheinende »East African Standard«, es sei nicht Aufgabe der Europäer in Afrika gegeneinander zu kämpfen, sondern gemeinsam die Afrikaner zu kontrollieren.[77]

Nach dem Ersten Weltkrieg stellte sich Lettow-Vorbeck als einsamer Rufer in der Wüste dar, während RKA und Kolonialadministration vor Ort die Möglichkeit einer Übertragung eines europäischen Krieges auf Afrika schlichtweg ignoriert und sich entsprechenden Planungen verweigert hätten: »Der Eindruck der ersten Besichtigungsfahrt war, dass militärisch noch vielerlei vorzubereiten war, wenn wir für den Fall eines Krieges der Engländer gegen uns ernsthaft gerüstet sein wollten. Leider gelang es nicht, die maßgeblichen Stellen hierfür genügend zu erwärmen. Es herrschte die Meinung vor, dass wir mit England außerordentlich günstig ständen und dass ein Krieg, wenn er überhaupt käme, in weiter Ferne läge.«[78]

Die frühesten dokumentierten Überlegungen der Kolonialadministratoren vor Ort wie auch des KdS in Berlin, was man zum Schutz der Kolonien im Falle eines Krieges in Europa tun solle, datieren jedoch schon auf Ende 1911.[79] Die zweite Marokko-Krise und der ergebnislos verlaufende Besuch des britischen Kriegsministers Richard Haldane in Berlin im Februar 1912 bewirkten ein Umdenken. Das Scheitern dieses letzten Versuchs eines britisch-deutschen Ausgleichs, der nicht die peripheren Kolonialfragen betraf, sondern den Kern der deutsch-britischen Spannungen, nämlich die durch die maritimen wie kontinentalen Drohgebärden des Reich herausgeforderte Machtbalance in Europa[80], machte Berlin die hohe Wahrscheinlichkeit einer britischen Kriegserklärung bei einem europäischen Konflikt einmal mehr deutlich. Im Falle eines britischen Kriegseintritts waren die deutschen Kolonien wegen der Seeherrschaft der Royal Navy äußerst gefährdet. Mangels ausreichender Truppen für einen entscheidenden Einfluss auf das Schlachtgeschehen auf dem europäischen Kontinent war es nach Auffassung der deutschen militärischen Planer wahrscheinlich, dass Großbritannien mit Hilfe seiner Seeherrschaft versuchen würde sich Faustpfänder in Übersee auf Kosten Deutschlands zu verschaffen. »Dass England aufgrund der Kongo-Akte durch ein Übereinkommen mit uns Deutsch-Ostafrika vom Kriegsschauplatz ausschließen wird bzw. sich an ein entsprechendes Abkommen halten wird, ist kaum anzunehmen«, hieß es in einer Denkschrift des KdS vom April 1912.[81]

Diese Erkenntnis führte aber nicht dazu nun mehr Mittel für die Verteidigung der Kolonien zur Verfügung zu stellen. Vielmehr dominierte nach wie vor im Generalstab, bei der Marine und beim Reichskanzler die Ansicht, dass letztlich das Schicksal der Kolonien in der Nordsee bzw. auf den Schlachtfeldern Europas entschieden werde und folglich alle Ressourcen hierauf konzentriert werden sollten. Diese Position wurde selbst vom Kommandeur der Schutztruppen im RKA, Generalmajor Georg von Glasenapp, im Jahre 1912 geteilt. Von daher lehnte Berlin eine Erhöhung des Mannschaftsstandes der Schutztruppen, größere Investitionen in die Infrastruktur und Küstenbefestigungen oder das Anlegen von Vorratslagern, die rein militärischen Zwecken dienten, in den letzten drei Vorkriegsjahren weiterhin ab. Ebenso weigerte sich die Marine entgegen den Wünschen des RKA im Kriegsfalle ihre Schiffe zur Verteidigung der Küsten der Kolonien einzusetzen. Diese müssten vielmehr volle Operationsfreiheit für den Kreuzerkrieg gegen die gegnerische Handelsschifffahrt haben. Das einzige Zugeständnis angesichts der erhöhten Bedrohung der Kolonien durch die heraufziehende Kriegsgefahr in Europa inklusive eines Konfliktes mit Großbritannien war eine in den letzten zwei Jahren vor Kriegsausbruch einsetzende Umrüstung der Schutztruppen auf das Gewehr 98. Im Sommer 1914 verfügten acht der 14 Feldkompanien in Deutsch-Ostafrika über die neue Waffe. Ferner wurde die Zahl der Zahl der Maschinengewehre pro Kompanie von zwei auf drei erhöht.[82]

Die Kolonien mussten also mit den vorhandenen Mitteln auskommen. Ein gänzlicher Verzicht auf ihre Verteidigung wurde aus Fragen der nationalen Ehre wie auch des Prestiges gegenüber den Afrikanern vom KdS verworfen.[83] Die Planungen des KdS wie auch der lokalen Kommandeure in den Kolonien gingen seit dem Frühjahr 1912 davon aus, dass wegen der Seeherrschaft der Royal Navy die Küstengebiete weder Deutsch-Ostafrikas noch der anderen Kolonien verteidigt werden könnten. Die Schutztruppen sollten sich vielmehr ins Landesinnere zurückziehen, dort aber einen so großen Teil der jeweiligen Besitzungen halten wie möglich. Es sei stets die richtige Balance zwischen einer taktisch offensiven Verteidigung gegen vorrückende gegnerische Truppen inklusive Vorstößen auf das Gebiet der benachbarten Feindeskolonien einerseits und Aufrechterhaltung der Kontrolle über die eigene eingeborene Bevölkerung andererseits zu wahren.[84] Durch dieses im Wesentlichen strategisch defensive Verhalten besäßen nach Ansicht Berlins die Schutztruppen eine Chance sich bis zu einem Waffenstillstand in Europa zu halten, wo die militärische Entscheidung fallen werde. Wichtig in den Augen des RKA war vor allem, dass bei Kriegsende die deutsche Fahne noch über Teilen der Schutzgebiete wehte. Dadurch erhoffte man sich einerseits eine relativ gute Verhandlungsposition in Kolonialfragen bei einem künftigen Friedensschluss zu sichern, andererseits einem Autoritätsverlust der Kolonialherren gegenüber der schwarzen Bevölkerungsmehrheit vorzubeugen.

Im Großen Generalstab in Berlin setzte sich jedoch am Vorabend des Ersten Weltkriegs mehr und mehr die Auffassung durch, die deutschen Besitzungen in Afrika trotz ihrer geringen militärischen Vorbereitungen für den Fall eines Großkonfliktes als Ausgangspunkt für Attacken auf die britischen Nachbarbesitzungen zu nutzen. Eine Randbemerkung des Bearbeiters im Generalstab von Anfang 1914 auf eine am 8. Dezember 1913 vom RKA angeforderte Vorlage über die Rolle der Kolonien im Falle eines europäischen Krieges lautete: »Uns kommt es darauf an, dass England durch Vorgehen unserer Truppen nach Südafrika gezwungen wird, auch dorthin Schiffe und Truppen zu entsenden.«[85]

Lettow-Vorbeck war angesichts des sich seit 1911/12 abzeichnenden militärischen Bedrohungsszenarios für die Kolonien also vermutlich schon vor Antritt seines Postens vom KdS dahingehend instruiert worden, die Verteidigungsfähigkeit Deutsch-Ostafrika zu überprüfen und zu erhöhen und wusste möglicherweise um die sich entwickelnde neue Beurteilung der Rolle der Kolonien im Falle eines europäischen Krieges im Generalstab. Das neue Element, welches er in die Planungen einbrachte, bestand darin, dass er einer Neutralisierung der Kolonien gar nicht erst eine Chance geben wollte. Dies unterschied ihn sowohl von den Kommandeuren der anderen Schutztruppen wie auch vom Militärstab im RKA[86], ganz zu schweigen von den Kolonialbeamten und den Siedlern vor Ort. Er befand sich aber in Einklang mit den Vorstellungen des Großen Generalstabs, der für ihn ohnehin die letzte Autorität in allen militärischen Fragen darstellte. Lettow-Vorbeck wollte natürlich auch nicht die lang ersehnte Chance des großen Krieges an sich ungenutzt vorbeiziehen lassen. Außerdem sollte sich der voraussichtliche Kampf um die Kolonien in ein größeres strategisches Konzept einordnen. Dieses wurde nicht von der eher defensiv orientierten und letztlich politisch motivierten Idee der Aufrechterhaltung der deutschen Herrschaft im Kriege über zumindest Teile der Kolonie dominiert. Vielmehr war es das Offensivkonzept eines Nur-Militärs, in welchem die Entlastungsfunktion der Kolonialfront für das in Europa kämpfende Heer im Vordergrund stand ohne Rücksicht auf die Folgen für die Kolonie und ihrer weißen wie schwarzen Bewohner. »Es ging da draußen nicht in erster Linie um die Verteidigung Deutsch-Ostafrikas, es ging auch nicht um Siege und Waffenerfolge. Mochte die Kolonie auch verloren gehen mit allem, was dort draußen geschaffen war in jahrzehntelanger, fleißiger kolonialer Arbeit, mochte die Truppe auch Niederlagen erleiden und schließlich ganz aufgerieben werden. Gelang es mit diesem Einsatze, der Heimat eine nennenswerte Zahl feindlicher Soldaten vom Halse zu halten, dann hatte die Truppe ihre Schuldigkeit erfüllt«, hieß es in einer rückblickenden Aufzeichnung Lettow-Vorbecks, die aber seinen Horizont von 1914 widerspiegelte.[87]

Sein Denken blieb trotz seiner dritten Überseeverwendung letztlich ganz auf das Reich als kontinentaleuropäische Militärmacht fixiert. Kolonien stellten in seinen Augen in europäischen Friedenszeiten in erster Linie militärische Exerzierfelder für ein im Reich unterbeschäftigtes Offizierskorps dar. Im Falle von Konflikten in Europa wurden sie auf potentielle Entlastungsfronten für die Schlachtfelder des alten Kontinents reduziert und damit ihre Existenzberechtigung aus sich heraus letztlich negiert. Abgesehen von der strategischen Diversion, die er mit diesem Aufmarsch für den europäischen Kriegsschauplatz erzielen wollte, war Lettow-Vorbeck wie die meisten deutschen Offiziere und jene anderer europäischer Armeen der damaligen Zeit davon überzeugt, dass die Offensive letztlich die überlegene Kampfform sei. Sie zeuge von einer höheren Kampfmoral und zwinge dem Gegner den Willen auf.[88]

Seine Erfahrungen aus Deutsch-Südwestafrika lehrten ihn außerdem, dass er selbst für den Fall eines britischen Angriffs mit überlegenen, aus Übersee herangeführten Truppen mit einiger Aussicht auf Erfolg längere Zeit ausharren könnte. Schließlich hatten dort 14 000 weit besser ausgerüstete Soldaten mehr als zwei Jahre gebraucht um 2 000 Nama zu besiegen. Zunächst würden die großen Entfernungen Ostafrikas und das Fehlen beinahe jeglicher Infrastruktur den Aufmarsch gegnerischer Truppen verlangsamen und kostspielig gestalten. Trat der Gegner schließlich zur Offensive an, so würden in taktischer und operativer Hinsicht die Vorteile, welche die Nama 1904/6 im Feld gegen die Schutztruppe in Deutsch-Südwestafrika besessen hatten, diesmal auf deutscher Seite liegen: Lettow-Vorbecks Einheiten kannten das für die Außenwelt kaum kartierte Operationsgebiet, da jede Feldkompagnie in den vorangegangenen zwei Jahrzehnten den ihr unterstehenden Bezirk unter militärischen Gesichtspunkten erschlossen hatte. Diese Erkundungen fanden Niederschlag im 1911 herausgegebenen »Militärischen Orientierungsheft«.[89] Es verzeichnete für jeden Teil der Kolonie Klima, auftretende Krankheiten, die dort lebenden Ethnien und ihre Haltung zur Kolonialmacht, alle Wege und Pfade mit ihrer Beschaffenheit sowie Wasserquellen, Flussübergänge, potentielle Lebensmittelvorräte usw.

Die Schutztruppe verfügte außerdem über einen Stamm von schwarzen Soldaten, der an die Lebens- und Operationsbedingungen im tropischen Afrika gewöhnt war und damit zunächst einmal einen natürlichen Vorteil im Gefecht wie im Manövrieren gegenüber allen als Verstärkung herangeführten nichtafrikanischen Truppen besaß. Eine überlegene gegnerische Streitmacht würde bei Konzentration ihrer Kräfte zu schwerfällig sein, um die beweglichere und kleinere Schutztruppe zu stellen und in dem wenig entwickelten Land vor großen Versorgungsproblemen stehen. Bei einer Aufsplitterung in verschiedene Verbände wiederum ergäbe sich für den Gegner das für afrikanische Kriegsschauplätze besonders schwierige Problem der Koordinierung getrennt operierender Abteilungen. Der Feind hätte die gleichen Probleme wie seinerzeit Trotha bei seinen vergeblichen Einkesselungsversuchen der Herero und Nama.

Schnee begegnete Lettow-Vorbecks in dessen Denkschrift vom 15. Mai 1914 niedergelegten Vorschlägen mit Skepsis. Der Gouverneur hatte, wie er in den unveröffentlichten Passagen seines Memoirenmanuskripts aus den dreißiger Jahren schrieb, schon in den ersten Monaten einen deutlichen Eindruck von der »einseitigen militärischen Schärfe und Denkart des Oberstleutnant von Lettow« erhalten.[90] Er neigte in seinem Gegendokument vom 9. Juni 1914 Schleinitz' überkommener Lagebeurteilung zu, die gemischt war mit humanitären Erwägungen und einer gewissen Überlegenheit des »alten Afrikaners« gegenüber dem Neuankömmling: »Die Vereinigung von sieben oder acht Kompanien an einer Stelle würde eine Entblößung eines großen Teils des Schutzgebietes von Truppen bedeuten. Im Kriegsfalle haben wir mit der größten Wahrscheinlichkeit mit Eingeborenenaufständen zu rechneten, ganz besonders dann, wenn wir die Schutztruppe aus besetzten Gebieten wegnehmen (…) Auch nach einem für uns günstig verlaufenen auswärtigen Krieg würden wir erneut vor der Aufgabe der Niederschlagung von Aufständen stehen, die ohne schwere Opfer zumindest der Eingeborenenbevölkerung nicht zu lösen wäre und wir dann mit unserem jetzt in erfolgreichem Fortschreiten begriffenen Kolonisationswerk vielerorts von Neuem anfangen müssten (...) Ich kann mich nicht des Eindrucks erwehren, dass die damit im Widerspruch stehenden Vorschläge des jetzigen Kommandeurs z. T. mit auf einer Unterschätzung der Schwierigkeiten der Kriegführung mit farbigen Truppen und im tropischen Afrika beruhen.«[91]

Der Gouverneur legte trotzdem den Plan des Kommandeurs mit seiner eigenen negativen Stellungnahme noch im Juni 1914 dem RKA zwecks Entscheidung vor. Dieses Procedere war laut Schutztruppenordnung bei ernsthaften Meinungsverschiedenheiten zwischen Gouverneur und Kommandeur vorgeschrieben. Die Antwort des RKA vom 17. Juli, ihrerseits wohl ein Kompromiss zwischen der zivilen Behördenspitze unter Solf und dem KdS im Hause, fiel salomonisch aus: Man könne keine definitiven Weisungen aus Berlin für den Fall eines europäischen Krieges geben, weil die Haltung der Eingeborenen nicht voraussehbar sei. Wegen der Entwicklung des Eisenbahnnetzes und der dichten europäischen Besiedlung im Norden der Kolonie könne aber nicht mehr wie früher kategorisch von einem offensiven Vorgehen abgeraten werden. Ein Angriff auf Britisch-Ostafrika könne vielmehr die Autorität unter der schwarzen Bevölkerung wieder herstellen, falls diese durch Landungen des Gegners an der Küste gelitten habe. Zudem erhöhe die inzwischen begonnene Umrüstung der Schutztruppe auf das Gewehr 98 die Erfolgschancen selbst gegen einen überlegenen, modern ausgerüsteten Gegner. »Auch für afrikanische Verhältnisse wird immer der Grundsatz zu Recht bestehen, dass die sichersten und besten Erfolge durch offensive Kriegführung errungen werden.« In Hinblick auf die bereits schwelende Julikrise als Folge der Ermordung des österreichischen Thronfolgers drei Wochen zuvor wurde abschließend in dem Dokument auf die Notwendigkeit allerhöchster Geheimhaltung bei allen Mobilmachungsvorbereitungen in Deutsch-Ostafrika verwiesen. Es sei alles zu vermeiden, was in den Nachbarkolonien zur Beunruhigung führen könnte.[92]

Schließlich sendete das RKA auf Anraten des AA das Antwortschreiben auf die Eingaben Lettow-Vorbecks und Schnees aus Gründen der Geheimhaltung überhaupt nicht mehr ab. Man hielt jegliche Korrespondenz über Mobilmachungsvorbereitungen gegen Großbritannien für bedenklich.[93] Die Reichsführung wollte offenbar nicht in London den Eindruck zentral geplanter Offensivaktionen für Afrika erwecken und das Vereinigte Königreich damit noch stärker an die Seite Frankreichs und Russlands drängen. Berlin gab sich noch der Illusion hin, dass Großbritannien möglicherweise trotz des deutschen Zündelns am balkanischen Pulverfass, welches höchstwahrscheinlich in einem Krieg Österreich-Ungarns und des Reichs gegen Serbien, Russland, Frankreich und Belgien münden würde, nach wie vor neutralisiert werden könne. Aufgrund dieser übergeordneten diplomatischen und strategischen Erwägungen Berlins konnten sich also weder Lettow-Vorbeck noch Schnee in den kritischen Tagen Ende Juli und Anfang August 1914 auf eine höhere Weisung berufen, um ihre jeweilige Auffassung über die Rolle der Schutztruppe für den Fall eines europäischen Krieges durchzusetzen. Die Entscheidung sollte vielmehr durch die Dynamik der Ereignisse in Ostafrika und die Persönlichkeiten von Gouverneur und Kommandeur vor Ort fallen.

VII. DER »TOLLE MULLAH«

Die Ermordung des österreichischen Thronfolgers Franz Ferdinand in Sarajewo am 28. Juni 1914, welche zum Auslöser des Ersten Weltkriegs wurde, beschäftigte die damalige europäische Öffentlichkeit nur einige Tage. Dann wendete sie sich wieder anderen Ereignissen und Themen zu, zumal die erste Hälfte des Jahres eher auf eine allgemeine Entspannung zwischen den Großmächten in Europa hingedeutet hatte. Erst mit dem österreichischen Ultimatum an Serbien am 23. Juli 1914, welches mit der vollen Rückendeckung, ja Ermutigung der Reichsregierung so formuliert worden war, dass es nach damaliger Auffassung von der serbischen Regierung nicht angenommen werden konnte, rückte die Perspektive eines unmittelbar bevorstehenden europäischen Krieges in das Bewusstsein der breiteren deutschen wie internationalen Öffentlichkeit.[1] Wenn sich schon die europäische Öffentlichkeit in den vier Wochen nach dem Attentat zunächst in Sicherheit wiegte, dass die Tat nur ein weiteres eher folgenloses Ereignis in den seit Jahren anhaltenden Balkanwirren sein werde, so blieb das Ereignis in Afrika erst recht unbeachtet. In Deutsch-Ostafrika richtete sich die Aufmerksamkeit der Europäer vielmehr auf die für Mitte August geplante erste große Landesausstellung in Dar-es-Salaam. Diese sollte an den 30. Jahrestag des Beginns der deutschen Kolonisation erinnern und die vermeintlichen wirtschaftlichen und zivilisatorischen Erfolge des Reichs in diesem Teil Afrikas feiern. Hierzu wurden zahlreiche Gäste aus dem Reich erwartet. Es waren bedeutende Lebensmittelvorräte und die neuesten technischen Errungenschaften, darunter ein Flugzeug, aus dem Reich in die Kolonie gebracht worden. Erst in der letzten Juliwoche erfasste die von Europa ausgehende Kriegsgefahr auch die Kolonie und überschattete die Vorbereitungen für die Ausstellung. Lettow-Vorbeck brach seine Inspektionsreise im Innern der Kolonie ab, um sich auf Geheiß Schnees nach Dar-es-Salaam zu begeben, wo er am 3. August eintraf.

Wie die neuere Forschung gezeigt hat, war die allgemeine Kriegsbegeisterung in Deutschland, die sich schließlich im so genannten »Augusterlebnis« nach Ausbruch der Feindseligkeiten geäußert habe, eher das Konstrukt einer damaligen einseitigen Presseberichterstattung, einer verzerrten Erinnerung der Zeitzeugen und, darauf aufbauend, der selektiven Quellenauswahl von Generationen von Historikern. Tatsächlich existierte sie in den letzten Juli- und ersten Augusttagen nur unter einer kleinen Minderheit von Gymnasiasten, Studenten, Künstlern und Intellektuellen des großstädtischen Bildungsbürgertums und der Bohème, schließlich wohl auch im überwiegenden Teil des Offizierskorps. Zudem war das Phänomen auf jene Städte begrenzt, die nicht durch Grenzlage unmittelbar gefährdet erschienen.[2] In Deutsch-Ostafrika gab es keine Kriegsbegeisterung. Zum einen fehlten aufgrund der Alters- und Sozialstruktur unter den Deutschen, die mehrheitlich arrivierte Pflanzer, Beamte, Kaufleute, Geistliche, Ärzte, Ingenieure und Handwerker waren, jene Kreise, die im Reich die jubelnden Mengen stellten. Zum Zweiten überwog das Gefühl der doppelten Bedrohung durch die schwarze Bevölkerungsmehrheit und die Seeherrschaft der Royal Navy. »Ein allgemeiner Enthusiasmus, wie er nach uns später zugehenden deutschen Zeitungen bei Kriegsausbruch in der Heimat herrschte, trat in Deutsch-Ostafrika nicht zutage«, hieß es in Schnees 1919 veröffentlichten Memoiren.[3] »Die Nachricht vom Ausbruch des Krieges traf uns Pflanzer gänzlich unerwartet und besonders die Kunde von der Kriegserklärung Großbritanniens wirkte erschütternd«, schrieb der ehemalige Plantagenbesitzer Rudolf Michel aus dem Bezirk Arusha nach dem Ersten Weltkrieg an das RKA.[4] Der britische Konsul Norman King sah in den letzten Tagen vor seiner Ausreise nach Sansibar nur bleiche, verängstigte Gesichter unter den Deutschen.[5]

Lettow-Vorbeck war sicherlich einer der wenigen Europäer, der mit gespannter Freude einer Zuspitzung der internationalen Lage entgegenblickte und hoffte, sie werde sich in einem allgemeinen, auch auf Afrika ausgreifenden europäischen Krieg entladen, in dem er seine berufliche wie standesgemäße Bestimmung finden könnte. Seine Haltung dürfte daher eher jener des preußischen Kriegsministers Erich von Falkenhayn, seinerseits ein Vertreter einer typischen preußischen Offiziersdynastie, entsprochen haben. Dieser äußerte am 4. August gegenüber dem Reichskanzler angesichts des nun ausgebrochenen allgemeinen europäischen Krieges frivol: »Wenn wir auch darüber zu Grunde gehen, schön war's doch.«[6]

1. Zwischen Mobilmachung und Deeskalation

King scheint Schnee in den letzten Julitagen darin bestärkt zu haben, dass es eine Chance gebe die Kolonie selbst im Falle eines deutsch-britischen Krieges zu neutralisieren, sofern die Häfen des Schutzgebietes nicht als Stützpunkte für deutsche Kreuzer benutzt und die Schutztruppe sich auf die Aufrechterhaltung der inneren Ordnung beschränken werde. Jedenfalls äußerte sich Schnee am 28. Juli entsprechend im Gouverneursrat in Dar-es-Salaam, der gewählten Vertretung der Siedler zur Wahrnehmung ihrer Interessen gegenüber der Kolonialverwaltung.[7] Das RKA wiegelte ebenfalls ab. »Großmächte sind bemüht zur Erhaltung europäischen Friedens österreichisch-serbischen Krieg zu lokalisieren. Beruhigt Ansiedler, da unsere Schutzgebiete außer Kriegsgefahr«, kabelte Solf am 29. Juli an die Gouverneure.[8] Auch das letzte aus Berlin aufgefangene Telegramm vom 2. August wiederholte, die Kolonien seien nicht gefährdet. Realistischer hingegen sah die Marine die Situation: Der kleine Kreuzer »Königsberg« unter Fregattenkapitän Max Looff, seit Juni 1914 in Dar-es-Salaam stationiert, verließ auf Befehl der Marineleitung schon am 31. Juli seinen Liegeplatz, um für den Kriegsfall Position entlang der britischen Handelsrouten im Indischen Ozean zu beziehen und der Gefahr zu entgehen im Hafen von überlegenen britischen Seestreitkräften blockiert zu werden.[9]

Als beunruhigendes Zeichen für die Kolonie konnte auch die Tatsache gewertet werden, dass seit 3. August Dar-es-Salaam keine Telegramme mehr empfangen oder senden konnte. Die Kolonie war über ein Seekabel nach Sansibar verbunden und erhielt von dort Anschluss an das weltweite Netz. Eine der ersten britischen Maßnahmen, als sich in London der Kriegseintritt abzeichnete, bestand daher darin Deutschland nach Möglichkeit vom weltweiten, zur drei Fünftel von Großbritannien kontrollierten, kabelgebundenen Telegraphienetz abzuschneiden. Dies hatte vor allem den Zweck der Reichsmarineleitung in Berlin die Koordinierung ihrer Seestreitkräfte unmöglich zu machen. Die Aktion zeitigte den Nebeneffekt, dass die deutschen Kolonien in den ersten Augusttagen nur noch unzureichend über den Fortgang der Ereignisse in Europa informiert wurden.

Als Notbehelf zur Aufrechterhaltung der Verbindung zwischen Mutterland und Kolonie konnten die Schutzgebiete auf die seit der Jahrhundertwende vorangetriebene Entwickelung der drahtlosen Funktelegraphie zurückgreifen. Vor allem die Reichsmarine förderte sie um sich von der Abhängigkeit vom britischen Kabelnetz zu emanzipieren. Die 1906 eingerichtete Großfunkstelle in Nauen in der Nähe Berlins sendete seit 1913 stark genug um Kamina in Togo zu erreichen. Die dortige, kurz vor Kriegsbeginn fertig gestellte moderne Sendeanlage leitete die Funksprüche nach Deutsch-Ostafrika und Deutsch-Südwestafrika weiter. Der Plan, in Tabora eine Sendeanlage zu errichten, die direkt mit dem Reich Verbindung halten könnte, war bis Kriegsausbruch nicht mehr realisiert worden. Bei günstigen Witterungsbedingungen konnte Nauen sogar gelegentlich direkt von Dar-es-Salaam empfangen werden. Allerdings war die dortige Sendeanlage zu schwach um Kamina oder Windhuk, geschweige denn Nauen zu antworten. Auf diese Weise erfuhr die Kolonie zumindest am 2. August, dass im Reich allgemeine Mobilmachung angeordnet war, am nächsten Tag, dass Deutschland sich mit Frankreich und Russland im Krieg befand und in den frühen Morgenstunden des 5. August schließlich den inzwischen eingetretenen Kriegszustand zwischen Deutschland und Großbritannien.[10]

Lettow-Vorbeck drängte nach Eintreffen dieser Nachricht auf sofortige offensive Aktionen gegen die britischen Nachbarkolonien, während Schnee nicht die Hoffnung aufgeben wollte, dass Deutsch-Ostafrika der Krieg erspart bleiben könnte. Schon am 7. August kabelte der Kommandeur an seine Feldkompanien, der Kongo-Vertrag sei nicht gültig, von daher solle die Ugandabahn zerstört werden. Er schloss mit der Maxime: »Schnelles Handeln verspricht gute Ergebnisse.«[11] Seine Skepsis hinsichtlich der Chancen einer Neutralisierung der Kolonie war insofern berechtigt, als das Committee of Imperial Defense in London, ein Planungsstab, in dem Kriegsministerium, Admiralstab, Colonial-, India- und Foreign Office vertreten waren, bereits am 5. August beschloss Dar-es-Salaam mit indischen Truppen zu besetzen um die Stadt als potentiellen Stützpunkt für die deutsche Seekriegführung auszuschalten.

Die britische Regierung wollte sich nach Ausbruch des europäischen Krieges nicht ihre militärische Überlegenheit in Übersee durch internationale Verträge einschränken lassen: »Pläne zur Neutralisierung sind eine nutzlose Absurdität. Gebot der Stunde ist jetzt, mit all unserer Macht in allen vier Ecken der Welt hart zuzuschlagen«, schrieb ein Beamter des Foreign Office am 10. August 1914. Das Ziel der Operationen Großbritanniens und seiner Dominions Australien, Neuseeland und Südafrika gegen die deutschen Besitzungen in Afrika und im Pazifik, die ab August 1914 auf Basis der Entscheidung vom 5. August anliefen, war nicht vorrangig die Mehrung des eigenen Kolonialbesitzes. Durch begrenzte, auf die Küsten der Schutzgebiete und deren Installationen wie Häfen und Funkanlagen zu beschränkende Aktionen sollten zunächst die Seewege des Empire gesichert werden.[12]

Lettow-Vorbecks Befehl vom 7. August basierte nicht auf einer tieferen Einsicht in die britische, zunächst in bezug auf Ostafrika von maritimen Erwägungen bestimmte Globalstrategie. Er war schlicht Ausfluss seiner Überzeugung, der Krieg in Ostafrika müsse Teil des großen Kriegs in Europa werden sowie der grundsätzlichen Auffassung, dass die Offensive stets die stärkere Kampfform sei, ungeachtet möglicher humanitärer oder politischer Kollateralschäden. In seiner Haltung in den ersten Augusttagen manifestierte sich bereits deutlich die im deutschen Offizierskorps dominierende Tendenz, den Krieg letztlich als Selbstzweck zu sehen, eine Tendenz, die auch Trothas Vernichtungskrieg gegen die Herero in Deutsch-Südwestafrika gekennzeichnet hatte. Erst am folgenden Tag kam es zur ersten Kampfhandlung von britischer Seite, die Lettow-Vorbecks Skepsis bestätigte: Ein britischer Kreuzer erschien vor Dar-es-Salaam und beschoss die Funkstation ohne diese aber zu zerstören. Der lokale Vertreter der Verwaltung vereinbarte mit Rückendeckung des Gouverneurs mit dem Kapitän des britischen Kriegsschiffes, der fälschlicherweise glaubte seinen Auftrag erfolgreich ausgeführt zu haben, anschließend eine Neutralisierung der Hafenstadt. Dieser würden zukünftig Beschießungen oder Landungsversuche von britischer Seite erspart bleiben, wenn die Stadt von allen militärischen Einheiten geräumt und nicht als Hafenplatz für Kriegsschiffe genutzt werde. Diese Vereinbarung wurde in den folgenden Tagen auch auf die anderen beiden wichtigen Hafenstädte der Kolonie, Tanga und Bagamojo, ausgedehnt. Schnee befahl zudem, die Küstenplätze selbst im Falle von Landungsversuchen nicht zu verteidigen. Neben seinem Wunsch Verluste an Menschen und Gütern in einem von ihm wie vielen anderen Deutschen in der Kolonie als ungleich und damit sinnlos erachteten Kampf abzuwenden, war Schnees Handeln auch dadurch motiviert, dass er glaubte, jede Demonstration deutscher Machtlosigkeit angesichts von Küstenbeschießungen der Royal Navy oder Landungen habe auch fatale Folgen für das Ansehen der deutschen Herrschaft über die Afrikaner. Daneben lag der Abmachung auch die Erwägung zu Grunde Zeit zu gewinnen, um wichtige Vorräte und Einrichtungen aus Dar-es-Salaam ins Landesinnere zu schaffen. So wurde zum Beispiel die unbeschädigt gebliebene Funkstation aus der Hauptstadt nach Tabora abtransportiert und dort wiederaufgebaut. Es sollte sich von Vorteil für die Verteidigung der Kolonie erweisen, dass wegen der ursprünglich für August geplanten Landesausstellung ein großer Vorrat von Lebens- und Genussmitteln aus Europa in Dar-es-Salaam lagerte, der so ebenfalls dem britischen Zugriff entzogen werden konnte. Die Abmachungen mit der Royal Navy deutete Schnee so, dass eine Neutralisierung der Kolonie als Ganzes weiterhin möglich sein und größerer Schaden für die deutsche Kolonialherrschaft abgewendet werden könne.

Lettow-Vorbeck protestierte vergeblich gegen diese Abmachungen, die er als mangelnden Kampfeswillen, ja Verrat ansah. Er drohte Schnee mit späterer Anklage wegen Hoch- und Kriegsverrates laut Strafgesetzbuch bzw. Militärstrafrecht. Er kündigte an Schnees Befehl, im Falle britischer Landungen die Küste nicht zu verteidigen, keine Folge zu leisten.[13] Ohnehin hielt er die Schutztruppenordnung, welche die Befehlsgewalt des Gouverneurs postulierte, schon im Frieden für eine Zumutung. Für den Kriegsfall erschien sie ihm als gänzlich verfehlt, eine Auffassung, mit der er unter den Offizieren nicht allein stand.[14] Schließlich war ja im Reich selbst für den Kriegsfall gemäß dem preußischen Gesetz über den Belagerungszustand von 1851, das im August 1914 sofort umgesetzt wurde, die Übertragung der vollziehenden Gewalt auf die Militärbehörden vorgesehen. Für die Kolonien bestätigte jedoch der Reichskanzler am 15. August vorerst die Gouverneure als Inhaber der obersten Gewalt. Schnee rechtfertigte die bis zur Aufgabe der Kolonie im Jahre 1917 offiziell bestehende Kompetenzregelung damit, dass die Hauptaufgabe in der Kolonie die Ruhigstellung bzw. Mobilisierung der eingeborenen Bevölkerung für die wirtschaftlichen Kriegsanstrengungen sei. Diese könne einzig die im Umgang mit den Afrikanern erfahrene Zivilverwaltung erfüllen.[15] Lettow-Vorbeck versuchte in der Folgezeit, seine Befugnisse auf Kosten Schnees auszudehnen oder Anweisungen des Gouverneurs schlicht zu ignorieren.

Trotz der offenen Androhung des Ungehorsams besaß Schnee nicht die Möglichkeit, ohne Rücksprache mit Berlin Lettow-Vorbeck abzusetzen. Seine disziplinarischen Befugnisse gegenüber dem Kommandeur reichten nicht weiter, als notfalls ein paar Tage Stubenarrest verhängen zu können.[16] Eine entsprechende Klärung der Machtverhältnisse mit Berlin erwies sich durch die erschwerte Kommunikation als mehr oder weniger unmöglich, zumal Togo schon Ende August von britischen und französischen Truppen erobert wurde und daher auch kaum noch Funksprüche aus Deutschland empfangen werden konnten. Die einzige verbleibende Nachrichtenverbindung zwischen Mutterland und Kolonie, die jetzt noch existierte, bildete die Berichterstattung per Post über das neutrale Portugiesisch-Ostafrika. Kuriere mussten die Schriftstücke zunächst dorthin bringen, und von dort gelangten die Depeschen per Schiff nach Europa, was mehrere Wochen, manchmal Monate brauchte. Daher wurden die Streitfragen über das einzuschlagende Vorgehen vor Ort in der Folgezeit durch die Persönlichkeiten Schnees und Lettow-Vorbecks entschieden, zumal sich die Behörden im Reich auch keine Mühe machten ein klärendes Wort in dem schwelenden Konflikt zu sprechen.

Die ausbleibenden Weisungen aus Berlin waren neben der dortigen weitgehenden Unkenntnis der Vorgänge in der Kolonie seit Anfang August auch Ausdruck einer gewissen Resignation im RKA: Hier betrachtete man mit der Kriegserklärung Großbritanniens die Kolonien wegen ihrer mangelnden militärischen Vorbereitungen schlichtweg als verloren. So schrieb Solf am 5. August 1914 auf eine Vorlage des KdS, das auf eine Entscheidung hinsichtlich der divergierenden Vorstellungen Schnees und Lettow-Vorbecks vom Juni über die bei einem europäischen Krieg einzuschlagende Strategie drängte, als Randbemerkung: »Durch die Ereignisse überholt«.[17]

Lettow-Vorbeck gewann in den folgenden Jahren mit seiner militärischen Intransigenz, die er als Notwendigkeit ausgab, die deutsche Waffenehre verteidigen zu müssen und alles zu tun, um die Heimatfront zu entlasten, und welche durch die Verachtung des Militärs für den Zivilisten noch verstärkt wurde, tendenziell die Oberhand. Schnee, vom Naturell her eher auf Ausgleich bedacht, hatte daher Probleme sich gegen Lettow-Vorbeck zu behaupten, der sich nichtmilitärischen Gesichtspunkten bei der Entscheidungsfindung verweigerte. Zum Glück sei der Gouverneur keine sehr energische Persönlichkeit gewesen, sonst hätte er die Kriegführung noch mehr behindert als er es ohnehin schon getan habe, hieß es im privaten Tagebuch Lettow-Vorbecks von 1918.[18] Diese Einschätzung teilte auch Richard Meinertzhagen, der in den ersten zwei Jahren des Ostafrikafeldzuges auf britischer Seite den Nachrichtendienst organisierte. Er traf nach dem Kriege sowohl Lettow-Vorbeck wie auch Schnee und notierte in seinem Tagebuch nach einem Lunch in London mit dem ehemaligen Gouverneur. »Ein freundlicher kleiner Mann, schwach, kein Charakter und ziemlich typisch für zweitrangige Beamte. Er gab mir gegenüber zu, dass von Lettow zu stark für ihn gewesen sei.«[19] Die ersten, Lettow-Vorbeck zugeschriebenen militärischen Erfolge der Schutztruppe ab Herbst 1914 stärkten noch das Selbstbewusstsein des Kommandeurs und seine Reputation unter Europäern wie Askari. Obwohl Schnee bis zum Ende des Krieges als Person mehr Sympathien auf sich vereinen konnte als der dickköpfige, gegenüber seinen Untergebenen häufig hochfahrend und persönlich verletzend auftretende Lettow-Vorbeck, wurde der Gouverneur durch die Ereignisse seit Herbst 1914 an den Rand gedrängt. Der Kommandeur beugte sich letztlich dem Gouverneur nur dann, wenn dieser auf einen barschen Befehlston zurückgriff. Nach dem Kriege schrieb Schnee, er habe es in seiner ganzen Laufbahn nie mit einem so sturen und einseitigen Untergebenen wie Lettow-Vorbeck zu tun gehabt. Die Selbstbeherrschung gegenüber diesem »schwierigsten aller Untergebenen wurde auf die härteste Probe gestellt«.[20]

Am 10. August traf in Deutsch-Ostafrika die Nachricht ein, dass Deutschland sich auch mit Belgien seit einer Woche im Krieg befand. Daraufhin ordnete Lettow-Vorbeck am selben Tag an auch gegen den Kongo offensiv vorzugehen.[21] Dies führte am 22. August zur ersten, von deutscher Seite initiierten Kampfhandlung an der Westgrenze der Kolonie. Der deutsche, inzwischen bewaffnete Dampfer »Hedwig von Wissmann« griff den belgischen Dampfer »Alexandre Delcommune« auf dem Tanganyika-See an. Eigentlich hatte die belgische Regierung beabsichtigt, trotz des deutschen Überfalls auf das neutrale Land in Afrika auf Repressalien vorerst zu verzichten und den Kongo gemäß des Vertrags von 1885 für neutral zu erklären.[22] Als Folge der unbedachten Anordnung des Kommandeurs tat sich nun im Westen für die Schutztruppe frühzeitig eine neue Front auf. Die belgischen Askari sollten sich in den folgenden zwei Jahren als besonders hartnäckige, teilweise überlegene Gegner der Schutztruppe erweisen.[23] Nicht zuletzt aus Mangel an anderen personellen Ressourcen setzten die Belgier vollständig auf schwarze Söldner, die nur von wenigen weißen Offizieren geführt wurden, was die FP wesentlich beweglicher und schlagkräftiger machte als die in den ersten Jahren des Krieges von Großbritannien für den ostafrikanischen Kriegsschauplatz mobilisierten Einheiten.

Lettow-Vorbeck gab gemäß der Maxime, erst zu schlagen, dann zu überlegen, am 10. August zugleich den Befehl einen Angriff auf Portugiesisch-Ostafrika vorzunehmen, ohne überhaupt eine Bestätigung darüber zu haben, ob mit Portugal ebenfalls Kriegszustand herrschte.[24] Aufgrund dieser Anordnung erfolgte am 24. August ein Überfall auf den portugiesischen Grenzposten Maziwa, bei dem mehrere portugiesische Soldaten ums Leben kamen. Schnee musste, nachdem er einige Tage später die definitive Bestätigung der portugiesischen Neutralität erhalten hatte, diesen Vorfall, Ausfluss des aggressiven und unüberlegten Gebarens seines Untergebenen, mit einer förmlichen Entschuldigung ausbaden. Der Kommandeur, obwohl hunderte von Kilometern entfernt von den potentiellen Schlachtfeldern, drängte im August und September auch seine Untergebenen an den Grenzen zu

Nyasaland und Nordrhodesien, offensiv gegen die britischen Nachbarkolonien vorzugehen, was hier zu ersten Rückschlägen führte.[25]

Trotz dieser ersten militärischen Operationen gab es im September noch Initiativen sowohl Belgiens wie auch Berlins gegenüber der britischen Regierung, um doch noch eine Neuralisierung Ostafrika gemäß der Kongo-Akte zu erwirken. London erteilte jedoch den Noten beider Regierungen im November eine Absage unter dem Vorwand, dass es nun angesichts der von beiden Seiten begonnenen Kampfhandlungen zu spät sei. Zwar gab es auch in London noch Sorgen, dass der Konflikt sich auf die europäische Kolonialherrschaft in diesem Teil der Welt destabilisierend auswirken könnte. Es überwogen allerdings letztlich andere Gesichtspunkte: die Notwendigkeit Deutsch-Ostafrika als Kreuzerstützpunkt des Reichs auszuschalten und die Verlockung durch die Eroberung der Kolonie endlich eine seit den 1890er Jahren anvisierte, durchgehend britisch kontrollierte Verbindung durch ganz Afrika, sozusagen »vom Kap bis Kairo« herzustellen.[26]

Seit Anfang August erfolgte die Einberufung aller abkömmlichen und dienstfähigen Deutschen der Kolonie in die Schutztruppe. Etwa 500 Mann Verstärkung erhielt die Schutztruppe zudem durch die Schiffsbesatzungen der in den Häfen Deutsch-Ostafrikas nun blockierten deutschen Handelsschiffe sowie durch Reichsangehörige, die sich bei Kriegsausbruch in Portugiesisch-Ostafrika aufhielten und sich in das Schutzgebiet durchschlugen, um ihrer Wehrpflicht nachzukommen. Die mobilisierten Reservisten wurden zunächst in speziellen Europäereinheiten zusammengefasst. Im Gegensatz zu den aus Askari bestehenden Feldkompanien hießen sie Schützenkompanien.

Unter den Deutschen, ob Zivilisten oder altgedienten Schutztruppenoffizieren, dominierte die Auffassung, dass die von Lettow-Vorbeck nachdrücklich geforderte Mobilisierung der Weißen zu einer sinnlosen Verschwendung von Menschenleben führen werde. Zu sehr überwog anfangs die Angst, dass ein längerfristiger Einsatz von Europäern, bei dem sie auf den gewohnten Komfort verzichten müssten, angesichts der klimatischen und tropenhygienischen Bedingungen schnell zu einem körperlichen Verfall führe, ohne dass damit wesentlich an militärischer Schlagkraft gewonnen sei. Als abschreckendes Beispiel galten den schon länger in der Kolonie dienenden Schutztruppenoffizieren die mit den aus Deutschland entsandten Seebataillonen während des Maji-Maji-Aufstandes gemachten Erfahrungen ein Jahrzehnt zuvor. Die Einsatzfähigkeit und Gesundheit der Marineinfanteristen war damals auch ohne ernsthafte Feindberührung rasch verfallen.[27] Dabei stellten die hastig und unvorbereitet aus Europa nach Ostafrika verlegten Seesoldaten im Grunde genommen eine wenig überzeugende Analogie dar: Der Verlauf des Krieges in Ostafrika sollte einmal mehr erweisen, dass Europäer, sobald sie eine gewisse Zeit im Lande gelebt hatten, den körperlichen Strapazen des Feldzugs ebenso gut widerstanden wie seine ursprünglichen Bewohner. Es war mehr eine Frage der langsamen Akklimatisierung sowie der Einhaltung bestimmter prophylaktischer Gesundheitsmaßnahmen, welche über den Grad der Einsatz- und Leistungsfähigkeit europäischer Soldaten in tropischen Klimazonen entschieden, als ein angeblicher grundsätzlicher Unterschied in der physischen Konstitution zwischen Schwarzen und Weißen. So wiesen beispielsweise die seit 1904 in der durch Malaria und Gelbfieber verseuchten Kanalzone in Panama stationierten (weißen) US-Truppen durch systematische medizinische Betreuung eine durchweg hohe Einsatzbereitschaft auf.[28]

Neben den Weißen der Kolonie wurden ehemalige Askari, die ebenfalls der Wehrpflicht unterlagen, einberufen. Ferner warb die Schutztruppe neue schwarze Söldner an. Bis Herbst 1914 wuchs die Schutztruppe durch Aufstellung von vier neuen Feldkompanien, in welcher die Weißen nur die Kader stellten, und drei Schützenkompanien um etwa 50 % an. Die Mobilisierung von Askari stieß anfänglich vor allem dadurch an ihre Grenzen, dass es nicht genügend Gewehre und sonstige Ausrüstung gab.[29] So mussten beispielsweise die einberufenen Europäer ihre eigenen Jagdgewehre mitbringen.

Außerdem wurde auf Anordnung Lettow-Vorbecks Ende August 1914 auch ein einige hundert Mann zählendes, sich aus Freiwilligen zusammensetzendes »Araberkorps« aufgestellt. Um die Araber überhaupt zum Kriegsdienst zu animieren, ordnete Lettow-Vorbeck an, dass diese weder als Träger eingesetzt werden sollten noch dem scharfen Askaridrill zu unterwerfen seien.[30] Der Aufstellungsbefehl besaß vor allem symbolische Bedeutung, denn die muslimisch-arabische Küstenbevölkerung stellte die traditionelle Elite in der Kolonie und gab damit eine Art Vorbild für die restliche eingeborene Bevölkerung ab sich auf deutscher Seite im Krieg zu engagieren. Diese symbolische Bedeutung stieg vorübergehend noch dadurch, dass der Sultan als Oberhaupt der Muslime nach dem Kriegseintritt der Türkei an der Seite Deutschlands am 14. November 1914 den heiligen Krieg gegen die Entente-Mächte ausrief und das Araberkorps folglich als erste Vorhut einer allgemeinen muslimischen Mobilisierung Ostafrikas gegen Großbritannien und seine Verbündeten präsentiert werden konnte. Die Kolonialmacht ließ den Aufruf zum heiligen Krieg auf Arabisch und Suaheli in den muslimisch geprägten Siedlungsgebieten sofort verbreiten. Er rief aber laut Schnee nur in einigen Küstenplätzen »eine gewisse äußerliche, aber sehr bald vorübergehende Begeisterung hervor«.[31] Ebenso wenig hinterließ dieser Aufruf des Sultans einen Eindruck bei den muslimischen Askari in den britischen KAR.

Es zeigte sich in den ersten Jahren des Krieges, dass es keines Appells an die Religion bedurfte, um stets eine genügende Anzahl schwarzer Freiwilliger für die Schutztruppe zu finden, zumindest solange diese im Stande war, den Eindruck einer erfolgreichen Verteidigung der Kolonie zu vermitteln. Weder die Schutztruppe bis 1916 noch die KAR konnten sich wegen der materiellen Anreize und des mit dem Askaridasein verbundenen Sozialprestiges über mangelnden Zulauf unter der autochthonen Bevölkerung beklagen. Es übte durchaus einen Reiz auf viele Afrikaner aus, als Askari die Möglichkeit und Allmacht zu besitzen sich des Viehs anderer Landsleute zu bemächtigen, wie einer der letzten KAR-Veteranen noch zu Beginn des 21. Jahrhunderts eingestand.[32] Das Araberkorps hingegen versagte in militärischer Hinsicht im Herbst 1914 bei den Gefechten im Norden der Kolonie gegen britische Truppen und wurde bereits im Frühjahr 1915 wieder aufgelöst.

Gouverneur und Kommandeur verständigten sich am 19. August darauf, dass, wie von Lettow-Vorbeck gefordert, ein Großteil der Schutztruppe an der Nordgrenze der Kolonie zusammengefasst werde, um hier zu erwartende britische Vorstöße abzuwehren, wobei laut Schnee die Maxime lauten sollte, »Defensive mit Offensivstößen«.[33] Dies war eine Weisung, die Lettow-Vorbeck, der sich ebenfalls in den Norden begab und im Bahnhofsgebäude von Neu-Moschi am Fuße des Kilimandscharo für die nächsten eineinhalb Jahre sein Hauptquartier aufschlug, gemäß Temperament, Ausbildung und eigenen strategischen Maximen möglichst offensiv auszulegen trachtete. »Ein rein defensiver Krieg wird immer nur schlechte Resultate hervorbringen (...) Dies dem Gouverneur zu erklären wäre sinnlos gewesen und ich gab diese Idee daher auf«, schrieb er Anfang 1918 in Rückblick auf die Wochen nach Kriegsausbruch in sein Tagebuch.[34]

Bereits am 15. August besetzten deutsche Einheiten auf Anweisung Lettow-Vorbecks den Grenzort Taveta auf kenianischem Gebiet, um von hier aus besser gegen die Ugandabahn vorgehen zu können. Wäre es nach Lettow-Vorbeck gegangen, so hätte er am liebsten den Rest der Kolonie von Truppen und Polizeiaskari fast vollständig entblößt, um alle verfügbaren Kräfte an der Nordgrenze zu Britisch-Ostafrika zu konzentrieren.[35] Für ihn galt gemäß seines u. a. durch Kriegsakademie und Generalsstab geprägten Werdegangs nur eine Maxime: möglichst schnell viele Truppen an den Feind zu bringen und auf dem Schlachtfeld die Entscheidung zu suchen. Fragen der wirtschaftlichen Mobilmachung oder der Stimmung unter der schwarzen Bevölkerung ignorierte er. Schnee verweigerte diese Kräftekonzentration jedoch, weil er entsprechend seiner bereits vor dem Kriege vertretenen Auffassung eine zumindest oberflächliche Präsenz deutscher bewaffneter Kräfte in allen Regionen des Schutzgebietes aufrechterhalten wollte zwecks Einschüchterung der schwarzen Bevölkerung, Steuereintreibung, Trägerstellung und optimaler Mobilisierung der wirtschaftlichen Ressourcen der Kolonie für die Kriegsanstrengungen. Ebenso wenig gab er Lettow-Vorbecks Forderung nach, die Polizeiaskari der Schutztruppe einzugliedern und damit zu Frontsoldaten zu machen.[36] Für ihn war das Geschehen an den Fronten nur ein Aspekt, welches über den Ausgang des Krieges und die Zukunft deutscher Kolonialherrschaft in Ostafrika entscheiden würde.

Es gelang also Schnee, der seine kolonialpolitischen Erfahrungen als mindestens so wertvoll in dieser Situation erachtete wie die militärische Expertise des Kommandeurs, seine Auffassungen zunächst durchzusetzen. Dies widerspricht in gewissem Maße der in der Historiographie gängigen Interpretation, dass die zivilen Autoritäten im Kaiserreich zumal in Kriegszeiten stets vor den Militärs und der ihnen zugeschriebenen Kompetenz eingeknickt seien oder innerlich abgedankt hätten.[37]

Die Zahl der auf deutscher Seite mobilisierten Soldaten blieb letztlich bis 1918 im Vergleich zur Gesamtbevölkerung der Kolonie gering und erreichte nie auch nur annähernd die Verhältnisse in Europa: Von den etwa 7,5 Millionen schwarzen Einwohnern der Kolonie dienten von 1914 bis 1918 insgesamt nur etwa 30 000 bis 40 000 in der Schutztruppe als Askari, also höchstens 1 % der schwarzen männlichen Bevölkerung im Vergleich zu etwa 40% der Männer, die 1914-1918 im Reich eingezogen wurden. Lediglich die ohnehin größtenteils männliche deutsche Bevölkerung der Kolonie wurde überwiegend mobilisiert. Insgesamt betraf dies etwa 3 600 Deutsche, Marineangehörige und Besatzungen von Handelschiffen mitgezählt.

Gleichwohl verwandelte sich die Kolonie seit Kriegsausbruch in ein Territorium, in dem ein nicht unerheblicher Teil der schwarzen Bevölkerung, der in die hunderttausende ging, permanent für die deutschen, nach der Eroberung des Schutzgebietes für die britischen Kriegsdienste mobilisiert wurde: sei es als die Truppen während der Operationen begleitende so genannte »Kompanieträger«, welche Waffen, Munition, Verpflegung, Ausrüstungsgegenstände wie Zelte, aber auch Verwundete transportierten und die allein ein Vielfaches der Kampftruppen ausmachten; sei es als die nochmals zahlreicheren so genannten »Etappenträger«, welche Proviant und Ausrüstungsgegenstände aus den Landesteilen, in denen sie produziert wurden, in zentral eingerichteten Versorgungsdepots entlang der Zentralbahn brachten zwecks Zwischenlagerung und von dort nach Bedarf weiter an die Fronten. »Die Zahl der insgesamt tätig werdenden Träger lässt sich auch nicht annähernd schätzen. Man kann ruhig sagen, dass, abgesehen von den für die gesamte Kriegführung weniger in Betracht kommenden Gebieten des äußersten Nordwestens der größte Teil der männlichen leistungsfähigen Bevölkerung wenigstens vorübergehend bei Transporten mitgewirkt hat«, schrieb Schnee rückblickend über diesen Aspekt der Kriegführung, den Lettow-Vorbeck in seinen Memoiren vollständig ausblendete.[38] Als eine deutsche Kommission 1926/27 durch das ehemalige Deutsch-Ostafrika reiste, das nun britisches Mandatsgebiet war, um ehemaligen Askari und Trägern im Auftrag des Reichs den noch ausstehenden Sold der letzten Kriegsjahre nachträglich auszuzahlen, meldeten sich hunderttausende von Afrikanern. In 81 364 Fällen wurden ihre Ansprüche anerkannt. Allerdings war dies nur die Spitze des Eisbergs, da während des Krieges bzw. seit Kriegsende eine große Zahl der theoretisch ebenfalls Anspruchsberechtigten gestorben war oder sie keine Nachweise über die für die Deutschen geleisteten Dienste mehr besaßen.[39]

Auch die nicht zu Trägerdiensten herangezogene Bevölkerung wurde teilweise für den Kriegseinsatz mobilisiert: Sie hatte auf Geheiß der Kolonialmacht bestimmte, als kriegswichtig erachtete Produkte anzubauen. Sie musste ferner Arbeiter zur Verbesserung der bis 1914 rudimentären Infrastruktur oder Kräfte in der aus dem Boden gestampften improvisierten und mit vielen Ersatzmitteln arbeitende Kriegsindustrie stellen, welche nun die wegfallenden Importe ersetzte. So produzierte die Kolonie schließlich in zentral eingerichteten Werkstätten Leder für Stiefel und Ausrüstungsgegenstände, Verbandsmaterial, Garne und Stoffe für Uniformen, Decken und Zeltbahnen. Zur Stoffherstellung wurden beispielsweise traditionelle afrikanische Spinn- und Webtechniken eigens wieder belebt, die seit Beginn der Kolonialzeit wegen der den Markt überschwemmenden billigen Textilien aus Übersee von der Bevölkerung kaum mehr ausgeübt worden waren.[40]

Die britischen Truppen der angrenzenden Kolonien bestanden bei Kriegsausbruch aus den KAR, insgesamt vier Bataillone mit 2 775 Mann, verteilt auf Uganda, Kenia, Nyasaland und Nordrhodesien. Zudem formierten sich mit Kriegsausbruch improvisierte Einheiten aus Freiwilligen unter den Siedlern, die im Gegensatz zu den Deutschen nicht der Wehrpflicht unterlagen. Auch auf britischer Seite hatte es am Vorabend des Ersten Weltkriegs die Tendenz gegeben den Umfang der Kolonialtruppen zu reduzieren, um das Verteidigungsbudget zu entlasten, weil die Kolonien als weitgehend befriedet galten. Man hatte daher einige Jahre zuvor zwei Bataillone der KAR aufgelöst. Die britischen Einheiten waren ebenso wenig auf eine Konfrontation mit der Nachbarkolonie vorbereitet wie die Schutztruppe. Auch die KAR entstanden zur Jahrhundertwende ausschließlich in Hinblick auf einen Einsatz gegen die schwarze Bevölkerung Britisch-Ostafrikas. Ein Großteil von ihnen befand sich bei Kriegsausbruch im Norden im Kampf gegen kriegerische Somali-Stämme. Es gab wie auf deutscher Seite keine Reserveformationen und entsprechende Waffen-, Munitions- und Ausrüstungsvorräte sowie keine zentralen Stäbe oder Operationspläne gegen die Nachbarkolonie. Für den Fall größerer innerer Unruhen oder Konflikten mit anderen Kolonialmächten rechnete man in Britisch-Ostafrika ohnehin mit Verstärkungen aus Indien. Neben der Hoffnung auf Truppen aus anderen Teilen des Empire herrschte auf britischer Seite ein grundsätzliches Missbehagen bei dem Gedanken zu viele Afrikaner militärisch auszubilden und zu bewaffnen. Daher zögerte die Kolonialverwaltung in Britisch-Ostafrika bis 1916, bevor sie anfing massiv schwarze Soldaten für die KAR zu rekrutieren.[41] So klagte nach der Schlacht von Tanga die britische Siedlerpresse in Kenia Lettow-Vorbeck an, er habe durch seinen Einsatz von Askari gegen die Regeln des zivilisierten Krieges verstoßen.[42]

Die ersten, ab Mitte August einsetzenden Grenzscharmützel, die auf Weisung Lettow-Vorbecks von deutscher Seite ausgingen, während sich die britischen Truppen defensiv verhielten, verliefen ergebnislos. Keine der beiden Seiten konnte in dieser noch tastenden, neuartigen Kriegführung im Busch zunächst die Oberhand gewinnen. Die Unkenntnis des Geländes und der Wassermangel jenseits der britischen Grenze machten es zudem in den ersten Monaten für die kleinen deutschen Patrouillen fast unmöglich die Ugandabahn zu erreichen, um sie durch Sprengungen zu unterbrechen.

Schnee konnte mit seiner abwartenden, auf eine Deeskalation abzielenden Haltung in den ersten Kriegswochen auf die Unterstützung der großen Mehrheit der Europäer in der Kolonie zählen. So schrieb der Plantagenbesitzer Fred Kaltmann nach dem Weltkrieg: »Nachdem sich gezeigt hatte, dass die Kolonien keineswegs außerhalb der Kriegsgefahr waren und unsererseits Taveta besetzt worden war, war die Meinung im Bezirk ziemlich verbreitet, dass das schneidige Vorgehen des Kommandeurs zwar durchaus den Ehrauffassungen eines kommandierenden Stabsoffiziers entspreche, dass es aber mit Rücksicht auf die deutschen Frauen und Kinder und eine mögliche unfreundliche Haltung unserer Eingeborenen besser gewesen wäre, in Anlehnung an die Kongoakte wenigstens den Versuch zu machen, mit dem Feind zu verhandeln, um unter allen Umständen kriegerische Vorgänge in der Kolonie zu vermeiden.«[43] Selbst innerhalb des Offizierskorps der Schutztruppe blieb Lettow-Vorbecks Vorstellung eines offensiven, rücksichtslosen Kriegs nach allen Seiten zunächst eine Minderheitsposition. Nach den ersten, kopflosen Anordnungen des kriegslüsternen Kommandeurs wurden Ende September sogar Stimmen seitens älterer Offiziere wie Major Kepler laut, der Gouverneur möge den Kommandeur absetzen, wozu dessen Befugnisse allerdings, wie bereits erwähnt, nicht ausreichten.[44] »Die Energie der höheren Offiziere ließ anfangs viel zu wünschen übrig. Der höchste aktive Offizier, Major Kepler, glaubte, es sei seine Pflicht, mich zu informieren, dass nach seiner und der Auffassung anderer höherer Offiziere ich schlecht beraten sei, in die Offensive zu gehen«, hieß es in Lettow-Vorbecks privaten Aufzeichnungen von Anfang 1918.[45] Ein Kolonialbeamter, der 1918 im Zuge eines Gefangenenaustausches nach Deutschland zurückkehrte, schrieb in einer Aufzeichnung für das RKA von einer »im Anfang des Krieges allgemein gegen den Kommandeur der Schutztruppe herrschenden Stimmung«. »Im ganzen Schutzgebiet war nicht ein Einziger, der nur im Entferntesten daran gedacht hätte, dass das Schutzgebiet dem von englischer Seite zu erwartenden Angriff widerstehen könne.« Es habe nicht zuletzt das Vertrauen in die Standfestigkeit der Askari gefehlt, wenn diese auf einen modernen Gegner treffen würden. Zudem seien die klimatischen Verhältnisse als ungeeignet angesehen worden, um Europäern längere Operationen im Landesinneren zuzumuten.[46]

Das unüberlegte, rücksichtslose, auf offensives Vorgehen um jeden Preis drängende Verhalten Lettow-Vorbecks, zu welchem u. a. auch die durch die Zivilbehörden verhinderte Anordnung zählte, die Nordbahn zwischen Tanga und Neu-Moshi zu sprengen, damit im Falle einer Landung in der Hafenstadt britische Truppen nicht mit der Bahn rasch ins Landesinnere vordringen könnten[47], trug ihm denn auch unter den Europäern der Kolonie in den ersten Wochen des Krieges den Spitznamen »der tolle Mullah« ein. Als Namenspate diente »Mad Mullah« Sayyid Mohammed Abdille Hassan, ein somalischer Stammesführer und Derwisch, der seit der Jahrhundertwende durch wiederholte Einfälle nach Kenia und Britisch-Somaliland die Empire-Truppen beschäftigt hielt.

2. Die Schlacht von Tanga

Die Entscheidung des Committee of Imperial Defense vom 5. August 1914, einen Angriff auf Deutsch-Ostafrika mit Hilfe indischer Truppen vorzutragen, nahm erst im Oktober Gestalt an. Aufgrund der zunehmend feindlicheren Haltung des Osmanischen Reiches gegenüber der Entente, die schließlich in der türkischen Kriegserklärung an Russland, Frankreich und Großbritannien kulminierte, erschien es London geboten, zunächst Verstärkungen aus Indien nach Ägypten zu verlegen, um den Suezkanal ggf. gegen türkische Angriffe aus Palästina verteidigen zu können. Mitte Oktober verließ schließlich ein Konvoi mit 8 000 Soldaten an Bord Bombay mit dem Ziel Ostafrika. Die Truppen sollten nun in Tanga im Norden der Kolonie, dicht an der Grenze zu Kenia landen und nicht mehr in Dar-es-Salaam. Parallel dazu sollte über den Landweg ein Angriff mit 2 000 ebenfalls aus Indien herangeführten Soldaten aus Britisch-Ostafrika erfolgen. Angesichts der deutschen Truppenkonzentration im Norden des Schutzgebiets versprach eine solche Vorgehensweise sinnvoller zu sein als die ursprünglich anvisierte Landung in der Hauptstadt: Man hoffte, so einen Großteil der deutschen Truppen zur Schlacht stellen und zugleich die Nordbahn, die in Tanga begann, in Besitz nehmen zu können. So wäre die von Lettow-Vorbeck ausgehende Gefahr für Britisch-Ostafrika ausgeschaltet und zugleich der wertvollste Teil der deutschen Kolonie inklusive einer der nur zwei in Deutsch-Ostafrika existierenden Eisenbahnlinien zu einem frühen Zeitpunkt in britische Hände geraten. Den Rest der Kolonie zu besetzen würde dann, so die Erwartung, ein leichtes Spiel sein.

Ziel der britischen Operation war also nun nicht mehr, lediglich die wichtigsten Hafenplätze zu erobern, sondern die gesamte Kolonie. Jetzt galt es angesichts der

Tatsache, dass deutsche Truppen seit August große Teile Belgiens und Nordfrankreichs besetzt hielten, einen Faustpfand für spätere Verhandlungen in die Hand zu bekommen. Das britische Expeditionskorps unter Generalmajor Arthur E. Aitken stellte sich die Eroberung Deutsch-Ostafrikas so wie die innerhalb von nur drei Wochen ohne große Verluste erfolgte Einnahme Togos als eine Art militärischen »Spaziergang« vor: Die Deutschen verfügten in erster Linie über angeblich »minderwertige« schwarze Truppen, die zudem kaum moderne Waffen besaßen. Man spekulierte ferner darauf, dass sich die Afrikaner sofort gegen die deutsche Herrschaft erheben würden, sobald diese von außen bedroht sei.[48] Konsul King, der bei seiner Abreise aus Dar-es-Salaam den Eindruck einer allgemeinen Panik und Niedergeschlagenheit unter den Deutschen mitgenommen hatte und nun als politischer Berater des Expeditionskorps diente, bestärkte die Militärs noch darin, dass sie eine leichte Aufgabe erwarte. Militärische Hilfsangebote von belgischer und französischer Seite und von der offiziell noch neutralen portugiesischen Regierung hatte London im Vorhinein abgelehnt. Vor allem das Colonial Office wollte keine anderen Anwärter auf die scheinbar leicht zu erlegende Beute sehen und spätere Friedensverhandlungen mit Deutschland dadurch komplizieren, dass die deutsche Kolonie möglicherweise von zwei oder drei Mächten besetzt wurde.[49]

Der Optimismus der britischen Führung erwies sich allerdings bei nüchterner Betrachtung der in Indien für die Landung in Deutsch-Ostafrika eingeschifften Einheiten als kaum gerechtfertigt. »Sie stellen das Schlechteste dar, das Indien zu bieten hat und ich erschaudere bei dem Gedanken, was passieren wird, wenn wir auf ernsthaften Widerstand stoßen«, schrieb Meinertzhagen, der als Nachrichtenoffizier im Expeditionskorps diente, am 13. Oktober 1914 in sein Tagebuch. Die Offiziere seien zumeist zu alt und energielos und kaum mit ihren Einheiten vertraut. Nur ein Teil der Einheiten verfügte über Maschinengewehre und außer Meinertzhagen kannte keiner der Offiziere Ostafrika.[50]

Lettow-Vorbeck erfuhr aus erbeuteter gegnerischer Post, dass sich ein Expeditionskorps aus Indien auf dem Weg befand. Zugleich kündigte die Royal Navy am 23. Oktober die mit der deutschen Kolonialverwaltung getroffene Vereinbarung hinsichtlich der Neutralisierung der Küstenstädte Deutsch-Ostafrikas. Dies war ein zusätzliches Indiz für einen bevorstehenden britischen Angriff von der Seeseite. Der Kommandeur hielt es angesichts seiner Truppenkonzentration an der Grenze zu Kenia und der strategischen Bedeutung der Nordbahn für die deutsche Kriegführung für sehr wahrscheinlich, dass die britischen Truppen versuchen würden in Tanga zu landen. Daher unternahm er mit seinem Stab in den letzten Oktobertagen eine Erkundungsfahrt nach Tanga, um sich mit den örtlichen Gegebenheiten vertraut zu machen. Zugleich verpflichtete er den Bezirkshauptmann Tangas und den Kommandeur der dort stationierten Feldkompanie mit drohendem Hinweis auf das Militärstrafgesetzbuch darauf, die Hafenstadt im Widerspruch zur Anordnung Schnees, bei einer Landung keinen Widerstand zu leisten, die der Gouverneur erst einige Tage zuvor zweimal bestätigt hatte[51], im Falle eines Angriffs so lange wie möglich zu verteidigen.[52] Im Gegensatz zu vielen anderen, altgedienten Schutztruppenoffizieren zweifelte er offenbar nicht am Gefechtswert seiner schwarzen Söldner, sollten sie auf einen modern ausgerüsteten Gegner treffen. So hatte er schon am 18. September an das Etappenhauptquartier in Morogoro unter dem für den Krieg reaktivierten Generalmajor Kurt Wahle telegraphiert, dass »aufgrund verschiedener Berichte sich unsere Askari im Gefecht sehr gut geschlagen haben, wohingegen die Schießkünste der englischen Askari den unsrigen weit unterlegen sind«.[53]

Am Morgen des 2. November 1914 erschien das britisch-indische Expeditionskorps, geschützt durch den Kreuzer »Fox«, vor Tanga. Aus Angst vor Minen gingen die Soldaten nicht etwa im Hafen selbst an Land, sondern drei km außerhalb der Stadt entlang einer Halbinsel namens Ras Kasone. Die Soldaten mussten auf See von den Truppentransportern zunächst auf kleine Boote umsteigen. Diese brachten dann die Soldaten an die Küste. Die Ausschiffung wurde dadurch erschwert, dass die Truppen in amphibischen Operationen ungeübt waren und Ras Kasone durch Mangrovenwälder und Klippen einen ungünstigen Landeplatz darstellte. Folglich wurde viel Zeit verloren, bis genügend Truppen gelandet und formiert waren, um einen Vorstoß auf die Stadt zu wagen. Dieser erfolgte zögerlich durch die wegen der langen Schiffsreise und Landung bereits demoralisierten Truppen erst am Morgen des 3. November. Als sie am Stadtrand auf den Widerstand der in Tanga stationierten 17. Feldkompanie stießen, die mittlerweile genügend Zeit gehabt hatte um Verteidigungsstellungen zu bauen, zogen sich die indischen Truppen wieder zurück.

Zu diesem Zeitpunkt war Lettow-Vorbeck in Neu-Moshi bereits über die Landung informiert. Er sammelte, ohne den Gouverneur zu konsultieren, etwa 950 Mann seiner an der Nordgrenze stehenden Truppen, um sie mit der Nordbahn 300 km gen Osten nach Tanga zu transportieren und dort zum Gegenangriff anzutreten. Er konnte nun von Glück reden, dass sein Befehl vom August die Nordbahn durch Sprengungen zu unterbrechen, von Schnee vereitelt worden war. Er setzte alles auf eine Karte, denn »das Eine war sicher, fiel das Gefecht schlecht aus, dann musste der formelle Ungehorsam, der ja tatsächlich begangen wurde, verheerende Folgen haben«.[54] Lettow-Vorbeck traf mit der letzten Kohorte der Verstärkungen am 4. November morgens in Tanga ein. Ihm standen jetzt etwa 1 100 Soldaten mit 15 Maschinengewehren in 10 Feld- und Schützenkompanien zu Verfügung. Der Oberstleutnant war gerade noch rechtzeitig eingetroffen, um dem zweiten, nun mit allen Soldaten vorgetragenen britischen Vorstoß auf Tanga entgegenzutreten. Dieser begann am späten Vormittag in brütender Hitze. 8 000 Soldaten mit 12 Maschinengewehren und der Artillerieunterstützung der »Fox« rückten vor.

Der rechte, an die Küste angelehnte Flügel der britischen Truppen, der u. a. von dem disziplinierten, rein weißen Bataillon der Loyal North Lancashire gebildet wurde, drang in die Stadt ein und brachte die deutschen Verteidiger am frühen Nachmittag in den sich entspannenden Straßenkämpfen in erhebliche Bedrängnis. Der linke, landeinwärts gerichtete britische Flügel dagegen war aufgrund des unübersichtlichen, von Palmen und dichten Büschen bestandenen Geländes nicht abgesichert und wies eine offene Flanke auf. Zudem fehlte den britischen Truppen in dem für sie unbekannten und für eine Schlachtaufstellung alles andere als geeigneten Gelände teilweise der Anschluss aneinander, so dass sich Lücken zwischen ihnen auftaten, während sie an anderen Stellen der Front so dicht gedrängt vorrückten, dass sie sich gegenseitig behinderten, was einem koordinierten Vormarsch ebenso abträglich war wie einer raschen Reaktion auf unvorhergesehene Gefechtssituationen. Gegen 16 Uhr befahl Lettow-Vorbeck, der sich an vorderster Front aufhielt, den Gegenangriff seiner letzten, in Reserve gehaltenen 16. Feldkompanie mit drei Maschinengewehren auf den linken britischen Flügel. Sein geschulter Blick hatte deutlich die Schwächen des britischen Aufmarsches trotz der zahlenmäßigen Überlegenheit des Gegners – er schätzte die gegen ihn vorrückenden Truppen auf etwa 6 000 Mann – erkannt. Er rechnete aufgrund seiner Erfahrungen mit britisch-indischen Truppen in China damit, dass deren Unterführer mangels fehlender Tradition in der Auftragstaktik bei überraschend eintretenden Änderungen der Lage nur langsam reagieren würden und das von ihm erkundete Terrain zudem eine koordinierte Reaktion der gegnerischen Streitkräfte erschwerte. »Man durfte annehmen, wird eine solche Truppe vor die schwere Aufgabe gestellt, unmittelbar nach der Landung in ganz fremdem Gebiet und dichtem Busch ein entscheidendes Gefecht führen zu müssen, dann genügt wahrscheinlich eine Unordnung, die auch nur an einer einzigen Stelle beigebracht wird, um sie ganz außer Rand und Band zu bringen.«[55]

Die im Gegensatz zu den britischen Truppen im Umgang mit ihren Maschinengewehren geübte Feldkompanie richtete bei ihrem Gegenangriff ein Massaker auf der linken Flanke des Gegners an. Die unmittelbar betroffenen indischen Truppen, ohnehin durch die vorangegangenen Wochen an Bord der Schiffe demoralisiert, durch die ungewohnte afrikanische Hitze erschöpft und durch die Unübersichtlichkeit des Geländes verunsichert, gerieten sofort in Panik, drängten nach rechts und rissen so weitere Truppen entlang der britischen Front, die sich durch die chaotische Aufstellung nicht zur Verteidigung entfalten konnten, mit in die Flucht. Gegen 18 Uhr gaben die britischen Truppen auch des rechten Flügels sämtliche erreichten Positionen auf und zogen sich fluchtartig in Richtung Küste zurück.

Allerdings kam der deutsche Gegenangriff bald ins Stocken, denn die deutschen Kompanieführer gaben sich mit dem Rückzug des Gegners zufrieden. Der Kommandeur tadelte im Nachhinein die mangelnde Selbständigkeit und Entschlossenheit der eigenen Unterführer in dieser Situation, die seiner Auffassung nach die Verfolgung hätten aufnehmen sollen.[56] Den deutschen Offizieren fehlte jedoch noch das Vertrauen in die Leistungsfähigkeit ihrer schwarzen Soldaten gegen einen modernen Gegner und sie wollten daher kein Risiko eingehen. So hatte Hauptmann Erich von Langenn, Kommandeur der 5. Feldkompanie, die im Südwesten der Kolonie stand, Ende August an das Hauptquartier telegraphiert. »Die gegenwärtige Kriegführung gegen einen ähnlich bewaffneten und ausgerüsteten Gegner ist ziemlich neu für unsere Askari und hat unglücklicherweise auch gezeigt, dass man sich nicht immer unbedingt auf diese verlassen kann.« Es sei daher zu ersten Exekutionen von Askari wegen Feigheit vor dem Feind gekommen.[57]

Alle deutschen Offiziere zeigten sich nach der Schlacht beeindruckt von den Leistungen der Askari. Der Gefechtsbericht der 17. Feldkompanie über die Kämpfe in Tanga verdeutlicht dies, wobei aus den Zeilen zugleich ein gewisses Erstaunen über die Standfestigkeit der schwarzen Söldner spricht, denen man aus rassistischem Hochmut einen solchen Einsatz offenbar nicht zugetraut hatte: »Die Haltung meiner Kompanie, nicht nur der Europäer, sondern auch der Askari war in jeder Phase des Gefechts (…) vollkommen ruhig«, hieß es über den 3. November.

Und über den Hauptkampftag am 4. November schrieb der Offizier: »Beim Herausgehen aus der Dorfstraße wurden wir von einem äußerst heftigen Feuer empfangen, durch das sofort zwei Europäer und zwei Askari fielen. Nichtsdestoweniger schossen die Askari mit großer Ruhe und gutem Erfolge und gingen mit anerkennenswertem Schneid sprungweise vor, so dass der Gegner unter Zurücklassung einer Anzahl Toter zurückging.«[58] Trotzdem sah man die Askari weiterhin nicht als gleichwertige Kameraden an. Es wurde bis zum Kriegsende an dem rassistischen und für die grundsätzliche Rechtfertigung kolonialer Herrschaft notwendigen Klischee festgehalten, dass der schwarze Soldat zwar ein loyaler, geschickter Untergebener sei, ihm jedoch Selbständigkeit und Führungsqualität abgingen. Von daher stand bis 1918 jeder eingezogene weiße Reservist im Mannschaftsdienstgrad über dem erfahrensten, jahrelang gedienten Askari-Feldwebel. Sogar kleinste Aufklärungspatrouillen wurden selten ohne einen Weißen, der das Kommando innehatte, ausgeschickt mit der Begründung, dem schwarzen Soldat fehle Eigeninitiative und er sei auch nicht in der Lage, korrekte Angaben über Art und Umfang der beobachteten gegnerischen Truppen zu machen.[59]

Auf britischer Seite war man sich bewusst, dass ein sofortiges, energisches Nachsetzen der deutschen Truppen an jenem späten Nachmittag des 4. November oder am nächsten Tag aus der Niederlage eine Katastrophe gemacht hätte angesichts der Auflösungserscheinungen unter den auf die Landeplätze zurückflutenden indischen Truppen, des Fehlens von Auffangstellungen und der Schwierigkeiten des Einschiffens. Umso erstaunter zeigten sich britische Teilnehmer der Expedition über den ausbleibenden deutschen Angriff.[60] Stattdessen vereinbarten beide Seiten am 5. November einen Waffenstillstand zwecks Bergung und Versorgung der Verwundeten und Beerdigung der Toten. Die Schutztruppe übergab die verwundet in Gefangenschaft geratenen britischen Offiziere gegen ihr Ehrenwort, in diesem Krieg nicht mehr gegen Deutschland zu kämpfen, wieder dem Expeditionskorps. Meinertzhagen als Parlamentär für die britische Seite wurde von Lettow-Vorbecks Adjutant Hauptmann Alexander Freiherr von Hammerstein entsprechend den Möglichkeiten aufs Beste bewirtet. Beide Offiziere erörterten zwanglos und ohne Ressentiments die Ereignisse des Vortags »so, als sei es ein Fußballspiel gewesen«. Hammerstein zeigte sich voll des Lobes für die Kampfmoral der Soldaten des Loyal North Lancashire Bataillons. Am nächsten Tag tauschten Meinertzhagen und Hammerstein noch die Adressen aus, damit man auch nach Kriegsende nicht den Kontakt verlöre.[61] Der Waffenstillstand erlaubte es den britischen Truppen zugleich, ungestört wieder auf die Schiffe zu gelangen. Allerdings ließen sie bei ihrem hastigen Abzug viel an Waffen, Munition und Material zurück.

Der Kontakt zwischen Meinertzhagen und Hammerstein war ein erstes Beispiel dafür, dass der Feldzug in Ostafrika zumindest auf Offiziersebene in den kommenden Jahren fast wie ein Krieg von Ehrenmännern geführt werden sollte: Man sah den Gegner als eine Art sportlichen Rivalen an, dessen militärische Leistungen professionellen Respekt verdienten und dem außerhalb des Schlachtfeldes gemäß einem ungeschriebenen »ritterlichen« Kodex das Leben so komfortabel und sicher wie möglich gemacht werden sollte. Zum einen mögen diese gleich zu Beginn des Krieges zwischen deutschen und britischen Offizieren etablierten Umgangsformen zufälligerweise auf den Charakter einzelner exponierter Offiziere wie Lettow-

Vorbeck und Hammerstein einerseits und Meinertzhagen andererseits zurückzuführen sein, die damit einen gleichsam verpflichtenden Standard für den Rest des Feldzugs setzten. Zumindest Lettow-Vorbeck sah sich als Angehöriger einer alten preußischen Offiziersdynastie als Profi, der zur Ausübung seines Metiers keinen Hass und keine Ressentiments gegen den Gegner brauchte, der für die Lettow-Vorbecks über die Jahrhunderte immer wieder gewechselt hatte: seien es Schweden, Franzosen, Österreicher oder Russen.[62] Nun, im ersten großen Konflikt des 20. Jahrhunderts, waren seine Opponenten eben Soldaten des britischen Empire. Seine berufliche Maxime, die er auch später an die Wehrmacht weiterzugeben trachtete, lautete: »Wer es nicht edel und nobel treibt, der lieber weit weg vom Handwerk bleibt.«[63] Zum anderen resultierte die Einhaltung bestimmter Regeln daher, dass sich die weißen Offiziere beider Seiten, wie es schon die deutsch-britischen Offizierskontakte in China gezeigt hatten, als gleich gesinnte Standesgenossen auffassten, die in diesem Teil der Erde gemeinsam gewisse Standards aufrecht erhalten mussten, um sich von der als unzivilisiert erachteten schwarzen Bevölkerung abzusetzen und dem extremen Klima, lebensbedrohlichen Krankheiten und gefährlichen Tieren zumindest außerhalb des Kampfgeschehens gemeinsam zu trotzen.

Außerdem blieb der Krieg in Ostafrika trotz der großen geographischen Ausdehnung des Operationsgebietes insofern ein überschaubarer Konflikt, als die Offizierskorps beider Seiten relativ klein waren. Folglich standen sich manchmal über Jahre die selben Offiziere wie Soldaten gegenüber. Der Krieg war mithin weniger anonym als in Europa. Die spezifischen Gegebenheiten des ostafrikanischen Operationsgebietes begrenzten zudem den Einsatz moderner Waffen, es kam also nicht zu Materialschlachten. So spielte beispielsweise die Artillerie, die an der Westfront den Großteil der menschlichen Verluste auf beiden Seiten hervorrief, hier eine nur sehr geringe Rolle, da sie für die Verkehrsbedingungen des Kriegsschauplatzes zu schwerfällig und ihre Wirkung durch eine die Feuerleitung erschwerende dichte Vegetation stark eingeschränkt war.[64]

Nicht der Abnutzungskrieg zwischen in Gräben verschanzten Massenheeren, sondern das sich oftmals durch die Unübersichtlichkeit des Geländes zufällig entwickelnde Begegnungsgefecht zwischen zwei mobilen Formationen, die selten den Umfang mehrerer Bataillone überschritten, kennzeichnete die Kämpfe in Ostafrika. Man kannte, wie Lettow-Vorbeck schrieb, oft die Namen der gegenüberstehenden Einheitsführer, studierte seine Eigenarten, bewunderte seine taktische Geschicklichkeit, versuchte durch Gefangenenbefragungen etwas über ihn zu erfahren, erbeutete gelegentlich seine Post und war darauf neugierig, diesen im Falle der Gefangennahme endlich persönlich kennen zu lernen.[65] Diese Einstellung existierte auch auf britischer Seite. So schrieb Oberstleutnant L. M. Davies nach dem Krieg an Major Charles Hordern, der an der offiziellen britischen Geschichte des Ostafrikafeldzuges arbeitete: »Ich stand wiederholt gegen Kraut (den Stellvertreter Lettow-Vorbecks seit 1915, E. M.) im Feld und hegte große Bewunderung für ihn. Die Art, wie er uns bei Longido und Saleita zurückschlug, war für uns äußerst beschämend und eine Auszeichnung für ihn. Ich würde gerne seine Adresse haben und ihn in Deutschland besuchen oder ihn nach Schottland einladen.«[66]

Am 6. November verließ das britische Expeditionskorps die Küste Deutsch-Ostafrikas und dampfte nach Mombasa. Es hatte 360 Gefallene, 380 Verwundete und 80 Gefangene zu verzeichnen. Bei der Schutztruppe waren 64 Soldaten gefallen. Sie erbeutete 455 Gewehre, acht Maschinengewehre, erhebliche Mengen an Munition und weitere Ausrüstung – genug, um in den folgenden Wochen drei weitere Feldkompanien aufzustellen. 8 000 Soldaten waren von einer Streitmacht in die Flucht geschlagen worden, die nur etwa ein Achtel der Stärke gezählt hatte. Letztere verfügte allerdings über den Vorteil das zukünftige Schlachtfeld zu kennen, eine einheitliche und energische Führung unter Lettow-Vorbeck und war mit den klimatischen Bedingungen Ostafrikas vertraut. Zudem erwiesen sich Offiziere und Mannschaften im Gegensatz zum Gegner vergleichsweise aufeinander eingespielt, da sie bereits seit fast drei Monaten im Einsatz standen. Ferner wussten sie die Maschinengewehre ihrer Kompanien effizienter einzusetzen, was die Tatsache mehr als wettmachte, dass die deutschen Soldaten im Gegensatz zu den indischen Truppen meistenteils nur veraltete Gewehre besessen hatten. Der parallel zur Landung in Tanga angesetzte Angriff einer kleineren, aus Kenia vorstoßenden indischen Streitmacht auf die deutschen Stellungen am Kilimandscharo wurde von Lettow-Vorbecks dortigen Truppen in der Schlacht von Longido ebenfalls abgewehrt.

Tanga war, wie es im Band zum Ostafrikafeldzug der offiziellen britischen Geschichte des Ersten Weltkriegs hieß, zu einem »der bemerkenswertesten Fehlschläge in der britischen Militärgeschichte« geworden. Die Ereignisse wurden der britischen Öffentlichkeit zunächst verheimlicht. Es stand um die Stimmung auf der Insel Anfang November 1914 nach dem Kriegseintritt der Türkei, den schweren Verlusten der britischen Truppen an der Westfront und der Versenkung von zwei Kreuzern der Royal Navy durch das Geschwader Graf Spees in der Seeschlacht von Coronel im Südatlantik ohnehin nicht zum Besten.[67] Auch die deutsche Öffentlichkeit erfuhr wegen der schlechten Verbindungen zur Kolonie erst Wochen später von dem Erfolg ihrer Truppen in Ostafrika.

3. Die Folgen von Tanga

Für Generalmajor Aitken bedeutete das Debakel das Ende seiner militärischen Karriere. Er wurde degradiert, auf halben Sold gesetzt und bis Kriegsende nicht mehr verwendet. Die Reste des Expeditionskorps blieben in Britisch-Ostafrika, waren aber vorerst zu demoralisiert und bald auch durch Krankheiten so dezimiert, dass sie für offensive Aufgaben ausfielen. Verstärkungen standen ebenfalls nicht zur Verfügung, weil diese dringend an der Westfront und im Krieg gegen die Türkei gebraucht wurden. Ostafrika nahm in der Gesamtstrategie des Empire eine sehr nachgeordnete Bedeutung ein. Dafür entschied sich London nun in Zukunft militärisch mit Belgien in Ostafrika zu kooperieren, da sich die Eroberung der deutschen Kolonie schwieriger als erwartet gestaltete. Zudem ging nun die Kriegführung auf diesem Schauplatz, die bisher von Colonial und India Office mehr schlecht als recht koordiniert worden war, in die Verantwortlichkeit des War Office über.[68] Der Schock von Tanga lähmte die britischen Operationen in Ostafrika in psychologischer Hinsicht nachhaltig für etwa eineinhalb Jahre. Hatte man zuvor die Kampfkraft der Schutztruppe unterschätzt und sich die Eroberung der Kolonie als Spaziergang vorgestellt, so wurden die Deutschen und ihre Askari nun zu militärischen Übermenschen stilisiert, denen man vorerst nicht im Buschkrieg gewachsen sei. Die britischen Truppen gingen daher in der Folgezeit oft in dem Glauben ins Gefecht, sie würden ohnehin geschlagen werden.[69] »Die indische Armee scheint die Deutschen als unbesiegbare Ungeheuer anzusehen«, schrieb Ex-Konsul King im Dezember 1914 in sein Tagebuch.[70]

Für Lettow-Vorbeck dagegen stellte die Schlacht den ersten, dringend notwendigen Erfolg seit Ausbruch der Feindseligkeiten dar. »Auch für mich persönlich hatte der Erfolg von Tanga recht viele Vorteile. Dass mir am Abend des 4. November sehr viel wohler zu Mute war, das wird jeder ohne weiteres begreifen können. Aber auch gerade in meinem Verhältnis zur Truppe hat Tanga eine sehr entscheidende Wende zum Guten gebracht. Um das zu verstehen, muss man in Rechnung stellen, dass in Afrika erst der lange Aufenthalt im Lande Autorität verleiht, ich aber erst vor wenigen Monaten gekommen war.« Vor Tanga, so Lettow-Vorbeck rückblickend, seien viele Befehle des als Afrika-Neuling betrachteten Kommandeurs ironisch kommentiert worden, danach nicht mehr.[71] Der überraschende und eindrucksvolle Sieg, den außer ihm keiner in der Kolonie für möglich gehalten hatte, führte dazu, dass der Oberstleutnant nun in den Augen von Siedlern, Zivilverwaltung und Untergebenen vom »tollen Mullah« im Sinne eines tollwütigen, unüberlegten und unerfahrenen Befehlshabers zum tollkühnen, beherzten und weitsichtigen Kommandeur mutierte. Lettow-Vorbecks Vision einer offensiven Kriegführung gegen die feindlichen Nachbarkolonien wurde nun, angesichts des neu gewonnenen militärischen Selbstvertrauens auf deutscher Seite, nicht mehr hinterfragt. Schnee widerrief unter dem Eindruck des Erfolges einige Wochen später seinen Befehl, Dar-es-Salaam im Falle britischer Angriffe nicht zu verteidigen. Im Februar 1915 gab er die Order alle Küstenplätze so lange wie möglich zu halten.[72]

Als Folge des Sieges kam es jetzt in der Kolonie zu einer Art nachgeholtem »Augusterlebnis«. Die Ereignisse von Tanga bzw. die Anordnungen des Kommandeur schienen sich nun in dieses Bild der vermeintlich einigen, siegeszuversichtlichen und mit Waffenerfolgen gesegneten Nation einzufügen, Mutterland und Kolonie seit Herbst 1914 vom gleichen Geist beseelt. »Erst ganz allmählich unter dem Eindruck des gewaltigen Sieges bei Tanga Anfang November und der etwa zur selben Zeit hier eingetroffenen ersten deutschen Zeitungen, aus denen die beispiellose Begeisterung und Opferfreudigkeit unseres endlich geeinten Volkes zu lesen war, vollzog sich der Umschwung und seit drei Monaten sind die Nörgler zum Schweigen gebracht«, schrieb Geerd Schelcher, der Chefredakteur der »Deutsch-Ostafrikanischen Zeitung« im März 1915 an seinen Vater.[73]

Weitere Aspekte traten hinzu, um bis zur Jahreswende 1914/15 einen allmählichen, dem Kommandeur und seiner Auffassung von der Rolle der Kolonie im Krieg zu Gute kommenden Stimmungsumschwung zu bewirken. Ermutigend für die Deutschen in der Kolonie wirkte sich beispielsweise die Erkenntnis aus, dass die schwarze Bevölkerung offensichtlich keine Anstalten zum anfangs allgemein befürchteten, von Schnee noch im Juni 1914 für den Fall eines europäischen Krieges prognostizierten großen Aufstand machte. Sie verhielt sich vielmehr, abgesehen von den Massai im Nordwesten der Kolonie, die sich teilweise als bezahlte Späher für die britische Seite betätigten, trotz der an sie gestellten zusätzlichen Anforderungen hinsichtlich Trägerdiensten passiv und abwartend.[74] Zu sehr lastete offenbar noch die Erinnerung an die brutale Repression im Maji-Maji-Krieg auf den Afrikanern, um eine erneute Erhebung zu wagen. Der Sieg von Tanga stabilisierte zusätzlich die Kolonialmacht, da sie anscheinend überzeugend ihre Sanktionsfähigkeit gegenüber jeglicher Bedrohung ihrer Herrschaft bewiesen hatte. Zudem bedeutete der Konflikt auch für einen Teil der männlichen schwarzen Bevölkerung nicht unbedingt nur zusätzliche Belastungen, sondern eröffnete auch zehntausenden von ihnen auf den ersten Blick berufliche Perspektiven, sei es als Askari oder bezahlter Träger. Zumindest vorübergehend hatte der Krieg nicht nur eine destabilisierende, sondern teilweise auch eine integrierende Wirkung auf die Herrschaftsordnungen. In Kenia beispielsweise stellten die Nandi, die bis 1914 den stärksten Widerstand gegen die britischen Kolonisatoren geleistet hatten, den stärksten Prozentsatz der Ethnien in den KAR, als diese ab 1916 massiv aufgerüstet wurden.[75]

Es stellte sich zudem bereits nach einigen Monaten heraus, dass die Europäer die Operationsbedingungen in Ostafrika selbst bei eingeschränkten Komfort etwa hinsichtlich der Zahl der ihnen bei den Operationen zustehenden Träger gesundheitlich erheblich besser verkrafteten, als es zuvor befürchtet worden war.[76] Die anfängliche, aus dem 19. Jahrhundert herrührende Überzeugung vom tropischen Afrika als »Grab des weißen Mannes« wich unter dem Eindruck der Erfahrungen des gleichsam lang anhaltenden »Großversuchs« des Ostafrikafeldzugs einer zunehmend optimistischeren Betrachtungsweise hinsichtlich der körperlichen Leistungs- und Widerstandsfähigkeit von Europäern in dieser Klimazone, wie der Arzt Ludwig Deppe in seinen Memoiren schrieb: Galten vor 1914 Märsche von vier bis fünf Stunden, wobei die Zeit zwischen neun Uhr morgens und vier Uhr nachmittags gemieden werden sollte, als Grenze des Zumutbaren, so marschierten die Europäer bald unter Kriegsbedingungen 10 bis 12 Stunden zu jeder Tageszeit, ohne Schaden an ihrer Konstitution zu nehmen. »Durch Raubzeug wie Löwen, Leoparden, Krokodile, Schlangen kamen auffallend wenige Sterbefälle vor.«[77]

Schließlich wurde auch offensichtlich, dass die Kolonie sehr wohl in der Lage war sich selbst zu versorgen. »Im Laufe des Krieges trat zu Tage, dass das Schutzgebiet in einem für die meisten von uns unerwartetem Maße auch die bisher aus dem Auslande bezogenen Lebensmittel für Europäer aufzubringen vermochte. Die europäische Bevölkerung hat trotz vollständiger Absperrung des Schutzgebietes von der Außenwelt während der ersten beiden Jahre des Krieges reichlich, und, abgesehen von manchen schließlich doch in der Kolonie nicht herstellbaren Sachen, auch gut zu leben gehabt«, hieß es in Schnees Abschlußbericht an das Reichskolonialministerium (RKM) nach dem Ersten Weltkrieg.[78] Am wichtigsten für den Fortgang der Verteidigung der Kolonie war dabei, dass die Herstellung von Chinin sichergestellt werden konnte. Dessen regelmäßige Einnahme gegen die in den tiefer gelegenen Gebieten der Kolonie endemische Malaria schützte zwar nicht vor einer Infektion, dämpfte aber die Intensität der Krankheit und minderte die Begleiterscheinungen wie etwa Fieber. Das zur Jahrhundertwende eingerichtete Biologisch-Landwirtschaftliche Institut in Amani entwickelte in den ersten Kriegsmonaten ein Verfahren, aus dem in den umliegenden Plantagen angebauten Chinarindenbaum Chinin zu extrahieren und somit die Malariaprophylaxe bis zur Eroberung der Kolonie für die weiße Zivilbevölkerung und die europäischen Militärangehörigen zu sichern. Bis Kriegsausbruch hingegen war Chinin aus Java eingeführt worden, wo es sich billiger hatte herstellen lassen.[79] Askari und Träger waren, sofern sie nicht aus Malariagebieten kamen und dadurch eine gewisse Resistenz entwickelt hatten, sondern aus den malariafreien höher gelegenen Zonen stammten, ebenso auf das Medikament angewiesen wie die Weißen. In Ermangelung ausreichender Mengen wurde es den Askari allerdings nicht prophylaktisch verabreicht, sondern nur bei besonders schweren Anfällen. Die Träger hingegen erhielten nie Chinin.

4. Ein teuer erkaufter Sieg: Jassini

Weihnachten 1914 besetzten drei indische, von Kenia aus vordringende Kompanien das in Küstennähe dicht hinter der deutschen Grenze gelegene Jassini, eine Sisalplantage und -fabrik. Der Vorstoß sollte Ausgangspunkt eines erneuten Versuchs werden, dass nur etwa 65 km südlich gelegene Tanga einzunehmen, diesmal über den Landweg. Lettow-Vorbeck hätte die übervorsichtig nach der Niederlage von Tanga agierenden und nur schwachen gegnerischen Kräfte vorerst ignorieren können. Doch in der Tradition der Lehren des Generalsstabs war er letztlich trotz seiner Behauptung, möglichst viele feindliche Kräfte in Ostafrika binden zu wollen, nicht auf einen Abnutzungskrieg aus, indem er die gegnerischen Truppen tiefer und tiefer in das für sie unbekannte und ungesunde Gebiet lockte, sondern suchte die offensiv geführte Entscheidungsschlacht. Erneut sammelte er also in Neu-Moschi neun Kompanien seiner im Hochland des Nordens an der Grenze zu Kenia stehenden Hauptstreitmacht und führte sie in die Küstentiefebene, um die britisch-indischen Truppen in Jassini anzugreifen.

Diesmal waren die gegnerischen Truppen gut verschanzt und auf einen Angriff vorbereitet, während es der Schutztruppe an Artillerie mangelte, um die Stellungen sturmreif zu schießen. Am 15. Januar erkundete Lettow-Vorbeck, der diese Art von ausgedehnten Patrouillen, in denen er nur von ein oder zwei Soldaten begleitet wurde, liebte und sich dabei für jedes Detail interessierte, die gegnerischen Stellungen[80] und entwarf dann den Schlachtplan: Ein Frontalangriff sollte die Aufmerksamkeit der Verteidiger fesseln, während zugleich jeweils zwei Kompanien an der rechten und linken Flanke vorgingen. Es sollte also ein klassischer Umfassungsangriff à la Schlieffen werden mit dem Ziel der Einkesselung und Vernichtung des Gegners. Weitere Truppen würden die etwa zwei km von der besetzten Plantage stehende britische Hauptmacht im Falle von Entsatzangriffen abwehren.

Der deutsche Angriff begann am Morgen des 18. Januars. Lettow-Vorbeck begab sich zum Entsetzen seiner Untergebenen wie üblich während des Gefechts stundenlang ins Niemandsland, da er offenbar nur seiner eigenen, durch persönlichen Augenschein ermittelten Lageeinschätzung traute. Er geriet dabei ins Kreuzfeuer von beiden Seiten und wurde am Arm verwundet.[81] Der Oberstleutnant bestand trotz Empfehlungen seiner Untergebenen, das Gefecht wegen der hohen Verluste abzubrechen, auf einer Fortführung der Angriffe während des ganzen Tages und am folgenden Morgen.[82] »Im Ganzen erschien die Situation keineswegs rosig, einzelne Truppenteile meist total versprengt, von ihren Kompanien abgekommen. Manche hatten total die Nerven verloren, erzählten Schauergeschichten von ungeheuren Verlusten, behaupteten, alles flute zurück. Auch die Munition sollte bei vielen Kompanien total alle sein«, schrieb ein Leutnant über die Eindrücke der Schlacht in sein Tagebuch.[83]

Erstmals machte die Schutztruppe äußerst verlustreiche Erfahrungen mit der Feuerkraft moderner Armeen, welche, wie schon die blutigen Schlachten der ersten Kriegsmonate an der Westfront in Europa gezeigt hatten, die Defensive als stärkere Kampfform auswies. Lettow-Vorbeck glaubte jedoch, dass letztlich der überlegene menschliche Wille und die höhere Moral, die sich im Angriff, nicht in der Verteidigung äußere, und nicht etwa die materiellen Gegebenheiten über Sieg und Niederlage entscheiden würden.[84]

Jassini entwickelte sich letztlich nicht zu einem deutschen Erfolg durch eine überlegene taktische Führung Lettow-Vorbecks, der vielmehr in der Tradition der Vorkriegsausbildung stumpf Angriff auf Angriff befahl. Entscheidend wurde vielmehr, dass den Verteidigern in der sengenden Hitze Munition und Wasser ausgingen, weil die britischen Entsatzkräfte nicht durch den deutschen Sperrriegel durchdrangen und mit solch hartnäckigen Angriffen nicht gerechnet worden war. 276 überlebende britisch-indische Soldaten kapitulierten daher am Vormittag des 19. Januars. Lettow-Vorbeck gratulierte den beiden kommandierenden britischen Hauptleuten zu ihrer zähen Verteidigung der Stellung in Jassini, gab ihnen ihre Seitenwaffen zurück und entließ sie gegen ihr Ehrenwort, nicht mehr gegen Deutschland zu kämpfen, aus der Gefangenschaft.[85] Von rund 1 800 eingesetzten britischen Soldaten waren insgesamt 476 gefallen, verwundet oder gefangen genommen worden. Von den etwa 1 600 Schutztruppenangehörigen, die im Gefecht gestanden hatten, wurden 161 getötet oder verwundet.

Jassini erwies sich vor allem als ein psychologischer Erfolg für Lettow-Vorbeck. Die Schlacht schien die Überlegenheit der Schutztruppe in britischen Augen vorerst zu bestätigen. Unter dem Eindruck der erneuten Niederlage ordnete der britische Kriegsminister Lord Kitchener am 22. Januar an vorerst in Ostafrika von offensiven Operationen abzusehen.[86] Zugleich wurde Lettow-Vorbecks Position als unangefochtener militärischer Führer auf deutscher Seite auch beim Gouverneur gefestigt, schrieb dieser doch an Solf: »Herr von Lettow hat sich, nachdem sich der erste, sehr große Betätigungsdrang etwas gelegt hatte, ausgezeichnet gemacht. Er hat sicher die Befähigung zu seinem Posten in hohem Maße und sich den Gegenspielern durchaus überlegen gezeigt. Der Pour le Mérite scheint mir für ihn angemessen und ich würde es sehr begrüßen, wenn Sie ihn erwirken würden.«[87]

In militärischer Hinsicht hingegen war Jassini für die Schutztruppe ein Pyrrhussieg, weil sie bei den Angriffen einen nicht unerheblichen Teil ihrer ohnehin knappen Munitionsvorräte verbrauchte und hohe Offiziersverluste zu beklagen hatte. Unter den gefallenen Offizieren befand sich Lettow-Vorbecks Stellvertreter Kepler sowie sein Adjutant Hammerstein, der neben ihm tödlich getroffen wurde. Hammerstein war einer der wenigen aktiven Schutztruppenoffiziere, den Lettow-Vorbeck uneingeschränkt schätzte, weil er dessen Auffassung eines vollen, offensiven Kriegseinsatzes der Kolonie von Anfang an unterstützt hatte.[88] Die Verluste von Offizieren und anderem weißen Personal schmerzten vor allem, denn dieses konnte im Gegensatz zu den Askari nicht durch Neuzugänge ersetzt werden. Weitere, von Lettow-Vorbeck nach Art von Jassini geführte Gefechte hätten, wie auch Lettow-Vorbeck im Nachhinein eingestand, die Schutztruppe innerhalb kürzester Zeit aufgerieben, sei es durch die personellen Verluste oder Munitionsmangel[89], wenn der Gegner mit seinen größeren personellen und materiellen Ressourcen erneute Vorstöße dieser Art unternommen hätte.

5. Ostafrikas Bedeutung für den Seekrieg

Parallel zum Vorstoß auf Jassini eroberten zwischen dem 10. und 12. Januar britische Streitkräfte die Insel Mafia, die im Süden des Schutzgebietes vor der Mündung des Rufiji-Flusses liegt. Nach wie vor besaßen aus Sicht Londons in Ostafrika seestrategische Erwägungen Priorität, wohingegen Landoperationen zu warten hatten, bis das Empire an anderen Fronten so entlastet war, dass es Verstärkungen für den afrikanischen Kriegsschauplatz erübrigen konnte. Den Grund für die Einnahme Mafias bildete die von der »Königsberg« ausgehende Gefahr. Der Kreuzer zog sich, nachdem er im September Sansibar beschossen und dabei auch den im dortigen Hafen liegenden britischen Kreuzer »Pegasus« versenkte, wegen eines Maschinenschadens in das durch viele Seitenarme und durch dichte Vegetation unübersichtliche Rufiji-Delta zurück. Anders als in den Häfen Deutsch-Ostafrikas war der Kreuzer hier gegen Beschuss durch britische Seestreitkräfte geschützt. In Unkenntnis der Wassertiefe des Flusses konnten die Schiffe der Royal Navy vorerst nicht in das Delta vordringen. Looff hoffte, dass die Werft in Dar-es-Salaam die nötigen Ersatzteile herstellte, um den Kreuzer wieder voll einsatzfähig zu machen. Als diese Teile schließlich bei der »Königsberg« eintrafen, wusste die Royal Navy bereits um den Zufluchtsort des Kreuzers und blockierte die Flussmündung. Mafia sollte den britischen See- und Luftstreitkräften dazu dienen, von hier aus die genaue Position des feindlichen Schiffs im Delta zu lokalisieren, die Wassertiefen des Flusses zu ermitteln und es dann durch einen Angriff dauerhaft außer Gefecht zu setzen. Somit würde für die britischen Seehandelsrouten von der ostafrikanischen Küste keine Gefahr mehr ausgehen und die durch die »Königsberg« bislang gebundenen Seestreitkräfte könnten anderweitig eingesetzt werden. Der erste Lord der Admiralität, Winston Churchill, befasste sich persönlich mit den Details möglicher Operationen gegen die »Königsberg«, des letzten noch in Übersee verbliebenen deutschen Kreuzers.

Im Frühjahr 1915 lokalisierten die Briten den Ankerplatz mit Hilfe der von Mafia aus gestarteten Flugzeuge und einem bezahlten Spion. Letzterer lotete auch die Tiefe des Flusses aus. Zwei kaum seegängige Fluss-Panzerschiffe, die dafür aber den Vorteil eines nur geringen Tiefgangs hatten, wurden nun von der Royal Navy in einer fünfwöchigen Reise vom Mittelmeer in den Indischen Ozean geschleppt. Bei ihrem zweiten Vorstoß in das Flussdelta am 11. Juli vernichteten sie die »Königsberg« nach einem mehrstündigen Kampf. Es gelang ihrer Besatzung allerdings, in den folgenden Tagen die Funkstation des Schiffes zu retten und die 10,5 cm Geschütze zu bergen, denn das Schiff sank wegen der geringen Wassertiefe des Flusses nicht vollständig. Die zehn Geschütze bildeten fortan das Rückgrat von Lettow-Vorbecks Artillerie, ohne allerdings wesentlichen Einfluss auf die Kämpfe nehmen zu können, denn sie erwiesen sich für rasche Positionswechsel als zu schwerfällig. Pro Geschütz brauchte man je nach Gelände stets 200 bis 400 Träger, um es fortzubewegen. Mit der Versenkung der »Königsberg« verlor der ostafrikanische Kriegsschauplatz aus der Sicht Londons vorerst jede Bedeutung, denn nun ging von der deutschen Kolonie keine Bedrohung der Seewege des Empire mehr aus.

Lettow-Vorbeck, der wie die meisten preußischen Heeresoffiziere der aristokratischen Offiziersdynastien kein Freund der Marine war, zeigte sich eher froh über die endgültige Ausschaltung der »Königsberg«, die ohnehin nicht mehr zum Kaperkrieg auslaufen konnte. Bis zur Versenkung des Kreuzers entzogen sich die Marinestreitkräfte seinem Einfluss, da Looff nur der Marineleitung im Reich verantwortlich war. Nun, da sie ihr Schiff verloren hatten, wurden die etwa 300 überlebenden Seeleute nach einer kurzen Ausbildung der Schutztruppe eingegliedert und praktisch dem Kommando Lettow-Vorbecks unterstellt.[90] Allerdings hielt Looff die Fiktion aufrecht, als Kommandeur der ostafrikanischen Marinestation sich und seine Matrosen lediglich freiwillig dem Gouverneur, nicht jedoch der Schutztruppe unterstellt zu haben.[91] In den folgenden zwei Jahren bis zu Looffs Gefangennahme kam es zu einer ständigen Rivalität zwischen ihm und Lettow-Vorbeck.

Nicht nur beim Gegner entschieden vorerst maritime Erwägungen über die Frage, wie viele Ressourcen in Ostafrika eingesetzt werden sollten. Im Reich selbst zeigte man sich zwar von der Tatsache überrascht und beeindruckt, dass sich zur Jahreswende 1914/15 sowohl Deutsch-Ostafrika wie auch Kamerun trotz wiederholter gegnerischer Angriffe hielten. Dennoch machte man keine Anstalten, die Schutztruppen zu verstärken, da ihr Kampf keinen merkbaren Einfluss auf die Fronten in Europa hatte, das RKA die Kolonien für die Dauer des Krieges als verloren betrachtete und auch nicht über genügend Einfluss beim Kaiser und der OHL verfügte, um diese zu mehr als symbolischen Gesten wie Glückwunschnoten, Beförderungen und Ordensverleihungen zu bewegen. Aus der Sicht Berlins war der einzige Trumpf, über den man in Ostafrika verfügte, die »Königsberg« als potentielle Waffe gegen die britischen Handelsrouten. Daher unternahm auch die Reichsmarine den ersten Versuch überhaupt Deutsch-Ostafrika zu verstärken. Ein zu Beginn des Krieges aufgebrachter englischer Frachter, die »Rubens«, wurde zur Jahreswende 1914/15 in Deutschland mit Ersatzteilen, Kohle und Munition für die »Königsberg« beladen um zu versuchen als neutrales Schiff getarnt die Seeblockade der Entente zu durchbrechen und nach Ostafrika zu gelangen. Das RKA hingegen entschied sich erst in letzter Minute vor der Abreise aus Hamburg, die am 18. Februar 1915 erfolgte, als Nachschub für die Schutztruppe auch hastig Gewehre, Munition, Sanitätsmaterial und Uniformen beizuladen, wie der in Deutsch-

Ostafrika vom Ausbruch des Weltkrieg überraschte und daher dort als Reservist kämpfende Reichstagsabgeordnete Wilhelm Arning nach dem Ersten Weltkrieg bei Einsichtnahme der Akten feststellen musste. Der Kapitän des Blockadebrechers, Carl Christiansen, versuchte vor der Ausfahrt Solf zu sprechen, doch fand dieser keine Zeit.[92]

Nach sechswöchiger Reise nahm die »Rubens« Funkkontakt mit der »Königsberg« auf, welche den Frachter nach Tanga dirigierte. Vor Tanga wurde die »Rubens« jedoch am 13. April von einem britischen Kriegsschiff aufgebracht und in Brand geschossen. Es gelang dem Frachter noch, in eine nördlich gelegene Bucht einzulaufen, wo er in flachem Wasser sank. Der britische Kommandant glaubte, der Blockadebrecher und seine Ladung seien vollkommen zerstört. Tatsächlich blieb jedoch ein Teil der Ladung in den gefluteten Laderäumen unversehrt, da sie wasserdicht verpackt worden war. In den folgenden Wochen wurde sie von den Deutschen geborgen: Neben der für die »Königsberg« bestimmten Fracht rettete man 1 500 Gewehre 98 und 4,5 Millionen Schuss Munition für Lettow-Vorbecks Einheiten. Die Schutztruppe hatte allerdings wieder das Nachsehen, weil die vom RKA beigegebene Ladung im Gegensatz zu jener für die »Königsberg« bestimmten nicht wasserdicht verpackt worden war. Die Patronen wurden folglich nass. Sie mussten in den folgenden Monaten per Hand einzeln geöffnet, getrocknet und wieder zusammengesetzt werden. Trotzdem blieben sie weitgehend nur als Übungsmunition brauchbar.

6. Tendenzielle deutsche Überlegenheit und operativer Stillstand

Von Frühjahr 1915 bis Ende des Jahres errang die Schutztruppe tendenziell eine Überlegenheit an der Nordfront und diktierte das Geschehen. Lettow-Vorbeck schrieb Ende März, dass es wegen mangelndem Kontakt zur Außenwelt schwierig sei sich über die Feindabsichten im Klaren zu werden. Es scheine aber, als sei Großbritannien derzeit an anderen Fronten wie Ägypten, Indien und Deutsch-Südwestafrika so gebunden, dass vorerst nicht mit größeren Operationen gegen Deutsch-Ostafrika gerechnet werden müsse. Zudem sei der Feind trotz nach wie vor bestehender zahlenmäßiger Überlegenheit »in seiner Kriegführung nicht sehr unternehmungslustig«.[93]

Derweil nahm die Stärke der Schutztruppe zu. Im April 1915 unterstanden Lettow-Vorbeck etwa 2 000 Europäer und 8 000 Askari. Der Nachschub der »Rubens« sowie die im Laufe des Jahres 1915 erfolgende Auflösung der Schützenkompanien aufgrund ihres höheren Trägeraufwands ermöglichte die Aufstellung neuer Feldkompanien, da für jede Askarieinheit ein gewisser Stamm weißer Chargen als unerlässlich angesehen wurde. Mitte Juli belief sich die Stärke der Schutztruppe bereits auf 2 200 Europäer und 10 000 Askari, unterstützt durch 1 500 leichtbewaffnete, für Späher- und Transportaufgaben eingesetzte Hilfskrieger, die so genannten Ruga-Ruga.

Etwa die Hälfte der Schutztruppe war an der Nordbahn im Bereich des Kilimandscharo unter dem direkten Kommando Lettow-Vorbecks konzentriert. Ein Viertel der Truppen sicherte die übrigen Grenzen und die Küste der Kolonie. Der Großteil der nicht an der Nordfront aufmarschierten Einheiten stand zur Sicherung der Grenze gegen die Belgier im Westen. Diese wurden seit Mai 1915 von dem zum »Westbefehlshaber« ernannten reaktivierten Generalmajor Wahle kommandiert, der als reisender Pensionär in der Kolonie vom Kriegsausbruch überrascht worden war. Looff mit seinen Marinetruppen und einem kleinen Kontingent der Schutztruppe zeichnete seit Juli für die Küstenverteidigung verantwortlich. Weitere etwa 2 500 Soldaten waren im Inneren stationiert, vor allem im Bereich der Zentralbahn, an der auch in Morogoro das Etappenhauptquartier mit den zentralen Depots der Schutztruppe lag. Die 20. Feldkompanie der Schutztruppe befand sich nach wie vor im Bezirk Lindi im Süd-Osten der Kolonie. Schnee wollte sie nahe am Gebiet des Maji-Maji-Aufstandes wissen und sie trotz Lettow-Vorbecks Drängens nicht an die Nordfront abgeben.

Der Streit um die Verwendung dieser Kompanie führte seit Juli 1915 zu einer erneuten Konfrontation zwischen Schnee und Lettow-Vorbeck darüber, wer letztlich über die Kriegführung in der Kolonie zu bestimmen habe. Schnee beharrte auf seiner Entscheidung.[94] Zudem ärgerte sich der Kommandeur darüber, dass die Zivilverwaltung versuchte, eine Art friedensmäßige Rechtsordnung und Nutzung der wirtschaftlichen Ressourcen der Kolonie aufrechtzuerhalten.[95] Lettow-Vorbeck besaß also weniger Vollmachten als einstmals Trotha in Südwest-Afrika. Er sendete im Herbst einen Bericht nach Berlin, in welchem er die Unzulänglichkeit der Schutztruppenordnung für den Kriegsfall einmal mehr beklagte und auf eine Umkehrung der Entscheidungsbefugnisse drängte, denn es sei »ganz unmöglich einen Vorgesetzten, der absoluter militärischer Laie ist, von der Notwendigkeit oder Zweckmäßigkeit militärischer Maßnahmen zu überzeugen«.[96] Schnee verfasste Ende Dezember eine Gegendenkschrift für Berlin. Beide Dokumente erreichten erst im August 1916 Berlin, doch das RKA versuchte nicht, in dem Kompetenzkonflikt eine Entscheidung zu treffen oder die Frage dem Kaiser vorzulegen, zumal zu diesem Zeitpunkt die Kolonie schon verloren schien.[97]

In Kenia schloss man seit Mitte 1915 nicht die Möglichkeit einer deutschen Invasion aus. Ausdruck dieses Gefühl der Bedrohung war die Einführung der Wehrpflicht für die Weißen in Britisch-Ostafrika im August 1915 sowie einer allgemeinen Dienstpflicht für Afrikaner, mit welcher der Trägermangel behoben werden sollte. »Unsere Position hier draußen wird ernst. Die Deutschen haben dank des Versagens der Seekriegführung nun jede Menge Munition, Gewehre und viel mehr Maschinengewehre. Sie sind zahlenmäßig überlegen und haben sich als besser geführte Soldaten mit großer Initiative und Entschlossenheit gezeigt«, schrieb Meinertzhagen im August 1915 in sein Tagebuch.[98]

Die deutsche Überlegenheit beruhte auf mehreren Faktoren: Die Schutztruppe verfügte in der Anfangsphase über eine bessere Ausbildung der Soldaten am Maschinengewehr und setzte diese Waffe taktisch geschickter ein. Für beides hatte sich Lettow-Vorbeck gleich nach seiner Ankunft in Ostafrika nachdrücklich eingesetzt.[99] Er hatte durch seine Erfahrungen in Südwestafrika, aber auch durch die Einführung von Maschinengewehrkompanien in jedem Infanterieregiment und in den Seebataillonen ab 1905 im Reich den Wert dieser Waffe für künftige Kriege klar erkannt. Das deutsche Heer war in den Jahren zwischen 1908 und 1912 dazu übergegangen, das Maschinengewehr nicht mehr als eine Art leichte, konzentriert einzusetzende Artillerie der Regimenter anzusehen. Es galt nun endgültig und zukunftsweisend als eine mobile, die einzelnen Infanterieeinheiten unmittelbar unterstützende Waffe, die möglichst nahe an der vordersten Schützenlinie der Infanterie eingesetzt werden sollte, um deren Feuerkraft bei Angriff wie Verteidigung auch gegen einen modernen Gegner zu erhöhen. Diese taktische Neuerung hielt erst ab 1914 Einzug im britischen Heer.[100]

Außerdem erwiesen sich die Feldkompanien der Schutztruppe mobiler als die britischen Einheiten. Sie besaßen schon in Friedenszeiten einen festen, dauerhaft besoldeten Stamm von Kompanieträgern, während die gegnerischen Truppen, sofern sie nicht aus Schwarzafrika stammten, erst das Organisieren von Trägerkolonnen und das Operieren mit diesen unter Gefechtsbedingungen erlernen mussten. Selbst die wenigen 1914 existierenden Bataillone der KAR, ansonsten der Schutztruppe in taktischer Hinsicht fast ebenbürtig, besaßen 1914 keinen festen Trägerstamm, sondern hatten die Arbeitskräfte bislang immer erst angeworben, wenn Operationen anstanden.

Ferner beruhte die Überlegenheit der Schutztruppe auf dem konsequenten Einsatz schwarzer, mit den Operationsbedingungen im Busch und dem afrikanischen Klima besser als ihre britischen und indischen Gegner vertrauten Soldaten unter der Führung nur weniger weißer Kader. Bei der Schutztruppe wie auch bei der belgischen FP wurde so aus der Not, keine personelle Verstärkung aus Europa oder anderswo erhalten zu können, eine Tugend.

Von großer Bedeutung war letztlich auch, dass die Schutztruppe schon vor 1914 besser mit Ärzten und Sanitätspersonal versorgt gewesen war als ihre zukünftigen Gegner. Obwohl die Schutztruppe im Frieden nur etwa den Umfang eines Regiments im Reich besaß, zählte sie schon in Friedenszeiten 50 Ärzte, was deutlich machte, dass die Hauptgefahren für die Schutztruppe in Ostafrika im gesundheitlichen Bereich gesehen wurden. Ein Regiment in der Heimat hingegen musste mit acht bis zehn Ärzten auskommen. Nach Kriegsausbruch stieß zur Schutztruppe noch eine Anzahl von Tropenärzten, welche sich zuvor in den verschiedenen Forschungsstationen der Kolonie der Erforschung und Bekämpfung der Schlafkrankheit gewidmet hatten. Es zahlte sich also für die Schutztruppe aus, dass bis 1914 keine Kolonialmacht soviel in die wissenschaftliche Erforschung ihrer überseeischen Besitzungen inklusive der Bekämpfung von Tropenkrankheiten investiert hatte wie das Reich mit seinen Einrichtungen in Afrika.[101] Bis 1918 verfügte daher die Schutztruppe über eine bessere ärztliche Versorgung als alle ihre Gegner, so dass der Krankenstand auch unter ihren Europäern stets unter jenem der gegnerischen Einheiten blieb. Dabei spielte auch die Tatsache eine wichtige Rolle, dass fast alle Deutschen in der Schutztruppe, ob Berufssoldat oder mobilisierter Reservist, durch langjährigen Aufenthalt in Afrika tropenerfahren waren. Sie hatten die Grundregeln der im tropischen Afrika notwendigen gesundheitlichen Prophylaxe wie das Abkochen von Wasser und das Schlafen unter Moskitonetzen verinnerlicht. Dies war bei den Soldaten, die aus Indien, später auch aus Südafrika und Portugal gegen die Schutztruppe zum Einsatz kamen, nicht der Fall.

Zwar besaß die britische Seite 1915 immer noch eine quantitative Überlegenheit gegenüber Lettow-Vorbeck, doch praktisch war sie durch den hohen, und mit zunehmender Aufenthaltsdauer in Ostafrika ständig steigenden Krankenstand unter den landesfremden weißen und indischen Truppen dahingeschmolzen. Das 2. Bataillon der Loyal North Lancashire beispielsweise, das sich als einzige britische Einheit in Tanga ausgezeichnet hatte, zählte im März 1915 einen Krankenstand von 150 Mann bei einer Gesamtstärke von 900 Soldaten, im Juni hingegen, als die Regenzeit die Gefahr der Malaria-Infektion erhöhte, wurden ständig zwischen 500-600 Mann stationär behandelt. Von den knapp 1 000 Europäern, die Lettow-Vorbeck an der Nordfront direkt unterstanden, waren im Sommer 1915 hingegen weniger als 200 krank oder verwundet, wobei mehr als die Hälfte an Malaria litt.[102]

Die indischen Truppen, welche immer noch zahlenmäßig das Rückgrat der britischen Verbände in Ostafrika bildeten, erwiesen sich als nur bedingt einsatzbereit. Nach wie vor trafen als Verstärkung bzw. Entsatz aus Indien nur die schlechter ausgebildeten, ausgerüsteten und geführten Einheiten in Ostafrika ein, weil die besseren Einheiten gegen die Türkei ins Feld geschickt wurden oder an die Westfront kamen.[103] Das ungewohnte Klima, Krankheiten und Probleme die Soldaten mit der in Indien üblichen Nahrung zu versorgen, taten ein übrigens, um die Einsatzbereitschaft der Empire-Truppen zu unterminieren. Sie ergaben sich bei manchen Scharmützeln gegen die Schutztruppe mehr oder weniger kampflos.

Lettow-Vorbeck blieben allerdings durch die geographischen Gegebenheiten im Kilimandscharo-Gebiet die Hände gebunden, so dass er die taktische Überlegenheit der Schutztruppe letztlich nicht ausspielen konnte. Er konnte nicht mehr tun, als ständig kleine Vorstöße gegen die Ugandabahn anzuordnen und den seit Frühjahr 1915 begonnenen Bau einer Abzweigung von dieser bei Voi westwärts in Richtung auf die deutsche Grenze. Diese entstehende Nebenstrecke war dazu gedacht, zu einem späteren Zeitpunkt einen Aufmarsch größerer Truppenformationen zum Angriff gegen Deutsch-Ostafrika zu ermöglichen. Die deutschen Patrouillen operierten zwar im Vergleich zu den ersten Unternehmungen im Jahre 1914 nun erfolgreicher, da sie lernten, die Trockensavanne mit kleinen Stoßtrupps von zwei bis drei Weißen und einigen Askari zu durchqueren, um Sprengungen an der Ugandabahn vorzunehmen. Doch die entstandenen Schäden wurden ebenso schnell wieder von den Briten repariert. Jede größere Offensive nach Britisch-Ostafrika hinein, die in der von Lettow-Vorbeck eigentlich gewünschten Entscheidungsschlacht münden sollte, wäre daran gescheitert, dass es in den zu durchquerenden Gebiete nicht genügend Wasser und Lebensmittel gegeben hätte für eine große Truppenformation mit dem entsprechenden Trägertross.[104] Die Möglichkeit, berittene Truppen oder LKW einzusetzen, bestand nicht. Pferde und Maultiere waren in Deutsch-Ostafrika eine Rarität, und bei Kriegsausbruch befanden sich in der ganzen Kolonie nur neun LKW und acht PKW. Es gab kein Material, um eine Eisenbahnlinie zwecks Auf- bzw. Vormarsch bauen zu können. Eine Invasion entlang der Küste wiederum fiel als Alternative aus, weil hier die Gegenseite die Vorteile der raschen Verschiebung von Truppen über See sowie der Artillerieunterstützung der Royal Navy gehabt hätte. Zudem war das Klima in den Küstenregionen so beschaffen, dass längere militärische Operationen in diesen als zu großes gesundheitliches Risiko angesehen wurden.

Lettow-Vorbeck war sich im übrigen im Sommer 1915 bewusst, dass seine ursprüngliche Hoffnung, Truppen des Empire durch seinen Aufmarsch vom europäischen Kontinent abzuziehen, vorerst nicht aufging angesichts der Schlachten in Flandern und der Dardanellen-Operation, über die er vage Informationen besaß. »Die kolonialen Kriegsschauplätze sind daher im Moment für England nur von zweitrangiger Bedeutung und nur solche Truppen können dorthin gesandt werden, die nicht an den Hauptkriegsschauplätzen einsetzbar sind.«[105]

Die Idee, ergänzend zu traditionellen Methoden des Kleinkriegs die schwarzen Bewohner der gegnerischen Kolonien gegen ihre Kolonialherren aufzuwiegeln, lag dem Kommandeur fern. Ein solcher Ansatzpunkt war weder Bestandteil seiner militärischen, rein auf das Schlachtfeld bezogenen Ausbildung gewesen, noch entsprach es seinem politischen Horizont. Als Erzkonservativer war ihm die Infragestellung traditioneller Autoritätsmuster, in diesem Falle die angeblich naturgegebene Herrschaft von Europäern über Afrikaner, und sei es jene des Gegners, ein Gräuel. Dies war um so erstaunlicher, als Lettow-Vorbeck die konsequente Bewaffnung tausender von Askari und ihren rücksichtlosen Einsatz gegen die gegnerische Kolonialmacht seit 1914 nachdrücklich betrieb, ohne sich offenbar der tendenziell revolutionären Implikationen dieses Schrittes bewusst zu sein. Für ihn zählte nur das kurzfristige Ziel, möglichst viele Soldaten ins Feld stellen zu können, selbst wenn dadurch der Samen für das Ende auch der deutschen Kolonialherrschaft in Afrika gesät werden mochte. Vor diesem Schritt waren daher nicht wenige deutsche Kolonialbeamte, an ihrer Spitze Schnee, anfangs zurückgeschreckt, und er bereitete ihnen weiter Unbehagen.[106] Die britische Seite zögerte denn auch bis 1916 damit die KAR massiv personell zu vergrößern. Nicht nur war es für Kolonialbeamte wie Siedler beider Seiten beunruhigend, derartig viele moderne Waffen in den Händen von Afrikanern zu sehen. Als ebenso gefährlich erschien es ihnen Schwarze gegen die Kolonialtruppen anderer Mächte ins Feld zu führen, und damit an der grundsätzlichen Legitimität europäischer Herrschaft und dem Nimbus weißer militärischer Überlegenheit zu rütteln. Lettow-Vorbeck kannte diese Vorbehalte nicht oder machte sich keine Gedanken über die langfristigen politischen Implikationen seines militärischen Handelns für die Zukunft der europäischen Kolonialherrschaft.

Nach wie vor nahm die deutsche Öffentlichkeit kaum Notiz von den Ereignissen in Ostafrika. Dies war nicht nur Folge der Kommunikationsprobleme zwischen Kolonie und Mutterland. Ereignisse wie der Kriegseintritt Italiens und Bulgariens, die erfolgreichen deutschen Abwehrschlachten an der Westfront, welche hohe Verluste für Briten wie Franzosen brachten, die Frage des unbeschränkten U-Boot-Krieges, der deutsche Durchbruch bei Gorlice-Tarnow durch die russischen Linien, der größte deutsche Sieg überhaupt im Weltkrieg, der Fehlschlag der britisch-französischen Landungsoperation an den Dardanellen und die Eroberung Serbiens, welche eine direkte Verbindung zur Türkei schuf, dominierten die Schlagzeilen in diesem für die Mittelmächte insgesamt militärisch erfolgreichsten Jahr des Ersten Weltkrieges. Gegenüber diesen Großereignissen verblassten die Kämpfe in den Kolonien.

Diese Marginalisierung der militärischen Ereignisse in Afrika war letztlich nur die konsequente Fortsetzung des weitgehenden Desinteresses von Regierung, Öffentlichkeit und Militärestablishment an den Kolonien, welche schon die Vorkriegszeit gekennzeichnet hatte. »Zunächst muss ich leider bekennen, soviel ich aus den verschiedenen Zeitungen hier draußen habe merken können, dass das deutsche Volk ziemlich teilnahmslos sich den Unglücksfällen unserer Kolonien gegenüber verhalten hat. Auch ist mir diese Wahrnehmung von mehreren warmen Kolonialfreunden bestätigt worden. Immerhin ist auffällig, dass die DKG nach 30-jährigem, unermüdlichen Wirken noch immer nicht mehr wie etwas über 40 000 Mitglieder zählt, ja die meisten wissen kaum Namen und die Lage unserer Kolonien anzugeben«, schrieb Freiherr von Gayl, Vizepräsident der DKG, im August 1915 an Solf.[107] Zudem schien der rasche Verlust der meisten Kolonien in Afrika, China und der Südsee in den ersten eineinhalb Jahren nach Kriegsausbruch die deutsche Öffentlichkeit in der Auffassung nur zu bestärken, dass Deutschlands Zukunft als durch den Krieg ggf. territorial erweiterte und wirtschaftlich ausgreifende Großmacht letztlich doch eher in einer Expansion in Europa gen Osten, Westen und Südosten liege als in Übersee. So schrieb der Kolonialgeograph Hans Meyer 1916: »Es besteht leider in Deutschland, und sogar in nationalen Kreisen, eine starke Strömung gegen den ›unsicheren Besitz in fremden Erdteilen‹, wohingegen man höchste Erwartungen auf das neu geöffnete mitteleuropäisch-balkanisch-kleinasiatische Wirtschaftsgebiet, den so genannten kontinentalen Wirtschaftsblock ›Berlin-Bagdad‹ setzt, der die höchsten Möglichkeiten wirtschaftlicher Autarkie in sich trage und von Englands Seegewalt nicht berührt werde.«[108]

7. Lettow-Vorbecks Führungsstil

Lettow-Vorbeck wurde in Anerkennung seiner bisherigen Leistungen am 18. August 1915 zum Oberst befördert. Zugleich erhielt er das Eiserne Kreuz 1. und 2. Klasse. Allerdings dauerte es wieder Monate, bis die Nachricht von Beförderung und Auszeichnung in Ostafrika eintraf. In der Schutztruppe respektierte man den Kommandeur seit Tanga wegen seiner Erfolge auf dem Schlachtfeld, seines Mutes, seiner unermüdlichen Energie und Zähigkeit, gepaart mit einem starken Führungswillen. Doch war er als Vorgesetzter eher gefürchtet als beliebt.

Lettow-Vorbeck scheint von dem ständigen Misstrauen getrieben worden zu sein, dass seine Unterführer, seien es jene der ihm direkt unterstehenden Hauptstreitmacht am Kilimandscharo oder die Abteilungskommandeure der hunderte von Kilometern entfernt gegen die Belgier und an der Grenze zu Rhodesien und Nyasaland stehenden Detachments, nicht genügend Angriffsgeist und Eigeninitiative zeigen würden. Ständig trieb er seine Offiziere zu Offensivstößen und Aufklärungspatrouillen, nicht zuletzt um die Schutztruppe durch erbeutete Waffen und Ausrüstung auf Kosten des Gegners zu modernisieren und damit zugleich den Grundstock für ihre weitere personelle Aufstockung zu legen. Ende August 1915 schrieb Lettow-Vorbeck beispielsweise an Hauptmann Styx in Iringa im Südwesten der Kolonie: »Patrouillentätigkeit unzureichend, die verstreuten gegnerischen Positionen bieten viele Angriffsmöglichkeiten, insbesondere ihre Versorgungskolonnen, Lebensmitteldepots und Nachrichtenverbindungen. Diese Möglichkeiten müssen genutzt werden, um Gewehre, Munition, Stiefel und Ausrüstung zu erbeuten. Wenigstens eine Ihrer Kompanien sollte inzwischen mit modernen Gewehren ausgerüstet sein.« Ein ähnliches Telegramm ging parallel an Hauptmann Willibald von Stuemer in Muansa am Viktoria-See, in dem es hieß, einer Verschwendung der Kampftruppen durch Inaktivität und eine rein defensive Haltung könne nicht zugestimmt werden.[109] Im Januar 1915 erlitt wegen des Insistierens Lettow-Vorbecks auf offensives Vorgehen eine deutsche Abteilung bei einem Angriff gegen die zahlenmäßig überlegenen und gut verschanzten Belgier bei Russini eine Niederlage. Auch den frisch ernannten »Westbefehlshaber« Wahle drängte er wiederholt zum aktiven Vorgehen gegen die Belgier. Dies führte prompt zu zwei neuen Fehlschlägen der Schutztruppe Ende Juni und Ende Juli gegen die in sicherer Stellung liegenden, etwa gleichstarken belgischen Truppen.[110]

Die Auftragstaktik des preußisch-deutschen Heeres reduzierte sich bei Lettow-Vorbeck letztlich darauf, dass die Unterführer möglichst noch kühner und angriffslustiger agieren sollten als der Kommandeur selbst, gleich wie die Lage vor Ort war, von der er aufgrund der riesigen Entfernungen des Schutzgebietes und den unzureichenden Kommunikationsbedingungen nur einen sehr oberflächlichen Eindruck besaß. Er erwartete jeden Tag einen telefonischen Bericht seiner Kompanieführer. Jene, die keine Unternehmungen für den Tag zu melden hatten, wurden kritisiert, so dass von den Unterführern jede Kleinigkeit berichtet wurde, um den Anschein von Aktivität zu erwecken.[111]

Lettow-Vorbeck stand den Fähigkeiten und dem Urteilsvermögen seiner Untergebenen grundsätzlich skeptisch gegenüber, wie seine Erkundungen der gegnerischen Stellungen auf eigene Faust in Tanga, Jassini und später bei anderen Gefechten zeigten. Seine ausführlichen Aufklärungsmissionen entsprachen zwar dem Exerzierreglement der Infanterie von 1906, das wegen der seit dem Buren- und dem russisch-japanischen Krieg offenbar gewordenen hohen Feuerkraft moderner Heere einen stärkeren Nachdruck auf die Erkundung gegnerischer Stellung vor einem Angriff gelegt hatte.[112] Sie mögen daher einem Leutnant oder Kompanieführer angemessen gewesen sein, nicht aber einem Oberbefehlshaber, der die Verantwortung für den gesamten Kriegsschauplatz trug. »Er setzte sein eigenes Leben ebenso unbekümmert ein wie das anderer, ja er exponierte sich nach dem Urteil seiner Umgebung nicht selten viel zu sehr«, hieß es im unveröffentlichten Teil von Schnees Memoiren.[113] Selbst wenn er damit ein Beispiel des Mutes und persönlichen Einsatzes für seine Untergebenen abgab, war sein Verhalten zugleich Ausdruck von Misstrauen und einer Tendenz sich in Details zu verlieren statt zu delegieren.

Lettow-Vorbecks Führen von vorderster Front und seine Späherexkursionen waren ein eigentlich nicht zu rechtfertigendes Risiko, denn der Verlust des Kommandeurs hätte die Schutztruppe der einheitlichen Führung beraubt und einen schweren Rückschlag für die Moral auf deutscher Seite bedeutet, umgekehrt aber die britische wesentlich gehoben. Schon während der Schlacht von Jassini verdüsterte sich die Stimmung des britischen Oberbefehlshabers Generalmajor Richard Wapshare bei der bloßen Erwähnung von Lettow-Vorbecks Namen im Offizierskasino, wie Meinertzhagen schrieb.[114] Jedenfalls konnte hinsichtlich Rang, Fähigkeiten und Ansehen bzw. des abschreckenden Klangs, den sein Name inzwischen beim Gegner hatte, Lettow-Vorbeck spätestens seit Jassini, wo sein Stellvertreter fiel, niemand unter den Offizieren der Schutztruppe mehr angemessen ersetzen.[115]

Ob das Misstrauen des Kommandeurs gegenüber den Fähigkeiten seiner Offiziere daher resultierte, dass die wenigsten seiner Offiziere Angehörige traditioneller preußischer adeliger Militärdynastien waren und er sie daher als per se nicht ebenbürtig ansah – das Gegenbeispiel seines gefallenen Adjutanten Freiherr von Hammerstein, den er sehr schätzte, deutet darauf hin – ist im Nachhinein nicht mehr festzustellen. Zumindest war aber kaum einer von ihnen durch die von Lettow-Vorbeck hoch geachtete Kriegsakademie und den Generalstab gegangen. Er zeigte wenig Geduld mit Offizieren, die seinen Erwartungen nicht entsprachen, kritisierte sie brüsk in Anwesenheit anderer und setzte sie ohne Aufheben von ihren Kommandos ab, wenn sie versagten oder seine Befehle für undurchführbar hielten. Im Falle von Major Erich Fischer, der sich im März 1916 am Kilimandscharo nach Auffassung Lettow-Vorbecks vor der Übermacht der angreifenden südafrikanischen Truppen zu frühzeitig zurückgezogen hatte, fiel die Kritik des Kommandeurs sogar derart vernichtend aus, dass sich der Offizier anschließend erschoss.[116] So kam es, dass aktive Offiziere unter Reserveoffizieren des gleichen Ranges dienen mussten, wenn Lettow-Vorbeck diese für fähiger hielt. Diese Rücksichtslosigkeit gegenüber seinen Offizieren machte ihn relativ populär unter den weißen Unteroffizieren und Reservisten, möglicherweise auch unter den Askari, da der Kommandeur offensichtlich ohne Ansehen der Person, des Rangs oder der Rasse lobte und vor allem tadelte.

Lettow-Vorbeck geizte mit Belobigungen und guten Beurteilungen, was wohl auch ein Reflex auf seine eigene harte Jugend unter einem tyrannischen Vater war. »Wenn auch Menschenkenntnis nicht die Hauptfähigkeit Lettow-Vorbecks zu sein scheint, so war er doch wenigstens bestrebt, wirkliche Tüchtigkeit anzuerkennen. Man sagt, die beste Führung, die Lettow-Vorbeck je geschrieben hat, lautet: ›Er füllt seinen Posten aus. ‹ Und nur wenige habe er so beurteilt. Solch strenger Maßstab kann nicht verwundern an einem Mann, der von sich selber das Härteste als Selbstverständlichkeit forderte«, lautete das Urteil eines Ostafrikaveteranen.[117]

Der Kommandeur zeigte sich trotz seines Hintergrunds als ursprünglicher Gardeleutnant gegenüber Formalitäten wie Anzugsordnung und Ähnlichem gleichgültig. Auch die im Heimatheer existierende Trennung zwischen Offizierskorps und dem Rest der Soldaten etwa hinsichtlich Verpflegung, Unterkunft und Urlaub, welche das Klassenheer des Kaiserreichs beispielsweise an der Westfront bis 1918 kennzeichnete und die u. a. für den dortigen Zusammenbruch der Truppenmoral gegen Ende des Krieges mitverantwortlich war[118], existierte in dieser krassen Form nicht in der Schutztruppe. In dieser Hinsicht glich Lettow-Vorbeck eher dem neuen Typus des auf Effizienz ohne Rücksicht auf Herkunft und äußere Attribute der Autorität und des Standes abstellenden Frontoffiziers oder Sturmtruppführers, der sich im Stellungskrieg an der Westfront herausbildete. Diese Tendenz der Verwischung äußerer Standes- und Rangunterschiede war schon im Expeditionskorps der Schutztruppe während des Herero- und Nama-Krieges zu verzeichnen gewesen. In Ostafrika wurden die im Heer in Europa fortlebenden sozialen Schranken dadurch überlagert, dass die Schutztruppe bis 1918 eine eindeutige diskriminierende Trennung hinsichtlich Bewaffnung, Verpflegung, Komfort und medizinischer Versorgung zwischen weißem Führungspersonal und Askari aufrechterhielt.

Lettow-Vorbeck war militärtechnischen und taktischen Innovationen gegenüber aufgeschlossen. Er besaß einen guten Blick für die praktischen Erfordernisse seines Metiers und vertiefte sich mit seinem Hang zum Perfektionismus in jedes Detail. »Überhaupt hat er ein lebhaftes Interesse für Kleinigkeiten, um die ein anderer Führer seiner Position sich nicht kümmern würde«, schrieb ein Ostafrikaveteran nach dem Kriege.[119] So befahl Lettow-Vorbeck nach Kriegsausbruch, dass die Maschinengewehre metallene Schutzschilde erhalten sollten, um ihre Bedienungen besser vor feindlichem Feuer zu schützen. In einem Kommandobefehl vom August 1915 gab er beispielsweise genaueste Anweisungen, wie man die Züge der Ugandabahn durch Lockerungen der Schienen zum Entgleisen bringen könnte und welches Werkzeug dazu benötigt werde.[120] Zugleich habe laut Schnee dem Oberstleutnant die Fähigkeit zu Abstraktion und zum Überblick gefehlt, er verrannte sich in Kleinigkeiten, wollte alles selber machen und habe stets das Notizbuch zur Hand gehabt, da er nur anhand dieses Auskunft geben konnte.[121]

Kaum jemand wagte nach dem Ersten Weltkrieg in den den Feldzug verherrlichenden deutschen Darstellungen den Kommandeur offen zu kritisieren, um nicht am Glorienschein der »heldenhaften« Verteidigung Deutsch-Ostafrikas, an der man selbst seinen Anteil gehabt hatte, zu rütteln und der Öffentlichkeit eine ihrer wenigen Identifikationsfiguren zu nehmen, welche über die Niederlage hinwegtrösten konnte. Von daher sind die wenigen in der Literatur gestreuten Charakterisierungen des Offiziers eher zurückhaltend oder zweideutig, indem sie negative Eigenschaften ins Positive wendeten, also etwa Rücksichtslosigkeit gegenüber Untergebenen und Sturheit in der angewendeten Gefechtsfeldtaktik als »eisernen« Siegeswillen des Kommandeurs und Ausdruck einer Härte letztlich gegen sich selbst umdeuteten: »Ruhig steht der Kommandeur aufrecht im heftigen Feuer – Stunde um Stunde. Ein Adjutant wird neben ihm weggeschossen, er rührt sich nicht. Wie er so dasteht, in seinem wirren Vollbart, die Arme verschränkt, gleichgültig und kalt vor sich hinblickend, ist er das Bild eisernster Zähigkeit (…) Nicht viele lieben ihn, aber alle wissen, dass nur so ein Mann uns bis hierher führen konnte und weiter zu führen vermag«, hieß es in den 1920 veröffentlichten Memoiren des Oberleutnants zur See Richard Wenig, einem der überlebenden Offiziere der »Königsberg«, anlässlich eines Angriffs auf eine gut verschanzte britische Abteilung im August 1918.[122] Ludwig Boell, von 1914 bis 1918 unter Lettow-Vorbeck dienender Oberleutnant, schrieb in seiner apologetischen Darstellung des Ostafrikafeldzug, die er ursprünglich für die Kriegsgeschichtliche Forschungsanstalt des Heeres erarbeitete und die als eigener Band für das vom Reichsarchiv herausgegebene offizielle »Weltkriegswerk« konzipiert war: »Spartanisch erzogen, hart gegen sich selbst, verlangte er von der Truppe oft unmöglich Scheinendes und setzte Führer, die ihrer Aufgabe nicht mehr gewachsen waren, ohne Ansehen auf ihre Person ab, auch wenn gefühlsmäßige Hemmungen infolge früherer Verdienste oder persönlicher Beziehungen und im Dienstalter liegende Schwierigkeiten zu überwinden waren. Die Person galt nichts, die Sache alles, alleiniger Wertmesser war die Leistung (…) Derartige Härte wurde oft falsch verstanden als Mangel an Gefühl oder gar als Unmenschlichkeit.«[123]

Selbst Schnee, der in seinem unveröffentlichten Memoirenmanuskript aus den dreißiger Jahren hart mit Lettow-Vorbecks charakterlichen wie fachlichen Qualitäten ins Gericht ging, beschränkte sich in der veröffentlichten Version seines Feldzugsberichts von 1919 auf den Hinweis der »rücksichtslosen Energie« des Kommandeurs.[124] Ein einziger Feldzugteilnehmer, der linksliberale Schriftsteller Rudolf de Haas, wagte es auch in der Öffentlichkeit ein eindeutig kritisches Porträt seines ehemaligen Kommandeurs zu zeichnen, in dem er u. a. schrieb: »Den deutschen Soldaten fiel es nicht leicht, sich an Lettow-Vorbeck und seine Manieren zu gewöhnen. Sie bewunderten ihn alle, aber nur wenige liebten ihn. Seine Art hatte für allzu viele etwas Abstoßendes. Er konnte witzig sein, wenn er einmal loslegte, sonst aber war er, wie man einst schon in Südwest in seiner näheren Umgebung urteilte, richtig kommissig pedantisch und stur.«[125]

VIII. IN DER DEFENSIVE

Auf dem ostafrikanischen Kriegsschauplatz trat 1916 die Wende ein. Die deutsche Kolonie sah sich seit dem Frühjahr Angriffen wesentlich stärkerer britischer, südafrikanischer und indischer Truppen aus dem Norden sowie belgischer und rhodesischer Einheiten aus dem Westen bzw. Südwesten ausgesetzt. Diese Offensiven bewirkten, dass bis zum Herbst der Großteil des Schutzgebietes verloren ging. Die endgültige Eroberung Deutsch-Ostafrikas war in London im November 1915 vom Committee of Imperial Defense auf Drängen des Colonial Office und gegen die Einwände von Kriegsminister Kitchener beschlossen worden, der lieber alle Kräfte auf Europa konzentriert wissen wollte. Als ausschlaggebend für diese Entscheidung war einmal der Wunsch, durch die Eroberung der Kolonie den Traum einer britischen Verbindung vom »Kap bis Kairo« endlich zu verwirklichen. Dies bedeutete implizit, dass Deutsch-Ostafrika auch im Falle eines Friedensschlusses auf keinen Fall mehr an Deutschland zurückgegeben werden sollte. Außerdem erwiesen sich die wachsenden Anforderungen an die schwarze Bevölkerung zur Verteidigung der angrenzenden britischen Kolonien in Form der Rekrutierung von Trägern als zunehmend destabilisierend auf die britische Herrschaft. Die Maßnahmen der britischen Behörden führten zu großer Erbitterung unter den Afrikanern, zugleich schien für manche von ihnen das Ende der europäischen Herrschaft unmittelbar bevorzustehen. So kam es bereits im Januar 1915 in Nyasaland zu einem von dem schwarzen Missionar John Chilembwe angeführten Aufstand, der sowohl als Protest gegen die angespannte wirtschaftliche Situation als Folge des Krieges wie auch als eine Art Todesstoß für die offenbar ins Wanken geratene britische Herrschaft gedacht war. Hatten zu Beginn des Krieges seestrategische Erwägungen das britische Vorgehen in Ostafrika bestimmt, waren es nun also kolonialpolitische.[1]

Mit Beginn der gegnerischen Offensive, welche die Schutztruppe seit Frühjahr 1916 überall zum Rückzug zwang, verlor Lettow-Vorbeck den Überblick über die militärischen Vorgänge an den einzelnen Fronten. Das zuvor durch Telegraphen, Telefon und Heliographen aufrechterhaltene Kommunikationsnetz brach wegen der ständigen Stellungswechsel und Märsche über große Distanzen der verschiedenen deutschen Abteilungen zusammen. Die einzelnen lokalen Befehlshaber operierten von jetzt an weitgehend unabhängig von den Anweisungen des Kommandeurs, der nur noch vereinzelte, oftmals veraltete Meldungen von den Ereignissen an den anderen Fronten bekam.[2] Nachrichten aus Deutschland erhielt die Schutztruppe weiterhin gelegentlich in Abhängigkeit von Wetter und jeweiligem Standort durch Funksprüche aus Nauen, welche die Sendeanlage auffing, die ursprünglich in Dar-es-Salaam gestanden hatte, dann nach Tabora geschafft worden war, und später als mobile Einrichtung Lettow-Vorbecks Hauptquartier folgte. Ansonsten war die Schutztruppe auf das Abhören des feindlichen Funkverkehrs und das Erbeuten gegnerischer Zeitungen und Privatpost angewiesen, um sich ein Bild von den Ereignissen auf den anderen Kriegsschauplätzen machen zu können.

1. Der Aufmarsch der Entente

Das entscheidende Instrument zum Angriff auf die deutsche Kolonie sollten, wie vom Committee of Imperial Defense im November empfohlen, südafrikanische Truppen werden. Die 1910 aus den beiden Burenrepubliken Transvaal und Oranje-Freistaat sowie den britischen Kolonien Natal und Kapprovinz gebildete südafrikanische Union, geführt von Premierminister Louis Botha und Verteidigungsminister Jan Smuts, trat als Teil des Empire im August 1914 in den Krieg an der Seite Großbritanniens ein. Südafrika besaß zwar innere Autonomie, bestimmte aber bis zum Ersten Weltkrieg ebenso wenig wie die anderen Dominions Kanada, Australien und Neuseeland selbst über seine Außenpolitik, sondern hatte London zu folgen. Botha und Smuts traten zudem, obwohl selbst Buren, für eine enge Kooperation Südafrikas mit Großbritannien ein.[3]

Die britische Regierung bat die Union noch im August 1914, mit der erst zwei Jahre zuvor gegründeten Milizarmee Deutsch-Südwestafrika zu besetzen, um auch diese deutsche Kolonie als potentiellen Stützpunkte für die deutsche Seekriegführung auszuschalten. Doch hatte London auch nichts gegen eine spätere Annexion durch Südafrika einzuwenden. Somit würde Deutsch-Südwestafrika als Rückzugsgebiet für rebellische Buren oder maritimer Stützpunkt des Reichs in zukünftigen Konflikten ein für alle Mal ausfallen.[4] Nachdem ein pro-deutscher Aufstand von Teilen der Buren und der Armee im Herbst 1914 von Botha rasch niedergeschlagen worden war, begann im Januar 1915 der Angriff der rein weißen südafrikanischen Truppen. Zu dieser Operation wie auch bei den folgenden Einsätzen an anderen Kriegsschauplätzen verwendete die Union nur Freiwillige. Eine allgemeine Wehrpflicht wäre politisch in dem nach wie vor von Spannungen zwischen den Weißen britischen Ursprungs einerseits und den Europäern niederländischer Abstammung andererseits gekennzeichneten jungen Staatswesen nicht durchsetzbar gewesen.

In den weiträumigen, trockenen Gebieten Deutsch-Südwestafrikas, welche jenen der Union ähnelten, konnten die südafrikanischen Truppen ihre traditionelle Stärken voll zum Einsatz bringen, also eine dezentrale, auf Eigeninitiative bauende Führung der Einheiten bei gleichzeitiger hoher Mobilität der zur Hälfte berittenen Truppen. In einem knapp sechs Monate dauernden Feldzug bezwangen die 43 000 Südafrikaner die 5 000 Soldaten der Schutztruppe. Die Deutschen machten in Erinnerung an den Herero- und Nama-Aufstand keine Anstalten Schwarze zu rekrutieren. Die Südafrikaner manövrierten die Schutztruppe mit ihrer beweglichen Kriegführung in einem relativ unblutigen Feldzug – auf beiden Seiten fielen nur etwas über 100 Soldaten – aus. Der Kommandeur der Schutztruppe, Victor Franke, legte angesichts der hoffnungslosen strategischen Situation Gouverneur Theodor Seitz im Juli 1915 die Kapitulation nahe.[5] Franke sprach sich nicht zuletzt deshalb für eine Einstellung des Widerstands aus, weil durch diese frühe Waffenstreckung die Zukunft der deutschen Siedler in der Kolonie nicht gefährdet werden würde. Anders als Lettow-Vorbeck, dessen Sichtweise des Krieges in Afrika letztlich rein europäisch geprägt war, sah der »alte Afrikaner« Franke die Aufgabe der deutschen Truppen nicht nur in einer Entlastung der europäischen Fronten des Reichs, sondern ihm war das Schicksal der deutschen Kolonisten an sich ein Anliegen. Den deutschen Siedlern in Südwestafrika blieb nach Kriegsende, anders als jenen in den übrigen vormaligen afrikanischen Kolonien des Reichs, die Ausweisung erspart.

Die Bestätigung der Regierung Botha/Smuts bei den Parlamentswahlen im Oktober 1915 schuf die Basis für weitere Feldzugspläne in Pretoria. Die Union sollte als dominierende, von Weißen geführte Macht im südlichen Afrika etabliert werden. Der Plan von Smuts und Botha, gefördert vom britischen Generalgouverneur in Südafrika, Sydney Charles Buxton, sah vor Deutsch-Ostafrika rasch durch ein südafrikanisches Kontingent erobern zu lassen. Das Schutzgebiet sollte dann bei Friedensschluss gegen den Süden Portugiesisch-Ostafrikas bis zum Sambesi eingetauscht werden, während die vormals deutsche Kolonie entweder an Großbritannien oder zumindest teilweise als Kompensation an Portugal fallen würde. Die Überlegungen von Smuts und Bothas fanden, wie schon im Falle Deutsch-Südwestafrikas, die ausdrückliche Billigung Londons. Die britische Regierung war nicht nur froh, durch die südafrikanischen Ambitionen endlich über Truppen gegen Lettow-Vorbeck verfügen zu können. Sie befürwortete grundsätzlich die Idee eines territorial erheblich erweiterten, loyalen weißen Dominions im Süden Afrikas. Zudem war die Opposition weiter Kreise der Buren in Südafrika gegen den Krieg an der Seite Londons nur zu überwinden, wenn die burischen Kriegsfreiwilligen für vermeintlich »nationale«, da auf dem afrikanischen Kontinent liegende Kriegsziele, nicht aber als Kanonenfutter für Großbritannien auf den Schlachtfeldern Europas eingesetzt werden würden. Aus Gründen des Prestiges, darin waren sich Buren wie Briten am Kap einig, aber auch aus Angst vor einer destabilisierenden Wirkung auf die weiße Vorherrschaft in Südafrika, sollten die zu entsendenden Kampftruppen nur aus Europäern bestehen.[6]

Großbritannien koordinierte diesmal den Angriff auf die letzte noch verbleibende deutsche Kolonie mit seinen Verbündeten. Kamerun war im Februar 1916 von britischen, französischen und belgischen Truppen erobert worden und die Reste der dortigen Schutztruppe hatten sich im neutralen, südlich angrenzenden Spanisch-Guinea internieren lassen. Neben dem Hauptstoß aus dem Norden plante man eine parallele Offensive zusammen mit den belgischen Truppen unter Generalmajor Charles Tombeur im Westen. Die belgische Exilregierung wollte sich durch Teilnahme an der Eroberung Deutsch-Ostafrikas einen Faustpfand für künftige Friedensverhandlungen verschaffen, weil das Mutterland seit Herbst 1914 fast vollständig von Deutschland besetzt war. Daher betrieb man von belgischer Seite nachdrücklich die Offensivvorbereitungen. Die FP wurde 1915/16 auf etwa 12 000 Soldaten aufgerüstet, unter anderem durch die Abkommandierung einiger hundert weißer belgischer Offiziere und Unteroffiziere aus Europa.[7] Voraussetzung für einen erfolgreichen Angriff im Westen war allerdings die Herrschaft auf dem Tanganyika-See, der seit 1914 von den dort operierenden drei deutschen Schiffen dominiert wurde. Wer den See kontrollierte, konnte seine Truppen schneller verlegen, was bei den notorisch schlechten Landverbindungen in Ostafrika einen entscheidenden strategischen Vorteil darstellte. Deshalb wurden in einer mehrere Monate dauernden Aktion zwei bewaffnete Motorboote von Großbritannien nach Südafrika verschifft und dann über 4000 km durch das Innere Afrikas teils per Schiene, teils auf Flüssen, teils mittels Träger bis zum Tanganyika-See geschafft. Im Frühjahr 1916 vernichteten die britischen Boote die deutschen Schiffe.

Schließlich eröffnete sich auch im Süden im Frühjahr 1916 eine weitere Front für die Schutztruppe. Am 9. März 1916 erklärte Deutschland Portugal, seit Jahrhunderten ein Juniorpartner Großbritanniens, den Krieg. Die portugiesischen Behörden hatten Ende Februar auf Drängen der britischen Admiralität hin, die sich in akuten Tonnage-Nöten befand, 76 in den Häfen des bislang neutralen Landes internierte deutsche Schiffe in einem Handstreich an sich gebracht als Gegenleistung für eine Kreditzusage Londons. Die Regierung in Lissabon wie auch die Kolonialbehörden in Mozambik wären schon wesentlich früher zum Kriegseintritt bereit gewesen. Dabei spekulierte Portugal nicht so sehr auf eine Ausdehnung der portugiesischen Besitzungen in Afrika auf Kosten der deutschen Kolonien. Durch eine frühzeitige Kriegsteilnahme an der Seite der Entente erwartete die portugiesische Regierung vielmehr, sich einen moralischen Bonus erkämpfen zu können und damit das afrikanische Kolonialreich gegen etwaige Aufteilungspläne im Falle eines Kompromissfriedens zwischen Entente und Mittelmächten schützen zu können. Diese Befürchtungen waren nicht aus der Luft gegriffen, verhandelten doch London und Berlin schon am Vorabend des Ersten Weltkriegs über die gemeinsame Annexion der portugiesischen Besitzungen in Afrika als Teil einer generellen Annäherung zwischen den beiden Großmächten. Einziges konkretes territoriales Kriegsziel Portugals war der Rückerwerb des seit 1894 von den Deutschen besetzten, auf dem südlichen Ufer der Rovuma-Mündung gelegenen und seitdem zwischen beiden Mächten umstrittenen so genannten »Kionga-Dreieck« von 450 Quadratkilometern.

Bis zum Beginn des Jahres 1916 zeigte Großbritannien trotz wiederholter Angebote der Lissabonner Regierung kein Interesse an einem Kriegseintritt Portugals. Das kleine Land unterstützte ohnehin unter der Hand die britischen Kriegsanstrengungen: 1915 lieferte die portugiesische Regierung 20 000 Gewehre nach Südafrika; es erlaubte die Nutzung Mozambiks zu britischen Truppenverschiebungen in Ostafrika und half bei der Niederschlagung des Aufstands in Nyasaland. Im Herbst 1915 kappte es auf Druck Londons den über Mozambik gehenden Postverkehr zwischen Deutsch-Ostafrika und dem Reich, auch wenn vereinzelte Depeschen Schnees noch bis Frühjahr 1916 nach Berlin gelangten. Wegen des notorisch schlechten Zustands der portugiesischen Armee und Marine errechnete sich das Empire jedoch bis 1916 keine effektive militärische Hilfe in Ostafrika für den Fall eines förmlichen Kriegseintritts Portugals. Im Gegenteil: Angesichts der mangelnden portugiesischen Kriegsbereitschaft hätten eher knappe Ressourcen von den eigenen Truppen abgezweigt werden müssen, um überhaupt Portugal in die Lage zu versetzten Mozambik gegen die Deutschen zu verteidigen.[8] So beunruhigte die Nachricht über den Kriegszustand mit Portugal die Deutschen in Ostafrika in militärischer Hinsicht auch nicht sonderlich, denn die portugiesischen Truppen wurden als Gegner nicht ernst genommen. Zudem hatte man schon seit längerem mit dem Ausbruch von Feindseligkeiten gerechnet. Doch verstärkte der Wegfall des letzten formal neutralen Nachbarn des Schutzgebiets naturgemäß das Gefühl in der Kolonie, nun vollständig isoliert zu sein.[9]

Lettow-Vorbeck rechnete seit Mitte 1915 mit einem erneuten britischen Angriff auf Deutsch-Ostafrika. Bestes Indiz hierfür war der im März 1915 begonnene Bau der Bahnstrecke von Voi an der Ugandabahn in Richtung auf die deutsch-britische Grenze. Er sah schon frühzeitig eine mögliche Verknüpfung zwischen den Vorgängen im südlichen Afrika und dem weiteren Schicksal Deutsch-Ostafrikas, doch konnte er aufgrund der unzulänglichen Nachrichten aus Europa und Afrika nur spekulieren. Er war sich nicht sicher, ob Südafrika es wegen der Haltung der Buren wagen könnte tatsächlich Truppen nach Ostafrika zu entsenden. Er hielt es auch für möglich, dass das Empire beim Einsatz von Truppen andere Prioritäten als den ostafrikanischen Kriegsschauplatz besaß. Zudem rechnete er damit, dass der Hauptangriff trotz des Eisenbahnbaus im Norden erneut von der Seeseite, vermutlich mittels einer Landung in Dar-es-Salaam, erfolgen werde.[10] Erst zur Jahreswende 1915/16 erhielten Schnee und Lettow-Vorbeck schließlich die Gewissheit, dass bald mit einem Angriff südafrikanischer Truppen zu rechnen sei, basierend auf einigen südafrikanischen Zeitungen vom November, die über Portugiesisch-Ostafrika ins Schutzgebiet gelangt waren und die über die Mobilisierungsmaßnahmen in der Union berichteten.[11]

In seinem allgemeinen Lagebericht vom 1. Januar 1916 rechnete Lettow-Vorbeck nun fest mit einem Angriff der Südafrikaner, doch glaubte er, die besten Einheiten der Union würden voraussichtlich nach Europa entsendet. Er vermutete, dass auch diesem neuen Gegner der Buschkrieg in Ostafrika wie schon zuvor den indischen Truppen zu schaffen machen werde. Der Kommandeur ging nach wie vor von einer gegnerischen Landung an der Küste aus. Er gab sich entschlossen auch angesichts der eigenen relativen Schwäche weiterzukämpfen: »Wir müssen natürlich die Möglichkeit in Betracht ziehen, dass unsere Kolonie von überlegenen generischen Kräften erobert wird. Wenn wir dennoch erreichen, 50 000 bis 60 000 Mann dieser Armee hier zu binden und sie davon abzuhalten, an eine andere Front des Weltkriegs geschickt zu werden, wird eine mögliche Niederlage durch diesen Vorteil mehr als ausgeglichen.« Er erwartete ferner die Ankunft eines weiteren Versorgungsschiffes aus Deutschland.[12]

Diese Hoffnung war nicht unbegründet, denn Schnee hatte im Herbst 1915 durch einen bezahlten portugiesischen Kurier über Mozambik eine ausführliche Liste des dringendsten Bedarfs der Schutztruppe nach Deutschland bringen lassen. Mitte Januar 1916 verließ der Frachter »Marie« Hamburg und erreichte Mitte März 1916, gerade als die Entente-Offensive losbrach, unbehelligt Lindi im Süden des Schutzgebietes. Die gesamte Fracht war in Hamburg nach der Vorgabe Schnees in 50 000 Trägerlasten verpackt worden. 15 000 Träger wurden nun allein benötigt, um die Fracht der »Marie« in den kommenden Wochen über etwa 1 000 km an die Fronten im Norden der Kolonie zu transportieren.[13] Neben vier Maschinengewehren, 2 000 Gewehren, sechs leichten Geschützen, Lafetten für die aus der »Königsberg« geborgenen 10 cm-Kanonen und drei Millionen Schuss Munition hatte die Schutztruppe auch um Medikamente, Uniformen und Stiefel gebeten und nun erhalten. Dank der Lieferung der »Marie« erreichte die Schutztruppe im März 1916 ihre Höchststärke mit etwa 3 000 Europäern, 12 000 Askari, 2 200 Hilfskriegern, 96 Maschinengewehren und 51 Geschützen. 1 200 Europäer und 6 200 Askari standen an der Nordbahn unter dem direkten Kommando Lettow-Vorbecks, unterstützt von 15 000 Kompanieträgern. Weitere 14 000 so genannte Etappenträger versorgten unentwegt entlang dreier Routen die Nordtruppen mit Nahrungsmitteln, Ausrüstungsgegenständen und Munition aus den zentralen Depots an der etwa 600 km südlich gelegenen Zentralbahn.[14]

Es fehlten vor allem Decken für die Träger, weil diese in der Regel kaum Kleidung besaßen um sich auf den Märschen vor Kälte und Nässe zu schützen. Die Versorgung mit Decken bzw. Kleidung und Zelten blieb wegen der hohen Zahl eingesetzter Transportarbeiter den ganzen Krieg über ein Problem, das nicht zuletzt für das unermessliche Leid und Sterben unter diesen verantwortlich war. Daher schickte Schnee nach dem Eintreffen der »Marie« umgehend eine weitere Bestellliste nach Berlin, in welcher er unter anderem die Lieferung von 50 000 Decken forderte, weil andernfalls die optimale Ausnutzung der Arbeitskraft der Afrikaner zu Transportdiensten nicht mehr gewährleistet werden könne.[15] Während die Träger aus dem Hochland häufig Opfer der Malaria wurden, wenn sie in tiefer gelegenen Gebieten zu Einsatz kamen, erkrankten und starben Träger aus dem feucht-heißen Tiefland an Erkältungskrankheiten, insbesondere Lungenentzündungen, sobald sie in höher gelegenen Gebieten ihre Dienste verrichten mussten, weil sie zu arm waren, um sich ausreichende Kleidung für dieses ungewohnte Klima zu verschaffen. Dies war insbesondere in der Regenzeit der Fall.

Bereits Anfang 1916 machte sich in Deutsch-Ostafrika ein Unwillen der schwarzen Bevölkerung bemerkbar, weitere Arbeitsleistungen für die Schutztruppe zu erbringen. Viele Träger waren in den eineinhalb Jahren seit Kriegsausbruch gegen ihren Willen länger als ursprünglich mit den Dorfvorstehern vereinbart im Dienst gehalten worden und hatten daher in ihren Dörfern nicht bei der Ernte helfen können, was zu Versorgungsengpässen führte. Jene, die schließlich nach Hause zurückkehrten, waren wegen der ungeheueren körperlichen Anstrengungen, ungenügender Ernährung, Bekleidung und Unterbringung in ungesunden Massenlagern entlang der Versorgungsrouten oft in einem gesundheitlich so erbärmlichen Zustand, dass ihr Anblick abschreckend auf den potentiellen Ersatz wirkte. Dieser zog es immer häufiger vor, in den Busch zu flüchten anstatt die Arbeitspflicht anzutreten. Daher wurde schon seit Anfang 1916 beispielsweise im Bezirk Tabora Zwang von der Kolonialmacht ausgeübt um die Trägerstellung sicherzustellen, wobei schließlich selbst Frauen verschleppt wurden.[16]

2. Der Angriff im Norden

Der Angriff gegen Lettow-Vorbeck und dessen Hauptstreitmacht war für Anfang März 1916 am Kilimandscharo anberaumt, einige Wochen vor dem Einsetzen der Regenzeit, die Operationen über Monate hinaus erschweren würde. Nach der Niederlage von Tanga erschienen Großbritannien größere amphibische Operationen, wie sie Lettow-Vorbeck erwartete, nach wie vor zu riskant. Zudem war das Klima am Kilimandscharo günstiger für die weißen Südafrikaner und die Pferde ihrer Kavallerie als in den fiebrigen tropischen Küstengebieten. Das Empire ließ im März 1916 insgesamt etwa 25 000 britische, südafrikanische und rhodesische Soldaten sowie 14 000 indische und 5 000 schwarze Soldaten entlang der Grenze zwischen Deutsch-Ostafrika und Britisch-Ostafrika aufmarschieren. Erstmal standen zum Einsatz gegen die Schutztruppe an der Hauptfront auch ein dutzend

Flugzeuge, einige Panzerwagen, hunderte von LKW, Minenwerfer und eine größere Zahl von Artilleriegeschützen zur Verfügung. Obwohl Smuts keine Erfahrung im Führen größerer Verbände, geschweige denn eine Stabsausbildung besaß, übernahm er im Februar 1916 im Rang eines Generalleutnants den Befehl über diese Streitmacht, nachdem der ursprünglich dafür vorgesehene britische Generalleutnant Horace Smith-Dorrien aus Gesundheitsgründen sein Kommando nicht antreten konnte.

Smuts bevorzugte nach Art der Burentaktik den Bewegungskrieg, wie er in Deutsch-Südwestafrika erfolgreich von den südafrikanischen Truppen vorexerziert worden war. Ziel war nicht, den Feind durch ständige Angriffe aufzureiben, sondern ihn nach Möglichkeit mittels Umfassungsmanövern und Flankenbedrohungen durch die eigenen mobilen Einheiten in eine strategisch unhaltbare Position zu bringen und dann zur Aufgabe zu zwingen. Blutige Schlachten wie sie Lettow-Vorbeck bislang nicht gescheut hatte, erschienen Smuts, der letztlich Politiker und nicht Berufssoldat war, auch in Hinblick auf die Stimmung in Südafrika nicht opportun.[17]

Die weißen südafrikanischen Truppen, die seit Anfang Januar 1916 sukzessive in Britisch-Ostafrika eintrafen, zeigten sich zuversichtlich auch dieses Schutzgebiet in einer Art Blitzfeldzug erobern zu können, wie Meinertzhagen in seinem Tagebuch vor Beginn der Offensive notierte. »Smuts ist übereifrig, aber unterschätzt die Kampfkraft der deutschen eingeborenen Soldaten. Ich warnte ihn, dass er sie im Busch als so fähig wie seine Südafrikaner erleben werde. Ich sagte ihm, dass er, bevor er dieses Land verlässt, einen großen Respekt für jene entwickeln werde, die er jetzt als ›verdammte Kaffer‹ bezeichnet.«[18] Der südafrikanische Optimismus resultierte aus einem übergroßen Selbstvertrauen in die eigenen militärischen, im Burenkrieg wie im Südwestafrika-Feldzug bewährten Fähigkeiten, der zahlenmäßigen und materiellen Überlegenheit und einem rassistischen Hochmut gegenüber den schwarzen Soldaten der Gegenseite. Er war allerdings kaum gerechtfertigt angesichts der Unkenntnis des Kriegsschauplatzes und seiner klimatischen, tropenhygienischen und logistischen Anforderungen, einer nur mangelnden Ausbildung der angeworbenen Freiwilligen und fehlender eingespielter Befehlsstrukturen und Verantwortlichkeiten im südafrikanischen, milizartigen Kontingent und Smuts' Stab. Smuts Stabchef John Johnson Collyder, der ein Vierteljahrhundert später für die südafrikanische Armee eine Art Leitfaden für künftige militärische Einsätze in tropischen Gebieten basierend auf den Erfahrungen in Ostafrika verfasste, kritisierte rückblickend die vollständige Unkenntnis über das Einsatzgebiet und die daraus resultierende mangelnde Vorbereitung der Südafrikaner auf die sie erwartende Aufgabe.[19]

Schon der erste Angriff am 12. Februar 1916 der beginnenden britisch-südafrikanischen Offensive am Kilimandscharo auf die vorgeschobenen Stellungen der Schutztruppe bei Salaita auf kenianischem Gebiet erwies sich als Fehlschlag für die im Buschkrieg ungeübten und zum Teil nur oberflächlich ausgebildeten Südafrikaner. Die etwa 4 000 Angreifer wurden unter schweren Verlusten von 1 900 Soldaten der Schutztruppe unter Lettow-Vorbecks Stellvertreter Major Georg Kraut abgewehrt. »Die Ausbildung dieser neu geschaffenen Verbände war gering, und es war an dem Verhalten der vielfach sehr jugendlichen Europäer zu erkennen, dass viele noch niemals ernsthaft an einem Kampf teilgenommen hatten«, resümierte Lettow-Vorbecks seine ersten Eindrücke von diesem neuen Gegner.[20] Dennoch zwangen die Südafrikaner, als die Hauptoffensive schließlich am 5. März losbrach, aufgrund der zahlenmäßigen Überlegenheit und der Mobilität ihrer berittenen Einheiten die Truppen Lettow-Vorbecks innerhalb von etwa einer Woche, ihre Stellungen zwischen dem Kilimandscharo und den Pare-Bergen zu räumen um der Gefahr der Einkesselung zu entgehen. Am 14. März 1916 erreichten Smuts Truppen Neu-Moschi, den Endpunkt der Nordbahn und das bisherige Hauptquartier Lettow-Vorbecks. In den folgenden zwei Wochen wurden die deutschen Truppen weiter entlang der Nordbahn zurückgedrängt, doch gestalteten sich die Operationen für beide Seiten zunehmend schwieriger wegen der in diesem Jahr besonders heftig einsetzenden Regenzeit.[21]

Die Schutztruppe musste zwar in den ersten drei Wochen der südafrikanischen Offensive wertvolle Positionen aufgeben. Sie trat aber einen geordneten Rückzug an ohne erheblich an Kampfkraft eingebüßt zu haben. Es wurde alsbald offensichtlich, dass weder die Askari noch ihr Kommandeur sich durch die feindliche personelle wie materielle Übermacht einschüchtern ließen. Lettow-Vorbeck äußerte gegenüber dem Arzt August Hauer nach den ersten Wochen der Abwehrkämpfe »unverhohlene Bewunderung« für die Leistungen seiner schwarzen Soldaten[22], die sich auch in der Defensive entgegen Wissmanns Diktum aus den 1890er Jahren als zuverlässige Kämpfer erwiesen. Schnee wiederum war in einem Schreiben an Solf einige Wochen nach Beginn der Offensive voll des Lobes für Lettow-Vorbeck: Dieser habe sich als ausgezeichneter Truppenführer bewährt und man könne sicher sein, dass er alles Menschenmögliche leisten werde, um die Kolonie weiter zu verteidigen. Sein Urteil hinsichtlich der »Eingeborenenverhältnisse« hingegen sei nicht auf der Höhe seiner militärischen Fähigkeiten. Dies sei aber nicht so gravierend, so lange ihm nicht eine über das militärisch Notwendige hinausgehende Selbstständigkeit eingeräumt werde.[23]

Den Angreifern stand, dies war nach den ersten Wochen der Offensive deutlich, ein langwieriger, verlustreicher Feldzug entlang der Usambara-Bahn in Richtung Küste gegen die Hauptmacht der Schutztruppe unter Lettow-Vorbeck bevor. »Wir alle haben die Kampfkraft der deutschen eingeborenen Truppen unterschätzt (...) Sie zeugt in höchstem Maße für die deutsche Ausbildung und Disziplin (...) Die Deutschen können mit Recht stolz auf ihre Soldaten sein, und von Lettow hat allen Grund zu seiner Führung unter härteren Bedingungen als wir sie zu ertragen hatten beglückwünscht zu werden«, hieß es in Meinertzhagens Tagebuch am 25. März 1916.[24]

Ende März, als die Regenzeit bereits eingesetzt hatte, befahl Smuts Generalleutnant Jacob Louis Van Deventer, mit der 2. südafrikanischen Division einen Vorstoß mehrere hundert Kilometer gen Süden in Richtung auf die Zentralbahn zu unternehmen, an welcher die zentralen Versorgungsdepots der Schutztruppe lagen und die zudem die Verbindung zu den Westtruppen unter Wahle sicherstellte. Dieser Schachzug sollte Lettow-Vorbeck zwingen, Einheiten von der Verteidigung der Nordbahn abzuziehen und somit die gegnerische Hauptmacht in zwei Teile spalten, denn es war unwahrscheinlich, dass der deutsche Kommandeur der möglichen Unterbrechung der Zentralbahn durch gegnerische Truppen kampflos zusehen würde. Die Nachricht von Van Deventers Vorstoß führte tatsächlich zu einer panikartigen Reaktion Lettow-Vorbecks. Er nahm entgegen dem Anraten seiner Offiziere den Hauptteil der Nordtruppen, 18 von insgesamt 28 Kompanien, und führte sie gen Süden, um den vorstoßenden südafrikanischen Truppen den Weg zu verstellen. Der kleinere Teil unter Kraut führte den Kampf an der Nordbahn gegen Smuts Hauptkräfte weiter. Van Deventers Truppen drangen etwa 350 km gen Süden vor, blieben aber nach zwei Wochen auf halbem Wege zwischen ihrem Ausgangspunkt Aruscha und der Zentralbahn bei dem Ort Kondoa Irangi stecken, weil der Nachschub nicht nachkam. Es erwies sich für die Südafrikaner als fatal, dass sie zu Beginn der Offensive auf LKW, Pferde und Maultiere als Transportmittel gesetzt hatten. Das Fehlen von Straßen und die sintflutartigen Regenfälle machten die LKW in den tiefer gelegenen Gebieten Deutsch-Ostafrikas nutzlos; Pferde und Maultiere starben hier zu tausenden an den von der Tsetsefliege übertragenen Krankheiten. Auch unter den Soldaten Van Deventers wüteten nun Malaria und Durchfallerkrankungen, so dass es fraglich gewesen wäre, ob sie selbst bei funktionierenden Versorgungslinien in ausreichender Zahl die Zentralbahn erreicht hätten. Kaum die Hälfte seiner 3 000 Soldaten war Mitte Mai noch einsatzfähig. Folglich gelang es Lettow-Vorbecks etwa 4 000 Soldaten, die bei den Höhenzügen um Kondoa Irangi verschanzten Südafrikaner in mehrwöchigen Märschen einzuholen. Nachdem ein von Lettow-Vorbeck befohlener, im Urteil seiner Gegner dilettantisch vorbereiteter und von wenig taktischer Finesse zeugender frontaler Nachtangriff auf ihre gut befestigten Stellungen[25] unter schweren Verlusten für die Schutztruppe am 9./10. Mai abgeschlagen wurde, lagen sich beide Seiten bis Anfang Juli in einer Art Stellungskrieg auf einer Frontlinie von etwa 30 km gegenüber. Bei diesen Kämpfen wurde Lettow-Vorbeck zum zweiten Mal leicht verwundet, diesmal am Bein durch eine britische Granate, die in seinem Gefechtsstand einschlug. Einzelne Patrouillen der bei Kondoa Irangi stehenden deutschen Truppen wurden in jenen Wochen gelegentlich von der schwarzen Bevölkerung mit Giftpfeilen angegriffen, die des von den Deutschen oktroyierten Krieges und der damit verbundenen Lasten überdrüssig war und daher Partei für die Südafrikaner ergriff.[26]

Derweil kam im Norden der Vormarsch Smuts zwischen Anfang April und Mitte Mai praktisch zum Erliegen. Auch seine Truppen und Transportmittel wurden selbst ohne Kampfhandlungen immer schwächer. »Wir sind hier so schnell wie möglich vorgestoßen unter Verhältnissen von Regen und Schlamm, die ich für unmöglich halten würde, hätte ich sie nicht selbst gesehen. Unsere Verluste waren viel schwerer als im Feldzug gegen Deutsch-Südwestafrika und inzwischen füllt das Fieber unsere Lazarette«, berichtete Smuts am 12. Mai nach Südafrika.[27] Durch die Regenzeit gab es nun überall Wasserflächen, in denen die Larven der Malaria übertragenen Anophelesmücken gedeihen konnten. Das 9. südafrikanische Infanterieregiment beispielsweise war im Februar 1916 in einer Stärke von 1 135 Mann in Ostafrika eingetroffen, am 1. Mai waren noch 528 Mann dienstfähig.[28] Nachdem die Nachrichten von den Verlusten in Ostafrika und vor allem den vielen Krankheitsfällen sukzessive in Südafrika eintrafen, verebbte rasch die Zahl der Freiwilligenmeldungen für diesen Kriegsschauplatz, wie die Reichsregierung durch prodeutsche Gewährsmänner am Kap erfuhr. Ohnehin hatte sich die südafrikanische Öffentlichkeit, ob burisch oder britisch, kaum für das von Botha und Smuts initiierte Ostafrikaabenteuer interessiert, so dass die Rekrutierung schon im Herbst 1915 schleppend angelaufen war.[29]

Es war absehbar, dass sich spätestens im Juni mit Ende der Regenzeit der Gesundheitszustand der britisch-südafrikanischen Truppen und ihre Versorgungslage wieder verbessern würden und sie ihre Angriffe dann unter voller Ausnutzung ihrer materiellen und personellen Übermacht fortsetzen könnten. Lettow-Vorbeck entschloss sich daher nach Rücksprache mit Schnee bereits Mitte Mai, weder die Nordbahn weiter verteidigen zu lassen noch sich zu einer Entscheidungsschlacht an der Zentralbahn zu stellen, deren Ausgang angesichts der Kräfteverhältnisse kaum fraglich gewesen wäre. Stattdessen sollte der Krieg in der Kolonie dadurch in die Länge gezogen werden, dass die Schutztruppe sich in den Süden zurückzog. Dies würde den verfolgenden, landesunkundigen und durch das Klima benachteiligten Gegner erneut vor große logistische und medizinische Probleme stellen, zumal der Süden weniger entwickelt, klimatisch ungesünder und durch die großen Flusssysteme wie dem Rufiji und seiner Seitenarme und den dichten Baumbestand topographisch noch unzugänglicher war.[30] Anfang Juli ließ Lettow-Vorbeck daher die Stellungen vor Kondoa Irangi räumen und zog sich zunächst nach Morogoro an der Zentralbahn zurück, wo er auf Schnee traf, der seit 1915 in Tabora residiert hatte. Zugleich setzten sich Krauts Truppen in ständigen Kämpfen im Norden von Smuts Hauptkräften ab und zogen ebenfalls gen Süden, wo sie sich im Juli mit Lettow-Vorbecks Hauptmacht wieder vereinigten.

Mitte Juni landeten britische Truppen im unverteidigten Tanga, so dass die Nordbahn nun vollständig in gegnerischer Hand war. Van Deventer nahm am 20. Juli seinen Vormarsch von Kondoa Irangi gen Süden wieder auf und erreichte am 29. Juli die Zentralbahn bei Dodoma. Am 27. August wurde das etwa 300 km westlich von Dodoma gelegene Morogoro, wo sich bisher das Zentraldepot der Schutztruppe befunden hatte, von der südafrikanischen Hauptstreitmacht unter Smuts kampflos eingenommen. Zu diesem Zeitpunkt befand sich Lettow-Vorbecks Hauptstreitmacht südlich am Fuße des Uluguru-Gebirges. Er zog sich weiter gen Süden zurück. Im Westen stieß Deventer nun über die Zentralbahn hinaus nach Süden vor. Im Südwesten, der ein trockenes, gesundes Klima aufwies, waren 2 600 rhodesische und südafrikanische Soldaten unter Brigadegeneral Edward Northey, dem fähigsten Kommandeur auf britischer Seite, seit Ende Mai 350 km in das Schutzgebiet eingedrungen. Sie nahmen bis Ende August die Getreideanbaugebiete der Kolonie um Malangali und Madibira und die Bezirkshauptstadt Iringa ein. Zusammen mit Deventers Truppen bildeten seitdem eine Art Sperrgürtel im Südwesten Deutsch-Ostafrikas. Britische Truppen landeten zudem Mitte August in Bagamojo und stießen von hier entlang der Küste ohne Widerstand auf das südlich gelegene Dar-es-Salaam vor, das am 4. September kampflos besetzt wurde. Bis Mitte September waren ferner von Seeseite her die restlichen Häfen der Kolonie im Süden, also Kilwa, Mikindani, Sudi und Lindi eingenommen. Grob gesagt war jetzt die Schutztruppe auf das Inland im Südosten der Kolonie zurückgedrängt.

Bis zum Frühjahr 1916 versuchte die Zivilverwaltung unter Schnee, die Lasten des Krieges etwa in Bezug auf die Abgabe von Lebensmitteln und die Stellung von Trägern möglichst gleichmäßig auf die Schultern der verschiedenen Ethnien und Gebiete der Kolonie zu verteilen unter Mitarbeit der afrikanischen Dorfvorsteher, basierend auf den zu Beginn des Krieges vorgenommenen Einschätzungen ihrer wirtschaftlichen Leistungsfähigkeit.[31] Diese Vorgehensweise sollte nicht nur Aufstände in einzelnen Gebieten verhindern, sondern war auch Grundbedingung dafür, überhaupt eine Art Kriegswirtschaft einzuführen, in welcher beispielsweise die Lebensmittelimporte durch Eigenproduktion in der Kolonie ersetzt werden konnten. Als sich Lettow-Vorbeck mit dem gegnerischen Vormarsch an allen Fronten konfrontiert sah, den er höchsten verzögern, aber angesichts der feindlichen Übermacht nicht mehr durch Gegenoffensiven rückgängig machen konnte, drängte er seine Unterführer, von diesem bislang gehandhabten gleichsam friedensmäßig abgewickelten Ankauf von Lebensmitteln unter der schwarzen Bevölkerung abzugehen. Ende Mai wies er die Intendantur in Morogoro an, alles Vieh und alle Lebensmittel aus den bedrohten Gebieten und auch jenen, die nicht unmittelbar vor der Eroberung standen, zu entfernen, um ein rasches Nachstoßen der feindlichen Truppen zu erschweren, »selbst wenn dies nicht durch friedlichen Aufkauf möglich ist«. Ein ähnlicher Befehl Lettow-Vorbecks ging Ende Juni an Hauptmann Friedrich Braunschweig in Iringa im Südwesten: Nichts dürfe dem Feind überlassen werden und alles, was die Schutztruppe, die aus dem Lande zu leben habe, nicht mitnehmen könne, sei zu vernichten.[32] Schnee befahl jedoch, für das Vieh der Afrikaner wie bisher zu bezahlen. Gleichsam als Ersatz hob er nun das bisherige Jagdverbot für die Schutztruppe auf.[33] Allerdings war seit 1914 zur Finanzierung des Krieges erstmalig in der Kolonie selbst Geld gedruckt worden. Mit dem Verlust der Städte und Druckereien bis Ende 1916 waren die Geldscheine »in einer Handdruckerei mit Gummitypen der Art, mit denen in Europa Kinder spielen, gedruckt (....) Es war schwer genug für einen Europäer, der all seinen Autoritätsglauben bewahrt hatte, dieses merkwürdige Geld zu haben, aber ganz unmöglich war es für die Eingeborenen. Sie weigerten sich einfach, das Geld anzunehmen.«[34]

Der britische Nachrichtendienst unter Meinertzhagen versuchte flankierend zu den militärischen Operationen die Glaubwürdigkeit der deutschen Herrschaft zu unterminieren, indem er die schwarze Bevölkerung auf die Wertlosigkeit der seit Kriegsbeginn ausgegebenen Ersatzwährung hinwies. Er machte sich aber bereits im Vorhinein der großen Offensive wenig Hoffnung, die eingeborene Bevölkerung zum Aufstand gegen die Deutschen anstacheln zu können, da dieser der Unterschied zwischen deutscher und britischer Herrschaft nicht bewusst sei. Die Afrikaner, so die Einschätzung, sehnten vor allem ein Ende des Krieges herbei mit der einhergehenden Zwangsarbeit, Lebensmittelrequisitionen und den Drangsalierungen durch die Askari, die sich alles nähmen, was ihnen gefiel.[35]

Zwar führte das anstehende Ende der deutschen Kolonialherrschaft in den bis Ende 1916 geräumten Gebieten tatsächlich nicht zu größeren offenen Aufständen gegen die Deutschen. Doch war ein wachsendes Selbstbewusstsein der schwarzen Bevölkerung zu verzeichnen und eine nachlassende Bereitschaft den deutschen Forderungen nachzukommen. Bei der Trägerrekrutierung beispielsweise wurde von der sich zurückziehenden Truppe nun offen Gewalt angewendet, wie ein Schutztruppenoffizier schrieb. Beim Abzug der Schutztruppe machten sich nach dem Bericht des Offiziers in den verschiedenen Bezirken »Aufwiegler«, »abgesetzte Häuptlinge« und »Zauberer« bemerkbar, die sofort die »Wühlarbeit« begannen.

Insbesondere ältere Männer, die sich noch an die vorkoloniale Ära erinnerten, verkündeten das Ende der Europäerherrschaft.[36]

Der Krieg forderte bereits jetzt durch Hunger, ausgelöst durch Lebensmittelrequirierungen, Arbeitskräftemangel bei der Bewirtschaftung der Felder sowie durch die durchziehenden Truppen sich ausbreitende Seuchen und schließlich den Masseneinsatz von Trägern bei unzureichender Versorgung, Kleidung und medizinischer Betreuung zehntausende, wenn nicht hunderttausende von Opfern unter der schwarzen Bevölkerung. »Es gab zum Schluss ganze Gebiete, wo nur Weiber, Kinder und Greise zu sehen waren«, berichtete ein Schweizer Ingenieur über die Folgen der Trägerrekrutierung und Anwerbung von Askari im westlichen Bereich der Zentralbahn an der Grenze zu Ruanda in den Jahren 1914 bis 1916.[37] Die Entvölkerung durch Tod, Flucht oder Zwangsrekrutierung leistete der Verwilderung weiter Landstriche Vorschub, die von der Vegetation wieder überwuchert wurden. Das Einzugsgebiet der Tsetsefliege breitete sich dadurch aus und auch die Zahl der Raubtiere stieg an.[38] »Der Krieg räumt unter unseren Eingeborenen erschreckend auf, Genickstarre, Schlafkrankheit, Pocken wüten überall (...) Deutsch-Ostafrika wird durch den Krieg so vollkommen ruiniert, dass es fraglich ist, ob es wieder hochgebracht werden kann«, lautete das Resümee eines Beamten der Zivilverwaltung 1918 nach der Rückkehr ins Reich.[39] Dabei brachte der Abzug der deutschen Truppen keinesfalls ein Ende des Schreckens, denn auch die britische Besatzungsmacht benötigte zehntausende von Trägern zur Fortführung der Operationen, die von den eigenen Besitzungen nicht mehr allein aufgebracht werden konnten. Sie requirierte ebenso Lebensmittel und erhob sogar höhere Steuern als zuvor die Deutschen.[40] In der Region um Dodoma an der Zentralbahn beispielsweise rekrutierten die Deutschen bis Mitte 1916 etwa 35 000 Männer zu Trägerdiensten, die nachrückenden britischen Truppen warben weitere 24 000 an. Als Folge des Fehlens dieser Arbeitskräfte und der Wegnahme von Vieh und Lebensmitteln durch die sich zurückziehende Schutztruppe und die nachrückenden britischen Einheiten starben in den folgenden Jahren etwa 30 000 der geschätzten 150 000 Bewohner.[41]

3. Die Entwicklung im Westen und Süden

Wahles Truppen im Westen, insgesamt etwa 2 000 Soldaten, zogen sich ohne großen Widerstand vor den seit April vorrückenden, im Vergleich zu den britisch-südafrikanischen Truppen wesentlich mobileren belgischen Truppen zurück. Im Juni befanden sich Ruanda und Burundi in belgischer Hand. Im Juli landeten zur Unterstützung des belgischen Vormarsches zusätzlich 2 000 britische Soldaten an der deutschen Küste des Viktoriasees bei Muansa und stießen von hier gen Süden vor. Belgier und Briten lieferten sich nun ein Wettrennen um die Einnahme Taboras, das schließlich am 19. September kampflos von der FP eingenommen wurde. Seit dem Vorstoß der Südafrikaner auf die Zentralbahn waren die »Westtruppen« zudem von Lettow-Vorbeck abgeschnitten. Der fast siebzigjährige Wahle entschloss sich daher, seine verbleibenden etwa 1 200 Soldaten und ein Mehrfaches an in aller Hast zwangsrekrutierter Träger angesichts des Verlustes der Zentralbahn gen Süd-Osten in Richtung Iringa zu führen in der Hoffnung sich im Süden eines Tages mit Lettow-Vorbecks Truppen wiedervereinen zu können. Auf diesem zweimonatigen, 500 km langen Marsch durch weitgehend unerforschtes Gebiet waren die Soldaten mehrere Male nahe am Verhungern. Einzig das Plündern der entlang ihrer Route liegenden Dörfer rettete sie. Hunderte von Trägern kamen durch Erschöpfung, Hunger und Krankheiten um. Abgesehen von der schweren körperlichen Belastung durch das tägliche Tragen der Lasten und ihre ungenügende Ausrüstung hatten sie bei dieser Art der Nahrungsrequirierung das Nachsehen, weil sich Europäer und Askari zuerst bedienten. Wer sich der Fron durch Flucht entziehen wollte, was in der Regel nur geschah, solange sich die Kolonne noch in Gebieten des Stammes aufhielt, dem der Flüchtende angehörte, wurde erschossen. Die Askari prügelten die Träger voran, bis sie am Wegesrand erschöpft zusammenbrachen und man sie dort ihrem Schicksal überließ, dem Tod durch Verhungern, Krankheit, wilde Tiere oder der Rache der von den durchmarschierenden Truppen zuvor ausgeplünderten lokalen Stämme.[42] »Alle Träger waren ohne Decken, Zelte und genügende Kleidung, sie sind in großer Zahl desertiert oder gestorben wegen der genannten Bedingungen«, hieß es in Wahles Bericht an Lettow-Vorbeck nach Vereinigung mit dessen Hauptmacht bei Mahenge Ende November 1916.[43]

Es zeigte sich bei Wahles Rückzug wie bei anderen militärischen Ereignissen ab 1916, die von dem sich gegen die Deutschen wendenden Blatt zeugten, dass vor allem die noch nicht so lange dienenden Askari flohen, sofern sie nicht zu weit von ihren Herkunftsorten dienten. So erwähnte Wahle in seinem bereits zitierten Bericht an Lettow-Vorbeck eine außerordentlich hohe Zahl desertierter Askari. Ein anderer Zeitzeuge schätzte die Zahl der pro Kompanie desertierten Soldaten nach der Räumung Taboras auf 30 bis 40.[44] Auf britischer Seite registrierte man ebenfalls seit Ende 1916 eine wachsende Zahl von Fahnenfluchten deutscher Askari, jedoch seien diese auf relativ neu angeworbene Söldner beschränkt, fast nie hingegen würden die Veteranen der Schutztruppe die Seite wechseln oder sich gefangen nehmen lassen.[45] Einzig ihr Einsatz in Gebieten, in denen andere Ethnien lebten, verhinderte Desertionen auch relativ junger Askari in größerem Maße, weil die in der Bevölkerung wegen ihrer privilegierten Stellung und ihrem rücksichtlosen Vorgehen verhassten Handlanger der Kolonialmacht hier, ohne den Rückhalt ihrer Einheiten, Gefahr liefen von der zuvor malträtierten und ausgepressten Bevölkerung massakriert zu werden. Die Loyalität der Söldner wurde auch dadurch gesichert, dass man ihre Frauen und Kinder bei den Operationen, die nun angesichts der allgemeinen gegnerischen Offensive und der dadurch bedingten deutschen Rückzüge hunderte von Kilometern von den ursprünglichen Garnisonen und Stammesgebiete stattfanden, im Tross mitziehen ließ. Jeder Versuch der deutschen Vorgesetzten, Frauen und Kinder wegzuschicken, da sie die Mobilität verminderten und zusätzliche Esser darstellten, barg die Gefahr einer allgemeinen Befehlsverweigerung, ja eines Aufstandes der Askari in sich, wie Wahle bei seinem Evakuierungsmarsch feststellen musste.[46]

Die belgischen Truppen zeigten im Verlauf ihres Vormarsches 1916 wenig Interesse, die Schutztruppe zu einer vernichtenden Schlacht zu stellen, Wahles Truppen zu verfolgen oder beschleunigt vorzudringen, nachdem sich die wertvollsten Faustpfänder Deutsch-Ostafrikas, also Ruanda, Burundi und Tabora bereits in belgischer Hand befanden. Denn es war unklar, wie die deutsche Kolonie nach dem Krieg aufgeteilt werden sollte und das Foreign Office hatte, unterstützt von der südafrikanischen Regierung, im Vorfeld der allgemeinen Offensive deutlich gemacht, dass jegliche militärische Besetzung von Teilen Deutsch-Ostafrikas keine spätere Annexion derselben durch die erobernde Macht präjudizieren solle.[47] Von daher trug die auf deutscher Seite wegen ihrer Beweglichkeit und hohen Kampfmotivation fast gefürchtete FP, in welcher angeblich auch Kannibalen dienten, letztlich wesentlich weniger zur Eroberung des Schutzgebietes oder zur Niederringung von Lettow-Vorbecks Truppen bei als sie aufgrund ihrer militärischen Leistungsfähigkeit vermocht hätte.

Mit dem Verlust der Siedlungsgebiete der Njamwezi im Bereich der Zentralbahn um Tabora und der Sukuma, die an den südlichen Gefilden des Viktoriasees leben, beides Folge der belgisch-britischen Offensive im Westen, verlor die Schutztruppe ihre besten Rekrutierungsgebiete für Träger. Den anderen Ethnien in der Kolonie, die nicht wie die beiden genannten Völker entlang der früheren Karawanenrouten siedelten, fehlte diese Tradition der Erwerbsarbeit, so dass sie weder die Bereitschaft noch die physische Ausdauer besaßen, welche den bisherigen Kern der Trägerscharen ausgezeichnet hatte.[48] Faktisch bedeutete dies einen Verlust an Mobilität für die Schutztruppe und ein Mehr an Zwang gegenüber den nun ersatzweise im Süden zu rekrutierenden Afrikanern, um die Operationsbereitschaft auch nur einigermaßen aufrechtzuerhalten.

Der einzige eindeutige deutsche Abwehrerfolg wurde im Süden gegen die portugiesischen Truppen erzielt. Der neue portugiesische Befehlshaber General José Gil ließ, nachdem er mit 1 500 Soldaten Verstärkung aus Europa eingetroffen war, im April das Kionga-Dreieck besetzten, welches die Deutschen geräumt hatten. Ein erster Versuch, den Rovuma zu überqueren und nach Deutsch-Ostafrika vorzudringen, wurde Ende Mai, als die Angreifer auf den Widerstand der Schutztruppe trafen, die zu diesem Zeitpunkt nur eine Kompanie entlang der Grenze stehen hatte, umgehend abgebrochen. Nach der Ankunft weiterer 6 000 Soldaten aus Portugal im Juli unternahm Gil auf Drängen Smuts Mitte September einen zweiten Vorstoß über den Rovuma. Die portugiesischen Truppen verschanzten sich bei dem Ort Newala. Die aus Europa entsandten portugiesischen Verstärkungen waren schlecht auf den Krieg in den Tropen vorbereitet. Sie wurden vielfach von unfähigen Offizieren kommandiert, die ihr Kommando aus politischen Gründen als Folge der zum Sturz der Monarchie führenden Revolution von 1910 erhalten hatten. Die Mannschaften waren durch politische Gefangene aufgefüllt worden, die gezwungenermaßen in Mozambik dienten.[49] Die Zahl der aus Europa entsandten portugiesischen, voll einsatzfähigen Soldaten der vier während des Krieges nach Mozambique geschickten Verstärkungstransporte von insgesamt 20 000 Mann schmolz auch ohne Feindberührung jedes Mal nach der Ankunft in Afrika schnell zusammen: »Wir hatten im Verhältnis wesentlich mehr europäische Kranke als die Alliierten oder unsere Gegner, weil unsere Soldaten nicht die geringste Vorstellung von Hygiene besaßen und unter den Dienstgraden war die Zahl der Syphilis-, Tuberkulose und anderer Krankheitsfälle erschreckend hoch (...) Zur Einnahme des

Chinins mussten sie mit Gewalt gezwungen werden«, schrieb ein portugiesischer Stabsoffizier über die Verhältnisse in den portugiesischen Einheiten in Ostafrika.[50]

So nahm es nicht wunder, dass trotz der zahlenmäßigen Unterlegenheit der Schutztruppe der deutsche Gegenangriff zwei Monate später auf Newala unter dem inzwischen zum Südbefehlshaber ernannten Looff, dem rund 500 Askari und ehemalige Marineangehörige unterstanden, für die etwa 1 500 Portugiesen zum Debakel wurde: Hunderte von portugiesischen Soldaten fanden den Tod, der Rest floh über den Rovuma. Looffs Truppen erbeuteten reichlich Waffen, Munition, Proviant und Ausrüstung. In der Folge beschränkten sich die portugiesischen Truppen auf Anraten ihrer Verbündeten darauf, die 900 km Grenze zwischen Deutsch-Ostafrika und Mozambik durch eine Reihe von Stützpunkten zu sichern.

4. Smuts' Dilemma

Bis Ende September waren durch die Offensive der Empire-Truppen im Norden, der belgischen im Westen, der rhodesischen im Südwesten und durch die britischen Landungen an der Küste sechs Siebtel der Fläche der deutschen Kolonie mit neun Zehntel ihrer Bewohner in die Hände des Feindes gefallen. Die Deutschen verloren damit alle ökonomisch wertvollen Gebiete, alle wichtigen Ortschaften sowie beide Eisenbahnlinien. Trotz dieser Erfolge zeigte Meinertzhagen sich enttäuscht von Smuts Kriegführung. Sie vermeide zwar Verluste auf dem Schlachtfeld, schütze aber letztlich genauso wenig Menschenleben, weil sich durch diese Strategie der Feldzug in die Länge ziehe und die Soldaten Opfer des Klimas und der Krankheiten würden. Lettow-Vorbeck, so Meinertzhagens Prophezeiung, werde bei dieser Vorgehensweise immer wieder entkommen wegen der besseren Ortskenntnis der Schutztruppe und ihrer höheren taktischen Gewandtheit im Buschkampf. Vermutlich werde er noch irgendwo im tropischen Afrika herummanövrieren, wenn der Krieg in Europa schon zu Ende sei.[51]

»Ende 1916 hielt ich die Lage in der Kolonie für außerordentlich günstig«, schrieb Lettow-Vorbeck in seinen Erinnerungen.[52] Diese Einschätzung stellte eine nachträgliche Beschönigung der tatsächlichen damaligen Lagebeurteilung des Kommandeurs dar, der sich in seinen nach dem Kriege veröffentlichten Memoiren als niemals verzagender Befehlshaber präsentierte. Angesichts des raschen Vordringens der Entente-Truppen von allen Seiten seit dem Ende der Regenzeit, die kaum aufzuhalten waren, scheint Lettow-Vorbeck zumindest zeitweilig in eine Art Panik geraten zu sein. Dafür spricht, dass er im August, wie er an anderer Stelle schrieb[53], bei der Räumung der Zentralbahn seine privaten Tagebücher und Orden vergrub, weil er offenbar mit seinem baldigen Tode oder der Gefangennahme rechnete. Auch Looff erwähnte in seinen Memoiren eine pessimistische Stimmung, die den Kommandeur kurzzeitig ergriffen habe. Der Seeoffizier unterstellte sogar, dass Lettow-Vorbeck in diesen kritischen Monaten insgeheim Vorbereitungen für seine und die Flucht seines Stabes getroffen habe.[54] Diese Behauptung ist allerdings kaum glaubwürdig und eher auf die seit 1915 schwelende Rivalität zwischen dem Schutztruppenkommandeur und dem Marinebefehlshaber zurückzuführen.

Dennoch stellte sich die Situation für die Schutztruppe gegen Ende des Jahres 1916 günstiger dar als es auf den ersten Blick erschien, vor allem gemessen an der Disproportionalität der beiden Seiten zur Verfügung stehenden Mittel. Allein der Teil Deutsch-Ostafrikas, der noch von den Deutschen im Südosten gehalten wurde, umfasste ein Gebiet von etwa 150 000 km^2, besaß also die doppelte Ausdehnung der Benelux-Staaten. Trotz der Kämpfe und langen Rückzüge der vergangenen Monate verfügte die Schutztruppe noch über etwa zwei Drittel der Kampfstärke, die sie am Vorabend der gegnerischen Großoffensive besessen hatte, also über etwa 2 000 Deutsche und knapp 9 000 Askari, von denen allerdings ein Viertel verwundet oder krank war. Der Vormarsch der südafrikanisch-indischen Hauptmacht unter Smuts und Van Deventer litt wieder unter der Überdehnung der Nachschublinien und einem Ansteigen der Krankheitsfälle.

Smuts hielt Ende September den Zeitpunkt für gekommen Schnee zur »ehrenvollen« Kapitulation aufzufordern »trotz des hervorragenden Geschicks und der Tapferkeit, mit welcher die Verteidigung bisher gehandhabt worden ist«, wie es in einem Schreiben des südafrikanischen Oberbefehlshabers an den deutschen Gouverneur hieß. Jede Fortsetzung des Kampfes hingegen werde das Leiden der weißen Bevölkerung erhöhen, die der Auffassung sei, dass der Widerstand schon zu lange anhalte und ihre Lebensgrundlagen zerstöre, ohne noch einen Sinn zu haben.[55] Smuts Argument, eine Fortsetzung des Kämpfe beschwöre den Ruin der Weißen in der Kolonie herauf, während er das hunderttausendfache Leiden der schwarzen Bevölkerung unerwähnt ließ, erscheint im Nachhinein geradezu perfide. Aber diese Auffassung spiegelte den tief verwurzelten Rassismus von Sender wie Empfänger wider.

Smuts Aufforderung zur Waffenniederlegung stellte weniger eine humanitäre Geste dar als ein Eingeständnis, dass die rasche Eroberung der Kolonie gescheitert war. Angesichts der Geschicklichkeit und Entschlossenheit der deutschen Verteidigung und den Schwierigkeiten, welche der ostafrikanischen Kriegsschauplatz bereitete, die sich im Süden eher noch potenzieren würden, standen andernfalls weitere Monate von Kämpfen und Märschen bevor. Für diese waren die südafrikanischen Truppen kaum mehr geeignet, während man am Kap mit Entsetzen die steigende Zahl der vor allem durch Krankheiten invalid gewordenen Soldaten registrierte. Am 24. Oktober schrieb Smuts an einen Korrespondenzpartner: »Hier zieht sich ebenfalls der Feldzug in eine Länge weit jenseits dessen, was ich erwartet hatte. Jede irgendwie wertvolle Position in dieser Kolonie ist dem Feind verloren gegangen, der nun auf die tödlichen Malariagebiete der großen Flüsse Rufiji, Ulanga und Rovuma beschränkt ist und in den Dschungeln und Sümpfen, in welchen der Feind sich nun aufhält, ist es schwierig an ihn heranzukommen. Die Regenzeit steht zudem an und wird bis nächsten Mai anhalten und während dieser sind Operationen unmöglich. So können Sie also sehen, welch trostlose Aussichten ich vor mir habe. Das Fieber unter unseren Soldaten, insbesondere den Weißen und Indern, ist schlimm und wird noch schlimmer werden während der Regenfälle.«[56]

Lettow-Vorbeck sah denn auch Smuts Angebot der Waffenstreckung in Ehren nicht als großzügige Geste eines siegreichen Feldherrn gegenüber dem Unterlegenen an, sondern als Eingeständnis der Scheitern der gegnerischen Strategie, die nun durch einen politischen Winkelzug in einen Sieg verwandelt werden sollte. Auch Schnee lehnte das Angebot ab.[57] Für Schnee, der sich für das menschliche Leid, welches der Krieg vor allem für die schwarze Bevölkerung heraufbeschwor, eher empfänglich zeigte als der rücksichtslose Kommandeur, erwiesen sich für diese Weigerung in erster Linie kolonialpolitische Erwägungen als ausschlaggebend. Lettow-Vorbecks bisherige Strategie hatte gezeigt, dass es möglich war, auch gegen einen überlegenen Feind relativ lange zu widerstehen. Daher war es nicht auszuschließen, dass sich bei einem Friedensschluss in Europa noch Teile der Kolonie in deutscher Hand befänden, was die Verhandlungsposition des Reichs hinsichtlich der Besitzungen in Afrika sicherlich stärken würde.[58] Lettow-Vorbeck hingegen hielt am Glauben fest, dass eine Fortführung des Feldzugs die Fronten des Reichs entlasten werde. Zudem erschien es mit seinem Ehrbegriff unvereinbar, eine noch nicht geschlagene Truppe zu übergeben.

Schnee wie Lettow-Vorbeck gingen davon aus, dass die Kriegslage in Europa für Deutschland günstig stehe. Eher werde auf den Schlachtfeldern Europas eine Entscheidung fallen, als dass es in Ostafrika zu einer Niederlage der Schutztruppe komme.[59] Zu sehr waren sie von der moralischen Überlegenheit des Reiches als »Kulturnation«, der Effizienz des preußisch-deutschen Staates, seiner Wirtschaftskraft und dem wissenschaftlich-technischen Vorsprung, schließlich den Fähigkeiten der angeblich besten Armee der Welt überzeugt, als dass sie sich einen anderen Ausgang vorstellen konnten. Anderslautende Nachrichten aus Europa, welche die Schutztruppe ab 1916 durch britische Funksprüche oder erbeutete feindliche Zeitungen erhielt, wurden schlichtweg als Feindpropaganda abgetan: »Solange diese günstig waren, glaubten wir ihnen gerne. Aber als sie nur Trübes aus der Heimat zu melden vermochten, glaubten wir ihnen nicht, sondern glaubten sie extra für uns gefälscht.«[60]

Weitere Vorstöße Van Deventers und Northeys im Südwesten, britischer Einheiten von der Küste und von Smuts Hauptstreitmacht von Norden zur Jahreswende 1916/17 brachten trotz einiger schwerer Gefechte keine entscheidenden Ergebnisse. Die Operationen gegen die Schutztruppe kamen schließlich an allen Fronten ab Ende Januar 1917 wegen der einsetzenden, seit einem Jahrzehnt heftigsten Regenzeit bis zum Mai 1917 zum Erliegen.[61]

Smuts betrieb seit Herbst 1916 die rasche Repatriierung der südafrikanischen Truppen, weil sie durch die Anstrengungen und Krankheiten der vergangenen Monate zu erschöpft waren um weiter zu operieren. Das bereits erwähnte 9. südafrikanische Infanterieregiment verfügte Ende Oktober 1916 nur noch über 116 einsatzfähige von ursprünglich 1 135 Anfang des Jahres in Kenia angelandeten Soldaten. Zwischen Oktober und Januar kehrten aus Gesundheitsgründen 12 000 Soldaten ans Kap zurück. Der Regen, der hohe Krankenstand bei den südafrikanisch-indischen Truppen, Probleme des Nachschubs und die Umstrukturierung der Empire-Streitkräfte verschafften der Schutztruppe eine dringend benötigte Atempause.

Das erneute Steckenbleiben des Angriffs auf Deutsch-Ostafrika, welches hauptsächlich auf die gesundheitlichen Probleme der Angreifer und die logistischen Schwierigkeiten des Kriegsschauplatzes, und weniger auf eine überlegene Führung

Lettow-Vorbecks zurückzuführen war, bewirkte seit Frühjahr 1916 ein Umdenken in der britischen Führung: Der Krieg in Ostafrika sollte fortan hauptsächlich von schwarzen Soldaten geführt werden, die aus tropischen Gebieten kamen, während London auf die Entsendung weiterer weißer oder indischer Verstärkungen verzichtete. Nur afrikanische Soldaten garantierten in Ostafrika eine permanent hohe Einsatzbereitschaft. Der Chefarzt der britischen Truppen in Ostafrika schrieb im Oktober 1917: »Der europäische Infanteriesoldat kommt mit dem Klima nicht zurecht (…) Die Belastung des Marsches mit schwerem Gepäck, ständige Sonneneinstrahlung und Feuchtigkeit, die allgemeinen Härten des Einsatzes schwächen ihn rasch und machen ihn anfällig für schnell sich wiederholende Malariaanfälle, Darmkrankheiten und andere für dieses Klima typische Krankheiten.« Dies sei vor allem bei jüngeren Männern unter 30 Jahren der Fall. Eine Sonderkommission konstatierte auch für die indischen Truppen in Ostafrika Ende 1917 »unnatürlich hohe Verluste« als Folge von Klima, Krankheiten und Fehlernährung.[62] Dagegen schienen einzig schwarze Soldaten, wie die bisherigen positiven Erfahrungen mit den wenigen Einheiten der KAR gezeigten hatten, im Buschkampf den deutschen Askari ebenbürtig zu. »Von allen Seiten hört man nichts als Bewunderung für sie«, schrieb Meinertzhagen denn auch im Dezember 1916 als Resümee seiner Erfahrungen mit den verschiedenen, auf britischer Seite eingesetzten Kontingente. Die Südafrikaner hingegen seien schlecht von ihren Offizieren geführt worden, ermangelten der Disziplin und versagten im Angriff, während das indische Kontingent sehr heterogen gewesen sei.[63]

Im Zuge dieser beabsichtigten Verlagerung der Kriegsanstrengungen auf britischer Seite auf die Schultern schwarzer Soldaten wurde im Juli 1916 das Gold Coast Regiment aus Ghana mit etwa 1 000 Mann nach Ostafrika verlegt, das in Kamerun nicht mehr gebraucht wurde. Aus der Karibik kam das West India Regiment. Im November 1916 folgte die Nigerian Brigade, die ebenfalls zuvor in Kamerun gekämpft hatte, mit 2 500 Soldaten. Nach der Eroberung Kameruns waren dort sowohl für das Gold Coast Regiment wie auch für die Nigerian Brigade vormals deutsche Askari angeworben worden, die nun auf britischer Seite in Ostafrika zum Einsatz kamen. So zeigte sich der Arzt Hauer verwundert, als er im Oktober 1917 zwei verwundet in deutsche Gefangenschaft geratene britische Askari verband und feststellen musste, dass sie Deutsch verstanden, weil sie zuvor in der Schutztruppe Kameruns gedient hatten.[64] Zudem begann man ab April 1916 massiv in Ostafrika für die KAR zu rekrutieren. Innerhalb eines halben Jahres verdoppelte sich ihre Truppenstärke auf 8 400 Soldaten. Anwerbungen erfolgten nicht nur in den eigenen Besitzungen, sondern auch in den eroberten Gebieten Deutsch-Ostafrikas und unter dort gefangen genommenen Askari.

Diese zeigten ebenso wie ihre ehemaligen Kameraden aus der Schutztruppe Kameruns entgegen der nach dem Ersten Weltkrieg in Deutschland oft beschworenen »Askaritreue«, die als Ausweis der scheinbar gerechten deutschen Kolonialherrschaft ins Feld geführt wurde, wenig Skrupel, umgehend die Seite zu wechseln. Ein deutscher für die Schutztruppe mobilisierter Marine-Ingenieur wurde im Herbst 1917 Zeuge dessen: »Als ich in Arusha (als Gefangener, E. M.) eintraf, konnte ich gewahr werden, dass schon ein gutes Einvernehmen zwischen meinen Askari und den englischen Askari bestand. Am nächsten Tag war ich von meinem

Fenster Augenzeuge, wie sich meine Askari ausnahmslos als englische Askari eintragen ließen. Nur der Sol (Feldwebel, E. M.) Majaliua weigerte sich.«[65]

Diese Form des Seitenwechsels hatte ursprünglich auch in umgekehrter Richtung existiert: In den Jahren vor Kriegsausbruch gingen vormalige Askari der KAR nach Deutsch-Ostafrika, um Anstellung bei der Schutztruppe zu suchen, nachdem es auf britischer Seite aus Kostengründen zur Auflösung von zwei Bataillonen gekommen war.[66] Seit Mitte 1916 jedoch, als die personelle und materielle Unterlegenheit der Schutztruppe trotz ihrer weiterhin bestehenden taktischen Überlegenheit auf dem Gefechtsfeld immer deutlicher wurde, kam es nur noch zu einer Arbeitsmigration von der Schutztruppe in die KAR. Wie für die Schutztruppe bislang erwies es sich nun für das britische Pendant weder in Britisch-Ostafrika noch in den eroberten Gebieten Deutsch-Ostafrikas als schwierig, genügend Freiwillige zu finden. Bis Kriegsende wuchsen die ursprünglich vier Bataillone der KAR von 1914 auf 22 an mit 30 000 schwarzen Soldaten unter der Führung vom 1 200 britischen Offizieren. Der Aufbau der schwarzen Söldnereinheiten krankte vor allem daran, dass es nicht genügend weiße Kader gab, die für diese Aufgabe geeignet schienen und Suaheli beherrschten. Aber auch die neuen schwarzen Formationen auf britischer Seite mussten erst Erfahrungen auf diesem Kriegsschauplatz sammeln, um sich den Veteranen der Schutztruppe annähernd ebenbürtig zu erweisen.[67]

Die ab Mitte 1916 einsetzende personelle Umstrukturierung der britischen Truppen führte einmal mehr Lettow-Vorbecks Begründung für den Beginn der Kampfhandlungen in Ostafrika und die Fortführung des Feldzuges nach weitgehendem Verlust der Kolonie, damit Ententetruppen von Europa fern zu halten, ad absurdum. Spätestens seit der Aufstellung des südafrikanischen, burisch geprägten Expeditionskorps, erst recht seit der groß angelegten Anwerbungskampagne für die KAR ab Mitte 1916, kämpfte er nicht nur gegen Truppen, die von der britischen bzw. südafrikanischen Regierung für den Einsatz in Europa als ungeeignet angesehen wurden, sondern die ohne seinen hinhaltenden Widerstand vermutlich gar nicht erst aufgestellt worden wären. Auch hinsichtlich militärischer Ausrüstung war der Bedarf der britischen Truppen in Ostafrika im Vergleich zu den anderen Kriegsschauplätzen so gering, dass er nicht ins Gewicht fiel. Für den Buschkrieg konnte London sich den Einsatz von Artillerie, Panzerwagen oder LKW in größerem Umfang sparen, denn die Gegebenheiten Ostafrikas verhinderten per se ihren effektiven Einsatz. Selbst die auf britischer Seite eingesetzten wenigen Flugzeuge zeigten kaum Wirkung, weil die dichte Vegetation die Schutztruppe vor gegnerischen Aufklärungsflügen und Bombenangriffen weitgehend schützte. Lediglich der Bedarf an dem wegen des deutschen U-Boot-Krieges chronisch knappen Schiffsraum, der benötigt wurde, um die Truppen in Ostafrika zu versorgen, wurde in London als eine ernstlich negative Auswirkung des Ostafrikafeldzuges auf die Gesamtstrategie des Empire angesehen.[68]

In Berlin konnte man die Situation in Deutsch-Ostafrika seit dem Kriegszustand mit Portugal nur noch über die Auswertung der feindlichen Presse und die Berichte vereinzelter Deutscher, die als Gefangenenaustausch gelegentlich ins Reich zurückkehrten, grob rekonstruieren. Die Öffentlichkeit nahm kaum von den dortigen Ereignissen Notiz, weil naturgemäß die Aufmerksamkeit auf die dramatischen

Ereignisse in diesem Jahr an den europäischen Fronten gerichtet war: Die Entente-Mächte traten auch in Europa 1916 zur allgemeinen Offensive gegen die Mittelmächte an, wie es auf einer interalliierten Konferenz im Dezember 1915 in Chantilly vereinbart worden war. Die parallelen Offensiven der britischen Streitkräfte an der Somme und der russischen Armeen im Osten im Juni und Juli sowie der Kriegseintritt Rumäniens im August bei gleichzeitigem Scheitern von Falkenhayns Abnutzungsangriffen gegen Verdun brachten das Reich im Sommer zeitweilig in eine äußerst kritische Situation. Sie führte Ende August zur Entlassung des Generalstabschefs Falkenhayn und zur Bildung der dritten OHL unter Hindenburg und Ludendorff.

Ab 1916 wurden die Leistungen der Schutztruppe in Ostafrika im Reich, sofern sie überhaupt Beachtung fanden, mehr und mehr mit der Person ihres Kommandeurs identifiziert. Erste, ausführlichere Berichte über seinen Werdegang erschienen in der Presse.[69] Im Reichstag wurde Lettow-Vorbeck das erste Mal am 16. Oktober 1916 namentlich erwähnt. Auf Anfrage des Abgeordneten Ernst Bassermann von den Nationalliberalen über die Kriegslage in Deutsch-Ostafrika gab Solf sich zuversichtlich, dass »die Schutztruppe in ihrer in jeder Hinsicht hervorragenden Führung durch den Kommandeur, Oberst von Lettow-Vorbeck« sich noch einige Zeit im unzugänglichen Süden der Kolonie halten werde.[70] Weder Presse oder Reichstag noch die erhaltenen internen Dokumente der Militärbehörden sahen Lettow-Vorbecks anhaltenden Widerstand in Ostafrika als einen Beitrag zur Entlastung der Fronten in Europa. Sein Feldzug wurde vielmehr als ein moralisches Vorbild herangezogen um der Öffentlichkeit zu zeigen, dass eine entschlossene, gut geführte Minderheit erfolgreich einer überwältigenden militärischen Übermacht widerstehen könne.

Die Reichsleitung würdigte die bisherige Leistung Lettow-Vorbecks, in dem sie ihm Anfang November 1916 die höchste militärische Auszeichnung des Kaiserreichs, den Orden Pour le Mérite verlieh. Lettow-Vorbeck erfuhr von seiner Auszeichnung durch einen an ihn gerichteten Brief Smuts, in welchem dieser schrieb: »Ich darf hoffen, dass Sie, obwohl wir unglücklicherweise gezwungen sind einander zu bekämpfen, es nicht geschmacklos finden werden, wenn ich ihnen meinen Glückwunsch zu dieser wahrhaft verdienten Auszeichnung ausspreche.« Lettow-Vorbeck sandte durch einen Parlamentär ein Dankesschreiben an den gegnerischen Oberbefehlshaber.[71]

5. Die Folgen der Entente-Offensive für die Schutztruppe

Seit Aufgabe der Zentralbahn mehrten sich die Stimmen unter den für die Schutztruppe mobilisierten Deutschen, dass man nun genug zur Verteidigung der Kolonie und Ehre angesichts der gegnerischen Übermacht getan habe und jede Fortführung des Kampfes sinnlos sei. Deppe schrieb Anfang September 1916 in sein Tagebuch: »Wir scheinen überhaupt nur noch zurückzugehen; gekämpft wird anscheinend gar nicht mehr. Freilich, die Europäer sind auch derart kriegsmüde und unlustig, dass mancher sagt: ›Wenn es nur erst zu Ende wäre‹.« Ähnliche Empfindungen hielt der Pflanzer Karl Vieweg am 15. Oktober fest: »Es ist bezeichnend für die Stimmung und Kriegsmüdigkeit der Europäer, dass sich alles freut, dass recht viel Verpflegung in den angesteckten Magazinen verbrannt ist, da, je früher die Verpflegung zu Ende ist, desto eher Frieden geschlossen werden muss.«[72]

Auch bei den Afrikanern der Schutztruppe verstärkte sich der Überdruss am Krieg, der gerade für die Träger unermessliches Leid brachte. »Sogar beim Austreten wird jetzt jeder Träger bewacht. Denn das Entlaufen der Träger nimmt immer mehr zu, leider auch der Askari. Das ist verständlich, denn Besitz und Familie sind jetzt im englischen Gebiet. Und Vaterlandsliebe treibt sie ebenso wenig wie Englandhass oder wie sonst unsere Schlagworte lauten mögen«, berichtete Deppe am 24. September 1916 über die Stimmung in der 18. Feldkompanie.[73] Die Träger tendierten naturgemäß eher zur Flucht als die Askari, die sich ursprünglich freiwillig zum Dienst gemeldet hatten: »Wenn erst jetzt viele Träger davonlaufen, um in ihre Heimat zurückzukehren, so dürfen wir nicht vergessen, dass wir unter dem Drucke des Feindes oft in schonungsloser Weise die Träger zusammenholen mussten, wo wir sie fanden.« Am zuverlässigsten erwiesen sich jene freiwilligen Träger aus der Vorkriegszeit, die schon lange in einer Kompanie dienten, daher ihre Herren kannten und entsprechend besser behandelt und sogar bezahlt wurden als die hastig beim Rückzug verschleppten Arbeitssklaven.[74] Wie es letzteren hingegen ergehen konnte, zeigt eine Episode vom Oktober 1917: »Kettengefangene tragen Lasten und einer von ihnen ist faul, wirft sich immer wieder hin und hält die ganze Kette auf, da ein Schlüssel, um den Halsring aufzuschließen und ihn herauszunehmen, nicht vorhanden ist. Der Aufsicht führende Ombascha (schwarzer Unteroffizier, E. M.) meldet das wiederholt dem Offizier, der endlich die Geduld verliert und kurz sagt: ›maliza‹ (mach' ein Ende, E. M.). Der Befehl wird vom Ombascha zu wörtlich aufgefasst und er entfernt den störrischen Kettengefangenen aus der Kette, indem er ihm einfach den Kopf abschneidet.«[75]

Der Verlust der Zentralbahn und ihrer Depots und der Rückzug in den generell weniger entwickelten Südosten der Kolonie verschärften die Versorgungslage der Schutztruppe. Weil nun die gesamte Küste von britischen Truppen besetzt war, gab es auch keine Hoffnung mehr auf die Ankunft eines weiteren Blockadebrechers aus Deutschland. Lettow-Vorbeck entwickelte sich zwar zu einem Meister des operativen Rückzugs und der Taktik der verbrannten Erde um den nachrückenden gegnerischen Einheiten den Vormarsch zu erschweren. Für Fragen der wirtschaftlichen Mobilmachung auf der eigenen Seite und des Nachschubwesens interessierte er sich aber nicht, darin seinem Mentor Trotha gleichend. Der Rückzug in den Süden offenbarte, dass Lettow-Vorbeck keine langfristige strategische Planung zur Verteidigung der Kolonie im Jahre 1916 besaß, sondern sich eher von den kurzfristigen operativen und taktischen Notwendigkeiten der jeweiligen militärischen Situation absorbieren ließ.

Die fehlende Abstimmung zwischen der für die Versorgung zuständigen Zivilverwaltung unter Schnee und dem die Operationen planenden Lettow-Vorbeck wurde durch den überhasteten Rückzug in den Südteil der Kolonie im Herbst 1916 deutlich. In logistischer Hinsicht war nichts für diesen Rückzug vorbereitet worden. Der Kommandeur überließ die wirtschaftliche Seite der Kriegführung der

Zivilverwaltung, die aber in seinen Memoiren nur Schelte für ihre angebliche Ineffizienz erhielt, ohne dass er sich näher mit der Komplexität der Materie auseinandersetzte. Für ihn waren alle Einheiten und Einrichtungen, die nicht im frontnahen Einsatz standen, die viel gescholtene »Etappe«, in welcher angeblich Schlendrian und Müßiggang statt Kampfgeist und Entschlossenheit herrschten, was nur durch die Abstellung von Frontoffizieren geändert werden konnte.[76] In seinem privaten Tagebuch schrieb er zur wirtschaftlichen Mobilmachung lediglich die bezeichnenden Sätze: »Die Eingeborenen können leicht mehr produzieren als sie selbst brauchen. Man muss sie nur mit fester Hand regieren und ihnen befehlen so viel wie möglich zu produzieren.«[77]

Im ohnehin ärmeren Südosten der Kolonie brach das Transportsystem der Schutztruppe durch die von der Regenzeit verursachten Überschwemmungen zusammen. Zudem befanden sich die deutschen Truppen z. T. in Gebieten, die zehn Jahre zuvor das Zentrum des Maji-Maji-Krieges gewesen waren. Deren Bewohner zeigten sich daher im Gegensatz zu den Stämmen des Nordens von Anfang an eher bereit, mit den vorrückenden britischen Truppen zu kollaborieren. Andere Landstriche waren durch die deutsche Repression 10 Jahre zuvor noch so entvölkert, dass es keine Lebensmittelproduzenten gab oder diese aus Angst vor Zwangsarbeit für die Schutztruppe geflohen waren: »In den Dörfern, durch die wir kommen, stehen auf Anordnung überall Gefäße mit Wasser; doch die Dörfer selbst sind bei unserem Durchzuge fast alle wie ausgestorben; nur ab und zu ist mal ein Alter dageblieben. Die Leute fürchten mit Recht, sonst an den Kamba (Strick) als unfreiwillige Träger mitgenommen zu werden.«[78]

Bis zum Herbst 1916 hatten die Schutztruppenangehörigen, anders als Teile der schwarzen Zivilbevölkerung, keinen Hunger gekannt. Mit dem Rückzug während der Regenzeit hinter den Rufiji Ende 1916/Anfang 1917 änderte sich dies. Ein Leutnant notierte in seinem Tagebuch: »Die Verpflegungslage der Schutztruppe hat sich seit dem Verlassen der Zentralbahn wesentlich verschlechtert (...) Das Land südlich des Rufiji bot nicht das, was wir vorausgesetzt hatten. Vollkommen unerforscht und unbekannt gaben nicht einmal Karten Aufschluss, wie Wege, Flüsse und Gebirge verliefen und wo sich die Eingeborenen-Niederlassungen befanden. In der Nähe der das Gebiet umrahmenden Bezirksämter war nur wenig Verpflegung angebaut, darüber hinaus nichts vorhanden (...) Die Regenzeit des Jahres 1917 war so außerordentlich stark, dass sich die ältesten Eingeborenen nicht entsinnen konnten, eine ähnliche erlebt zu haben. Sämtliche Flüsse traten meilenweit aus ihren Ufern, überschwemmten große Gebiete und erschwerten den Transport oder machten ihn für eine gewisse Zeit unmöglich. Einzelne Flüsse konnten wochenlang nicht überschritten werden. Die Verbindung zwischen den Truppenteilen war infolgedessen vielfach unterbrochen.«[79] »Die Zeit von Januar bis März 1917 war in Bezug auf die Verpflegung die schlechteste, die uns widerfahren ist«, schrieb Hauptmann Walter von Ruckteschell, der den ganzen Feldzug in Ostafrika mitmachte.[80] Die Rationen für Träger und Askari wurden Anfang 1917 zeitweise so gekürzt, dass sie nach ärztlichem Ermessen vollkommen unzureichend waren. »Zum Glück konnten die meisten Truppenteile durch Zugabe von Fleisch durch die Jagd ihre Europäer immerhin ausreichend ernähren. Für die große Menge der Farbigen aber lieferte die Jagd nur selten genügend Fleisch, das übrigens von den meisten Negern nur als Zukost, nicht als eigentliche Nahrung angesehen wird. Umso härter traf sie natürlich die Herabsetzung der Tagesportionen an Zerealien, die schließlich nur mehr einer Menge von 300 Gramm Reis täglich entsprach.«[81] Mit dem Nahrungsmangel bzw. der Einseitigkeit der Ernährung stieg in der Regenzeit 1916/17 der Krankenstand der Schutztruppe bedenklich. »Nie habe ich einen derart schlechten Gesundheitszustand erlebt wie an jener Front. Wohl jeder Europäer – von den Farbigen gar nicht zu reden – machte ganz abgesehen von anderen Krankheiten seine neue schwere Malaria durch«, lautete das Urteil Hauers über den Zustand der Schutztruppe am Ende der Regenzeit im Mai 1917.[82] So war letztlich in den Überschwemmungsgebieten des Südens die Schutztruppe ebenso handlungsunfähig wie die gegnerische Seite.

Lettow-Vorbeck machte den Europäern in der Schutztruppe deutlich, dass der allgemeine Mangel für ihn kein Grund sein werde den Kampf einzustellen, trotz sich mehrender pessimistischer Stimmen. »Manchem erschien die Lage haltlos unter diesen Umständen. Aber einer stand fest und hielt mit unwandelbarer Energie sein Ziel, durch Fesselung große Truppenmassen auszuschalten, im Auge: Lettow, die Seele unseres Widerstands«, hieß es pathetisch, aber im Kern zutreffend in Hauers Erinnerungen.[83] Zunächst befahl Lettow-Vorbeck mit dem Rückzug hinter den Rufiji die Verkleinerung der Anzahl von Trägern und Dienern, den so genannten »Boys«, die jedem Europäer, ob Offizier, Unteroffizier oder Mannschaftsdienstgrad zustand, von bisher 12 auf maximal fünf, um den von der Schutztruppe zu verpflegenden Tross zu verringern. Jedem Deutschen standen jetzt noch drei Trägerlasten zu: eine Arbeitskraft transportiere sein Zelt und Feldbett, eine weitere die so genannte »Kochlast«, also Küchenutensilien und Lebensmittel, ein dritter Träger war mit sonstigen persönlichen Gegenständen beladen. Zusätzlich hatte jeder Deutsche Anspruch auf zwei »Boys«, die seine Kleidung und Ausrüstung in Stand hielten und ihn bekochten. Diese Maßnahme Lettow-Vorbecks wurde laut Deppe als »drakonisch« empfunden.[84] Dennoch mussten die Weißen weiterhin wesentlich weniger Strapazen auf den Märschen ertragen als die Askari gemäß dem Credo, der Europäer müsse sich in den Tropen schonen: »Jeder Matrose trug wie jeder andere Weiße in der Schutztruppe nur seine Waffe und Munition, Brotbeutel und Feldflasche und auch diese nur, wenn es sich um einen Marsch der Abteilung handelte, bei dem die Möglichkeit bestand, mit dem Feinde zusammenzustoßen. Andernfalls war es den Mannschaften und Unteroffizieren erlaubt Boys auch zum Tragen der Waffen heranzuziehen.«[85]

Alle Verwundeten und Kranken, ob schwarz oder weiß, die noch gehen konnten, bei denen aber auf absehbare Zeit keine Aussicht auf Gesundung bestand, wurden ferner auf Befehl Lettow-Vorbecks über die Frontlinie zu den Briten geschickt, um die eigene Versorgungssituation zu entspannen, die des Gegners aber zu verschärfen.[86]

Lettow-Vorbeck demonstrierte die eigene Bereitschaft zur Entsagung und zum Fortsetzen des Widerstands um jeden Preis, indem er anfing, an sich die Essbarkeit von Pilzen, Knollen, Wurzeln und Beeren auszuprobieren. Weil die Versorgung mit ausreichendem Schuhwerk für die Schutztruppe seit 1915 eines ihrer größten Probleme darstellte, zumal die an der Zentralbahn ab 1914 aufgebaute Ledermanufaktur jetzt verloren gegangen war, versuchte Lettow-Vorbeck die Schutztruppe darauf vorzubereiten notfalls auch ohne Stiefel weiterkämpfen zu müssen. Er experimentierte an sich barfuss durch den Busch zu gehen. Seine Füße entzündeten sich aber dermaßen, dass er den Versuch auf Anraten der Ärzte abbrach.[87] Diese Initiativen waren zum einen Ausdruck einer gewissen asketischen Grundeinstellung und großen Unempfindlichkeit gegenüber physischen Strapazen, die ihm seit seiner Kindheit anerzogen worden war, andererseits aber auch bewusste Inszenierung um ein Beispiel an Entschlossenheit zu geben.

Die Schutztruppe war nun darauf angewiesen, Ausrüstung, Uniformen, Waffen und Munition, schließlich auch das überlebenswichtige Chinin gegen die Malaria vom Gegner zu erbeuten. Seit Herbst 1916 verwandelte sich die Schutztruppe daher in ihrem Äußeren mehr und mehr in eine willkürlich kostümierte Freischärlertruppe. Sie trug eine bunte Mischung ehemals deutscher Uniform- und Ausrüstungsteile mit einem zunehmenden Prozentsatz von Kleidung und Ausrüstung aus südafrikanischer, indischer, britischer und portugiesischer Provenienz. Nach jedem Gefecht begann das Leichenfleddern der auf dem Schlachtfeld liegenden Toten, wobei bei Europäern wie Askari Decken und Stiefel besonders begehrt waren.[88]

Lettow-Vorbecks Erscheinung machte keine Ausnahme: »Seine Kleidung war dürftiger als die der meisten Offiziere, die ich gesehen hatte und er trug keine Rangabzeichen (...) Seiner Kleidung nach war er unbestreitbar ein Mann, der aufs Äußere kein Gewicht legte«, beschrieb ein Schutztruppenangehöriger seinen Eindruck vom Kommandeur Ende 1916.[89] Lettow-Vorbeck gab als Kommandeur der Schutztruppe nie viel auf die Formalien des Dienstes. Zudem war sein Aufzug eine gute Tarnung, weil er so bei seiner Angewohnheit Gefechte von vorne zu führen nicht von den gegnerischen Schützen als Kommandeur erkannt werden und zum bevorzugten Ziel ausgewählt werden konnte. Schließlich war die Gleichgültigkeit gegenüber Äußerlichkeiten wie Kleidung auch Bestandteil des aristokratischen »Kult der Kargheit«, den er nun zur Optimierung der Willenskraft seiner Untergebenen einsetzte: Es kam laut Lettow-Vorbeck in diesem Feldzug wie in allen Kriegen letztlich nicht auf die äußeren Umstände an, sondern einzig auf die innere Haltung. Nicht äußere Insignien wie eine saubere Uniform und Rangabzeichen verliehen dem Kommandeur die Autorität, sondern seine Entschlossenheit auch unter den schwierigsten Bedingungen nicht aufzugeben und alle Härten mit seinen Soldaten zu teilen.

Seit 1916 wurde Lettow-Vorbeck auf britischer Seite zu einem nimmermüden Genie des Rückzugs und zu einer Art Überlebenskünstler stilisiert, der angeblich barfuss durch den Busch marschierte, sich seine Kleider schneiderte und sein eigenes Brot buk. Deutsche, die in britische Gefangenschaft gerieten, wurden voller Neugierde über ihren ehemaligen Kommandeur ausgefragt.[90] Feindliche Offiziere, die in die Hände der Schutztruppe fielen, baten gelegentlich darum, dem legendären Kommandeur vorgestellt zu werden. Wenn dieser dann vor ihnen stand, wollten sie nicht glauben, dass es sich bei der abgerissenen Gestalt mit wildem Bart um Lettow-Vorbeck handelte.[91]

6. Letzte Kämpfe im Süden Deutsch-Ostafrikas

Smuts hatte genug vom Feldzug in Ostafrika, denn den britisch-südafrikanischen Truppen ging es zur Jahreswende 1916/17 kaum besser als ihren deutschen Gegnern. »In den letzten Nächten ist viel Regen gefallen und wir sitzen hier beinahe in Ozeanen von Wasser fest. Um zu meinen Truppen ein Bisschen weiter vorne zu kommen, muss man bis zum Bauchnabel durch Morast und Seen waten. Wirklich, es lässt einen das Herz zerreißen. Dies ist ein schreckliches Land um Krieg zu führen«, schrieb er Ende Dezember 1916.[92] Daher zögerte er nicht, als Botha ihn im Januar bat, Südafrika in London auf der Imperial War Conference zu vertreten. Auf dieser sollten die Kriegsanstrengungen zwischen der britischen Regierung und den Dominions zukünftig besser koordiniert werden. Er verkündete der südafrikanischen und britischen Öffentlichkeit Anfang 1917, dass der Feldzug in Ostafrika so gut wie beendet und nur noch einige Nachhutgefechte gegen die spärlichen Reste der Schutztruppe zu führen seien.[93] Viele der zurückgebliebenen britischen Offiziere empörten sich über diese leichtsinnigen Äußerungen ihres vormaligen Oberbefehlshabers.

Seine Nachfolge in Ostafrika trat am 20. Januar 1917 einer seiner bisherigen Unterführer, der populäre britische Generalleutnant Reginald Hoskins an, der vor dem Ersten Weltkrieg Inspekteur der KAR gewesen war. Er übernahm von Smuts »ein stumpfes Instrument, nutzlos für irgendwelche Offensivaktionen, eine Streitmacht, die geistig wie körperlich erschöpft war«, wie es im Manuskript des nie veröffentlichten zweiten Bands der britischen offiziellen Geschichte des Feldzugs in Ostafrika hieß.[94] Hoskins schockierte nach der Übernahme des Oberbefehls das Kriegsministerium in London mit seiner schonungslosen Bestandsaufnahme der Situation der Empire-Truppen und der noch erforderlichen Mittel um Lettow-Vorbeck nach dem Ende der Regenzeit endgültig besiegen zu können. Er forderte unter anderem die Rekrutierung von 160 000 weiteren Trägern, von denen 80 000 in Deutsch-Ostafrika angeworben werden sollten, ferner 16 000 Träger jeden Monat als Ersatz wegen des hohen »Verbrauchs« dieser durch Krankheiten, Fehlernährung und physische Erschöpfung. Seine Wunschliste umfasste außerdem die Lieferung von hunderten von LKW, um zunächst einmal die eigen Truppen während der Regenzeit vor dem Verhungern zu retten und nach dieser wieder zur Offensive übergehen zu können.

Auch auf britischer Seite wurden die Truppen im Frühjahr 1917 zeitweilig wegen der Regenzeit und der daraus resultierenden Transportprobleme auf Halb-, teilweise sogar auf Viertelrationen gesetzt. »Wie wir die Truppen da unten (am Rufiji-Fluß, E. M.) ernähren sollen, scheint keinem klar zu sein«, schrieb Oberst Charles Pierce Fendall, Stabsoffizier im britisch-südafrikanischen Hauptquartier, am 11. Februar 1917 in sein Tagebuch.[95] Bei der Nigerian Brigade, die schließlich als einzige Einheit am Rufiji blieb, während alle anderen Einheiten nach Norden evakuiert wurden, kam es wiederholt in diesen Wochen zu schweren, zum Teil tödlich ausgehenden Vergiftungen bei Soldaten, die aus Hunger ihnen unbekannte Wurzeln gegessen hatten.[96] Noch schlimmer sah es für die Träger aus. Ihre seit 1916 stark angewachsene Zahl bewirkte, dass sie auch auf britischer Seite nur noch ungenügend ausgerüstet und medizinisch betreut wurden, die Rationen nicht reichten oder für afrikanische Mägen nicht richtig zubereitet wurden. »In der Regenzeit am Rufiji sah ich eines Tages ein so genanntes Trägerhospital ohne Ärzte, das hunderte von elenden Wilden beherbergte, die in Schlamm, Erbrochenem und Schlimmeren lagen, an Fieber, Durchfall und Lungenentzündung leidend, zwischen den noch Lebenden zahlreiche Leichen«, schrieb ein britischer Offizier 20 Jahre nach den Ereignissen. Zwischen Februar und Mai 1917 starben monatlich 2 000 und mehr der auf britischer Seite eingesetzten Arbeitskräfte an Unterernährung und Krankheiten.[97]

Hoskins Bestandsaufnahme und sein Forderungskatalog kamen einer Kritik der Leistungen seines Vorgängers gleich. Er wurde daher auf Smuts Drängen schon im Mai 1917 durch den Burengeneral Van Deventer als Oberbefehlshaber abgelöst, obwohl seit Januar kaum noch südafrikanische Einheiten auf diesem Kriegsschauplatz standen. Hoskins Entlassung war ein politisches Bauernopfer, um die südafrikanisch-britische Zusammenarbeit nicht zu trüben, was für weitere Verbitterung unter den britischen Offizieren sorgte.[98] Bei Van Deventer, der auf britischer Seite nun bis zum Kriegsende Befehlshaber der Truppen in Ostafrika blieb, handelte es sich um einen ein Mann, der die Engländer hasste, die ihm im Burenkrieg durch die Kehle geschossen hatten. Er kommunizierte mit ihnen nur auf Afrikaans unter Zuhilfenahme eines Dolmetschers. Lediglich wenn er aufgebracht war, stellte sich heraus, dass er in Wirklichkeit recht gut Englisch sprach.[99]

Die britische Regierung drängte im Frühjahr 1917 auf eine rasche Wiederaufnahme der Offensive, um die Eroberung der Kolonie abzuschließen und damit wertvollen, aber wegen der Wiederaufnahme des unbeschränkten U-Boot-Krieges durch das Reich seit Anfang des Jahres immer knapper werdenden Schiffsraum für andere Kriegsschauplätze freizusetzen. Zudem erschien ein Erfolg in Ostafrika und anderen peripheren Kriegschauplätzen wie Palästina immer noch wahrscheinlicher und mit weniger Verlusten möglich als an der im Stellungskrieg erstarrten Westfront. Militärische Siege an den Nebenfronten würden zwar vorerst nicht kriegsentscheidend sein, aber jede Erfolgsnachricht war nach beinahe drei Kriegsjahren wichtig zur Aufrechterhaltung der Moral auf der Insel.

London bat die FP für die kommende Offensive erneut um Unterstützung, die allerdings seit ihren Eroberungen Mitte 1916 begonnen hatte zu demobilisieren. Belgien sagte schließlich 4 000 Soldaten zu. Das Gros der britischen Kampftruppen für die nun bevorstehende Offensive, etwa 25 000 Soldaten, bestand aus den KAR, der Nigerian Brigade und des Gold Coast Regiment, doch gab es nach wie vor kleinere Kontingente indischer, südafrikanischer, rhodesischer, westindischer und britischer Soldaten. Die Südafrikaner weigerten sich weiterhin schwarze Soldaten einzusetzen. Einziges Zugeständnis ihrerseits war schließlich die Entsendung des aus Mischlingen bestehenden »Cape Corps«. Van Deventer zeigte sich im Gegensatz zu Smuts willens die Vernichtung der Schutztruppe durch eine oder mehrere Entscheidungsschlachten herbeizuführen.[100] Bei einem vornehmlich mit schwarzen Söldnern ausgetragenen Feldzug musste er weniger Rücksicht auf die öffentliche Meinung am Kap nehmen als Smuts zuvor.

Schon im Herbst 1916, nachdem sich die Schutztruppe nicht zur Entscheidungsschlacht an der Zentralbahn gestellt hatte, gab es auf britischer Seite Befürchtungen, dass Lettow-Vorbeck sich im Falle einer erneuten Großoffensive eher nach Portugiesisch-Ostafrika zurückziehen werde, als mit seinen restlichen Truppen dem vorrückenden Gegner einen letzten Kampf auf dem Boden Deutsch-Ostafrikas zu liefern. »Der deutsche Kommandeur ist ein harter Bursche, entschlossen, bis zum Letzten auszuhalten und sogar eher sich ins portugiesische Gebiet zurückzuziehen als zu kapitulieren«, schrieb Smuts Ende Oktober nach Südafrika. In einem Situationsbericht über den ostafrikanischen Kriegsschauplatz für das Kriegsministerium von Mitte Januar 1917 hieß es ebenfalls, es sei zweifellos die Absicht des deutschen Kommandeurs, gegebenenfalls den Rovuma zu überqueren und sich auf portugiesischem Gebiet festzusetzen.[101] Daher animierte Großbritannien seit Anfang 1917 parallel zu den eigenen Offensivvorbereitungen die Portugiesen, ihre Grenzverteidigung nach Möglichkeit zu verstärken. Sie sollten u. a. einen etwa 80 km breiten Streifen südlich des Rovuma von allen Lebensmitteln säubern und die gesamte schwarze Bevölkerung evakuieren, um selbst bei einem Rückzug der Schutztruppe nach Mozambik diese im dortigen Grenzgebiet aushungern zu können.[102] Dieser Forderung konnte schwerlich nachgekommen werden, denn der Norden Mozambiks war bislang von der Kolonialmacht kaum in Besitz genommen worden. Das nördlichste Viertel der Kolonie befand sich vielmehr seit den 1890er Jahren in der Pacht der privaten, weitgehend aus britischem und südafrikanischem Kapital finanzierten Niassa-Gesellschaft, da der portugiesische Staat nicht die Mittel besaß um diesen Teil der Kolonie effektiv auszubeuten. Erschwerend kam hinzu, dass sich im März 1917 die bislang nicht vollständig unterworfenen Makonde, ermutigt durch die portugiesische Niederlage vom Herbst, im Nordosten der Kolonie gegen die Kolonialherren erhoben.[103]

Bereits im März 1917 schickte Lettow-Vorbeck 200 Soldaten der Schutztruppe unter Hauptmann Stuemer in den Nordwesten Mozambiks und ließ erkunden, ob es südlich des Rovuma genügend Lebensmittel und eine den Deutschen gewogene Bevölkerung gäbe, um eventuell von portugiesischem Territorium den Kampf fortführen zu können. Die Abteilung berichtete zurück, dass ein Überleben südlich des Rovuma möglich sei und die schwarze Bevölkerung sie freundlich empfangen habe.[104] Allerdings wollte Lettow-Vorbeck vor einem Ausweichen nach Portugiesisch-Ostafrika bis zuletzt versuchen, den Rest der Kolonie zu verteidigen. Der Gedanke einer kampflosen Aufgabe der Kolonie lag ihm angesichts seiner Fixierung auf Entscheidungen auf dem Schlachtfeld fern. Man sollte ihm auch nicht vorwerfen können, er habe nicht alles getan um den letzten Rest deutschen Bodens in Afrika bis zuletzt zu verteidigen. Bestärkt wurde er in seiner Haltung von Schnee, der so lange wie möglich zumindest einen Rest deutschen Territoriums in Ostafrika besetzt halten wollte. Er versprach sich davon, dem Reich eine bessere Ausgangsposition in kolonialpolitischer Hinsicht für die hoffentlich bald in Europa einsetzenden Friedensverhandlungen sichern zu können.[105]

Unter den Offizieren der Schutztruppe kursierte laut Looff ein Gegenplan zu Lettow-Vorbecks Idee den Widerstand notfalls jenseits des Rovuma fortzusetzen. Sie hielten Lettow-Vorbecks Behauptung, mit seiner Kriegführung Ententetruppen von den Fronten Europa abzuhalten, angesichts der in Ostafrika zum Einsatz kommenden gegnerischen Einheiten zu Recht für eine Chimäre. Sie sahen es daher als sinnvoller an, sich mit einem Kern der Schutztruppe auf das unzugängliche, aber durch ein gesundes Klima ausgewiesene Mahenge-Plateau im Südwesten zurückzuziehen, wo bereits große Mengen von Lebensmitteln gehortet waren. Auf dem Plateau verschanzt hätte die Schutztruppe angeblich bis zu zwei Jahren überleben und damit zumindest einen Zipfel Deutsch-Ostafrikas bis zum allseits erwarteten baldigen Ende des Krieges in Europa verteidigen können.[106] Für diese Fraktion, zu der wohl auch Schnee zählte, war der Erhalt der deutschen Kolonie an sich ein Ziel, während die Besitzung für Lettow-Vorbeck eine zur Not zu opfernde militärische Variable in einer rein kontinentaleuropäisch ausgerichteten strategischen Kalkulation darstellte.

Bei Lettow-Vorbeck zeigten sich spätestens 1917 die Folgen des seit März 1916 ununterbrochenen Kommandos über die Truppen unter Frontbedingungen in einem für Europäer zum Teil nur schwer erträglichen Klima, in dem er wie die meisten unter Malariaanfällen litt. Laut Hauer sah Lettow-Vorbeck im Oktober 1917 sehr gealtert aus.[107] Der Kommandeur befand sich in einem Zustand ständiger nervöser Gereiztheit, neigte zu Wutausbrüchen und setzte immer wieder Offiziere nach Belieben ab, so dass die meisten seine Gesellschaft möglichst mieden. Sein einziger ständiger Begleiter blieb schließlich der burische Großwildjäger und Fährtenleser Piet Nieuwenhuizen, der sich bei Kriegsbeginn aus Hass auf Großbritannien der Schutztruppe angeschlossen hatte. Boell, Lettow-Vorbecks Eckermann, schrieb: »So saßen die Abteilungsführer von 1915 und 1916 bis auf wenige Ausnahmen 1917 verbraucht in weniger wichtigen Stabstellen, in Ortskommandanturen oder Etappenposten (...) General von Lettow blieb auch in zunehmender Vereinsamung sich selbst treu und enthüllte eine Größe des Charakters, die ihresgleichen sucht.«[108] Die ihm widerfahrenen kaiserlichen Gunstbeweise und die bisherigen Abwehrerfolge steigerten sein Selbstvertrauen und machten ihn gegen Ratschläge immun. Lettow-Vorbeck gestand dies nach dem Ersten Weltkrieg indirekt ein, indem er in seinen Erinnerungen über die letzte Phase des Feldzugs schrieb: »Es ist vielleicht verständlich, dass ich in dieser Zeit gegen die Menschen meiner Umgebung nicht immer sehr zart und rücksichtsvoll war. So kam es vor, dass gerade die Offiziere meines Stabes, die doch mit größter Hingebung für die Sache arbeiteten und Anerkennung verdienten, manch ungerechtfertigten Vorwurf erlitten.«[109]

Auf deutscher Seite begannen einige der führenden Persönlichkeiten wie Schnee, Wahle und Looff, aber auch der Chefarzt der Schutztruppe, Max Taute, im Laufe des Jahres 1917 gelegentlich am Geisteszustand des Kommandeurs zu zweifeln[110], der stur an seiner Illusion festhielt, durch einen Widerstand bis zum Letzten gegnerische, ansonsten angeblich anderswo eingesetzte Truppen zu binden, ohne Rücksicht auf das Leiden der ihm unterstehenden Einheiten, der schwarzen Zivilbevölkerung oder auf die Zukunft Deutschlands als Kolonialmacht in Afrika. Doch brachte keiner den Mut auf sich gegen den Kommandeur aufzulehnen, der anscheinend entschlossen war, die Schutztruppe einschließlich seiner selbst notfalls bis zum letzten Mann für das von ihm deklarierte, übergeordnete strategische Ziel zu opfern, das durch keine Direktive aus dem Reich gedeckt war. Alle Deutschen beugten sich trotz Vorbehalten gegenüber Sinn und Praxis von Lettow-Vorbecks Kriegführung bis zuletzt seinem Willen. Wie ist dieser Umstand zu erklären?

Der Kommandeur gab zum Einen selbst das Vorbild des Einsatzes der eigenen Person, mithin forderte er nicht mehr, als er selbst zu geben bereit war. Weil es sich bei der Schutztruppe um eine kleine Formation von wenigen tausend Soldaten handelte, wirkte das Vorbild des Kommandeurs, den alle mehr oder weniger von persönlichem Angesicht im Einsatz her kannten, inspirierender oder zumindest persönlich verpflichtender als in nach hunderttausenden oder gar Millionen zählenden Armeen wie sie beispielsweise in Frankreich kämpften. In diesen kannten die meisten Soldaten ihre jeweiligen Befehlshaber nur dem Namen nach, und diese ließen sich auch selten in den vordersten Linien sehen. Zum Zweiten war Lettow-Vorbeck seit 1915 mit Gunstbeweisen aus dem Reich überhäuft worden. Eine Rebellion gegen diesen vielfach ausgezeichneten Kriegshelden aus den eigenen Reihen, dessen waren sich alle in Ostafrika bewusst, wäre in Deutschland kaum auf Verständnis gestoßen. Schließlich war die Position des Kommandeurs auch so lange unangreifbar, wie ein Kern von Askari noch bereit war, seinen Befehlen zu folgen. Die Deutschen sahen sich als kulturell und moralisch höher stehend denn die schwarzen Söldner, folglich konnten sie von ihrem Selbstverständnis her schlecht den Kampf um die Kolonie einstellen, wenn selbst der Widerstandswillen eines – nunmehr allerdings rasch durch Kriegsverluste und Desertion zusammenschmelzenden – Teils der Askari noch nicht erlahmt war.

Angesichts dieses Mangels an Zivilcourage und Lettow-Vorbecks Entschlossenheit, den Widerstand unter allen Umständen fortzuführen, blieb einzig die Hoffnung, dass der Kommandeur durch Tod, Verwundung oder schwere Krankheit ausfallen würde. »Der Kommandeur bekam verschiedentlich Fieberanfälle. Eines Tages war er in Ohnmacht gefallen. Eine ungeheure Aufregung entstand. Mehr als einer machte sich bereits Hoffnung auf das Ende des Krieges, das seiner Meinung nach mit dem Augenblick da war, in dem der Kommandeur zusammenbrach. Stumm ›wie die Aasvogels‹ saßen nach dem Ausdruck des Buren die Herren vom Stabe im Kreise herum. Der Anfall ging jedoch ohne schlimme Folgen vorüber«, kolportierte Nieuwenhuizen dem Schriftsteller De Haas nach dem Krieg. »Dass ich das schöne Beefsteak vom Büffelfleisch wieder auskotzen musste, ist das Allerschlimmste«, waren angeblich die ersten Worte Lettow-Vorbecks, nachdem er wieder zu Bewusstsein gekommen war.[111]

Lettow-Vorbeck standen am Ende der Regenzeit im Mai 1917 noch etwa 9 000 Soldaten zu Verfügung, davon rund 2 000 Deutsche. Ein Drittel unter Major Theodor Tafel hielt die Westfront auf dem Mahenge-Plateau gegen Northeys Rhodesier und die Belgier. Die Hauptmacht unter Lettow-Vorbeck selbst gliederte sich in verschiedene, weitgehend unabhängig operierende Abteilungen, um Angriffe vom Norden und von der Küste her durch die feindliche Hauptmacht unter Van Deventer abzuwehren. Mit dem Einbringen der Ernte im Frühjahr 1917 verbesserte sich vorerst wieder die Verpflegungssituation der Schutztruppe.

Die britisch-belgische Offensive, deren Ziel es war, Deutsch-Ostafrika nun endgültig zu erobern und ein Ausweichen der Schutztruppe nach Mozambik zu verhindern, begann erst Anfang Juli 1917, nachdem der Boden getrocknet, die Flüsse wieder abgeschwollen und die Frage des Nachschubtransports auf britischer Seite endlich gelöst waren. Das Kriegskabinett in London beschloss Van Deventer alle von ihm gewünschten Verstärkungen und den nötigen Nachschub an Material nach

Möglichkeit zukommen zu lassen um die Operationen in Ostafrika, welche nach wie vor die Transportkapazität von 35 Schiffen banden, endlich zu Ende bringen zu können.[112] Der Schwerpunkt des Angriffs erfolgte von der Küste her bei Kilwa und Lindi. Hier erwies sich das Gelände geeigneter für den Einsatz von LKW zur Sicherstellung des Nachschubs als beim Vorrücken vom Norden über die diversen Flüsse oder vom Westen durch das dichte Buschland. Außerdem erhöhte ein möglichst weit südlich angesetzter Vorstoß die Chancen, Lettow-Vorbecks Truppen den Rückzug nach Portugiesisch-Ostafrika abzuschneiden. Der Vormarsch an allen Fronten machte im Juli und August rasche Fortschritte, auch wenn es der Schutztruppe überall gelang sich nach hinhaltendem Widerstand rechtzeitig von dem vorrückenden Feind abzusetzen. Anfang September war Van Deventer zuversichtlich, den Feldzug vor Einsetzen der neuen Regenzeit beenden zu können, möglichst durch eine Entscheidungsschlacht, welche die Schutztruppe endgültig vernichten würde.[113]

Ein in der Schutztruppe dienender Marineangehöriger berichtete nach dem Krieg, schon im Sommer 1917 habe sich ein »Murren« unter den Askari seiner Einheit erhoben, indem diese behaupteten, das Kriegsglück habe die Deutschen verlassen, die Briten hingegen seien Herren des Landes. Die deutsche Papierwährung sei nichts mehr wert, während man bei den KAR besser bezahlt werde. Ende September hätten sich schließlich 54 Askari seiner Einheit offen geweigert angesichts der britischen Übermacht weiterzukämpfen.[114] Auch die meisten Deutschen waren kriegsmüde, wie das Gold Coast Regiment nach einem Gefecht gegen eine Schutztruppenabteilung aus erbeuteter deutscher Korrespondenz Anfang Oktober ersehen konnten: Die Deutschen schienen eher aus Furcht vor ihrem eigenen Kommandeur oder wegen dessen Vorbild noch durchzuhalten als aus der Überzeugung, weiterer Widerstand habe irgendeinen militärischen Nutzen für den afrikanischen oder europäischen Kriegsschauplatz. Negativ auf die deutsche Moral wirkte sich dabei insbesondere die Frage der Nahrungsversorgung aus, denn die britischen Leser der deutschen Post registrierten geradezu eine Obsession der Briefschreiber mit Essensfragen.[115]

Die Chance einer Entscheidungsschlacht schien sich bei dem Dorf Mahiwa zu ergeben. Hier stellten sich Lettow-Vorbecks Hauptkräfte den von der Küste vorrückenden feindlichen Truppen entgegen. Zu diesem Zeitpunkt hatte sich Lettow-Vorbeck angesichts des sich von allen Seiten schließenden Rings um die Schutztruppe endgültig entschieden auf portugiesisches Territorium auszuweichen. Die gegnerischen, zumeist schwarzafrikanischen Truppen operierten nun unter dem Befehl erfahrener Kommandeure wie Northey und Van Deventer und zeigten sich in taktischer Hinsicht der Schutztruppe zunehmend ebenbürtig. Die Schutztruppe hingegen litt unter Munitionsmangel, das Chinin wurde knapp und die nächste Regenzeit würde erneut Hunger für die deutschen Truppen bringen.[116] Außerdem befanden sich im Rücken der Schutztruppe die Makonde auch auf der deutschen Seite ihres Siedlungsgebietes, ermutigt und mit Waffen von den Briten unterstützt, seit Juni im Aufstand, weil sie der Lebensmittelrequirierungen der Schutztruppe überdrüssig waren. In dieser letzten Phase des Feldzuges auf deutschem Gebiet führte die Schutztruppe also teilweise, wie u. a. die erhaltenen Gefechtsberichte der 17. Feldkompanie über Operationen gegen die Makonde zeigen[117], eine Art Doppelkrieg gegen die vorrückenden gegnerischen Truppen und die schwarze Zivilbevölkerung. Für ein Ausweichen über den Rovuma musste allerdings die Schutztruppe erheblich verkleinert werden. Lettow-Vorbeck dachte an eine Streitmacht von insgesamt ca. 2 000 Mann. Eine solch kleine Truppe war seiner Auffassung nach selbst in den weniger ertragreichen Gebieten Ostafrikas fähig aus dem Lande zu leben ohne Rücksicht auf Nachschublinien und Depots nehmen zu müssen. Sie würde in höchstem Maße mobil und somit in der Lage sein stets dem überlegenen, aber schwerfälligeren Gegner zu entkommen, während sie gleichzeitig eine Spur der Verwüstung durch das gegnerische Territorium zöge.[118]

Bei Mahiwa bot sich für ihn die Gelegenheit, aus seiner Sicht »überflüssige« Truppen durch Angriffe auf den vorrückenden Gegner zu »verbrauchen«, eine Vorgehensweise, die zwar blutiger, aber in seinen Augen »ehrenvoller« war, als wenn sich Teile seiner Einheiten später kampflos ergeben würden. Er wollte durch diese Schlacht zugleich für seine Vorgesetzten im Reich dokumentieren, dass er auf keinen Fall Deutsch-Ostafrika kampflos aufgegeben habe. In strategischer Hinsicht hingegen machte die Schlacht wenig Sinn: Im besten Falle konnte er hoffen, den feindlichen Vormarsch vorübergehend zum Stehen zu bringen, da selbst die bei Mahiwa konzentrierten Truppen nur ein Bruchteil der gegnerischen Streitmacht ausmachten. Seine Gegner wunderten sich folglich, warum die Schutztruppe sich zu verlustreichen Gefechten in Deutsch-Ostafrika stellte, wenn sie doch durch einen raschen Rückzug nach Portugiesisch-Ostafrika die Entente-Kriegführung vor viel größere Probleme hätte stellen können.[119]

Vom 15. bis 18. Oktober 1917 tobte die größte und verlustreichste Schlacht des gesamten Ostafrikafeldzugs, in der etwa 4 000 britische Soldaten vornehmlich der Nigerian Brigade 2 500 Mann der Schutztruppe gegenüberstanden. Diese Schlacht erinnerte an die Kämpfe an der Westfront, denn beide Seiten unternahmen über mehrere Tage wiederholte, verlustreiche und letztlich erfolglose Angriffe auf die Stellungen des Gegners. Die britischen Truppen gerieten zeitweilig in eine gefährliche Situation, da sie von der Schutztruppe in ihrer vorgeschobenen und vom Nachschub abgeschnittenen Position umzingelt zu werden drohten. Die Schutztruppe musste schwere Verluste durch die bei dieser Schlacht erstmals sehr effektiv eingesetzte britische Artillerie hinnehmen. Zudem wurde ihr die Munition knapp.[120] Die britische Seite zählte am Ende der viertägigen Kämpfe 1 455 Tote und Verwundete, bei der Schutztruppe gab es 611 Verluste. Trotz der fehlenden Artillerieunterstützung und ihrer zahlenmäßigen Unterlegenheit hatten sich die Veteranen der Schutztruppe auf dem Schlachtfeld einmal mehr ihren Gegnern als überlegen erwiesen. Dafür waren die Verluste für die insgesamt wesentlich kleinere Schutztruppe viel gravierender, weil nicht ersetzbar. Während der Schlacht hatten zudem Lettow-Vorbecks Einheiten ein Großteil der modernen Munition für die Magazingewehre verschossen, so dass danach an Teile der Askari wieder die Gewehre M 71 ausgegeben werden mussten, weil nur noch die rauchstarken Patronen für diese Waffen in ausreichender Menge vorhanden waren.[121]

In einem Situationsbericht für den Generalstab in London über den ostafrikanischen Kriegsschauplatz am 17. Oktober 1917, also auf dem Höhepunkt der Schlacht von Mahiwa, hieß es: »Die Ereignisse der letzten 14 Tage geben begründete Hoffnung auf ein frühes Ende des Feldzuges oder zumindest des organisierten deutschen Widerstands. Die Lage des deutschen Kommandeurs ist kritisch.«[122] Die Stimmung auf deutscher Seite sank nach dieser Schlacht auf einen Tiefpunkt. Kaum einer glaubte, dass sich die Schutztruppe angesichts erneut bevorstehender Regenzeit, die wieder Hunger bis ins Frühjahr bedeutete, dem Mangel an Munition und praktisch allen anderen Versorgungsgütern und der sich zuziehenden gegnerischen Schlinge noch lange halten werde. Seit die Schutztruppe wieder hauptsächlich mit den 71er-Gewehren kämpfen musste, mehrten sich die Verluste in den Gefechten erheblich, weil die rauchstarke Munition dieser altmodischen Waffen stets schnell das Feuer der feindlichen Minenwerfer auf sich zog. Die Desertionen unter den Askari wie auch die Kapitulation kleinerer Schutztruppenabteilungen nahmen folglich noch zu. Allein in den ersten zwei Wochen des Novembers fielen so 473 Deutsche und 1 072 Askaris den vorrückenden britischen Kräften in die Hände.

Lettow-Vorbeck ließ weiterhin hinhaltenden Widerstand gegen die vorrückenden gegnerischen Truppen leisten, um unterdessen einen entschlossenen und noch voll einsatzfähigem Kern seiner Schutztruppe zwecks Ausweichens nach Portugiesisch-Ostafrika zusammenzustellen. Dieser sollte alle Vorräte inklusive des lebenswichtigen, aber immer knapper werdenden Chinins sowie die modernen Waffen und verbleibende Munition mitnehmen. Schnee sprach sich gegen die geplante Fortführung des Krieges auf portugiesischem Territorium aus. Für ihn machte der Krieg in Afrika in dem Moment keinen Sinn mehr, als offensichtlich wurde, dass die deutsche Kolonie verloren war. Alle bisherigen Kämpfe hatten zudem gezeigt, dass die Schutztruppe letztlich keine gegnerischen Kräfte band, die andernfalls in Europa zum Einsatz gekommen wären.[123] Seine Autorität gegenüber dem Kommandeur war aber offensichtlich seit 1915 derartig unterminiert, dass er, obwohl nominell immer noch oberster Befehlshaber auf deutscher Seite, gegenüber dem Offizierskorps der Schutztruppe keine Waffenstreckung durchsetzen konnte.

Für Lettow-Vorbeck hingegen, der sich ebenso wenig Illusionen darüber machen konnte, dass er seit Jahren fast ausschließlich gegen Truppen kämpfte, die für andere Kriegsschauplätzen ohnehin nicht geeignet gewesen wären, war die Fortführung des Krieges längst zum Selbstzweck, zu einer Art professionellem »Ego-Trip« geworden, zu einem Prüfstein, inwieweit der Willen des Einzelnen und militärische Professionalität der auf den ersten Blick verzweifelten Situation trotzen könnten. Zudem: Was hatte er, nunmehr Ende vierzig und ohne eigene Familie, der bisher nie etwas anderes als Militär und Krieg gekannt hatte, schon zu verlieren? Ein Weiterkämpfen hingegen fügte sich in die Tradition der Offiziersdynastie der Lettow-Vorbecks ein, also in das jahrhundertlange Dienen und Sterben von Generationen männlicher Familienangehöriger für die Hohenzollern, das zugleich die Privilegien der Familie in Gegenwart und Zukunft sicherte. Dass man in der Heimat seine Dienste schätzte, wurde erneut deutlich, als er im Oktober zunächst das Eichenlaub zum Pour le Mérite verliehen bekam und Ende des Monats zum Generalmajor befördert wurde. Von diesen Auszeichnungen erfuhr er wieder per Parlamentär vom Gegner.

Lettow-Vorbeck ließ zwischen dem 10. und 17. November von seinen Ärzten eine Aussonderung unter den restlichen Soldaten der Schutztruppe vornehmen. »Viele von den Zurückgebliebenen hatten sich schon längere Zeit nur noch mitgeschleppt, manche waren seit Monaten nicht mehr aus den Lazaretten herausgekommen und ohne Aussicht, bei den Verhältnissen des Krieges wieder zu Kräften zu kommen.«[124] Doch nutzten viele Deutsche wie Askari die befohlene Verkleinerung der Schutztruppe auch schlichtweg, um endlich für sich den Krieg zu beenden. »Während der Gefechte der letzten Tage ist angeblich ein großer Teil Europäer und Askari aus dem Gefecht weg unverwundet in die Lazarette gelaufen, um sich dort übergeben zu lassen. Meiner Ansicht nach hätte General von Lettow besser daran getan, sich zu ergeben, dann hätten solche Szenen vermieden werden können, die nun zum Schluss die tapfere Schutztruppe in ein schlechtes Licht setzten«, notierte Vieweg am 20. November in seinem Tagebuch.[125] Unter den 96 Deutschen und 510 Askari, welche Mitte November der Nigerian Brigade in einem Lazarett in Chiwata in die Hände fielen, befand sich denn auch ein beträchtlicher Anteil von Männern, der nicht offensichtlich krank, sondern einfach des Kämpfens müde war.[126] Insgesamt 695 Europäer, darunter 82 Offiziere inklusive Looffs, 1 800 Askari und 153 Kriegsgefangene wurden im letzten Novemberdrittel in vier Lazaretten im Süden der Kolonie zurückgelassen, darauf hoffend, dass die britischen Truppen sich ihrer annehmen würden.

Auf britischer Seite vermutete man Mitte November, dass sich Lettow-Vorbeck auf das unzugängliche Makonde-Plateau zurückziehen und dort einige Wochen länger Widerstand leisten werde um später von dort nach Portugiesisch-Ostafrika auszuweichen. Lettow-Vorbeck täuschte jedoch seine Gegner, in dem er sich nicht auf dem Makonde-Plateau festsetzte, sondern mit seinen Truppen einige Tage dem Verlauf des Rovuma folgend gen Westen marschierte. Am 25. November überschritt die Schutztruppe schließlich den Fluss mit einem Vorsprung von zwei Tagesmärschen vor den verfolgenden britischen Truppen.

Lettow-Vorbeck blieben zum Einfall in Portugiesisch-Ostafrika in 15 Kompanien gegliedert 278 Europäern, darunter 38 Offiziere und 13 Ärzte, 1 700 Askaris und etwa 3 900 Träger mit 37 Maschinengewehren und zwei leichten Geschützen. Schnee entschloss sich trotz seiner Vorbehalte ebenfalls mit über den Rovuma zu gehen und legitimierte damit den Entschluss seines Kommandeurs. Zum Tross zählten ferner 470 Europäerboys, 700 Askariboys sowie 600 Frauen und Kinder der Askari.[127] Die Mitnahme der Askarifrauen und ihrer Kinder war sehr zum Unwillen des Kommandeurs letztlich unerlässlich, wollte er die Loyalität der schwarzen Söldner für den weiteren Verlauf des Krieges sicherstellen.[128]

Im britischen Kabinett zeigte man sich erstaunt über die anhaltende Loyalität eines Kerns von Askari gegenüber Lettow-Vorbeck trotz der sich offensichtlich abzeichnenden deutschen Niederlage. Man erklärte sich diese einerseits mit der der Schutztruppe eigenen strikten Disziplin. Aber auch die Tatsache, dass diese es ihren Askari erlaubte die Familien mitzunehmen, sah man als einen die Moral der schwarzen Soldaten entscheidend stabilisierenden Faktor an.[129]

Die Westtruppen unter Tafel hatten seit Oktober den Kontakt zu Lettow-Vorbecks Hauptstreitmacht verloren und kapitulierten auf die Nachricht von Lettow-Vorbecks Flucht nach Mozambik Ende November 1917 mit 111 Europäern, 1 260 Askari und 2 100 Trägern, obwohl auch ihnen der Weg des Ausweichens nach Portugiesisch-Ostafrika offen gestanden hätte und sie am Ende nur drei Tagesmärsche von Lettow-Vorbecks Hauptstreitmacht entfernt standen. Diese Kapitulation verdeutlicht einmal mehr, wie sehr letztlich der Fortgang der Kämpfe in Ostafrika angesichts stärker personalisierter Befehlshierarchien vom Beispiel und der Entschlossenheit der jeweiligen Kommandeure abhing. Gegenüber seinen britischen Gegnern behauptete Lettow-Vorbeck später, die Waffenstreckung Tafels sei für ihn die größte Enttäuschung des Ostafrikafeldzugs gewesen.[130] Er konnte offenbar nicht verstehen, dass ein Offizier den Kampf aufgab, bevor die gesamte Munition verschossen, alle Vorräte aufgebraucht und der letzte seiner Soldaten kampfunfähig war.

Im Laufe des Jahres 1917 erschienen im Reich wiederholt Artikel in der Presse über die Entschlossenheit der abgeschnittenen Schutztruppe und ihres Kommandeurs, die anscheinend allen Widrigkeiten trotzten.[131] Je schwieriger die Versorgungslage in Deutschland im vierten Kriegsjahr nach dem so genannten »Steckrübenwinter« von 1916/17 wurde und erste Streiks sowie die revolutionären Vorgänge in Russland vom Frühjahr und Herbst 1917 den 1914 verkündeten »Burgfrieden« unterminierten, desto wichtiger wurden nun Berichte in der Presse über das Ausharren der Reste der Schutztruppe und ihrem entschlossenen Führer unter vermeintlich wesentlich schwierigeren Bedingungen als in Europa selbst, um die Heimatfront unter Hinweis auf das ostafrikanische Vorbild zum Durchhalten zu ermutigen. »Bei meiner kürzlich durch Austausch aus belgischer Gefangenschaft erfolgten Rückkehr hierher ist mir außerordentlich angenehm aufgefallen, dass durch rückhaltlose, ruhmvolle Anerkennung sowohl von allerhöchster Stelle als auch überall in der Presse der wunderbaren Erfolge unserer so überaus tapferen deutsch-ostafrikanischen Schutztruppe und ihres so glänzend bewährten Führers von Lettow-Vorbeck in weitgehendstem Maße gedacht worden ist«, schrieb Anfang 1918 ein Kolonialbeamter. Er beklagte sich aber zugleich, dass eine ähnliche Anerkennung der Leistungen der Zivilverwaltung und des Gouverneurs bislang nicht erfolgt sei.[132]

Abgesehen von dieser moralischen Vorbildfunktion der Kämpfe der Schutztruppe in Ostafrika für die Heimatfront hielten es RKA und AA für sinnvoll, den Widerstand auf deutschem Boden in Afrika so lange wie möglich weiterzuführen zu lassen in der Hoffnung, bei Friedensschluss wenigsten noch einen Zipfel afrikanischen Territoriums besetzt zu halten, um die eigene, auch 1917 noch auf die Mehrung des afrikanischen Kolonialbesitzes abzielende Verhandlungsposition zu stärken. Aus dieser Erwägung heraus plante das RKA 1917 eine weitere Hilfslieferung an Lettow-Vorbeck, die eher symbolischen Charakter gehabt hätte um seinen Truppen zu zeigen, dass die Heimat sie nicht vergessen habe. Im April schlug Solf zunächst die Entsendung eines U-Bootes nach Deutsch-Ostafrika vor, doch lehnten sowohl der Admiralstab wie auch die OHL das Ansinnen ab, da die wenigen zur Verfügung stehenden U-Boote für wichtigere Zwecke gebraucht würden.[133]

Nachdem Solf im Juni 1917 bei einer Rede in Leipzig erstmals seit Kriegsausbruch mit den deutschen Forderungen nach kolonialer Expansion in Afrika für den Fall eines Friedensschlusses an die Öffentlichkeit getreten war, meldeten sich Stimmen aus dieser, dass man dann etwas zur Unterstützung der Schutztruppe tun müsse. Als Ersatz für das nicht genehmigte U-Boot kam im Sommer 1917 die Idee auf, ein speziell für eine größere Nutzlast umgebautes Marine-Luftschiff von Bulgarien mit 15 Tonnen an Medikamenten, Maschinengewehren und Munition nach Ostafrika fliegen zu lassen, um die auf dem Makonde-Plateau im äußersten Süden der Kolonie an der Grenze zu Mozambik vermutete Schutztruppe aus der Luft zu versorgen. Das erste Luftschiff verunglückte aber bei einem Probeflug, so dass ein zweites erst am 21. November von Jamboli in Bulgarien aus zu dem 6 000 km langen Flug startete. Auf halber Strecke über dem Sudan erfuhr die Besatzung jedoch, dass inzwischen Deutsch-Ostafrika aufgegeben worden sei und »L 59« kehrte unverrichteter Dinge um.[134]

7. Der grosse Rückzug: Lettow-Vorbecks Strategie und die Schwierigkeiten seiner Gegner

Seit Beginn der südafrikanischen Offensive war deutlich geworden, dass der ostafrikanische Kriegsschauplatz für Smuts ursprünglich anvisierte Strategie des Ausmanövrierens der Schutztruppe nicht geeignet war. Wie einst Trotha in Südwestafrika musste er erfahren, dass die Koordinierung der verschiedenen, getrennt von einander vorgehenden Kolonnen im unübersichtlichen, nur von vereinzelten Pfaden durchzogenen Buschgelände sich äußerst schwierig gestaltete. Es taten sich immer wieder Lücken auf, durch welche die Schutztruppe entweichen konnte.[135] Lettow-Vorbeck zeigte sich zwar stur in seinem Angriffsverfahren auf dem Schlachtfeld gegen gegnerische Positionen, jedoch äußerst flexibel in der Verteidigung. Er war kein Anhänger des heroischen Haltens gefährdeter Positionen um jeden Preis. Er fixierte sich nicht darauf, unbedingt den Norden oder andere wichtige Gebiete der Kolonien zu halten. Es ging ihm schließlich nicht darum, möglichst lange die Kolonie in ihrer Gesamtheit zu verteidigen oder ihre wirtschaftliche Infrastruktur zu bewahren. Entscheidend für ihn war, die Schutztruppe als militärisches Instrument so lange wie möglich zu erhalten um den Krieg in Ostafrika in die Länge zu ziehen, auch wenn dies die schrittweise Aufgabe, ja die vollständige Zerrüttung der wirtschaftlichen und politischen Grundlagen der deutschen Herrschaft in Ostafrika und ungeahntes Leid für die schwarze Bevölkerung zur Folge haben würde.

Basierend auf dieser Grundüberzeugung entwickelte Lettow-Vorbeck, nachdem er Vertrauen in die Standfestigkeit seiner Askari auch bei Rückzügen gefasst und sich von ihrer letztlich allen Gegnern überlegenen Mobilität überzeugt hatte, die Taktik zu Perfektion, sich scheinbar zum Gefecht zu stellen und punktuelle Angriffe auf den vorrückenden Gegner zu führen. Diese sollten die gegnerischen Truppen zwingen, statt der Marschkolonne eine Gefechtsaufstellung einnehmen und damit ihre Linien auf ein Maximum ausdehnen zu müssen. Lettow-Vorbeck ordnete dann im letzten Moment den Rückzug seiner Einheiten an.[136] Er gewann dadurch Zeit, weil sich die Gegenseite erst wieder neu formieren musste um die Verfolgung aufzunehmen. Die offizielle britische Geschichte des Ostafrikafeldzuges stellte ihm später das Zeugnis aus, er habe seit 1916 seine Truppen mit fast traumwandlerischer Geschicklichkeit geführt und sich dabei als ein Meister des strategischen Rückzuges erwiesen.[137]

Allerdings war auch in der seit 1916 einsetzenden Phase der Rückzüge nicht zu verkennen, dass Lettow-Vorbeck Gefechte zu mehr als nur einer Provokation und

Abnutzung der gegnerischen Truppen führte. Zwar musste die Schutztruppe immer wieder durch ihre Gefechtsbereitschaft unter Beweis stellen, dass sie eine potentielle Gefährdung der feindlichen Einheiten darstellte und kein zahnloses Raubtier geworden war, das man unbeaufsichtigt und unbelästigt im afrikanischen Busch sich selbst überlassen konnte. Andernfalls hätte aus Lettow-Vorbecks Perspektive die Gefahr bestanden, dass der Gegner Kräfte vom ostafrikanischen Kriegsschauplatz abzog. Es galt also für den Kommandeur die richtige Balance zu finden zwischen Nadelstichen gegen den Gegner, um einerseits möglichst viele Entente-Truppen zu binden und andererseits nicht die Existenz der Schutztruppe an sich in Schlachten aufs Spiel zu setzten, denn sie hatte ohnehin keine Chance an dieser Front angesichts der Kräfteverhältnisse einen entscheidenden Sieg zu erringen. Lettow-Vorbeck ließ sich dennoch wie bei Kondoa Iringa und Mahiwa in größere Kampfhandlungen verwickeln und tendierte dazu, dabei mehr Truppen ins Gefecht zu schicken und zu sinnlosen Angriffen einzusetzen, als zu Deckung der Rückzüge notwendig gewesen wäre. Die Doktrin der Offensive als der letztlich stärkeren Kampfform, das Denken in der Kategorie von auf dem Schlachtfeld errungenen Siegen, die Auffassung, dass im Krieg letztlich der Wille über die materiellen Umstände und das zahlenmäßige Kräfteverhältnis triumphiere, waren ihm seit seiner Jugend zu sehr eingetrichtert worden, als dass er es bei geschickten Ausweichmanövern und einem bloßen Abnutzungskrieg basierend auf den logistischen und medizinischen Problemen des Gegners belassen wollte.

Begünstigt wurden Lettow-Vorbecks Rückzüge und Absetzbewegungen vom Gegner durch die dichte Vegetation des ostafrikanischen Kriegsschauplatzes und dessen mangelnde kartographische Erfassung. Beides erschwerte es dem Feind im Falle eines deutschen Rückzugs oder gar einer Niederlage der Schutztruppe im Gefecht effektiv nachzustoßen. Die Gegebenheiten erleichterten dafür hinhaltende Absetzbewegungen der Schutztruppe, die dabei einmal mehr ihre überlegene Handhabung der Maschinengewehre ausspielen konnte, während die Unübersichtlichkeit des Geländes die Verfolger verunsicherte, weil jederzeit mit Hinterhalten gerechnet werden musste.[138] Ferner operierte die Schutztruppe seit Beginn der gegnerischen Großoffensive im März 1916 und bis zur Aufgabe der Zentralbahn auf der inneren Linie, d. h. sie rückte mit jedem Rückzug näher an ihre Versorgungsbasen heran, während sich die britisch-südafrikanischen Kommunikations- und Nachschublinien verlängerten. Dies wirkte sich für die Verfolgung auf einem Kriegsschauplatz mit notorisch schlechten Verkehrsverbindungen besonders nachteilig aus: Jeder britisch-südafrikanische Vorstoß kam spätestens nach ein paar Tagen zum Stillstand, weil die Versorgungslinien überdehnt waren und die Schutztruppe bei ihren Rückzug nach Möglichkeit alle Lebensmittel aus den betroffenen Gebieten abtransportiert oder vernichtet hatte. So erhielt die Schutztruppe Zeit sich zu reorganisieren. Die Tatsache, dass sich Smuts zusammengewürfelter, aus Südafrikanern bestehender Stab im Vorhinein kaum mit Fragen der Logistik beschäftigt hatte[139], darin durchaus Lettow-Vorbeck ähnelnd, verschärfte noch die Versorgungsprobleme des Angreifers und nahm denVerfolgungsdruck von den Verteidigern.

IX. DIE GEISSEL OSTAFRIKAS

Auf britischer Seite gab es schon frühzeitig Befürchtungen, dass es dem portugiesischen Verbündeten nicht gelingen könnte, selbst die erheblich reduzierte Schutztruppe vom Eindringen nach Mozambik abzuhalten. Der Bericht eines britischen Verbindungsoffiziers vom Mai 1917 fällte ein vernichtendes Urteil über die portugiesischen Einheiten: »Die europäischen Truppen leiden an Malaria, Schwarzwasserfieber und Geschlechtskrankheiten, ebenso die eingeborenen Truppen, wenn auch zu einem geringeren Grad. Die sanitären Bedingungen sind als Folge von Ignoranz, Apathie und mangelnder Disziplin bedauernswert. Die schwarzen Soldaten, an sich exzellentes Menschenmaterial, sind schlecht ausgebildet und werden von Offizieren befehligt, die deren Sprache nicht beherrschen und im Umgang mit Eingeborenen ungeübt sind. Das Nachschubwesen lässt viel zu wünschen übrig. Angesichts der vorangegangenen schlechten Verwaltung des Gebiets der portugiesischen Niassa-Gesellschaft durch deren Vertreter ist es wahrscheinlich, dass die Stämme bereit sein werden den Deutschen zu helfen (…) Insgesamt besteht der Eindruck, dass unter den gegenwärtigen Umständen der Bündniswert dieser portugiesischen Truppen gering ist und sie voraussichtlich vor allem von den Eingeborenenaufständen auf ihrem eigenen Territorium absorbiert werden.«[1] Van Deventer bot im September 1917 militärische Unterstützung zur Sicherung des Rovuma an. Der portugiesische Oberbefehlshaber Oberst Tomas de Sousa Rosa, der Gil nach der fehlgeschlagenen Invasion Deutsch-Ostafrikas abgelöst hatte, lehnte diese mit der Begründung ab, seine Truppen könnten Mozambik allein gegen die Schutztruppe verteidigen. Van Deventer bat die Portugiesen, sich bei ihren Verteidigungsvorbereitungen insbesondere auf ein Gebiet von jeweils etwa 70 km westlich und östlich des Stützpunktes Ngomano, der am Zusammenfluss des Rovuma und des Lujenda lag, zu konzentrieren. Hier sei ein deutscher Angriff am wahrscheinlichsten, denn das Tal des Lujenda war besonders fruchtbar und somit das natürliche Einfallstor für Invasionen Mozambiks aus dem Norden.[2]

1. Atempause in Portugiesisch-Ostafrika

Als die etwa 2 000 Soldaten Lettow-Vorbecks und ihr Gefolge in den frühen Morgenstunden des 25. November 1917 den Rovuma überquerten, besaßen sie nur noch 100 Schuss Munition pro Mann. Die mitgenommene Verpflegung für diese Expedition ins Ungewisse reichte für 10 Tage. Die Schutztruppe operierte nun in einem ihr unbekannten Gebiet, das erst in der zweiten Hälfte des 20. Jahrhunderts vollständig kartographiert und halbwegs verkehrstechnisch erschlossen werden sollte.[3] Es war ungewiss, ob es entlang der Marschroute angesichts der erneut bevorstehenden Regenzeit genügend Lebensmittel gäbe, wie die schwarze Bevölkerung tatsächlich reagieren würde und woher das überlebenswichtige Chinin kommen sollte. Der Einfall nach Mozambik erschien den Angehörigen der Schutztruppe, ob schwarz oder weiß, trotz der auch ihnen bekannten geringen Einsatzfähigkeit der portugiesischen Truppen ein äußerst gewagtes Unternehmen. Er zeugte einmal mehr von der Tollkühnheit und Entschlossenheit, aber auch der Rücksichtslosigkeit und Menschenverachtung ihres Kommandeurs, den die Askari schon seit längeren halb furchtsam, halb respektvoll den »Herrn, der unser Leichentuch schneidert« nannten.[4]

Portugiesische Stützpunkte sah die Schutztruppe nicht etwa als Hindernisse an, sondern als überlebenswichtige Versorgungsbasen. Bereits am Nachmittag des 25. November überrannte die Schutztruppe den mit etwa 1 100 portugiesischen Soldaten belegten Stützpunkt Ngomano, in welchem trotz Warnungen von britischer Seite keine Vorbereitungen für einen deutschen Angriff getroffen worden waren. Bei der Schutztruppe fielen nur sieben Soldaten, auf portugiesischer Seite wurden etwa 200 Soldaten getötet und 450 gefangen genommen. Während die Europäer gegen das Ehrenwort nicht weiter gegen Deutschland zu kämpfen, entlassen wurden, versklavte die Schutztruppe die feindlichen Askari als Träger. Zudem erbeutete die Schutztruppe 600 moderne Magazingewehre mit entsprechender Munition, sechs Maschinengewehre, Lebensmittel und Medikamente.[5] Die Versorgungssituation entspannte sich zumindest für die Europäer in der Schutztruppe vorerst, da man, wie Schnee schrieb, hauptsächlich »Europäernahrung« erbeutete. »Alles steht auf halben Rationen, die Hälfte der sonst üblichen Hirse und Maisration. Sonst nichts! Es ist erstaunlich, wie die Eingeborenen, insbesondere die Träger bei dieser ganz unzureichenden Nahrung die anstrengenden Märsche in der furchtbaren Glut überhaupt aushalten.«[6]

Im Verlauf des Dezembers fielen der Schutztruppe, die sich in vier selbstständig operierenden Abteilungen über das Land ausbreitete, weitere portugiesische Vorratslager und Militärposten in die Hände, so dass sich bis Jahresende auch die Versorgungslage ihrer schwarzen Angehörigen stabilisierte. Die Schutztruppe war nun wieder fast komplett mit modernen Waffen und reichlich Munition versehen. Zugleich wurde deutlich, dass man die britischen Verfolger vorerst abgehängt hatte. »Von Lettow zog nach Süden und ist verloren gegangen (...) Die Portugiesen sind ihm ausgeliefert, falls er sich entschließt sie anzugreifen«, schrieb Oberst Fendall im britischen Hauptquartier in Dar-es-Salaam im Dezember in sein Tagebuch.[7]

Die britische Führung musste seit Ende November umdisponieren: Es galt die Modalitäten eines Einsatzes der Empire-Truppen in Mozambik mit den portugiesischem Behörden zu regeln. London wollte zur Jahreswende 1917/18 trotz Knappheit an Soldaten und Schiffstonnage Lettow-Vorbecks kleine Heerschar vernichten, selbst wenn sie vorerst tief in portugiesischem Gebiet stand. Sie bildete eine fortgesetzte Bedrohung sowohl des soeben eroberten Deutsch-Ostafrikas wie auch der angrenzenden britischen Besitzungen Nyasaland und Rhodesien, zumal man auf britischer Seite nicht mit einem Kriegende in Europa vor 1919 rechnete angesichts des Zusammenbruchs des Zarenreichs und der nur langsamen Mobilisierung des amerikanischen Expeditionskorps für Europa. Somit erhielt Van Deventer den Auftrag, die Schutztruppe in Mozambik aufzuspüren und nach Möglichkeit endgültig zu vernichten.[8]

Van Deventer, unterstützt von London, wollte auf keinen Fall seine Truppen unter portugiesischem Oberbefehl operieren lassen. Stattdessen sollten die portugiesischen Truppen in Mozambik, insgesamt etwa 12 000 Soldaten, auf sein Kommando hören. Die Portugiesen gaben mangels Alternativen und angesichts des Desasters von Ngomano der britischen Forderung nach. Im Februar 1918 übernahm der Burengeneral den gemeinsamen Oberbefehl.[9] Parallel dazu mussten die Empire-Truppen aus Deutsch-Ostafrika abgezogen und nach Porto Amelia im Norden Mozambiks verschifft werden um von der Küste aus die Verfolgung der Schutztruppe aufzunehmen. Dies war angesichts der großen Entfernungen und der schlechten Infrastruktur Portugiesisch-Ostafrikas, nicht zuletzt der begrenzten Hafenkapazitäten Porto Amelias, ein schwieriges Unterfangen. Ein sofortiges Nachstoßen der britischen Einheiten vom Süden Deutsch-Ostafrikas über den Rovuma erschien hingegen wegen der bald zu erwartenden Regenzeit mit den sich daraus ergebenden logistischen Problemen sowie der geringen Ertragsfähigkeit der Gebiete südlich des Rovuma nicht möglich. Es war außerdem zu erwarten, dass die Schutztruppe die Taktik der verbrannten Erde auf feindlichem Territorium noch wesentlich rücksichtsloser anwenden würde als bislang in Deutsch-Ostafrika um ein Maximum an Schaden für den Gegner anzurichten, während zugleich noch weniger Rücksicht auf die schwarze Bevölkerung genommen werden musste. Folglich würden sich die Verfolger noch schwieriger als zuvor aus dem Lande ernähren können.

Schnee hatte sich, so lange die Schutztruppe noch nördlich des Rovuma operierte, stets für eine relativ schonende Behandlung der schwarzen Bevölkerung Deutsch-Ostafrikas und eine nachhaltige Ausbeutung ihrer Lebensgrundlagen eingesetzt um das Ansehen der Kolonialmacht nicht gänzlich zu gefährden und eine zumindest rudimentäre kolonialwirtschaftliche Infrastruktur für die Nachkriegszeit zu erhalten. Er bestand im November 1917 darauf, die inzwischen wertlos gewordenen Rupienreserven des Gouvernements mit nach Portugiesisch-Ostafrika mitzunehmen um in Mozambik wie auch im Falle einer Rückkehr der Schutztruppe nach Deutsch-Ostafrika weiterhin Lebensmittel zumindest formal bezahlen zu können. Dies war eine Forderung, die bei Lettow-Vorbeck, der ohnehin gehofft hatte, dass Schnee im Schutzgebiet zurückbleiben würde, auf Unverständnis stieß.[10]

Die Bevölkerung Mozambiks konnte von Lettow-Vorbeck wenig Schonung erwarten, der sich schon in Deutsch-Ostafrika durch die kolonialpolitischen Erwägungen Schnees hinsichtlich der Indienstnahme der Ressourcen des Schutzgebietes eingeschränkt gefühlt hatte. Er ergriff nun die Gelegenheit Schnee vollständig zu entmachten. Am 26. Dezember 1917 beschied der Kommandeur Schnee hinsichtlich der bisherigen Hierarchieverhältnisse: »Diese Regelung, die die Schutztruppenordnung ohne Rücksicht auf die Erfordernisse eines auswärtigen Krieges getroffen hat, hat die Kriegführung im Schutzgebiet freilich recht nachteilig beeinflusst. Ich habe mich wohl oder übel damit abfinden müssen. Jetzt aber, wo die gesamte Truppe das Schutzgebiet verlassen hat, dieses selbst in der Verwaltung des Feindes ist und es eine deutsche Verwaltung dort nicht mehr gibt, spricht weder der Buchstabe der Bestimmung noch ein vernünftiger Grund dafür, dass der Zivilgouverneur, der nach eigenem Ausdruck Eurer Exzellenz ›von militärischen Dingen nichts versteht‹, eine militärische Befehlsbefugnis ausübt. Als Kommandeur einer im Feindesland stehenden Truppe bin ich gar nicht berechtigt, die mir von Seiner Majestät übertragene Kommandopflicht verkleinern zu lassen.«[11] Schnee versuchte Lettow-Vorbeck vergeblich zu einem Kompromiss zu überreden, indem er dem Kommandeur zugestand, dass mit Verlassen des Schutzgebietes dieser zwar in seiner militärischen Entscheidungsbefugnis nicht mehr der Kontrolle des Gouverneurs unterstehe, aber Schnee beispielsweise in Fragen der Gerichtsbarkeit immer noch die höchste Instanz sei und daher Todesurteile gegen Afrikaner seiner Zustimmung bedürften.[12] Lettow-Vorbeck degradierte Schnee jedoch seit Dezember 1917 zu einem ohnmächtigen Zivilisten, dem es erlaubt war mit einem kleinen Stab von Mitarbeitern und Polizeiaskari im Tross der Schutztruppe mitzumarschieren, der aber bei allen zukünftigen strategischen Entscheidungen von ihm nicht einmal mehr konsultiert oder auch nur informiert wurde.[13]

Die Schutztruppe wurde zunächst überall relativ freundlich von der schwarzen Bevölkerung empfangen, weil diese die Deutschen als Verbündete gegen die verhasste Herrschaft der Portugiesen und der Niassa-Gesellschaft sah. Ermutigt durch die Anwesenheit der Schutztruppe kam es in weiten Teilen des Landes zu lokalen Befreiungskriegen, so dass die portugiesischen Truppen seit Frühjahr 1918 fast vollkommen mit dem Einsatz gegen die eigene schwarze Bevölkerung beschäftigt waren.[14] Während eine gewisse Sympathie für die Deutschen in den nicht direkt von der Schutztruppe besetzten Gebiete wegen des tiefen Hasses auf die Portugiesen bis Kriegsende anhielt[15], mussten die unmittelbar mit der Schutztruppe konfrontierten Einwohner Mozambiks bald realisieren, dass die Invasoren aus dem Norden keineswegs als Befreier anzusehen waren. Vielmehr erwiesen sie sich als eine weitere koloniale Geißel, die über sie gekommen war. In Gebieten, die ohnehin von der Subsistenzwirtschaft lebten, musste die Anwesenheit von 2 000 Soldaten und ihrem um ein Mehrfaches größeren Gefolge fast automatisch zu Hungersnöten unter der Zivilbevölkerung führen. Selbst wenn die Schutztruppe versucht haben sollte, wie Schnee nach dem Krieg behauptete, die Lebensmittel mit den ohnehin wertlosen Rupien aus Deutsch-Ostafrika zu bezahlen[16], so war damit den Völkern Portugiesisch-Ostafrikas kaum gedient: Die im Norden lebenden Ethnien waren, wie ein portugiesischer Agent im Sommer 1917 nach einer Erkundungsreise durch Mozambik an das britische Hauptquartier berichtete, kaum an den Geldkreislauf angeschlossen, sondern bevorzugten den Tauschhandel. Sie besaßen zudem so wenig Getreide und Hülsenfrüchte, dass diese nur bei strenger Einteilung über das Jahr reichten und daher allenfalls gegen andere Lebensmittel eingetauscht wurden.[17]

Ihren Bedarf an Transportarbeitern deckte die Schutztruppe, indem sie Männer wie schon in Deutsch-Ostafrika ab 1916 mit Gewalt aus den Dörfern wegführte und, in Ermangelung von ausreichenden Ketten und Halseisen, mit Telefondrähten aneinander gefesselt als so genannte »Landschaftsträger« mitmarschieren ließ. Die Einwohner Portugiesisch-Ostafrikas traf damit ein wesentlich härteres Los als den Kern »freiwilliger«, physisch ausdauernder, für ihre Leistungen entlohnter Sukuma- und Njamwezi-Träger, welche mit der Schutztruppe aus Deutsch-Ostafrika gekommen waren.

Jene deutschen Askari, die keine Frauen aus Deutsch-Ostafrika mitgebracht hatten, nahmen sich diese nun gewaltsam in den Dörfern Mozambiks und zwangen sie mit ihnen zu ziehen. »Unsere Leute fühlen sich außerdem als die Herren. Kein Wunder wenn ein über alle Maßen kräftiges, manchmal sogar gewaltsames – sagen wir ›Liebeswerben‹ – anhebt.«[18] Die weißen Vorgesetzten duldeten diese sexuelle Ausbeutung, denn auf diese Weise sicherte sich die Schutztruppe weiterhin die Loyalität ihrer Söldner.

Die Invasoren machten keine Anstalten, die rebellierenden Ethnien Mozambiks in ihrem Kampf gegen die Portugiesen zu unterstützen. Weder erhielten die Afrikaner eine militärische Ausbildung durch die Schutztruppe, noch gab sie ihnen Waffen aus ihrer umfangreichen portugiesischen Beute, geschweige denn, dass die Deutschen zur allgemeinen Erhebung aufriefen oder auch nur versuchten sich als Vorhut eines anti-portugiesischen Befreiungskampfes darzustellen.[19] Lettow-Vorbeck wie auch Schnee schienen sich zumindest dahingehend einig, dass selbst in Kriegszeiten eine aktive Revolutionierung der Afrikaner einem gleichsam ungeschriebenen europäischen Kodex der Solidarität der weißen Kolonialisten gegenüber der schwarzen Bevölkerungsmehrheit widerspreche. Lettow-Vorbeck dachte aufgrund seiner rein auf das Gefechtsfeld ausgerichteten militärischen Ausbildung schlichtweg nicht in der politischen Dimension einer revolutionären Kriegführung. Die Reaktionen der Einwohners Mozambiks auf den Feldzug hielt er denn auch in seinen Memoiren für nicht erwähnenswert. Schnee hingegen registrierte in seinem 1919 niedergeschriebenen Feldzugerinnerungen die freundliche Aufnahme der Deutschen durch die Bevölkerung Mozambiks und den allgemeinen Hass auf die Portugiesen[20], gab aber keinen Hinweis darauf, dass man deutscherseits diese Tatsache irgendwie auszunutzen gedachte. Grund für diese Zurückhaltung war vermutlich die Befürchtung des Kolonialpolitikers, dass ein solches Vorgehen eines Tages auch auf die deutschen Kolonien zurückschlagen könnte und das Ende jeglicher europäischer Herrschaft über Afrikaner einläuten würde. Schon in Deutsch-Ostafrika war die Maxime der deutschen Behörden nicht afrikanische Emanzipation, sondern ununterbrochene, nahtlos ineinander übergehende europäische Herrschaft gewesen: Beim Abzug stachelten die Deutschen ihre schwarzen Untertanen nicht etwa zum Aufstand oder Widerstand gegen die nachrückenden britischen Truppen an, sondern stellten vielmehr gelegentlich für die loyalsten ihrer bisherigen Dorfvorsteher Empfehlungsschreiben aus, die an die neuen Kolonialherren adressiert waren.[21]

Bereits im Januar 1918 gelang es den britischen Truppen, von der Küste vorstoßend, einige Abteilungen der Schutztruppe zu Gefechten zu stellen. Diese Zusammenstöße führten zu einem Einbruch der Moral bei vielen deutschen Askari, die gehofft hatten, dass ihnen außer den relativ ungefährlichen Scharmützeln gegen die portugiesischen Truppen eine Atempause vergönnt sei. Angesichts der neuen Konfrontationen mit den britischen Truppen kam es zu einer Welle von Desertionen. 112 Askari und 150 Träger flüchteten im Januar 1918, ermutigt durch britische Flugblätter auf Suaheli, welche einmal mehr auf die Wertlosigkeit der deutschen Währung und das nicht absehbare Ende des Krieges hinwiesen. Lettow-Vorbeck versuchte am 8. Februar mit einem Kommandobefehl gegenzusteuern, der behauptete, dass alle Überläufer von den Briten als Träger versklavt würden. Als zusätzliche Abschreckung wurden einige aufgegriffene fahnenflüchtige Askari hingerichtet.[22] Sicherheitshalber zog sich die Schutztruppe zwecks »Überwintern« der Regenzeit in die fruchtbareren, etwa 100 km südlich gelegenen Gebiete zurück, die Hauptmann Stuemer ein Dreivierteljahr zuvor erkundet hatte. Die beginnende Regenzeit verhinderte ein sofortiges Nachsetzen der britischen Verfolger. Die Soldaten Lettow-Vorbecks breiteten sich für die nächsten zwei Monate in fünf Abteilungen über ein Gebiet von etwa 40 000 km^2 aus, in dessen Zentrum die Ortschaft Nanungu lag, wo Lettow-Vorbeck sein Hauptquartier aufschlug. »Für die Europäer war stets genügend Fleisch vorhanden, auch für die Askaris und Boys, im günstigsten Fall reichte es auch für die Träger.«[23]

Lettow-Vorbeck nutzte die relativ ruhigen Monate zu Beginn des Jahres 1918 um seine Sichtweise der Ereignisse in Ostafrika seit 1914 niederzuschreiben. Die Bilanz fiel äußerst kritisch aus.[24] Die höheren Offiziersränge der Schutztruppe seien bei Kriegsausbruch zu zögerlich gewesen und hätten nicht genug Erfahrung in einer modernen Kriegführung mit größeren Verbänden besessen; Gouverneur und Zivilverwaltung hätten zunächst naiv auf die Neutralisierung der Kolonie im Kriegsfalle gesetzt und sich danach unberechtigterweise in militärische Belange eingemischt ohne die nötige Fachkompetenz zu besitzen; die Marineangehörigen seien fatalerweise erst nach der Vernichtung der »Königsberg« der Schutztruppe unterstellt worden; die Behörden im Reich schließlich hätten es versäumt, Deutsch-Ostafrika bis Kriegsausbruch in eine hochgerüstete, verteidigungsfähige Kolonie zu verwandeln. Dies war nach Auffassung Lettow-Vorbecks umso sträflicher, weil die Askari der Schutztruppe sich als so effektiv erwiesen hätten, dass sie den Vergleich mit europäischen Soldaten nicht zu scheuen brauchten, wenn ungefähr eine weiße Charge auf 10 schwarze Soldaten komme. Der Vorwurf der mangelnden militärischen Bereitschaft der Kolonie bei Kriegsausbruch zeugte einmal mehr von Lettow-Vorbecks rein auf das Militärische begrenzten Sichtweise von Gesellschaften, Institutionen und Territorien: Sicherlich hätte es theoretisch genügend geeignete und willige Afrikaner in Deutsch-Ostafrika gegeben, um schon vor Kriegsausbruch eine größere Schutztruppe aufzustellen. Allerdings klammerte Lettow-Vorbeck in seiner Vision des Schutzgebietes als einer Art Garnisonsstaat die politische, finanzielle und wirtschaftliche Durchsetzbarkeit eines solchen Vorhabens gänzlich aus. Diese Kritik an Allem und Jedem abgesehen von den schwarzen Söldnern spiegelte auch die weitgehende Isolation und Vereinsamung wider, in die sich der Kommandeur durch seine brüske, rücksichtslose, menschenverachtende und beratungsresistente Art seit Kriegsausbruch hineinmanövriert hatte.

2. Der lange Marsch

Mit dem Ende der Regenzeit im April nahmen die britischen Einheiten wieder ihre Operationen auf. Sie bestanden hauptsächlich aus den Bataillonen der KAR, dem Gold Coast Regiment, dem südafrikanischen Cape Corps sowie rhodesischen Truppen unter Northey, die entweder aus dem Westen aus Nyasaland nach Portugiesisch-Ostafrika vordrangen oder an der Küste angelandet worden waren. Insgesamt waren es 11 000 Mann an Empire-Truppen, hinzu kamen etwa 6 500 portugiesische Soldaten. Van Deventer beschwor seinen portugiesischen Kameraden Sousa Rosa seine Einheiten nach Möglichkeit von Gefechten mit der Schutztruppe fernzuhalten und sich auf die Niederschlagung der Aufstände zu konzentrieren, da sie wegen ihrer geringen Kampfkraft der Schutztruppe eher zur Auffüllung ihrer Waffen-, Munitions- und sonstigen Vorräte dienten, als dass sie dem Gegner ernsthafte Verluste zufügen würden.[25]

Als Kern des deutschen Durchhaltewillens wurde auf britischer Seite Lettow-Vorbeck angesehen: »Bis zu seinem Tod, seiner Gefangennahme oder Invalidität wird der deutsche Widerstand fortdauern«, hieß es pessimistisch Ende März 1918 im Lagebericht für den Generalstab. Und einige Wochen später schrieb ein britischer Offizier: »Der Kommandeur der deutschen Streitkräfte ist eine bemerkenswerte Persönlichkeit, der seit 1916 einen hartnäckigen Widerstand gegen überlegene Kräfte aufrechterhalten hat und der ein Meister der Ausweichtaktik und -Strategie ist. Dabei zeigt er sich jedoch nie abgeneigt, wenn notwendig hart zuzuschlagen mit den gut ausgebildeten und sehr disziplinierten Veteranen seiner Eingeborenentruppen. Ohne seine Führungseigenschaften und die strikte Disziplin, die er durchsetzt, hätte der deutsche Widerstand längst aufgehört.«[26]

Da es praktisch unmöglich war, die Schutztruppe ob ihrer Mobilität und der logistischen Probleme, die die Operationen in Mozambik aufwarfen, einzukreisen, zu einer Entscheidungsschlacht zu stellen oder auszuhungern, bestand die einzige Chance darin, durch möglichst viele Begegnungsgefechte den Stamm ihrer wenigen Weißen durch Tod, Verwundung oder Gefangennahme so zu reduzieren, dass der organisierte Widerstand eines Tages zusammenbrechen würde. Ein weiterer potentieller Schwachpunkt der Schutztruppe bestand darin, dass ihr bei ständigen Gefechtsberührungen bald die Munition ausgehen musste.

Die Schutztruppe sah sich Anfang Mai gezwungen, angesichts des von Westen, Norden und Nordosten vorrückenden Feindes ihre relativ komfortable Basis zu verlassen. »Es begann wieder die Zeit der ständigen Märsche und Kämpfe und der schlechten Ernährung«, schrieb Schnee.[27] Von Anfang Mai 1918 bis zum Kriegsende im November 1918 sollten die Reste der Schutztruppe größtenteils auf dem Marsch sein um ihren Verfolgern zu entkommen. Mit der Wiederaufnahme der Kämpfe gab es im April/Mai nochmals eine allerdings schwächere Welle von Desertionen unter den Askari. Diese ließ nach, als die Schutztruppe, entgegen den ursprünglichen Erwartungen Van Deventers, der glaubte, dass gerade ein weiteres Vordringen der Schutztruppe nach Süden zu einer Meuterei unter den deutschen Askari führen werde[28], nicht etwa nach Norden zog, um nach Deutsch-Ostafrika zurückzukehren, sondern genau entgegengesetzt marschierte. Damit entfernten sich Lettow-Vorbecks Einheiten noch weiter von den Herkunftsgebieten der Askari und der aus Deutsch-Ostafrika mitgebrachten Träger. Ihre Chancen sanken somit auf eigene Faust lebendig heimkehren zu können. Selbst in ihrer Loyalität wankenden Afrikanern schien es vorerst sicherer bei der Schutztruppe zu bleiben. Die Schutztruppe marschierte auch weiter gen Süden um die britischen Versorgungslinien, die vom nördlich gelegenen Porto Amelia abhingen, auf ein Maximum zu strapazieren.

Lettow-Vorbeck hatte ein gutes Gespür dafür entwickelt, was der Gegner von ihm erwartete um dann genau das Gegenteil zu tun und damit dessen Planungen und Aufmärsche hinfällig zu machen. Er war seit November 1917 relativ frei in der Wahl seiner Operationsziele, denn mit dem Verlassen Deutsch-Ostafrikas gab es keine strategisch, politisch, wirtschaftlich oder symbolisch wichtigen Orte oder Gebiete mehr, die z. B. aus kolonialen Erwägungen unbedingt verteidigt werden mussten. Einzig der Bedarf nach Nahrungsmitteln, Chinin und Munition bestimmte seine Operationsziele. Seine Entscheidungsfreiheit wurde allerdings seit 1916 dadurch eingeschränkt, dass er als Verfolgter und damit offensichtlich schwächere Partei möglichst weit von den Stammesgebieten seiner Askari und Träger operieren musste, so dass Fluchtversuche aussichtslos erschienen. Dennoch: Die relative Ungebundenheit der Schutztruppe machte die Voraussage ihrer zukünftigen Stoßrichtung sehr unberechenbar für die feindlichen Befehlshaber.

»Voraus zog eine schnelle, gute Kampftruppe und nahm einige portugiesische Befestigungen. Es folgte das Kommando mit einigen Kompanien und Lazaretten, während die Nachhut täglich fechtend die nachdrängenden englischen Abteilungen zurückhielt und somit der erfolgreichen Tätigkeit der Vorhut Zeit verschaffte«, hieß es bei Ruckteschell über die Operationen in Mozambik.[29] Im Schnitt legte die Schutztruppe in Portugiesisch-Ostafrika inklusive ihres Gefolges von Trägern, Boys, Frauen, Kindern und Kriegsgefangenen pro Tag 25-30 km in den zwischen sechs und 10 Stunden dauernden Märschen zurück. Dabei zog sich die Marschkolonne zwischen Vorhut und Nachhut, obwohl sie insgesamt aus nur etwa 5 000 bis 6 000 Personen bestand, über 30 und mehr km hin. Die Pfade im Busch waren so schmal, dass man meist einzeln hintereinander gehen musste. Lettow-Vorbeck durchquerte bewusst jene Gebiete der portugiesischen Kolonie, die als relativ unterentwickelt galten, um die Transport- und Versorgungsprobleme des Gegners noch zu vergrößern. Die Schutztruppe bemühte sich dabei, die Gebiete entlang der Marschroute so »auszufouragieren«, wie es verharmlosend in Lettow-Vorbecks Erinnerungen hieß[30], dass die verfolgenden britischen Truppen keine Lebensmittel mehr vorfanden. Implizit bedeutete dies auch, dass für die dort lebende schwarze Bevölkerung nichts übrig blieb. Diese Routenwahl durch die ärmeren Regionen machte aber auch für die Schutztruppe seit April 1918 den Hunger zu einem häufigen Begleiter.

Die Verfolgung Lettow-Vorbecks gestaltete sich für die britischen Abteilungen insofern schwierig, als einerseits eine gewisse Mindesteinsatzstärke notwendig war, um der Schutztruppe mit Aussicht auf Erfolg entgegentreten zu können, andererseits wegen der Nachschubprobleme die Abteilungen so klein wie möglich gehalten werden mussten. Zudem erwies sich in den Kämpfen zwischen Mai und September 1918, dass die in aller Eile seit 1917 aufgestellten neuen Bataillone der KAR teilweise mangels Ausbildung, Kohärenz und geeigneter Offiziere der Schutztruppe nach wie vor unterlegen waren.[31]

Weil die Schutztruppe zu ihrer Fortexistenz einen Kader von Weißen brauchte, befahl Lettow-Vorbeck gegen den Protest der Ärzte und Schnees, alle kranken oder verwundeten Deutschen, die eine auch nur kleine Gesundungschance besaßen, in Hängematten mitzunehmen in der Hoffnung, dass diese eines Tages wieder ihren Dienst aufnehmen könnten. Diese Transporte in den schwankenden Matten, die

Erschütterungen beim Durchqueren des Busches und bei der Überwindung von Gebirgen war eine Qual für die Betroffenen.[32] Lediglich die offensichtlich hoffnungslosen Fälle wurden von Zeit zu Zeit in der Obhut eines Krankenpflegers zurückgelassen in der Erwartung, dass sich die verfolgenden britischen Einheiten ihrer annehmen würden, was deren logistische Probleme naturgemäß noch vergrößerte.

Im Gegenzug hatte Van Deventer den britischen und portugiesischen Offizieren verboten, im Falle der Gefangennahme ihr Ehrenwort zu geben, nicht mehr gegen Deutschland zu kämpfen und damit die Freiheit wiederzuerlangen. Somit mussten sie mit der Schutztruppe marschieren und von ihr verpflegt werden.[33] Die von der Schutztruppe im Laufe der Kämpfe in Mozambik gefangen genommenen britischen Offiziere hielten sich ostentativ von ihren portugiesischen Schicksalsgefährten fern, da sie diese anders als ihre Bewacher, denen sie großen Respekt zollten, verachteten.[34]

Ende Mai 1918 geriet Sousa Rosa unter Druck aus Lissabon und verlangte daher von Van Deventer, dass seine Truppen wieder stärker in die Bekämpfung der Schutztruppe eingebunden werden sollten.[35] Hintergrund dieser Forderung waren die weiterhin bestehenden Befürchtungen Lissabons hinsichtlich der schon vor 1914 existierenden britischen, südafrikanischen und deutschen Ambitionen auf den portugiesischen Kolonialbesitz in Afrika. Eine bloße Zuschauerrolle der portugiesischen Einheiten bei der Bekämpfung der Schutztruppe in Mozambik, so das Kalkül Lissabons, könnte sich negativ auf die Position Portugals und die territoriale Integrität seiner Kolonien bei der zu erwartenden Neuaufteilung Afrikas nach Kriegsende auswirken. Zudem hatte sich das seit 1917 an der Westfront in Frankreich stehende portugiesische Expeditionskorps bei einem deutschen Großangriff im Zuge der Frühjahrsoffensive am 9. April, der einzigen größeren Kampfhandlung, die es überhaupt bis dahin erlebt hatte, fast widerstandslos überrennen lassen.[36] In Lissabon hoffte man offenbar auch, diesen Ansehensverlust bei den Verbündeten durch eine aktivere Rolle in Ostafrika wieder gutmachen zu können. Van Deventer gab dem portugiesischen Drängen auch angesichts der eigenen, ständig schrumpfenden Zahl einsatzfähiger Soldaten – im Juni standen ihm noch 7 500 zur Verfügung – nach. Er betraute die Portugiesen unter anderem mit der Verteidigung des wichtigen Versorgungsstützpunktes Nhamacurra im Hinterland der Hafenstadt Quelimane, auf welchen sich die Schutztruppe zubewegte.

In Nhamacurra wurden drei portugiesische und zwei Kompanien der KAR stationiert um die Schutztruppe aufzuhalten. Den Stützpunkt, dessen strategischer Wert vor allem in einer Zuckerfabrik, einem Bahnhof und seiner Lage am gleichnamigen Fluss bestand, nahm die Schutztruppe nach dreitägigen Kämpfen am 3. Juli ein. Ein Großteil der portugiesischen Soldaten leistete nur symbolischen Widerstand.

Der Verlust von Nhamacurra stellte einen schweren Schlag für Briten wie Portugiesen dar, denn hier erbeutete die erschöpfte und unter Munitionsmangel leidende Schutztruppe wieder große Mengen von Waffen, Munition, daneben Zucker, Alkohol, Lebensmittelrationen für 10 Tage, genügend Stiefel, um alle Europäer mit diesen neu auszurüsten, sowie sechs Kilogramm Chinin. Damit blieb die Malariaprophylaxe auf ein weiteres halbes Jahr gesichert. Ferner machte sie mehr als 300

Gefangene. »Die Beute war so groß an Ausrüstung und Material, dass alle Europäer und Eingeborenen inklusive Frauen und Boys sich so viel nehmen konnten wie sie wollten«, hieß es im Kriegstagebuch der Schutztruppe.[37]

Mit Nhamacurra, das etwa 600 km Luftlinie vom Rovuma entfernt lag, erreichte die Schutztruppe ihren südlichsten Punkt und schwenkte nun nach Nordosten ab, denn ein weiteres Vordingen gen Süden wäre spätestens am Sambesi zum Stehen gekommen. Zudem hätten über die Hafenstadt Quelimane relativ rasch britische Truppen in den Süden geschafft werden können um die Schutztruppe bei einem weiteren Vordringen in diese Richtung abzufangen. Als die britischen Truppen nun begannen sich im Norden aufzustellen, wendete sich die Schutztruppe Anfang August gen Westen.[38] Am 10. August begann der lange Marsch der Schutztruppe parallel zum Nyasa-See gen Norden auf die etwa 500 km nördlich liegende Grenze Deutsch-Ostafrikas, der nur von vereinzelten Rasttagen unterbrochen bis zum Waffenstillstand andauern sollte. Lettow-Vorbeck hoffte, durch diese Stoßrichtung auf der gegnerischen Seite den Eindruck zu erwecken, dass er eine Rückkehr nach Deutsch-Ostafrika beabsichtigte. Er wollte die britische Führung dadurch veranlassen Truppen von Portugiesisch-Ostafrika nach Deutsch-Ostafrika zurückzuverschiffen.[39]

Van Deventer telegrafierte einige Tage nach dem Desaster von Nhamacurra nach London: »Die Portugiesen sind ein unglaubliches Handicap seit der Feind, erschöpft und knapp an Munition und Lebensmitteln, den Rovuma überquert hat. Die Portugiesen haben ihm vermutlich seit Kriegsbeginn nicht mehr als 50 Verluste beigebracht. Aber der Feind hat ihnen seit November 1917 vier Geschütze, 20 Maschinengewehre, 1 000 Gewehre, mindestens eine Million Schuss Munition neben ungezählten Vorräten an Kleidung, Lebensmitteln und Sanitätsmaterial abgenommen. Ich habe ehrlich versucht mit ihnen zu kooperieren und ihnen die Chance zu geben, dem Feind unter günstigen Bedingungen entgegenzutreten. Aber sie haben mich im Stich gelassen. Ich beabsichtige nun, den portugiesischen Kommandeur offen zu informieren, dass ich unter keinen Umständen mehr der Zusammenarbeit meiner Truppen mit den portugiesischen im Feld zustimmen kann.«[40] Van Deventer gelang es noch im Juli, die portugiesischen Einheiten endgültig auf den Küstenschutz und die Bekämpfung der Aufstände als alleinige Aufgabe zu verpflichten, indem er möglichst diplomatisch argumentierte, dass kein Zweifel an der Einsatzwilligkeit und dem Mut der portugiesischen Soldaten bestehe. Doch hätten die ungeübten Einheiten Lissabons im Feld keine Chance gegen die besten Eingeborenensoldaten der Welt, aus denen die Schutztruppe bestehe. Nhamacurra sollte daher auch das letzte bedeutende Vorratslager sein, welches der Schutztruppe in die Hände fiel. Die Versuche der Schutztruppe Ende August, zunächst das von britischen Einheiten besetzte Lager Regone zu attackieren, und, als sich dieses als zu stark befestigt erwies, jenes von Lioma zu stürmen, scheiterten nach zweitägigen Kämpfen am hartnäckigen Widerstand der dort stationierten KAR.

Zwar war es in den neun Monaten seit Lettow-Vorbecks Einfall in Mozambik den gegnerischen Truppen nicht gelungen, die Schutztruppe zu einer entscheidenden Schlacht zu stellen. Dennoch reduzierte sich durch die vielen kleinen Gefechte, durch Krankheit und Erschöpfung der Personalbestand von Europäern wie Askari zwischen November und August um etwa ein Drittel. »Wir sind noch 195

Europäer und etwa 1 200 Askari einschließlich der Sanität, Signal usw.; 280 Europäer überschritten den Rovuma. Man kann beinahe berechnen, wie lange unser Geschäft noch geht, wenn monatlich im Durchschnitt 10 Abgänge sind«, schrieb Deppe am 26. Juli 1918 in sein Tagebuch.[41] Als Notmaßnahme befahl Lettow-Vorbeck Anfang August, etwa 400 der altgedienten Nyamwezi- und Sukuma-Träger sowie Askariboys, die mit aus Deutsch-Ostafrika gekommen waren, zu Askari ausbilden zu lassen. Die altgedienten Askari erhielten als Ersatz für die ihnen genommenen Boys eine entsprechende Zahl von Frauen aus Mozambik zugeteilt. Vorangegangene Versuche, gefangene portugiesische Askari einzustellen, hatten sich dagegen als nicht fruchtbar erwiesen, da diese beim ersten Gefecht geflohen waren. Ebenso misslangen Versuche, unter der Zivilbevölkerung Mozambiks Freiwillige zu finden. Auch 31 gefangen genommene britische Askari der KAR, die aus Deutsch-Ostafrika stammten, waren eingestellt worden, doch zum Teil bald wieder desertiert.[42]

Angesichts der prekären Personallage mit wenig Aussicht auf eine Verbesserung verabschiedete Lettow-Vorbeck sich nun endgültig davon, durch Offensivaktionen Gefechtsfelderfolge zu suchen. Es galt jetzt nur noch, die Truppe so lange wie möglich zu erhalten, um durch ihre bloße Anwesenheit gegnerische Soldaten zu binden und weiterhin Schaden im Feindesland anrichten zu können. Gekämpft werden sollte nur noch im Notfall, vor allem um Vorräte zu erbeuten.[43]

Durch aufgefangene britische Funksprüche hatte die Schutztruppe von den seit März begonnen deutschen Großoffensiven in Frankreich erfahren. Sie machte sich bei Beginn des langen Marsches im Mai noch Hoffnungen auf ein baldiges, für Deutschland positiv ausgehendes Kriegsende in Europa.[44] Das KdS tat das Seine um diesen Optimismus bei den Soldaten Lettow-Vorbecks aufrechtzuerhalten. So funkte Nauen am 12. Juni 1918 nach Ostafrika: »Hiesige militärische Lage äußerst günstig. Frieden mit Russland und Rumänien ermöglichte Truppenverschiebungen nach Westfront. Dort vom 21. März bis jetzt englische und französische Truppen zwischen Ypern und Reims an mehreren Stellen geworfen. Wir stehen dicht vor Amiens und an der Marne. U-Boot-Krieg fortschreitend erfolgreich.«[45] Deuteten bis Mitte Juli die spärlichen Nachrichten, die man vor allem durch feindliche Funksprüche und erbeutete Post und Zeitungen aus Europa erhalten hatte, zunächst auf eine Wende an der Westfront zu Gunsten Deutschlands, so entstand mit dem Beginn der französisch-britisch-amerikanischen Gegenoffensive ab 18. Juli ein anderer Eindruck: »Friede kommt nicht dieses Jahr; es ist fraglich, ob wir daheim so stark sind, das zu erreichen, was die Tirpitzpartei anscheinend anstrebt: dass wir die Friedensbedingungen diktieren«, notierte Deppe am 30. Juli in seinem Tagebuch.[46]

Unter den Schutztruppenangehörigen fragte man sich seit der zweiten Julihälfte folglich zunehmend, worin der Sinn des fortgesetzten Leidens und der Entbehrungen bestehe. Der Chefarzt der Schutztruppe sagte Lettow-Vorbeck, die Mehrzahl der Soldaten sehe den Zweck weiterer Operationen nicht mehr ein. Man habe den Eindruck, es werde nur noch um die militärische Ehre ohne greifbares Ziel gekämpft.[47] Lettow-Vorbeck sah sich im August veranlasst seine Abteilungsführer zusammenzurufen und an ihr Pflichtbewusstsein zu appellieren: Fahneneid und militärische Ehre geböten es weiterzukämpfen. Zudem würden dadurch weiterhin gegnerische Kräfte gebunden. Er hielt unbeirrt an dem Glauben fest, dass die militärische Situation in Europa für das Reich günstig stehe und man nur noch so lange im Busch aushalten müsse, bis dort die bald anstehende Entscheidung gefallen sei. Dabei kam Lettow-Vorbeck zu Gute, dass die Schutztruppenangehörigen den eingehenden Nachrichten misstrauten, weil sie aus feindlicher Quelle stammten. So hieß es am 23. August in Deppes Tagebuch: »Heimische Nachrichten wieder ungünstig; doch wir glauben nicht so recht daran. Im Ganzen stellen wir uns jetzt aber auf einen Dauerzustand ein: Es schwindet die Hoffnung auf baldigen Frieden immer mehr.«[48]

Die der Militärzensur unterliegenden Zeitungen im Reich selbst widmeten dem Kampf der Schutztruppe und dem Durchhaltewillen ihres Kommandeurs seit Sommer 1918 mehr Aufmerksamkeit denn je zuvor, obwohl sie nur noch ein Bruchteil ihrer ursprünglichen Stärke besaß und nicht einmal mehr Deutsch-Ostafrika verteidigte.[49] Je weniger Erfolgsmeldungen von den europäischen Fronten zu berichten waren und je mehr sich die Stimmung an der Heimatfront verschlechterte, desto mehr rückten die »Heldentaten« der Schutztruppe bis zum Waffenstillstand als beispielhaft in den Vordergrund ungeachtet der tatsächlichen militärischen Bedeutung der Kämpfe in Ostafrika. So schrieben beispielsweise die »Leipziger Neuesten Nachrichten« noch am 7. November 1918 unter der Überschrift »Deutscher Wille zum Durchhalten in Ostafrika«, Lettow-Vorbeck zeige »deutlich, was ungebrochener deutscher Wille in der Verteidigung deutschen Eigentums zu leisten vermag«.

Die Situation der Schutztruppe verschlechterte sich indes weiter, obwohl es ihr Mitte September gelungen war sich von den verfolgenden gegnerischen Truppen weitgehend zu lösen, deren Nachschublinien einmal mehr überdehnt waren. Zwischen Ende August und Mitte September kam es zu einer Grippe- und Lungenentzündungsepidemie. Möglicherweise wurde die Schutztruppe auch Opfer der – im Vergleich zur zweiten – harmloseren ersten Welle der so genannten »spanischen Grippe«. Diese hatte sich seit April, in den USA ihren Ausgang nehmend, über weite Teile der Welt inklusive Afrikas ausgebreitet, wurde aber vielleicht in Unkenntnis der Existenz dieser Pandemie von den Ärzten der Schutztruppe nicht als solche diagnostiziert.[50] Obwohl die Zahl der Sanitätsträger schlichtweg nicht ausreichte, um alle Kranken transportieren zu lassen, auf dem Höhepunkt etwa 200, von denen 17 starben, trieb Lettow-Vorbeck seine Kolonne unerbittlich weiter.[51] »Der Kommandeur nennt die jetzigen sechs Marschstunden ›Ruhemärsche, bei denen sich die Träger erholen‹. Wir streiten, ob wir an Munitions- oder Trägermangel zu Grunde gehen. Es sollen nur noch 300 000 Patronen vorhanden sein.«[52]

Die Schutztruppe zog nun durch Gebiete Mozambiks, die schon zwei Mal zuvor von ihr durchquert worden waren, zunächst durch Stuemers Kolonne im Frühjahr und Sommer 1917 und sodann durch Lettow-Vorbecks Truppen Ende des Jahres mit den entsprechenden Folgen: »Das Land ist rundum gut besiedelt. Die Eingeborenen sind aber alle entlaufen. Es ist auch kein Wunder, da die schwer geprüften Leute jetzt schon zum dritten Mal von uns heimgesucht werden (…) Irgendwelche lebenden Tiere wie Ziegen und Hühner, die früher reichlich vorhanden waren, gibt es jetzt nicht (…) Die Nahrung für uns Europäer wird immer übler, wenn nicht

Wild geschossen wird nur trocken Brot aus Maismehl, gekochter Reis, manchmal Hülsenfrüchte, selbst Jagd gestaltet sich schwer.«[53]

Je näher die Schutztruppe der Grenze kam und damit den Siedlungsgebieten jener Ethnien, die den Kern der Askari und Träger ausmachten, desto eher versuchten nun wieder selbst altgediente Afrikaner zu desertieren. Waren es im August nur sieben Askari gewesen, flüchteten im September 31. Am 20. September machten Lettow-Vorbecks Kompanieführer den Kommandeur auf die Gefahren für den Zusammenhalt der Truppe aufmerksam, sollte man sich weiter dem Rovuma nähern oder gar nach Deutsch-Ostafrika zurückkehren.[54]

Der Kommandeur allerdings verbreitete weiter Optimismus trotz der sich offensichtlich in Europa verschlechternden Situation, denn am 18. September erfuhr die Schutztruppe durch erbeutete Zeitungen von den deutschen Rückschlägen als Folge der alliierten Gegenoffensiven in Nordfrankreich und der Tatsache, dass Bulgarien um Waffenstillstand ersucht hatte: »Lettow meint, er bände noch 30 000 Mann Feind hier, die sonst daheim kämpfen würden; wir sollen uns von den gegenwärtigen ungünstigen heimischen Nachrichten nicht niederdrücken lassen«, schrieb Deppe am 20. September in sein Tagebuch.[55] Tatsächlich war das durch Lettow-Vorbecks anhaltenden Widerstand hervorgerufene strategische Hauptproblem für London der immer noch notwendige Einsatz von 21 Schiffen mit etwa 75 000 Bruttoregistertonnen zur Versorgung der insgesamt etwa 47 000 Empire-Soldaten und 120 000 Träger, die in Portugiesisch-Ostafrika, Nyasaland und Deutsch-Ostafrika standen. Daher beabsichtigte man im Generalstab in London auf Anraten der Marinebehörden im Oktober 1918, die Truppenzahl in Ostafrika zu reduzieren um damit dringend für Europa benötigte maritime Transportkapazität freizumachen.[56]

Am 28. September 1918, nach einem Marsch von insgesamt etwa 2 600 Kilometern durch Mozambik, überquerten die Reste der Schutztruppe 250 km westlich der Stelle, an welcher sie 10 Monate zuvor in das portugiesische Territorium eingedrungen waren, wieder den Rovuma. »Stimmung unter den Europäern teilweise gedrückt unter dem Eindruck der beständigen Krankheiten und ungeheuren Strapazen. Vereinzeltes Weglaufen von Trägern«, schrieb Schnee am Vorabend in sein Tagebuch.[57] Auf deutschem Gebiet machte Schnee einen schwachen Versuch, wieder den Oberbefehl zurückzuerlangen, der von Lettow-Vorbeck unter dem Hinweis abgeschmettert wurde, dass es in der Kolonie keine funktionierende deutsche Verwaltung mehr gebe.[58] Die Schutztruppe zählte jetzt noch 168 Europäer und etwa 1 000 Askaris, 2 000 altgediente Träger, einige hundert Kriegsgefangene und »Landschaftsträger«, ferner ca. 600 Frauen, Askari- und Europäerboys. Zuvor hatte Lettow-Vorbeck angeordnet, dass alle Frauen, welche sich die Askari seit dem Überschreiten des Rovuma vor 10 Monaten genommen hatten, zurückzubleiben müssten um den Tross der Schutztruppe zu verkleinern. Einige hundert Frauen, teils schwanger, wurden so in der Wildnis ausgesetzt, was angesichts des Umstandes, dass sie sich nun hunderte von Kilometern von ihren Stammesgebieten befanden, ihren fast sicheren Tod bedeutete.[59]

»Hinter uns lassen wir zerstörte Felder, restlos geplünderte Magazine und für die nächste Zeit Hungersnot. Wir sind keine Schrittmacher der Kultur mehr; unsere Spur ist bezeichnet von Tod, Plünderung und menschenleeren Dörfern, geradeso wie im Dreißigjährigen Krieg«, notierte Deppe Mitte September in seinem Tagebuch.[60] Es ist die einzige veröffentlichte Quelle der deutschen Teilnehmer des Feldzuges, die ansatzweise das menschliche Leid thematisierte, das Lettow-Vorbecks fortgesetzter Widerstand über die schwarze Zivilbevölkerung Ostafrikas brachte. Bei den Friedensverhandlungen 1919 in Paris behauptete die portugiesische Regierung, der Einfall Lettow-Vorbecks in Mozambik habe den Tod von 152 798 Afrikanern zur Folge gehabt. Tatsächlich wird sich, wie der Historiker René Pélissier schrieb, die Zahl der zivilen Opfer unter der Bevölkerung Mozambiks der Jahre 1917/18 nie auch nur annährend akkurat ermitteln lassen.[61] Zudem gab es ein Bündel von Ursachen, welches das Leiden und Sterben in Portugiesisch-Ostafrika hervorrief. Nicht ausschließlich, wie in Paris behauptet, konnte dieses der Schutztruppe angelastet werden: Neben den von der Schutztruppe verursachten Hungersnöten und der Versklavung von Trägern gab es ungezählte Opfer durch die portugiesische Repression gegen die sich erhebenden Ethnien, welche die deutsche Invasion als Chance sahen das koloniale Joch abzuwerfen.

Im Oktober durchquerte die Schutztruppe den trockenen, hochgelegenen südwestlichen Teil Deutsch-Ostafrikas. Die Lungenentzündungsepidemie war überstanden und die Verpflegungssituation verbesserte sich vor allem dadurch, dass man der Bevölkerung das Vieh abnahm und als lebende Reserve mitführte. Es war Lettow-Vorbeck vorerst gelungen die Verfolger abzuhängen. Allerdings fehlte es an Munition, weil es seit Nhamacurra nicht mehr gelungen war die Bestände durch Beute beim portugiesischen Gegner aufzufüllen. Sie reichte höchstens noch für ein größeres Gefecht. Es ergab sich wie vorausgesagt nun noch ein weiteres Problem, wie Schnee am 7. und 8. Oktober in seinem Tagebuch notierte: »Das Weglaufen von Askari und Trägern nimmt zu. Von der 21. Kompanie sind vorige Nacht vier alte Askari weggelaufen, bei der Abteilung Müller fünf Askari und 15 Träger, beim Kommando neun Träger, darunter der Gewehrträger des Kommandeurs, Abteilung Köhl sechs Askaris (...) Das Weglaufen dauert fort. Wie ich höre, haben verschiedene Träger offen geäußert, dass sie auch weglaufen würden, wenn wir durch ihr Land kämen. Kommando versucht durch Lohnsteigerungen dem Entlaufen entgegenzuwirken, eine von vorn herein aussichtslose Maßnahme.« Ersatz für die entflohenen Träger gebe es kaum, denn in den durchquerten Gebieten lebten so gut wie keine Männer mehr, sondern nur noch Frauen und Kinder weil die Männer entweder schon von den Briten als Träger verpflichtet worden oder vor den anrückenden Deutschen ausgerissen seien. »Für sie ist es auch das Sicherste, da verschiedene Kompanien unter dem Druck der Notwendigkeit infolge des Weglaufens von Trägern wieder Eingeborene aufgreifen und als Träger an den Strick binden.[62] Auch auf britischer Seite registrierte man die wachsende Zahl von Desertionen in der Schutztruppe, die bislang vor allem auf die im Südwesten Deutsch-Ostafrikas siedelnden Ngoni beschränkt waren. Man erwartete eine Zunahme der Fahnenfluchten je weiter Lettow-Vorbecks Einheiten nördlich vordringen und sich damit den Siedlungsgebieten der Njamwezi und Sukuma nähern würden. »Die Wahrheit ist, dass dieser ganze Teil Afrikas des Krieges mehr als überdrüssig ist. Die KAR kriegen keine Rekruten mehr. Ich wundere mich nicht, sie (die Afrikaner, E. M.) sind in einem erschreckenden Ausmaß von beiden Seiten gequält worden, zunächst von den Deutschen, die ihnen alles wegnahmen und sie aufknüpften, wenn sie nicht sofort genügend Lebensmittel produzierten und dann durch unsere Trägerrekrutierung«, schrieb Oberst Fendall im Oktober 1918 in Van Deventers Hauptquartier in Dar-es-Salaam in sein Tagebuch.[63]

Van Deventer ließ seine Truppen per Schiff wieder nach Deutsch-Ostafrika bringen und sie entlang der Zentralbahn Aufstellung nehmen. Er befürchtete einen Marsch Lettow-Vorbecks quer durch die ehemalige Kolonie, so wie es im Jahre 1917 Hauptmann Max Wintgens vorexerziert hatte, der als einer der fähigsten Schutztruppenoffiziere galt. Dieser hatte sich, nachdem er im Februar 1917 im Südwesten der Kolonie von Lettow-Vorbecks Hauptkräften abgetrennt worden war, mit seinen etwa 500 Soldaten nach Norden Richtung Tabora und von dort gen Viktoria-See abgesetzt in einem achtmonatigen, 3 200 km langen Zug im Rücken der britisch-belgischen Streitkräfte. Seine mobile Kolonne beschäftigte etwa 6 000 belgische und britische Soldaten mit der Verfolgung. Die Reste seiner Truppe kapitulierten unter seinem Stellvertreter Hauptmann Heinrich Naumann erst Anfang Oktober 1917.

Statt weiter nach Norden vorzurücken, überquerten Lettow-Vorbecks Truppen, nachdem seine Einheiten etwa 500 km durch Deutsch-Ostafrika marschiert waren, am 1. November die westlich gelegene Grenze zu Nordrhodesien bei dem Ort Fife und drangen in südwestlicher Richtung in die britische Kolonie ein. Die Flucht von Askari und Trägern hielt weiter an. In den noch verbleibenden zwei Wochen bis zum Waffenstillstand verschwanden 61 schwarze Soldaten und 260 Träger.[64] Es ist nicht festzustellen, ob der Grund für Lettow-Vorbecks Entscheidung in Nordrhodesien einzufallen tatsächlich, wie er seinen Untergebenen mitteilte und in seinen Memoiren nach dem Krieg behauptete, sein angeblich langfristig gehegter Plan war, zunächst diese Kolonie zu verwüsten und dann nach Angola weiterzumarschieren, da man es dort wieder mit den leicht zu überwältigenden portugiesischen Truppen zu tun haben würde, aus deren Beständen an Waffen, Munition und Vorräten man sich voraussichtlich wieder reichlich bediene könnte.[65] Vielleicht hielt er es angesichts der anhaltenden Fluchtwelle auch unter den bislang treuen Träger- und Askariveteranen für besser, das Schutzgebiet so schnell wie möglich wieder zu verlassen, statt weiter in Richtung auf Tabora und damit in die Nähe der Siedlungsgebiete der Sukuma und Njamwezi zu ziehen. Dass seine strategischen Entscheidungen im Herbst 1918 womöglich auch durch die wankende Loyalität seiner schwarzen Soldaten und Träger diktiert wurden, thematisierte er in seinen Weltkriegsmemoiren nicht. Es hätte nicht in das Bild der den Deutschen bis zuletzt treu ergebenen Schwarzen gepasst, die so angeblich ihren Dank für die gerechte deutsche Kolonialherrschaft zeigten. Die Präferenzen seiner Askari und Träger waren jedenfalls laut Hauptmann Köhls Memoiren eindeutig: »Täglich konnten wir hören, wie sehr sich die Farbigen über die Rückkehr in die Kolonie gefreut hatten und mit welcher Begeisterung sie über die Aussicht sprachen, nun ihre Heimat wieder zu sehen. Ganz offen äußerten sie ihre Enttäuschung, als sie merkten, dass wir eine andere Marschrichtung einschlugen (…) Kaum hatten wir den Marsch nach Norden aufgegeben, da kamen meine alten Träger wiederholt und sagten mir bei mancher Weggabel, dass jener Weg nach Tabora führe und unser Weg nicht. General von Lettow ahnte richtig die Gefahr, die uns drohte.«[66]

Lettow-Vorbeck beabsichtigte mit diesem Schwenk wie schon beim Einfall in Mozambik nicht die Revolutionierung der schwarzen Untertanen gegen ihre weißen Herren. Er überraschte aber mit dieser Wendung erneut seine Gegner, die auf einen Einfall in Nordrhodesien nicht vorbereitet waren und sich mitten in der Umgruppierung ihrer Streitkräfte befanden, die zur Verteidigung Deutsch-Ostafrikas entlang der Zentralbahn aufgestellt werden sollten.[67] Innerhalb von 10 Tagen stand die Schutztruppe mehr als 200 km tief im britischen Territorium, ohne auf nennenswerten Widerstand gestoßen zu sein.

Nordrhodesien war bisher, abgesehen von einigen Grenzgefechten 1914, der Trägerrekrutierung für die britischen Truppen und der Anwerbung von Kriegsfreiwilligen, vom Krieg verschont geblieben. Dennoch drohte es wegen der für alle Kolonialmächte politisch und wirtschaftlich destabilisierenden Wirkung des Ersten Weltkriegs in diesem Teil Afrikas der britischen Herrschaft zu entgleiten, so dass mit Rücksicht auf die Stimmung der schwarzen Bevölkerung bereits im September 1918 die Trägerrekrutierung von britischer Seite hier eingestellt worden war.[68] Es war also aus Sicht Londons zu befürchten, dass der Einmarsch der kleinen Streitmacht Lettow-Vorbecks in dieser Kolonie einen größeren politischen Flächenbrand auslösen könnte, selbst angesichts der Tatsache, dass eine aktive Revolutionierung der schwarzen Bevölkerung jenseits von Lettow-Vorbecks Vorstellungskraft lag. Im November deuteten sich bereits erste Anzeichen an. Der örtliche Befehlshaber Brigadegeneral William Frederick Edwards telegrafierte am 20. November 1918 an Van Deventer: »Der Einmarsch von Lettows nach Rhodesien hat erhebliche Unruhe unter den Eingeborenen ausgelöst und selbst solche, die über Jahre hinweg Vertrauen in die britische Herrschaft gezeigt haben, beteiligten sich an den Plünderungen in Kasama und überfielen die Safaris rhodesischer Zivilbeamter. Die Eingeborenen beflügeln immer noch übertriebene Vorstellungen über die Präsenz der deutschen Truppen auf Kosten unseres Prestiges.«[69]

3. Kapitulation

Seit Anfang November wusste die Schutztruppe, dass in Europa Verhandlungen über einen Waffenstillstand stattfanden. »All diese Nachrichten werden viel erörtert. Man kann zwischen dem schwärzesten Pessimismus, der Elsass-Lothringen und sämtliche Kolonien als verloren ansieht, und dem riesigen Optimismus, der glaubt, dass alles erhalten bleibt, alle Schattierungen antreffen«, schrieb Schnee am 2. November.[70] Trotz dieser Anzeichen eines absehbaren Kriegsendes in Europa unterwarfen sich die Europäer in der Schutztruppe weiterhin widerspruchslos dem Diktat ihres Kommandeurs. Anfang November ließ die Schutztruppe einen britischen Kriegsgefangenen in einer Missionsstation zurück, der zu krank war um weiterzumarschieren. Von Oberstleutnant Edward B. Hawkins, dem Kommandeur des verfolgenden Bataillons der KAR über seine Eindrücke von der Schutztruppe befragt, machte dieser folgende Angaben: Bis zu 30 feindliche Träger würden täglich fliehen, jedoch wesentlich weniger Askari aus Furcht vor der lokalen Bevölkerung.

Die Schutztruppe beabsichtige offensichtlich nicht nach Deutsch-Ostafrika zurückzukehren. Aber alle erwarteten, dass der Krieg bald zu Ende sei und würden sich nur allzu gern ergeben. Lediglich die Angst vor Lettow-Vorbeck halte sie davon ab. Die Munition sei auf deutscher Seite sehr knapp.[71] Hawkins, der nach Verkündung des Waffenstillstands mit Lettow-Vorbeck und dessen Offizieren wiederholt zusammentraf, hatte den Eindruck, dass die Autorität Lettow-Vorbecks bis zuletzt gegenüber seinen weißen wie schwarzen Untergebenen unangefochten gewesen sei, auch wenn vielen deutschen Offizieren seine Art der einsamen, selbst für seinen Stellvertreter Kraut überraschenden Entschlüsse missfallen habe.[72]

Am 12. November 1918, einen Tag nach Eintritt der Waffenruhe in Europa, kam es in der Nähe von Kasama zum letzten Gefecht zwischen der Nachhut der Schutztruppe, deren Hauptteil sich bereits südlich dieser Distrikthauptstadt befand, und Hawkins Soldaten. Am nächsten Morgen erfuhr die Schutztruppe zunächst durch einen gefangen genommenen britischen Motorradfahrer, der mit der Nachricht über den Waffenstillstand zu Edwards unterwegs war, dass in Europa die Kämpfe eingestellt worden seien. Einige Stunden später wurde dies Lettow-Vorbeck per Parlamentär von Edwards bestätigt und er darüber informiert, dass die Schutztruppe gemäß den in Europa ausgehandelten Waffenstillstandsbedingungen innerhalb eines Monats die Waffen abzugeben habe. Den Europäern würden jedoch in Anbetracht der bewiesenen Tapferkeit als Konzession die Waffen belassen. Lettow-Vorbeck und ein Teil seiner Offiziere zweifelten zunächst an der Richtigkeit dieser Mitteilung. Sie schlossen nicht aus, dass es sich um einen gegnerischen Trick handelte. Letztlich aber fügte sie sich in das Puzzle von Nachrichten über die sich für Deutschland ständig verschlechternde Situation, welches in den letzten Wochen entstanden war.[73] Lettow-Vorbeck sah sich veranlasst am 14. November an seine Offiziere zu appellieren die Waffenstreckung als unvermeidlich zu akzeptieren, die sich z. T. über die beabsichtigte Form der Kriegsliquidierung durch bedingungslose Kapitulation empörten. Am selben Tag erfuhren die Deutschen von der Abdankung des Kaisers und dem Sturz der Fürstenhäuser in Deutschland.[74]

Glaubt man den veröffentlichten Tagebüchern und Memoiren der Deutschen in der Schutztruppe, so war in den Tagen nach der Nachricht über den Waffenstillstand das zunächst überwiegende Gefühl nicht etwa Erleichterung über das Kriegsende und darüber, dass man den mörderischen Feldzug Lettow-Vorbecks überlebt hatte. Es überwog angeblich die Bestürzung darüber, dass Deutschland den Krieg verloren habe und nun auch noch die Schutztruppe, obwohl sie nach wie vor nicht entscheidend geschlagen war, gezwungen werden sollte zu kapitulieren.[75] Allerdings ist es fraglich, inwieweit diese Schilderungen der Beteiligten nicht nachträglich frisierte Darstellungen der unmittelbaren Empfindungen waren, denn zunächst einmal war kaum etwas über die allgemeinen Waffenstillstandsbedingungen bekannt, geschweige denn dass man eine konkrete Vorstellung über den kommenden Frieden besaß. Im Kontext der Nachkriegszeit und dem Wissen um Versailles, in dem die Memoiren der Beteiligten entstanden, war nur die angebliche Reaktion der Betroffenheit, nicht der Freude über das Kriegsende die einzig politisch und moralisch einwandfreie und damit dem Leser zumutbare Haltung. Alle deutschen Zeitzeugen stimmen zudem überein, dass unter Trägern wie Askari über die Nachricht vom Kriegsende Erleichterung geherrscht habe. Möglicherweise war dies auch die erste Empfindung der meisten Deutschen, die es jedoch nicht wagten, eine solche der Nachwelt zu überliefern. Den angeblich »unwissenden«, »naiven«, nicht für eine höhere Idee begeisterungsfähigen Schwarzen, die vermeintlich nicht abschätzen konnten, was diese Nachricht für eine Nation wie Deutschland tatsächlich bedeutete, konnte man getrost diese gleichsam natürliche Reaktion auf das Ende der jahrelangen Leidens zugestehen. Das Denken der Schwarzen, so Schnee, sei unbefangen von Erwägungen wie der Zukunft Deutschlands. »Bei ihnen herrschte eitel Fröhlichkeit. Die Leute sangen und tanzten auf dem Marsch und gaben auch sonst ihrer Freude in jeder Beziehung Ausdruck.« [76]

Die deutschen Akteure stimmten in ihren nach dem Weltkrieg veröffentlichten Äußerungen darin überein, dass der Waffenstillstand die Schutztruppe in einem Moment überrascht habe, als sie sich in einer so günstigen militärischen Situation wie lange nicht mehr befunden habe. Sie hätte angeblich bis weit ins Jahr 1919 durchhalten können.[77] Auch diese Äußerungen entsprachen der sich seit dem Winter 1918/19 in Deutschland herausbildenden Interpretation des angeblich im Felde unbesiegten Heeres, das lediglich von der Heimat verraten worden sei. Tatsächlich stellte sich die Situation der Schutztruppe zum Zeitpunkt des Waffenstillstands ambivalent dar: Auf der einen Seite hatte Lettow-Vorbecks Invasion Nordrhodesiens die Briten überrascht, die dort vorerst sogar über weniger Soldaten als die Deutschen verfügten. Die Schutztruppe besaß, mit Proviant gut versorgt, einen Vorsprung gegenüber ihren Verfolgern, die wegen Nachschubproblemen, die nicht zuletzt aus den von den Deutschen angerichteten Verwüstungen bei ihrem Zug durch Nordrhodesien resultierten, zum Zeitpunkt des Waffenstillstandes auf Halbrationen standen und wenig Chancen sahen die Schutztruppe zu stellen.[78] Auf britischer Seite fürchtete man denn auch bis zuletzt, dass der hartnäckige, unermüdliche deutsche Kommandeur sich der Waffenstreckung verweigern würde.[79] Auf der anderen Seite war es fraglich, ob die Schutztruppe tatsächlich noch lange durchgehalten hätte angesichts des Munitionsmangels, der fortdauernden Flucht von Trägern wie Askari und der allgemeinen Kriegsmüdigkeit unter den Europäern.

Am 16. November wurde in Ostafrika bekannt, dass in Compiègne im Artikel 18 nicht etwa die Kapitulation (»surrender«), sondern der Abzug (»evacuation«) der Schutztruppe vereinbart worden war. Der ursprüngliche Entwurf der Entente für den Waffenstillstand hatte die »bedingungslose Übergabe« der Schutztruppe innerhalb eines Monats gefordert. Doch im deutschen Gegenvorschlag hieß es: »Da angenommen werden darf, dass nicht die Absicht vorliegt, diesem Artikel einen für die Truppe und ihrem hervorragenden Führer verletzenden Charakter zu geben«, möge die Entente stattdessen dem »Abzug« der Truppe innerhalb eines Monats zustimmen.[80] Es sollte eine der wenigen Konzessionen sein, welche die deutsche Delegation den Ententemächten hinsichtlich der Modalitäten des Waffenstillstands abhandeln konnte. Trotzdem bestand Van Deventer, unterstützt vom Kriegsministerium in London, auf einer formellen Waffenabgabe und einer vorübergehenden Internierung der Deutschen und der Askari als Kriegsgefangene bis zur möglichst umgehenden Repatriierung der Europäer nach Deutschland, anlässlich welcher sie auch ihre Waffen zurückerhalten sollten. Hintergrund dieser Forderung war nicht etwa der Wunsch die Schutztruppe zu demütigen, sondern die Befürchtung, dass die Askari sich weigern könnten, ihre Waffen abzugeben, wenn nicht das Gleiche auch von ihren deutschen Chargen verlangt werde. Man wollte auf britischer Seite keineswegs 1 000 bewaffnete und militärisch bestens ausgebildete Askari individuell ins vormalige Deutsch-Ostafrika zurückkehren lassen, sondern sie zunächst an zentraler Stelle in Tabora internieren und dann kontrolliert ins Zivilleben zurückschicken. Zudem wurde eine formelle, vorübergehende Waffenabgabe und Gefangennahme der Schutztruppe auch als notwendig erachtet, um das britische Prestige in Nordrhodesien unter dessen schwarzen Einwohnern, dass durch den Einfall der Schutztruppe gelitten hatte, wiederherzustellen. Es sollte den Afrikanern deutlich gemacht werden, dass Großbritannien letztlich über seinen Gegner triumphiert habe.[81]

Lettow-Vorbeck erwies sich trotz eines formellen Protestes gegen die Auslegung des Artikels 18 als »Übergabe« in den Tagen nach dem 13. November als erstaunlich kooperativ gegenüber seinen vormaligen Kriegsgegnern. Er handelte nur einige symbolische Konzessionen aus: Sämtliche offiziellen wie privaten Dokumente müssten der Schutztruppe belassen werden, ebenso den Soldaten der Privatbesitz; der Kommandeur, sein Stab und Schnee würden trotz des Kriegsgefangenenstatus komfortabel untergebracht werden und für alle Deutschen müsse die Kriegsgefangenschaft mit dem Moment enden, an dem sie an Bord der sie heimführenden Schiffe gingen. Dafür verpflichtete Lettow-Vorbeck sich seine Einheiten von Kasama 100 Meilen nordöstlich nach Abercorn, das auf rhodesischem Territorium nahe am Tanganyika-See lag, zu führen und dort sämtliche Truppen und Waffen zu übergeben. Von hier aus sollten die Deutschen und Askari per Schiff nach Kigoma gebracht, dort auf die Zentralbahn umsteigen und nach Tabora bzw. Dar-es-Salaam transportiert werden. Vergeblich blieb Lettow-Vorbecks Versuch in jenen Novembertagen, von britischer Seite einen finanziellen Vorschuss zu erhalten oder die Reichsregierung zu veranlassen, eine entsprechende Vorauszahlung in Höhe von zwei Millionen Reichsmark zu machen, um den restlichen Askari und »freien« Trägeren den ausstehenden Sold zu bezahlen. Dies wurde nach langen Verhandlungen und der Währungsstabilisierung in Deutschland schließlich erst 1926/27 nachgeholt. Van Deventer ordnete von Dar-es-Salaam aus an, dass man die Deutschen »so freundlich wie möglich« behandeln solle.[82]

Es ist im Rückblick erstaunlich, dass Lettow-Vorbeck, der über vier Jahre den Widerstand ohne Rücksicht auf Verluste gepredigt und praktiziert hatte, nun fast widerspruchslos die der Schutztruppe auferlegten Bedingungen akzeptierte. Nach eigener Aussage machte für ihn der Widerstand in Ostafrika in dem Moment keinen Sinn mehr, als in Europa die Waffen ruhten, denn sein ganzer Feldzug war ja lediglich als Entlastungskrieg für die Fronten in Europa konzipiert gewesen. »Weitere Opfer waren daher meiner Auffassung nach nicht mehr zu verantworten.«[83] Er machte sich Illusionen über die politischen Verhältnisse in Deutschland und hoffte, selbst nachdem er von der Abdankung des Kaisers erfahren hatte, dass die Monarchie erhalten bleiben werde und er deren Befehlen zu gehorchen habe. Zudem glaubten die Schutztruppenangehörigen wie auch die Deutschen im Reich im November 1918, dass die Friedensbedingungen für Deutschland insgesamt nicht zu harsch ausfallen und dies über die Kapitulation der Schutztruppe hinwegtrösten würde. So schrieb Schnee am 13. November in sein Tagebuch »Im Allgemeinen scheint die Ansicht zu überwiegen, dass wir noch verhältnismäßig glimpflich herauskommen.« Und bei Wenig hieß es, alle glaubten an einen »Remisfrieden«. »Für ihn als stolzen Preußen ist es schwer vorstellbar, dass ihre unbesiegbaren Armeen geschlagen worden sind«, schrieb Hauptmann L. A. Russell von der North Rhodesia Police über ein kurzes Zusammentreffen mit Lettow-Vorbeck am 16. November. Lettow-Vorbeck glaubte vielmehr »an einen günstigen oder zum Mindesten für Deutschland nicht ungünstigen Abschluss der Feindseligkeiten«.[84]

Am 25. November traf der Rest der Schutztruppe gegen 11 Uhr morgens in Abercorn ein, an ihrer Spitze Lettow-Vorbeck. Die britischen Einheiten, Hawkins Bataillon der KAR und eine Abteilung der Northern Rhodesia Police unter Major F. A. Hopkins, hatten eine Art Exerzierplatz improvisiert, über dem der Union Jack flatterte, und waren dort unter Führung Edwards angetreten. Lettow-Vorbeck, nicht Schnee, der nominell immer noch der Vorgesetzte des Generalmajors war, verlas zunächst auf Deutsch, sodann auf Englisch die Kapitulation der Schutztruppe. Edwards nahm diese im Namen von König Georg V. an. Anschließend stellten die beiden Kommandeure sich gegenseitig ihre Offiziere vor. Zuletzt traten die Kompanien der Schutztruppe nacheinander vor und gaben ihre Waffen ab, fast ausschließlich in dem vorangegangenen Jahr erbeutete portugiesische und britische Gewehre, 37 meist feindliche Maschinengewehre und ein portugiesisches Geschütz. Danach wurden sie interniert. Die Europäer durften ihre Seitenwaffen behalten. »Die Sache ging einem doch zu Herzen. Ein scheußlicher Regen machte die ganze Sache noch trauriger, verdarb wenigstens auch dem Fotografiehunger der Engländer den Spaß. Der Kommandeur, vor dem die Engländer zu Recht den Hut abziehen, und den sie als ›splendid‹, ›wonderful‹ und ›charming‹ bezeichnen, nahm mich noch mit zum Aufstellen und Unterzeichnen des Übergabeprotokolls, was bis fünf Uhr nachmittags dauerte«, schrieb Hauptmann Walter Spangenberg in sein Tagebuch. »Die Askaris schienen alle dankbar, dass ihre Arbeit getan war, den Deutschen hingegen ging die Kapitulation nahe, insbesondere General von Lettow-Vorbeck«, war der Eindruck von Hopkins.[85] »Das historische Ereignis ging ohne Hindernis über die Bühne (...) Ein dramatischer Abschluss eines dramatischen Feldzugs«, telegraphierte Edwards abschließend an Van Deventer.[86]

30 Offiziere, Ärzte und Kolonialbeamte inklusive Schnees, 125 weitere Europäer sowie 1 168 Askaris, darunter etwa 900 Veteranen aus den Reihen der Nyamwezi und Sukuma, die meistenteils schon bei Kriegsausbruch in der Schutztruppe gedient hatten, wurden auf diese Weise entwaffnet. Ferner gerieten an jenem Tag 1 522 »freie«, noch aus Ostafrika aus der Zeit vor November 1917 stammende und 482 versklavte »Landschaftsträger« aus Portugiesisch-Ostafrika, 130 afrikanische Kriegsgefangene, 282 Europäer- und 392 Askariboys sowie 427 Frauen in britisches Gewahrsam. Von den 71 aktiven Offizieren der Schutztruppe bei Kriegsausbruch erlebten noch sieben den 25. November 1918 in Abercorn, darunter wie durch ein Wunder der Kommandeur und sein Stellvertreter seit 1915, Major Kraut. Von den 44 aktiven Truppenärzten des Sommers 1914 waren noch sechs übrig.[87]

Für den Abend wollten die britischen Offiziere ihre deutschen Standesgenossen zum Essen einladen. Doch Lettow-Vorbeck musste in Hinblick auf die schlechte Stimmung unter seinen Offizieren die Einladung ausschlagen. Diese fassten die vorangegangene Zeremonie als entwürdigende Waffenstreckung auf und erzürnten sich vor allem darüber, dass die Askari sofort nach der Entwaffnung in von Stacheldraht umgebene Kriegsgefangenenlager geführt worden waren. »Kommandeur hat in langer Rede gegenüber Offizieren sein Verhalten betreffs Übergabe gerechtfertigt, nachdem ihm von Offizieren gesagt worden war, dass es nicht richtig gewesen wäre«, lautete Schnees Tagebucheintragung vom 26. November.[88] »Ich habe wohl gemerkt, dass sie mich schnitten und mir auswichen. Das war hart für mich und – wie ich glaube – ungerecht«, schrieb Lettow-Vorbeck über die Reaktion seiner Offiziere.[89] Die Form der Übergabe der Schutztruppe, von Lettow-Vorbeck wie alle Entscheidungen im Alleingang ausgehandelt, stellte den Schlusspunkt in der seit Jahren gewachsenen Entfremdung zwischen dem unduldsamen Kommandeur und den von ihm entmündigten Offizieren dar.

Wie geplant wurde die Schutztruppe anschließend nach Deutsch-Ostafrika zurücktransportiert. Die Deutschen trafen am 8. Dezember in Dar-es-Salaam ein. Auf der Reise und in Tabora und Dar-es-Salaam wurden die Reste der Schutztruppe von der zweiten, seit Ende August 1918 sich von Frankreich über die Welt verbreitenden, weitaus tödlicheren Welle der spanischen Grippe heimgesucht, die weltweit zwischen 20 und 50 Millionen Tote forderte, vor allem in Asien und Afrika. Fast alle Schutztruppenangehörigen lagen zeitweise krank danieder. Die Mortalität von Afrikanern war bei dieser Pandemie wegen ihrer schlechteren ärztlichen Versorgung erheblich höher als jene der Europäer, was sich auch entsprechend bei der Schutztruppe niederschlug. Zwischen Dezember 1918 und Januar 1919 starben 11 der 155 Deutschen (7%), aber 162 der letzten 1 162 Askari (14%), die in Abercorn die Waffen gestreckt hatten, an der Grippeepidemie.[90]

Die Deutschen mussten in Dar-es-Salaam einige Wochen warten, bis ein Schiff zur Verfügung stand, dass sie nach Europa zurückbringen konnte. Am 17. Januar 1919 verließ der erste Transport mit Lettow-Vorbeck, Schnee und 112 weiteren Schutztruppenangehörige, 19 schon während des Krieges internierten männlichen Zivilisten sowie 106 deutschen Frauen und 91 Kindern auf dem Dampfer »Transvaal« Ostafrika.

Bereits während des Kriegs war Lettow-Vorbeck für seine britischen und südafrikanischen Gegner fast zu einer Art Held geworden, dem man beruflichen Respekt zollte aufgrund seiner Willensstärke, der Geschicklichkeit, mit der er seine Truppen immer wieder aus der drohenden Einkreisung herausführte und der Ritterlichkeit, mit welcher er seine europäischen Gefangenen behandeln ließ. Nun nahm er Briten wie Südafrikaner endgültig für sich ein. So berichtete Hawkins später der »Times«: »An Stelle eines hochmütigen Preußen, den man erwartete, stellte er sich als äußerst höflicher und mit perfekten Manieren ausgestatteter Mann heraus und sein Verhalten während der Gefangenschaft war vorbildlich für jeden in einer solchen Lage.« Oberst Fendall, der Lettow-Vorbeck im Dezember 1918 in Dar-es-Salaam traf, schrieb: »Jeder war begierig darauf, den Mann zu sehen, der sich als so wunderbar fähiger Kommandeur erwiesen hatte, dessen Entschlossenheit die Sache in Gang gehalten hatte, als alle um ihn bereit gewesen waren, sie durch Kapitulation zu beenden. Als Person war er eine große, hagere, breitschultrige Erscheinung mit kurz geschnittenem, grauem Haar und klaren Augen, die einen direkt anschauen. Er hatte die Haltung eines preußischen Gardesoldaten, aber nichts von der Prahlerei und Renommiersucht, die diesen sonst zugeschrieben wird. Seine Umgangsformen waren genau so wie sie sein sollten, zuvorkommend und höflich. Er sprach extrem gutes Englisch.«[91] Lettow-Vorbeck schrieb entsprechend, die restlichen Schutztruppenangehörigen seien von Belgiern wie Briten sehr takt- und respektvoll behandelt worden.[92]

Es trat also im November/Dezember 1918 die paradoxe Situation ein, dass der Kommandeur unter seinen ehemaligen Gegnern populärer wurde als unter seinen direkten Untergebenen, die er mehr als vier Jahre tyrannisiert hatte, um dann letztlich doch die Schutztruppe in einer nach Auffassung einiger seiner Offiziere unehrenhaften Art zu übergeben. Diese ambivalente Beurteilung war Folge der zwei Gesichter, die Lettow-Vorbeck zeigte: Im privaten Umgang konnte er eine charmante, bescheidene, durch perfekte Manieren bestechende Person sein; im dienstlichen Umgang hingegen war er ein rücksichtloser, engstirniger Vorgesetzter, der eine hohe Meinung von den eigenen militärischen Fähigkeiten hatte.

4. Der Krieg in Ostafrika: Charakter, Folgen und Verantwortlichkeiten

Der Erste Weltkrieg wurde in Ostafrika mit vergleichsweise wenigen Truppen auf beiden Seiten ausgefochten. Diese operierten auf einer Fläche, die größer war als jene Deutschlands, Frankreichs und Spaniens zusammengenommen. Diese Kombination von geringer Truppenzahl und großer Ausdehnung des Operationsgebiets hatte zur Folge, dass es sich in Ostafrika, anders als bei den Kämpfen in Europa, um einen Bewegungskrieg mobiler, kaum den Umfang mehrerer Bataillone überschreitender Abteilungen handelte. Die feindlichen Einheiten standen sich nur selten in durchgängigen, befestigten und dauerhafteren Frontlinien gegenüber. Die Gefechtsverluste blieben daher und wegen der Ungeeignetheit des Geländes für Artillerie im Vergleich zu den Kämpfen in Europa niedriger. Dafür lagen die Ausfälle durch Krankheit (vor allem Malaria) sowie Erschöpfung als Folgen des Klimas, der großen zu überwindenden Distanzen und den Problemen der Versorgung bei Soldaten wie Hilfspersonal erheblich höher als in Europa. Von 100 in Frankreich eingesetzten Soldaten des Empire beispielsweise erlitten statistisch gesehen etwa 50 im Laufe ihres Einsatzes Tod oder Verwundung durch Feindeinwirkung, 65 hingegen wurden ins Lazarett eingeliefert als Folge von Unfällen und Krankheiten oder erlagen diesen Ursachen. Erstmals starben in einem europäischen Großkonflikt als Folge erheblich höherer Waffenwirkung bei gleichzeitig besserer medizinischer Versorgung, insbesondere der Prävention gegen die traditionellen Kriegsseuchen Typhus, Ruhr, Cholera und Fleckfieber, mehr Soldaten auf dem Schlachtfeld als durch andere Ursachen. In Ostafrika hingegen standen auf britischer Seite 7 % an Gefechtsverlusten 224 % anderer Ausfälle gegenüber. D. h. nur etwa jeder zwölfte Soldat wurde im Laufe der Operationen in Ostafrika durch den Gegner verwundet oder getötet, aber statistisch gesehen fiel jeder dort kämpfende Soldat im Laufe seines Einsatzes mehr als zwei Mal krankheitsbedingt aus.[93]

Auf Seiten der Empire-Truppen, die zwischen 1914 und 1918 insgesamt 371 000 Soldaten und rund 1 Million Träger gegen Lettow-Vorbecks Streitmacht mobilisierten, fielen etwa 2 800 Inder, 2 400 Südafrikaner, 1 200 Briten und 4 500 Askari aus Ost- und Westafrika. Ferner kamen etwa 45 000, nach anderen Angaben etwa 100 000 Träger um. Die belgischen Gesamtverluste betrugen 58 Europäer, etwa 2 000 Askari und 7 200 Träger. Die portugiesischen Verluste in Ostafrika summierten sich auf etwa 4 800 europäische und schwarze Soldaten, die Zahl der unter den 90 000 mobilisierten Trägern Umgekommenen ist nicht bekannt. Auf deutscher Seite schließlich starben zwischen 1914 und 1918 von den insgesamt 3 600 weißen Schutztruppenangehörigen 734, von den vermutlich mehr als 30 000 mobilisierten Askari galten 1918 etwa 6 300 als gefallen oder vermisst.[94]

Wegen generell schlechterer Ernährung, medizinischer Versorgung und Ausrüstung sowie höherer physischer Anforderungen wurden nicht nur absolut, sondern auch relativ gesehen erheblich mehr schwarze als weiße Kombattanten Opfer des Krieges. Bei weitem am höchsten war die Todesrate unter den Trägern, obwohl sie selten unmittelbare Opfer der Kampfhandlungen wurden. So starben beispielsweise von den 8 600 eingesetzten Soldaten und 10 300 Trägern, die Belgien 1917 mobilisierte, durch Feindeinwirkung und Krankheiten 2 % der belgischen Offiziere und 6,5 % der Askari, aber 25 % der Träger.[95] Die Zahl der in deutschen Diensten umgekommenen Träger betrug laut einer zeitgenössischen deutschen Schätzung etwa 100 000.[96] Sie lag prozentual auf jeden Fall im Vergleich zur Gesamtzahl der eingesetzten Träger wesentlich höher als bei den britischen oder belgischen Einheiten, denn der Mangel an Lebensmitteln, medizinischer Versorgung und Kleidung war auf deutscher Seite seit 1916 erheblich einschneidender als bei den gegnerischen Truppen und die Träger als schwächstes Glied der innermilitärischen Hierarchie betraf dies wiederum am stärksten. Zudem versklavte die Schutztruppe nach der Räumung der Zentralbahn im Sommer 1916 im Südwesten der Kolonie und später beim Einfall in Portugiesisch-Ostafrika schlichtweg zehntausende von Afrikanern als Träger ohne Rücksicht auf ihre Leistungsfähigkeit und darauf, ob man sie tatsächlich würde versorgen können. Die Erinnerung an die Schrecken des Trägerdaseins, sei es auf deutscher oder britischer Seite, war so tief verwurzelt, dass es bei Ausbruch des Zweiten Weltkriegs im vormaligen Deutsch-Ostafrika zu Massenfluchten unter der schwarzen Bevölkerung kam, die eine neue Dienstpflicht fürchtete.[97]

Die Zahl der Toten unter der schwarzen Zivilbevölkerung Deutsch-Ostafrikas und Mozambiks, in geringerem Maße auch der angrenzenden britischen und belgischen Kolonien als Folge von Hunger und Krankheiten lässt sich noch schwerer schätzen als jene der Träger. Dass sie allein im Schutzgebiet in die hunderttausende ging, möglicherweise über eine Million Menschen betrug, macht folgendes Beispiel deutlich: 1913 lebten in Deutsch-Ostafrika ohne Ruanda und Burundi etwa 4 125 000 Menschen. 1921 wurden in dem nunmehr britischen Mandatsgebiet Tanganyika 4 107 000 Menschen gezählt. Bis 1928, also in sieben Friedensjahren, wuchs die Bevölkerung auf etwa 4 950 000 Personen an. Daraus kann man schließen, dass ohne den Krieg die Bevölkerung Tanganyikas in den Jahren zwischen 1913 und 1920 ebenfalls von etwa 4,1 Millionen Menschen auf fast 5 Millionen hätte anwachsen müssen, statt selbst drei Jahre nach Kriegsende bei 4,1 Millionen Einwohnern zu stagnieren.[98] Die Verluste waren vor allem Folge der durchziehenden, sich aus dem Lande ernährenden Truppen, die in den bislang weitgehend isoliert lebenden Dörfern unbekannte Krankheiten einschleppten. Zugleich entzogen sie durch ihren Bedarf an Nahrungsmitteln und Arbeitskräften der Zivilbevölkerung die Ernährungsgrundlage, was wiederum deren Anfälligkeit für Epidemien erhöhte. Die spanische Grippe stellte vermutlich den gewichtigsten einzelnen Faktor in dem Ursachenbündel für das massenhafte Sterben in Ostafrika in den Jahren 1914-1918 dar.[99]

Lettow-Vorbeck trug für diese ostafrikanische humanitäre Katastrophe der Jahre 1914 bis 1918 einen erheblichen Teil der Verantwortung: zunächst durch seinen Vorsatz, im Gegensatz zu Schnee eine Neutralisierung Ostafrikas in dem ausbrechenden Krieg nicht zu erwägen, sondern stattdessen den belgischen Kongo in die Kampfhandlungen einzubeziehen, sodann durch die rücksichtlose Ausbeutung der Ressourcen Deutsch-Ostafrikas für seinen illusorischen »Meisterplan«, mittels Offensivoperationen in Ostafrika die deutsche Kriegführung in Europa zu entlasten. Diese Verantwortung wurde vor allem ab 1916 mit dem Beginn der Entente-Offensive signifikant: zum einen, weil er durch systematische Zerstörung der Ressourcen Deutsch-Ostafrikas sie dem nachrückenden Gegner vorzuenthalten trachtete; zum Zweiten weil der bisher gehandhabte, von der Zivilverwaltung unter Schnee verfolgte Ansatz, die wirtschaftlichen Lasten der Kriegführung auf alle Ethnien des Schutzgebietes annähernd gleichmäßig zu verteilen, nicht mehr fortzuführen war. Die deutschen Truppen, die immer noch etwa 2/3 des Umfangs von Anfang 1916 besaßen, mussten nun allein von einem ohnehin relativ armen Bruchteil des ursprünglichen Schutzgebietes unterhalten werden. Sie lebten mangels ausreichender vorheriger Vorbereitungen für den Rückzug in den Süden aus dem Lande, was teilweise den bewaffneten Widerstand der schwarzen Bevölkerung hervorrief. Mit seiner Weigerung, den Krieg im Herbst 1917 trotz der aussichtslosen Situation der Schutztruppe zu beenden und stattdessen ihn mit seiner Strategie der »verbrannten Erde« und den gleichen fatalen Folgen für die Zivilbevölkerung Mozambiks südlich des Rovumas weiterzuführen und schließlich noch nach Nordrhodesien zu tragen, wurde Lettow-Vorbeck endgültig zur Geißel Ostafrikas. Als »ritterlich«, wie es seine britischen Gegner taten, welche sich im übrigen ebenso wenig an einer Neutralisierung Ostafrikas interessiert gezeigt hatten, konnte man diese Kriegsführung nur ansehen, wenn man die durch sie hervorgerufenen Leiden der schwarzen Zivilbevölkerung ignorierte und sich in der Beurteilung der Lettow'schen Methoden der Kriegführung auf die völkerrechtskonforme Behandelung der weißen Kriegsgefangenen, Verwundeten und Parlamentäre beschränkte.

Bis zuletzt verschloss sich Lettow-Vorbeck der Tatsache, dass er im Wesentlichen gegen einen Gegner kämpfte, den er sich erst durch seinen anhaltenden Widerstand geschaffen hatte. Weder die indischen Truppen von 1914/15, noch das südafrikanische Kontingent von 1916/17 oder die seit der zweiten Hälfte des Jahres 1916 vermehrt auf britischer Seite zum Einsatz kommenden schwarzen Truppen waren für eine Kriegführung in Europa geeignet oder, wie im Falle der Südafrikaner, willens gewesen, dort in größerem Umfange zu kämpfen. Das gleiche galt für Belgien, welches die Schutztruppe konsequent mit schwarzen Söldnern aus dem Kongo bekämpfte. Unter seinen Gegnern ging einzig Portugal den umgekehrten Weg und schickte mehrere Verstärkungskonvois von insgesamt 20 000 Soldaten aus dem

Mutterland nach Ostafrika. Sie wären andernfalls vielleicht ab 1917 an der Westfront zum Einsatz gekommen, wo ohnehin etwa 55 000 Portugiesen standen. Diese fielen allerdings auch dort wegen ihrer notorisch geringen Kampfkraft kaum ins Gewicht.

In politischer Hinsicht erwies sich Lettow-Vorbecks anhaltender Widerstand in Ostafrika für das Reich als Kolonialmacht letztlich sogar als kontraproduktiv: Gerade weil sich der preußisch-deutsche Militarismus selbst in Ostafrika so vermeintlich effizient erwies und schwarze Soldaten, die bislang von allen Kolonialmächten als minderwertig angesehen worden waren, offenbar in eine unüberwindliche Streitmacht geformt hatte, verfestigte sich in der britischen wie südafrikanischen Öffentlichkeit und den Regierungen seit 1916 die Auffassung, dass Deutschland keinesfalls seine Kolonien in einem kommenden Friedensvertrag zurückerhalten solle. Großbritannien war 1914 ursprünglich nicht in den Krieg eingetreten, um sich das deutsche Kolonialreich einzuverleiben, sondern um das europäische Gleichgewicht, das wiederum Voraussetzung für seine Stellung als größte Kolonial- und Seemacht der Welt war, gegen die Bedrohung durch Deutschland zu schützen. Nicht zuletzt unter dem Eindruck von Lettow-Vorbecks aggressiven und äußerst erfolgreichen militärischen Gebaren in Ostafrika wuchs in den Jahren seit 1914 die Entschlossenheit auf britischer, südafrikanischer und französischer Seite, das deutsche Kolonialreich endgültig zu zerschlagen, da es andernfalls eine beständige militärische Bedrohung für die Entente-Besitzungen darstellen würde. Vor allem Smuts fürchtete sich vor der Perspektive einer erneuten Bewaffnung von Afrikanern durch die Deutschen.[100]

Deutschland verlor 1919 im Frieden von Versailles sämtliche Kolonien. Aus Rücksicht auf US-Präsident Woodrow Wilson erhielten die Siegermächte die vormaligen Schutzgebiete offiziell nur als so genannte Mandate, d. h. sie verwalteten diese lediglich im Auftrag des neu geschaffenen Völkerbundes. Deutsch-Ostafrika wurde abgesehen von Ruanda und Burundi, die an Belgien gingen, britisches Mandatsgebiet. Portugal bekam als einzige Kompensation das Kionga-Dreieck zurück, alle weitgehenden territorialen Ansprüche auf den Süden Deutsch-Ostafrikas wurden von London unter dem Hinweis auf die geringe militärische Leistungsfähigkeit der portugiesischen Truppen im Kampf gegen Lettow-Vorbeck abgewiesen.[101] Lettow-Vorbecks zäher Widerstand bewirkte zudem, dass die südafrikanischen Ambitionen auf eine territoriale Erweiterung in Ostafrika auf Kosten Portugals begraben werden mussten. Smuts Expeditionskorps hatte es 1916 trotz großer personeller und materieller Überlegenheit nicht geschafft, wie zuvor verkündet und erwartet, in einem Blitzfeldzug Deutsch-Ostafrika zu erobern und dieses dann gegen den Südteil Mozambiks einzutauschen. Vielmehr musste diese Aufgabe nach dem weitgehenden Abzug der südafrikanischen Einheiten zur Jahreswende 1916/17 von schwarzen Truppen aus West- und Ostafrika übernommen werden. Daher erhielt die Union in Versailles nur Deutsch-Südwestafrika als Mandatsgebiet.

Wie ausschlaggebend war der Einfluss Lettow-Vorbecks auf die, zumindest in rein militärischer Hinsicht und gemessen an den ursprünglichen Erwartungen und Kräfteverhältnissen, erfolgreiche Verteidigung Deutsch-Ostafrikas über mehr als drei Jahre und den anschließenden Erhalt eines Kerns der Schutztruppe als militärischem Faktor für ein weiteres Jahr? Die Gegebenheiten eines Kriegsschauplatzes im tropischen Afrika waren tendenziell entscheidend für den Ausgang der Operationen beim damaligen Stand der medizinischen Versorgung und der Logistik. Sie begünstigten eine im eigenen Territorium operierende Einheit wie die Schutztruppe selbst bei erheblicher zahlenmäßiger und materieller Unterlegenheit und relativierten damit Faktoren wie Charakter und Fähigkeiten eines Kommandeurs. Dies verdeutlicht der Blick auf die Eroberung Kameruns.[102] Hier brauchten die britischen, französischen und belgischen Truppen, obwohl sie ebenfalls personell wie materiell überlegen waren, und trotz des Umstands, dass auf der Seite der Entente, anders als in Ostafrika, von Anfang an nur an die Bedingungen des tropischen Afrikas angepasste schwarze Soldaten aus den Nachbarkolonien eingesetzt wurden, etwa 18 Monate, um die deutsche Kolonie der beweglichen und aus dem Lande lebenden Schutztruppe aus afrikanischen Söldnern unter Führung weißer Offiziere zu entreißen. Die Schutztruppe stellte schließlich den Widerstand im Februar 1916 hauptsächlich deshalb ein, weil ihr die Munition ausgegangen war. Sie hatte nicht das Glück wie die Truppen Lettow-Vorbecks, gleich zu Beginn des Krieges einen leichten Sieg über unerfahrene indische Truppen zu erringen mit einer entsprechenden Beute, sodann durch zwei Blockadebrecher aus Deutschland versorgt zu werden und sich seit März 1916 an der Südgrenze aus portugiesischen Beständen bewaffnen zu können. Der Widerstand der Schutztruppe in Kamerun unter Major Karl Zimmermann hielt also praktisch genau so lange an wie die Rückzüge Lettow-Vorbecks zwischen Beginn der britisch-südafrikanischen Großoffensive im März 1916 und Räumung Deutsch-Ostafrikas im November 1917. Anders als Lettow-Vorbecks Einheiten, denen im November 1917 noch als Ausweg die Invasion des schlecht verteidigten portugiesischen Territoriums möglich war, in dem sie sich u. a. wieder neu mit Waffen und Munition ausrüsten konnten, blieb der Schutztruppe Kameruns am Ende nur die Internierung in der neutralen angrenzenden spanischen Kolonie. Das Beispiel Kamerun verdeutlicht also, dass es keineswegs eines strategischen oder taktischen Genies oder einer außergewöhnlich willensstarken Persönlichkeit bedurfte, um im tropischen Afrika gegen überlegene Kräfte eine erhebliche Zeit Widerstand leisten zu können.

Lettow-Vorbeck kam zudem zu Gute, dass sein Hauptgegner Großbritannien mit drei verschiedenen Kontingenten zur Vernichtung der Schutztruppe antrat, die nacheinander von sechs Befehlshabern geführt wurden: 1914/15, als seestrategische Erwägungen die britischen Entscheidungen in Bezug auf Ostafrika dominierten, verließ London sich hauptsächlich auf zweitklassige indische Truppen unter den Generälen Aitken, Tighe und Wapshare. 1916 kamen unerfahrene Freiwillige aus Südafrika unter Smuts zum Einsatz, seit Anfang 1917 dann vornehmlich schwarze Truppen zunächst unter Hoskins, schließlich unter Van Deventer. Diese Kontingente waren entweder nicht für die Bedingungen des ostafrikanischen Kriegsschauplatz ausreichend vorbereitet oder brauchten eine gewisse Zeit, um die nötigen Gefechtserfahrungen zu sammeln. Folglich besaß die Schutztruppe trotz der rein numerischen und materiellen Unterlegenheit für den größten Teil des Krieges einen taktischen Vorteil auf dem Gefechtsfeld. Die südafrikanischen Verbände des Jahres 1916 wurden zudem nach Auffassung Lettow-Vorbecks aus Angst vor Verlusten von ihren Offizieren viel zu zögerlich eingesetzt, um die Schutztruppe tatsächlich im Feld schlagen zu können.[103] Im Gegensatz dazu garantierte der konsequente Einsatz schwarzer Söldner aus dem Kongo durch Belgien seit 1914 praktisch eine durchgehende militärische Gleichwertigkeit gegenüber der Schutztruppe. Allerdings konnte das belgische militärische Potential durch das zwischen Großbritannien und Belgien herrschende Misstrauen aufgrund konkurrierender territorialer Ambitionen in Ostafrika niemals voll ausgeschöpft werden.

Die Zeitzeugen auf britischer und südafrikanischer Seite, die zu Chronisten des Feldzuges wurden, neigten naturgemäß dazu, die Schwierigkeiten des Kriegsschauplatzes an sich wie Klima, Krankheiten und fehlende Infrastruktur sowie eine die Defensive begünstigende Vegetation in den Vordergrund zu stellen um zu erklären, warum es einer vielfachen personellen und materiellen Übermacht in vier Jahren nicht gelang die Schutztruppe zu besiegen.[104] Sie verhehlten aber nicht, dass Lettow-Vorbecks Durchhaltewillen einer der entscheidenden Faktoren gewesen sei, der den Feldzug in die Länge zog. Sie zollten der Leistung des deutschen Kommandeurs hohen Respekt. So schrieb zum Beispiel 1919 W. D. Downes, ein Hauptmann in der Nigerian Brigade: »Es gibt einige Männer auf dieser Welt, die man gezwungen ist zu bewundern, seien sie Freunde oder Feinde. General von Lettow-Vorbeck ist ein solcher. Ich glaube, es gibt in der ganzen Geschichte des Krieges keinen eindrucksvolleren Charakter als General von Lettow-Vorbeck. Er war ein Genie in der Kunst des Buschkrieges, ein Mann von unbeugsamen Willen.«[105] Hingegen sahen andere ehemalige Gegner einige seiner taktischen Entscheidungen auf dem Schlachtfeld durchaus kritisch.[106]

Die deutschen, nach dem Ersten Weltkrieg über den Ostafrikafeldzug schreibenden Autoren, die zugleich Zeitzeugen gewesen waren, maßen, obwohl sie unter Lettow-Vorbeck in den Jahren 1914 bis 1918 oftmals gelitten hatten und keineswegs immer mit seiner Kriegführung und seinen operativen Entscheidungen einverstanden gewesen waren, der Rolle ihres Kommandeur eine hohe Bedeutung zu, allen voran der halboffizielle Chronist Boell.[107] Denn Lettow-Vorbecks angebliches Beispiel strahlte auch auf seine ehemaligen Mitkämpfer ab, von denen keiner, nicht einmal Schnee in seinem 1919 veröffentlichten Feldzugsbericht, es wagte den Sinn von vier Jahren Krieg in Ostafrika in Frage zu stellen, erst recht nicht, nachdem sie diesen überlebt hatten und in Deutschland als Helden gefeiert wurden. So hieß es bei Boell, der Krieg in Ostafrika sei ein »Kampf (gewesen), der die Aufmerksamkeit der Welt auf sich zog und in der Geschichte wohl einzig dasteht«.[108] Die meisten Autoren sahen Lettow-Vorbecks Leistung vor allem darin, dass er durch seinen Willen und seine Entschlossenheit, seine Rücksichtslosigkeit und sein persönliches Vorbild im Kampf wie im Ertragen der Entbehrungen des Feldzugs ein stete Quelle der Hoffnung und der Energie selbst in scheinbar verzweifelten Situationen gewesen sei. Keiner seiner Mitkämpfer hielt den Kommandeur für ein ausgesprochenes strategisches oder taktisches Genie. »Wer unter ihm diente, bewunderte seine Zähigkeit, nicht irgendwelche Feldherrntalente«, schrieb der Ostafrikaveteran De Haas.[109] Diese Entschlossenheit, physische Widerstandskraft und sein persönlicher Mut mögen tatsächlich die größten »Verdienste« des Kommandeurs gewesen sein. Diese Faktoren kamen umso mehr zum Tragen, als in der relativ kleinen Streitmacht der Schutztruppe das Beispiel einer einzelnen Person in herausgehobener Position, selbst wenn sie offensichtlich so wenig Charisma wie Lettow-Vorbeck besaß, wirksamer werden konnten als in den anonymen Großorganisationen, zu denen sich die Heere in Europa entwickelt hatten.

Ferner zeichnete Lettow-Vorbeck ein, unter anderem durch seine Erfahrungen in China bestärkter, geradezu naiver, aber im damaligen Offizierskorps des Kaiserreichs vorherrschender Glaube aus, dass die deutschen militärischen Grundsätze, der deutsche Stand der Ausbildung sogar auf afrikanische Söldner übertragen eine äußerst zuverlässige Streitmacht hervorbrächten, die selbst einem zahlenmäßig stärkeren Gegner mit Aussicht auf Erfolg entgegentreten könnte. Er hatte also von Anfang an großes Vertrauen in die Möglichkeiten des ihm zur Verfügung stehenden militärischen Instruments wie auch in die eigenen Fähigkeiten. Beides wurde durch den Sieg von Tanga bestärkt, während das gegnerische Selbstvertrauen gleich zu Beginn des Feldzuges durch Tanga und Jassini einen erheblichen Rückschlag erlitt. Lettow-Vorbeck zeigte sich als typischer Repräsentant der Auffassung, dass letztlich überlegene Moral sowie bessere taktische und operative Führung entscheidender seien als das der jeweiligen Streitmacht zur Verfügung stehende Arsenal von Waffen oder das quantitative Verhältnis zwischen den Opponenten.

Der Glaube an die Überlegenheit der eigenen militärischen Grundsätze und der eigenen Truppen ist geradezu Voraussetzung dafür, dass Offiziere bereit sind das Risiko des Krieges einzugehen. Jede Skepsis an der Möglichkeit des Sieges würde den Gedanken ad absurdum führen, durch militärische Mittel politische Ziele erreichen zu können. Ein solcher Zweifel würde zugleich die Existenz eines Offizierskorps als professioneller Elite, die angeblich das Instrument des Krieges beherrscht, in Frage stellen. Diese Auffassung von der entscheidenden Bedeutung von Moral, Disziplin und besseren taktischen Grundsätzen gegenüber anderen Aspekten der Kriegführung war folglich in allen Heeren Europas vor dem Ersten Weltkrieg verbreitet.[110] Sie erfuhr aber in Deutschland noch eine Zuspitzung dadurch, dass der Generalstab einzig auf diese Weise seine seit den 1890er Jahren unter der Ägide Schlieffens einsetzenden Planungen für einen Zweifrontenkrieg gegen die potentiell überlegenen Heere Frankreichs und Russlands als Rezept zum Sieg ausgeben konnte.[111]

Lettow-Vorbeck erwies sich in Ostafrika als guter Taktiker des Kleinkrieges. Er lernte rasch abzuschätzen, was seine schwarzen Einheiten hinsichtlich Kampfkraft, innerem Zusammenhalt und Mobilität zu leisten vermochten, und, insbesondere als Folge seiner Erfahrungen in Deutsch-Südwestafrika, welche Schwierigkeiten die gegnerischen Truppen bei dem Versuch haben würden, ihn einzukreisen oder zu verfolgen. Letztlich beherrschten seine fähigsten Offiziere und zeitweilig weitgehend unabhängig agierenden Abteilungskommandeure wie die Majore Georg Kraut und Theodor Tafel sowie die Hauptleute Karl Ernst Göring, Bruder des späteren »Reichsmarschalls«, Franz Köhl, Heinrich Müller, Heinrich Naumann und Max Wintgens in den letzten Jahren des Feldzugs die Kunst der Rückzüge, Gegenangriffe und Überraschungscoups ebenso wie ihr Kommandeur. Lettow-Vorbeck gefährdete gleichzeitig seine eigene Streitmacht immer wieder dadurch, dass er als Produkt seiner militärischen Sozialisation an die Überlegenheit des Angriffs glaubte und bis auf die letzte Phase des Feldzugs in Mozambik den Sinn der Schutztruppe nicht so sehr in ihrer bloßen Existenz als Bedrohung der Nachbarkolonien sah. Für ihn war sie vielmehr ein Instrument, das vor allem auf dem Schlachtfeld Siege erringen sollte ungeachtet der tatsächlichen Kräfteverhältnisse, wovon seine Angriffe bei Tanga, Jassini, Kondoa Irangi und Mahiwa zeugten.

Die potentielle Destabilisierung portugiesischer oder britischer Kolonialherrschaft durch das Wüten der Schutztruppe in den feindlichen Besitzungen und der den Afrikanern durch die feindliche Seite auferlegten Leistungen um Lettow-Vorbecks Streitmacht zu bekämpfen, wurde von ihm nicht als möglicher Faktor in seine strategische Kalkulation einbezogen. Lettow-Vorbeck summierte nur die Truppen, welche die Gegner unmittelbar zur Verfolgung seiner Einheiten brauchten. Ebenso wenig zog er die Möglichkeiten einer Art revolutionärer Kriegführung in Erwägung, durch welche sich die Schutztruppe in Kenia, Mozambique oder Nordrhodesien als eine Art Vorhut eines afrikanischen Befreiungskampfes präsentieren und einen Flächenbrand hätte auslösen können. Von britischer Seite war zumindest vereinzelt seit 1916 versucht worden, die schwarze Bevölkerung Deutsch-Ostafrikas gegen ihre Kolonialherren aufzubringen und Askari zum Überlaufen zu animieren. Ähnliche Versuche gab es von deutscher Seite nicht. Lettow-Vorbeck ignorierte also wirtschaftliche, politische und psychologische Aspekte der Kriegführung vollkommen, was neben einem zutiefst konservativen Weltbild, das jede Auflehnung gegen etablierte Autoritäten ausschloss, Folge der rein operativen Ausbildung war, die er in Kriegsakademie und Generalstab durchlaufen hatte.

Es zeugt angesichts Lettow-Vorbecks letztlich äußerst begrenzter Sichtweise und Führung des Krieges von Unkenntnis, ihn, wie in der angelsächsischen Literatur vereinzelt geschehen, zu einem der größten, ja sogar zum größten Guerillataktiker der Geschichte zu stilisieren. Wesentliche Elemente eines Guerillakrieges[112] sind, abgesehen vom Missverhältnis zwischen den Lettow-Vorbeck zur Verfügung stehenden Truppen und jenen des Gegners, der Vermeidung von starren Fronten und dem Operieren in kleinen, mobilen Formationen in seiner Führung der Schutztruppe nicht erkennbar. Es fehlten nicht nur in politischer Hinsicht revolutionäre oder zumindest national-emanzipatorische Ambitionen, welche durch die Operationen realisiert werden sollten. Auch die innere Struktur der Schutztruppe besaß keine Ähnlichkeit mit einer irregulären Einheit. Stets blieb sie durch eine, wenn auch zunehmend improvisierte Uniformierung als militärische Formation erkennbar. Die schon vor 1914 etablierten Hierarchieverhältnisse und Rassenschranken bestanden bis zum Ende fort. Lettow-Vorbeck machte keine Anstalten, diese in Frage zu stellen, weil sie letztlich auch seine unangefochtene Position garantierten. Kein Offizier wurde degradiert, keinem deutschen, geschweige denn schwarzen Unteroffiziers- oder Mannschaftsdienstgrad gelang es, die für die Armee des Kaiserreichs typische Barriere zwischen ihnen und dem Offizierskorps kraft seiner Verdienste zu überwinden. Die Askari blieben stets Soldaten zweiter Klasse hinsichtlich Ernährung, medizinischer Versorgung, Bewaffnung, Bezahlung und Verantwortlichkeiten. Es ist daher auch unzutreffend, die Schutztruppe Lettow-Vorbecks im Ersten Weltkrieg, wie von zwei renommierten Afrikahistorikern geschehen, als »erste rassisch integrierte Streitmacht der modernen Kolonialkriegführung« zu charakterisieren.[113] Dies entsprach weder den historischen Tatsachen, noch war es die Intention Lettow-Vorbecks, eine solche zu schaffen, trotz allen Respekts, den er für den individuellen schwarzen Söldner und seine militärischen

Fähigkeiten im Laufe des Feldzuges entwickelte. Die Barrieren zwischen den in jeder Hinsicht privilegierten weißen Führern und der Masse der schwarzen Soldaten blieben in der Schutztruppe ebenso hoch wie in der belgischen FP oder bei den KAR.

Vor allem aber schwamm die Schutztruppe nicht gemäß Mao Tse-tungs Diktum »wie ein Fisch im Wasser«. Sie konnte also trotz ihrer größtenteils schwarzen Soldaten nicht in der Bevölkerung Ostafrikas untertauchen oder auf ihre Unterstützung hoffen. Sie blieb selbst in der deutschen Kolonie ein militärisches Unterdrückungsinstrument, das Unterstützung erzwang, aber diese nicht durch eine Ziel- oder Interessenidentität mit der Bevölkerung freiwillig erhielt. Letztlich führte Lettow-Vorbeck daher ab 1916, als die schwarze Bevölkerung in Deutsch-Ostafrika immer weniger gewillt war, sich der rücksichtslosen Ausbeutung und Zerstörung ihrer Lebensgrundlagen durch die Schutztruppe zwecks Fortführung des Krieges zu beugen, einen doppelten Feldzug: gegen die vorrückenden Entente-Truppen und gegen die afrikanischen Einwohner der eigenen Kolonie.

Dritter Teil

DER KOLONIALHELD

1919-1964

X. GEFEIERTER HEIMKEHRER UND OFFIZIER IN DER REICHSWEHR

Die »Transvaal« fuhr mit Zwischenstopps in Durban, Kapstadt und Freetown in sechs Wochen nach Europa. Im neutralen Rotterdam sollten die Reste der Schutztruppe von Bord gehen, da noch keine Schiffe der Entente deutsche Häfen anliefen. Im westafrikanischen Freetown erhielt die Reisegesellschaft erstmals seit 1915 deutsche Zeitungen. Diese vermittelten den Passagieren einen Eindruck davon, wie sehr sich die Verhältnisse im Reich im Vergleich zu 1914 verändert hatten. In Deutschland erlebte man den graduellen Verfall des alten Regimes als Folge des Krieges, die Verfassungsreformen vom Oktober 1918 und die schrittweise Radikalisierung der politischen Verhältnisse zwischen November 1918 und Anfang 1919 von einer zunächst weitgehend friedlichen Revolution zu den bürgerkriegsähnlichen Zuständen seit Weihnachten über den Zeitraum von mehreren Monaten. Die »Ostafrikaner« hingegen wurden nun mit dem ganzen Ausmaß des politischen Wandels und seinen äußeren Erscheinungsformen unverhofft konfrontiert: »Uns war die Revolution und alles, was damit zusammenhing, so fremd und unverständlich, dass wir uns davon einfach kein Bild machen konnten. Jetzt zeigten uns Photographien die Zerstörungen am Berliner Schloss, andere große Volksversammlungen, wo Soldaten in Uniformen mit abgerissenen Kokarden Reden schwangen. In den Zeitungen war von Sowjets die Rede, die in Deutschland errichtet waren. Für uns waren das erschütternde Eindrücke (…) Ich rechnete damit, ein vollständiges Durcheinander vorzufinden, in dem Gesetz und Ordnung aufgehört hatten. Ein Heerwesen würde es nicht geben und ich rechnete mit der Notwendigkeit, mir durch Arbeit einfachster Art irgendeine Existenzmöglichkeit zu schaffen.«[1]

Es ist im Nachhinein nicht feststellbar, wie akkurat Lettow-Vorbeck beim Niederschreiben dieser Zeilen, die er zwei Dekaden nach den Ereignissen zu Papier brachte, tatsächlich seine unmittelbaren damaligen Reaktionen einfangen konnte. Es ist wahrscheinlich, dass er eigene Erfahrungen während der Heimfahrt und Ankunft im Reich mit Darstellungen anderer Personen aus seinem beruflichen oder familiären Umfeld über die Situation in Deutschland 1918/19 im Rückblick verschmolz. Dieses Konglomerat aus eigenen Empfindungen, Erlebnissen und Vorurteilen und den sich unter den konservativen Schichten herausbildenden Legenden vermischte sich zum angeblich eigenen Erleben. Die erstaunliche Gleichförmigkeit der Schilderungen des vermeintlich Erlebten, das sich beispielsweise in dem immer wiederkehrenden Topos der abgerissenen Kokarden und Rangabzeichen ausdrückte, und die uniforme Benennung der angeblichen Ursachen in den Memoiren der konservativen Eliten über die Umbruchszeit von 1918/19 ist nicht unbedingt ein Beweis für die tatsächlich gemachten Erfahrungen. Diese Verarbeitung der Ereignisse war ebenso Ergebnis einer Art Selbstvergewisserung über die ins Wanken geratenen Werte innerhalb einer weitgehend homogenen, sich nach außen abschottenden Diskursgemeinschaft von Angehörigen einer gleichen Gesellschafts- und Berufsschicht. Unter ihnen bildete sich ein Konsens darüber heraus, was man angeblich erlebt habe, wie dies zu interpretieren und an zukünftige Generationen weiterzugeben sei. Die Minderheit von Offizieren, wie etwa der der linksliberalen Deutschen Demokratischen Partei (DDP) nahe stehende Generalleutnant Berthold von Deimling oder der in der Deutschen Friedensgesellschaft aktive Generalmajor Paul Freiherr von Schoenaich, die sich diesem 1918/19 herausbildenden Erinnerungsdiktat und antirepublikanischen Verhaltenskodex nicht unterwerfen wollten, wurden als »Verräter« geächtet und aus den Standesorganisationen ausgeschlossen. So schrieb Lettow-Vorbeck beispielsweise über seinen ehemaligen Vorgesetzten in Deutsch-Südwestafrika, Deimling sei nach 1918 »ins rote Fahrwasser« gekommen, »für einen alten General eine Unmöglichkeit«.[2]

1. Der grosse Empfang

In Plymouth an der englischen Südküste ging das britische Wachpersonal von Bord. Die Deutschen erhielten gemäß den Abmachungen vom November ihre Waffen zurück. Am 26. Februar 1919 lief die »Transvaal« in Rotterdam ein. Am Pier hatte sich eine mehrere hundert Köpfe zählende Menschenmenge, bestehend aus Mitgliedern der deutschen Kolonie in den Niederlanden und angeführt vom deutschen Gesandten in Den Haag, Friedrich Rosen, versammelt um die Heimkehrer zu begrüßen. Aus dem Reich waren lediglich zwei Beamte des Reichskolonialamtes (RKM), wie das RKA jetzt hieß, angereist, weil die niederländische Regierung wegen ihrer Neutralität im Vorhinein deutlich gemacht hatte, dass sie keine größere Präsenz des offiziellen Deutschlands in Rotterdam wünsche.[3]

Zentrum der allgemeinen Aufmerksamkeit bildete von Anfang an Lettow-Vorbeck, wie Schnee in seinen Memoiren schrieb, der sich selbst die Frage anhören musste, ob er auch eigens zur Begrüßung aus Berlin angereist sei.[4] Der deutsche Militärattaché in den Niederlanden sagte Lettow-Vorbeck bei der Ankunft, dass der Generalmajor im Moment wohl der populärste Deutsche nicht nur im Reich, sondern auch bei den Feinden sei. So war es auch nicht verwunderlich, dass sich schon in Rotterdam Vertreter deutscher Verlage einfanden, die den General zwecks Veröffentlichung seiner Feldzugserinnerungen unter Vertrag nehmen wollten. In seinem Hotelzimmer erwarteten den Generalmajor neben Briefen von Freunden und Verwandten auch Glückwunschtelegramme von Reichspräsident Friedrich Ebert und Hindenburg. Daneben gab es Berge von »Fanpost« aus Deutschland von ihm gänzlich unbekannten Menschen.[5]

Tatsächlich konnte Lettow-Vorbeck zum Zeitpunkt seiner Ankunft in Rotterdam mehr und vor allem Klassen und politische Lager übergreifende Sympathien in Deutschland auf sich vereinigen als andere Heerführer des untergegangenen Kaiserreichs: Sein Name stand nicht für sinnlose Offensiven, in denen an der Westfront zwischen 1914 und 1918 hunderttausende von Soldaten für den Gewinn von einigen Quadratkilometern Gelände geopfert worden waren, um letztlich doch im Herbst 1918 die Niederlage eingestehen und den Rückzug anordnen zu müssen. Diese Ereignisse hatten gegen Ende des Krieges selbst am Image von Hindenburg gekratzt.[6] Außerdem war der Heimkehrer trotz seines Generalsranges ein Frontoffizier geblieben, der alle Entbehrungen und Gefahren des einfachen Soldaten geteilt hatte. Schließlich hatte es der Konflikt in Europa, der durch jahrelangen Stellungskrieg, unentschiedene Materialschlachten, die Ferne der Oberbefehlshaber vom Kampfgeschehen und die hochgradig arbeitsteilige Führung moderner Massenheere durch militärische Stäbe, die jedem Befehlshaber zuarbeiteten, gekennzeichnet gewesen war, der deutschen Öffentlichkeit in den vorangegangenen Jahren schwer gemacht, potentielle militärische Helden unter den Heeresoffizieren zu identifizieren. Nicht zuletzt deshalb strahlte auch der Stern Hindenburgs im Ersten Weltkrieg so leuchtend, hatte er doch, wie ein Journalist 1915 schrieb, durch seinen Sieg bei Tannenberg »dem heutigen, ganz unromantischen Krieg, diesem verwickelten Mechanismus aller möglichen modernen Techniken eine individuelle menschliche Seele gegeben«.[7] Das Gleiche galt für Lettow-Vorbeck: Auch hier konnte die in- wie ausländische Öffentlichkeit eine auf den ersten Blick erstaunliche militärische Leistung, also das Durchhalten gegen einen vielfach überlegenen Gegner in scheinbar aussichtsloser, isolierter Lage dem Wollen und Wirken eines Offiziers zuschreiben. Hindenburg, Feldmarschall August von Mackensen in seiner markanten Husarenuniform und Lettow-Vorbeck blieben denn auch als Identifikationsfiguren die Ausnahme aus dem Heeresoffizierskorps. Den Bedarf nach militärischen Helden stillten in den Kriegsjahren eher exponierte Einzelkämpfer der modernen Waffengattungen wie die Jagdflieger als »Ritter der Lüfte« oder die U-Boot-Kommandanten.[8]

Die Aufmerksamkeit, ja Verehrung, die Lettow-Vorbeck sofort nach der Ankunft in Rotterdam entgegenschlug, kam unerwartet für den Offizier. Er war der Auffassung, dass er lediglich wie Generationen von Soldaten vor ihm in seiner Familie seine Pflicht getan habe. Lettow-Vorbeck rechnete zudem damit, dass die Nation andere Sorgen beherrschten als das Schicksal der kleinen Gruppe zurückkehrender Afrikaveteranen. Bei seiner Landung konnte er noch nicht ahnen, dass er inzwischen zum Idol vor allem der konservativen Schichten in Deutschland geworden war. Diese sahen in ihm das Symbol einer vermeintlich besseren, nun dahingegangenen Zeit, aber auch den lebenden Beweis für das angeblich im Felde unbesiegte Heer, das lediglich aufgrund revolutionärer Umtriebe in der Heimat und auf Geheiß der die kaiserliche Regierung ablösenden neuen politischen Führung den Kampf eingestellt habe. So schrieb die alldeutsch orientierte »Tägliche Rundschau« bereits am 16. November 1918: »Gibt es einen glänzenderen Beweis dafür, dass unsere Gegner trotz ihrer vielfachen Übermacht uns nie bezwungen hätten, als die Heldengestalt des Generals von Lettow-Vorbeck. Der Vergleich mag uns die Schamröte in die Wangen treiben. Drüben das Fehlen jeglichen Nachschubs, der Verpflegung, Bekleidung, der Ambulanz – denn die Verbindung mit der Heimat sperrt der Engländer. Aber gerade darum diese Entschlossenheit bis zum Äußersten; kein Wort von Ergeben, kein Gewinsel um Frieden! Und hüben! Wo das nahe Mutterland in Wort und Tat tausendfachen Dank den Verteidigern seiner Grenzen zurückgibt, das sang- und klanglose Ende.« In der monarchistischen Zeitung »Die Post« hieß es am 2. Dezember 1918 nach Eintreffen der Nachricht in Deutschland, auch Lettow-Vorbeck habe kapituliert: »Ergeben, mit Schimpf und Schande ergeben hat sich die deutsche Kriegsflotte, hat sich die deutsche Reichsleitung. Unser unbesiegtes Heer, unsere Helden in Ostafrika haben den Säbel nur auf Befehl der politischen Leitung aus der Hand gelegt. (...) Wie beschämen diese schwarzen Kämpfer die verhätschelten ›Blaujacken‹ von Kiel, die aus Furcht vor einem eingebildeten Kampfe mit den Engländern den Gehorsam verweigerten und ihre Offiziere über den Haufen schossen (...) Vielleicht wären sie (Großbritannien und Frankreich, E. M.) nicht zum Ziele gelangt, wenn wir auch in Deutschland Männer gehabt hätten wie Lettow-Vorbeck, der mit seiner Hand voll tapferer Gefährten und ergebener Askari der ganzen Afrikamacht Englands und Frankreichs die Stirn geboten hat. Unzählige treudeutsche Herzen schlagen dem siegreichen General und seiner Heerschar entgegen, wenn sie in Deutschland an Land steigen.« Die der Deutsch-Nationalen Volkspartei (DNVP) nahe stehende »Deutsche Tageszeitung« stieß am 1. März 1919 ins gleiche Horn: »Er war fern vom schädigenden Einfluss eines von Parteihader zerrissenen, durch revolutionäre Umtrieb geschwächten Hinterlandes, das die Widerstandskraft unserer Fronten im Westen brach und das in Schlachten unbesiegte deutsche Heer in ordnungslosem Rückzuge zurückfluten ließ.«

Wie wenig der General von den neuen Verhältnissen in Deutschland begriffen hatte oder begreifen wollte und wie wenig der so plötzlich ins Rampenlicht der Öffentlichkeit katapultierte Nur-Militär gewohnt war, einen diplomatischen Ton anzuschlagen, wurde bereits bei einem Bierabend deutlich, den der Rotterdamer »Deutsche Verein« am Tag nach der Ankunft organisierte. Auf die pro-monarchistische Rede des Vereinsvorsitzenden erwiderte der General, Deutschland habe den Hohenzollern viel zu verdanken. Daher sei ihm und seinen Kameraden die schmähliche Behandlung des Kaisers zu Herzen gegangen. Dieser Undank des Vaterlandes sei nur durch die Erschütterung der Nation durch Elemente zu erklären, die auch das beste Fundament untergraben würden.[9]

Nach zwei Tagen in den Niederlanden brachte ein Sonderzug die Heimkehrer mit Stopps in Bad Bentheim, Osnabrück und Rathenow nach Berlin. Jede Zwischenstation war festlich geschmückt und die Reisenden wurden überall gefeiert und ausgiebig bewirtet.[10] Sicherlich bestand eine genuine Neugierde in Deutschland Lettow-Vorbeck und seine Schar zu sehen. Zugleich hatte sich seit Kriegsende in Deutschland eine gewisse, sogar von der neuen Regierung und den örtlichen Arbeiter- und Soldatenräten ausdrücklich geförderte Jubelroutine eingestellt, in welcher die seit November in die Heimat zurückkehrenden Truppen an vielen Orten als »im Felde unbesiegt« empfangen wurden. Es waren gut gemeinte Gesten des Dankes und der Anerkennung seitens der neuen Landes- und Reichsregierungen gegenüber den Soldaten, mit denen die Empfangskomittees zugleich hofften sich der Loyalität der zurückkehrenden Einheiten zu versichern. Doch wurden diese Willkommensfeiern nicht etwa mit Dank quittiert und der entstehenden Republik, die den verlorenen Krieg vom zusammengebrochenen Kaiserreich geerbt hatte, zu Gute geschrieben. Vielmehr bestärkte schon bald die Erinnerung an diese Empfänge nur eine Vergangenheitsdeutung, gemäß derer nicht der Gegner das Heer besiegt habe, sondern ein »Dolchstoß« der Heimat. Paradoxerweise wurden in der Erinnerungswerken vieler Offiziere die tatsächlich überall überwiegenden Willkommensfeiern für eine eigentlich seit Herbst in Auflösung begriffene Armee in angebliche Beschimpfungen für eine »ungeschlagene« Streitmacht umgedeutet.[11]

Auch Lettow-Vorbeck glaubte später, dass die Feiern für die Ostafrikaner eine Ausnahme gewesen seien, der Großteil der heimkehrenden Fronttruppen hingegen Demütigungen hätte erleiden müssen.[12]

Der Sonderzug traf am Sonntag, dem 2. März 1919 mit einigen Stunden Verspätung in Berlin im Lehrter Bahnhof ein, wo ihn erneut eine große Menschenmenge erwartete. Die 116 Ostafrikaveteranen marschierten mit ihren erbeuteten portugiesischen Gewehren und in ihren abgerissenen Uniformen aus Afrika, begleitet von einer Militärkapelle vom Bahnhof zum Pariser Platz, an der Spitze zu Pferde Lettow-Vorbeck, Kraut, Schnee, Wahle und Looff, letztere eigens von den Briten rechtzeitig aus der Kriegsgefangenschaft in Ägypten entlassen.

In der Stadt herrschte eine gespannte Stimmung. Die Generalversammlung der Berliner Arbeiter- und Soldatenräte wollte unter dem Einfluss der USPD und KPD am nächsten Tag über einen Generalstreik entscheiden. Dieser konnte zum Auftakt für einen erneuten bewaffneten Aufstands wie im Januar werden. Vorboten des Generalstreiks hatten schon für die Verspätung des Sonderzuges gesorgt. Überall in der Stadt und somit auch entlang der Marschstrecke waren daher sicherheitshalber schwer bewaffnete, regierungstreue Truppen postiert. Die zunehmend ungeduldiger werdende Arbeiterschaft zeigte sich enttäuscht über die ausbleibenden sozialpolitischen Reformen, die trotz des Kriegsendes anhaltend schwierigen Lebensverhältnisse und die Zusammenarbeit der regierenden Mehrheits-SPD unter Ebert, Reichskanzler Philipp Scheidemann und Reichswehrminister Gustav Noske mit den oftmals mit brutaler Gewalt vorgehenden Freikorps. Zur Beruhigung der Massen war daher Berlin mit Plakaten übersäht. Diese verkündeten, »Die Sozialisierung marschiert« unter Verweis auf die kommende Vergesellschaftung des Bergbaus und die Einrichtung von Betriebsräten in den Unternehmen.[13]

Für Lettow-Vorbeck überwogen andere Eindrücke: »Die Straßen waren gedrängt voll mit Menschen, von den Häusern wehten die alten schwarz-weiß-roten Fahnen. Brausende Hurras und Zurufe. Das ganze Bild so, wie man es vor dem Kriege auch bei festlichen Anlässen in Berlin sehen konnte und man hatte nicht den Eindruck eines großen Wechsels gegen früher. Erst später erfuhr ich, dass dieser Einzug etwas ganz Besonderes war. Seit Monaten hatte Berlin die schauerlichsten Eindrücke erlebt: Soldaten ohne Kokarden mit aufgerissenen Röcken, kreischende Weiber, die mit Blumen überschüttet auf den Kanonen saßen. Jetzt wagte sich zum ersten Mal wieder das gute Bürgertum in Massen auf die Straße; es war ehrliche vaterländische Begeisterung.«[14]

Auf dem Pariser Platz warteten zehntausende von Menschen auf die Heimkehrer, darunter Abordnungen der DKG, der Bismarck-Jugend der DNVP und der Armee. Von einer Ehrentribüne aus begrüßten der preußische Kriegsminister Walther Reinhardt, Kolonialminister Joachim Bell vom Zentrum, Admiral von Rogge als Vertreter der Marine und der stellvertretende Berliner Bürgermeister Georg Reicke die Reste der Schutztruppe mit kurzen Ansprachen. Lettow-Vorbeck bedankte sich mit wenigen Worten, die darin gipfelten, dass er den Vorrednern versicherte, man werde sich auf die Ostafrikaner verlassen können. Die kurze Veranstaltung endete mit Hochrufen auf Hindenburg und Lettow-Vorbeck. Die Reste der Schutztruppe marschierten anschließend in die Mauerstraße zum Gebäude des KdS, wo die Kolonialsoldaten zunächst einmal in den Urlaub entlassen wurden.[15]

In der gespannten Situation, in der sich Berlin Anfang März 1919 befand, wurde die Ankunft der Ostafrikaner zu einer Art Gegendemonstration des gutbürgerlichen, teilweise noch kaisertreuen Berlins, das in großer Zahl die Straßen säumte und die Rückkehrer als Beweis für das im Felde ungeschlagene Heer feierte, weil es angeblich fern von den schädigenden Einflüssen der Heimat habe operieren können. »Die Post« titelte denn auch in ihrer Ausgabe am Morgen des 2. März 1919: »Schwarz-weiß-rote Flaggen heraus! Ein Aufruf zu von Lettow-Vorbecks Rückkehr in die Heimat«. Die neuen Farben schwarz-rot-gold der Republik hingegen seien ein Symbol der nationalen Uneinigkeit. »Die Freiheit«, das Organ der USPD, schrieb entsprechend am nächsten Tag: »Dieser ganze Presserummel mutet etwas merkwürdig an. Er trägt zu deutlich den Stempel einer Stimmungsmache an der Stirn, als dass man schweigend an diesem Vorgang vorübergehen könnte (...) Nicht Hindenburg, sondern Lettow-Vorbeck soll an die Spitze der militärischen Konterrevolution treten!«

Der Empfang der Heimkehrer in Berlin wurde also je nach politischer Couleur unterschiedlich gewürdigt. Doch gab es unter den Zuschauern auch schlichtweg Neugierige oder solche, die zwar nicht dem alten Regime nachtrauerten, aber trotzdem die Leistungen der Schutztruppe durch ihr Ehrenspalier anerkennen wollten. Ein Beispiel hierfür war der Mitbegründer der DDP und Chefredakteur des liberalen »Berliner Tageblatts«, Theodor Wolff, der sich mit seinen Söhnen am Morgen des 2. März in Erwartung Lettow-Vorbecks auf den Pariser Platz begab.[16]

Für die Heimkehrer schlossen sich in Berlin mehrere Tage von Feierlichkeiten an, die von der DKG in Zusammenarbeit mit dem KdS organisiert worden waren, darunter eine Sondervorstellung des »Freischütz« in der Staatsoper am Abend des 5. März. Diese begann mit einem eigens eingefügten, »Lettow-Vorbeck« betitelten Prolog, dessen Abschluss die Zeile »Lettow-Vorbeck, die Nation neigt sich vor Dir« bildete. Trotzdem schlief der so Geehrte in der Vorstellung vor Ermüdung ein.[17]

Als zusätzliche Auszeichnung erhielt Lettow-Vorbeck im April 1919 auf Beschluss der Philosophischen Fakultät die Ehrendoktorwürde der Berliner Friedrich-Wilhelms-Universität. Anlässlich der Verleihung am 13. April führte der stellvertretende Dekan aus, dass, so bescheiden Lettow-Vorbeck auch auftrete, so wenig seine »männlich-schlichte« Art auch den Erwartungen an einen Kriegshelden entspreche, er sich doch bewusst sein müsse, »dass nächst dem Namen unseres Hindenburgs keiner in deutschen Landen solchen Klang hat, keiner solche Gefühle der Bewunderung, des Dankes und der Verehrung weckt, wie der unseres Lettow-Vorbeck«.[18] Als Militär mit einem geringen Interesse an außermilitärischen Bildungsinstitutionen hielt Lettow-Vorbeck diese Auszeichnung in seinen Memoiren nicht einmal für erwähnenswert. Er benutzte den Ehrendoktortitel nie, der ihm im Vergleich zum Adelsprädikat und zu seinem militärischen Rang als nachgeordnet erschien. Eine ähnliche Erfahrung des Desinteresses und Unverständnisses für diese Art der Ehrung seitens eines führenden Militärs hatte die Philosophische Fakultät der Berliner Universität im Übrigen schon im Kriege erfahren müssen. Im Mai 1915 trug sie dem Chef der 2. OHL, Erich von Falkenhayn, für den Sieg in der Durchbruchschlacht von Gorlice-Tarnow ebenfalls den Honoris Causa an. Dieser aber strafte den extra für die Verleihung ins Hauptquartier gereisten Dekan, den Historiker Hans Delbrück, mit Nichtachtung.[19]

Lettow-Vorbeck zeigte sich weitgehend unbeeindruckt von dem akademischen Titel wie anderen Huldigungen, die er 1919 und später erfuhr. So wurde er 1923 als einer der vermeintlich wichtigsten 100 Deutschen aus Kultur, Wissenschaft, Wirtschaft und Politik von der in München entstehenden »Deutschen Akademie« zum Senator gewählt. Diese nationalkonservative, wenn auch offiziell politisch neutrale Institution verschrieb sich der Erforschung der deutschen Kultur in Vergangenheit und Gegenwart und ihrer Verbreitung im Ausland. Der 100-köpfige Senat als beratendes Gremium sollte ihr das nötige Renommee verleihen[20], doch Lettow-Vorbeck hielt seine Ernennung für nicht überliefernswert. Letztlich sah er seine militärischen Leistungen in Ostafrika für eine gleichsam natürliche Konsequenz des militärischen Pflicht- und Ehrgefühls und der angeblichen Kompetenz und Opferbereitschaft der preußisch-deutschen, adeligen Offizierselite. Diese erwartete dafür im Gegenzug nicht etwa akademische oder sonstige Ehrungen für ihre herausgehobenen Vertreter, sondern hatte damit bislang die herausgehobene gesellschaftliche Stellung aller Standesgenossen im wahrsten Sinne des Wortes verteidigt. Weil sie bislang eine geborene und privilegierte militärische Führerschicht gewesen waren, hielten es die Mitglieder der Familie Lettow-Vorbeck für gleichsam selbstverständlich überdurchschnittliche militärische Leistungen zu vollbringen. Diese Auffassung bewahrte Lettow-Vorbeck in den folgenden Jahrzehnten davor, mit seinen Leistungen in Ostafrika zu prahlen oder besonderes Aufheben um seine Person zu machen. »Er ist Pommer, sehr unschwäbisch, aber auch keineswegs junkerlich-flunkerlich, im Gegenteil sehr bescheiden«, schrieb beispielsweise der Württemberger und spätere Staatssekretär im Auswärtigen Amt, Ernst von Weizäcker, nachdem Lettow-Vorbeck Anfang 1933 einige Tage bei ihm zu Gast gewesen war.[21]

Lettow-Vorbeck fasste unmittelbar nach seiner Ankunft in Europa einen wichtigen Entschluss – endlich zu heiraten. Dieser mag auch dadurch gefördert worden zu sein, dass die Ehe seines einzigen noch lebenden, jetzt durch eine Gasvergiftung kriegsinvaliden Bruders Friedrich seit 10 Jahren kinderlos geblieben war[22] und somit die Hoffnungen auf Fortsetzung des väterlichen Stammbaums in der männlichen Linie, nachdem der jüngste Bruder Arndt gleich zu Beginn des Krieges in Belgien gefallen war, einzig auf ihm ruhten. Seine Jugendliebe aus Leutnantstagen, die 14 Jahre jüngere Martha Wallroth, eine selbstbewusste, attraktive Frau aus einer holsteinischen Beamten- und Pastorenfamilie, konnte er um die Jahrhundertwende wegen des Zerwürfnisses mit seinem Vater über das Schicksal seines jüngeren Bruders nicht ehelichen. Ersterer hatte ihn zeitweilig enterbt und damit seiner notwendigen finanziellen Basis beraubt, die ein Offizier brauchte um den Heiratskonsens der Armee zu erhalten.[23] Wallroth vermählte sich stattdessen 1904 mit einem Marineoffizier namens Karl Hinckeldeyn. Die Ehe, aus der 1905 eine Tochter und 1911 Zwillingsbrüder hervorgingen, wurde 1917 geschieden. Als Lettow-Vorbeck schon bei seiner Ankunft in Rotterdam von Wallroths Schicksal hörte, bat er sie noch während der Bahnfahrt telegraphisch umgehend nach Berlin zu kommen. Sie traf dort am 4. März ein. Der Generalmajor hielt sofort um ihre Hand an. Schon am 5. März 1919 wurden die beiden in der Wohnung von Lettow-Vorbecks Eltern in der Kalckreuthstraße 2 in Wilmersdorf getraut.

Es zeugt von der tiefen Zuneigung des Kolonialoffiziers, aber auch von seinem Selbstbewusstsein, eine geschiedene Frau mit drei Kindern zu heiraten: Eine Scheidung bedeutete in den Kreisen, in denen Lettow-Vorbeck verkehrte, vor allem für die betroffene Frau den gesellschaftlichen Tod und kam daher im Vergleich zu heute relativ selten vor. So verzeichnete Deutschland am Vorabend des Ersten Weltkrieges auf 30 Eheschließungen nur ungefähr eine Scheidung, d. h. die Scheidungsrate betrug nur etwa ein Zehntel der heutigen. Diese Situation der Ächtung mag u. a. die sofortige Einwilligung der überraschten Braut erklären, bot doch die Neuvermählung mit dem adeligen Offizier die Chance der gesellschaftlichen Rehabilitation für sie und ihre Kinder. Lettow-Vorbeck adoptierte später die Tochter Ruth, während die beiden Söhne Peter und Joachim den Namen des leiblichen Vaters weiter führten. Die Stiefkinder wuchsen zusammen mit den in den zwanziger Jahren geborenen Kindern Lettow-Vorbecks auf, ohne dass ein Unterschied in der Behandlung gemacht wurde.[24]

Während die Ostafrikaveteranen ausgiebig gefeiert wurden und Lettow-Vorbeck seine Heirat betrieb, versank die Reichshauptstadt in Chaos und Bürgerkrieg. Am 3. März beschlossen die Berliner Arbeiter- und Soldatenräte den Generalstreik, der sofort an vielen Stellen der Stadt zu einem bewaffneten Aufstand von Teilen der radikalisierten Arbeiterschaft, der republikanischen Sicherheitswehren und der Volksmarinedivision eskalierte. Ab 4. März gingen aus dem Berliner Umland herangezogene Regierungstruppen des Generals Walther Freiherr von Lüttwitz, der insgesamt etwa 30 000 Soldaten einsetze, massiv gegen die Aufständischen im Zentrum und in den Außenbezirken vor. U. a. auf dem Alexanderplatz kam es zu schweren Gefechten, bei denen die Regierungsseite Artillerie, Panzer und Flugzeuge einsetzte. Dabei zeichneten sich die Regierungstruppen und Freikorps, aufgehetzt durch die Gerüchte über »bolschewistische« Gräueltaten wie den angeblichen bestialischen »Lichtenberger Beamtenmord« an 57 Polizisten, einmal mehr durch exzessive Gewalt aus, die sich in summarischen Exekutionen von »Verdächtigen« äußerte. Am Ende der als »Blutwoche« in die Geschichte eingegangenen, zehntägigen Kämpfe waren mindestens 1 200 Menschen getötet worden.[25]

2. Reaktionär in der Republik

Die bürgerkriegsartigen Zustände, die Lettow-Vorbeck unmittelbar nach seiner Ankunft in Berlin erlebte, standen in völligem Gegensatz zu den Erinnerungen des Offiziers an das scheinbar geordnete, prosperierende Deutschland von 1913, das er verlassen hatte. Nun waren die Chancen, dass sich ein Mann wie Lettow-Vorbeck mit den neuen politischen Verhältnissen anfreundete, selbst wenn sie weniger chaotisch als im Frühjahr 1919 gewesen wären, ohnehin nicht sehr groß. Das Weltbild eines Menschen, der wie damals der Generalmajor an der Schwelle zum sechsten Lebensjahrzehnt steht, ist in der Regel fest ausgeprägt. Seine adelige Herkunft und sein militärischer Werdegang bildeten ein natürliches Widerlager zu der neuen, aus der Revolution geborenen demokratischen und republikanischen Ordnung, die man nun in seinen Kreisen in vollkommener Umkehrung der Tatsachen auch noch für die Kriegsniederlage verantwortlich machte. Zementiert wurde die Abneigung gegen die neuen Verhältnisse noch durch das Lettow-Vorbeck eigene schematische Denken in den Kategorien Freund und Feind an Stelle einer intellektuellen Differenzierungsfähigkeit sowie durch seine Unbelehrbarkeit und weitgehende Unkenntnis in und sein Desinteresse an nichtmilitärischen Belangen. Lettow-Vorbecks Charakterisierung Eberts, dem er im Juni 1919 begegnete, zeugte davon. Der Reichspräsident machte zwar auf Lettow-Vorbeck als Person einen guten Eindruck: »Klug, taktvoll, wohlwollend, wenn er so als Biedermann in seinem schwarzen Rock vor einem stand. Aber er war ein wirklich überzeugter Sozialdemokrat, der im Kriege um jeden Preis dem Blutvergießen ein Ende machen wollte und sich so zu dem furchtbaren Verbrechen hatte verleiten lassen, durch Streik unserer Front die Munition in dem Augenblicke zu entziehen, als sie diese am notwendigsten brauchte.«[26] Allerdings stellte ausgerechnet die Mehrheits-SPD, deren Führer Ebert war, im Krieg jenen Teil der organisierten Arbeiterbewegung dar, der praktisch bis zuletzt gegen Streiks eintrat, Kriegskrediten zustimmte, schließlich nicht einmal den Annexionsfrieden von Brest-Litowsk ablehnte und damit alles tat, um die Illusion des Burgfriedens bis 1918 aufrechtzuerhalten.[27] Während einige Generale wie Reinhardt und Groener als Folge der Erfahrungen im Weltkrieg und während der Revolution die Sozialdemokratie unter Ebert durchaus als Allianzpartner zu schätzen gelernt hatten[28], blieb Lettow-Vorbeck ganz dem Denken der Vorkriegszeit verhaftet. Für ihn waren Sozialdemokraten Zeit seines Lebens Revolutionäre und vaterlandslose Gesellen. Dies wurde auch deutlich, als er einige Jahre später seine Eindrücke von einer Reise nach Großbritannien veröffentlichte und über die dortige Labour Party schrieb: »Diese Leute sind wohl Sozialisten, aber sie sind national. Auch ihnen kommt zuerst und zuoberst das Vaterland! Da kann man einen gewissen Neid nicht unterdrücken.«[29]

Man kann davon ausgehen, dass Lettow-Vorbeck, als er nach Rückkehr nach Deutschland Details über das Verhalten Wilhelm II. als »Oberster Kriegsherr« im Weltkrieg und die näheren Umstände seines Sturzes aus seinem adeligen Umfeld und von seinen Offizierskameraden erfuhr, wie viele Standesgenossen 1919 nicht mehr unbedingt der Person des Kaisers nachtrauerte. Dieser verspielte schon vor dem Ersten Weltkrieg durch seine aufwändige Hofhaltung, die Bevorzugung der weitgehend bürgerlichen Flotte, eine großzügige Nobilitierungspraxis, sein hochfahrendes Auftreten gegenüber bewährten Offizieren gepaart mit einem Desinteresse an der Armee viele Sympathien bei den Familien des preußischen Kleinadels. Sein Ansehen sank im Kriege noch weiter durch seine militärische Inkompetenz und seinen mangelnden Führungswillen. Es erhielt eine Art Todesstoß durch seine widerstandslose Abdankung und schmähliche Flucht nach Holland im November 1918.[30] »Es fiel mir auf, dass man von deutscher Seite manchmal sehr abfällige Bemerkungen über S. M. hörte, die gewiss ungerecht waren«, schrieb Lettow-Vorbeck über seine Eindrücke bei der Heimkehr.[31] Gerade die kampflose Aufgabe des Kaisers und seine Flucht aus der Verantwortung müssen für Lettow-Vorbeck, der im afrikanischen Busch den Widerstand bis zum Letzten u. a. unter Hinweis auf die Offiziersehre und den Eid auf den Monarchen gepredigt und praktiziert hatte, eine große persönliche Enttäuschung gewesen sein. In seinen Lebenserinnerungen verlor er zwar kein kritisches Wort über den letzten Regenten aus dem Hause Hohenzollern, doch kontrastierten die geradezu ehrfurchtsvollen Passagen über

Wilhelm I. und Bismarck mit den eher nüchternen und knapp gestreuten Bemerkungen über Wilhelm II.[32]

Lettow-Vorbeck war trotz der Enttäuschung über das Verhalten des Kaisers, wie seine politischen Aktivitäten in den Jahren der Weimarer Republik und sein Verhalten im Dritten Reich zeigen sollten, am Ende des Ersten Weltkrieges schon zu alt, um im Gegensatz zu einem nicht unerheblichen Teil des deutschen Adels nach 1918 sich völkisch-rechtsextremen Gruppierungen zuzuwenden und nach neuen, nicht unbedingt aus den alten Dynastien oder dem Adel stammenden Führerfiguren Ausschau zu halten oder der NSDAP beizutreten.[33] Die preußische Monarchie hatte Lettow-Vorbeck und seinen Brüdern ebenso wie zuvor seinem Vater durch den privilegierten Zugang zu einer Offizierslaufbahn Karriere machen lassen. Die Loyalität galt der durch die Person des Herrschers verkörperten Staatsform. Diese symbolisierte letztlich die Herrschaft eines durch Geburt privilegierten Standes. Von ihr profitierte bis 1918 selbst die ärmste Junkerfamilie, z. B. durch die Gutsbezirke und Fideikommisse. »Das Versagen eines Trägers der Krone ist noch kein Gegenbeweis gegen das monarchische Prinzip (…) Das Verdienst um Preußen und Deutschland und das Vertrauen, das die Hohenzollern sich durch die Taten des Großen Kurfürsten, Friedrich Wilhelm I., Friedrich den Großen und Wilhelm I. erworben haben, sind dadurch nicht ausgelöscht worden, dass andere Herrscher das überragende staatsmännische und kriegerische Genie der ganz Großen ihres Geschlechts nicht erreicht haben«, schrieb etwa Kuno Graf Westarp, der bis 1918 Fraktionsführer der Deutsch-Konservativen Partei (DKP) im Reichstag gewesen war, anschließend Mitbegründer der DNVP wurde und ebenso wie Lettow-Vorbeck Zeit seines Lebens Monarchist blieb.[34] Noch 1951 äußerte der Kolonialoffizier gegenüber Meinertzhagen, sein politisches Ideal für Deutschland sei eine konstitutionelle Hohenzollernmonarchie.[35] Lettow-Vorbecks letzte Wohnung in den fünfziger und sechziger Jahren in Hamburg-Altona lag denn auch geradezu sinnbildlich im Hohenzollernring.

Lettow-Vorbecks natürliche politische Heimat wurde daher in den zwanziger Jahren die DNVP, für welche er später auch Reichstagsabgeordneter werden sollte. Sie trat als einzige der größeren, reichsweit agierenden Parteien in ihrem Programm von Anfang an offen für die Restauration der Monarchie und die konstitutionelle Schwächung des Reichstags ein. Sie übernahm damit u. a. das Erbe der DKP des Kaiserreichs. Letztere stellte bis 1918 die verlässlichste Stütze der Hohenzollerndynastie dar und bildete daher das politische Sammelbecken des preußischen Adels, des Offizierskorps und der ostelbischen Gutsbesitzer, also auch der Lettow-Vorbecks und jener Kreise, in denen sie verkehrten. Diese übertrugen ihre politische Loyalität nach dem Ende des Kaiserreichs auf die DNVP, auch wenn letztere seit 1918 durch den Anspruch »Volkspartei« zu sein, eine breitere und sozial heterogenere Klientel ansprach als die Vorgängerorganisation.[36]

Das Festhalten am Ideal der Monarchie, zu deren Wiedererrichtung Lettow-Vorbeck jedoch nie konkrete Schritte unternahm oder präzise Vorschläge machte, war dabei nicht so sehr ein ausgeklügeltes politisches Programm oder eine in sich stringente Weltanschauung. Allein schon die Fragen, wer innerhalb des Hauses Hohenzollern zur Thronfolge berechtigt sei, inwieweit es auch zu einer vollständigen Restauration aller 1918 gestürzten Fürstenhäuser mit der entsprechenden erneuten Zersplitterung der Reichsgewalt kommen sollte, schließlich in welchem Umfang ein künftiger Monarch konstitutionelle Zugeständnisse zu machen hätte, konnten auch den gewieftesten Monarchisten zur Verzweifelung treiben.[37] Sie überforderten aber sicherlich ein politisch eher schlichtes Gemüt wie Lettow-Vorbeck, der zudem wie viele dem Kaiserreich nachtrauernde höhere Offiziere erkannte, dass die Chancen zur monarchischen Restauration vorerst gering waren.[38] Das Festhalten an den Verhältnissen vor 1918 entwickelte sich vielmehr, je weiter der Thronsturz in die Vergangenheit rückte und damit eine Wiederherstellung der Monarchie immer unwahrscheinlicher wurde, zu einem idealisierten, von der politischen Durchsetzbarkeit abgelösten Gegenbild. Dieses führte man eher als eine Art Protestbanner denn als realistische politische Alternative gegen die Zeitläufte ins Feld. Es war, wie Anneliese Thimme schrieb, eine »Flucht in den Mythos« einer angeblich heilen Welt, wie sie bis 1914 existiert habe. Der Hass auf die republikanische Gegenwart erwies sich für die alten Eliten aus Militär, Bürokratie und Großgrundbesitz, die sich zumeist in der DNVP sammelten, als einfacher denn die kritische Auseinandersetzung mit der Vergangenheit des Kaiserreichs, das Krieg und Niederlage mit allen politischen, sozialen und wirtschaftlichen Folgen über Deutschland gebracht hatte.[39]

Mangels eines überzeugenden und chancenreichen Thronprätendenten übertrug Lettow-Vorbeck, darin vielen Standesgenossen seiner Generation ähnlich, seine Loyalität in den kommenden Jahren auf Hindenburg als einer Art Reichsverweser. Der Feldmarschall verband in seinen Augen die im Kaiserreich erworbene militärische Autorität und Kompetenz mit adeliger Abstammung. Hindenburg verkörperte auch insofern eine gewisse Kontinuität zum Kaiserreich, als Wilhelm II. ihm unmittelbar vor seiner Abdankung den militärischen Oberbefehl übertragen hatte. So schrieb der sechs Jahre ältere Westarp Ende Juni 1919 anlässlich der Niederlegung des Oberbefehls durch Hindenburg in der »Kreuzzeitung« über den Feldmarschall, er bleibe abgesehen von seiner militärischen Leistung im Weltkrieg »auch die Verkörperung der Königstreue, des soldatischen Ehr- und Pflichtgefühls bis zuletzt, kurz all der preußischen und deutschen Tugenden, auf die wir uns wieder besinnen müssen, wenn es nochmals aufwärts gehen soll«.[40] In Lettow-Vorbecks Bremer Haus, das er 1923 bezog, hing in den dreißiger Jahren nicht etwa ein großes Portrait des letzten Kaisers oder Hitlers, sondern Hindenburgs. Gegenüber einem Journalisten äußerte er Ende 1933: »Ich habe mich von Anfang an zu ihm bekannt und habe die einmal eingeschlagene Linie konsequent innegehalten, mich, wo ich nur konnte, hinter ihn zu stellen.«[41] Dabei war es vor allem die von Hindenburg als ranghöchstem Soldaten des alten Heeres verkörperte Kontinuität der preußisch-deutschen Armee als vermeintliche Klammer der Nation und wichtigster Institution und nicht so sehr die Statthalterschaft für einen künftigen Monarchen, aufgrund derer der Kolonialoffizier den Feldmarschall zum neuen Leitstern erkor.

Lettow-Vorbecks militärische Prägung seit Kindheitstagen drückte sich in Werten wie Ordnung, dem Glauben an eine durch systematische Beförderung nach einer gewissen Dienstzeit eingespielte hierarchische Struktur und dem Vermeiden von Kritik an Offizierskameraden oder der Institution der Armee in der Öffentlichkeit aus. Sie fand auch Ausdruck in der Überzeugung, dass die preußisch-deutsche Großmachtstellung im Wesentlichen eine auf militärischer Macht basierende gewesen sei. Nur ein stark gerüstetes Deutschland könnte auch den Wiederaufstieg schaffen, wobei die Armee wie im Kaiserreich von jeglicher zivilen Kontrolle nach Möglichkeit befreit sein müsse. Wie anders hingegen waren die Eindrücke des Jahres 1919, die auf den Heimkehrer als Anzeichen einer allgemeinen Unordnung, als Umkehrung der bisherigen Verhältnisse wirken mussten, als Infragestellung von allem, was ihm bisher teuer gewesen war: Arbeiter- und Soldatenräte, die ein Mitsprache- und Kontrollrecht in Wirtschaft und Armee einforderten; tägliche Streiks und Massendemonstrationen; der vorübergehende Verlust des Waffenmonopols der Armee; parlamentarische Verantwortlichkeit der Regierung; eine konfrontativ diskutierende Nationalversammlung und eine nunmehr freie, auch vor Kritik an der Armee nicht zurückscheuende Presse; schließlich eine aus finanziellen wie diplomatischen Gründen notwendige Abrüstung, die dem Reich voraussichtlich nur eine im Vergleich zu 1914 wesentlich kleinere Streitmacht beließe.

Die »abgerissenen Kokarden« und »kreischenden Weibern, die mit Blumen überschüttet auf Kanonen saßen«, dienten dem des geschriebenen Wortes nicht sonderlich mächtigen und in der politischen Analyse nicht geschulten Offizier als Metaphern, um das Unglaubliche und letztlich Unakzeptable der neuen Zeit zu beschreiben. Der Topos der kreischenden Weiber[42] zeigt, dass für den Offizier selbst die traditionellen Geschlechterverhältnisse durch die Revolution aufgehoben worden waren und es zu einem bedrohlichen Eindringen des Weiblichen in die eigentlich »männliche« Sphäre des Militärischen gekommen war. Die Gesellschaft war aus seiner Sicht also in ihren Grundfesten bis hinein in die Familien erschüttert worden.[43]

Der heimkehrende Kolonialoffizier sah sich nicht nur als ein Individuum, dem es im Laufe der folgenden Jahre gut gelang sich materiell in der neuen Zeit einzurichten. Er war, weil jeder Adelige sich in der Regel stärker denn Mitglieder anderer sozialer Schichten als Glied in der Abfolge vergangener, gegenwärtiger und zukünftiger Generationen im Rahmen einer weit über die Kernfamilie herausgreifenden Sippe definiert, auch Teil eines Familienverbandes, der 1918 als sozialen Absturz erlebte. Für die Lettow-Vorbecks wie für die meisten anderen preußischen Adelsfamilien bedeuteten der Erste Weltkrieg und seine Folgen in mehrerer Hinsicht eine noch stärkere Verlust- und Niedergangserfahrung als für andere Gesellschaftsschichten in Deutschland. Die Lettow-Vorbecks zahlten wie die Mehrzahl der Familien des ostelbischen Adels an den Fronten des Weltkrieges einen im Vergleich zu anderen Gesellschaftsschichten besonders hohen Blutzoll.[44] Dieser war die Konsequenz der traditionell einseitigen Konzentration des Kleinadels auf den Offiziersberuf und hierbei in besonderem Maße auf die an vorderster Front stehende Infanterie. Von den 12 männlichen Mitgliedern der Lettow-Vorbecks aller Stammhäuser, die 1914-1918 als Offiziere dienten, fielen sechs, wie der Familienverband in einer Anzeige in der »Neuen Preußischen Zeitung« vom 5. März 1919 bekannt gab, die als Willkommensgruß anlässlich der Rückkehr des Kolonialoffiziers gedacht war. Dieses Sterben konnte von den Überlebenden nun aber angesichts von Kriegsniederlage und Revolution nicht wie in früheren Konflikten als Baustein zur Stärkung der Monarchie, Preußens, Deutschlands oder zur Sicherung der adeligen Privilegien gleichsam als Wechsel auf die Zukunft für das Gesamtgeschlecht gerechtfertigt werden. Die Opfer erschienen vielmehr sinnlos, weil der

Regimewechsel 1918/19 die Monarchie sowie die adeligen Privilegien gemäß Artikel 109 der Weimarer Reichsverfassung aufhob. So hieß es entsprechend in der erwähnten Anzeige, das Vaterland habe es verlernt seine Helden zu ehren.

Zudem erwies sich im Laufe des Jahres 1919, dass sowohl die Friedensbedingungen der Entente wie auch die Folgekosten des Krieges in Form von Witwen-, Waisen- und Kriegsinvalidenrenten kein Heer mehr im Umfange des Vorkriegsstandes erlauben würden. Damit fiel das wirtschaftliche Standbein eines Großteils der überlebenden adeligen Offiziere, aber auch der nachrückenden Generationen weg. Die einseitige, staatlicherseits geförderte Ausrichtung des preußischen Kleinadels auf die militärische Profession, die bis 1918 zu einer Art Versorgungsmentalität und geringer beruflicher Diversifizierung geführt hatte, sollte sich nun als Bumerang erweisen. Der Umstand, dass die Wirtschaft der zwanziger Jahre selbst in der Phase der so genannten »relativen Stabilität« zwischen 1924 und 1929 nicht an die Prosperität der Vorkriegsjahrzehnte anknüpfen konnte, erschwerte zusätzlich die Eingliederung der Überlebenden und Nachrücker der Offiziersdynastien in die Zivilgesellschaft. Nicht nur Nostalgie für die verlorene Monarchie, sondern auch der soziale Abstieg, als den ehemalige Offiziere ihre nun notwendige Erwerbsarbeit im bis 1918 verachteten Wirtschaftsleben ansahen, ließen im preußischen Adel nach 1918 ein rechtsradikales, republikfeindliches, teilweise stark antisemitischen Potential entstehen, das sich empfänglich für die Ideen der völkischen Rechten zeigte.[45] Friedrich von Lettow-Vorbeck, der einzige überlebende Bruder des Kolonialoffiziers, betätigte sich beispielsweise als Oberstleutnant a. D. in den dreißiger und vierziger Jahren u. a. als antisemitischer Schriftsteller. Die Bibliothek des Kolonialoffiziers umfasste an seinem Lebensende ebenfalls zahlreiche Titel zu Themenkreisen wie »Rassenkunde« und »Rassenpflege«.[46]

Selbst wenn es dem ehemaligen Kolonialoffizier in materieller Hinsicht in den zwanziger Jahren schließlich besser gehen sollte als je zuvor, beeinflusste ihn das Schicksal der anderen Familienmitglieder und Standesgenossen, deren Lebensbedingungen zum traditionell erhobenen gesellschaftlichen Führungsanspruch im Vergleich zur Zeit vor 1918 kontrastierten. Der soziale Abstieg seines familiären Umfeldes verhinderte zusätzlich jegliche Chance einer Aussöhnung des Heimkehrers mit den neuen Verhältnissen.

3. Im Dienste des Kolonialrevisionismus

Trotz Lettow-Vorbecks reaktionärer politischer Ausrichtung standen er und die anderen Ostafrikaheimkehrer zunächst für eine Sache, die sowohl im konservativen, antirepublikanischen Lager wie auch in der von Zentrum, DDP und Mehrheits-SPD gebildeten Regierung als konsensfähig galt. Die Feiern anlässlich der Rückkehr der Reste der ostafrikanischen Schutztruppe sollten dem Ausland zeigen, dass Deutschland trotz des faktischen Verlustes der Kolonien, die sich seit 1917 sämtlich im Besitz der Gegnerkoalition befanden, den Anspruch auf die Schutzgebiete bei den anstehenden Friedensverhandlungen keineswegs aufgeben wollte.

Schon im Januar 1919 hatte die DKG als wichtigste Lobbygruppe eine Unterschriftenaktion im Reich zum Erhalt des Kolonialreichs gestartet, die selbst von der SPD unterstützt wurde und in drei Monaten fast 3,8 Millionen Unterschriften erbrachte.[47]

Während die Unterstützung für den Kolonialismus in Deutschland sich bis 1914 in der Öffentlichkeit auf wenige Schichten und Parteien beschränkte, bewirkte der drohende Verlust der Überseebesitzungen seit Ende 1918 einen kurzfristigen Meinungsumschwung. Jetzt wurde eine mögliche Wegnahme der Schutzgebiete in einer breiten Koalition, die alle Parteien erfasste, als ungerechtfertigt angesehen und daher abgelehnt. So verabschiedete die Nationalversammlung in Weimar in Erwartung der Rückkehr der Reste der ostafrikanischen Schutztruppe am 1. März 1919 mit 414 Stimmen bei nur sieben Gegenvoten eine von allen Parteien außer der USPD eingebrachte Resolution, welche die Wiedereinsetzung Deutschlands als Kolonialmacht forderte.[48] Nicht mehr die Frage über Sinn und Zweck oder Berechtigung der Kolonialherrschaft beherrschte vorübergehend die öffentliche Diskussion wie vor 1914. Vielmehr interpretierte man Anfang 1919 den drohenden Verlust der Besitzungen als ungerechtfertigtes Strafgericht der Sieger, das dem erhofften Verständigungsfrieden widerspreche und daher ebenso wie andere Forderungen der Sieger kollektiv abgelehnt wurde. Dieser plötzliche nationale Schulterschluss in der Kolonialfrage wurde dadurch noch enger, dass die Siegermächte ihre territorialen Ansprüche auf das deutsche Kolonialreich mit der angeblichen Unfähigkeit Deutschlands zur kulturellen und humanitären Mission in Übersee begründeten. Bereits 1916 und 1918 hatte die südafrikanische Regierung zur Untermauerung ihrer Ambitionen auf Deutsch-Südwestafrika zwei »Blaubücher« über die Untaten der Deutschen in dieser Kolonie veröffentlicht, wobei ihr natürlich die Ausrottung der Herero reichlich Stoff bot. In der so genannten »Mantelnote« der Entente vom 16. Juni 1919 schließlich, in welcher die Siegermächte die deutschen Gegenvorschläge auf die Anfang Mai überreichten Friedensbedingungen ausnahmslos abschmetterten, wurde erneut das Argument ins Feld geführt, dass schon im Interesse der Kolonisierten, die sich im übrigen selbst gegen eine Rückkehr der Deutschen ausgesprochen hätten, die deutsche Herrschaft in Übersee nicht wiedererrichtet werden dürfe.[49] Angesichts des schweren moralischen Geschützes, welches die Entente zwecks Legitimation der Wegnahme der Kolonien auffuhr und welches eine ebenso geschlossene Abwehrfront in Deutschland hervorrief, nahm es nicht wunder, dass selbst die sozialdemokratische »Volksstimme« am 27. Februar 1919 Lettow-Vorbeck freundliche Worte widmete: Sie vermutete, dass der Heimkehrer nur bis zum Ende auf die Loyalität seiner schwarzen Soldaten habe zählen können, weil er anscheinend »mit allen üblen Angewohnheiten der Eingeborenenbehandlung gebrochen« habe.

Die plötzliche allgemeine Identifikation mit dem Kolonialreich, die es in dem Maße vor dem Weltkrieg nicht gegeben hatte und die kurzzeitige Illusion im Frühjahr 1919, es als Folge eines Friedens ohne Sieger zumindest in Teilen erhalten zu können, waren letztlich Ausdruck der von den Behörden geförderten Verdrängung der Ereignisse der vorangegangenen Jahre und ihrer Ursachen: der deutschen Verantwortung am Kriegsausbruch 1914; der ambitionierten Kriegsziele des kaiserlichen Deutschlands in den vorangegangenen Jahren, die ihre deutlichste Ausprägung in dem Russland auferlegten Knebelfrieden von Brest-Litowsk fanden; schließlich der fehlenden Einsicht, dass im Herbst 1918 die deutsche Armee materiell, personell und moralisch so angeschlagen war, dass eine Niederlage bei der Fortdauer der Kämpfe unausweichlich geworden wäre.[50]

Lettow-Vorbeck warf sich umgehend nach seiner Rückkehr nach Deutschland mittels Presseinterviews für den Erhalt des deutschen Kolonialreiches in die Bresche.[51] Paradoxerweise wurde er erst nun, nach dem Verlust der Überseebesitzungen und bis in den Zweiten Weltkrieg hinein zum Propagandisten des Kolonialgedankens in der Öffentlichkeit. Dagegen hatte er bis 1918 die Kolonien nur als Feld seiner beruflichen Selbstverwirklichung im Rahmen eines im Grunde genommen auf das Reich als Kontinentalmacht ausgerichteten militärischen Denkens gesehen. Erst angesichts der an ihn als plötzliche Berühmtheit herangetragenen Erwartungen der Öffentlichkeit und aus dem Bedürfnis heraus, die in Ostafrika erbrachten Opfer nicht nachträglich als sinnlos erscheinen zu lassen, entdeckte er nun die Kolonialpolitik als Betätigungsfeld. Er wendete sich im Mai 1919 mit einem Appell an die Öffentlichkeit, schließlich wiederholte er die Argumente auch in seinen zur Jahreswende 1919/20 erscheinenden Feldzugserinnerungen. Dabei beherrschten drei Grundgedanken seine Forderung nach Rückgabe der Kolonien: Zum Einen würden die angeblich für den europäischen Frieden eintretenden Alliierten durch Wegnahme der deutschen Besitzungen in der Mitte Europas einen ständigen Unruheherd schaffen, denn die Kolonien seien das notwendige Ventil für Deutschlands angebliche Überbevölkerung, die ansonsten zu Arbeitslosigkeit und innerem Aufruhr führe. Es war ein wenig überzeugendes Argument angesichts der Tatsache, dass die seit den 1890er Jahren nachlassende Zahl von Auswanderern weiterhin ihre Zukunft vornehmlich in Nord- und Südamerika und nicht etwa den deutschen Kolonien gesehen hatten. Letztere zählten 1914 weniger als 25 000 deutsche Einwohner, also nur etwa 0,04 % der Bevölkerung des Reichs. Zweitens habe laut Lettow-Vorbeck der Krieg erwiesen, welch ungeahnten Wert vor allem Ostafrika darstelle, da es in der Lage gewesen sei, vollkommen abgeschlossen von der Außenwelt seine afrikanischen und europäischen Bewohner nicht nur zu ernähren, sondern mit den dortigen Ressourcen Krieg zu führen. Damit seien alle wirtschaftlich argumentierenden Kolonialskeptiker der Vorkriegszeit widerlegt. Schließlich sei die von den Kriegsgegnern postulierte angebliche Unfähigkeit der Deutschen zu kolonisieren vor allem durch die Treue der Askari und Träger zur Schutztruppe bis in die letzten Kriegstage widerlegt. Diese Loyalität resultiere daher, dass die deutsche Herrschaft durch ihre Gerechtigkeit und Aufbauarbeit unter den Afrikanern populär gewesen sei.[52] Gemäß dieser Lesart dürften die Kolonien schon im Interesse der Afrikaner selbst nicht anderen Mächten übertragen werden.

Während bis 1914 die Askari kaum Aufmerksamkeit in Deutschland erfahren hatten und niemand ernsthaft leugnete, dass sie schlichtweg militärische Profis waren, die gegen Sold für oder gegen jeden kämpften, wurden sie nun gegenüber einer weiteren Öffentlichkeit zu angeblich treuen deutschen Untertanen stilisiert, deren Loyalität im Weltkrieg dem Reich als vorbildlicher Kolonialmacht gegolten habe. Lettow-Vorbeck als ihr ehemaliger militärischer Kommandeur und bei weitem populärste Kolonialpersönlichkeit Deutschlands sollte zum wichtigsten Propagandisten dieses Mythos werden. Sein Bestseller »Heia Safari«, der Anfang 1920 erschien, formulierte es am Plakativsten und Massenwirksamsten: »Unsere Askaris waren jederzeit unsere Kameraden. Der Engländer, der fast nie seine Sprache spricht, tritt ihm nur als Herr gegenüber, wir Deutschen bemühten uns, die Sprache unserer Waffenbrüder zu lernen, wir hörten geduldig die längsten Reden der Neger an, der gern sein Herz ausschütten will, und sahen in ihm den getreuen Mitstreiter für Kaiser und Reich.«[53] Gegen Ende des Buches gibt es eine angebliche Ansprache einer alten »Askari-Charge«, die stellvertretend für die anderen afrikanischen Soldaten in Dar-es-Salaam den nach Europa abreisenden Vorgesetzten die folgende Botschaft mit auf den Weg gegeben habe: Die Askari hätten erlebt, wie stark Deutschland sei und wüssten daher, dass es auch in Europa unbesiegt sein müsse. »Ihr sollt wissen, dass wir Euch als unsere Herren anerkennen und dass wir wünschen, dass Ihr wiederkommt und das Land unter deutscher Regierung steht. Wir haben alle den Unterschied zwischen einst und jetzt schmerzlich empfunden und bitten Euch, uns nicht in englischer Hand zu lassen (...) In englische Dienste gehen wir nicht, die wir deutsche Soldaten gewesen sind.«[54] Auch Schnee, der ab 1919 zum aktivsten Kolonialrevisionisten wurde, bediente sich dieses Klischees. So sprach er im Vorwort seines Buches über den Ostafrikafeldzug von der »beispiellos treue(n) Haltung und willigen Hilfe unserer Eingeborenenbevölkerung, eine Haltung, welche Frucht unserer langjährigen humanen Eingeborenenpolitik in Deutsch-Ostafrika war«.[55]

Wie viele Mythen besaß auch jener der Askaritreue einen gewissen wahren Gehalt. Schließlich gab es tatsächlich einen harten, wenn auch durch Verluste und Desertionen ständig kleiner werdenden Kern von vor allem aus den Völkern der Sukuma und Njamwezi stammenden schwarzen Söldnern und Trägern, die durchgehend von 1914 bis 1918 unter Lettow-Vorbeck kämpften und ihm vermutlich auch noch weiter auf seinem Marsch nach Angola gefolgt wären. Das Verhalten der Askari erklärte sich aber nicht aus irgendeiner Anhänglichkeit der Afrikaner zur deutschen Herrschaft an sich, wie die Kolonialapologeten in Deutschland nach 1918 behaupteten, ebenso wenig wie die schwarzen Soldaten der KAR für den britischen König ins Feld zogen.[56] Letztlich war gerade die Existenz der Schutztruppe und ihre vollkommene Ausrichtung auf die Bekämpfung innerer Unruhen bis 1914 der beste Beweis dafür, dass die deutsche Herrschaft in Ostafrika und in den anderen Schutzgebieten auf Bajonetten ruhte und nicht etwa auf der Dankbarkeit und Treue der schwarzen Untertanen. Die »Anleitung zum Felddienst in Ostafrika« von 1911 für angehende Schutztruppenoffiziere machte diesen deutlich, dass man der schwarzen Bevölkerung niemals trauen könne.[57] Das Verhalten der deutschen wie britischen Askari war vielmehr typisch für Prätorianergarden und Söldnertruppen: Die Mannschaften dieser Einheiten bleiben ein zuverlässiges militärisches Instrument in den Händen ihrer Führer, wenn sie ihren Angehörigen ein Elitegefühl vermitteln, sie Vertrauen in ihr Vorgesetzten haben, weil diese ein militärisches Vorbild abgeben, die Untergebenen richtig behandeln, und wenn die materiellen Bedingungen ihrer Existenz, also regelmäßige Entlöhnung, Ernährung, Kleidung oder alternativ die Chance zum Plündern gegeben sind; schließlich auch so lange die militärischen Einsätze eine relativ hohe Chance des Überlebens bieten. Unter Beachtung dieser Grundsätze hätten die deutschen Offiziere ihre schwarzen Söldner genauso gut zu einem Putsch gegen Berlin einsetzen können.[58] Waren diese Bedingungen hingegen in den Augen der schwarzen Soldaten nicht mehr gegeben, so zögerten viele Askari nicht lieber den Dienst in den gegnerischen Formationen zu suchen.

Eine genauere Analyse von Lettow-Vorbecks verstreuten Äußerungen von 1919 zeigt im Übrigen, dass ihn im Grunde genommen die Vorurteile der Vorkriegszeit wie z. B. die angebliche Unfähigkeit der Afrikaner sich für eine höhere Sache dauerhaft zu begeistern, immer noch stärker prägten als die im Weltkrieg erfahrene Loyalität eines Teils der unter ihm dienenden Askari. Die angebliche allgemeine Treue und Anhänglichkeit der Afrikaner gegenüber ihren deutschen Herren war eine bewusst konstruierte Legende zur Verfolgung kolonialrevisionistischer Ziele, welche ihre Propagandisten selbst nicht glaubten. Sie wurde durch die rassistischen Vorurteile der ehemaligen Herren im gleichen Moment, in welchem sie diese in die Welt setzten, schon wieder dekonstruiert. So äußerte Lettow-Vorbeck in einem Interview gegenüber der »Weser-Zeitung« am 29. März 1919: »Dass der Schwarze unbedingt zuverlässig ist, kann man so allgemein nicht sagen. Darauf, was der Schwarze in seinem Innern denkt, ist noch kein Mensch gekommen. Der Schwarze ist sehr impulsiv.« In seinem Aufruf »Um Vaterland und Kolonie« sprach er letztlich den Afrikanern die Fähigkeit ab, sich eine eigene Meinung zu bilden und Loyalitäten zu entwickeln, indem er argumentierte, dass Plebiszite im Sinne des Selbstbestimmungsrechtes der Völker auf Afrikaner nicht anwendbar seien, weil sie sich stets nach dem Stärksten richten würden.[59]

Der Topos von der Treue der schwarzen Soldaten und Träger gegenüber Lettow-Vorbeck, welcher ab 1919 das vielleicht wichtigste und auf den ersten Blick schlagkräftigste Argument der Kolonialapologeten dafür wurde, dass die deutsche Herrschaft in Afrika eine gerechte, von der schwarzen Bevölkerung begrüßte und damit wiederherzustellende gewesen sei, erwies sich trotz seiner historischen Unhaltbarkeit als zählebig. Im Oktober 1966 strahlte das Erste Deutsche Fernsehen die vom Westdeutschen Rundfunk (WDR) produzierte zweiteilige Fernsehdokumentation »Heia Safari« von Ralph Giordano aus. Diese befasste sich unter Verweis u. a. auf den Massenmord an den Herero, die brutale Unterdrückung des Maji-Maji-Aufstandes und die allgegenwärtige Prügelstrafe in den Schutzgebieten erstmals auf eine breitere Öffentlichkeit abzielend kritisch mit der deutschen Kolonialvergangenheit. Der Sender erhielt daraufhin eine Flut von Briefen und Anrufen, in welchen Zuschauer gegen diese Art der Darstellung der deutschen Kolonialgeschichte protestierten. Dabei hoben vor allem ältere Zuschauer in den Zuschriften an den WDR immer wieder hervor, dass die deutsche Kolonialherrschaft doch nicht so schlecht gewesen sein könne wie in dem Zweiteiler dargestellt. »Wie wollen denn solch böswillige Hetzer erklären, dass im Ersten Weltkrieg nicht nur unsere Askari, sondern auch die einfachen Träger, auf die die Schutztruppe als einziges Transportmittel angewiesen war, zu tausenden uns bis zum letztem Tage in Not und Tod treu geblieben sind, wo ihnen oft nur ein Sprung in den Busch die Freiheit und Rückkehr in die Heimat gebracht hätte«, hieß es beispielsweise in einer Zuschrift aus Oberbayern. »Es dürfte doch wohl jedem vernünftig denkenden Menschen einleuchten, dass General von Lettow-Vorbeck mit seiner Truppe, die zum allergrößten Teil aus Eingeborenen bestand, niemals diese Taten hätte vollbringen können, wenn die Eingeborenen ihm und der deutschen Sache nicht treu ergeben gewesen wären. So wie die Eingeborenen-Truppe fühlte sich auch der weitaus größte Teil der eingeborenen Bevölkerung von Deutsch-Ostafrika den Deutschen und an ihrer Spitze dem General von Lettow-Vorbeck verbunden«, schrieb ein Zuschauer aus Duisburg.[60]

4. Übernahme in die Reichswehr

Noch am 2. März traf Lettow-Vorbeck zu einer Besprechung mit Reichswehrminister Noske zusammen. Er bot der neuen Regierung seine Dienste an. »Ich sagte ihm offen, dass dies nicht ein Aufgeben meiner bisherigen Auffassung und ein Hinneigen zur Sozialdemokratie bedeutete. Aber ich hielte es in dieser Notzeit für meine Pflicht, alle Bedenken zurückzustellen und gemeinsam Spartakus zu bekämpfen und Ordnung zu schaffen.«[61] Neben materiellen Erwägungen und dem Wunsch, den erlernten Beruf weiter auszuüben, zeugte diese Bereitschaft auch von der Auffassung, dass letztlich das Offizierskorps nach Wegfall der Monarchie vorerst die einzige Klammer sei, welche die Nation zusammenhielte und die Chance zum Wiederaufstieg Deutschlands als Großmacht verkörpere ungeachtet der jeweiligen Staatsform.[62] Dabei spielte bei Lettow-Vorbeck und anderen Offizieren die Hoffnung mit, dass die sich abzeichnende demokratische und republikanische Staatsform nur eine momentane Erscheinung bliebe, die einer autoritäreren Ordnung weichen werde, sobald die unmittelbare Gefahr eines kommunistischen Umsturzes gebannt sei, die zwar real kaum existierte, aber als Schreckgespenst durch die Köpfe der Offiziere spukte. »Jede Beschimpfung muss ertragen werden, wenn dadurch unsere Mitarbeit am Staate und unser Einfluss gesichert bleibt«, resümierte ein anderer Offizier diese Haltung.[63]

Obwohl das Gespräch vom 2. März auf eine allenfalls situationsbedingte Loyalität des Generalmajors gegenüber der entstehenden Republik deuten ließ, akzeptierte Noske das Angebot und versprach ihm, dass er nach Entlassung aus der Schutztruppe in die Reichswehr übernommen werde.[64] Am 9. März erfolgte dieser Wechsel. Die Konturen der neuen Armee wurden von der Nationalversammlung im »Gesetz über die Bildung der Vorläufigen Reichswehr« vom 6. März 1919 zunächst auf ein Jahr festgelegt. Das Gesetz gab einem Prozess Rechtsform, der faktisch bereits seit November 1918 ablief: der schrittweisen Umgestaltung und vor allem Verkleinerung des kaiserlichen, aus den Kontingenten der einzelnen Teilstaaten bestehenden Wehrpflichtigenheeres der Vorkriegs- und Kriegsjahre in eine »verreichlichte« Streitmacht von vorerst anvisierten etwa 400 000 freiwillig dienenden Soldaten. Diese Streitmacht unterstand erstmals in der deutschen Geschichte einem dem Parlament verantwortlichen Minister. Zudem sollten die individuellen Rechte und Interessen der einfachen Soldaten durch das Institut von »Vertrauensmänner« gewahrt werden, welche die seit November 1918 etablierten, von den Offizieren aufs Heftigste abgelehnten Soldatenräte ablösten.[65]

Angesichts der Tatsache, das allein das Friedensheer des Reiches 1914 ungefähr 800 000 Soldaten umfasst hatte und das Offizierskorps des im Kriege mobilisierten

Millionenheeres beim Waffenstillstand auf etwa 35 000 aktive Offiziere (neben fast 170 000 Reserveoffizieren) angeschwollen war, konnte Lettow-Vorbeck sich glücklich schätzen seine militärische Weiterbeschäftigung trotz des gewaltigen Überhanges von Offizieren vorerst gesichert zu haben. Es war keineswegs so, dass Lettow-Vorbeck im Kriege eine kometenhafte militärische Karriere gemacht hatte, die ihn von anderen Offizieren heraushob. Auch Victor Francke, der letzte Kommandeur der Schutztruppe von Deutsch-Südwestafrika, avanciere, obwohl die dortigen Einheiten schon nach einem Jahr kapitulierten, ob seiner Verdienste im Krieg vom Major zum Oberst, ebenso Karl Zimmermann, der die Verteidigung Kameruns geleitet hatte. Im Zweiten Weltkrieg erlebten einzelne Soldaten vor allem nach dem von Hitler im Herbst 1942 proklamierten »Leistungsprinzip« fünf oder mehr Beförderungen, insbesondere wenn sie dem Ideal des bedingungslosen nationalsozialistischen Kämpfers entsprachen wie etwa Ferdinand Schörner, der es zwischen 1939 und 1945 vom Hauptmann zum Feldmarschall brachte oder Harald von Hirschfeld, der vom Leutnant zum Generalmajor avancierte. Zwischen 1914 und 1918 hingegen wurde im Wesentlichen nach Dienstalter befördert. Dies hatte zur Folge, dass ein Offizier selbst im Falle herausragender Leistungen nur in ganz wenigen Fällen um mehr als zwei Dienstgrade aufstieg. Unter den 149 Generalmajoren der Infanterie, die das kaiserliche Heer 1918 zählte, waren 80 wie Lettow-Vorbeck bei Kriegsausbruch Oberstleutnant gewesen, 68 hatten lediglich die Beförderung vom Oberst zum Generalmajor geschafft. Allerdings war Lettow-Vorbeck bereits nach 30 Dienstjahren Generalmajor geworden, während seine Kameraden im gleichen Dienstrang 1918 dafür durchschnittlich etwa 35 Jahre gebraucht hatten.[66] Er war zudem wesentlich höher dekoriert worden als die meisten anderen Generalmajore. Dennoch: Einzig die besonderen Umstände des ostafrikanischen Kriegsschauplatzes und die Länge des Feldzuges hoben ihn wesentlich von den Offizieren seines oder sogar höherer Ränge ab, obwohl er faktisch wesentlich weniger Soldaten kommandiert hatte als ein Offizier in seinem Rang an den Fronten Europas. Wäre er hingegen 1914 in Deutschland als Oberstleutnant vom Kriegsausbruch überrascht worden, hätte ihn seine weitere Karriere vielleicht auch in den Rang eines Generalmajors getragen. Er wäre wahrscheinlich aber ein weitgehend unbekannter Brigade- oder Divisionskommandeur an der West- oder Ostfront geblieben. Seine Befehlsgewalt wäre zudem von den rangniedrigeren, direkt der OHL zuarbeitenden Generalstabsoffizieren beschnitten worden, büßten doch praktisch alle Regiments- und Divisionskommandeure diese im Laufe des Kriegs ein.[67]

Der Reichswehrminister zeigte keine Vorbehalte gegen Offiziere der alten Armee, die sich offen zu ihrer reaktionären Einstellung bekannten. Er hielt diese für persönlich integerer als plötzliche Konvertiten zur Demokratie.[68] Noske wollte auch, wie er in einem Erlass an die Reichswehr im Juli 1919 verkündete, nicht die Fehler des alten Systems wiederholen, welches fähige Soldaten von einer Karriere nur wegen ihrer politischen – sprich sozialdemokratischen – Gesinnung ausgeschlossen hatte.[69] Einzige Richtschnur für die Übernahme von Offizieren der alten Armee in die Reichswehr in den folgenden Monaten bildete die militärische Kompetenz, nicht etwa die politische Zuverlässigkeit.[70] Zudem gab sich Noske dem Glauben hin, dass die vormals kaiserlichen Offiziere durch eine gedeihliche Zusammenarbeit mit der neuen Regierung, die ebenso an »Ordnung«, d. h. an der Bekämpfung von Aufständen und dem Ende der Rätebewegung interessiert war, doch eines Tages ihre reservierte Haltung ablegen würden. Weil Lettow-Vorbeck 1919 neben Hindenburg und Mackensen der wohl populärste Heerführer war, hoffte Noske, durch Übernahme dieser Person in die Reichswehr einen Teil ihres Glanzes auch auf die im Entstehen begriffene republikanische Reichswehr und damit das neue Regime als Ganzes übertragen zu können. Schließlich wäre auch Deutschlands mehr oder weniger einmütiges Eintreten für die Rückgabe seiner Kolonien im Frühjahr 1919 unglaubwürdig gewesen, wenn es zugleich seinen bekanntesten Kolonialoffizier verabschiedet hätte, zumal Noske schon vor 1914 zu jener wachsenden Minderheit innerhalb der SPD gehört hatte, die zwar die Kolonialpraxis kritisierte, aber nicht mehr die Notwendigkeit und Berechtigung zur Kolonisation an sich. So nahm es nicht wunder, dass sich Noske Ende März, als in der Presse Lettow-Vorbecks Ansprache in Rotterdam auf dem »Bierabend« des Deutschen Vereins bekannt geworden war, im Reichskabinett und in der Nationalversammlung ausdrücklich hinter den Generalmajor stellte.[71]

Lettow-Vorbeck begab sich auf Befehl Hindenburgs am 6. März nach Kolberg in Pommern, von wo die OHL die Operationen der deutschen Truppen und Freikorps im Baltikum gegen die Rote Armee und die Grenzkämpfe gegen die Einheiten des wiedererstandenen polnischen Nationalstaates leitete. Er erwartete daher einen Einsatz im Osten. In Kolberg traf er Hindenburg zum ersten Mal. Der Feldmarschall machte auf ihn den Eindruck einer starken, unerschütterlich ruhigen und großen Persönlichkeit, die Kraft, Zuverlässigkeit und Vertrauen ausstrahlte.[72] Lettow-Vorbeck, der so lange ohne Unterstützung in Ostafrika durchgehalten hatte, verlangte dort von der formal höchsten militärischen Autorität eine Erklärung dafür, wie es zum Zusammenbruch der Armeen im Herbst im Herbst 1918 habe kommen können. Major Kurt von Schleicher, der spätere Reichskanzler, und Groener erklärten ihm, dass eine Fortführung der Operationen unmöglich geworden sei, weil schließlich selbst die zuverlässigsten Truppen ihren Offizieren entglitten seien – ein Eingeständnis, dass letztlich das Kaiserreich im Herbst 1918 militärisch am Ende war. Der Kolonialoffizier wollte, wie er in seinen Memoiren schrieb, diese Erklärung nicht glauben.[73] Es fiel ihm schwer, diese zu akzeptieren angesichts seines eigenen Ausharrens in Afrika unter vermeintlich viel schwierigeren Bedingungen. Zudem stellte die Erklärung des Zusammenbruchs durch eine Art Dolchstoß, die er ja schon bei der Ankunft in Europa von der konservativen Presse präsentiert bekommen hatte, letztlich auch die bequemere dar, verlagerte sie doch die Verantwortung der Niederlage von der militärischen Führung auf andere Schultern. In der Verdrängung der wahren Ursachen für den Waffenstillstand stand Lettow-Vorbeck unter den hohen Offizieren nicht allein. Selbst viele der an der Westfront eingesetzten Generäle wollten sie nicht wahrhaben, wie Groener 1922 schrieb: »Es kam ihnen nicht zu Bewusstsein, dass eine Ablehnung des Waffenstillstandes innerhalb ganz kurzer Zeit zu der größten militärischen Niederlage der Weltgeschichte geführt hätte, und zwar zu einer rein militärischen Katastrophe in dem Raume zwischen Mosel, Rhein und der belgischen Grenze.«[74]

Entgegen seiner Erwartung schickte man Lettow-Vorbeck Ende März nach Berlin und nicht ins Baltikum. Die nächsten drei Monate verbrachte er in Wannsee, wo sich der Divisionsstab der von ihm aufzubauenden »Freiwilligen-Division von Lettow-Vorbeck« befand. Sie bildete eine der drei Divisionen des etwa 40 000 Mann zählenden Garde-Kavallerie-Schützen-Korps, welches seit seinem Einsatz in den Berliner Märzkämpfen die zentrale Eingreifreserve der Regierung darstellte um Aufstände im Reich niederzuwerfen. Lettow-Vorbecks Division setzte sich hauptsächlich aus Freikorps zusammen: drei Marinebrigaden zu jeweils zwei Regimentern, darunter die in mehrere Bürgerkriegseinsätzen erprobte, berüchtigte Brigade Ehrhardt, die ein Jahr später zur Speerspitze des Kapp-Lüttwitz-Putsches werden sollte, sowie einem ebenfalls im Frühjahr formierten Schutztruppen-Regiment aus ehemaligen Kolonialsoldaten.[75]

Das Garde-Kavallerie-Schützen-Korps unter Generalleutnant Heinrich von Hofmann unterstand zusammen mit anderen Einheiten in den Kerngebieten Preußens General Lüttwitz, dem nach Hindenburg ranghöchsten und dienstältesten Offizier der Reichswehr. Hofmanns Korps bildete nicht nur die Schutzgarde für die Regierung Ebert-Scheidemann. Es stellte zugleich auch ihre potentiell größte Bedrohung dar: Die Mischung aus durch ständige Entlassungen schrumpfenden Einheiten der alten Armee und neu aufgestellten Freikorps aus demobilisierten Soldaten, aber auch bislang ungedienten Studenten und Gymnasiasten wurde durch eine systematisch betriebene Personalpolitik und politische Schulung des auf Umsturz sinnenden ersten Generalstabsoffiziers des Garde-Kavallerie-Schützen-Korps, Hauptmann Waldemar Pabst, zum Sammelbecken antirepublikanischer, rechtsradikaler Kräfte.

Die Bestrebungen Pabsts und anderer zumeist jüngerer Offiziere des Korps zielten vor allem in den Wochen zwischen Bekanntgabe der Friedensbedingungen am 7. Mai 1919 durch die Entente und der Abstimmung in der Nationalversammlung über deren Annahme am 23. Juni darauf ab, die gewählte Regierung Scheidemann durch eine den Anliegen der Armee wohl gesonnene, auf militärischen Widerstand statt Unterzeichnung des Friedensvertrags abstellende Noske-Diktatur zu ersetzen. Sie waren dagegen nicht vorrangig an einer Restauration der Monarchie interessiert.[76] Der Reichswehrminister galt den Offizieren trotz seines sozialdemokratischen Hintergrundes als »starker Mann«, der sich für die Belange der Militärs einsetzte und, wie die Ereignisse der letzten Monate u. a. in Berlin, Bremen und München gezeigt hatten, nicht davor zurückschreckte bei Unruhen den Militärs weitgehend freie Hand zu lassen. Zugleich bot sein sozialdemokratischer Hintergrund den Vorteil, zumindest den Anschein einer »populären« und nicht rein reaktionären, die Massen abschreckenden Diktatur zu erwecken.[77]

5. Hoffnungsträger der Rechten

Ab März 1919 begann Lettow-Vorbeck in Deutschland gegen Eintrittsgeld öffentliche Vorträge über seine Erlebnisse in Afrika zu halten. Diese, die hunderte, teilweise tausende von Zuschauern anlockten, beschränkten sich zwar im Wesentlichen auf eine Darstellung des Feldzuges. Sie endeten mit der allgemein gehaltenen Aufforderung, die Deutschen dürften trotz der schwierigen Verhältnisse nicht verzweifeln, sondern müssten sich auf ihre traditionellen Tugenden und Werte besinnen, denn dann gelinge der nationale Wiederaufstieg. Sie vermittelten dennoch Teilen der Öffentlichkeit den Eindruck, dass es sich bei dem Offizier um eine populäre Persönlichkeit handele, die womöglich zu mehr als einer Generalskarriere berufen sei. Die stereotype und unkritische Charakterisierung des Offiziers in der Presse als in seinen Vorträgen geistreich, jung und dynamisch, soldatisch-straff und mit fester Kommandostimme daherkommend[78], lenkte die Blicke der potentiellen Rechtsputschisten, die auf der Suche nach einer energischen und populären Führerfigur waren, auf Lettow-Vorbeck als Alternative zu dem sich spröde zeigenden Noske. Seit Frühjahr fiel daher gelegentlich sein Name als möglicher Führer eines rechtsradikalen Umsturzes und vorübergehender autokratischer Herrscher. Schon am 14. März 1919 schrieb die Zeitschrift »Hamburger Warte« unter dem Titel »Wir brauchen einen Diktator«, Lettow-Vorbeck sei der Mann, dem alle Parteien zujubelten, der ruhmgekrönt, unbesiegt, tapfer, unerschrocken und unerbittlich sei. »Dieser Mann ist wie kein anderer vorherbestimmt, Deutschlands Diktator zu werden. Lettow-Vorbeck sei unser Führer im Kampf gegen Russlands Horden und unser Heimat namenlose Banditen.« »Es wird von der Diktatur Noskes gesprochen, auch von Lettow«, schrieb Wolfgang Kapp, der seinerseits die antirepublikanischen Kräfte zu einem Umsturz zu sammeln suchte, am 21. Mai 1919 in einem Brief an einen Mitverschwörer. Die KPD hingegen warnte in einem Aufruf vom Juni 1919 vor der Militärdiktatur »Lettow-Vorbeck oder Maerker-Lüttwitz, vielleicht auch eines Ludendorff« als letzter Ausweg der Bourgeoisie gegen die »unausbleibliche Arbeiterrevolution«.[79] Die USPD-nahe »Freiheit« berichtete am 21. Juni 1919, Lettow-Vorbeck sammele sowohl Truppen um die Monarchie wieder herzustellen wie auch Polen anzugreifen. Im Frühjahr 1920 schließlich, als die rechts stehende Opposition anfing sich Hoffnungen auf eine baldige Auflösung der Nationalversammlung und Wahlen für den Reichstag und das Amt des Reichspräsidenten zu machen, kam erneut der Name des Generalmajors als möglicher Kandidat der Rechten für das Amt des durch Volkswahl zu bestimmenden Staatsoberhauptes auf.[80]

Diese sich auf Lettow-Vorbeck konzentrierenden Hoffnungen bzw. Befürchtungen, die im Mai und Juni 1919 ihren Höhepunkt erreichten, waren nicht etwa die Folge von tatsächlichen Bestrebungen Lettow-Vorbecks in diese Richtung – so lehnte er entsprechende Avancen von Pabst, Führer eines Putsches zu werden, ab, ebenso jene Kapps.[81] Auch wenn ihm die neuen Verhältnisse missfielen, war er als Nur-Militär nicht der Mann, der politisch die Initiative ergreifen oder unbedingt ein herausgehobenes politisches Amt bekleiden wollte. Die teilweise putschbereiten, politisch radikalisierten jüngeren Offiziere und Freikorpsführer wie Korvettenkapitän Hermann Ehrhardt, Führer der gleichnamigen Marinebrigade, dachten weniger formalistisch als die stärker durch das Kaiserreich denn durch das Kriegerlebnis sozialisierten älteren Offiziere, zu denen Lettow-Vorbeck zählte. Die jüngere Generation leitete ihre Autorität nicht so sehr aus ihrem militärischen Rang ab, sondern aus einer persönlichen Bindung zwischen ihnen und ihren Untergebenen.[82] Lettow-Vorbeck dagegen war als Soldat, der durch eine Kombination von Dienstalter, Leistung und Protektion schon vor 1914 systematisch entscheidende

Stufen der Karriereleiter erklommen hatte, zu sehr auf die Einhaltung etablierter militärischer Hierarchien fixiert. Diese formalistische Einstellung verbot es ihm, wie er im Juli Kapp klar machte, sich selbst an die Spitze eines Militärputsches zu stellen, der ranghöhere Offiziere wie Lüttwitz, Groener und Hindenburg vor einen Fait accompli gestellt hätte.[83]

Die gelegentliche Nennung seines Namens im Zusammenhang mit Putschabsichten oder vorgezogenen Wahlen zeugte eher von der Tatsache, dass er vorübergehend zum Idol der konservativen und antirepublikanischen Kräfte bzw. zum Schreckgespenst der extremen Linken geworden war, die dem angeblich kühnen und unbeugsamen Ostafrikaveteranen einen Umsturzversuch zutrauten. In einer Zeit, in welcher viele Menschen ihre Verzweiflung über die politischen und ökonomischen Zustände teilweise durch eine Flucht in völkische, antisemitische oder linksradikale Utopien und Verschwörungstheorien, aber auch in den Okkultismus zu bewältigen suchten und bereitwillig politischen Demagogen, »Inflationsheiligen« und Predigern alternativer Lebensformen folgten, erschien nicht nur den rechten Putschplanern Lettow-Vorbeck trotz dessen beschränktem politischen Horizonts und der wenig charismatischen Ausstrahlung als eine mögliche Erlösergestalt, als eine Person, die Halt in einer ins Wanken geratenen Welt gab: »Die verschiedensten Leute, Philosophen und Weltverbesserer, suchten mich auf und schienen zu glauben, dass ich für alle möglichen Nöte ein fertiges Rezept hätte.«[84]

6. Der Offizier als Autor

Während seiner Zeit in Wannsee unterschrieb Lettow-Vorbeck mit dem Leipziger Verlagshaus K. F. Koehler, das neben dem in Berlin angesiedelten Verlag E. S. Mittler führend in der Vermarktung der Kriegserinnerungen von Offizieren des Weltkriegs war, einen Vertrag über die Veröffentlichung seiner Ostafrikaerinnerungen. Lettow-Vorbeck hatte ursprünglich nicht vorgehabt seine dortigen Erlebnisse zu publizieren.[85] Als Offizier sah er den Krieg wie Generationen zuvor in seiner Familie als eine gleichsam natürliche berufliche Bestimmung und nicht als einen der Nachwelt zu dokumentierenden Ausnahmezustand an. Dies zeigte sich auch an seinem Vokabular, bezeichnete er den Krieg doch gelegentlich als »Tätigkeit« oder »Handwerk«. Zudem war er vor 1914, anders als sein Bruder Friedrich, nicht publizistisch in Erscheinung getreten. Erst die verschiedenen, wiederholten Angebote der Verlage bewirkten einen Sinneswandel. Die Vereinbarung stellte aber nichts Außergewöhnliches dar, denn unmittelbar nach Kriegsende kam es zu einer wahren Veröffentlichungsflut autobiographischer Schriften hoher Militärs des Kaiserreichs.[86] Diese wollten sich für ihr Verhalten im Krieg rechtfertigen. Außerdem bestand in der breiteren Öffentlichkeit ein verständliches Bedürfnis, hinter die Kulissen der politischen und militärischen Entscheidungen zu blicken und zu verstehen, wie es zur Katastrophe hatte kommen können. Autobiographisch gefärbte Schilderungen der Hauptakteure versprachen den schnellsten und vermeintlich authentischsten Zugang. So erreichten Ludendorffs 1919 veröffentlichte Kriegserinnerungen innerhalb von drei Jahren acht Auflagen, und Großadmiral Alfred von Tirpitz' Weltkriegsmemoiren verkauften in weniger als zwei Jahren 100 000 Exemplare.[87]

Im Falle Lettow-Vorbecks plante der Koehler-Verlag zwei parallel erscheinende Bücher: das mehr auf ein interessiertes Fachpublikum abzielende Werk »Meine Erinnerungen aus Ostafrika« sowie eine gekürzte, umgearbeitete »Volksausgabe« mit dem Titel »Heia Safari«, was auf Suaheli soviel bedeutet wie »Wir gehen auf eine Reise«.[88] Der Generalmajor besaß bislang im Schreiben von Büchern keine Erfahrung. Zudem fehlten ihm persönliche Aufzeichnungen aus dem Feldzug, denn diese hatte er im August 1916 vergraben um sie nicht in gegnerische Hände fallen zu lassen. Der Verlag stellte daher den Historiker Fritz Kern an, um bei der Recherche und der Abfassung zu helfen.[89]

Kern war Professor für Mediävistik in Frankfurt am Main, doch auch als politischer Publizist im Ersten Weltkrieg im Auftrage des AA hervorgetreten. Er hatte zuvor für den Koehler-Verlag Tirpitz bei der Abfassung von dessen Erinnerungen unter die Arme gegriffen, die im Frühjahr 1919 erschienen. Wie die meisten damaligen deutschen Historiker sah er seine Aufgabe nicht so sehr darin, die zum Weltkrieg führenden und im Weltkrieg getroffenen Entscheidungen der deutschen Seite akkurat nachzuzeichnen und die Ursachen für diese zu benennen. Kern setzte wie andere Kollegen der Zunft seine Reputation und sein Können u. a. als wissenschaftlicher Berater, Rechercheur und Ghostwriter der nunmehr zu Schriftstellern mutierten Offiziere vielmehr dafür ein, im Verein mit diesen das Reich und damit die alte militärische Führungsschicht nach Möglichkeit vom Vorwurf der Kriegsschuld zu entlasten, mehr noch, diese möglichst den gegnerischen Mächten anzuhängen. So wurde in Tirpitz' Memoiren die Hauptverantwortung für den Kriegsausbruch auf Großbritannien abgewälzt, das sich nicht mit einer starken deutschen Flotte habe abfinden können.[90] Lettow-Vorbecks »Erinnerungen« sprechen zwar die Frage der Kriegsursache und Kriegsschuld nicht direkt an. Sie lassen aber durch Details wie den angeblich überall spionierenden Konsul King und das vermeintlich schon im Juni 1914 unter den Afrikanern kursierende Gerücht, die deutsche Herrschaft werde bald durch die britische ersetzt, beim Leser den Eindruck entstehen, das Vereinigte Königreich habe schon vor August 1914 verdeckt Vorbereitungen für eine Invasion Deutsch-Ostafrikas getroffen. Die deutschen Zivilbehörden im Reich wie vor Ort dagegen seien »naiv« von einem weiterhin friedlichen Nebeneinander der britischen und deutschen Besitzungen ausgegangen.[91]

Das von Lettow-Vorbeck und Kern erstellte Erinnerungsmanuskript wurde im August 1919 wie mit dem Koehler-Verlag abgesprochen vom letzten Adjutanten des Generalmajors während des Ostafrikafeldzuges, dem nun wieder in Dachau lebenden Maler, Bildhauer und Hauptmann der Reserve Walter von Ruckteschell sprachlich und inhaltlich zur »Volksausgabe« umgearbeitet. Diese wendete sich an die männliche Jugend, denn es wird im Buch ständig an die »Jungs« oder »deutschen Jungen« appelliert. Ruckteschell gestaltete auch den Einband von »Heia Safari« und lieferte für beide Bände die Illustrationen.[92]

Beide Manuskripte entstanden also mit Hilfe von Koautoren. Zudem besaß der Verlag offenbar konkrete Vorstellungen, wie ein Weltkriegsmemoiren-Bestseller auszusehen habe und welche patriotischen Botschaften ein solcher enthalten solle.[93] Es ist daher nicht mehr eindeutig feststellbar, in welchem Maße die beiden Werke tatsächlich Lettow-Vorbecks Denken und Handeln oder die von ihm gewünschte, der Nachwelt zu überliefernde Interpretation der Vorgänge in Ostafrika darstellten, und inwiefern die Texte durch Eingriffe Dritter verfremdet wurden. Auf jeden Fall stand Lettow-Vorbeck mit seinem Namen für den Inhalt beider Bücher ein, und sein Name garantierte den Verkaufserfolg.

»Heia Safari« ist kürzer als »Meine Erinnerungen aus Ostafrika«. Die einzelnen militärischen Operationen und die ihnen zu Grunde liegenden taktischen und strategischen Erwägungen finden weniger Berücksichtigung in der Volksausgabe. »Heia Safari« widmet dagegen der Beschreibung von Landschaft, Natur, Sitten und Gebräuchen der schwarzen Bewohner Ostafrikas mehr Raum. Beide Bücher verherrlichen den Krieg, was sich u. a. in der verharmlosenden Sprache äußert: Es wird kaum gestorben, sondern Truppen befinden sich höchstens in »unangenehmen Situationen«, Soldaten werden durch gegnerisches Feuer »belästigt« oder »unangenehm gezwickt und gezaust«. Die angebliche Freiheit des Landserlebens, die erfahrene Kameradschaft, aber auch durch die Ritterlichkeit, mit der beide Seiten kämpften, wiegen die Gefahren mehr als auf: »Nun Jungs, uns ging es gut; denn wir kämpften für eine große Sache, und jeder sehnt sich heute zurück nach diesen interessanten Zeiten, wenn sie auch beschwerlich waren. Darum erst recht denken wir unser Leben lang gern daran.«[94]

Krieg in der von Lettow-Vorbeck und dem Koehler-Verlag präsentierten Version ist ein rein auf das Schlachtfeld bezogenes Ereignis getreu der Offiziersausbildung der Vorkriegszeit. Fragen der wirtschaftlichen Mobilmachung, der politischen Wirkung des Krieges, aber auch das Leiden der Zivilbevölkerung werden ausgeklammert. Der Kampf ist eine Daseinsform für sich, welcher eine Art von Ästhetik angedichtet wird: »Prachtvoll war es anzusehen, wie unsere Askari zugweise vorstürmten, die Maschinengewehre in Stellung brachten und den Feind reihenweise niedersäbelten.«[95] Siegreich bleibt in den Büchern derjenige, der den Willen zum Sieg besitzt ungeachtet des Kräfteverhältnisses hinsichtlich Personal und Material. Selbst wenn ein Kampf aussichtslos erscheint, gibt es keinen Ausweg, denn, so heißt es in »Heia Safari«: »Ein Deutscher weicht nicht, ein Deutscher ergibt sich nicht, ein Deutscher kämpft bis zum Ende.«[96] Während in »Meine Erinnerungen« dem Feldzug in Ostafrika immerhin der höhere strategische Sinn angedichtet wird, damit britische Truppen vom Einsatz in Europa abgehalten zu haben, zielt »Heia Safari« eher auf die geistige Mobilisierung der Jugend ab, die schlichtweg darauf vorbereitet werden soll, im nächsten Krieg ihr Leben zu opfern: »Es ist wahr, das Wort, Ihr, meine lieben deutschen Jungen, das kann ich Euch bezeugen aus der Erfahrung Eurer Brüder und Freunde, die für Euch gefallen sind: Süß und ehrenvoll ist es, für das Vaterland zu sterben.«[97]

Beide Bücher erschienen im Januar 1920 und wurden umgehend Verkaufserfolge. »Meine Erinnerungen aus Ostafrika« verkaufte innerhalb von zwei Jahren 50 000 Exemplare. Die Gesamtauflage des bis in den Zweiten Weltkrieg in Deutschland vertriebenen Werkes betrug etwa 72 000 Stück. Schon im März 1920 kam die englische Übersetzung heraus. Die »Times« begann am 26. Januar einen mehrteiligen Vorabdruck ausgewählter Passagen des Buches unter dem Titel »Von Lettow's

Story«. Die bei weitem renommierteste britische Zeitung hielt zum Auftakt der Serie geradezu eine Laudatio auf den Autoren: »Unter den Kriegsberichten der deutschen Kommandeure stellt General von Lettow-Vorbecks Darstellung wie auch der Autor selbst eine Klasse für sich dar. Kein anderer deutscher Führer zeigte solch eine unerschöpfliche Energie und einen so unbeugsamen Willen (...) Von Lettows Hartnäckigkeit, die Weise, auf welche er sich immer wieder den bestens durchdachten Planungen seiner Gegner entzog, während er ihnen zugleich clevere und schwere Schläge zusetzte, die tausende von Meilen, die er durchquerte um der Gefangennahme zu entgehen, sicherten ihm die Anerkennung seiner Gegner und er wurde eine beinahe populäre wie auch legendäre Figur in den Augen der britischen Öffentlichkeit.« 1933 erfolgte eine Übersetzung der Erinnerungen ins Französische. In der Sowjetunion existierte ferner in der Zwischenkriegszeit eine nicht lizenzierte Ausgabe mit einem speziellen Vorwort, welche der Roten Armee als eine Art Leitfaden für den Kleinkrieg diente, wie Lettow-Vorbeck nach dem Einfall der Wehrmacht in die UdSSR erfuhr, die dort Exemplare erbeutete. »Heia Safari« erzielte in Deutschland eine Gesamtauflage von etwa 280 000 Exemplaren. Das Buch war bis Anfang der fünfziger Jahre in der Bundesrepublik erhältlich. Es gab 1921 eine schwedische und 1933 eine italienische Ausgabe.

Parallel zur Entstehung der Lettow-Vorbeck-Memoiren schrieb mit Schnee auch der zweite deutsche Protagonist in Ostafrika an seiner Version der Ereignisse. Diese erschien im Dezember 1919 unter dem Titel »Deutsch-Ostafrika im Weltkrieg – Wie wir lebten und wie wir kämpften« im Leipziger Verlag Quelle & Mayer. Schnees Veröffentlichung erreichte nicht annähernd die Auflage von Lettow-Vorbecks Werk. Es kam weder als Volksausgabe auf den Markt, noch wurde es übersetzt. Es vermittelt dem Leser ungeachtet der auch in diesem Werk klar zu Tage tretenden kolonialapologetischen, jedoch nicht kriegsverherrlichenden Tendenz ein wesentlich umfassenderes, klareres und zu einem gewissen Maße abgewogeneres Bild der Vorgänge auf deutscher Seite als die Bestseller des Generals. Zum einen erwies sich Schnee als akademisch gebildeter, bereits vor 1914 tätiger Autor mit einem großen Wissen bezüglich Ostafrikas und der Grundlagen deutscher Kolonialpolitik schlichtweg als besser qualifiziert, ein Buch über die Ereignisse in Deutsch-Ostafrika zu schreiben als der bis dahin publizistisch unerfahrene und einseitig militärisch ausgerichtete Offizier. Zum Zweiten versuchte Schnee – letztlich vergeblich – den Kampf um Deutsch-Ostafrika der Öffentlichkeit nicht nur als eine rein militärische Auseinandersetzung darzustellen, sondern auch als eine erfolgreich bestandene Aufgabe der Zivilverwaltung unter seiner Führung, die einerseits die Kriegswirtschaft organisieren musste und andererseits die schwarze Bevölkerung nicht überfordern durfte, um keine Aufstände zu provozieren. Damit habe sie genauso lange zum Durchhalten der Kolonie beigetragen wie die Schutztruppe.[98]

Im Mai 1919 hatte sich der Gouverneur in einem Geheimbericht an das RKM über das Verhalten des Kommandeurs während des Krieges beschwert. Schnee kritisierte Lettow-Vorbecks Schroffheit, Halsstarrigkeit, militärische Einseitigkeit, die mangelnde Fähigkeit zur Aufgabendelegation und dessen Anflüge von Größenwahn als Folge »steigender tropischer Nervosität« und den zahlreichen, einzig dem Kommandeur zu Gute kommenden kaiserlichen Gunstbeweisen. Die Folgen hätten sich in Lettow-Vorbecks Rücksichtslosigkeit gegen die schwarze Bevölkerung und gegenüber schwerkranken Deutschen geäußert, die gezwungen worden seien mit der Schutztruppe weiter zu marschieren, schließlich in der Ignorierung des Gouverneurs als Vorgesetzten.[99] Das RKM als kurzzeitige republikanische Nachfolgeinstitution des RKA legte Schnee allerdings nahe, »aus patriotischen Gründen« von einer Verfolgung der Sache abzusehen. In den schweren gegenwärtigen Zeiten habe die Verteidigung Deutsch-Ostafrikas und die Rückkehr der unbesiegten Truppen einen »Lichtblick« für die Nation dargestellt, der durch solche Enthüllungen getrübt werden könne, womit weder dem Kolonialgedanken noch dem Volke gedient sei.[100] Schnee beherzigte diesen Wunsch in seinem entstehenden Buch. Im Gegensatz zu Lettow-Vorbeck, in dessen »Erinnerungen« es immer wieder Seitenhiebe gegen die angeblich zu schwerfällig und formalistisch agierende Zivilverwaltung und den militärisch unerfahrenen und zögerlichen Gouverneur gab, enthielt sich Schnee der Kritik an seinem ehemaligen Untergebenen.

Nach Veröffentlichung der »Erinnerungen« legte die Reichsregierung Lettow-Vorbeck nahe aus zukünftigen Auflagen die abfälligen Passagen über die Zivilverwaltung zu tilgen[101], doch kam der Offizier diesem Wunsch nicht nach. Die Kritik an Zivilbehörden war schließlich nicht nur ein Charakteristikum von Lettow-Vorbecks Buch, sondern ein Topos in den Memoiren praktisch aller hohen kaiserlichen Offiziere. Diese wollten mit dieser Art der Vergangenheitsdeutung die Verantwortlichkeit für die Niederlage vom Militär abwälzen.[102] Der Versuch des ehemaligen Staatssekretärs des RKA, Solf, seinem Freund Schnee beizustehen indem er versuchte, die einseitige öffentliche Wahrnehmung der Verantwortlichkeiten während des Krieges in Deutsch-Ostafrika durch eine stärkere Hervorhebung der Leistungen des Gouverneurs auszubalancieren, verhallte weitgehend ungehört.[103] Für die Öffentlichkeit blieb Lettow-Vorbeck der »heldenhafte« Verteidiger Deutsch-Ostafrikas, der gemäß der Lesart seiner Memoiren eher trotz, nicht dank der Zivilverwaltung so lange Widerstand hatte leisten können.

7. Herrscher Hamburgs

Ende Juni erhielt Lettow-Vorbeck den Auftrag Hamburg zu besetzen. Er wurde für einige Wochen faktisch zum Herrscher der zweitgrößten Stadt des Reiches. Die Hansestadt sah sich in den ersten Monaten nach dem Krieg besonderen Problemen gegenüber wieder wirtschaftlich auf die Beine zu kommen. Die anhaltende alliierte Seeblockade, die erst im Sommer 1919 aufgehoben wurde, das Ende der Bautätigkeit für die Marine, die Auslieferung der Handelsflotte an die Entente und der Verlust der Kolonien erwiesen sich als schwere Hypothek für eine Stadt, die zu einem nicht unerheblichen Teil vom Hafen, den Werften und den Handelskontoren lebte. Dem Mangel an Aufträgen für die Wirtschaft stand eine wachsende Zahl von Männern gegenüber, die seit dem Ende des Krieges im November 1918 in die Stadt geströmt war. Dabei handelte es sich nicht nur um demobilisierte Soldaten aus Hamburg, sondern auch aus anderen, ländlichen Gebieten des Reichs, die auf der

Suche nach Beschäftigung und angelockt von den generell besseren Unterstützungsleistungen in den Städten sich dort sammelten. In der Elbmetropole, mehr noch als in den meisten anderen Großstädten Deutschlands, herrschte daher im Frühjahr 1919 eine gespannte Stimmung, die sich wiederholt in Plünderungen und Straßenschlachten entlud. In diesem Zustand der allgemeinen Unzufriedenheit, Verarmung und Unterbeschäftigung, aber auch der kursierenden Gerüchte über Kriegsgewinnler und Schieber, die für die Misere verantwortlich seien, reichte ein Funke, um die Situation außer Kontrolle geraten zu lassen.[104]

Am 23. Juni 1919 kam in der Stadt das Gerücht auf, dass in den Fleischkonserven der Firma Heil Ratten verarbeitet worden seien. Eine aufgebrachte Menschenmenge zog vor die Fabrik, misshandelte den Besitzer und schmiss ihn schließlich in die Alster. Andere vermeintliche Verantwortliche des angeblichen Lebensmittelskandals wurden auf dem Rathausmarkt malträtiert. Der Senat zögerte zunächst seine provisorischen Sicherheitskräfte einzusetzen. Im Kaiserreich war überall in Deutschland das Militär Rückgrat zur Aufrechterhaltung der öffentlichen Ordnung gewesen, während der Hamburger Senat und andere Stadtregierungen kaum über Polizeieinheiten verfügten. In der sich etablierenden Republik hingegen fiel das Militär durch die Revolution und die Demobilisierung mehr oder weniger als lokaler Ordnungsfaktor aus. Eine für den Fall innerer Unruhen verlässliche und personell entsprechend starke Polizei existierte aber noch nicht. Als Übergangslösung griff man in der Hansestadt auf milizartige Zeitfreiwilligeneinheiten, Einwohner- und Volkswehren zurück, deren Loyalität und Effizienz aber im Falle größerer Unruhen zweifelhaft waren. Als schließlich am 24. Juni das Bahrenfelder Freiwilligenbataillon, das aus Ex-Offizieren und Studenten bestand und ähnlich den Freikorps der Reichsregierung dem Hamburger Senat trotz der eher rechtsgerichteten politischen Einstellung seiner Angehörigen als einzig verlässliche Einheit galt[105], aus dem gleichnamigen bürgerlichen Vorort in die Innenstadt vorrückte und den Rathausmarkt besetzte, wurden sie von der wütenden, meist aus den Arbeitervierteln stammenden Menschenmenge angegriffen. Die »Bahrenfelder« mussten sich im Rathaus verschanzten und erwiderten das Feuer. Sie ließen sich am Mittag des 25. Juni nach längeren Verhandlungen entwaffnen, doch wurden anschließend mehrere Angehörige des Bataillons erschlagen. In den Auseinandersetzungen des 24. und 25. Juni starben fast 70 Menschen. Mit der Entwaffnung der Bahrenfelder war dem Senat die letzte zuverlässige Einheit genommen, während die aufgebrachten, nun noch besser bewaffneten Volksmassen in den als »Sülzeunruhen« in die Geschichte eingegangenen Tumulten Gefängnisse, Polizeireviere, Gerichte und Ämter stürmten und verwüsteten. Noch am 25. Juni verhängte der Senat den Belagerungszustand über die Stadt und erbat Unterstützung von der Reichswehr.

Noske wollte in der wichtigsten Hafenstadt des Reiches ein Exempel für seine Ordnungspolitik statuieren: einerseits, weil die Hamburger SPD sich seiner bisherigen Politik des rücksichtslosen Durchgreifens in Norddeutschland bei Unruhen widersetzt hatte, andererseits weil er bei seinem Besuch der Stadt Ende Mai, bei dem ihm während einer Sitzung seine Garderobe aus dem Rathaus gestohlen worden war, den Eindruck einer in der Stadt herrschenden allgemeinen Rechtlosigkeit mitgenommen hatte.[106] Er befahl die Stadt durch in Schleswig-Holstein liegenden Reichswehr- und Freikorpseinheiten besetzen zu lassen, obwohl der Hamburger

Senat nunmehr vergeblich versuchte, eine solche Aktion, die zur Entmachtung der von der SPD und DDP geführten Stadtregierung und weiterem Blutvergießen führen konnte, zu verhindern, zumal die Situation sich nach den Ausschreitungen vom 25. Juni rasch wieder beruhigte.[107]

Der erste Versuch des Einmarsches am Morgen des 27. Juni von Truppen aus dem Umland, zögerlich und mit zu wenigen Soldaten unternommen, schlug fehl. Die Soldaten der zum Teil noch neuen und wenig kohärenten Einheiten sahen sich feindseligen Menschenmassen gegenüber, die sie von ihrem Vorhaben abbringen wollten und ließen sich zum Teil entwaffnen.[108] Daher erhielt noch am 27. Juni Lettow-Vorbeck von der Reichsregierung den Auftrag, mit seinen zuverlässiger erscheinenden Formationen einen erneuten Vorstoß zu unternehmen. Warum die Wahl des Reichswehrministers auf Lettow-Vorbeck fiel, ist nicht klar. Möglicherweise hoffte Noske, dass das Renommee des Kolonialoffiziers reichen werde um eine weitgehend widerstandslose Besetzung Hamburgs sicherzustellen, zumal die Elbmetropole bis 1918 jene Stadt gewesen war, welche am meisten von den Kolonien profitiert hatte.

Lettow-Vorbecks Auftrag lautete, die Regierungsgewalt in Hamburg wiederherzustellen, gegen Unruhestifter und Plünderer vorzugehen, die sich als unzuverlässig erwiesenen Volkswehren aufzulösen, die Bevölkerung zu entwaffnen und Grundlagen für eine effektive Einwohnerwehr zu schaffen.[109] In einem Aufruf an die Bevölkerung Hamburgs vom 28. Juni kündigte er an, dass er beauftragt sei die vollziehende Gewalt in Hamburg zu übernehmen. Er bat die Hamburger, ihn bei der Erfüllung seiner Aufgaben zu unterstützen, drohte aber zugleich, dass jeder Widerstand rücksichtslos gebrochen werde.[110] Die anstehende Besetzung wurde in einem Flugblatt der Regierungstruppen auch damit begründet, dass die Lebensmittelunruhen systematisch von zumeist nicht aus Hamburg kommenden »politischen Drahtziehern« ausgenutzt worden seien, die das ganze Reich destabilisieren wollten.[111]

Wie viele Offiziere sahen Lettow-Vorbeck und sein Stab in Hamburg und anderswo linksradikale Agitatoren am Werk, die angeblich versuchten, Deutschland in eine Sowjetrepublik zu verwandeln. Die konservativen Kräfte nahmen die Selbststilisierungen einiger linksradikalen Führer wie Emil Barth, die sich in ihren Publikationen damit brüsteten, sie hätten durch systematische Vorbereitungen 1918/19 den Umsturz herbeigeführt[112], nur zu gerne für bare Münze um überall im Reich die Gefahr des Bolschewismus an die Wand zu malen, und somit ein rücksichtsloses Vorgehen gegen alle Protest- und Widerstandsformen zu rechtfertigen. Gerade Militärs konnten sich schwer vorstellen, dass Ereignisse wie die Sülzeunruhen und Konflikte mit den Ordnungskräften nicht unbedingt Folge generalstabsmäßig »von oben« geplanter Revolutionierungsversuche linksradikaler Gruppierungen wie der USPD und KPD waren, sondern Symptome und weitgehend spontane Reaktionen einer verarmten, verunsicherten, auf soziale Reformen und wirtschaftliche Besserung hoffenden Bevölkerung. Diese hatte zudem in Hamburg und anderswo schlechte Erfahrungen mit den Ordnungskräften gemacht, die sich wie z. B. die Bahrenfelder aus Kräften rekrutierten, welche die neue politische Ordnung ablehnten und daher zu einem Übermaß an Gewaltanwendung neigten. Auf einem anderen Blatt stand, dass die KPD und die USPD versuchten, aus der allgemeinen Unzufriedenheit großer Teile der Bevölkerung Kapital zu schlagen und diese für ihre Ziele zu vereinnahmen. Aber die radikalen Gruppen waren weder in Hamburg noch in vielen anderen Orten ursächlich verantwortlich für die Spannungen, noch kontrollierten sie die Ereignisse.

An die Truppen erging der Befehl sich beim Einmarsch und Aufenthalt in der Stadt möglichst nicht in kleine Posten und Patrouillen aufzuteilen. Wo ein Eingreifen erforderlich sei, habe es mit starken Kräften zu erfolgen. Volksmengen müssten von den Soldaten unbedingt auf Abstand gehalten werden, da sonst Entwaffnungen drohten.[113] Das so genannte Korps Lettow, das aus seiner Division abzüglich der Marinebrigaden sowie aus regulären und Freikorpseinheiten aus Schleswig-Holstein, Bayern und Sachsen bestand, und insgesamt etwa 10 000 Mann mit Panzerwagen, Artillerie und eine Torpedobootflottille umfasste, begann in den frühen Morgenstunden des 1. Juli die von mehreren Richtungen erfolgende Besetzung des Stadtstaates.

Im Gegensatz zu den Behauptungen in der USPD- und KPD-Presse, die teilweise Eingang in spätere geschichtswissenschaftliche Darstellungen fanden[114], verlief der Einmarsch weitgehend friedlich. Lediglich fünf Schüsse wurden abgefeuert und ein Passant angeschossen, da er nicht den nötigen Sicherheitsabstand zu den Truppen gehalten hatte.[115] Lettow-Vorbeck als Neuling im deutschen Bürgerkrieg und in seiner bisherigen Laufbahn stets in Hinblick auf die Bekämpfung äußerer Feinde oder von Kolonialvölkern ausgebildet und eingesetzt, behagte der Gedanke keineswegs ggf. auf Deutsche schießen lassen zu müssen. Am 2. Juli bedankte sich er sich bei den Truppen für das gezeigte besonnene Verhalten beim Einmarsch und gab seiner Hoffnung Ausdruck, dass Truppe und Bevölkerung auch in Zukunft gut miteinander auskommen würden. Allerdings hieß es dort auch: »Gewalttätigkeiten gegen die Truppe und Widerstand gegen die erlassenen Anordnungen von Seiten des Pöbels ist jedoch mit rücksichtslosem Waffengebrauch zu begegnen.«[116]

Lettow-Vorbeck und sein Stab richteten sich für die nächsten Wochen im Hotel Esplanade am Dammtorbahnhof ein. In der Stadt herrschte Versammlungsverbot unter freien Himmel, Genehmigungspflicht für Versammlungen in geschlossenen Räumen und Ausgangssperre zwischen 10 Uhr abends und 4 Uhr morgens. Ferner unterlag das Erscheinen der Zeitungen Lettow-Vorbecks Erlaubnis. In den folgenden zwei Wochen durchsuchten die Reichswehrtruppen in enger Zusammenarbeit mit den Hamburger Behörden und Vertrauensmännern der Arbeiterschaft systematisch vor allem die Arbeiterviertel der Hansestadt nach Waffen, wobei es zu gelegentlichen Feuergefechten kam. Generell galt jedoch im Korps Lettow-Vorbeck die Devise, »Nicht provozieren lassen!«, da jeder Vorfall von linksradikaler Seite ausgebeutet werden könne.[117] Diese Aktion förderte fast 200 illegal aufbewahrte Maschinengewehre und etwa 10 000 Gewehre zu Tage, die größtenteils in den Revolutionswirren und während der Demobilisierung des kaiserlichen Heeres aus den Arsenalen verschwunden oder ihre Besitzer gewechselt hatten.

Das Korps Lettow-Vorbeck witterte weiterhin überall linksradikale Agitatoren, die angeblich nur darauf warteten den allgemeinen Aufstand loszutreten. So warnte das Nachrichtenblatt des Korps am 10. Juli vor von den Kommunisten eingesetzten »jungen, hübschen« weiblichen Agenten, die versuchen würden die Soldaten für ihre Ideen zu gewinnen. Zwei Ausgaben später berichtete es, dass die USPD Schnellkurse für Fragen der Kommunal- und Finanzverwaltung eingerichtet habe um im Falle der Regierungsübernahme die Beamtenschaft vollständig ersetzen zu können. Die Partei rechne mit dem Ausbruch der Weltrevolution und der Ausrufung von Räterepubliken in Frankreich, Italien und Deutschland im nächsten Frühjahr.[118]

Sowohl der Senat wie auch Lettow-Vorbeck und sein Stab versuchten offenbar, die Zusammenarbeit so reibungslos wie möglich zu gestalten, unnötiges Blutvergießen zu vermeiden und die Gründe für die Besetzung so schnell wie möglich zu beseitigen. Am 18. Juli bat der SPD-geführte Senat sogar den Generalmajor mit starken Truppen noch einige Wochen länger in der Hansestadt zu bleiben. Der Aufbau einer zuverlässigen Polizei werde mehrere Monate in Anspruch nehmen und daher sei der vormalige Kolonialoffizier mit seinen Soldaten der einzige Garant gegen weitere Unruhen: »Der Senat ist der Überzeugung, dass die persönliche Anwesenheit Euer Hochwohlgeboren in Hamburg auch ferner ganz wesentlich zur Aufrechterhaltung der Ruhe und Ordnung beitragen wird und dass dieser Umstand in Hinblick auf die infolge der Herabsetzung der Erwerbslosenunterstützung in gewissen Bevölkerungskreisen zu erwartende Erregung von ausschlaggebender Bedeutung sein kann.«[119] Dieses Bittgesuch spricht ebenfalls gegen die These, Lettow-Vorbecks Truppen hätten sich wie eine entfesselte Soldateska in der Hansestadt verhalten.[120]

Zugleich beriet Lettow-Vorbeck die Staatsregierung über die Aufstellung einer dauerhaften, zuverlässigen Polizeitruppe als Ersatz für die provisorischen, milizartigen Einheiten der Revolutionszeit. In einer Denkschrift vom 18. Juli empfahl Lettow-Vorbeck dem Senat die bestehenden Formationen aufzulösen und bei der Neugründung von Polizeieinheiten darauf zu achten, dass weder USPD- noch KPD-Anhänger eingestellt würden. Es sollte auch nicht mehr wie bei den bisherigen Wehren mitspracheberechtigte Vertrauensmänner geben. Vielmehr hätten die Einheiten dem klaren Prinzip von Befehl und Gehorsam zu folgen. Der zukünftige Polizeichef solle zudem möglichst umfangreiche Machtbefugnisse erhalten und nur direkt dem Senator für Inneres unterstehen.[121] Die Denkschrift spiegelte klar die Denkhaltung des kaiserlichen Offiziers wieder, für den Organe der inneren wie äußeren Sicherheit nur als eine weitgehend unabhängige und unkontrollierte Exekutive vorstellbar waren, die auf dem Prinzip von nicht zu hinterfragendem Befehl und Gehorsam aufbauten.

Als Kern einer zukünftigen Hamburger Polizei, die er sich eher als militärischen Verband vorstellte, sah Lettow-Vorbeck dabei die Angehörigen des im März 1919 im Raume Berlin aufgestellten Schutztruppen-Regiments an, das mit ihm in die Hansestadt einmarschiert war. Den Afrikaveteranen aller Schutztruppen, die sich neben anderen Soldaten in dieser Freikorpsformation gesammelt hatten, fühlte er sich als ehemaliger Kolonialoffizier besonders verpflichtet. Ein Korpsbefehl vom 11. Juli sah die Aufstellung eines Bataillons Hamburger Sicherheitspolizei aus den Lettow-Vorbeck unterstehenden Einheiten vor. Die Hälfte der Polizisten in spe sollte aus dem Schutztruppenregiment kommen, dem auch die Personalauswahl für die Bewerbungen aus den anderen Einheiten des Korps Lettow-Vorbeck oblag. Bevorzugt sollten »Leute von absolut guter Gesinnung und allerbester Führung, hauptsächlich aktive, nach Möglichkeit unverheiratete Männer von 20 bis 30 Jahren« ausgesucht werden. Am Ende von Lettow-Vorbecks Befehl hieß es: »Mit

Rücksicht auf die von der Entente befohlene Verringerung unseres Heeres ist für eine erhebliche Anzahl von Offizieren, Unteroffizieren und Mannschaften der Reichswehr mit der Hamburger Militärpolizei eine sehr gute Anstellungsmöglichkeit geschaffen.«[122]

Von den drei Bataillonen des Schutztruppenregiments, die in Hamburg zum Einsatz kamen, traten schließlich zwei in Hamburger Dienste über, nur eines wurde in die Reichswehr übernommen. Etwa 150 Ostafrika- und Veteranen anderer Kolonialkriege nahmen im Sommer 1919 die von Lettow-Vorbeck geschaffene Chance wahr, angesichts ungewisser Berufsaussichten vom Freikorps dauerhaft in die entstehende Hamburger Polizei zu wechseln. Bei den in regelmäßigen Abständen bis in die siebziger Jahre stattfindenden Treffen der Ostafrikaveteranen, die meist mit einem runden Geburtstag Lettow-Vorbecks zusammenfielen, kam daher stets ein großer Prozentsatz der Teilnehmer aus Hamburg und seiner näheren Umgebung.[123] So wurde Lettow-Vorbeck zu einem der Gründungsväter der offiziell am 1. Oktober 1919 durch Übertritt von der Reichswehr in den Dienst der Hansestadt ins Leben gerufenen schwer bewaffneten Hamburger »Sicherheitspolizei«. Diese wandelte sich allerdings 1920 auf Intervention der Entente in die leichter ausgerüstete »Ordnungspolizei« um. Trotzdem bildeten in beiden Formationen ehemalige Schutztruppenangehörige den personellen Kern.[124]

Der General verließ am 15. August mit seinem Stab die Stadt. Die letzten Truppen, die nicht zur Hamburger Garnison gehörten, zogen zum Ende des Monats ab. Der Belagerungszustand wurde aber vom Reichspräsidenten erst im Dezember 1919 aufgehoben. Man schied höflich: Lettow-Vorbeck bedankte sich beim Senat und der Bevölkerung für die freundliche Aufnahme seiner Truppen, »so dass die schwere Aufgabe ohne allzu schweren Bruderkampf und größeres Blutvergießen erledigt werden konnte«. Im Gegenzug dankte ihm der Senat etwas später dafür, dass seine Truppen in schwerer Stunde der Stadt Ruhe und Sicherheit verschafft hätten, ohne dass es zu schweren Eingriffen in das öffentliche Leben oder zu erheblichen Verlusten an Menschenleben gekommen sei.[125]

Lettow-Vorbeck behauptete bis an sein Lebensende, er habe 1919 Hamburg im Auftrag der Reichsregierung besetzt um dort einen Spartakusaufstand zu verhindern.[126] Bis in die sechziger Jahre hinein sah ihn die bürgerliche Presse als Retter Hamburgs vor »Spartakus«.[127] Auf Seiten der radikalen Linken hingegen galt er zunächst in der Weimarer Republik, später in der DDR als brutaler »Arbeiterschlächter«.[128] In seinem Nachruf im »Neuen Deutschland« vom 18. März 1964 hieß es entsprechend: »Er kämpfte nun gegen das deutsche Volk, wie er gegen Chinesen und Afrikaner gekämpft hatte. 1919 kommandierte er die Soldateska, die die Hamburger Arbeiter zusammenschoss; 1920 nahm er am Kapp-Putsch teil.« Indem man dem Kolonialoffizier besondere Brutalität bei der Besetzung Hamburgs unterstellte, konnte die extreme Linke in Weimar und später die DDR, welche sich in deren Tradition sah, umso überzeugender die Politik der Mehrheits-SPD unter Noske diskreditieren, die diesen Offizier beauftragt hatte. Die historische Wahrheit war, wie so oft, viel profaner: Weder ging es im Sommer 1919 in Hamburg um die Verhinderung einer Revolution nach sowjetischem Muster, sondern höchstens darum die öffentliche Ordnung wieder herzustellen. Noch zeichneten sich Lettow-Vorbecks Truppen in Hamburg durch ein Übermaß an Gewaltanwendung aus, wie es die angebliche Kontinuitätslinie der Verrohung vom vermeintlich besonders grausamen Kolonialkrieg in Afrika über den Einsatz in Hamburg bis hin zum Kapp-Putsch suggerierte.

8. Kapp-Lüttwitz-Lettow-Putsch in Mecklenburg

In der zweiten Augusthälfte übernahm Lettow-Vorbeck das Kommando über die neu gegründete (kleine) Reichswehr-Brigade 9 in Schwerin, der Hauptstadt des Landes Mecklenburg-Schwerin und ehemaligen Residenz der Großherzöge von Mecklenburg. Die Reichswehrbrigade 9 war ein gemischter Verband aus Infanterie, Artillerie, Kavallerie, Pionieren sowie Nachrichten- und Kraftfahrtruppen in einer Stärke von etwa 7 200 Soldaten. Die Einheiten der Brigade standen in den Ländern Mecklenburg-Schwerin, dem wesentlich kleineren Mecklenburg-Strelitz, der preußischen Provinz Schleswig-Holstein und in den Stadtstaaten Hamburg und Lübeck. Die Brigade setzte sich u. a. aus Teilen der Truppen zusammen, die mit Lettow-Vorbeck in Hamburg einmarschiert waren, den Resten der Reichswehrbrigade 37, die bislang im nun polnischen Thorn gestanden hatte, und Garnisonstruppen der vormaligen in Mecklenburg stationierten 17. Infanteriedivision.

Seit der Annahme der Friedensbedingungen am 23. Juni durch die Nationalversammlung und der Unterzeichnung des Versailler Vertrages am 28. Juni beschleunigte sich die Umstrukturierung der provisorischen Reichswehr. Sie erhielt nun wegen der alliierten Vorgaben klarere und dauerhaftere Konturen. An Stelle der alten 25 Armeekorps mit ihren Generalskommandos der Kaiserzeit traten im September 1919 sieben Wehrkreise, die jeweils einem Divisionskommandeur unterstanden, der wiederum zwei bis fünf Brigaden kommandierte. Die Reichswehrbrigade 9 Lettow-Vorbecks gehörte zum Wehrkreis II, dessen Kommandeur, Generalleutnant Robert von Bernuth, in Stettin saß und dem neben Lettow-Vorbecks Verband noch die Reichswehrbrigade 2 in Pommern unterstand. Über den Wehrkreisen gab es als letzte Hierarchieebene zwei Gruppenkommandos, eines mit Sitz in Berlin unter General Lüttwitz, dem alle Truppen in Nord- und Ostdeutschland gehorchten, und eines in Kassel, das alle Truppen der west- und süddeutschen Wehrkreise befehligte.[129]

Im Gegensatz zur anfänglichen Hoffnung der Reichswehrführung im Frühjahr 1919 Deutschland trotz der Niederlage eine Streitmacht von 300 000 bis 400 000 Soldaten erhalten zu können, legte der Versailler Vertrag die Stärke des Reichsheeres auf 100 000 Mann fest. Allerdings gaben sich Regierung und Reichswehrführung noch bis zum 10. Januar 1920, als der Vertrag auch von allen Alliierten ratifiziert worden war und offiziell in Kraft trat, der Hoffnung hin, sich mit den Siegern noch auf eine endgültige Heeresstärke von 200 000 Soldaten zu einigen. Diese Zahl sah man in Berlin als unerlässliches Minimum an um sowohl die Sicherheit nach innen gewährleisten wie auch die Grenzen gegen Polen verteidigen zu können.[130] Selbst bei einem 200 000-Mann-Heer hätte es immer noch einen erheblichen personellen Überhang gegeben[131], so dass weiterhin Einheiten der alten Armee und die Freikorps aufgelöst und eine Auswahl getroffen werden musste, welche Soldaten dauerhaft in die Reichswehr übernommen werden sollten. »Die Tätigkeit in Schwerin bestand aus dauerndem Umorganisieren gleichzeitig mit der Ausbildung neuen Ersatzes für die Reichswehr. Eine wenig erfreuliche Tätigkeit«, hieß es entsprechend in Lettow-Vorbecks Memoiren.[132]

Diese von außen erzwungene Abrüstung, die faktisch die Arbeitslosigkeit für zehntausende von Berufssoldaten bedeutete und das Reich auf den Rang einer militärischen Mittelmacht reduzierte, zusammen mit der Empörung über die im Vertrag enthaltene alleinige Kriegsschuld Deutschlands gemäß Artikel 231, den Auslieferungsklauseln für den Kaiser und die der Kriegsverbrechen angeklagten deutschen Soldaten, schließlich die Unterbeschäftigung der Reichswehr- und Freikorpseinheiten nach dem Ende der Bürgerkriegskämpfe und eine als nicht ausreichend empfundene Besoldung machten die entstehende Reichswehr seit Sommer 1919 zu einem Hort der Unzufriedenheit.[133] Schon am 26. Juli 1919 rief Lüttwitz die ihm unterstehenden Generäle inklusive Lettow-Vorbecks in Berlin zu einer Kommandeurstagung zusammen. Auf dieser beschlossen die Anwesenden einstimmig der Regierung Forderungen zu präsentieren, die über die eigentlichen Befugnisse der Offiziere hinausreichten und von der Auffassung zeugten, dass das Offizierskorps nach wie vor der erste Stand im Staate sei, dessen Interessen sich die Nation und Regierung unterzuordnen habe: Es dürfe keine Auslieferung von Kriegsverbrechern geben und nicht zu einer Verringerung der Reichswehr kommen, so lange in Deutschland die Gefahr des Bolschewismus herrsche; ein Eintritt der USPD in die Regierung sei zu verhindern; es müsse mehr für die materielle Versorgung der aktiven wie der zur Entlassung kommenden Soldaten getan werden, und die Reichseinheit sei auf jeden Fall zu wahren. Uneinigkeit herrschte unter den Anwesenden lediglich dahingehend, ob man diesem Katalog durch die Androhung oder Einleitung von Gewaltmaßnahmen Nachdruck verleihen oder es bei einer bloßen Eingabe belassen sollte.

Lüttwitz schrieb in seinen 1934 veröffentlichten Memoiren, nur die Hälfte der Anwesenden sei zu radikalen Maßnahmen bereit gewesen.[134] Damit wollte er sich gegenüber dem neuen Regime als Vorreiter im Kampf gegen die nun offiziell geächtete »Novemberrepublik« stilisieren, der im Gegensatz zu seinen zögernden Kameraden zum Handeln gedrängt habe. Zur Verteidigung gegenüber dem Reichsgericht in Leipzig, das ihn nach dem gescheiterten Kapp-Lütwitz-Putsch des Hochverrates anklagte, behauptete er allerdings, dass fast alle anwesenden Generäle inklusive Lettow-Vorbecks zu notfalls radikalen Maßnahmen bereit gewesen seien.[135] Hier präsentierte sich Lüttwitz eher wie ein von seinen Untergebenen zum Handeln Getriebener, nicht aber als Einpeitscher des zukünftigen Umsturzes. Abgesehen von den auf der Tagung erhobenen Forderungen stimmten Lüttwitz wie Lettow-Vorbeck im Sommer 1919 darin überein, dass langfristig eine Änderung des politischen Systems zu erfolgen habe, allerdings nicht mit gewaltsamen Mitteln.[136] Ohne dass hierzu wohl konkrete Vorstellungen erörtert wurden, konnte eine solche Änderung gemäß Sozialisation und politischem Horizont der beiden Offiziere nur in Richtung auf eine Restauration der Monarchie oder einer anderen autokratischen Staatsform erfolgen, welche einer erheblich zu vergrößernden Armee wieder weitgehende Freiheit von zivilen Kontrollinstanzen wie Reichstag und Reichswehrminister einzuräumen habe.

Lettow-Vorbeck stellte sich in seiner späteren Verteidigungsstrategie nach dem fehlgeschlagenen Kapp-Lüttwitz-Putsch gegenüber dem Reichsgericht stets als Bremser und Abwiegler bei allen Zusammenkünften und Kontakten dar, in denen Offiziere und Rechtsradikale über ein mögliches gewaltsames Vorgehen gegen die Regierung vor dem eigentlichen Umsturzversuch berieten. Er hielt an dieser Version auch in seinen Memoiren fest.[137] Sie entbehrt nicht einer gewissen Plausibilität: Erstens war Lettow-Vorbeck unter den Generälen des Gruppenkommandos I rang- und dienstaltersmäßig an untergeordneter Position, so dass er kaum gewagt haben dürfte seine älteren Kameraden zu radikalen Maßnahmen zu drängen. Zweitens sind seine Memoiren, mehr als dreißig Jahre nach den Ereignissen veröffentlicht, in politischer Hinsicht an vielen Stellen recht freimütig, z. B. was die Einschätzung Hitlers und des Nationalsozialismus anging. Warum also sollte er sich gerade bei der Darstellung der Vorgeschichte des Kapp-Lüttwitz-Putsches nicht auch seine damaligen Intentionen und Auffassungen relativ akkurat geschildert haben? Für einen ursprünglich eher mäßigenden Einfluss Lettow-Vorbecks sprich auch ein Presseinterview, das er einige Tage vor dem Putsch gab. In diesem äußerte er den Eindruck, dass sich die Verhältnisse in Deutschland im Allgemeinen gebessert hätten. Die jetzige Regierung sei offenbar in der Lage die Ordnung aufrecht zu erhalten. Die Hauptsache für Deutschland sei jetzt Ruhe, Ordnung und Arbeit.[138] Diese positive Situationseinschätzung rührte vermutlich aus der Tatsache, dass Ebert Mitte Januar 1920 nach blutigen Zusammenstößen vor dem Reichstag zwischen Sicherheitskräften und linksradikalen Demonstranten während der Lesung für das Betriebsrätegesetz gemäß Artikel 48 der Reichsverfassung den Ausnahmezustand über ganz Nord- und Ostdeutschland, also inklusive Mecklenburgs, verhängt, die vollziehende Gewalt der Reichswehr übertragen und Streiks in »lebenswichtigen« Betrieben untersagt hatte.[139] Für Lettow-Vorbeck war also gerade der Ausnahmezustand das Ideal. Lettow-Vorbeck war zwar ein erzkonservativer Republikgegner, neigte aber nicht unbedingt von selbst zu innen- oder außenpolitischen Abenteuern und einer offen konfrontativen Politik. Er bedurfte hierzu des Anstoßes von außen.

Bereits Mitte Januar 1920 wurde Lettow-Vorbeck mitgeteilt, dass er demnächst die in Breslau stationierte 2. Kavalleriedivision übernehmen solle. Dies war eine erstaunliche Versetzung, denn der Kolonialoffizier hatte bislang in seiner Karriere, abgesehen von dem kurzen Einsatz als Kompaniechef in Deutsch-Südwestafrika zur Jahreswende 1905/6, noch nie berittene Verbände geführt. Es stellte zudem ein eher undankbares Kommando dar, denn die Befehlshaber der Kavalleriedivisionen in der Reichswehr waren im Gegensatz zu ihrer Dienstbezeichnung tatsächlich nur Inspekteure der Kavallerieregimenter, welche den über mehrere Wehrkreise verstreuten Reichswehrbrigaden eingegliedert waren. Die Kommandeure konnten zwar Empfehlungen abgeben hinsichtlich Ausbildung und Ausrüstung der berittenen Verbände, besaßen aber weder Kommandogewalt, noch hatten sie Einfluss darauf, ob die berichteten Missstände tatsächlich abgestellt wurden.[140] Die Versetzung ließ aber seine baldige Beförderung zum Generalleutnant erahnen.

Lettow-Vorbeck befand sich seit Ende Februar im Urlaub und auf Vortragsreise in Süddeutschland, wo er u. a. am 3. März in Stuttgart und am 5. und 6. März in Nürnberg über den Ostafrikafeldzug sprach. Er hatte faktisch sein Kommando in Schwerin bereits seinem Nachfolger übergeben, während sich in Berlin die Situation zuspitzte, die am 13. März im dilettantisch vorbereiteten Kapp-Lüttwitz-Putsch mündete.

Die Reichsregierung verfügte auf Drängen der Entente im Februar die Auflösung der Freikorps, um entsprechend dem einige Wochen zuvor in Kraft getretenen Versailler Vertrag die festgelegte Endstärke der bewaffneten Kräfte im Reich von 100 000 Mann innerhalb der vorgegebenen Frist von einem halben Jahr zu erreichen. Lüttwitz, der als »Vater der Freikorps« galt, verweigerte sich dieser erzwungenen Abrüstung, die seine Hausmacht in der Reichswehr gegenüber den Konkurrenten Hans von Seekt und Reinhardt erheblich vermindert hätte. Auf einer weiteren Kommandeurstagung in Berlin am 8. Februar, auf welcher Lettow-Vorbeck ebenfalls anwesend war, verkündete er, dass er als ranghöchster Offizier der Reichswehr die Pflicht habe sich den militärischen Forderungen der Entente bzw. der Regierung zu widersetzen.[141] Vor allem wollte Lüttwitz nicht die kampferprobte und ihm treu ergebene Marine-Brigade Ehrhardt verlieren, die etwa 5 000 Soldaten stark war und 30 km entfernt von Berlin in Döberitz lag. Anlässlich der Feier zum einjährigen Bestehen der Brigade am 1. März verkündete daher der General vor der in Döberitz angetretenen Brigade, dass er sich diese nicht von der Regierung nehmen lassen werde. Am 10. März forderte er die Reichsregierung offen heraus: Gegenüber Ebert und Noske verlangte er eine sofortige Auflösung der Nationalversammlung und Neuwahlen, die Entlassung Reinhardts und die Übertragung des Oberbefehls der Reichswehr auf seine Person sowie die Rücknahme der Auflösungsbefehle. Ebert und Noske lehnten die Forderungen ab und beurlaubten Lüttwitz am 11. März. Diesem blieb nun nur der Abschied oder die offene Rebellion. Das Reichswehrministerium informierte noch am 11. März alle untergeordneten Dienststellen von der faktischen Absetzung Lüttwitz', der sich an diesem Tage wieder nach Döberitz begab. Von hier löste er den Putsch aus, indem er der Marine-Brigade befahl auf Berlin zu marschieren.

Am frühen Morgen des 13. März 1920 besetzten Ehrhardts Truppen Berlin ohne auf Widerstand der dortigen Reichswehr- oder Polizeieinheiten zu treffen. Der Regierung unter Reichskanzler Gustav Bauer und Ebert gelang es im letzten Moment nach Dresden zu fliehen. Die Verschwörer um Kapp, Ludendorff und Pabst, die ihre Umsturzvorbereitungen unter dem Deckmantel der im Oktober gegründete »Nationalen Vereinigung« schon seit Monaten betrieben hatten, wollten ursprünglich erst Ende März oder Anfang April losschlagen. Sie wurden nun durch die Initiative von Lüttwitz überrascht, ebenso wie alle Reichswehrkommandeure, die nicht mit einem eigenmächtigen Losschlagen des ranghöchsten Offiziers gerechnet hatten. Auch für die rechtsgerichteten Parteien DNVP und DVP, die eher auf Neuwahlen denn auf einen gewaltsamen Umsturz spekuliert hatten, kam die Aktion unerwartet.[142]

Am Vorabend des Putsches befand sich Lettow-Vorbeck zu Besuch beim Reichswehr-Gruppen-Kommando II in Kassel. Ein Anruf am 12. März durch regierungstreue Offiziere aus Berlin informierte den dortigen Stab, dass Lüttwitz offiziell abgesetzt sei, aber anscheinend einen Umsturz plane. Nach Darstellung Lettow-Vorbecks habe er sich daraufhin bereit erklärt, umgehend nach Berlin zu reisen um Lüttwitz von unüberlegten Handlungen abzuhalten. Als er schließlich am Vormittag des 13. März, einem Sonnabend, per Zug in Berlin eintraf, war die Stadt bereits unter der Kontrolle der Putschisten, und die Hauptstadtpresse verkündete die Absetzung der Regierung Bauer. Er begab sich zu Lüttwitz in den Bendlerblock. In einem nur wenige Minuten dauernden Gespräch teilte Lüttwitz Lettow-Vorbeck angeblich mit, dass er effektiv die Kontrolle über das Land besitze. Lüttwitz wollte den Generalmajor nach Breslau schicken, da der dortige Kommandeur sich gegenüber der neuen Regierung abwartend verhielt. Doch Lettow-Vorbeck bat darum, stattdessen wieder nach Mecklenburg gehen zu können um dort im Sinne der neuen Regierung zu wirken.[143] Es erschien Lettow-Vorbeck sicherlich chancenreicher Truppen zur Teilnahme am Putsch zu animieren, die teilweise schon seit März 1919 unter ihm gedient hatten, als unter diesen Umständen ein neues Kommando antreten und Gehorsam gegenüber einem ihm unbekannten Offizierskorps durchsetzen zu müssen.

Lettow-Vorbeck traf am Abend des 13. März in Schwerin ein und übernahm wieder das Kommando über die Brigade. Sein dortiger Stellvertreter, Generalmajor Wilhelm Ribbentrop, hatte sich bereits am Vormittag des 13. März den Putschisten angeschlossen, ebenso der vorgesetzte Wehrkreisbefehlshaber Bernuth in Stettin. »Ich habe den Eindruck gehabt, dass der General durch die Sache überrascht worden ist und dass er geglaubt hat, durch das von ihm eingeschlagene Verfahren seinen soldatischen Pflichten zu genügen. Woran es liegt, dass dieser glänzende Mann, der so viel für Deutschlands Ehre geleistet hat, sich bei der Beurteilung der gegebenen Sachlage nicht zur nötigen Objektivität hat durchringen können, vermag ich nicht zu beurteilen«, sagte ein hoher mecklenburgischer Beamter nach dem Ende des Putsches aus.[144]

Laut Lettow-Vorbecks späteren Darstellungen gab es für ihn keinen Anlass an Lüttwitz' Schilderung der Machtverhältnisse im Reich zu zweifeln. »Als ich ihn (Lüttwitz, E. M.) verließ, hatte ich den Eindruck, dass der Gewaltstreich eine vollendete und in sich abgeschlossene Tatsache bildete, mit der ich zu rechnen hätte«, gab Lettow-Vorbeck später zu Protokoll. »Die sozialdemokratische Regierung war nicht mehr und ich hatte keinen Grund, ihr nachzutrauern«, hieß es entsprechend in seinen Memoiren. Daher sei für ihn die einzige Richtlinie als Soldat der Gehorsam gegenüber seinem direkten Vorgesetzten gewesen, was er auch während des Putsches gegenüber den mecklenburgischen Behörden betonte.[145] Nun stand diese Rechtfertigung bei einer näheren Betrachtung auf schwachen Füßen: Lettow-Vorbeck hatte von der unmittelbar vor dem Putsch erfolgten Absetzung von Lüttwitz gehört[146], mithin hätte er daran zweifeln können, ob in Lüttwitz tatsächlich noch sein rechtmäßiger Vorgesetzter am 13. März vor ihm stand oder ob er nicht viel mehr ein Usurpator war. Lettow-Vorbeck hätte sich im März 1920 zudem fragen können, ob Lüttwitz' Aktionen und Befehle wohl im Sinne des Oberbefehlshabers der Reichswehr, also des Reichspräsidenten Ebert waren. Selbst wenn er, wie er behauptete, keinen Eid auf die Verfassung abgelegt hatte, hätte er sich auf seinen Beurlaubtenstatus zurückziehen können, um die weitere Entwicklung zu beobachten. Doch statt sich wie die Mehrheit der Reichswehrkommandeure für eine zumindest abwartende Haltung zu entscheiden, nahm er bereitwillig die Befehle des obersten Putschisten entgegen und setzte sie in den folgenden Tagen mit der ihm eigenen Energie und Rücksichtslosigkeit um. Zudem klang Lettow-Vorbecks Hinweis auf den unbedingten Gehorsam des Soldaten gegenüber seinem direkten Vorgesetzten gerade in seinem Falle nicht sehr überzeugend: In Deutsch-Ostafrika hatte er wiederholt die Befehle von Schnee missachtet unter dem Hinweis, diese seien nicht vereinbar mit der Berufsauffassung eines Offiziers und auch nicht im Sinne des obersten Kriegesherrn. In einem an den ehemaligen preußischen Kriegsminister Karl von Einem einige Jahre später in anderem Zusammenhang geschriebenen Brief wendete sich Lettow-Vorbeck denn auch ausdrücklich unter Hinweis auf sein Verhalten in Ostafrika gegen jede Art von »Kadavergehorsam«, den er doch zur Verteidigung seines Verhaltens im März 1920 anführte. Er sprach gegenüber Einem stattdessen von einem »Geist der Verantwortung, der sich selbst über bindende, formale Befehle hinwegsetzt und sich so zur soldatischen Disziplin im höhere Sinne« steigere.[147]

Es lässt sich aus seinem Handeln im März 1920 nur schließen, dass Lettow-Vorbeck keineswegs einem absoluten Begriff von Befehl und Gehorsam vertrat, sondern allenfalls eine bedingten: Er folgte Befehlen, wenn sie militärisch sinnvoll erschienen, in seinen Augen politisch opportun waren und aus dem Munde von Vorgesetzten kamen, die er als solche wegen ihrer Herkunft und militärischen Befähigung akzeptierte. Letztlich also *musste* Lettow-Vorbeck nicht am 13. März Lüttwitz gehorchen, sondern er *wollte* es, nachdem der Umsturz nun einmal begonnen hatte: Er identifizierte sich mit der politischen Stoßrichtung des Unternehmens, also der Absetzung der verhassten, demokratischen Regierung und einem Ende der von der Entente erzwungen Abrüstung. Außerdem erkannte er den adeligen, aus dem preußischen Heer stammenden Berufsoffizier Lüttwitz im Gegensatz zu seinem ehemaligen Vorgesetzten Schnee als Primus inter pares an.

Lettow-Vorbeck ließ am Morgen des 14. März die von der DDP und SPD gestellte Landesregierung von Mecklenburg-Schwerin unter Ministerpräsident Hugo Wendorff verhaften, weil sie sich weigerte die neue Führung in Berlin anzuerkennen. Er setzte an ihrer Stelle auf Weisung von Kapp und Lüttwitz den deutschnationalen Politiker und mecklenburgischen Gutsbesitzer Albrecht Wendhausen als Staatskommissar ein.[148] Ebenso befahl er die Kommandeure der Sicherheitspolizei in den beiden Mecklenburgs unter Arrest zu stellen. Lettow-Vorbeck übernahm die vollziehende Gewalt im gesamten Bereich der Reichswehrbrigade und verhängte ein Versammlungsverbot. Den Mecklenburgern verkündete er in einem Aufruf vom 14. März, der wie alle seine Maßnahmen an diesem Tage den Vorgaben von Kapp und Lüttwitz aus Berlin entsprach[149], dass die gesamte Reichswehr sich hinter die neue Regierung gestellt habe. Die Aufrechterhaltung der Ordnung und die Fortführung der Arbeit insbesondere in der Landwirtschaft seien unbedingt erforderlich. Drohend hieß es: »Gegen Ruhestörer und Streikhetzer wird rücksichtslos eingeschritten und jeder Versuch, lebenswichtige Betriebe zum Stillstand zu bringen, wird verhindert.« Doch zugleich warb er in einem fast bittenden Ton um die Bevölkerung, der darauf hindeutete, dass Lettow-Vorbeck sich wie zuvor in Hamburg nicht unbedingt wohl in seiner Rolle als potentieller Truppenführer in einem Bürgerkrieg fühlte: »Allen Mecklenburgern, denen das Wohl ihres Vaterlandes am Herzen liegt, wäre ich von Herzen dankbar, wenn sie mir meine Aufgabe durch ruhiges Verhalten erleichterten.« In Anlehnung an die Argumentation von Kapp und Lüttwitz in Berlin verkündete er, dass der Umsturz keine reaktionäre Tat sei. Sie habe vielmehr zum Ziel, die von der bisherigen Regierung trotz des

Endes der Arbeit der Nationalversammlung im Sommer 1919 immer wieder aufgeschobenen Wahlen von Reichstag und Reichspräsident nun endlich durchzuführen.[150]

Mecklenburg stellte im Vergleich zu anderen Teilen des Reiches ein relativ günstiges Terrain für die Kapp-Lüttwitz-Regierung dar. Die beiden mecklenburgischen Staaten waren bis 1918 die politisch und ökonomisch rückständigsten Teile Deutschlands gewesen. Davon zeugten die aus dem Jahre 1755 datierende altständische Verfassung und eine von zumeist adeligem Großgrundbesitz gekennzeichnete, überwiegend agrarische Wirtschaftsstruktur. Es war also Junkerland schlechthin, dessen wirtschaftliche Elite sich nicht mit den Neuerungen seit 1918 wie dem allgemeinem Wahlrecht für den Landtag statt der bislang existierenden Ständevertretung aus Rittergutsbesitzern und den auf Lebenszeit gewählten Bürgermeistern der Städte, dem Achtstundentag und dem Koalitionsrecht für Landarbeiter anfreunden konnte. Ein anti-republikanischer Umsturz der dem Kaiserreich nachtrauernden Kräfte um Kapp, Lüttwitz und Lettow-Vorbeck konnte also auf die Sympathien der Gutsbesitzer rechnen, während es zugleich wegen der Sozialstruktur des Landes relativ wenige Hochburgen eines potentiellen liberal-republikanischen oder proletarischen Widerstandes gab.

Die Großgrundbesitzer in Mecklenburg wie auch in anderen östlichen Provinzen des Reichs horteten bereits seit 1919 Waffen auf ihren Gütern, die sie von der Reichswehr erhalten hatten, und gewährten Angehörigen von ins Reich zurückgekehrten Freikorpseinheiten aus dem Baltikum Unterschlupf. Damit sollten zum einen die Abrüstungsklauseln der Alliierten unterwandert werden. Zugleich diente diese Maßnahme zur Abschreckung von Landarbeiterstreiks und Hamsterfahrten der Städter, denn seit den Kriegsjahren waren die Beziehungen zwischen den ländlichen Lebensmittelproduzenten und den städtischen Konsumenten gespannt. Diese auf die Gutshöfe verteilten, bislang versteckten paramilitärischen Verbände waren überwiegend anti-republikanisch eingestellt.[151] In Mecklenburg handelte es sich um das Freikorps Roßbach, das erst Ende 1919 aus dem Baltikum zurückgekehrt und im Januar 1920 auf dem Gebiet der Reichswehrbrigade 9 offiziell aufgelöst worden war. Lettow-Vorbeck befahl den ehemaligen Führer des Freikorps, Leutnant a. D. Gerhard Roßbach, nach Auslösung des Putsches umgehend aus Berlin zu sich, angeblich mit den Worten, in Mecklenburg sei die »rote Hölle« los. Roßbach reaktivierte sofort seine Söldner, die er zwischenzeitlich von seiner Zentrale in Berlin aus als »Wachpersonal« an die Gutsbesitzer vermietet hatte. Die etwa 1 000 Mann wurden als »Freiwilligensturmabteilung Roßbach« in die Reichswehr eingegliedert.[152] Auch die Studenten der Universität Rostock, zu deren Ehrenmitglied Lettow-Vorbeck im November 1919 ernannt worden war, wie anderer Hochschulen im Reich stellten z. T. ein Potential dar, auf welches die Putschisten bei Auslösung ihres Unternehmens in Form von Zeitfreiwilligenverbänden zählen konnten.

Trotz dieser relativ günstigen Ausgangslage für die Putschisten in Mecklenburg und Lettow-Vorbecks energischem Vorgehen, das ganz seiner Interpretation von Auftragstaktik als einer möglichst dynamischen und offensiven Ausführung von Befehlen entsprach, sollte sich auch hier die Situation für die Gefolgsleute von Kapp und Lüttwitz nicht so entwickeln wie erwartet. Die lokalen Organisationen von

KPD, USPD, SPD und die Gewerkschaften riefen umgehend zum Generalstreik auf, der am 15. März in Schwerin und anderen Orten zur Einstellung der Gas-, Elektrizitäts- und Wasserversorgung führte und den Bahnverkehr zum Erliegen brachte. Staatskommissar Wendhausen gab schon am 15. März wegen des Widerstands der Beamtenschaft auf, die der alten Regierung treu blieb. Diese nahm stattdessen unter Hausarrest der Reichswehr die Geschäfte wieder auf. Auch die Gendarmerie blieb in beiden Staaten regierungstreu. Parallel dazu bewaffnete sich vielerorts die Industrie- wie Landarbeiterschaft durch Sturm auf Waffenarsenale oder Beschlagnahmungen der auf den Gütern gehorteten Waffen. In Schwerin schossen Reichswehr und »Roßbacher« am 15. März in die Menge, die sich vor dem Arsenal versammelt hatte und Waffen forderte. 15 Demonstranten kamen ums Leben. An verschiedenen Orten wie Rostock, Neustrelitz, Güstrow, Gnoien und Bützow kam es zu Schießereien zwischen der Reichswehr-, Freikorps- und Zeitfreiwilligeneinheiten einerseits und bewaffneten Arbeitern und der Gendarmerie andererseits.

Der Rat der Stadt Wismar erklärte sich mit der abgesetzten Regierung solidarisch. Daraufhin ordnete Lettow-Vorbeck am 16. März an, dass die Reichswehrtruppen und das Freikorps Roßbach unter Ribbentrop gegen die Stadt vorgehen sollten, da dort ein »Rätesystem« eingerichtet worden sei. Auf den umliegenden Gütern seien durch Festnahme der Besitzer »rein kommunistische Verhältnisse« eingetreten. Gegen »bewaffnete Banden« sollte in »schärfster Weise« mit der Waffe vorgegangen werden statt zu verhandeln. Standgerichte sollten bei jedem, der mit der Waffe angetroffen wurde, innerhalb von 24 Stunden die Aburteilung und Erschießung sicherstellen. Als Folge dieses Befehls exekutierten die »Roßbacher« beim Vormarsch auf die Stadt drei Arbeiter. Die Truppen besetzten die Stadt schließlich am 19. März, also bereits nach Zusammenbruch des Putsches.[153] Zum Zentrum des Widerstandes gegen den Putsch in Mecklenburg wurde Rostock, das mit seinen Hafenanlagen und der Werftindustrie die einzige Arbeiterhochburg des Landes bildete. Hier bewaffneten sich etwa 8 000 Arbeiter und erzwangen die Kapitulation einer aus Studenten der Rostocker Universität zusammengesetzten Zeitfreiwilligenformation, die sich den Putschisten anschließen wollte.

Am 15. März erreichten erste Nachrichten Schwerin, dass die alte Reichsregierung unter Bauer noch existierte und von Stuttgart aus den Widerstand organisierte[154], während die Putschisten in Berlin durch Verhandeln einen Ausweg aus der für sie festgefahrenen Situation suchten. Aus allen Teilen des Reiches häuften sich für die Reichswehr nun alarmierende Nachrichten: Für die am Putsch beteiligten Einheiten waren sie ein Indiz für einen Widerstand, den sie unterschätzt hatten, und der die Gefahr eines allgemeinen Bürgerkrieges in sich barg. Für die größtenteils abwartenden Reichswehrkommandeure stellten die Nachrichten eine Mahnung dar sich nicht auf Seiten von Kapp und Lüttwitz zu engagieren, sondern auf diese einzuwirken den Umsturzversuch umgehend zu beenden um die Situation nicht vollkommen außer Kontrolle geraten zu lassen und die Reichswehr gänzlich zu diskreditieren. Angesichts dieser Entwicklung nahm es nicht wunder, dass Lettow-Vorbecks vorgesetzter Wehrkreisbefehlshaber Bernuth am 17. März nach Berlin schrieb: »Es ist höchste Zeit, dass eine Lösung gefunden wird, mit der die Mehrheitssozialdemokraten einverstanden sind, sonst geht im Bereiche des Wehrkreis II die Sache schief.«[155]

In Lettow-Vorbecks Befehlsbereich gab es für die putschenden Offiziere noch eine weitere bedrohliche Entwicklung. Unteroffiziere und Mannschaften der in Schwerin stehenden Einheiten, teilweise auch die aufgebotenen Zeitfreiwilligen begannen ebenfalls das Unternehmen zu kritisieren. Der aus Schwerin stammende Student Johann Albrecht von Rantzau, der sich den Putschisten angeschlossen hatte und von der Reichswehrbrigade 9 eingekleidet und bewaffnet Wache in der besetzten Hauptpost schob, schrieb: »Aus meinen Unterhaltungen mit den Mannschaften der Reichswehr gewann ich den Eindruck, dass sie das Unternehmen keineswegs mit Begeisterung, sondern in Hinblick auf die ihnen versprochene höhere Löhnung mitmachten. Als es dann zu Schießereien mit den Arbeitern kam, die von der republikanischen Landespolizei Waffen erhalten hatte, als vollends der Generalstreik einsetzte, Gas und Elektrizität versagten und sogar Wassermangel drohte, sank die Stimmung der Zeitfreiwilligen, aber auch der Reichswehrsoldaten auf den Nullpunkt. Ein Murren wurde laut, man sei irregeführt und missbraucht worden, man wolle sich nicht für die adeligen Offiziere und Generale totschießen lassen.« Lettow-Vorbeck musste Truppen aus anderen Standorten in die Landeshauptstadt beordern, um wenigstens hier Herr der Lage zu bleiben.[156]

Lettow-Vorbeck rechtfertigte angesichts des überall aufflammenden Widerstands sein Handeln gegenüber der Regierung Wendorff nun mit dem Hinweis, es diene lediglich der Aufrechterhaltung von Ruhe und Ordnung gegen die bolschewistische Gefahr im Lande, die sich beispielsweise schon in und um Wismar manifestiert habe. In seinem Aufruf vom 14. März hingegen hatte die angebliche bolschewistische Gefahr noch nicht als Motiv für den Putsch herhalten müssen. Jetzt jedoch wollten Lettow-Vorbeck und seine Offiziere den Eindruck erwecken, dass sie nicht für oder gegen die neue bzw. alte Regierung in Berlin handelten, sondern gleichsam dem übergeordneten nationalen Interesse dienten, welches sie schlicht als »Ruhe und Ordnung« definierten. Lettow-Vorbeck verkündete der mecklenburgischen Regierung am 17. März, als in Berlin nacheinander zunächst Kapp und dann Lüttwitz aufgaben, dass er nichts gegen die Sozialdemokratie oder überhaupt politische Parteien habe. Er mache sich vielmehr frei von allen politischen Parteien und handele nur als Soldat. Den Argumenten der Landesregierung, die sich um eine friedlichen Ausweg aus der Situation bemühte, dass erst seine Aktion die Gefahr des »Bolschewismus« im Sinne eines nicht mehr kontrollierbaren Arbeiterwiderstandes heraufbeschworen habe, verschloss er sich.[157] »Die mit dem Generalstreik verknüpften Unruhen sah er als ein von langer Hand vorbereitetes Bolschewistenunternehmen an, gegen das er mit aller ihm zur Verfügung stehenden Macht einschreiten müsse. Abweichende Auffassungen schnitt er kurzweg mit der Bemerkung ab, dies sei seine feste Überzeugung, alle Verhandlungen, die von einer anderen Grundlage ausgingen, seien zwecklos«, erinnerte sich ein mecklenburgischer Beamter über seine mehrfachen Verhandlungen mit Lettow-Vorbeck während des Putsches.[158]

Als Lettow-Vorbeck am 18. März erfuhr, dass der Kapp-Putsch im ganzen Land zusammengebrochen sei, forderte er die Mecklenburger in einem weiteren Appell auf, sich hinter die Regierung Ebert-Bauer zu stellen. Nur einiges Zusammenstehen könne die Rätediktatur verhindern. Er habe den Auftrag der Regierung gegen jeden Umsturz rücksichtslos vorzugehen. Der Aufruf schloss mit dem Satz: »Deutsches

Volk, rüste Dich zum Kampf gegen den Bolschewismus.« Gegenüber den eigenen Soldaten tat er so, als habe sich nichts geändert: Der Auftrag, Ruhe und Ordnung zu gewährleisten, habe vor dem 13. März gegolten, während der Regierung Kapp-Lüttwitz und bleibe auch nach deren Rücktritt Handlungsmaxime.[159]

Man kann davon ausgehen, dass der politisch simpel denkende Lettow-Vorbeck mit seiner manichäischen Weltsicht den Kampf gegen den Bolschewismus als Motiv seines Handelns nicht nur vorschob. Er verwechselte vielmehr Ursache und Wirkung der Ereignisse seit dem 13. März und glaubte subjektiv, wie schon neun Monate zuvor in Hamburg, einer wohl organisierten Aufstandsbewegung von links mit weit reichenden politischen Zielen gegenüberzustehen, die nur darauf gewartet habe loszuschlagen. In dem einfachen Weltbild des Offiziers wurde jede Art von zivilem Ungehorsam, jede Änderung der Eigentumsverhältnisse schlichtweg als »Bolschewismus« subsumiert und damit gleichsam zum Abschuss freigegeben. Die Furcht vor dem »Bolschewismus«, der einer Hydra gleich überall sein Haupt zu erheben schien, zeugte letztlich von der tiefen Verunsicherung des Offiziers in der neuen, für ihn unübersichtlich gewordenen Zeit. Gegen diese wusste er in seiner Hilflosigkeit und intellektuellen Schlichtheit nur das erlernte Handwerkszeug der maximalen Gewaltanwendung ins Feld zu führen, die er als Aufrechterhaltung von »Ruhe und Ordnung« verkaufte.

Ungeachtet von Lettow-Vorbecks vereinfachter Sichtweise der Situation in Mecklenburg und der sie bestimmenden Faktoren bildete der Kapp-Lüttwitz-Putsch in anderen Teilen des Reiches, insbesondere im Ruhrgebiet, den Auslöser für Teile der Arbeiterschaft, die angestaute Frustration über die politische und wirtschaftliche Entwicklung seit Ende 1918, die nicht den ursprünglichen Erwartungen eines politischen und sozialen Neubeginns entsprochen hatte, nun in einer Art Gegenaufstand münden zu lassen. Teilweise angestachelt von der USPD und der KPD, die eine revolutionäre Situation witterten, hatten Streiks und Arbeiterbewaffnungen mancherorts nicht mehr nur das Ziel, die legitime Regierung auf Länder- wie Reichsebene wiedereinzusetzen, sondern die Republik in eine Rätedemokratie umzuwandeln und eine Vergesellschaftung der wichtigsten Produktionsmittel zu erwirken. Auch gemäßigte Teile der Arbeiterbewegung blieben noch einige Tage im Streik und im Zustand der Mobilisierung um zumindest eine SPD-geführte Regierung zu erwirken, die, statt wie Noske mit der Reichswehr zu paktieren, zukünftig stärker die Interessen der Arbeiterschaft berücksichtigen würde.[160] Angesichts seiner Sozialstruktur war Mecklenburg aber weder vor, während noch nach dem Putsch eine Hochburg der radikalen Linken. Selbst die Reichswehr schätzte beispielsweise das Potential der linksradikalen Kräfte zum Umsturz im Lande Mitte 1919 als gering ein.[161] Die lokale KPD schloss sich entgegen den Weisungen aus Berlin im März 1920 den Aktionsausschüssen von SPD und Gewerkschaften an um eine Einheitsfront zu bilden. Mit dem Ende des Putsches kam es in Mecklenburg zu keinen revolutionären Nachwehen, was Lettow-Vorbecks Lageeinschätzung erneut ad absurdum führte. Auch bei den ersten Landtagswahlen vom 13. Juni 1920 blieb das Ergebnis für die extreme Linke in Mecklenburg im Vergleich zu den Ergebnissen der ebenfalls im Juni stattfindenden Reichstagwahlen erheblich zurück: Die USPD erhielt nur 7,7 % der Stimmen und die KPD ganze 0,4 %, wohingegen auf Reichsebene 18,6 % bzw. 1,7% erzielt wurden.

Lettow-Vorbeck war für den Tod von mehr als 50 Menschen in den beiden mecklenburgischen Staaten verantwortlich. Abgesehen von den 15 toten Demonstranten in Schwerin waren allein 14 Personen nur aufgrund von Verdächtigungen durch die Reichswehreinheiten oder die »Roßbacher« standrechtlich oder »auf der Flucht« erschossen worden oder an Misshandlungen gestorben. Fünf Zivilisten kamen um, als die Reichswehr am 17. März eine Granate auf die sich ebenfalls den Putschisten verwehrende Stadt Waren abfeuerte. Die Reichswehrbrigade 9 zählte 14 Tote und 14 Verwundete. Die Zahl der in Mecklenburg bei den Kämpfen gefallenen Verteidiger der Republik ist nicht bekannt.[162]

Lettow-Vorbecks Entschluss sich Lüttwitz anzuschließen war nicht nur Folge bloßen militärischen Gehorsams, sondern eine bewusste politische Entscheidung gewesen. Sein Renommee als Offizier garantierte zumindest in den ersten Tagen, dass die Reichswehrbrigade 9 unter seinem Kommando zum Instrument der Putschisten wurde. Seine Energie und Rücksichtslosigkeit, seine dynamische, aggressive Auslegung von Befehlen und sein einfaches Weltbild, das nur Freund und Feind kannte, minderten die Chancen zur Deeskalation in Mecklenburg, als sich hier der Widerstand gegen den Staatsstreich formierte. Folglich kann man für Mecklenburg von einem Kapp-Lüttwitz-Lettow-Putsch sprechen.

9. Das Ende einer Karriere

Die Landesregierung in Schwerin drängte Lettow-Vorbeck am 18. März zum Rücktritt. Doch er weigerte sich unter Hinweis auf die angeblich nach wie vor bestehende bolschewistische Gefahr seinen Posten zu räumen. Ganz abgesehen davon war er als Militär des Kaiserreichs nicht der Mann, der sich Wünschen der Zivilgewalt beugte. Am 18. März forderte er den Landtag in Schwerin vielmehr auf, bei seinen Verhandlungen auf jegliche Kritik am Verhalten der Militärs in den zurückliegenden Tagen zu verzichten.[163] Erst auf Intervention der Regierung Wendorff in Berlin zog das Reichswehrministerium am 19. März Lettow-Vorbeck und seinen Stabschef Major Matthias, der ihm bereits in Hamburg gedient hatte, aus Schwerin ab.

Am 8. April teilte ihm das Personalamt des Reichswehrministeriums mit, dass er nicht länger im Heer verwendet werden könne und demnächst ausscheiden müsse. Mittlerweile nahm auch ein »Ausschuss zur Prüfung des Verhaltens der Offiziere während der Märzereignisse« der Reichswehr seine Tätigkeit auf, der zu einem günstigeren Urteil kam. Er bestätigte am 11. Mai 1920 zunächst nur die Dienstenthebung Lettow-Vorbecks und zweier Obristen der Reichswehrbrigade 9, ferner verfügte er die Beurlaubung von zwei Majoren, darunter Matthias.[164] Ende April 1920 forderte die Landesregierung sogar Lettow-Vorbecks Verhaftung wegen Gefahr im Verzuge, doch riet das Reichsjustizministerium davon ab, da eine solche ein »außerordentliches Aufsehen« erregen würde.[165]

Die Signale, welche Lettow-Vorbeck im Frühjahr 1920 aus dem Reichswehrministerium erhielt, waren widersprüchlich. Schien zunächst das sofortige Ende der

Karriere bevorzustehen, hieß es in einem Schreiben vom 14. Mai, es sollte zunächst das Ergebnis der Ermittlungen in Leipzig abgewartet werden, bevor eine endgültige Entscheidung über die berufliche Zukunft des vorerst vom Dienst suspendierten Offiziers fiele, »wobei eine Wiederanstellung im neuen Heere wohlwollend in Erwägung gezogen werden solle«.[166] Sowohl Justiz wie auch Reichswehr taten sich offenbar schwer angesichts von Lettow-Vorbecks Renommee eine klare Entscheidung zu treffen.

Das Reichsgericht stellte schließlich das Verfahren gegen Lettow-Vorbeck wegen Hochverrates gegen das Reich Ende September 1920 ein. Grundlage hierfür bildete das »Straffreiheitgesetz« des Reichstages vom 4. August 1920. Das Reichsgericht schloss sich in seiner Begründung des Einstellungsbeschlusses Lettow-Vorbecks Darstellung weitgehend an: »General von Lettow war weder Führer noch Urheber des Zentralunternehmens, sondern hat lediglich auf Weisung des Generals von Lüttwitz einen provinziellen Ausschnitt des Unternehmens geleitet.«[167] Lettow-Vorbeck profitierte damit wie die meisten Putschisten von der äußerst restriktiv gehandhabten Auslegung der laut Gesetz von der Amnestie auszunehmenden »Urheber und Führer« des Umsturzversuches. Als solche sah das Reichsgericht in Ermangelung klarer Vorgaben der Legislative und aus einer gewissen politischen Sympathie der Justiz für die Teilnehmer des Putsches letztlich nur den engen Kern um Kapp, Lüttwitz, Pabst, Erhardt und einige andere Hauptorganisatoren in Berlin an.

Mit dem mit großer Mehrheit verabschiedeten Gesetz vom 4. August versuchte die Legislative einen doppelten Schlussstrich unter die Ereignisse vom März 1920 zu ziehen: Sowohl die Verfahren gegen einen Großteil der Putschisten wie auch gegen die Mitglieder der sich als Folge des Putsches formierenden Roten Ruhrarmee sollten somit eingestellt werden. Davon erhoffte man sich eine innenpolitische Befriedung. Zudem wollte man die Judikative von einer nur schwer zu bewältigenden Lawine politischer Prozesse verschonen, denn es waren etwa 1 000 Untersuchungen wegen Beteiligung am Kapp-Putsch und etwa 5 000 im Zusammenhang mit den Widerstandshandlungen der Roten Armee im Ruhrgebiet eingeleitet worden.

In der juristischen Bewältigung des Kapp-Lüttwitz-Putsches und seiner Folgen zeigte sich die Weimarer Justiz auf dem rechten Auge blind. Widerstandshandlungen von links gegen den Putsch waren nicht nur öfters angezeigt worden als die Beteiligung am Putsch selbst. Auch die Auslegung von »Führer und Urheber« erfasste gegen rechts nicht einmal mehr Brigadekommandeure wie Lettow-Vorbeck, der tausende von Soldaten gegen die Regierung und Bevölkerung mobilisiert und über zwei Länder des Reiches den Ausnahmezustand verhängt hatte, während an der Ruhr nach wie vor Verfahren gegen Arbeiterführer eingeleitet wurden, die ein paar dutzend Genossen zum lokalen Widerstand aufgerufen hatten. Erbittert klagte denn auch Gustav Radbruch, vormaliger Justizminister der SPD und Rechtsfachmann seiner Fraktion, am 25. Januar 1921 im Reichstag: »Lettow-Vorbeck, Levetzow und Lindemann, deren Namen in aller Munde waren, sind keine Führer! Aber Führer sind eine gewisse Rosi Wolfheim und ein Herr Kaldenberg mit 20 anderen Angeklagten, von denen noch niemand etwas gehört hat.«[168] Die Justiz unterminierte mit ihrer unausgewogenen strafrechtlichen Ahndung des Kapp-

Putsches einmal mehr ihre Glaubwürdigkeit auf der Linken und auf der Rechten: Für die Linke lieferte sie einen erneuten Beweis ihrer politischen Einseitigkeit; der Rechten zeigte sie, dass gegen die Republik gerichtete Staatsstreichsplanungen und Umsturzversuche als eine Art Kavaliersdelikt anzusehen waren, vor dessen Folgen man sich nicht zu fürchten brauchte.

Zum Mitläufer und bloßem Befehlsempfänger gestempelt, entging Lettow-Vorbeck also der strafrechtlichen Verfolgung. Der Versuch der Schweriner Regierung im Herbst 1920, nach dem Freispruch ein neues Verfahren in Leipzig gegen Lettow-Vorbeck zu erwirken, diesmal wegen Hochverrates gegen das Land Mecklenburg-Schwerin, schlug fehl. Die Reichswehr rang sich schließlich dazu durch, ihn wegen seines Verhaltens während des Putsches aus dem Dienst zu entlassen, wobei offenbar das Votum Eberts als Oberbefehlshaber der Reichswehr entscheidend war. Hierüber wurde Lettow-Vorbeck am 19. Oktober 1920 informiert. Zum Tag des Ausscheidens setzte man rückwirkend den 15. Mai 1920 fest. Er erhielt die volle Pension eines Generalmajors, und die Reichswehr versüßte ihm seinen Abschied noch damit, dass er als chargierter Generalleutnant entlassen wurde. Lettow-Vorbeck zählte damit zu den 172 Offizieren, die als Folge ihres Verhaltens im März 1920 aus der Reichswehr ausscheiden mussten. 12 der unfreiwilligen Frühpensionäre gehörten der Generalität an, darunter seine ehemaligen Vorgesetzten aus Deutsch-Südwestafrika und Stettin, die Generalleutnants Estorff und Bernuth sowie sein Stellvertreter in Schwerin, Generalmajor Ribbentrop.

Der Kolonialoffizier, dem offenbar jedes Schuldbewusstsein für sein Verhalten während des Putsches fehlte, konnte nicht verstehen, dass man ihn ohne Angabe von Gründen in den Ruhestand schicken wollte. Auf seine Nachfrage beschied ihm das Personalamt, die Pensionierung sei ohne Angabe von Gründen erfolgt, »um einem Offizier, dem sein heldenhaftes Verhalten während des Krieges die Anwartschaft auf bevorzugte Berücksichtigung gesichert hatte, nun als Abschluss seiner Laufbahn unnötige und unerfreuliche Erörterungen zu ersparen«. Weil der Offizier aber nachdrücklich Auskunft begehrte, hieß es im gleichen Schreiben, dass »der Reichspräsident aufgrund Ihres Verhaltens in den Märztagen aus politischen wie auch rein militärischen Gründen sich genötigt gesehen hat, Ihre Weiterverwendung abzulehnen. So sehr er es bedauerte, hielt er Ihre Belassung in der führenden Position eines Divisionskommandeurs – auch schon im Interesse des Reichsheeres selbst – für nicht angezeigt, nachdem Euere Hochwohlgeboren in kritischer Zeit nicht den erforderlichen Überblick gezeigt hätten und Ihr Verhalten (Verhaftung der Landesregierung) beinahe zu einem offenen Konflikt mit den Strafgesetzen geführt habe.«[169]

XI. AUF DER SUCHE NACH NEUEN AUFGABEN

Lettow-Vorbeck war seit Kindheitstagen durch Familientradition, Elternhaus und Bildungsinstitutionen ausschließlich auf das Soldatenleben ausgerichtet worden und stets mit Begeisterung Offizier gewesen. Daher musste das plötzliche Ende der nach damaligem Ermessen glanzvollen militärischen Karriere im Alter von fünfzig Jahren für ihn eine zutiefst deprimierende Erfahrung gewesen sein. Erschwerend kam hinzu, dass er glaubte, bei seiner Beteiligung am Kapp-Lüttwitz-Putsch lediglich den Befehlen seiner Vorgesetzten gehorcht und den »Bolschewismus« bekämpft zu haben. Seiner Auffassung nach hatte er lediglich so gehandelt wie jeder andere Offizier es an seiner Stelle getan hätte, und zwar mit den politisch besten Intentionen, denn der Sturz der Republik war in seinen Augen eine nationale Notwendigkeit. Lettow-Vorbeck war aber nicht der Mann, der sich nach der erzwungenen Frühpensionierung über sein Schicksal beklagte oder Gefühle preisgab. Vielmehr obsiegte die anerzogene »Haltung«, also das klaglose Ertragen eingebildeter oder tatsächlicher Härten. So verlor er in seinen Memoiren wenige Worte über den tiefen Einschnitt, den das Jahr 1920 in seinem Leben bildete. 1935, nach Wiedereinführung der allgemeinen Wehrpflicht in Deutschland, schrieb er an Ruckteschell: »Natürlich würde ich gerne eine soldatische Tätigkeit ausüben, denn das ist ja nun einmal mein eigentlicher Beruf. Dass ich in dieser Hinsicht seit dem 50. Jahr brachliegen musste, war mir immer schmerzlich, wenn ich es mir auch, wie ich glaube, nicht habe anmerken lassen.«[1]

Zwei Umstände mögen das Ausmaß der persönlichen Krise vorerst abgefedert und ihn über die erste Zeit des Zivilistendaseins hinweggetröstet haben bis er in diesem neuen Leben Fuß fasste: Zum Einen war Lettow-Vorbeck verheiratet und konnte nun einem geregelten Familienleben nachgehen, was bislang durch die ereignisreichen Monate seit der Eheschließung im März 1919 nicht möglich gewesen war. Zum Zweiten ließ aus seiner Sicht die gespannte politische Situation im Reich hoffen, dass der Kapp-Lüttwitz-Putsch nur ein erster Versuch der Umformung der Republik in ein rechtsautoritäres Regime gewesen war, dem vermutlich weitere folgen würden. Nicht zuletzt der Ausgang der Reichstagswahlen vom Juni 1920, in welchen die die Republik tragenden Kräfte der »Weimarer Koalition« aus SPD, DDP und Zentrum bereits in die Minderheit gerieten, konnte als Zeichen gewertet werden, dass die Demokratie bald wieder einer Ordnung weichen werde, die Männer wie Lettow-Vorbeck reaktivieren würde.

1. Landleben und Vortragstätigkeit

Im Sommer 1920 zog Lettow-Vorbeck mit seiner Frau und den drei Stiefkindern aufs Land. Der Rittergutsbesitzer Rudolf von Lucke, ein Bekannter aus der Vorkriegszeit, bewirtschaftete im Kreis Osterburg in der damals preußischen Altmark mehrere Betriebe. Er überließ dem Ex-Offizier in Niedergörne ein Gutshaus.[2] Das direkt an der Elbe gelegene Dorf zählte etwa 170 Einwohner. Eine Kleinbahn verband es mit dem sechs km entfernt liegenden Städtchen Arneburg.

Die ländlichen Gebiete waren in der entstehenden Weimarer Republik wesentlich weniger von den politischen, sozialen und wirtschaftlichen Umwälzungen der vorangegangenen Jahre erschüttert worden als die Städte. In den Agrarregionen lebte man wegen der allgemeinen Geldentwertung und der Verteuerung von Lebensmittelimporten schon seit den Kriegsjahren wesentlich besser als andernorts. In den Jahren 1919-1923 prosperierten sie geradezu.[3] Es dominierten aber zunächst nicht materielle Erwägungen um in die Altmark zu ziehen, denn Lettow-Vorbeck war in dieser Hinsicht bis zur beschleunigten Inflation ab 1922 durch seine Generalspension, die Einkünfte seiner Bücher und Vorträge, schließlich das Erbe seiner Eltern, die beide 1919 verstarben, finanziell gut gestellt.[4] Ihm erschien vielmehr wie den meisten seiner ostelbischen Standesgenossen das Landleben neben der Armee die einzig akzeptable Daseinsform.[5] Die Kinder sollten in dieser für den ostelbischen Adel gleichsam zweitbesten »natürlichen« Umgebung aufwachsen, da es als Folge des Versailler Vertrages keine Kadettenanstalten mehr gab. In Niedergörne wurde dann auch im Juli 1921 sein erster Sohn Rüdiger geboren, im Juli 1922 sein zweiter Sohn Arnd.

Mit der Übersiedlung in die Altmark begab sich der Generalmajor a. D. zudem in ein vertrautes politisches Umfeld, von dem aus er den erhofften Fall der Republik verfolgen konnte: In einer Gesellschaft, in der wegen ihrer Abgeschiedenheit und der stärker personalisierten Autoritätsmuster vor allem der Gutsbesitzer, zu einem geringeren Grade auch der Pfarrer und Dorflehrer den (konservativen) Ton angaben, hatten sich traditionelle politische Auffassungen und Lebensformen wesentlich besser erhalten als in den urbanen Zentren. Bis 1918 dominierte in den landwirtschaftlich geprägten preußischen Kerngebieten das Junkertum politisch und verhinderte relativ erfolgreich das Eindringen der Sozialdemokratie.[6] In den evangelischen Agrarregionen der frühen Weimarer Republik wie der Altmark herrschte vorerst die DNVP, der es bis Mitte der zwanziger Jahre gelang, sich als die natürliche Interessenvertretung der (evangelischen) Landbevölkerung vom Kleinbauern in Süddeutschland bis zum Rittergutsbesitzer in Ostelbien zu präsentieren.[7] Bei den Land- und Kreistagswahlen, die in Preußen im Februar 1921 stattfanden, entfielen im Landkreis Osterburg auf die DNVP etwa 40 % der Stimmen. Sie stellte damit weit vor SPD und KPD, die zusammen als Vertretung der Landarbeiter nur etwa 30 % der Stimmen erhielten, die stärkste politische Kraft. Landesweit hingegen erhielt die DNVP 1921 in Preußen nur 18 % der Stimmen im Vergleich zu fast 40 % der Stimmen für die Arbeiterparteien.[8]

Dass Lettow-Vorbeck durch seine aktive Teilnahme am Kapp-Lüttwitz-Putsch und seine Vorträge, die oftmals von rechts- bis rechtsextrem ausgerichteten Organisationen wie der »Bismarck-Jugend« der DNVP oder dem anti-semitischen »Deutsch-Völkischen Schutz- und Trutzbund«[9] veranstaltet wurden, andernorts zur Persona non grata geworden war, musste er Ende August 1921 erfahren. In den im mitteldeutschen Industriegebiet gelegenen Städten Zeitz und Neuhaldesleben, traditionellen Hochburgen der Arbeiterparteien, wurde er an den von der DNVP bzw. dem »Verein für das Deutschtum im Ausland« organisierten Vorträgen durch eine aufgebrachte Menge von Arbeitern gehindert. Diese betrachteten die geplanten Auftritte als schiere Provokation. Auch bei seinem Vortrag in Halle Anfang November kam es zu einer Gegendemonstration der Arbeiterbewegung.[10] Spätestens seit den Ereignissen vom März 1920 galt er nicht mehr, wie zunächst parteiübergreifend bei seiner Rückkehr 1919, als eine Art lebender Beweis für eine positiv zu bewertende deutsche Kolonialvergangenheit, sondern der Linken als politischer Reaktionär. Die Kritik der Linken konzentrierte sich aber weiterhin allein auf Lettow-Vorbecks Aktivitäten in Deutschland seit 1919, nicht etwa auf seine Vergangenheit als Kolonialoffizier.[11]

Es war nicht so sehr der Inhalt seiner Vorträge in den frühen zwanziger Jahren, welcher ihn für einen Teil des politischen Spektrums diskreditierte, für den anderen hingegen zum Idol machte. Lettow-Vorbeck beschränkte sich in seinen Ausführungen meist, wie die Polizei und selbst die sozialdemokratische Presse vermerkte, auf eine Darstellung des Ostafrikafeldzuges und auf die Forderung nach Rückgabe der Kolonien unter Hinweis auf Deutschlands angebliche Überbevölkerung und den wirtschaftlichen Wert der Kolonien, der sich gerade im Kriege gezeigt habe.[12] Seine kolonialpolitischen Forderungen waren eigentlich nach wie vor konsensfähig, enthielten doch selbst nach der Unterzeichnung des Versailler Vertrages weiterhin die Parteiprogramme aller bürgerlichen Parteien die Forderung nach Rückgabe der Kolonien.[13] Auch die Schullehrpläne vieler Länder sahen in den zwanziger Jahren vor, dass vor allem im Geschichts- und Geographieunterricht über die ehemaligen Überseebesitzungen informiert werden solle, um so den kolonialen Gedanken in Deutschland aufrechtzuerhalten.[14] Deren Abtretung im Jahre 1919 stellte in den Augen der überwältigenden Mehrheit der Deutschen einen Mosaikstein in einer von den Siegern diktierten, als ungerechtfertigt angesehenen Friedensordnung dar. Allerdings ließ das Interesse an dieser Frage rasch nach, zumal es für Deutschland wesentlich wichtigere Revisionsziele wie z. B. die Rückgewinnung der an Polen verlorenen Gebiete, die Räumung der besetzten Rheinlande und die Regelung der Reparationsfrage gab. Die Flamme des Kolonialrevisionismus wurde daher nach 1919 vor allem von der relativ kleinen Zahl der unmittelbar Betroffenen, also den aus den Kolonien vertriebenen Siedlern, ehemaligen Kolonialmilitärs wie Lettow-Vorbeck und Kolonialbeamten wie Schnee, den bildungsbürgerlich geprägten Agitationsverbänden wie der DKG und einigen vor allem in den Hansestädten Hamburg und Bremen ansässigen Überseekaufleuten am Lodern gehalten. Diese beklagten sich stets über ein mangelndes Interesse der breiteren Öffentlichkeit am Schicksal der Kolonien.[15]

Eine deutlich politische Dimension erhielten Lettow-Vorbecks Auftritte erst durch die Wahl der Veranstalter, Anlässe und Orte. Besonders gerne sprach Lettow-Vorbeck dabei, obwohl selbst Erzpreuße, Anfang der zwanziger Jahre in Bayern. Dieses verstand sich nach der Niederschlagung der Münchener Räterepublik im Mai 1919 als »Ordnungszelle« des Reiches. Es wurde so zum Zufluchtsort von Rechtsterroristen der von Ehrhardt geleiteten Organisation Consul, zur Basis rechtsextrem-völkischer Parteien wie der NSDAP und paramilitärischer Verbände wie den Einwohnerwehren, aber auch eine Hochburg einer monarchischen Restauration zumindest der Wittelsbacher.[16] Für Lettow-Vorbeck hatte Bayern daher, wie er in einem Interview anlässlich eines Vortrages in München im September 1920 zum »Sedanstag« sagte, hinsichtlich der Herstellung von Ruhe und Ordnung und Wiederaufrichtung des Nationalgefühls in Deutschland die Führung übernommen, »wohingegen wir in Preußen leider noch weit zurückliegen«.[17]

Für die bürgerlich-konservativen Zuhörer, die während der ersten Hälfte der zwanziger Jahre zu Lettow-Vorbecks Vorträgen strömten – in Halle sprach er z. B. Anfang November 1921 nach polizeilicher Schätzung vor etwa 2 500 Zuhörern[18] – stellte der Besuch einer solchen Veranstaltung an sich schon ein politisches Bekenntnis dar. Für dieses entrichtete man gerne den verlangten Eintrittspreis, der zumindest zum Teil an die politisch rechts stehenden Organisatoren ging, womit zugleich potentiell interessierte Zuhörer aus anderen politischen Kreisen abgeschreckt wurden. Der General sprach also meistens nur zu einem ihm ohnehin politisch gewogenen Auditorium. Für dieses Publikum verkörperte Lettow-Vorbeck aufgrund seiner Herkunft, seines Lebensweges und seiner Leistungen im Kriege eine als besser angesehene Vergangenheit, in welcher Deutschland von einer angeblich geborenen Führerschicht geleitet worden war. Dagegen trat die kolonialpolitische Botschaft schon im Laufe der frühen zwanziger Jahre selbst bei der Masse der deutsch-nationalen Anhängerschaft immer mehr in den Hintergrund, je weiter der Verlust der Kolonien in die Vergangenheit rückte. Man ging zunehmend nicht mehr zu Lettow-Vorbecks Vorträgen, weil dies ein Bekenntnis zum deutschen Kolonialreich war, sondern eine Absage an die Republik. Der Redner verkörperte den militärischen Glanz des Kaiserreichs und das angeblich im Felde unbesiegte Heer, das durch die Revolution verraten worden sei. Durch seine eindeutig politisch konservativ bis rechtsextreme Ausrichtung und seine Vergangenheit als Verschwörer gegen die Republik schränkte Lettow-Vorbeck also automatisch die Breitenwirksamkeit seiner kolonialrevisionistischen Botschaften ein.

Das Presseecho auf die Vorträge war in der damaligen deutschen Zeitungslandschaft vorhersehbar. In dieser dominierte seit dem 19. Jahrhundert und bis in die fünfziger Jahre hinein der »Meinungsjournalismus«. Reporter und Zeitungen fühlten sich von ihrem Selbstverständnis her der Unterstützung ihres jeweiligen politischen Lagers, nicht einem unabhängigen, kritischen und investigativen, die Information über die Meinung stellenden Journalismus verpflichtet. Ihre Berichterstattung war daher affirmativ, nicht hinterfragend.[19] Die konservativen und rechtsextremen Zeitungen berichteten demgemäß über die Auftritte regelmäßig, ausführlich und stets positiv. In diesen Organen wurde Lettow-Vorbeck als straff, stramm, geistreich, soldatisch-schlicht auftretend beschrieben, seine frei und mit fester Kommandostimme vorgetragenen Ausführungen seien mit würzig-humoristischen Anekdoten geschmückt gewesen. Welcher Art diese Anekdoten waren, zeigte seine Schilderung der Einnahme von Nhamacurra im Juli 1918: Die Schutztruppe habe dort so viel Proviant und Ausrüstung erbeutet, dass selbst die »Neger« die Lust zum Stehlen verloren hätten. Er wurde stets mit starkem Applaus begrüßt und verabschiedet, während seiner Ausführungen lauschte die Menge angeblich andächtig.[20] In den liberalen und zentrumsnahen Blättern hingegen fanden seine Vorträge seltener Erwähnung. In der Arbeiterpresse gab es höchstens vereinzelte, negative Kommentare. Für gelegentlich anwesende, nicht entsprechend deutsch-national sozialisierte Journalisten wie zum Beispiel der SPD-nahen »Münchener

Post«, deren Vertreter dem Vortrag in München am 2. September 1920 beiwohnte, wirkten die Darlegungen des Generals eher »eintönig« und »schlicht«. Die Veranstaltungen waren, wie die liberale »Vossische Zeitung« am 22. Februar 1924 anlässlich eines Lettow-Vorbeck-Auftritts in Nürnberg vor der »Bismarck-Jugend« der DNVP schrieb, »umrahmt von jenem Schaugepräge, wie es bei jenen deutschnationalen Kreisen geliebt und als Ausdruck wahrer vaterländischer Gesinnung gehalten wird«.

2. Bremen

Im Mai 1923 siedelte Lettow-Vorbeck mit seiner Familie nach Bremen über. So natürlich die Wahl Niedergörnes für einen antirepublikanischen Ex-Offizier aus einem Junkergeschlecht erscheint, so erstaunlich mutet auf den ersten Blick dieser neue Umzug an. Nicht Militär, Verwaltung oder Landwirtschaft, die Preußen groß gemacht und dem ostelbischen Adel ein standesgemäßes Auskommen gesichert hatten, sondern Handel und Industrie dominierten die norddeutschen Stadtstaaten mit einem entsprechend hohen Anteil von SPD-Wählern. Mehr noch: Die Hansestädte Bremen, Hamburg und Lübeck wurden von einer bürgerlichen Kaufmannsaristokratie geprägt, die ihren Stolz nicht aus jahrhundertelangem Dienen und Sterben für Staat und Monarchie, sondern aus weltweitem Handelsbeziehungen und gefüllten Auftragsbücher zog, und die sich selbstbewusst vom Adel der Geburt distanzierte, ja geradezu eine bewusste Ignoranz in allen Adelsfragen kultivierte.[21] In Bremen musste sogar bis 1918 theoretisch jeder Zuwanderer auf sein Adelsprivileg verzichten, wollte er das bremische Bürgerrecht erwerben.[22] Auch der Offiziersberuf stand hier traditionell nicht im selben hohen Ansehen wie etwa in Preußen. »Wer in Bremen nicht in der Wirtschaft mitarbeitet, steht außen vor und nimmt am eigentlichen Bremer Leben nicht teil«, schrieb denn auch Lettow-Vorbeck.[23] Erstaunlich war ferner, dass Lettow-Vorbeck und seine Familie die relativ sichere ländliche Basis ausgerechnet im Jahre 1923 verließen, als die Inflation in Deutschland als Folge der Ruhrbesetzung durch französische und belgische Truppen und des passiven Widerstands der betroffenen Bevölkerung gegen diese Zwangsmaßnahme endgültig außer Kontrolle geriet.

Die Wahl Bremens und der Zeitpunkt des Umzugs lassen sich durch ein lukratives Angebot erklären, welches die kolonialinteressierten Kreise Bremens, die sich aus Bankiers, Besitzern von Handelsfirmen und Reedereien sowie Teilen des Bildungsbürgertums zusammensetzten, dem bei weitem bekanntesten deutschen »Kolonialhelden« machten, sollte er seinen Wohnsitz an der Weser nehmen. Diese Lobby, zusammengeschlossen in der »Kolonialen Arbeitsgemeinschaft Bremen« unter dem Syndicus des Bremer Bankenvereins Justus Schottelius, finanzierte Lettow-Vorbeck teilweise den Kauf einer großzügigen Doppelhaushälfte in der Colmarer Straße 39 im damals vornehmsten Bremer Stadtteil Schwachhausen und stellte ihm die Anstellung durch den Bremer Bankenverein in Aussicht.[24] Für die Lettow-Vorbecks mag zudem nach fast drei Jahren abgeschiedenen Landlebens das zuvor idealisierte Junkerdasein durch die Konfrontation mit der Realität viel an Reiz verloren gehabt haben. Schließlich waren seine Kindheit, Jugend und Offizierskarriere urban geprägt gewesen; er hatte sich also wie schon sein Vater und seine Brüder dem Landleben entfremdet. Zugleich ließ der Sturz der Republik immer noch auf sich warten, während es den vitalen Frühpensionär nach neuen Aufgaben drängte.

Obwohl sich die Bremer Kaufleute während des Kaiserreichs nur langsam für die Kolonialpolitik erwärmt und wesentlich weniger vom Handel mit den überseeischen Besitzungen als ihre Hamburger Konkurrenten profitiert hatten[25], bestand in der kleineren Hansestadt ab 1919 offenbar der Ehrgeiz, zumindest hinsichtlich der kolonialen Erinnerungsarbeit die stets als Rivalin empfundene Elbmetropole auszustechen. Bremen wollte sich nicht nur mit dem Erwerber der ersten deutschen Kolonie überhaupt, dem Sohn der Stadt Adolf Lüderitz, schmücken, sondern auch mit Lettow-Vorbeck als dem berühmten letzten Verteidiger des Kolonialreiches. Die Entscheidung für Bremen an Stelle Hamburgs mag von Lettow-Vorbecks wie auch von Bremer Seite dadurch erleichtert worden sein, dass an der Weser von 1920 bis 1928 durchgängig ein bürgerlicher Senat regierte, während in Hamburg von 1919 bis 1933 die Regierung aus einer SPD-dominierten Koalition bestand. Eine stark sozialdemokratisch geprägte Stadtregierung wirkte weder auf den ehemaligen Putschisten sonderlich anziehend, noch hätte diese gegenüber dem erklärten Republikgegner großzügige Avancen unterstützt.

Der besondere Aktivismus der Bremer Koloniallobby und das insgesamt für sie an der Weser günstigere politische Klima spiegelten sich auch darin wieder, dass hier seit Mitte der zwanziger Jahre das einzige große, künstlerisch anspruchsvolle Kolonialdenkmal auf deutschem Boden geplant wurde. Man weihte es schließlich nach einigen Verzögerungen, die aus dem Widerstand der seit 1928 mitregierenden Sozialdemokraten herrührten, am 6. Juli 1932 ein. Hamburg hingegen recycelte 1922 lediglich das aus Dar-es-Salaam abtransportierte, wesentlich kleinere Wissmann-Denkmal, das vor dem Universitätshauptgebäude seinen Platz fand, wohingegen alle Initiativen für ein neues, größeres Monument am Widerstand der dortigen SPD scheiterten. Das so genannte »Reichskolonialehrenmal« in Bremen, ein aus rotem Klinker errichteter, von dem Münchener Bildhauer Fritz Behn entworfener überlebensgroßer Elefant, der auf einer Krypta steht, erhebt sich noch heute hinter dem Bremer Hauptbahnhof. Während es seit 1989 zu einem Mahnmal gegen den Kolonialismus umgewidmet ist, sollte es in der Weimarer Republik an die deutschen Gefallenen der Kolonialfeldzüge im Ersten Weltkrieg erinnern. Auf der Rückseite des Monuments befanden sich bis 1945 zwei Plaketten mit Bildnissen von Lüderitz als Begründer und Lettow-Vorbeck als Verteidiger des deutschen Kolonialreiches. Lettow-Vorbeck war denn auch einer der drei Redner bei der Einweihung des Denkmals und legte hierbei einmal mehr seine Auffassung von Sinn und Zweck von Kolonien dar: »Ein großes Volk treibt Kolonialpolitik nicht nur, um Kultur zu verbreiten, ein großes Volk treibt Kolonialpolitik in erster Linie seiner selbst willen. Nicht eine Weltmission ist die Hauptsache, es gilt eine nationale Notwendigkeit: Ohne Kolonien muss ein blühendes Volk ersticken; es braucht Raum für die wachsende Zahl, Raum für deren Betätigung, oder der Überschuss an Zahl und Kraft geht verloren an das Ausland.«[26]

Lettow-Vorbeck arbeitete ab 1923 zunächst für eine Bremer Bank, in welcher er nach einer Einführung die Leitung der Devisenabteilung übernahm. Zwei Jahre später wechselte er zu einer Eisengroßhandlung und inspizierte für diese die Filialen in Nordwestdeutschland. Als Perfektionist besaß Lettow-Vorbeck den Ehrgeiz durch ein Hospitieren in allen Abteilungen und die Übernahme auch einfachster Tätigkeiten zunächst das Bankgewerbe und später den Großhandel ebenso »von der Pike« auf zu erlernen wie seinerzeit den Soldatenberuf.[27] Lettow-Vorbeck besaß offenbar nicht den wiederholt von der Forschung konstatierten Widerwillen des preußischen Adels gegen die Welt der Wirtschaft, des Handels und des Geldes[28], zumal für die Familie mit der Währungsstabilisierung ab 1924 in materieller Hinsicht wohl auch ein gutes Auskommen lediglich mit Pension, Buch- und Vortragshonoraren möglich gewesen wäre. Zeitweilig saß er auch im Aufsichtsrat des Deutschen Aero-Lloyd in Berlin, aus der die Lufthansa entstand.[29] Parallel zu seiner Tätigkeit in der Bremer Wirtschafts- und Finanzwelt hielt er weiter Vorträge: »Ich habe eigentlich ganz Deutschland durchzogen bis hinauf nach Tilsit und Memel sowie ganz Süddeutschland, Sachsen, Rheinland, auch öfters Österreich, Schweiz, Norwegen, Schweden, Baltikum. Diese Vortragstätigkeit war recht anstrengend. Da ging es manchmal am Sonnabend von Bremen (...) mit dem Flugzeug nach Leipzig oder Mannheim, dort zwei Vorträge, dann weiter mit der Bahn zu drei weiteren Vorträgen am Sonntag, am Montag früh traf ich wieder in Bremen auf dem Bahnhof nach beschwerlicher Nachtfahrt ein. Kurzes Frühstück im Bahnhofsbüffet und dann direkt ins Geschäft.«[30]

Die Familie wuchs durch die Geburt der Töchter Heloise 1923 und Ursula 1927 auf schließlich neun Personen an. Vor allem die Söhne wurden äußerst streng von dem Ex-Offizier erzogen, der die in der eigenen Kindheit erfahrene Härte nun weitergab und die Söhne das Fürchten lehrte. Der Stock zur körperlichen Züchtigung stand stets drohend in der Ecke. »Ich fand einen sehr attraktiven Mann und typischen Preußen vor, offensichtlich ein rigider Zuchtmeister selbst in seiner eigenen Familie«, notierte Meinertzhagen nach seinem ersten Besuch bei Lettow-Vorbeck im Jahre 1926, der Auftakt zu einer Jahrzehnte währenden losen Freundschaft zwischen den beiden Ostafrikaveteranen wurde.[31]

Dank der vielfältigen Einkommensquellen des Ex-Offiziers lebte die Familie seit Mitte der zwanziger Jahre und bis in den Zweiten Weltkriegs hinein für damalige Verhältnisse sehr komfortabel in Bremen, wenn sie natürlich auch nicht mit den wirklich reichen hanseatischen Wirtschaftskreisen konkurrieren konnte. Die Doppelhaushälfte in der Colmarer Straße, deren Treppenhaus mit unzähligen Jagdtrophäen des passionierten Waidmannes geschmückt war, wurde so umgebaut und erweitert, dass sie schließlich 15 Zimmer umfasste. Der Ehefrau nahmen eine Küchenhilfe und ein Hausmädchen einen Teil der Arbeit ab. Lettow-Vorbeck besaß ein Automobil, pachtete ein Jagdrevier in der Nähe Bremens und hielt sich zeitweilig ein Reitpferd. Die Familie fuhr regelmäßig zum Urlaub in die vornehmen Ostseebäder wie Bansin oder Heringsdorf, und man leistete sich auch einige Kreuzfahrten ins Mittelmeer. Im Haushalt selbst wurde allerdings, daran eher an das Kadettenkorps erinnernd, spartanisch gelebt. Der relative Wohlstand Lettow-Vorbecks seit Mitte der zwanziger Jahre erwies sich auch daran, dass er nach eigenen Angaben für bedürftige ehemalige »Ostafrikaner« teilweise monatlich bis zu 2 000

RM spendete. Dies stellte eine erstaunlich hohe Summe dar, verdiente doch ein Facharbeiter in Bremen um 1925 jährlich nur etwa 2 300 RM.[32]

3. »Überparteiliche« Parteipolitik

Lettow-Vorbeck wurde bald nach der Übersiedlung an die Weser Ehrenvorsitzender des »Gaus Bremen« des »Stahlhelms«, dem zur Jahreswende 1918/19 in Magdeburg gegründeten, offiziell überparteilichen, aber im Laufe des zwanziger Jahre sich immer mehr nach rechts wendenden und antirepublikanisch agierenden Verbandes von Weltkriegsveteranen. Dieser zählte in der Hansestadt, die zum Landesverband Niedersachsen in der föderalistisch aufgebauten Organisation gehörte, etwa 3 000 Mitglieder. Der vormalige Kolonialoffizier bekleidete sein Amt bis zur Auflösung des Stahlhelms durch die Nationalsozialisten 1934/35.[33] Lettow-Vorbecks Engagement für den Stahlhelm in der Weimarer Republik erwies sich in gewisser Weise als typisch für den Ex-Offizier: Er lieh gerne seinen Namen Kaiserreich und Weltkriegserlebnis verherrlichenden Organisationen und wertete sie durch seine Mitgliedschaft oder seine Vorträge auf. Er vermied es jedoch, im Stahlhelm, den Kolonialverbänden oder in rechtsgerichteten politischen Bewegungen führende Positionen zu übernehmen. Er fühlte sich trotz seiner Verabschiedung immer noch zu sehr als angeblich über den Partikularinteressen stehender Soldat, um sich in die Niederungen der (Verbands-) Politik und des Lobbyismus zu begeben. Abgesehen davon waren Verhandlungsgeschick, geistige Flexibilität, rhetorisches Talent oder schriftliche Ausdruckskraft nicht gerade seine Stärken.

Der Unwillen Lettow-Vorbecks, sich deutlich zu engagieren und stattdessen den scheinbar »überparteilichen« Ex-Offizier zu geben, der einzig dem Staat und der Nation diene, wurde auch im Frühjahr 1928 deutlich. Die DNVP suchte für die anstehenden Reichstagswahlen einen Ersatzkandidaten für den aus Altersgründen und innerparteilichen Querelen nicht mehr zur Verfügung stehenden Tirpitz. Dieser hatte bislang für den Wahlkreis 24 Oberbayern-Schwaben im Berliner Parlament gesessen. Die bayerische DNVP trat daher im Februar an Lettow-Vorbeck heran.

Der Wahlkreis 24, welcher neben den Regierungsbezirken Augsburg und Ingolstadt auch die Landeshauptstadt München umfasste, stellte mit seiner zu fast 90 % katholischen Bevölkerung ein wahldemographisch schwieriges Terrain für die eher evangelisch und norddeutsch-preußisch ausgerichtete DNVP dar. Zudem stand die DNVP hier im Werben um die evangelischen Stimmen schon frühzeitig in starker Konkurrenz zur NSDAP, die bis zu ihrem reichsweiten Durchbruch 1930 ihre sicherste Basis in Bayern besaß. Die DNVP glaubte angesichts dieser Konstellation nur durch die Nominierung von mit besonderem nationalem und militärischem Prestige ausgestatteten Persönlichkeiten relativ gut abschneiden zu können, die für die bayerischen Wähler zugleich nicht zu preußisch wirkten. Zwar waren sowohl Tirpitz wie auch Lettow-Vorbeck gebürtige Preußen, doch ihr militärisches Renommee hatten sie in der »verreichlichten« Marine bzw. der Schutztruppe erworben.[34] Dennoch mutete die ganze Konstruktion im Falle Lettow-Vorbecks eher absurd an: Ein in Bremen lebender Erzpreuße sollte in Berlin bayerische Wähler vertreten.

Geködert wurde Lettow-Vorbeck wie schon zuvor Tirpitz für die Kandidatur damit, dass die Partei ihm einen sicheren Platz auf der Reichsliste reservierte. Diese Zusicherung würde Lettow-Vorbeck einen aufreibenden Wahlkampf ersparen, ließ aber auch erwarten, dass dieser sich nicht sonderlich für seine Partei im Wahlkreis engagierte. Der ehemalige Kolonialoffizier hätte vermutlich eine Kandidatur mit der Perspektive, wochenlang über Marktplätze und durch Wirtshäuser ziehen zu müssen um potentielle Wähler am Stichtag an die Urne zu locken, ohnehin ausgeschlagen. Nichts lag Lettow-Vorbeck wie vielen Vertretern der Eliten des Kaiserreichs ferner, als sich anzupreisen und beim Wahlvolk um ein politisches Mandat zu werben. Man war gemäß diesem altmodischen, eher der Idee der Honoratiorenpartei verpflichteten Politikverständnis eine natürliche Führungspersönlichkeit, die es nicht nötig hatte sich als Volkstribun aufzuspielen. So hatte es schon bei der Gründung der DNVP vor allem unter ihren ostelbischen, aristokratischen, aus der vormaligen DKP kommenden Elementen um Westarp erhebliche Vorbehalte dagegen gegeben, die neue politische Kraft überhaupt mit dem Prädikat der »Volkspartei« zu versehen. Bereits die intendierte Namensgebung sah man als eine unangemessene Anbiederung an die Massen an.[35]

Angesichts der angebotenen Bedingungen gab Lettow-Vorbeck dem Werben der Partei der Kaiserreichsnostalgiker, Monarchisten und bis zum Aufstieg der NSDAP zwei Jahre später stärksten antidemokratischen Kraft im Reichstag rasch nach, allerdings mit einer einschränkenden, an die Presse übergebenen Erklärung. Diese, wie schon zuvor ein Brief an Tirpitz, zeugten von dem bei ihm subjektiv vorhandenen, nach gesellschaftlicher Harmonie trachtenden Glauben, es gebe eine Art überparteiliche, rein dem Gemeinwohl und dem Ganzen dienende Politik: »In meiner politischen Weltanschauung stehe ich auf dem Boden Ihrer Partei. Groß ist Deutschland aber nicht durch die Macht der Herrschaft der Parteien geworden, sondern durch einen das ganze Vaterland umfassenden Gemeinsinn, der, wie mir scheint, im heutigen Deutschland stark verdunkelt ist (...) Schenken Sie mir also als Persönlichkeit, so wie ich bin und wie sie mich aus meiner Vergangenheit kennen, Ihr Vertrauen, ohne mich in großen und entscheidenden Fragen an Ihr Parteiprogramm zu binden (...) Das Vaterland über die Partei!«[36]

Bei seinen beiden Wahlkampfauftritten in München am 13. April im Hofbräuhaus und am 15. Mai im Löwenbräukeller vor mehreren tausend zahlenden Zuhörern entwarf Lettow-Vorbeck ein Bild der Gegenwart, das von Abstiegs- und Bedrohungsängsten geprägt war und in jeder Hinsicht düster ausfiel. So vernichtend die Analyse der Gegenwart ausfiel, so wenig Konkretes hatte er abgesehen von einigen Parolen als Rezept zur Besserung anzubieten. Doch dies war auch nicht nötig, denn er predigte wie bei seinen Kolonialvorträgen vor einer gläubigen Gemeinde. »Die Wahlrede des ›Afrikaners‹, an dessen scharf geschnittenen, bartlosen Zügen und an dessen auch im Zivilkleid soldatisch gestraffter, schlanker Gestalt die Blicke der Frauen und Mädchen anbetend hängen, schlägt prächtig ein; das Publikum geht mit, Zustimmungsbekundungen unterstreichen einzelne Kernworte«, berichtete die »Neue Zürcher Zeitung« am 18. Mai 1928 über den zweiten Auftritt.

Lettow-Vorbeck empfahl einerseits eine Besinnung auf die Vergangenheit. Die Jugend müsse lernen, welchen Anteil die deutschen Fürsten an einem einst wahrhaft großen Deutschland gehabt hätten. Er bekannte sich zum Bismarck-Reich, hob allerdings mit Rücksicht auf sein bayerisches Publikum insbesondere dessen angebliche verständnisvolle Rücksicht auf die berechtigten Eigentümlichkeiten der Einzelstaaten hervor. Andererseits machte er auch Anleihen bei der Ideologie der populistischen völkischen Rechten und den Denkern der Konservativen Revolution wie etwa Edgar Julius Jung, der in seinem Bestseller von 1927 über die »Herrschaft der Minderwertigen« im gegenwärtigen Deutschland geklagt hatte: Die durch die territorialen Amputationen von 1919 verursachte Raumnot, so Lettow-Vorbeck, habe einen starken Geburtenrückgang insbesondere bei den »wertvollsten Schichten« zur Folge. Lediglich die minderwertigen Teile des Volkes vermehrten sich noch, einen Zustand, den man durch Anwendung der »Ergebnisse der Rassenhygiene« überwinden könne. Es müsse jedoch, dies war eine notwendige Konzession Lettow-Vorbecks an den Anspruch der DNVP als »Volkspartei« und an die Konkurrenz der Völkischen, auch für Aufstiegschancen für die qualifizierten Kräfte aus den »unteren Schichten« gesorgt werden, um »zur wahren Volksgemeinschaft« zu gelangen.

Er beklagte überdies die mangelnde materielle und geistige Rüstung Deutschlands, von welcher unter anderem die Tatsache zeuge, dass es viele deutsche Jungen gebe, die noch nie eine Kompanie durch ihre Stadt hätten marschieren sehen. Allerdings erkannte er an, dass Deutschlands Machtlosigkeit gegenwärtig nur mit anderen als militärischen Mitteln überwunden werden könne. Dieses Zugeständnis war u. a. der Tatsache geschuldet, dass er im Wahlkreis 24 gegen Gustav Stresemann als Kandidat der DVP antrat, der eine erfolgreiche nichtmilitärische Revisionspolitik betrieb. Stresemanns Partei bildete traditionell vor allem beim konservativen städtischen Bürgertum eine Konkurrenz für die DNVP. Der Ex-Offizier wendete sich gegen den »zersetzenden« und »verhetzenden« Einfluss in Literatur, Presse und Kino, dem mit der Schärfe des Gesetzes entgegengetreten werde müsse und forderte eine starke Regierung, die möglichst nicht durchs Parlament eingeschränkt werde.[37]

Während die DNVP bei den Reichstagswahlen vom Dezember 1924 mit einem Stimmenanteil von 20,5 % ein Rekordergebnis als Folge ihrer kompromisslosen Oppositionspolitik erzielt hatte und als zweitstärkste Fraktion nach der SPD ins Parlament einzog, wurde der Urnengang vom 20. Mai 1928 für sie zu einer schweren Niederlage: Sie erhielt nur 14,2 %. Im Wahlkreis 24 fiel das Ergebnis sogar noch schlechter aus: Der Anteil der DNVP-Stimmen sank hier von 12,4 % auf 6,3 %, während SPD, NSDAP und Bayerische Bauernpartei zulegten.[38] Es zeigte sich, dass es einen großen Unterschied machte, ob man zum gutbürgerlichen und teilweise deutsch-national gesinnten Angestelltenpublikum in München sprach oder ob man als Wahlkampfredner über die Dörfer und durch die Kleinstädte gezogen wäre, was Lettow-Vorbeck nicht getan hatte. Denn die Verluste der DNVP im Wahlkreis 24 wie andernorts erklärten sich aus dem Wegbrechen ihrer Wählerschaft vor allem unter den Klein- und Mittelbauern, wie sie in Lettow-Vorbecks Wahlkreis vorherrschten und die bislang, sofern evangelisch, selbst in Bayern für die DNVP gestimmt hatten. Die DNVP konnte trotz ihrer zweimaligen Regierungsbeteiligung in Berlin 1925 und 1927/28 das Los der Bauern nicht bessern. Weder hatte sie es vermocht, wie versprochen Schutzzölle gegen billigere landwirtschaftliche Importe durchzusetzen noch eine höhere Besteuerung der Betriebe zu verhindern. Bezeichnenderweise hatte der »Reichslandbund« als reichsweite Interessenvertretung der Agrarwirtschaft im Vorfeld der Reichstagswahl erstmals keine Wahlempfehlung zu Gunsten der DNVP abgegeben. Als Folge der seit der zweiten Hälfte der zwanziger Jahre spürbaren Agrarkrise wurde sie daher von dieser Klientel 1928 erstmals reichsweit an der Wahlurne abgestraft, die sich stattdessen speziellen Interessenparteien wie der Landvolkpartei, der Bayerischen Bauernpartei oder der fundamentaloppositionellen NSDAP zuwendete. Dagegen blieb die Basis in den vom Gutsbesitz geprägten Gebieten Ostelbiens noch relativ stabil.[39]

Gemeinplätze wie der von Lettow-Vorbeck beklagte Geburtenrückgang, die Forderung nach Rückgabe der Kolonien oder Wiederaufrüstung fanden wenig Resonanz bei einer Landbevölkerung, die von ganz konkreten Sorgen wie der Überschuldung ihrer Betriebe, einer im Vergleich zum Kaiserreich erhöhten Steuerlast und der Konkurrenz durch die Einfuhr billigerer Agrarprodukte gedrückt wurde. Sie erwartete im Grunde genommen in ihrer Situation gerade Interessenpolitik und Lobbyismus statt Überparteilichkeit und abstrakter Appelle an die wiederherzustellende Glorie des Kaiserreichs.

Gleichwohl gelangte Lettow-Vorbeck im Juni 1928 als einer von 78 DNVP-Abgeordneten in den vierten Reichstag. Zugleich zog Lettow-Vorbeck sich aus dem Berufsleben in Bremen zurück. Der Reichstag einigte sich schließlich Ende Juni auf eine große Koalition aus SPD, DDP, Zentrum, Bayerischer Volkspartei und DVP unter dem Sozialdemokraten Hermann Müller, während die DNVP wieder in die Opposition ging.

Im Gegensatz zu seinem Vorgänger Tirpitz, der sich schon im Kaiserreich als ein geschickter Manipulator der öffentlichen Meinung und gewiefter Lobbyist im Reichstag für die Belange der Marine erwiesen hatte, war Lettow-Vorbeck unvorbereitet und ungeeignet für die Rolle des Parlamentariers, und es entsprach eigentlich auch nicht seinem Selbstverständnis als Soldat Politik zu betreiben. »Die Tätigkeit als Abgeordneter gab mir interessanten Einblick, wie Gesetze und Politik zustande kommen, hat mich aber wegen des oft durchbrechenden einseitigen Parteistandpunktes nicht recht befriedigt«, lautete das Resümee über diesen Lebensabschnitt in seinen Erinnerungen, dem er entsprechend wenig Raum widmete.[40]

In den zwei Jahren, die der vierte Reichstag währte, beschränkte Lettow-Vorbeck sich auf die Rolle des Hinterbänklers, der seinen in »nationalen« Kreisen glänzenden Namen der Fraktion lieh. Er bekleidete in der Partei kein herausgehobenes Amt. Als Ex-Offizier gehörte er lediglich dem Ehrenrat der Fraktion vor, der nicht wie das Parteigericht in inhaltlichen Differenzen zwischen Parteimitgliedern entschied, sondern in so genannten »Ehrenangelegenheiten« wie etwa Beleidigungen.[41] Er bestieg lediglich drei Mal das Rednerpult und nahm stets zu militärischen Fragen Stellung. Zum ersten Mal sprach er am 26. Februar 1929 anlässlich der Debatte um den von der KPD und Teilen der SPD abgelehnten geplanten Bau des Panzerkreuzers A, dem er, stets ein Anwalt erhöhter Rüstung, zustimmte. Dabei verwahrte er sich gegen das angebliche Eindringen der Parteipolitik in die Reichswehr, die nur dem Staat zu dienen habe, begleitet von höhnischen Zwischenrufen der SPD, die ihn an seine beim Kapp-Lüttwitz-Putsch an den Tag gelegte »Überparteilichkeit« erinnerte. Er forderte für die Spitze der Reichswehr in Anlehnung an das Kaiserreich eine vom Parlament unabhängige Kommandogewalt.[42] Am 15. Juni 1929 und am 21. Mai 1930 ergriff Lettow-Vorbeck erneut das Wort anlässlich der Beratungen des Wehrhaushaltes. Bei der ersten Gelegenheit kritisierte er u. a. die Pläne der SPD, den Mannschaften der Reichswehr mehr Rechte einzuräumen; bei der zweiten Rede forderte er eine stärkere wehrpolitische Erziehung der Jugend.[43]

Lettow-Vorbeck spielte auch keine bedeutende Rolle in den innerparteilichen Konfrontationen, welche die DNVP als Folge der Wahlniederlage vom Mai 1928 und der unterschiedlichen Interpretationen ihrer Ursachen sowie daraus zu ziehenden Lehren zunehmend zerrissen.[44] Der als Vorsitzender des Deutsch-Nationalen Handlungsgehilfenverbandes (DNHGV) den Arbeitnehmerflügel repräsentierende Walter Lambach machte vor allem das Festhalten am überholten Monarchismus für die nachlassende Attraktivität der DNVP auf die jungen Wähler verantwortlich. Der alldeutsch geprägte Flügel unter Alfred Hugenberg glaubte, dass nur eine erneute fundamentale Opposition gegen den Parlamentarismus die Wählerbasis konsolidieren könne. Die Zerstörung der Republik und nicht so sehr die Vertretung der Interessen des Agrar-, Industrie- oder Arbeitnehmerflügels sei die eigentliche Aufgabe der Partei, zusammengefasst unter der von Hugenberg ausgegebenen Parole »vom Brei zum Block«. Diese Auffassung obsiegte mit der knappen Wahl Hugenbergs zum Parteivorsitzenden am 20. Oktober 1928.[45] Dahingegen gab es bei den letztgenannten Gruppen, für welche u. a. der bisherige Parteivorsitzende Graf Westarp stand, und für die sich in der zweiten Hälfte der zwanziger Jahre der Begriff »volkskonservativ« einbürgerte[46], die grundsätzliche Bereitschaft, sich erneut wie schon 1925 und 1927/28 an einer Regierung zu beteiligen oder diese zumindest zu unterstützen, um nicht zuletzt ihre wirtschaftlichen Interessen gewahrt zu wissen. Voraussetzung war für diesen Teil der Fraktion und Partei allerdings, dass die SPD nicht mehr der Regierung angehörte und die Exekutive sich vom Parlament weitgehend emanzipieren werde. Es war eine politische Vision, die auch Reichspräsident Hindenburg teilte und die er mit Westarp bereits bei einem Gespräch am 18. März 1929 erörterte. Diesen politischen Kurs bekräftigten beide bei einer erneuten Zusammenkunft am 15. Januar 1930. Es wurde zu diesem Zeitpunkt allseits mit dem baldigen Ende der großen Koalition gerechnet. Denn sie hielt nur noch mühsam zusammen, um den zur Regelung der Reparationsfrage mit den Siegermächten ausgehandelten Youngplan mit der nötigen Mehrheit durch den Reichstag zu bringen. Ansonsten war sie innerlich über die Frage der Haushaltssanierung und Bekämpfung der Arbeitslosigkeit zerrissen, wobei insbesondere DVP und SPD sich in ihren Vorstellungen diametral entgegenstanden und mit Rücksicht auf ihre Wähler auf ein Ende des Regierungsbündnisses drängten.[47]

Die Stunde des Westarp-Flügels der DNVP kam denn auch mit der Ernennung des Zentrumspolitikers Heinrich Brüning zum Kanzler am 30. März 1930. Brüning stand dem ersten so genannten Präsidialkabinett vor. Dieses regierte nicht mehr wie zuvor Reichskanzler Müller mit einer sicheren Mehrheit im Reichstag, sondern durch Ermächtigung des Reichspräsidenten, statt Gesetzen Notverordnungen zu erlassen und mit der ständigen Drohung der Reichstagsauflösung durch das Staatsoberhaupt im Rücken, sollte sich im Reichstag eine negative Mehrheit gegen den Kanzler zusammenfinden. Dieses Regieren unter faktischer Entmachtung des Parlamentes wurde von dem gemäßigten Flügel der DNVP unter Westarp als eine Art Übergangsphase zu einer neuen, autoritären Verfassungsordnung gesehen, die vor allem die Rolle des Reichspräsidenten noch weiter stärken sollte. Hugenberg und seine Gefolgschaft hingegen hielten auch unter den neuen Bedingungen am grundsätzlichen Oppositionskurs fest. Die Situation innerhalb der Partei spitzte sich schließlich seit Juni 1930 zu, als Brüning eine geplante Notverordnung zur finanziellen Hilfe für die angeschlagene Landwirtschaft mit einer Steuerreform verband. Die SPD forderte eine Aufhebung der Notverordnung. Der Westarp-Flügel wollte sowohl aus Sorge um die Landwirtschaft wie auch aus grundsätzlicher Zustimmung zum neuen Gespann Hindenburg-Brüning die Notverordnung unterstützen. Das Hugenberg-Lager plante dem SPD-Antrag auf Aufhebung zuzustimmen um die Regierung zu stürzen.

Wo stand Lettow-Vorbeck in dieser innerparteilichen Auseinandersetzung? Von Herkunft und Lebensweg her gab es zwischen Lettow-Vorbeck und dem preußischen Adeligen, ursprünglichen Beamten und überzeugten Monarchisten Westarp mehr Überschneidungen als mit dem Pressemagnaten Hugenberg, der sich an einer Wiedererrichtung der Monarchie letztlich desinteressiert zeigte. Auf der anderen Seite appellierte die Idee bedingungsloser Opposition gegen das »System« ohne Rücksicht auf eine bestimmte wirtschaftliche Lobby, für welche Hugenberg stand, sicherlich mehr an den Ex-Offizier als die durch die Westarp-Gruppe verkörperte Arbeit mit und durch das Parlament, das trotz aller Kritik im Einzelnen als letztlich notwendiges Forum der Interessendurchsetzung und des Interessenausgleichs inklusive der dazu notwendigen politischen Parteien gesehen wurde.[48] So dankte Lettow-Vorbeck noch nach seinem Bruch mit Hugenberg diesem für dessen entschlossenen Kampf gegen den Young-Plan, für welchen Hugenberg nicht einmal das Bündnis mit der NSDAP gescheut hatte.[49] Westarp sah denn auch im Vorhinein Lettow-Vorbeck als unsicheren Kantonisten an, als er Ende Juni seine Reihen musterte: »In der Fraktion waren heute von uns 10 gegen 22 von den anderen da, wobei von den letzteren vielleicht noch Hergt, Steininger, v. Lettow für uns in Frage gekommen wären.«[50]

In der Fraktionssitzung vom 17. Juli 1930, in welcher ein letzter Versuch gemacht wurde für die am nächsten Tag anstehende Abstimmung im Reichstag über die Notverordnung doch noch eine einheitliche Linie zu finden, neigte Lettow-Vorbeck schließlich eher dem Westarp-Flügel zu, wobei seine Loyalität zu Hindenburg, der eindeutig hinter Brüning stand, den Ausschlag gab: »Wenn wir jetzt gegen den sozialdemokratischen Antrag stimmen, verlassen wir zwar unsere Linie der Opposition, aber wir trennen damit die Sozialdemokratie vom Zentrum. Deshalb müssen wir jetzt inkonsequent handeln. Hindenburg ist doch eine ganz gewaltige Erscheinung. Für mich als Soldaten ist es einfach unmöglich, gegen ihn zu stimmen.«[51] Er war aber bis zuletzt bereit, sich als treuer Parteisoldat der Mehrheit, die Hugenbergs Obstruktionskurs unterstützte, zu fügen, sofern sich die gesamte Fraktion auf eine einheitliche Stimmabgabe einigen würde.[52] Das Verhalten des Ex-Offiziers in dieser Krise der DNVP schien eher von dem Wunsch nach einheitlichem Handeln, nach Geschlossenheit unter einer klaren Führung, also gleichsam abstrakten militärischen Maximen, bestimmt worden zu sein denn von politischen Erwägungen in einer konkreten parlamentarischen Situation.

Bei der der Abstimmung im Reichstag am Morgen des 18. Juli kam es wie erwartet zur erneuten Spaltung der DNVP-Fraktion, nachdem bereits Anfang Dezember 1929 ein Dutzend Abgeordnete der DNVP unter Reinhold Treviranus aus Protest gegen Hugenbergs Kurs die Partei verlassen hatte. Lettow-Vorbeck wagte auch jetzt noch nicht wie Westarp und seine Getreuen den offenen Bruch mit Hugenberg: Er stimmte weder wie diese 25 gegen den SPD-Antrag und damit für die Regierung Brüning, noch votierte für den Aufhebungsantrag zusammen mit den 32 Abgeordneten unter Hugenbergs Führung. Er enthielt sich vielmehr mit vier weiteren Parteigenossen der Stimme.[53] Als Folge dieser Abstimmungsniederlage für Brüning gegen die Mehrheit von SPD, KPD, NSDAP und den 32 DNVP-Abgeordneten um Hugenberg löste Hindenburg noch am selben Tag den Reichstag auf. Die Neuwahlen wurden für den 14. September angesetzt. Die Fundamentalopposition des Parteiführers Hugenberg hatte, wie Spötter sagten, die DNVP »von der Reinheit zur Kleinheit« geführt. Am Ende waren ihm von den 78 Abgeordneten, die im Juni 1928 für die DNVP ins Parlament gezogen waren, 35 geblieben.

Die Dissidenten um Westarp schlossen sich einige Tage später der von Treviranus als Folge der ersten deutschnationalen Sezession im Januar 1930 gegründeten »Volkskonservativen Vereinigung« an, die nun angesichts der anstehenden Neuwahlen zur »Konservativen Volkspartei« (KVP) mutierte. Sie war ein heterogenes Bündnis aus einigen preußischen Konservativen wie Westarp, Vertretern des Arbeitnehmerflügels um Lambach und jüngeren Intellektuellen der so genannten Konservativen Revolution wie Edgar Jung. Erstaunlicherweise schloss sich auch Lettow-Vorbeck dieser neuen, gemäßigten konservativen Partei an, anstatt bei Hugenbergs Rest-DNVP zu bleiben. Er fungierte sogar als Mitunterzeichner des am 24. Juli 1930 veröffentlichten Gründungsaufrufes der neuen Partei, die in ihren Appellen an die Öffentlichkeit ganz im Trend einer allgemeinen Partei- und Parlamentsverdrossenheit – so nannte sich die DDP im Sommer 1930 in »Deutsche Staatspartei« um – viel vom Staat und der Nation und wenig von der Partei und ihren Interessen redete.[54] Dies war ein Chor, in den naturgemäß auch Lettow-Vorbeck einstimmte: »Wir wollen die Konservative Partei nicht um ihrer selbst willen, wir wollen sie um des Vaterlandes willen. Deshalb sind wir keine Partei von und für Interessenten. Es ist vielmehr unsere Aufgabe, die verschiedenen Interessen schon innerhalb der Partei gegeneinander abzuwägen und auf eine gemeinsame, eben die nationale Linie zu bringen.«[55]

Die Mehrzahl der Adeligen im Nordwest- und Nordostdeutschland lehnte gleichwohl die Volkskonservativen als »pflaumenweich« ab.[56] Der ehemalige preußische Kriegsminister Einem forderte Lettow-Vorbeck in der Zeitung »Der Tag« am 9. September 1930 öffentlich auf, auf den Pfad der Disziplin zurückzukehren und sich wieder für Hugenberg zu engagieren statt den Volkskonservativen als wichtigstes Aushängeschild zu dienen. Dass Lettow-Vorbeck sich durch sein Engagement in der stets in der Minderheit gegenüber der Rest-DNVP bleibenden KVP in den adeligen und militärischen Kreisen isolierte, in denen er verkehrte und denen er instinktiv zuneigte, wurde auch daran deutlich, dass er sich im Sommer 1930 genötigt sah, seinen Parteiwechsel mit einer Broschüre mit dem Titel »Warum ich aus der DNVP austrat« öffentlich zu rechtfertigen. In dieser sehr gewundenen und sich im Detail verlierenden Schrift begründete er seinen Wechsel eher mit taktischen Erwägungen als mit einer grundsätzlichen Ablehnung von Hugensbergs Politik und Weltanschauung.

Offenbar war ihm von Westarp und anderen deutlich gemacht worden, dass Hindenburg am besten damit gedient sei, wenn er seinen Namen bei der eindeutig auf Stützung Brünings abstellenden neuen politischen Kraft einbringe, dem beispielsweise Treviranus schon seit März als Minister diente. Fundamentalopposition, wie von Hugenberg propagiert, zwinge hingegen Brüning sich seine Unterstützung alternativ bei der SPD zu suchen, wo es doch Ziel aller »nationalen« Kräfte sein müsse, den Kanzler und den Reichspräsidenten von jedem Einfluss durch und Rücksichtnahme auf die SPD zu befreien.[57] Es war also eher Lettow-Vorbecks starke Abneigung gegen die SPD und ihren angeblichen »Marxismus«, die persönliche Loyalität des ehemaligen Offiziers gegenüber Hindenburg und der angebliche »überparteiliche« Charakter der neuen Kraft, nicht ihre grundsätzliche politische Mäßigung, welche ihn in die Arme der Volkskonservativen trieben. Zudem hatte sich Lettow-Vorbeck wie andere DNVP-Dissidenten zunehmend an dem autoritären Auftreten Hugenbergs seit dessen Wahl zum Parteivorsitzenden gestört. Hugenberg versuchte nach seiner Wahl im Oktober 1928 erstmals in der Geschichte der Konservativen, die Fraktion ganz der Partei unterzuordnen und drohte bei Zuwiderhandlung mit Ausschluss. Sein Vorbild für Organisation und Charakter der DNVP wurde, obwohl der uncharismatische und bereits im siebten Lebensjahrzehnt stehende Hugenberg als Person kaum die nötigen Voraussetzungen dafür mitbrachte, zunehmend die faschistische Führerpartei. Er sei, so Lettow-Vorbeck, ein Führer, der die »Preisgabe jeder nur irgend anders gerichteten Meinung selbst bei Parteifreunden und restloses Beugen unter seine Auffassungen fordert«.[58] Wenn auch Fraktionsdisziplin an sich Lettow-Vorbecks Sinn nach einheitlichem Handeln und zentraler Führung entsprach, so fiel ihm die Unterordnung unter einen Mann wie Hugenberg schwer; nicht nur weil dieser weder Aristokrat noch Offizier war, sondern auch einen Politikstil verkörperte, der letztlich für die Dominanz des Parteiapparates, der Landesverbände und der von Hugenberg kontrollierten Rechtspresse über das Gewissen des einzelnen Parlamentariers stand. Bei den Volkskonservativen hingegen lebte eher die Idee der traditionellen Honoratiorenpartei fort, die Kraft ihrer Persönlichkeiten wirken wollte ohne entsprechenden organisatorischen Unterbau, der sie auf eine bestimmte Interessenpolitik festlegen und in ihrer Entscheidungsfreiheit einengen könnte.[59]

Die KVP stand vor dem Dilemma, dass Lettow-Vorbeck zwar einerseits die weitaus bekannteste Persönlichkeit in ihren Reihen darstellte und man sich dieses Prestige zu nutze machen wollte. So lud Westarp ihn ein Mitglied des engeren Parteivorstandes zu werden.[60] Die KVP stellte ihn als Spitzenkandidat in den Wahlkreisen 24, 25 (Niederbayern-Oberpfalz) und 26 (Franken) auf. Lettow-Vorbeck bestritt immerhin mehr Wahlkampfauftritte für die neue Partei als 1928, da sein Einzug in den Reichstag angesichts des bescheidenen Umfangs der neuen Partei, die im Sommer 1930 höchstens 10 000 Mitglieder zählte, anders als zwei Jahre zuvor mit der etablierten DNVP im Rücken keineswegs gesichert war. So trat er im August in Bremen und Magdeburg und im September im Sportpalast in Berlin und in München bei Wahlkampfveranstaltungen der KVP auf. Allerdings stellten auch diese Bemühungen alles andere als einen intensiven Wahlkampf dar. Andererseits war er wegen seiner Ungeeignetheit für die parlamentarische Arbeit, seinen grundsätzlichen Vorbehalten gegenüber Politik und Wahlen und der Tatsache, dass er über keine Hausmacht verfügte, nur von begrenztem Nutzen für die neue Partei. Das Problem Lettow-Vorbeck in die Partei zu integrieren, zeigte sich deutlich bei den internen Überlegungen der Volkskonservativen, welchen Listenplatz man dem Ex-Offizier geben sollte. Westarp plädierte ob der Bedeutung Lettow-Vorbecks für das Ansehen der neuen Partei gegenüber Treviranus für den relativ sicheren dritten Platz auf der Reichsliste.[61] Doch dies erwies sich als nicht durchsetzbar: Man musste bei der Vergabe der Listenplätze verdiente Gründungsmitglieder der ursprünglichen Volkskonservativen Vereinigung wie Treviranus oder jene Dissidenten berücksichtigen, die ganze Landesverbände der DNVP in die neue Partei eingebracht hatten. Zudem brauchte man erfahrene Parlamentarier wie Westarp. Es galt ferner solche Persönlichkeiten zufrieden zu stellen, die bestimmte Wählergruppen repräsentierten wie etwa Lambach als Sprecher des DNHGV und Vertreter jener Parteien, mit denen man bei der Wahl Listenverbindungen eingehen wollte, wie etwa der Welfen- und Landvolkpartei. Daher erhielt Lettow-Vorbeck letztlich nur Platz neun auf der Reichsliste.[62]

Die Reichstagswahl vom 14. September 1930 geriet sowohl zum Debakel für Hugenbergs DNVP wie auch für die KVP, während die NSDAP, die ihren Stimmenanteil von 2,6 % auf 18,9 % steigerte, als große Gewinnerin hervorging, nicht zuletzt durch ihren nun noch stärkeren Erfolg bei der bisherigen ländlichen DNVP-Wählerschaft. Das Ergebnis der DNVP halbierte sich im Vergleich zu 1928 auf 7 %. Für die KVP votierte reichsweit mit 313 874 Stimmen weniger als ein Prozent der Wähler. Das schlechte Abschneiden der KVP war u. a. Folge der Tatsache, dass sie durch ihre Unterstützung Brünings als Regierungspartei galt und daher bei den Wählern für die ökonomische und soziale Misere, die Deutschland seit dem Ausbruch der Weltwirtschaftskrise im Herbst 1929 erfasste, verantwortlich gemacht wurde. Zudem hatte es ihr an einem eingespielten Parteiapparat gefehlt um einen intensiven Wahlkampf zu führen. Sie brachte lediglich die ersten vier Abgeordneten ihrer Reichsliste ins Parlament, darunter Treviranus, Westarp und Lambach.

Dies war umso enttäuschender für Lettow-Vorbeck, weil er im Wahlkreis 24 mit etwa 42 000 Stimmen, d. h. einem Anteil von etwa 3 % der Wähler des Wahlkreises das bei weitem beste Ergebnis aller Kandidaten der KVP im Reich eingefahren und damit dort die DNVP überholt hatte, die auf weniger als 32 000 Stimmen kam. Allerdings ging dieses gute Abschneiden eher auf die relativ soliden Strukturen der KVP in München zurück, die dort auf das Netz von Lambachs DNHGV zurückgreifen konnte. Hilfreich war auch das Eintreten der »Münchener Neuesten Nachrichten«, dem bislang traditionellen Blatt der Deutschnationalen in der Landeshauptstadt, für die KVP gewesen. Mehr als die Hälfte der Stimmen für die KVP im Wahlkreis kam aus der bayerischen Hauptstadt. In den ländlichen Bezirken des Wahlkreises dagegen konnte auch der Name Lettow-Vorbeck nicht die Abwendung der evangelischen bäuerlichen Wählerschaft von den konservativen Parteien DNVP und KVP aufhalten. Im Wahlkreis 25 Niederbayern brachte es der berühmte Spitzenkandidat der KVP beispielsweise auf weniger als 4 000 Stimmen, in Franken auf etwa 10 000.[63]

Nach der Wahl gab es im Führungsgremium der KVP noch einige Wochen lang aus schlechtem Gewissen und wegen des zugkräftigen Namens Überlegungen, ob man nicht Lettow-Vorbeck an Stelle eines anderen Kandidaten in den Reichstag einrücken lassen oder dem Ex-Offizier als Kompensation für das nicht erlangte Mandat zumindest den Vorsitz der Partei anbieten sollte.[64] Doch Lettow-Vorbeck hatte nach den Erfahrungen in der DNVP und der KVP endgültig genug von seinem Ausflug in die Welt des Parlamentarismus und der Parteipolitik. Zudem konnte er vorerst gut mit Kanzler Brüning leben, der das Vertrauen Hindenburgs besaß und weitgehend ohne den Reichstag regierte. So registrierte die Bremer politische Polizei seit Herbst 1930, dass der Ex-General nicht mehr auf den Versammlungen der KVP im Raume Weser-Ems auftauchte.[65] Als Hugenberg im Frühjahr 1931 eruieren ließ, ob man Lettow-Vorbeck für die DNVP reaktivieren könnte, berichtete der Landesverband Bremen der Partei: »Es ist richtig, dass General von Lettow offenbar die Absicht hat, bei den Volkskonservativen auszutreten. Offenbar beabsichtigt er, bis auf weiteres eine neue Parteibindung nicht einzugehen, sondern zunächst einmal abzuwarten, wie sich die weitere Entwicklung vollziehen wird. Aus dem politischen Leben hat er sich gänzlich zurückgezogen (...) So hörte ich, dass er der Regierung Brüning wohlwollend gegenübersteht.«[66]

Lediglich für die im Frühjahr 1932 anstehende Wiederwahl Hindenburgs als Reichspräsident war er bereit weiterhin seinen Namen herzugeben, auch wenn dies bedeutete, dass er damit gegen den Kandidaten des Stahlhelms und der DNVP im ersten Wahlgang, Theodor Düsterberg, öffentlich Stellung bezog. So stand sein Name an führender Stelle unter dem »Bremischen Aufruf für Hindenburg«, den die »Bremer Nachrichten« am 12. März 1932, dem Vorabend der Wahl, veröffentlichten.

4. Veteranentreffen in London 1929

In Deutschland wurde Lettow-Vorbecks militärischer Ruhm seit 1920 durch seine Teilnahme am Kapp-Lüttwitz-Putsch, seine Vortragstätigkeit für rechtsextreme Organisationen, schließlich sein Engagement für die DNVP zunehmend durch seine innenpolitischen, eindeutig anti-republikanischen und vor allem gegen die SPD gerichteten Aktivitäten und Stellungnahmen überschattet. Er reduzierte sich damit von selbst zum Leitbild nur noch eines Teils des politischen und gesellschaftlichen Spektrums im Reich. Dagegen nahm man ihn jenseits der Grenzen vornehmlich als militärischen Profi und ritterlichen Gegner wahr. Man zollte seinem im Ostafrikafeldzug gezeigtem Durchhaltewillen, seinem taktischen Geschick und der völkerrechtskonformen Kriegsführung zumindest gegen die weißen Gegner höchsten Respekt ungeachtet seiner reaktionären politischen Einstellung, die u. a. auf eine Revision der Friedensordnung von 1919 abzielte. In seine Zeit als Reichstagsabgeordneter fiel denn auch eine Episode, die erneut von diesem erstaunlichen Ansehen Lettow-Vorbecks vor allem in Großbritannien zeugte.

Schon 1923 hatten sich die britischen Ostafrikaveteranen an die deutsche Botschaft in London gewendet, um Lettow-Vorbeck zu einem Treffen einzuladen, bei dem auch der südafrikanischen Premierminister Smuts anwesend sein würde: »General von Lettow-Vorbeck erfreut sich höchster Wertschätzung bei allen, die am Feldzug teilgenommen haben und wir würden uns glücklich schätzen, wenn wir die Gelegenheit hätten, ihm persönlich zu zeigen, wie sehr wir die ritterliche Art und Weise bewundern, mit der er gegen uns kämpfte«, hieß es im Schreiben an die Botschaft.[67] Das Auswärtige Amt riet jedoch von diesem Besuch ab, weil man die britische Regierung, auf deren Unterstützung das Reich bei der Revision des Versailler Vertrages hoffte, nicht gegenüber ihrem französischen Verbündeten in Verlegenheit bringen wollte, in dem man den Eindruck deutsch-britischer Militärkontakte erweckte.[68]

Im Herbst 1929 erhielt er eine von Meinertzhagen vermittelte zweite Einladung zu einem Veteranentreffen in London. Den Anlass lieferte ein erneuter Besuch von Smuts in der britischen Hauptstadt. Nun gab es die sechs Jahre zuvor geäußerten diplomatischen Vorbehalte nicht mehr. Im Gegensatz zur verhinderten Reise von 1923 war Lettow-Vorbeck jetzt allerdings nicht mehr der erste Deutsche, der zu einem solchen Veteranentreffen auf die Insel fuhr. Pioniere in der Kontaktaufnahme zwischen den ehemaligen Kriegsgegnern wurden vielmehr Mitte der zwanziger Jahre die Jagdflieger beider Seiten. Sie hatten einen neuartigen Kampf ausgefochten, der in gewisser Weise »persönlicher« als das Massensterben in den Schützengräben gewesen war, weil man besondere militärische oder flugtechnische Leistungen besser einzelnen Soldaten zuordnen konnte. Die Piloten hatten sich bereits 1925 erstmals in Großbritannien getroffen.[69] Gleichwohl stellten auch mehr als zehn Jahre nach dem Ende des Ersten Weltkriegs Veteranentreffen über die Gräben hinweg noch keine Routineangelegenheit dar und waren in beiden Ländern nicht unumstritten. Dies galt in besonderem Maße bei den Versuchen der Kontaktaufnahme zwischen ehemaligen Marineoffizieren, wobei vor allem der deutsche U-Boot-Krieg weiterhin auf Ablehnung auf der Insel traf. So rief ein Vortrag eines deutschen U-Boot-Kapitäns im November 1929 in Reading auf Einladung eines britischen Kommandanten, dessen Schiff er versenkt hatte, zum Teil wütende Proteste in der britischen Presse hervor.[70]

Lettow-Vorbeck reiste Ende November 1929 mit seiner Frau nach London. Sie quartierten sich bei Meinertzhagen ein, der sich parallel zu seiner 1925 beendeten militärischen Karriere durch Selbststudium zu einem Ornithologen von Weltrang entwickelt hatte.[71] Die beiden Veteranen diskutierten den Ostafrikafeldzug im Detail. Sie stellten fest, dass Meinertzhagen bei den Straßenkämpfen in Tanga sogar direkt auf Lettow-Vorbeck angelegt hatte, als dieser an jenem 4. Novembers 1914 wie so oft seine Truppen von vorderster Front in den Angriff führte. Sie gerieten bei dem Austausch ihrer Erinnerungen so in Eifer, dass sie die Topographie der afrikanischen Schlachtfelder mit Hilfe der Wohnzimmereinrichtung zu rekonstruieren suchten.[72]

Das Festdiner der Ostafrikaveteranen, präsidiert von Smuts, fand am 2. Dezember 1929 in London statt. 1 100 britische und südafrikanische ehemalige Feldzugteilnehmer aller Ränge nahmen teil. Unter den Anwesenden befanden sich u. a. der britische Hochkommissar in Südafrika im Ersten Weltkrieg, Lord Sydney Charles

Buxton sowie Lettow-Vorbecks ehemaliger Gegner an der Grenze zu Rhodesien, General Northey und der zeitweilige Oberbefehlshaber der britischen Marinestreitkräfte im Weltkrieg in den ostafrikanischen Gewässern, Admiral Herbert King-Hall. »Als ich von Lettow Smuts vor der gesamten versammelten Gesellschaft vorstellte, wurde er wundervoll begrüßt; im Grunde genommen begeisterter als Smuts«, schrieb Meinertzhagen in sein Tagebuch.[73] Smuts und Lettow-Vorbeck hielten die Festreden, die live vom Rundfunk übertragen wurden. Von wiederholtem Beifall der Anwesenden begleitet lobte Smuts den ehemaligen Gegner für seine ritterliche Kriegführung und seine Tapferkeit. Er versuchte aber zugleich, Lettow-Vorbeck als eigentlich geschlagenen, da sich ständig auf der Flucht befindlichen Kommandeur darzustellen und sich damit noch nachträglich als erfolgreicher britisch-südafrikanischer Oberbefehlshaber ins rechte Licht zu rücken. Smuts stellte den Ostafrikafeldzug als einen von beiden Seiten »anständig« geführten Krieg dar, was nun die Versöhnung zwischen den Nationen erheblich erleichtere. Er sah das Treffen über die Gräben hinweg als Ausdruck einer neuen Ära der Völkerverständigung, von welcher nicht zuletzt auch Deutschlands Aufnahme in den Völkerbund zeuge, an dessen Errichtung der Redner zehn Jahre zuvor erheblichen Anteil gehabt hatte. Lettow-Vorbeck hingegen stellte gleich zu Beginn seiner Ansprache fest, er sei lediglich Soldat und nicht Politiker. Er ging nicht auf den Völkerbund ein, den er als Instrument der Sieger von 1918 innerlich ablehnte. Lettow-Vorbeck verwies ironisch darauf, dass Smuts ihm schon im September 1916 mit der Aufforderung zu kapitulieren seine Gastfreundschaft angeboten habe, die er aber damals nicht annehmen konnte, weil er zu beschäftigt gewesen sei. Auch er bescheinigte den Zuhörern, dass man in Ostafrika einen »sauberen« Krieg geführt habe, der weitgehend frei von persönlichem Hass gewesen sei. Vielmehr habe man Respekt auch für die militärischen Leistungen der Gegner empfinden können, die einem oft wie persönlich Vertraute vorkamen. Er wollte durch Annahme der Einladung lediglich zeigen, dass er seine ehemaligen Gegner ebenfalls für faire und tapfere Soldaten halte, welche sich sicherlich nicht dem Frieden verschlössen, den Deutschland eigentlich verdiene.[74]

Es folgten weitere Empfänge und Essen zu Ehren Lettow-Vorbecks in London und der englischen Provinz, darunter auch eine Audienz beim Prince of Wales. Als Zeichen besonderer Anerkennung überreichte ihm das britische Kriegsministerium am Ende seine Orden und Tagebücher, welche er im Sommer 1916 an der Zentralbahn vergraben hatte, die aber kurz darauf von britischen Truppen gefunden worden waren. Lettow-Vorbeck legte einen Kranz am Zenotaph in London nieder, dem zentralen Denkmal für die britischen Gefallenen des Ersten Weltkrieges. Er geriet im Vorfeld in Konflikt mit der deutschen Botschaft, die darauf bestand, dass die Kranzschleife die schwarz-rot-goldenen Farben der Republik tragen sollte. Lettow-Vorbeck verweigerte dies unter dem Hinweis, dass er diese nicht anerkenne und wählte stattdessen das Schwarz-Weiß-Rot des Kaiserreichs.[75]

Wie schon bei seiner Gefangennahme Ende 1918 machte Lettow-Vorbeck erneut einen sehr guten Eindruck auf seine ehemaligen Gegner. »Ich hatte das Glück mit General von Lettow-Vorbeck zu reden, als er vor ein paar Jahren nach England zum Dinner der Ostafrikastreitkräfte kam. Ein wirklich wunderbarer Mann, und wenn man ihn einmal getroffen hat, wird einem klar, warum die Deutschen solch eine tolle Vorstellung (in Ostafrika, E. M.) ablieferten«, hieß es in einem Brief eines britischen Offiziers an einen Kameraden im Kriegsministerium.[76] Abgesehen von Lettow-Vorbecks perfekten Umgangsformen, seinem bescheidenen Auftreten, einem gewissen Humor und guten Englischkenntnissen wurde die positive Aufnahme durch Briten wie Südafrikaner dadurch erleichtert, dass viele seiner ehemaligen Kriegsgegner, die Berufsoffiziere gewesen bzw. noch waren, die gleichen Werte wie er teilten, die gleichen Leistungen wertschätzten und wie er den Ostafrikafeldzug als Höhepunkt ihres beruflichen Lebens ansahen. Schließlich profitierte Lettow-Vorbeck auch davon, dass der Feldzug in Ostafrika auf gegnerischer Seite von der unterschwellig noch vorhandenen Rivalität zwischen den südafrikanischen Buren einerseits und den britischen, schwarzafrikanischen sowie indischen Einheiten andererseits gekennzeichnet gewesen war, die auf den Burenkrieg zur Jahrhundertwende zurückging. Jeder Sieg oder jedes erfolgreiches Ausweichmanöver Lettow-Vorbecks stellte nicht nur einen deutschen Erfolg dar, sondern in britischer Sicht auch eine Schlappe für die Buren unter Smuts und Van Deventer: Diese hatten seit 1916 den Oberbefehl usurpiert und waren mit dem Selbstvertrauen in den Feldzug gegangen dem angeblichen Dilettantismus der bisherigen britischen Kriegführung ein Ende zu bereiten. In gewisser Weise war Lettow-Vorbeck damit aus Sicht seiner Kriegsgegner auch zum jeweiligen Rächer am Hochmut entweder der im Burenkrieg letztlich siegreichen Briten oder der mit der Verachtung für die schwarzafrikanischen und indischen Truppen des Empires angetretenen Südafrikaner geworden.

Wie sehr man seine militärischen Fähigkeiten auf südafrikanischer Seite schätzte, wurde auch einige Jahre später deutlich, als der Verteidigungsminister der Union, Oswald Pirow, anlässlich seines Deutschlandsbesuchs im Sommer 1933 an die neue nationalsozialistische Regierung herantrat mit dem letztlich gescheiterten Projekt, Lettow-Vorbeck mit der Ausbildung einer schwarzen Polizeitruppe am Kap zu betrauen.[77]

»Lettow-Vorbecks Besuch ist ein großer Erfolg gewesen und es hat, so weit ich weiß, keinen Missklang gegeben. Er erzählte mir, dass sich seine Sichtweise dieses Landes vollständig geändert habe und dass er keine Ahnung gehabt hätte über die hier im Wachsen begriffenen freundschaftlichen Gefühle gegenüber Deutschland. Auch sei ihm nicht bewusst gewesen, wie sehr die öffentliche Meinung sich von Frankreich ab- und seinem Land zugewandt habe, schrieb der wegen seiner eigenen Abstammung aus einer ursprünglich Bremer Kaufmannsfamilie stark deutschfreundliche und von einem geradezu pathologischen Hass auf die romanischen Länder besessene Meinertzhagen am Ende von Lettow-Vorbecks zehntätigen Aufenthalt in sein Tagebuch.[78]

Lettow-Vorbeck wertete, darin vielen seiner deutschen Zeitgenossen ähnlich, die Reaktion auf seinen Besuch, die vor allem eine Wertschätzung seiner Person, und nicht etwa eine nachträgliche Rehabilitation des Kaiserreichs und seiner Politik darstellte, irrtümlich als Anzeichen einer grundsätzlich deutschfreundlichen Einstellung auf der Insel. Diese »englische Illusion« hatte sich seit Anfang der zwanziger Jahre in Deutschland Bahn gebrochen, weil das Königreich weniger kompromisslos als Frankreich auf die Durchsetzung des Versailler Vertrages drang. Zugleich wirkte Großbritannien als Folge seines dortigen selektivem gesellschaftlichen Umgangs auf Lettow-Vorbeck als ein Land, das zwar wirtschaftlich ebenfalls durch den Krieg gelitten hatte, dessen Not jedoch nicht so groß wie in Deutschland war. Großbritannien schien von innenpolitischen Erschütterungen weitgehend verschont geblieben und besser als Deutschland seine Traditionen gewahrt zu haben. Dies waren ebenfalls Klischees, die sich im Reich in den zwanziger Jahren verfestigt hatten und in konservativen bis rechtsextremen Kreisen zu einer Gegenüberstellung der angeblich heilen britischen Gesellschaftsordnung im Vergleich zu der durch die Konfrontation mit der Moderne »dekadenten« deutschen Verhältnissen führte.[79]

Lettow-Vorbecks Besuch blieb ein kurzfristiges Medienereignis und hatte keine längerfristigen Wirkungen auf die deutsch-britischen Beziehungen. Der ehemalige Kolonialoffizier beschränkte sich darauf 1932 ein Büchlein mit dem Titel »Was mir die Engländer über Ostafrika erzählten – Zwanglose Unterhaltungen mit ehemaligen Gegnern« zu veröffentlichen, welches seine Darstellungen von 1919/20 über den Ostafrikafeldzuges auf Basis des Erinnerungsaustausches mit Meinertzhagen um einige Details bereicherte. Es erlebte 1939 eine zweite Auflage. Im Grundtenor hielt es an der Version der bis zuletzt im Felde ungeschlagenen und zum Durchbruch nach Angola bereiten Schutztruppe fest, welche seit 1914 eine strategische Diversion feindlicher Kräfte bewirkt habe. Am Ende bekräftigte Lettow-Vorbeck einmal mehr die unter den republikfeindlichen Kräften inzwischen zum Dogma gewordene Dolchstoßlegende: »Es wurden uns die Schwierigkeiten, Hemmungen und vor allem Verhetzungen erspart, welchen in der Hauptsache der Zusammenbruch der Heimat zugeschrieben werden muss.«[80]

XII. »TROTZDEM IST DIE BEWEGUNG IN IHRER GESAMTHEIT DOCH UNGEHEUER WERTVOLL«: IM DRITTEN REICH

Vor 1933 kritisierten die Nationalsozialisten gelegentlich Lettow-Vorbeck dafür, dass er sich für die aus ihrer Sicht falsche politische Kraft, also zunächst die DNVP und sodann die KVP engagierte. Dies geschah stets in einer relativ respektvollen Art. Sie wussten, dass man in den national-konservativen Kreisen, auf welche die Nationalsozialsten sowohl an der Wahlurne wie auch bei einer möglichen Machtübertragung angewiesen waren, mit einer offenen Herabsetzung des berühmten Kriegshelden wie auch anderer Vertreter der Militärelite des Kaiserreichs nichts gewinnen konnte, vor allem so lange Hindenburg Reichspräsident war. Die DNVP betreibe, so schrieb der »Völkische Beobachter« am 22. März 1928 nach der Bekanntgabe der Kandidatur Lettow-Vorbecks in Bayern, mit der »verehrungswürdigen Persönlichkeit ganz üblen Bauernfang (…) Den General von Lettow-Vorbeck sehen wir deshalb als politisch Gleichstehenden an, der seinen guten Namen diesmal an falscher Stelle einsetzt, der einem Gebilde Mut einblasen will, von wo diese Eigenschaft längst entwichen ist«. Ende August 1930 missbilligte die Gauleitung Weser-Ems der NSDAP unter Carl Röver öffentlich die Störversuche jugendlicher Parteimitglieder anlässlich der Wahlveranstaltung der KVP mit ihrem Spitzenkandidaten Lettow-Vorbeck in Bremen.[1]

Lettow-Vorbeck wiederum betrachtete, darin durchaus stellvertretend für die konservativen, seit 1918/19 noch politisch radikalisierten Eliten des Kaiserreichs, die Nationalsozialisten grundsätzlich mit Wohlwollen.[2] Ihre Ziele waren größtenteils auch die Seinen: restlose Beseitigung der Demokratie, Kampf gegen den »Marxismus«, Wiederaufrüstung, Militarisierung der Gesellschaft, Wiederherstellung der deutschen Großmachtposition und Säuberung des kulturellen Lebens von allen »Entartungen« der Moderne. Auch die geplante Entrechtung von Minderheiten dürfte ihn nicht gestört haben, forderte er doch in München 1928 öffentlich die Anwendung der »Gesetze der Rassenhygiene«. Seine gelegentliche Vortragstätigkeit für den »Deutsch-Völkischen Schutz- und Trutzbund« Anfang der zwanziger Jahre zeigte zudem, dass er (wie auch sein Bruder Friedrich) keine Berührungsängste gegenüber Antisemiten kannte. Vorbehalte bestanden vor 1933 eher gegenüber den angewendeten Methoden zur Erreichung dieser Ziele. Negativ aus Lettow-Vorbecks Sicht war zudem die Tatsache, dass die in seinen Augen grundsätzlich richtige Politik von Emporkömmlingen wie Hitler und Goebbels betrieben wurde, die Berufspolitiker waren, und nicht von den eigentlich dazu berufenen traditionellen Eliten. Für Lettow-Vorbeck sollten bildlich gesprochen die Nationalsozialisten das Fußvolk sein, mit Hilfe dessen man die Demokratie im finalen Sturmangriff überrennen würde und die zugleich mithelfen sollten den militärischen Geist im Volke wach zu halten, solange Deutschland noch eine allgemeine Wehrpflicht untersagt sein würde. Nach getaner Arbeit sollten sie aber wieder unter Führung der alten Eliten in die Kasernen eines Garnisonsstaates nach Muster des Kaiserreichs zurückkehren. Am 28. April 1932 protestierte Lettow-Vorbeck entsprechend in einem offenen, an General Kurt von Schleicher gerichteten Brief in der »Weser-Zeitung« gegen das zeitweilig von Brüning und Reichswehrminister Groener erlassene Verbot von SA und SS, welches der Deeskalation der politischen Gewalt auf den Straßen des Reichs dienen sollte: »Ich bin nicht Nationalsozialist, aber die Notverordnung hat mich entsetzt. Sicher haben die Nazi und besonders einige ihrer Führer an Größenwahn und Taktlosigkeit Einiges auf dem Kerbholz. Trotzdem ist die Bewegung in ihrer Gesamtheit doch ungeheuer wertvoll. Ich sah in Hamburg einen Aufmarsch der Nazi. Es war beste deutsche Jugend, ruhig, sympathisch, in bester Haltung und Disziplin: Preußengeist wie wir ihn doch haben wollen. Wer ein vaterländisches Herz hat, den muss so etwas doch ergreifen (...) Die nationalsozialistische Bewegung, der die große Masse unserer wertvollen Jugend zuströmt, lässt sich nicht unterdrücken. Aber das Vaterland hat meines Erachtens auch gar kein Interesse daran, dies zu tun. Diesen Wildbach sollte man nicht verstopfen, sondern zu fassen und zu regeln versuchen.«

Dass SA-Aufmärsche das alte Soldatenherz Lettow-Vorbecks höher schlagen ließen und ihn an »wahres Preußentum« erinnerten, hatte in seinem Falle noch einen ganz besonderen Grund: Seit ihrer Reorganisation durch Ernst Röhm im Frühjahr 1924 trug diese die »Braunhemden«, SA-intern zunächst auch »Lettow-Hemden« genannt. Die paramilitärische Formation hatte günstig einen Restposten von khakifarbenen Schutztruppenuniformen des 1920 aufgelösten RKM erworben. Durch dieses Schnäppchen – und nicht etwa aus ästhetischen oder ideologischen Gründen – legte die Parteimiliz sich Mitte der zwanziger Jahre endgültig auf die Farbe braun fest.[3]

1. Hoffnungen und Enttäuschungen in der Phase der nationalsozialistischen Machtkonsolidierung

Lettow-Vorbeck sehnte sicherlich nicht die Ernennung des Weltkriegsgefreiten Hitler zum Reichskanzler herbei, sondern hätte lieber die Abschaffung der Demokratie durch einen Vertreter der alten Eliten wie Papen oder Schleicher gesehen. »Politisch ist Lettow-Vorbeck natürlich rechts stehend, aber gemäßigt. Den Abgang Schleichers erlebte er hier nicht mehr, hätte ihn aber vermutlich als übertriebene Quertreiberei der Deutsch-Nationalen missbilligt. Ich freue mich ebenso wenig darüber«, schrieb Ernst von Weizäcker, der deutsche Gesandte in Oslo, am 29. Januar 1933 in sein Tagebuch, nachdem Lettow-Vorbeck dort einige Tage zu Gast gewesen war.[4]

Angesichts der vermeintlichen »Zähmung« der anfangs nur drei Nationalsozialisten im Kabinett Hitler durch Konservative wie Papen als Vizekanzler und Werner von Blomberg als Reichswehrminister, die das Vertrauen Hindenburgs besaßen, gab es für Lettow-Vorbeck nach dem 30. Januar 1933 keinen Grund, sich über die eingetretene Entwicklung zu beklagen. Wie er durchaus ehrlich in seinen Memoiren schrieb, begrüßte er Hitlers Kanzlerschaft unter Reichspräsident Hindenburg, weil dadurch die beiden Personen, auf die es in Deutschland angekommen sei, zusammengefunden hätten.[5] Er sah dabei die Rolle Hitlers nach wie vor als die des »Trommlers«, der dem zu errichtenden autoritären Regime unter Führung der alten Eliten die Massen zuführen sollte. Er verrechnete sich damit in den folgenden Jahren ebenso wie andere Konservative: Nicht Hitler und seine Partei wurden zu Steigbügelhaltern einer Art Kaiserreichsrestauration, sondern die Nationalsozialisten warfen schrittweise die konservativen »Herrenreiter« aus dem Sattel und herrschten schließlich ohne sie.

Lettow-Vorbeck wurde von der Dynamik und Aufbruchstimmung erfasst, welche die neue Regierung in den ersten Monaten geschickt inszenierte. Diese ergriff Deutsche weit über das ursprüngliche Wählerreservoir der Nationalsozialisten hinaus und ließ sie an eine »nationale Revolution« glauben. Zu dieser wollte er, seit seinem Ausscheiden aus der KVP im Herbst 1930 endgültig zum unterbeschäftigten, aber tatendurstigen Rentner reduziert, sein Scherflein beitragen. Anstatt wie zwischen 1920 und 1932 seinen Namen lediglich auf Anfrage als eine Art Aushängeschild an rechte Organisationen auszuleihen, drängte er sich nun erstmals geradezu um eine politisch gestaltende und verantwortungsvolle Position, denn er schrieb im April 1933 an Hindenburg: »Euer Exzellenz haben mit Genugtuung feststellen können, dass die von Euerer Exzellenz durchgeführte Einigung des nationalen Deutschlands in kurzer Zeit zu einem gewaltigen innenpolitischen Aufschwunge geführt hat. Im Großen und Ganzen muss man doch sagen, wir sind einen großen Schritt vorangekommen.« Lettow-Vorbeck erbot sich sodann, die sicherlich von Hindenburg beabsichtigte Verschmelzung von SA und Stahlhelm auf lokaler Ebene voranzutreiben, da dort die eigentlich natürliche Eintracht zwischen den beiden paramilitärischen Verbänden leider noch nicht erreicht sei und oft das nötige Fingerspitzengefühl für diese Aufgabe fehle. Es sei unter den neuen Umständen geradezu eine nationale Pflicht sich vorzudrängen: »Mir schwebt dabei nicht vor, etwa eine besondere Rolle spielen zu wollen oder für mich persönlich etwas herausholen zu wollen, aber ich kann mir vorstellen, dass die Anzahl der Persönlichkeiten, die genügend unvoreingenommen und parteipolitisch unabhängig sind und dabei doch ein warmes Herz für Stahlhelm und Nationalsozialismus haben, nicht allzu groß ist.«[6]

Lettow-Vorbeck betrachtete das neue Regime unter einem vornehmlich militärischen und auf ungezügelte Aufrüstung hoffenden Blickwinkel, welcher ihn schon 1932 die SA als Vorhut zukünftiger feldgrauer Marschkolonnen hatte erscheinen lassen, als eine Art Rückkehr zum »Preußentum«, das für ihn rein soldatisch definiert war. Die Nationalsozialisten nährten solche Illusionen zunächst mit dem geschickt inszenierten »Tag von Potsdam« am 21. März 1933 in der Garnisonskirche über den Särgen der Preußenkönige, um sich damit die Loyalität der alten militärischen und bürokratischen Eliten bei ihrer Umgestaltung von Staat und Gesellschaft zu versichern.[7] Die irrtümliche Gleichsetzung von nationalsozialistischer Machtübernahme und scheinbarer Rückkehr zu den »guten alten Zeiten« der Militärmonarchie durch den Ex-Offizier wurde auch an einem anderen Beispiel deutlich. Nachdem der neue nationalsozialistische preußische Kultusminister Bernhard Rust am 19. April 1933 in der Presse verkündete, dass die ehemaligen preußischen Kadettenanstalten Plön, Köslin und Potsdam als »Nationalpolitische

Erziehungsanstalten« (NAPOLA) wiedereröffnet würden, sicherte Lettow-Vorbeck seinen Söhnen Rüdiger und Arnd noch im selben Jahr in der Plöner Anstalt einen Platz.[8] Die vormaligen Kadettenanstalten hatten als »Staatspolitische Bildungsanstalten« zwar auch in der Weimarer Republik als Internatsschulen weiter existiert. Allerdings war ihnen Anfang der zwanziger Jahre der Sonderstatus genommen und sie den übrigen preußischen Realgymnasien hinsichtlich Lehrkörper und Lehrplan angeglichen worden.[9] Sie verloren also den Charakter vormilitärischer Bildungsanstalten und waren daher bis 1933 für Lettow-Vorbeck als Schulen für seine Söhne nicht interessant gewesen. Ruckteschell zeigte sich entsetzt über diesen Schritt, doch rechtfertigte sich Lettow-Vorbeck gegenüber seinem ehemaligen Adjutanten angeblich damit, dass man mit der neuen Zeit gehen müsse.[10]

Die Einrichtung von Konzentrationslagern, die rasche Aushöhlung des Rechtsstaates und die Aufhebung der Gewaltenteilung seit Anfang 1933 beunruhigten Lettow-Vorbeck wie auch andere hohe Offiziere nicht, so lange die Gewaltmaßnahmen und Verfolgung sich gegen die politische Linke oder Minderheiten richteten. Die Maßnahmen entsprachen vielmehr ihren Idealvorstellungen eines autoritären Staates mit einer uneingeschränkten Exekutive. Lettow-Vorbeck sah sie als notwendig im Kampf gegen den »Bolschewismus« an, wie er im März 1934 an Meinertzhagen schrieb: »Wir können gar nicht genug Sicherheitsorgane haben, um uns vor dieser Gefahr zu schützen. Diese Tatsache allein macht eine starke innenpolitische Kraft unbedingt erforderlich, die durch eine zuverlässige Exekutive gehandhabt werden sollte.«[11]

Das neue Regime hofierte Lettow-Vorbeck wie andere »Kriegshelden« des Kaiserreichs von Anfang an und versicherte sich deren Loyalität, indem es sie im Glauben beließ, ihre Expertise sei gefragt, und sie mit äußerlich glanzvollen, aber letztlich einflusslosen Posten ruhig stellte. So wurde der 83-jährige Mackensen, nach Hindenburg rangmäßig zweithöchster Soldat des alten Heeres, im August 1933 Mitglied des neu gegründeten Preußischen Staatsrats. Dieser war offiziell ein erlesenes Gremium erfahrener Männer zur Beratung der Regierung nach Muster des früheren »Herrenhauses« zu Zeiten der Monarchie an Stelle der inzwischen im ganzen Reich abgeschafften Parlamente. Tatsächlich stellte er aber nur eine Sinekure zur Besänftigung und Gleichschaltung potentieller nationalkonservativer Kritiker dar, die durch ihre Annahme des Ehrenamtes dem Regime zugleich als Aushängeschild dienten.[12] Entsprechend ernannte der nationalsozialistische Bürgermeister Richard Markert Lettow-Vorbeck im September 1933 zum Mitglied im hanseatischen Pendant, dem »Bremischen Staatsrat«, welcher laut Gesetz vom 1. August 1933 offiziell die Bürgerschaft ersetzte. Dieser bestand aus maximal 20 bekannten Männern aus Wirtschaft, Kunst, Wissenschaft und Kirchen, aber auch aus »alten Kämpfern« der Bremer NSDAP, SS und SA. Lettow-Vorbeck war in dieser Runde, die allerdings, je mehr sich das NS-Regime konsolidierte, umso seltener zusammentrat und keinen nachweisbaren Einfluss auf die Lokal- oder Reichspolitik besaß, bis 1945 für Kolonialfragen zuständig.[13] »Überhaupt hat der nationalsozialistische Senat mich stets sehr achtungsvoll behandelt«, hieß es entsprechend in Lettow-Vorbecks Erinnerungen.[14]

So sehr Lettow-Vorbeck in der Phase der Machtkonsolidierung und auch später bereit war, mit dem neuen Regime aktiv zusammenzuarbeiten und dieses um ihn warb, trat er doch trotz wiederholter Aufforderungen[15] nie der NSDAP bei. Dabei dürften seine eher enttäuschenden Erfahrungen mit seinem vorherigen Engagement für die DNVP und KVP eine Hemmschwelle gewesen sein, als ehemaliger Soldat erneut Parteimitglied zu werden. Mit dieser parteipolitischen Abstinenz stand er nicht allein, wie die Personalakten der NSDAP und ihrer Untergliederungen des ehemaligen Berlin Document Centers im Bundesarchiv Berlin zeigen: Weder sein bis 1945 lebender Bruder Friedrich, noch seine Schwestern Christine und Elisabeth, die erst nach dem Zweiten Weltkrieg starben, wurden vor oder nach 1933 NSDAP-Mitglieder, ebenso wenig andere Mitglieder des weiteren Familienkreises aus der Generation der »Wilhelminer«. Etwas anders hingegen sah es mit der jüngeren Generation aus, die ihre entscheidende Sozialisation nicht mehr im Kaiserreich, sondern in den für den ostelbischen Adel von wirtschaftlichen und sozialen Abstiegserfahrungen geprägten Nachkriegszeit erlebt hatte: Die drei in den Berliner Unterlagen nachgewiesenen NSDAP-Parteimitglieder aller Stammhäuser der Lettow-Vorbecks, davon zwei Männer und eine Frau, kamen in den Jahren zwischen 1897 und 1911 auf die Welt. Zusätzlich gab es noch einen SS-Führer in der Familie: Hans Albrecht von Lettow-Vorbeck aus der Linie Reetz, geboren 1901 und gelernter Landwirt, war seit Mitte der dreißiger Jahre Adjutant beim »Reichsbauernführer« und Landwirtschaftsminister Richard Walter Darré. Im Kriege kommandierte er die dänischen SS-Freiwilligen an der Ostfront, wo er 1942 fiel. Er war durch Heirat mit Lettow-Vorbecks Stieftochter Ruth im Jahre 1929 zusätzlich Schwiegersohn des ehemaligen Kolonialoffiziers. Die von Stefan Malinowski konstatierte Anfälligkeit des ostelbischen Adels für den Nationalsozialismus und insbesondere der auffällig hohe Prozentsatz von Parteimitgliedschaften unter den weiblichen Familienangehörigen hält also, wenn man als Messlatte der Kooperation mit dem Regime eine formale Mitgliedschaft in seinen Organisationen nimmt, der Stichprobe in Bezug auf die Familien Lettow-Vorbeck nicht unbedingt stand bzw. muss nach Generationen differenziert werden.[16]

Dass die Nationalsozialisten und hier insbesondere der durch Röhms SA repräsentierte sozialrevolutionäre Flügel sich keineswegs mit der Rolle der Steigbügelhalter für die Konservativen zufrieden geben wollten, erfuhr Lettow-Vorbeck alsbald in Bremen als Ehrenvorsitzender des Stahlhelms. Er wurde nicht etwa, wie noch im April 1933 Hindenburg vorgeschlagen, Führer bei der Vereinigung der beiden paramilitärischen Organisationen auf lokaler Ebene, sondern musste miterleben, wie der Stahlhelm zum Ziel von Angriffen der SA und schließlich dieser untergeordnet wurde. Der Stahlhelm war seit Januar 1933 zu einem Sammelbecken jener rechts stehenden Kräfte in Deutschland geworden, welche zwar an der »nationale Revolution« teilnehmen oder zumindest den Anschein des Mitmachens erwecken wollten, aber das direkte Engagement in SA oder NSDAP scheuten. Folglich stieg dessen Mitgliederzahl reichsweit von etwa 300 000 im Jahre 1932 auf etwa eine Million bis Mitte 1933. Seit Frühjahr 1933 mehrten sich in Bremen wie auch andernorts im Reich verbale wie physische Attacken der »braunen Bataillone« auf die als »reaktionär« und »opportunistisch« verschrienen, feldgrau gewandeten Stahlhelm-Mitglieder, obwohl Stahlhelm-Führer Franz Seldte im Juni 1933 das Aufgehen des Verbandes in der NS-Bewegung durch Eingliederung in die SA verkündet hatte.[17]

Der 1933 ernannte nationalsozialistische Bremer Innensenator Theodor Laue versuchte, die lokale SA, die nicht nur Stahlhelm-Mitglieder angriff, sondern auch die Autorität der Polizei in Frage stellte, unter Kontrolle zu bringen und bat Lettow-Vorbeck um Hilfe. Zusammen intervenierten sie Anfang Februar 1934 bei Hindenburg und Papen, nachdem die SA u. a. aus Anlass des ersten Jahrestages der »Machtergreifung« von den Stahlhelmmitgliedern gefordert hatte ihre schwarz-weiß-roten Kokarden und andere tradierte Abzeichen abzulegen und es dabei zu gewaltsamen Übergriffen gekommen war. Laue zog jedoch seinen Protest zurück, als er bei Reichsinnenminister Wilhelm Frick und dem Gauleiter für Weser-Ems keine Unterstützung fand.

Im Gegensatz dazu blieb Lettow-Vorbeck bei seinem Standpunkt auch ohne Rückendeckung Laues.[18] Damit wurde er selbst Ziel der SA: Sie verwüstete im Frühjahr 1934 das Lettow-Vorbeck als Ehrenvorsitzender des Stahlhelms in Bremen zustehende Büro. Nun wendete sich Lettow-Vorbeck erneut an Hindenburg, Papen und Hitler und wurde von allen dreien in Berlin empfangen. Dabei traf er zum ersten und einzigen Mal Hitler persönlich. Er zeigte sich keineswegs beeindruckt, wobei ein gewisser natürlicher Standesdünkel des adeligen Offiziers und Monarchisten gegenüber dem Weltkriegsgefreiten und Parteiführer gleichsam immunisierend gewirkt haben mag: »Er hat mir nicht den überragenden Eindruck gemacht, den viele gehabt zu haben behaupteten. Bald zeigte sich, dass er sich für meinen Fall überhaupt nicht interessierte, und er verlor sich in Tiraden, was die Partei alles durchgemacht hätte, 400 Tote und 1 500 Verwundete usw. Für Recht und Unrecht interessierte sich Hitler überhaupt nicht; ich sah das Zwecklose der Aussprache ein (...) Immerhin glaubte ich noch an die guten Absichten Hitlers und meinte, dass die Fehler hauptsächlich von Unterorganen herrührten.«[19] Wie viele Deutsche meinte Lettow-Vorbeck 1933/34 zunächst, dass Hitler gemäßigt sei und gegen die Übergriffe der untergeordneten Parteiorgane etwas tun würde, wenn er nur entsprechend informiert werde.[20]

Im Gegensatz zu diesem auch unter Teilen der konservativen Eliten wie Generalstabschef Ludwig Beck bis zum Sommer 1938 oder bei Staatssekretär Weizäcker so gar bis zum Ausbruch des Zweiten Weltkriegs verbreiteten Irrglauben, Hitler von den »radikalen« Elementen wie Röhm, Goebbels, Himmler und später Ribbentrop unterscheiden und, wenn er nur von diesen getrennt werde, einhegen zu können[21], stellte sich für Lettow-Vorbeck schon seit den Morden im Zuge des angeblichen Röhm-Putsches Ende Juni/Anfang Juli 1934 die Ernüchterung über den »Führer« und Reichskanzler ein. Er glaubte zwar zunächst auch an eine Art Notwehr des Reichskanzlers gegen einen beabsichtigten Putsch der SA und begrüßte deren Entmachtung. Als er aber erfuhr, dass während der Liquidierung der SA-Führung zugleich auch gänzlich unbeteiligte Konservative wie sein guter Bekannter, der ehemalige bayerische Ministerpräsident und Generalstaatskommissar Gustav Ritter von Kahr, ermordet worden waren, wurde er seiner Illusion eines »gemäßigten« Hitlers beraubt und erkannte, dass es »ein maßloser Terrorakt Hitlers« gewesen sei.[22] Mit dem Verbot monarchistischer Organisationen Anfang 1934, der raschen Vereinigung der Ämter von Reichspräsident und Reichskanzler und Vereidigung der Reichswehr auf die Person Hitlers nach dem Tode Hindenburgs im August 1934 musste Lettow-Vorbeck zudem wie andere Monarchienostalgiker erkennen, dass die Nationalsozialisten sich keineswegs als Statthalter oder Architekten für eine Restauration der Hohenzollern sahen, sondern allein regieren wollten.[23]

Die Quellen zu Lettow-Vorbecks Denken und Handeln in den Jahren 1933 bis 1945 sind spärlich gesät, nicht zuletzt weil er oder seine Erben nach 1945 für diesen Lebensabschnitt seinen Nachlass wohl gründlich gesäubert haben. Der Historiker ist daher vor allem auf seine Selbstdarstellung in den Erinnerungen angewiesen. Doch die Tagebucheintragungen Meinertzhagens bestätigen in gewisser Weise Lettow-Vorbecks Version einer partiellen Desillusion seit 1934. Der deutsch-freundliche und zunächst dem NS-Regime positiv gegenüberstehende Meinertzhagen war Mitglied der »Anglo-German Association«, die sich vor wie nach 1933 um eine Intensivierung der Beziehungen zwischen Großbritannien und Deutschland einsetzte. Sie wurde daher auch vom NS-Regime hofiert, das sich gemäß Hitlers außenpolitischen, schon in »Mein Kampf« in den zwanziger Jahren niedergelegten Grundsätzen bis 1937 intensiv um eine Allianz mit dem Königreich bemühte.[24] Aufgrund seines Engagements für die deutsch-britische Freundschaft traf Meinertzhagen wiederholt zwischen 1934 und 1939 die Größen des Regimes, u. a. Hitler, der bei einem ersten Gespräch im Oktober 1934 auf den britischen Ex-Offizier einen starken Eindruck machte: »Er wirkte auf mich wie ein Mann von immenser physischer und mentaler Kraft, der über eine magnetische Persönlichkeit verfügte, sehr ernsthaft und absolut vertrauenswürdig. Ich verließ Hitler mit der Überzeugung, dass dieser Mann unfähig sei, irgendetwas Unehrliches, Täuschendes oder Unmännliches zu tun.«[25] Diese positive Bewertung wich bei Meinertzhagen erst im Zuge der anhaltenden und immer brutaleren Verfolgung der Juden im Dritten Reich und der außenpolitischen Krisen des Jahres 1938 einer vollständigen Desillusion über den Charakter von Hitler und dessen Regime.

Bei einem Empfang im Juli 1935 in Berlin traf Meinertzhagen erneut Hitler, der von dem Engländer wissen wollte, wer unter den Briten besonders populär sei und sich daher als zukünftiger deutscher Botschafter in London eignen könne. »Ich hatte eine Eingebung. Ich schlug von Lettow vor, da er in England einen guten Ruf als ehrenhafter Mann und sauberer Kämpfer hat. Er spricht auch einigermaßen gut Englisch und ist vor allem ein Mann mit besten Manieren (...). Hitler zeigte sich ein Bisschen erstaunt, dachte kurz nach, schlug sich dann auf die Schenkel und hielt es für eine gute Idee.« Meinertzhagen informierte Hitler, dass sich Lettow-Vorbeck gegenwärtig in Berlin aufhalte und Hitler trug seinem englischen Gesprächspartner auf, er solle Lettow-Vorbeck sagen, dass er ihn zu sehen wünsche. Natürlich wurde aus diesem Projekt nichts, weil Hitler wohl nie die geringste Intention hatte Lettow-Vorbeck als Botschafter nach London zu schicken und nur aus Höflichkeit gegenüber seinem Gesprächspartner Interesse für diese Idee vorgab. Aber auch Meinertzhagen kamen nach dem Gespräch mit Hitler Zweifel: »Ich glaube, ich werde von Lettow gegenüber nicht erwähnen, dass Hitler ihn zu sehen wünscht. Er verabscheut Hitler und alles wofür dieser steht und könnte sich weigern diesem zu dienen. Er könnte sich sogar weigern ihn überhaupt zu sehen.«[26]

Obwohl Lettow-Vorbeck also spätestens seit Sommer 1934 wusste, dass Deutschland von einem Radikalen und Verbrecher regiert wurde, der auch vor politischem Mord nicht zurückschreckte und den »Führer« im Gegensatz zur großen Mehrheit der Deutschen, die dem geschickt inszenierten »Hitlermythos« erlag, als Menschen möglicherweise verabscheute, überwogen doch für ihn wie für die große Mehrzahl der Vertreter der konservativen Eliten weiterhin die positiven Aspekte des Regimes. Im Gegensatz zu dem von Ian Kershaw konstatierten »Hitlermythos«, welcher gewöhnliche Deutsche die negativen Seiten des Regimes vergessen ließ und sie zu begeisterten Anhängern zumindest des »Führers«, wenn auch nicht notwendigerweise der Partei machten, verhielt es sich bei Lettow-Vorbeck möglicherweise umgekehrt: Das Regime machte aus seiner Sicht gleichsam seit 1933 mit den »falschen« Leuten inklusive Hitler an der Spitze und gelegentlich »unverhältnismäßigen« Mitteln doch im Grunde genommen die fundamental »richtige« Politik: Verfolgung aller Personen und Organisationen, die irgendwie den Anschein erweckten »links« zu stehen und sonstiger sich der »Volksgemeinschaft« verweigernder oder als »nichtarisch« stigmatisierter Minderheiten sowie ungezügelte geistige und materielle Aufrüstung zwecks Vorbereitung einer umfassenden, auf militärische Mittel setzenden territorialen Revision.

Als Meinertzhagen ihn am 19. Juli 1935 traf, also wenige Tage nach der Zusammenkunft mit Hitler in Berlin, notierte der Brite denn auch in seinem Tagebuch: »Wir hatten ein langes Gespräch und ich fand ihn so charmant wie stets. Er fragte mich, ob ich eine Verbesserung in Deutschland hätte feststellen können, was ich ganz sicher kann. Er sagte mir, dass er sein Land nie so befriedet und so frei gesehen habe.« Auch hier stimmen Meinertzhagens Eindrücke mit Lettow-Vorbecks Memoiren überein, denn in Letzteren hieß es mit Blick auf die zweite Hälfte der dreißiger Jahre: »Inzwischen hatte Hitler in Deutschland Enormes geschaffen, das muss man zugeben.«[27] Seine öffentlichen Auftritte beendete Lettow-Vorbeck denn auch, glaubt man zumindest der gleichgeschalteten Presse, selbst nach den Ereignissen vom Sommer 1934 mit einem »Sieg Heil« auf »Vaterland« und »Führer«.[28]

Lettow-Vorbeck hoffte u. a. kurzzeitig, dass er trotz seiner mittlerweile 65 Jahre und seiner nunmehr fünfzehn Jahre zurückliegenden Verabschiedung aus der Reichswehr im Zuge der Wiedereinführung der Wehrpflicht und somit offenen Aufrüstung als Offizier reaktiviert werden würde: »Natürlich würde ich gerne eine soldatische Tätigkeit ausüben (...) Sagen Sie also in Gottes Namen nun dem General Strauss, dass ich gerne bereit bin. Das weitere wird sich ja dann ergeben. Körperlich bin ich noch leidlich auf der Höhe und habe gerade einige junge Leute bei der Pirsch auf den roten Bock ziemlich mürbe gemacht.«[29]

Seine anhaltende Zustimmung zum Regime zeigte sich zudem daran, dass er seine beiden Söhne nicht wieder von der NAPOLA nahm. Dabei musste ihm spätestens in der zweiten Hälfte der dreißiger Jahre deutlich werden, dass diese nur vordergründig eine Restauration der preußischen Kadettenanstalten darstellten, tatsächlich aber genuin nationalsozialistische Bildungseinrichtungen waren. Sie sollten eine eigene, nicht nur militärische Elite des neuen Staates heranbilden. Dieser verstand sich zunehmend nicht mehr, wie noch am »Tag von Potsdam« inszeniert, als Fortführung der »preußischen« Traditionen, sondern, je fester er im Sattel saß, als ein Gebilde aus eigener Kraft, Tradition und Ideologie. Das Regime bezog seine Legitimität mehr und mehr aus der »Kampfzeit« der »Bewegung« und dem angeblichen Genie seines »Führer« als Künder und Vollstrecker einer Weltanschauung denn aus den Leistungen der preußischen (adeligen bzw. militärischen) Eliten in der Vergangenheit.[30] So wurde z. B. die soziale Exklusivität durch Offiziers-, Beamten- und Adelssöhne, welche die alten Kadettenanstalten geprägt hatte, in den NAPOLA zugunsten einer erweiterten, der Idee der »Volksgemeinschaft« verpflichteten Rekrutierungsbasis aufgegeben. Es kamen in den NAPOLA keine Exoffiziere als Erzieher zum Einsatz, und statt militärischer Hierarchie propagierte man zumindest theoretisch das aus der Jugendbewegung übernommene Ideal des freiwilligen »Bundes« und der Führung der Jugend durch die Jugend. Während es im Kaiserreich eine enge Bindung zwischen Thron und Altar gegeben hatte und die Kadettenerziehung als Ergebnis noch »Gottesfurcht, Königstreue und Vaterlandsliebe« u. a. durch regelmäßigen Gottesdienstbesuch zeitigen sollte, suchten die NAPOLA ihre so genannten »Jungmannen« zum Kirchenaustritt zu bewegen. Ziel war nun die Erziehung zu »fanatischen Nationalsozialisten«, »die blind dem Führer folgen, an dessen Sendung wir unerschütterlich glauben«.[31] Trotzdem blieben beide Söhne Lettow-Vorbecks bis zum Abitur 1939 bzw. 1940 in Plön.

2. Kolonialpolitische »Narrenfreiheit«

Ein potentielles, allerdings sich nie zur offenen Eskalation auswachsendes Spannungsmoment zwischen Lettow-Vorbeck und dem NS-Regime ergab sich aus der unterschiedlichen Beurteilung von Bedeutung und Charakter zukünftiger deutscher Kolonialpolitik. Hitler hatte in seinem Buch »Mein Kampf« und anderen programmatischen Äußerungen seit Mitte der zwanziger Jahre aus der taktischen Erwägung heraus, zumindest für die Phase der kontinentaleuropäischen Machtkonsolidierung und Expansion des Reichs sich Großbritannien im Gegensatz zur Zeit vor 1914 nicht durch koloniale Forderungen und maritime Rüstung frühzeitig zum Gegner zu machen, dem Erwerb von überseeischen Besitzungen eine vorübergehende Absage erteilt. Er glaubte zudem grundsätzlich, dass Deutschlands »Lebensraum« für seinen angeblichen Bevölkerungsüberschuss in den Weiten der Sowjetunion liegen müsse.[32] Lettow-Vorbeck hingegen hielt auch nach 1933 an seiner aus der Vorkriegszeit herrührenden Auffassung fest, Afrika werde dem »Volk ohne Raum« eine Heimstatt bieten.

Im Juni 1933 hielt Lettow-Vorbeck an der Universität Hamburg einen Vortrag über »Siedlungsmöglichkeiten in Ostafrika«, die er, basierend auf den Kriegserfahrungen, als viel versprechend einschätzte.[33] Im Mai 1934 untersagte Goebels der Presse die Erörterung der Frage, ob Überseebesitzungen zur Ansiedlung von Deutschen geeignet seien.[34] Im selben Monat jedoch sprach Lettow-Vorbeck vor dem exklusiven Düsseldorfer Industrieclub, der viele der wichtigsten Unternehmer des rheinisch-westfälischen Industriereviers umfasste, zum Thema »Ostafrika Siedlungsland?«. Seine Ausführungen wurden als Stenogramm gedruckt und damit einer weiteren Öffentlichkeit zugänglich.

Lettow-Vorbeck stellte sich hier mehr oder weniger explizit gegen Hitlers außenpolitisches Programm. Dabei motivierte ihn keinerlei Sympathie für die Völker östlich der Reichsgrenzen, sondern er legte ihnen gegenüber ähnliche rassistische

Vorurteile wie die Nationalsozialisten an den Tag. Allerdings konnte er sich die ethnische Vertreibung und Ermordung von hunderttausenden von Slawen und Juden, wie sie vom NS-Regime ab 1939 im besetzten Polen realisiert wurde um Raum für deutsche Siedler zu schaffen nicht vorstellen. Daher plädierte er für das dünner bevölkerte Afrika als zukünftigem Siedlungsraum der Deutschen: »Nur eine einzige koloniale Schöpfung ist Deutschland erhalten geblieben und ist der alten Heimat von dauerhaftem Nutzen geworden. Ich meine das Land östlich der Elbe, das seinerzeit von Slawen in Besitz genommen worden und dann unter Heinrich dem Löwen und den deutschen Markgrafen wieder zurück gewonnen wurde. Damals erscholl auch in ihrer Heimat der Ruf: Nach Ostland wollen wir reiten! Und auch jetzt gibt es Stimmen, die von einer Ostsiedelung eine Heilung unserer Schäden erhoffen. Aber, meine Herren, es ist mir fraglich, ob solche Hoffnungen einer wirklichen Kritik standhalten. Es sieht jetzt anders aus als um das Jahr 1200. Jetzt sind dort nicht mehr die grünen Heiden, die nur auf Besiedlung harren, sondern jetzt ist auch das Land im Osten voll Menschen. Ich habe im vorigen Jahr einen Teil Ostpreußens bereist. Es war gewiss ein stolzes Gefühl, wenn man an die ehemals ganz deutschen Dörfer in Ostpreußen herankam, wo seit Versailles die Grenze mitten durch die Äcker und Gehöfte gezogen ist (...) Es ist gewiss ein stolzes Gefühl, dort zu sehen, wie auf der deutschen Seite diese behäbigen, sauberen Höfe liegen und auf der anderen Seite die dreckigen, verlausten Kotten. Aber meine Herren, wo auf deutscher Seite zehn Höfe stehen, stehen auf der polnischen hundert. Der Pole siedelt im Verhältnis ungefähr zehnmal so stark wie der Deutsche (...) Wenn die Frage aber so liegt, dass wir es wahrscheinlich mit der Innensiedlung allein nicht schaffen und auch von der Ostsiedlung nicht all zuviel erwarten dürfen, müssen wir da nicht wieder wie in früheren Zeiten unseren Blick hinüberwerfen über das Meer?«[35]

Dass diese öffentliche, im Gegensatz zu Hitlers Vorstellungen stehende Äußerung offenbar kein auf die Jahre 1933/34 beschränktes Phänomen war, zeigt auch eine Zeitungsnotiz vom 7. Februar 1935 in den »Hamburger Nachrichten« über einen Vortrag Lettow-Vorbecks vor der Abteilung Lübeck des Frauenbundes der DKG über wirtschaftliche Aspekte Deutsch-Ostafrikas. In dieser hieß es: »Gerade die Kriegserfahrungen veranlassten von Lettow auch, die Frage, ob diese Kolonie für eine Massenansiedlung in Frage komme, zu bejahen.«

Wie erklärt sich diese auf den ersten Blick frappierende Meinungsfreiheit, die einer so bekannten und in der Öffentlichkeit agierenden Persönlichkeit wie Lettow-Vorbeck in dieser Frage Mitte der dreißiger Jahre eingeräumt wurde? Das NS-Regime sprach hinsichtlich seiner kolonialrevisionistischen Ziele zunächst vielstimmig. Selbst die Regierungen der Weimarer Republik hatten nie den grundsätzlichen Anspruch auf Rückübertragung der vormaligen Schutzgebiete aufgegeben. Umso weniger konnte daher das neue Regime, das mit dem dezidierten Anspruch angetreten war, die restlichen »Fesseln« von Versailles abzustreifen und Deutschlands Großmachtposition wiederherzustellen, hinter die Position der viel gescholtenen »Systemzeit« hinsichtlich der Kolonien zurückfallen, selbst wenn die Forderungen nach Rückgabe der Kolonien dem eigentlich gewünschten Ziel eines Bündnisses mit Großbritannien im Wege zu stehen schienen. Zudem gab es innerhalb des Nationalsozialismus einen gewissen außenpolitischen Konzeptionspluralismus, bei dem Hitlers, Himmlers und Darrés Idee einer Ostexpansion und Ostsiedlung nur ein Lager darstellte, während z. B. Hermann Göring sowie Reichsbankpräsident und Wirtschaftsminister Hjalmar Schacht eher den traditionellen Ideen eines wilhelminischen Imperialismus anhingen.[36] Sodann wollte man die Koloniallobby, die sich vor allem unter Teilen den alten wilhelminischen Eliten fand, insbesondere in den ersten Jahren nach der Machtübernahme nicht vor den Kopf stoßen, weil man sie wegen ihrer Expertise in anderen Fragen und als respektables Aushängeschild nach innen wie außen grundsätzlich brauchte. Schnee etwa, der bis 1932 DVP-Mitglied gewesen war, blieb von 1930 bis 1936 Präsident der DKG, der bei weitem wichtigsten kolonialen Lobbygruppe und zugleich des Dachverbandes all dieser Organisationen, der 1922 gegründeten »Kolonialen Reichsarbeitsgemeinschaft«, die 1933 von den Nationalsozialisten in »Reichskolonialbund« (RKB) umgetauft wurde. Schließlich war die Kolonialfrage vorerst so sekundär für die neue Führung, dass man sich nicht deshalb mit Lettow-Vorbeck anlegen und die Kreise, die er repräsentierte, durch seine Zurechtweisung verstören wollte. Das Regime billigte ihm offenbar in dieser wie anderen Detailfragen, wie er selbst ohne Bezugnahme auf die Kolonialpolitik schrieb, »manch freies Wort« zu.[37] Man kann wohl eher von einer gewissen »Narrenfreiheit«[38] reden, die auch anderen grundsätzlich regimeloyalen, herausgehobenen Vertretern des Kaiserreichs, die wegen ihres Renommees vorerst für das Regime unantastbar blieben, zumindest in den dreißiger Jahren in Stellungnahmen zu eher nebensächlichen Aspekten eingeräumt wurde.

Mitte 1936 wurde Schnee durch den Veteran des Ostasiatischen Expeditionskorps sowie des Hererokrieges und »alten Kämpfer« Franz Ritter von Epp abgelöst. Dieser war bereits innerhalb der NSDAP seit Mai 1934 als Leiter des Kolonialpolitischen Amtes (KPA) für Fragen der parteiinternen Schulung und Propaganda hinsichtlich zukünftiger Schutzgebiete zuständig. Mit der verfügten Auflösung aller Kolonialverbände bis Ende des Jahres und Übernahme ihrer Mitglieder in den RKB stellte das Regime die nun vollständig gleichgeschaltete Bewegung in den Dienst einer zentral gesteuerten, nicht mehr vielstimmig auftretenden kolonialen Revisionspolitik. Der RKB diente jetzt vor allem als diplomatisches Druckmittel gegenüber dem sich nach wie vor einem Bündnis mit Deutschland verweigernden Großbritannien.[39] Mit bereits mehr als einer Million Mitgliedern im Jahre 1938 stellte der RKB zahlenmäßig die Kolonialverbände des Kaiserreichs und der Weimarer Republik weit in den Schatten. Der RKB und die Presse wurden nun je nach Stand der deutsch-britischen Beziehungen entweder von der Leine gelassen, um deutschen Forderungen durch eine angeblich auf koloniale Entschädigung hoffende deutsche Öffentlichkeit den nötigen Nachdruck zu verleihen und Großbritannien bzw. Frankreich zu Konzessionen andernorts gefügig zu machen. Wenn hingegen wichtigere Fragen wie etwa zu Beginn des Jahres 1938 die geplante Annexion Österreichs, bei der man auf das Wohlverhalten der britischen Regierung hoffte, auf dem Spiel zu stehen schienen, wurde die Kolonialbewegung wieder an die Zügel genommen. Lettow-Vorbeck begriff dieses subtile Spiel nicht und hielt offenbar ungeachtet der jeweiligen deutsch-britischen Konjunktur an der Idee der auf jeden Fall zu erwerbenden Siedlungskolonien fest, die zudem noch als potentiell Großbritanniens Empire bedrohende militärische Basen genutzt werden könnten. Goebbels hingegen wies im Februar 1938 die Presse an, jegliche Erörterungen des strategischen Wertes von Kolonien zu unterlassen.[40] Dieser Gegensatz erklärt vermutlich zwei Tagebucheintragungen Goebbels zu Beginn des Jahres 1938. Am 21. Januar heißt es dort: »Lettow-Vorbeck hat sich bei Vorträgen in Mecklenburg sehr mausig gemacht. Auch so ein Reaktionär! Ich werde ihm das schon versalzen.« Unter dem 2. Februar trug Goebbels ein: »Lettow-Vorbeck stänkert gegen Staat und Partei. Ich lasse ihm das öffentliche Reden verbieten.«[41]

Hier präsentierte sich der Propagandaminister jedoch als allmächtigerer Lenker der damaligen öffentlichen Meinung als er es tatsächlich war. Seine Intention den »Reaktionär« mundtot zu machen, erwies sich angesichts der Reputation Lettow-Vorbecks als Kriegs- und Kolonialheld und der generell gewachsenen Bedeutung, welche der Kolonialfrage in der Öffentlichkeit ab etwa 1937 zukam, als unrealistisch. Vielmehr empfahlen die Parteidienststellen auch 1938/39 Lettow-Vorbeck dem RKB und der Deutschen Arbeitsfront als geeigneten kolonialpolitischen Schulungsredner.[42]

Wenn auch die kolonialen Forderungen nie durch Hitler, das KPA, den RKB oder das AA eine territoriale Konkretisierung erhielten, zeichnete sich doch ab 1937 der Erwerb von überseeischen Besitzungen als Ziel an sich, und nicht nur als diplomatisches Pressionsmittel, immer stärker ab. Mit dem Scheitern von Ribbentrops Mission als Botschafter in London Ende 1937, der nicht wie von Hitler erhofft das Bündnis mit Großbritannien zu schmieden vermochte, wurde deutlich, dass man notfalls auch gegen Großbritannien zur Expansion schreiten würde. Dies führte ab 1937 zur zeitlichen Überlappung von anvisierter Ostexpansion und dem Ausgreifen Deutschlands nach Übersee statt des ursprünglich von Hitler favorisierten »Stufenplans«, erst mit Duldung Großbritanniens die kontinentale Hegemonie zu errichten und dann das Projekt eines nach Afrika expandierenden Weltreiches anzugehen.[43] Zudem bewirkten die vom RKB und den Medien ab 1936 intensivierte Kolonialpropaganda und die Presseberichterstattung über die gelegentlichen Verhandlungen zwischen Deutschland und dem grundsätzlich in dieser Frage konzessionsbereiten Großbritannien ein Wiedererwachen des Interesse an überseeischen Besitzungen und eine gewisse Erwartungshaltung in der Öffentlichkeit. Den Höhepunkt der Kolonialpropaganda durch das Regime mittels Plakaten, Filmvorführungen, Vorträgen, Ausstellungen, Druckschriften und öffentlichen Auftritten ehemaliger Schutztruppenangehöriger in ihren Uniformen, welche selbst die kleinsten Orte und Dörfer erreichte und vor allem auch die Schulen erfasste, stellte das Jahr 1938 dar. Davon zeugen die Stimmungsberichte der exilierten SPD basierend auf den Informationen ihrer Vertrauensmänner in Deutschland, denn in keinem anderen Jahr der von 1934 bis 1940 gesammelten Nachrichten über die Vorgänge und öffentliche Meinung im Dritten Reich taucht das Thema so häufig auf wie 1938. Dabei wurden die Deutschen, die durch die forcierte Aufrüstungspolitik seit 1933 nur eingeschränkten Zugang zu Konsum- und Lebensmitteln hatten, für die Kolonialpolitik vor allem mit einer angeblichen Verbesserung der Nahrungsmittelversorgung durch die Wiedererlangung der Schutzgebiete geködert. Das Argument der Siedlungsmöglichkeiten in Übersee fand hingegen an keiner Stelle Erwähnung in den Berichten der Regimegegner.[44]

Im Zuge dieses einsetzenden öffentlichen Interesses an Kolonialfragen rückte auch Deutschlands bekannteste Kolonialpersönlichkeit wieder stärker ins Rampenlicht. Er wurde zur Projektionsfläche kolonialer Wünsche und Phantasien der Öffentlichkeit. Bei einem Empfang im britischen Konsulat in Bremen im Januar 1938 beispielsweise berichtete Lettow-Vorbecks Frau dem Gastgeber, dass der Besuch des designierten britischen Außenministers Lord Edward Halifax auf dem Berghof am 19. November 1937, bei dem Hitler mit diesem u. a. die Kolonialfrage erörtert hatte, offenbar hohe Erwartungen unter den Deutschen hinsichtlich der baldigen Rückübertragung der vormaligen Schutzgebiete auf das Reich hervorgerufen habe. Denn ihr Mann sei in den darauf folgenden Tagen mit einer großen Anzahl von Briefen, Anrufen und Telegrammen ihm Unbekannter überschwemmt worden, in denen diese den dafür gar nicht zuständigen Generalmajor a. D. baten, ihnen bei der Vermittlung von Posten in den zukünftigen Kolonien zu helfen.[45]

Der Name Lettow-Vorbeck war zwischen 1937 und Kriegsausbruch in der Öffentlichkeit präsenter denn je seit seinem Engagement für DNVP und KVP. Er erfuhr nun so viele Ehrungen wie seit seiner unmittelbaren Rückkehr aus Ostafrika nicht mehr. Der Bremer Senat, der in der zweiten Hälfte der dreißiger Jahre versuchte, die Hansestadt zur offiziellen »Stadt der Kolonien« aufzuwerten, und in der Ende Mai 1938 die Reichstagung des RKB mit Aufmärschen von Wehrmacht und Schutztruppenveteranen stattfand, bediente sich seines wie des Namens anderer »Kolonialpioniere«. Er nannte entsprechend Gebäude, Plätze und Straßen um. So erhielt die neue Kaserne der Beobachtungsabteilung 22 in Bremen-Vahr im Mai 1938 den Namen »Lettow-Vorbeck-Kaserne«, den sie bis zur Aufgabe der Liegenschaft durch die Bundeswehr Mitte der neunziger Jahre trug. Im Frühjahr 1938 wurde das Realgymnasium an der Kaiser-Friedrich-Straße in »Lettow-Vorbeck-Schule« umgetauft, ebenso eine Straße. Beide trugen den Namen bis 1945. Euskirchen, Hannover, Karlsruhe, Kiel und Köln erhielten zwischen 1937 und 1939 ebenfalls eine Lettow-Vorbeck-Straße.[46]

Auch die expandierende Wehrmacht wollte den ehemaligen Kolonialoffizier und seine militärischen Leistungen zur Traditionspflege einspannen. Im Februar 1937 wurde das II. Bataillon des in Hamburg-Jenfeld stationierten Infanterieregimentes (IR) 69 zu derjenigen Einheit bestimmt, welche die Tradition der ostafrikanischen Schutztruppe fortführen sollte. Lettow-Vorbeck hielt eine entsprechende Ansprache.[47] Das IR 69 als Ganzes war von der Wehrmachtsführung als Kern einer zukünftigen deutschen, nach Hitlers Vorstellungen im Gegensatz zu den Schutztruppen des Kaiserreichs rein weißen Kolonialarmee vorgesehen.[48] Entsprechend übernahmen die weiteren Bataillone des IR 69 die Traditionen der anderen afrikanischen Schutztruppen. Die einzelnen Gebäude des Jenfelder Kasernenkomplexes schmücken noch heute Terracotta-Porträts von Kolonialmilitärs wie Trotha, Lettow-Vorbeck und Wissmann. Ruckteschell als Bildhauer gestaltete das dortige so genannte »Deutsch-Ostafrika-Kriegerdenkmal«. Dieses besteht aus zwei überlebensgroßen Terrakottareliefs, welche Schutztruppenoffiziere, Askari und Träger abbilden.[49] Anlässlich der Einweihung des Denkmals im August 1939 wurde auch diese Kaserne auf Lettow-Vorbeck getauft. Es war neben den Standorten in Leer und Bremen die dritte Liegenschaft, welche die Wehrmacht nach ihm benannte.

Auf dem Buchmarkt war Lettow-Vorbeck mit »Heia Safari« seit Mitte der dreißiger Jahre präsenter denn je seit den frühen zwanziger Jahren, wie die Entwicklung des Absatzes des Buches zeigt: In den ersten zwei Jahren nach der Erstveröffentlichung wurden insgesamt 50 000 Exemplare abgesetzt. Zwischen 1922 und 1934 hingegen verkaufte der Verlag nur weitere 20 000 Bücher. 1935 gingen schon wieder fast 6 500 Stück über die Ladentheke, im nächsten Jahr stieg die Zahl auf 9 242, 1937 auf 15 000, 1938 auf 17 900. 1939 sank die Zahl der verkauften Exemplare leicht auf 16 500. Nach der Niederlage Frankreichs und weiterer militärischer Erfolge der Wehrmacht 1940/41 schienen vorübergehend der »Endsieg« und damit die Wiedergewinnung von Kolonien in Afrika in greifbare Nähe gerückt. Daher stellten die Jahre 1940 mit 25 348 verkauften Kopien und 1941 mit 29 220 Kopien selbst die Verkaufszahlen der Jahre 1920/21 in den Schatten. Das Ausbleiben eines Friedens im Westen wie wohl auch ein kriegsbedingter Papiermangel hatten zur Folge, dass 1942 nur noch knapp 12 000 Exemplare abgesetzt wurden.[50] Der seit Mitte der dreißiger Jahre und bis 1941 kontinuierlich steigende Absatz von »Heia Safari« war sowohl Folge der nun einsetzenden staatlichen Förderung von Schrifttum, welches den kolonialen Gedanken schon in der Jugend wiedererwecken sollte, wie auch Zeugnis eines offenbar in der Öffentlichkeit wieder steigenden Interesses an kolonialen Fragen. Das Buch als Kombination aus Kolonialabenteuer und Kriegsverherrlichung stellte also aus Sicht von Regime wie Öffentlichkeit vorübergehend wieder eine zeitgemäße Jugendlektüre dar.

3. »Jetzt haben wir alle vier Jungs dabei«: Im Zweiten Weltkrieg

Seit 1938 zeichnete sich wegen der intensivierten nationalsozialistischen Aggressionspolitik und des vorübergehend erreichten Rüstungsvorsprungs gegenüber den Westmächten mit immer größerer Wahrscheinlichkeit ein von Deutschland ausgelöster erneuter europäischer Konflikt ab. Anlässlich der Mobilisierung der Wehrmacht in der Sudentenkrise Ende September des Jahres wurde Lettow-Vorbeck zum Generalleutnant befördert und einberufen, ohne allerdings ein aktives Kommando zu erhalten. Das Regime wollte sich durch diese Beförderung und Scheinverwendung des nunmehr 68-jährigen, allerdings körperlich und geistig noch sehr rüstigen Offiziers dessen Loyalität versichern und zugleich durch die Verwendung des Kriegshelden die Moral der Truppe stärken, indem es ihn während der Krise auf Inspektionsreisen im Bereich des im Raume Hannover stationierten XI. Armeekorps schickte.[51]

Im Juni 1939 besuchte Meinertzhagen die Familie Lettow-Vorbeck ein letztes Mal in Bremen. Bei einem »exzellenten Lunch«, das außer dem Fehlen von Sahne und Butter für Meinertzhagen auf keinen akuten Versorgungsmangel hinzudeuten schien, machte sich Lettow-Vorbeck wenige Illusionen über die Lage, die er als ernster denn jemals seit 1914 ansah.[52] Laut Meinertzhagen betrachtete Lettow-Vorbeck den Krieg als beinahe unvermeidlich. Zu dieser Einschätzung sei Lettow-

Vorbeck u. a. durch die Erfahrungen während seiner Mobilisierung im September 1938 gekommen. Diese sei kein Bluff gewesen, sondern zeuge von der Kriegsbereitschaft Hitlers. Meinertzhagen hatte den Eindruck, dass das Ehepaar Lettow-Vorbeck keineswegs einen neuen Krieg herbeisehnte, sondern diese Perspektive sie eher schreckte. Zugleich insistierte aber Lettow-Vorbeck ihm gegenüber auf das deutsche Recht zur Expansion nach Osten, weil der polnische Korridor für Deutschland inakzeptabel sei[53] und das Reich Zugang zu Rohstoffen brauche, welche es nicht auf dem Weltmarkt kaufen könne. Außerdem sei Stalin nicht zu trauen.

Lettow-Vorbeck machte gegenüber Meinertzhagen nicht etwa die Aggressionspolitik des Reiches für die internationalen Spannungen verantwortlich, sondern folgte der Interpretation der NS-Propaganda einer angeblichen Einkreisung Deutschlands durch seine Nachbarn, welche die gleichsam natürliche Entfaltung Deutschlands verhindern wollten.[54] Die deutsche Öffentlichkeit war angesichts der Grenzziehung von 1919, dem traditionellen Überlegenheitsgefühl gegenüber dem östlichen Nachbarn und der seit Frühjahr 1939 einsetzenden antipolnischen Hetze des Regimes nicht eindeutig gegen einen begrenzten Krieg gegen Polen. Sie schreckte lediglich die Gefahr, dass sich ein deutscher Angriff auf Polen zu einem generellen europäischen Konflikt ausweiten könnte.[55] Lettow-Vorbeck, der gegenüber seinem britischen Gesprächspartner nicht als Kriegstreiber erscheinen wollte, zumal er Meinertzhagen fälschlicherweise im Verdacht hatte, als Reisender in Sachen Ornithologie getarnt für den britischen Geheimdienst zu arbeiten[56], hatte vermutlich im Gegensatz zum Eindruck des Engländers im Sommer 1939 noch weniger grundsätzliche Vorbehalte gegen einen neuen Waffengang als die Mehrheit der Deutschen. Schließlich stellte die wieder zu errichtende, militärisch untermauerte Dominanz Deutschlands auf dem Kontinent seit 1918 das wichtigste Ziel eines Großteils der noch im Kaiserreich sozialisierten Offiziere dar. Sie wollten gleichsam selbst oder durch die nachwachsenden Offiziersgenerationen Revanche für die Niederlage von 1918 nehmen, die trotz aller Beteuerungen, man sei Opfer eines »Dolchstoßes« geworden, am eigenen beruflichen Selbstbewusstsein genagt hatte.

Zudem war Krieg das gleichsam natürliche Metier für die Lettow-Vorbecks. Der ehemalige Kolonialoffizier hatte seine leiblichen Söhne, deren Abitur in der NAPOLA anstand, gemäß der Familientradition für die Offizierslaufbahn vorgesehen. Seine zehn Jahre älteren Stiefsöhne Peter und Joachim dienten bereits als Pilot der Luftwaffe bzw. als Marineoffizier in der Wehrmacht. Im Falle eines Krieges würden auch seine Chancen auf eine Wiederverwendung steigen, auf welche er bereits seit 1935 hoffte. Nach Auffassung Lettow-Vorbecks sollte sich das Reich allerdings nicht wieder in einen Zweifrontenkrieg verwickeln lassen wie 1914. Dies war eine Perspektive, welche auch die Wehrmachtführung in der Sudetenkrise abschreckte.[57] Daher wollte Lettow-Vorbeck von Meinertzhagen an jenem 23. Juni 1939 wissen, ob z. B. die Besetzung Danzigs durch Deutschland für Großbritannien einen Kriegsgrund darstelle, zumal es eigentlich keine grundsätzlichen Divergenzen zwischen dem Reich und den Westmächten gebe.

Lettow-Vorbeck scheint sich, folgt man Meinertzhagens Tagebuchaufzeichnungen über den Besuch in Bremen, im Sommer 1939 im Großen und Ganzen im

Einklang mit der Auffassung der Mehrheit der Deutschen befunden zu haben. Er gab sich durch seine besseren Kontakte zur Wehrmachtführung lediglich weniger Illusionen hin als die meisten seiner Landsleute in Bezug auf die Chancen eines zukünftigen diplomatisches Krisenmanagement zur Verhinderung eines weiteren Konfliktes. Denn im Gegensatz zu Lettow-Vorbeck sah die breite Öffentlichkeit Hitler nicht etwa als den tatsächlichen Kriegstreiber an, sondern als einen Politiker, der wie angeblich zuvor bei der Sudenten- und anderen Krisen auch künftig alles zum Friedenserhalt tun werde.

Fünf Tage vor dem von Hitler bestimmten Angriffstermin auf Polen wurde Lettow-Vorbeck zum General der Infanterie »z. V.« (»zur Verwendung«) befördert, was dem Status eines Offiziers »z. D.« des Kaiserreichs entsprach, also einem Schwebezustand zwischen aktiver Verwendung und Pensionierung.[58] Doch als der Krieg losbrach, bekam er zu seiner Enttäuschung wiederum kein Kommando, wie er sich gegenüber Mackensen im Frühjahr 1940 beklagte.[59] Er wurde wie die meisten Generäle z. V. des Heeres, es gab insgesamt 38 im Zweiten Weltkrieg, die wie er zumeist schon in den zwanziger Jahren pensioniert worden waren, in den nächsten Jahren lediglich erneut auf militärische Inspektionsreisen geschickt. Es ist nicht mehr feststellbar, worin genau seine Tätigkeit für die Wehrmacht bestand, wohin und bis wann er als General ohne Truppen reiste. In seinen Memoiren erwähnte er lediglich zwei Besuche im besetzten Frankreich im November 1940 und im März 1941.[60] Seine Reisen für die Wehrmacht dürften wohl eher unter die Rubrik »Truppenbetreuung« gefallen sein: Der legendäre Veteran des Ersten Weltkriegs sollte die neue Soldatengeneration ermuntern, im aktuellen Konflikt einen ebensolchen Einsatz wie Lettow-Vorbeck ein Vierteljahrhundert zuvor zu zeigen. Da die meisten der bei Kriegsausbruch als Generäle z. V. reaktivierten Offiziere entweder mit Erreichen des 70. Lebensjahres oder spätestens 1942/43 endgültig in den Ruhestand geschickt wurden, ist anzunehmen, dass die Zeit als aktiver Soldat spätestens zu diesem Zeitpunkt auch für den inzwischen 72-jährigen endete.

Außerdem hielt er bis Herbst 1942, möglicherweise auch bis Anfang 1943, als das Regime schließlich als Folge der Niederlage in Stalingrad und der darauf folgenden Proklamation des »totalen Krieges« alle kolonialpolitische Propaganda inklusive des Vertriebs von »Heia Safari« einstellte und RKB und KPA auflöste[61], weiterhin öffentliche Vorträge über den Ostafrikafeldzug. In den Lageberichten des SD über die Stimmung im Reich heißt es beispielsweise am 24. Februar 1941, dass gegenwärtig vor allem Vorträge über Großbritannien und koloniale Themen stärkstes Interesse unter den Deutschen fänden: »In dem kolonialpolitischen Vortrag, den General von Lettow-Vorbeck z. B. in Wohlau (Kreisstadt in Schlesien, E. M.) hielt, wurde verschiedentlich vermisst, dass der General, der vor fast überfülltem Saale seine Kriegserinnerungen vortrug, nicht auch auf Gegenwartsfragen einging.«[62]

Über seine eigene militärische Untätigkeit seit Kriegsausbruch wurde Lettow-Vorbeck insofern hinweggetröstet, als aus seiner Sicht wenigstens die Söhne die Chance hatten, das Offiziersmetier gleich unter den Bedingungen eines Ernstfalles zu erlernen. »Wenn eine deutsche Mutter ihren letzten Sohn ins Feld schickt, weil die Familie immer, wenn Not am Mann war, das Letzte hergab, so ist auch das Tradition«, hatte Lettow-Vorbeck die vor ihm angetretenen Soldaten des II. Bataillons des IR 69 bei seiner Ansprache im Februar 1937 belehrt.[63] Inzwischen dienten neben den Stiefsöhnen in Luftwaffe und Marine auch Rüdiger und Arnd als Fahnenjunker im IR 69. Aus seinen Zeilen an Ruckteschell vom Herbst 1939 sprach weniger die Sorge um die Söhne, als der Stolz, dass in ihnen die familiäre Berufstradition fortlebte: »Nun haben Sie wenigstens den Polenfeldzug mitmachen können. Ich habe mich durch unseren Sohn Peter (Stuka-Pilot) vertreten lassen müssen, während ich als Pensionär zu Hause sitze. Deshalb fühle ich mich auch gar nicht so splendid und stehe vielmehr auf der Jagd durchaus meinen Mann. Aber heutzutage ist die Zahl der Lebensjahre nun mal eine Elle, mit der gemessen wird. Jetzt haben wir alle vier Jungs dabei. Große Freude war es mir neulich, Rüdiger an der Westfront nach allerdings stundenlangem Suchen aufzufinden (…) Es war ein besonders wichtiges Ereignis, da ich sonst nur Familienvater bin.«[64] Auch Lettow-Vorbecks Frau übernahm das familiäre Selbstverständnis der Lettow-Vorbecks, welches einen Krieg nicht etwa als Katastrophe, sondern als berufliche und standesgemäße Selbstverwirklichung der männlichen Mitglieder des Geschlechts auffasste. Sie schrieb im Frühjahr 1940, während an der Westfront nach wie vor Ruhe herrschte, an Ruckteschell, ihr Mann sei gerade für 14 Tage in Köln und Umgebung zu Vorträgen. Ihre Söhne Rüdiger und Arnd seien wirklich begeisterte Soldaten, die sich »ordentlich im Regiment machen sollen (…) Hoffentlich schließen wir jetzt keinen faulen Frieden, wäre gar nicht auszudenken«.[65]

Am 10. Mai 1940 begann der deutsche Angriff im Westen auf Frankreich unter Verletzung der belgischen und niederländischen Neutralität. Das Ehepaar Lettow-Vorbeck verfolgte gespannt den deutschen Vormarsch. Am 4. Juni schrieb Lettow-Vorbeck an Ruckteschell den letzten erhaltenen Brief, aus dem Begeisterung über die Siege der Wehrmacht sprach, ohne dass diese Hitler zugeschrieben wurden. Es klang eher eine gewisse Skepsis bezüglich der obersten Führung durch: »Eben im Radio, dass Dünkirchen nun eingenommen und damit die flandrische Küste uneingeschränkt in deutscher Hand ist. Da kann man nur sagen wie Kaiser Wilhelm in Sedan ›Welch Wendung durch Gottes Fügung‹. Es ist schon Großes, das wir erleben! Unser Rüdiger ist auch in Flandern dabei. Bis jetzt erhalten wir gottlob gute Nachrichten von ihm. Nun wird es wohl weiter gegen die Franzosen gehen, um mit ihren Streitkräften ganz aufzuräumen. Allmählich wird es nun auch Zeit für Italien (in den Krieg einzutreten E. M.). Aber man kann ja nicht wissen, was unsere Bwana makuba (Suaheli für hohe Herrn, E. M.) im innersten Herzen für Pläne haben, die sie getreulich geheim halten. Arnd geht jetzt gerade zur Front. Ich selbst kam gestern Abend aus Ostpreußen zurück, wo sich die Leute sehr für die Kolonien interessieren.« »Unser Vorwärtsstürmen ist doch märchenhaft!! England, wie wird Dir?«, fügte seine Frau dem Brief hinzu.[66] Es ist zweifelhaft, ob Lettow-Vorbeck ebenfalls eine Wandlung durchmachte wie einige hohe Offiziere der Wehrmachtsführung, die zunächst aus Furcht vor dem Zweitfrontenkrieg im Herbst 1939 erneut Staatsstreichpläne gegen Hitler erwogen, nach dem raschen Sieg über Frankreich im Sommer 1940 plötzlich aber das militärische »Genie« Hitlers entdeckten.[67] Zum einen hegte Lettow-Vorbeck gegen Hitler schon seit 1934 Vorbehalte. Zum Zweiten hätte die Idee, dass ein ehemaliger Gefreiter aus einer kleinbürgerlichen Familie ohne Militärtradition plötzlich die deutsche Armee zu einem Sieg geführt habe, den das preußisch-deutsche Heer im Ersten Weltkrieg nicht zu erringen vermochte, zu sehr am Selbstverständnis des zutiefst wilhelminisch und aristokratisch geprägten Ex-Offiziers gerüttelt. Er war vielmehr von dem Glauben an die Überlegenheit einer über die Jahrhunderte entstandenen militärischen Elite geprägt, für deren Leistungen nicht zuletzt auch die eigene Familie stand.

Am 5. Juni 1940 fiel sein Sohn Rüdiger bei Amiens. Der Tod des ältesten Sohns, der für ihn offenbar mehr zählte als alle anderen leiblichen, geschweige denn die Stiefkinder, traf Lettow-Vorbeck besonders tief. Seine eher nüchtern und teils humoristisch geschriebene Autobiographie, in der er ansonsten keine Gefühle offenbarte, wird hier beinahe emotional: »Außer dem Tod meiner Mutter hat mich bisher nichts im Leben derart niedergeschmettert. Ich hatte alle meine Hoffnungen auf den Jungen gesetzt.« Rüdiger war auch das einzige Kind, dem er in seiner Autobiographie eine längere Passage über dessen Heranwachsen widmete.[68]

Im Oktober 1941 fiel sein Sohn Arnd an der Ostfront. »Mit ihm erlosch mein Zweig der Familie im Mannesstamm. Das war unsagbar hart.«[69] Im Sommer 1942 siedelte das Ehepaar Lettow-Vorbeck wegen der zunehmenden Luftangriffe auf Bremen in das Schloss des Grafen Waldersee, dem Sohn des 1904 verstorbenen »Weltmarschalls«, in Waterneverstorff im Kreis Plön an der holsteinischen Ostseeküste über. Ein Enkel des »Weltmarschalls« und Sohn des jetzigen Schlossherrn hatte sich mit einer Tochter Lettow-Vorbecks verlobt, fiel aber vor der Eheschließung.[70] Immerhin reichten diese fast geknüpften familiären Bande zwischen den Waldersees und den Lettow-Vorbecks, um dem ehemaligen Kolonialoffizier, seiner Frau und seinen Töchtern bis Anfang der fünfziger Jahre im Holsteiner Schloss Asyl zu gewähren. Im Juni 1944 wurde schließlich auch sein Stiefsohn Peter in der Normandie Opfer des Krieges. Im September 1944 zerstörte ein Luftangriff das Haus in der Colmarer Straße.

Trotz dieser menschlichen wie materiellen Verluste befürwortete Lettow-Vorbeck den Krieg und das Regime bis zum Ende. Insbesondere der Angriff auf die Sowjetunion im Juni 1941 dürfte seine Zustimmung gefunden haben, sah er doch seit 1918/19 überall die Gefahr des »Bolschewismus«. Er hielt die Invasion daher vermutlich für eine Chance, diese angebliche Bedrohung endgültig zu beseitigen. Jedes gefallene Familienmitglied bestärkte eher noch seine rückhaltloses Eintreten für den Krieg und damit das Regime: Nur der »Endsieg« gäbe diesen Opfern einen Sinn, so wie ab 1919 nur die Rückgabe der Kolonien eine Rehabilitierung der in Ostafrika Gefallenen darstellen und den dortigen Feldzug noch nachträglich legitimieren würde. Zudem gab es für Lettow-Vorbeck auch keine alternative politische Vision, die ihn ein Ende der NS-Herrschaft hätte herbeisehnen lassen. Nach wie vor war zwar für ihn die Monarchie das Ideal, schrieb er doch selbst 1941/42 in seinem Memoirenmanuskript, also auf dem auf dem Höhepunkt der militärischen Erfolge der Wehrmacht, die preußischen Könige hätten den »Staat in bisher nicht wieder erreichter Höhe aufgebaut«.[71] Wilhelm II. allerdings war 1941 im niederländischen Exil gestorben. Eine Restauration der Monarchie erschien nicht zuletzt als Folge der NS-Volksgemeinschaftspropaganda unwahrscheinlicher denn je. Ein durch die Niederlage Deutschlands oder einen innenpolitischen Umsturz wieder zu errichtendes System der westlichen Demokratie hatte er bereits seit 1918/19 abgelehnt und aktiv bekämpft. Die Alternative eines sozialistischen oder kommunistischen Deutschlands stellte für ihn erst recht ein Anathema dar. So blieb also das NS-Regime bis zu dessen Ende für Lettow-Vorbeck die zweitbeste, aber einzig realistische aller politischen Welten.[72] Schließlich erfasste ihn als auch eine gewisse Gleichgültigkeit: »Für mich hatte nach dem Tode der Söhne das Leben wesentlich an Inhalt verloren.«[73]

Noch am 9. März 1945 veröffentlichte Lettow-Vorbeck einen Artikel in der »Hamburger Zeitung«, in dem er das Durchhalten der Schutztruppe 1917/18 in Mozambik gegen einen vielfach überlegenen Gegner schilderte, welcher immer wieder habe umgruppieren müssen und daher der Schutztruppe stets die nötige Atempause verschaffte um zu neuen Kräften zu gelangen. Die Redaktion der Zeitung steuerte zu diesem Artikel die Überschrift »Wir kapitulieren nicht!« bei und verdeutlichte die eher implizite Botschaft des Generals, indem sie einleitend schrieb, die von Lettow-Vorbeck geschilderte Episode aus dem ostafrikanischen Feldzug zeige, »was ein zäher Verteidigungs- und Selbstbehauptungswille auch gegen eine vielfache Übermacht und in aussichtslos erscheinender Lage vermag«. Die im Kaiserreich erhaltene militärische Ausbildung führte Lettow-Vorbeck 1945 nicht etwa die Aussichtslosigkeit der Lage des Reiches vor Augen. Er glaubte vielmehr bis zuletzt an eine militärische Wende u. a. durch die von der NS-Propaganda in Aussicht gestellten neuartigen Vergeltungswaffen.[74] Zudem hatte er seit seiner Zeit als junger Offizier stets vermittelt bekommen, dass, wie von ihm auch in den Jahren 1916-1918 in Ostafrika in gewisser Weise vorexerziert, eine eigene materielle und quantitative Unterlegenheit auf dem Schlachtfeld nicht notwendigerweise in einer militärischen Niederlage enden müsse, solange der Wille zum Durchhalten nicht erlahmte und die eigenen Truppen überlegen geführt würden. Und schließlich hatte es ja schon in »Heia Safari« geheißen, ein Deutscher ergebe sich nicht, sondern kämpfe bis zum Letzten.

Lettow-Vorbecks Unterstützung von Krieg und Regime bis zuletzt wird auch daran deutlich, dass er selbst in seiner in den fünfziger Jahren veröffentlichten Autobiographie, als die vom Regime begangenen Verbrechen durch die Nürnberger Prozesse und andere Enthüllungen allgemein bekannt waren, lediglich die Tatsache bedauerte, dass Hitler den Sieg, der selbst in einem Mehrfrontenkrieg noch möglich gewesen sei, durch eine Reihe strategischer Fehlentscheidungen verschenkte habe: In Dünkirchen ließ er angeblich das britische Expeditionskorps entkommen, bei Stalingrad verhinderte er den rechtzeitigen Ausbruch der eingekesselten deutschen Truppen und in der Normandie zögerte er in den ersten entscheidenden Stunden nach Beginn der alliierten Landungen zu lange den deutschen Gegenangriff heraus um die Angreifer wieder ins Meer zu werfen.[75] Den Krieg an sich und insbesondere die Tatsache, dass Deutschland seine Nachbarn überfallen und millionenfachen Mord an der jüdischen wie nicht-jüdischen Zivilbevölkerung begangen hatte, wurde in Lettow-Vorbecks Memoiren mit keinem Wort erwähnt, geschweige denn verurteilt. Lettow-Vorbecks Auffassung nach handelte es sich also beim Kampf der Wehrmacht in Anlehnung an den Titel der 1955 veröffentlichten Kriegserinnerungen von Generalfeldmarschall Erich von Manstein um gleichsam »Verlorene Siege«. Unter Ausblendung wirtschaftlicher, politischer, vor allem aber humanitärer und moralischer Faktoren reduzierten Lettow-Vorbeck wie andere Memoirenschreiber aus der Wehrmachtsgeneralität den Zweiten Weltkrieg auf ein rein operatives Problem, das hätte gelöst werden können, wenn der angebliche militärische Dilettant Hitler nicht ständig der Generalität ins Handwerk gepfuscht hätte.[76] War es 1918 angeblich der Dolchstoß gewesen, so wurde nun der Eingriff der politischen Führung dafür verantwortlich gemacht, dass den eigentlich wie schon 1914-18 professionell ihren Gegnern weit überlegenen deutschen Militärs nochmals der Sieg geraubt worden sei.

Diese einseitige und reduzierte Sichtweise des zurückliegenden Krieges stellte zum einen eine außerordentliche moralische Verdrängungsleistung Lettow-Vorbecks dar. Sie spiegelte aber auch einmal mehr die auf das Schlachtfeld zentrierte, rein taktisch-operative Ausbildung des ehemaligen Kolonialoffiziers wider, die er um die Jahrhundertwende erhalten hatte und sein daraus resultierendes, auf das Militärische beschränkte Denken.

Die Verschwörer des militärischen Widerstandes, die angeblich im Vorfeld des 20. Juli 1944 auch an ihn herangetreten seien, konnten folglich von ihm wie der Mehrheit der hohen Offiziere keine Unterstützung erwarten, obwohl Lettow-Vorbeck ihnen zumindest im Nachhinein wie viele der Memoirenschreiber der Generalität aus den fünfziger Jahren durchaus ehrenwerte Motive zugestand: Das Reich hätte nicht in dem kritischen Moment seines Kampfes der Führung beraubt werden und die Gefahr eines Bürgerkrieges riskieren dürfen, lautete nach 1945 Lettow-Vorbecks Rechtfertigung für seine damalige Verweigerung. »Außerdem wollten die äußeren Feinde Deutschland zerstören, gleichgültig, wer an der Regierung stand.«[77]

XIII. NOCHMALS VORBILD

Lettow-Vorbeck, seine Frau und seine beiden Töchter erlebten das Kriegsende in Waterneverstorff, wo die Familie zwei Zimmer des Schlosses bewohnte. Laut Meinertzhagen, der Lettow-Vorbeck dort nach dem Kriege besuchte, war es »ein hässliches weißes Gebäude ohne Charakter und innen voll gestellt mit aller Art von Krempel, zumeist Beute aus China, die der alte Feldmarschall nach dem Boxeraufstand mitgebracht hat«.[1] Seit Anfang des Jahres 1945 füllte sich das Schloss immer mehr mit Flüchtlingen aus den Ostgebieten, die bald jeden Raum des weitläufigen Gebäudes belegten. Durch die Flüchtlinge und Vertriebenen wuchs die Bevölkerung im Kreis Plön in den Jahren 1945/46 um etwa 90 %, was bis Anfang der fünfziger Jahre hier wie in anderen Teilen Holsteins zu weit verbreiteter Arbeitslosigkeit in dieser stark agrarisch geprägten Region führte. Das Dorf kam wie die gesamte vormalige preußische Provinz Schleswig-Holstein 1945 zur britischen Besatzungszone. Es lag zunächst für einige Monate in einer von der Außenwelt gesonderten Sperrzone, in welcher hunderttausende von gefangen genommenen Wehrmachtssoldaten interniert wurden.[2]

Das Kriegsende bedeutete für Lettow-Vorbeck nicht das herbeigesehnte Ende des menschlichen Leidens und der Diktatur, sondern den Untergang des preußisch-deutschen Nationalstaates und die im Gegensatz zu 1918 nicht zu leugnende militärische Niederlage der deutschen Truppen, die diesmal durch die Unterzeichnung der Kapitulationsurkunde seitens der Wehrmachtführung ihren deutlichen Ausdruck fand. Allerdings weigerte sich Lettow-Vorbeck in gewisser Weise, diese Niederlage innerlich zu akzeptieren, denn in seinen Memoiren sprach er vom Mai 1945 in Anlehnung an das Kriegsende von 1918 lediglich von einem »Waffenstillstand«.[3] Alle sich durch die Befreiung von der NS-Herrschaft ergebenden politischen Perspektiven stellten für ihn schlechtere Alternativen zu dem Regime dar, welches gerade zusammengebrochen war.

1. Not und Privilegien in der Besatzungszeit

Die Lettow-Vorbecks mussten die nächsten zweieinhalb Jahre von seinem Vermögen und einer geringen Rente aus der Angestelltenversicherung von monatlich 71 RM überbrücken, die dem Ex-Offizier als Folge seiner Tätigkeit in Bremen in den Jahren 1923 bis 1928 zustand. Seine Generalspension hingegen, die bei Kriegsende etwa 1 200 RM monatlich betragen hatte, inklusive einer Kriegsversehrtenzulage als Folge seiner Augenverletzung im Nama-Krieg und einer dauerhaften Schädigung der inneren Organe durch die zwischen 1914 und 1918 erlittenen wiederholten Malariaerkrankungen, fiel vorerst weg. Das alliierte Kontrollratsgesetz Nr. 34 fror als Teil der auf der Potsdamer Konferenz beschlossenen Entnazifizierungs-

und Demilitarisierungsmaßnahmen alle Bezüge ehemaliger deutscher Soldaten ein, gleich, ob sie vor oder nach 1933 aktiv gewesen waren. Lettow-Vorbeck, stets praktisch veranlagt, besserte das Familienbudget in der Folgezeit auf, indem er aus den Hirschgeweihen seiner Jagdtrophäen Hornknöpfe schnitzte. »Im Übrigen sehr gute Knöpfe«, befand ein britischer Offizier bei einem Besuch Lettow-Vorbecks im März 1948.[4] Der Knöpfe und angeblich auch Pfeifenköpfe schnitzende, seiner Pension beraubte, hoch betagte Held des Ersten Weltkriegs tauchte Anfang der fünfziger Jahren gelegentlich in der bundesdeutschen Presse als Metapher dafür auf, wie tief Deutschland als Folge von Niederlage und Besatzung gefallen sei.[5]

Die Pirsch war ihm wie allen deutschen Hobbyjägern vorerst nicht mehr möglich, weil unter die Entmilitarisierungsbestimmungen bis in die Anfangszeit der Bundesrepublik auch der Einzug aller privaten Jagdwaffen und Jagdlizenzen fiel. Lettow-Vorbeck verlor Waffen und Lizenz dank der Konzilianz des britischen Kreis Resident Officer für Plön, der im Ersten Weltkrieg in Ostafrika gekämpft hatte, später als die meisten Landsleute und erhielt sie auf Intervention des französischen Hochkommissars André François-Poncet auch früher wieder zurück.[6] Bezeichnender noch für das hohe Ansehen, welches Lettow-Vorbeck bei seinen ehemaligen Gegnern aus dem Ersten Weltkrieg trotz seiner Kollaboration mit dem NS-Regime auch nach 1945 genoss, war eine andere Maßnahme. Der südafrikanischen Militärmission bei der Alliierten Hohen Kommission in Berlin und Smuts in Kapstadt waren 1947 von Meinertzhagen auf die angeblich unzumutbaren Umstände, unter denen Lettow-Vorbeck seit Kriegsende lebte, aufmerksam gemacht worden. Sie drängten die britischen Besatzungsbehörden das Los des Ostafrikaveteranen zu bessern.[7] General Brian Robertson, der Militärbefehlshaber und damit die höchste Autorität der britischen Zone, wies daraufhin am 31. Dezember 1947 seinen Vertreter in Schleswig-Holstein, Brigadegeneral Gail Patrick Henderson, an die Kieler Regierung zu veranlassen, Lettow-Vorbeck schon vor einer landesgesetzlichen Regelung der Pensionsbezüge für ehemalige Soldaten eine Rente auszuzahlen.

Der Fall Lettow-Vorbeck wurde Anfang März 1948 Thema einer Kabinettssitzung in Kiel. Auf dieser beschloss die Landesregierung dem britischen Drängen nicht nachzugeben um keinen Präzedenzfall zu schaffen: »Bei der Beschlussfassung ist das Kabinett davon ausgegangen, dass die Zahlung politisch nicht vertretbar sei. Unter der allgemeinen Notlage der schleswig-holsteinischen Bevölkerung könnte kein Kabinettsmitglied vor die Flüchtlinge und Arbeiter treten um einen derartigen Beschluss zu rechtfertigen«, hieß es am 11. März 1948 im Schreiben des schleswig-holsteinischen Ministerpräsidenten Hermann Lüdemann an Henderson. In einer ziemlich ungewöhnlichen Verkehrung der damaligen Fronten und Argumentationsmuster zwischen Besetzten und Besatzern argumentierte die SPD-Landesregierung zudem damit, dass sich Lettow-Vorbeck im Dritten Reich durch seine Aktivitäten für den RKB zu sehr politisch exponiert habe um jetzt eine bevorzugte Behandlung zu verdienen.

Auf britischer Seite sah man ein, dass die Erzwingung einer Vorzugsbehandlung für Lettow-Vorbeck letztlich die Glaubwürdigkeit der Landesregierung gegenüber der Bevölkerung zu stark unterminieren und eine Hypothek für die Zusammenarbeit mit der deutschen Seite bei wesentlich wichtigeren Fragen darstellen würde.

Daher richtete die Besatzungsmacht stattdessen ein Sonderkonto für Lettow-Vorbeck ein, von dem er ab 1. April 1948 monatlich zunächst 200 RM, später 200 DM als Unterstützungszahlung bis zum Sommer 1949 abheben konnte. Mit der Gründung der Bundesrepublik zeichnete sich eine Lösung der Frage der Versorgungsbezüge für ehemalige deutsche Soldaten ab, indem die Besatzungsmächte dem neu gegründeten Staatswesen Ende Juli das Recht übertrugen gesetzliche Regelungen für Militärpensionen zu erlassen.[8]

Lettow-Vorbeck verurteilte trotz dieser Vorzugsbehandelung auch die Präsenz und das Verhalten der westlichen Besatzungsmächte eindeutig. Ihm fehlte wie der großen Mehrheit der Deutschen der vierziger und fünfziger Jahre jegliches Schuld- und Verantwortungsgefühl für die im Dritten Reich begangenen Verbrechen. Er sah sich wie diese vielmehr als Opfer zunächst des NS-Regimes und nun der Alliierten.[9] Letztere schreckten auch vor angeblich kleinlichen, demütigenden und vollkommen sinnlosen Maßnahmen wie der Beschlagnahmung seiner Jagdgewehre und seines Autos nicht zurück. Sie verwalteten das Land inkompetent und – in seinen Augen ein besonderer, aber für die Kulturlosigkeit der Besatzer typischer Frevel – hielten nicht einmal die waidmännischen Grundregeln ein.[10] Das Leiden der Deutschen hörte für Lettow-Vorbeck nicht etwa mit dem Ende von Krieg und NS-Regimes auf. Es setzte aus seiner wie der Sicht vieler anderer Landsleute eigentlich erst mit dem Mai 1945 durch die für den Nationalstolz demütigende Anwesenheit fremder Truppen, Beschlagnahmungen, Demontagen, die Entnazifizierungsmaßnahmen sowie eine zunächst im Vergleich zu den Kriegsjahren sich verschlechternde Lebensmittelversorgung richtig ein. Eine Umfrage des Allensbach-Instituts vom Herbst 1951, in welcher Deutsche Auskunft gegeben sollten, wann es ihnen im 20. Jahrhundert am schlechtesten ergangen sei, ergab, dass 80 % der Befragten die Besatzungszeit als absoluten Tiefpunkt erinnerten, nur 8 % hingegen den Zweiten Weltkrieg.[11] Es ist nicht anzunehmen, dass Lettow-Vorbeck von diesem eindeutigen Mehrheitsvotum abwich, dies umso mehr als für den erklärten Antidemokraten die Besatzungszeit die Weichen für eine von ihm nicht gewünschte, sondern von außen oktroyierte politische Ordnung stellte, so wie er auch den Weimarer Parlamentarismus als wesensfremden Westimport abgelehnt hatte. Folglich fand er in seinen Memoiren wesentlich schärfer verurteilende Worte zur Beschreibung der Besatzungszeit als in den Passagen über die Jahre des Dritten Reichs: »Ich musste es bewundern, in wie hohem Maße sich die Bevölkerung trotz Unterdrückung und Aussaugung eine ehrliche Gesinnung doch erhalten hatte, besonders, wenn man bedenkt, wie die Besatzungsmächte trotz all ihres Überflusses plünderten und stahlen.«[12]

Verbrechen waren für Lettow-Vorbeck zwischen 1933 und 1945 – wenn überhaupt – nur von Hitler, der Partei und ihren Formationen begangen worden, welche die Deutschen in eine Art Geiselhaft genommen und zum ohnmächtigen Mitmachen verurteilt hätten. Die Wehrmacht hingegen habe einen anständigen Kampf geführt. Die deutsche Politik und Kriegführung unterschied sich angeblich nicht fundamental von der anderer Großmächte: »Schließlich sollte man nicht vergessen, dass die selben Nationen, die deutsche Militärs für die Kriegführung im Osten verurteilen, Dresden, Hiroshima und Nagasaki auf dem Gewissen haben. Wenn man diese Angriffe als militärische Notwendigkeit billigt, dann muss man der deutschen Kriegführung im Osten den selben Status zubilligen«, sagte er in einem Interview 1950.[13] Aus seiner Sicht war der Zweite Weltkrieg wie für viele der noch im Kaiserreich geborenen Zeitgenossen, die beide Großkonflikte als eine einheitliche historische Epoche betrachteten – die Benennung des Kriegsendes von 1945 als erneutem »Waffenstillstand« in Lettow-Vorbecks Memoiren deutet darauf hin –, nur die Konsequenz der ungerechtfertigten Friedensregelung von 1919. Diese hätte gleichsam automatisch Deutschland zu einem neuen Waffengang gezwungen und würde womöglich auch einen dritten nicht ausschließen.[14] Falls die Taten des NS-Regimes überhaupt eine Bestrafung verdienten, so waren sie in Lettow-Vorbecks Augen wie auch denen seiner Landsleute ausreichend mit der Aburteilung der Hauptkriegsverbrecher in Nürnberg gesühnt worden.

Lettow-Vorbecks damals durchaus mehrheitsfähige Einstellung machte sich an den Topoi von den Deutschen als Opfern sowohl des NS-Regimes wie der alliierten Besatzung, der »Anständigkeit« der Wehrmachtsführung und der alten Eliten, während Verbrechen, falls überhaupt nur von eine kleinen Bande von gesellschaftlichen Außenseitern begangen worden seien, schließlich auch die Ohnmacht des einzelnen gegenüber einer angeblich allmächtigen Diktatur fest. Sie wird auch an einer 1950 anlässlich seines 80. Geburtstages in der »Zeit« veröffentlichten Kolumne deutlich. Lettow-Vorbeck war es wichtiger gewesen Stellung zu den damals die Öffentlichkeit ganz besonders beschäftigenden Fragen, also dem Schicksal des Saarlandes und der »so genannten Kriegsverbrecher« zu nehmen, als dass seiner gedacht wurde.[15] So schrieb er, das Saarland dürfe nicht von Deutschland abgetrennt werden, denn »man hat Deutschland bereits über alle Maßen ausgeplündert (...) Die Not schreit zum Himmel und wir können es uns nicht leisten, auch nur auf einen weiteren Quadratzentimeter zu verzichten«. Jede weitere Verfolgung von Kriegsverbrechen lehnte er strikt ab. Männer wie Weizäcker, Manstein und Kesselring seien lauterste Charaktere gewesen, unfähig einer Gemeinheit. »Dass sie auf ihrem Posten aushielten, war nicht Servilismus, sondern Pflichtgefühl gewesen. Nur so bestand die Aussicht, verbrecherische Maßnahmen Hitlers und der Partei abzubiegen oder zu mildern. Und oft haben sie es getan. Es ist aber nicht immer möglich alles zu erreichen. Sonst würden doch nicht jetzt noch hunderttausende von Ausländern in russischer Zwangsarbeit schmachten, obgleich die Westmächte ganz andere Mittel haben um die Gebote der Menschheit durchzusetzen, als sie den Deutschen gegenüber Hitler zur Verfügung standen.«

2. Ehrenbürger von Saarlouis

Die wirtschaftliche Situation Lettow-Vorbecks verbesserte sich Anfang der fünfziger Jahre rasch mit dem Wiedereinsetzen der Pensionszahlungen und den Dividendenausschüttungen seiner über den Krieg geretteten Aktien.[16] Meinertzhagen besuchte ihn im Mai 1951 in Waterneverstorff. Das Schloss war immer noch stark mit Ostflüchtlingen belegt. Lettow-Vorbeck machte auf ihn einen aktiven und geistig lebendigen Eindruck. Sie erörterten u. a. die politische Lage. Lettow-Vorbeck sorgte sich vor dem Vordringen der Russen weltweit, das man nur durch eine feste Haltung eindämmen könne. Die Spaltung Deutschlands sei inzwischen sehr tief, auch wenn die Ostdeutschen nur oberflächlich Kommunisten seien und im Kriegsfalle rasch zur westlichen Seite überlaufen würden. Lettow-Vorbeck wünschte sich eine Rückkehr der Hohenzollern, doch würden Großbritannien und die USA dies niemals zulassen. Gegenüber der Vorkriegszeit habe sich zumindest die Versorgungslage verbessert. Diesmal war es an den Lettow-Vorbecks dem ehemaligen Gegner zu helfen. Meinertzhagen verließ Waterneverstorff »mit sechs dutzend Eiern, zwei großen Würsten und Frau von Lettow wollte mir auch noch eine große Speckseite mitgeben: Es war mehr als ich tragen konnte«. Der Brite wunderte sich bei seiner Reise über den Aufschwung, den Westdeutschland nur sechs Jahre nach Kriegsende genommen hatte: »Wir gewannen den Krieg und haben immer noch Rationierung in England. Deutschland verlor den Krieg, es gibt keine Rationierung, alle Lebensmittel sind in Hülle und Fülle vorhanden und die Geschäfte voll gestopft mit allen Arten von Gütern, die in England nicht erhältlich sind.« [17]

Im September 1952 siedelte das Ehepaar, unterstützt durch den SPD-dominierten Senat, nach Hamburg über, wo die meisten ehemaligen »Ostafrikaner« lebten, nicht zuletzt Dank der von Lettow-Vorbeck 1919 geförderten Übernahme ehemaliger Schutztruppenangehöriger in die entstehende hamburgische Polizei. Das Haus in Bremen war derartig zerstört, dass ein Wiederaufbau die finanziellen Mittel des Pensionärs überfordert hätte.[18] Stattdessen mietete er von einem alten Ostafrikaner eine Dreizimmerwohnung im Hohenzollernring 5 in Altona.

Bis etwa in das letzte Drittel der fünfziger Jahre blieben die politische Kultur der jungen Bundesrepublik, das Geschichtsbild und die gesellschaftlichen Moralvorstellungen noch stark an den nationalistischen und autoritären Leitbildern und Werten des Kaiserreichs orientiert. Die Westdeutschen und stellvertretend für sie deren herausgehobene Fachhistoriker wie Gerhard Ritter versuchten, die Jahre des Dritten Reichs als eine Art »Betriebsunfall« aus der deutschen Geschichte auszublenden oder als eine Entartung darzustellen, die in allen modernen, säkularisierten Massengesellschaften hätte vorkommen können, aber keine genuin deutschen Wurzeln besitze. Die Reichsgründung von 1871 deutete man überwiegend verklärend als Höhepunkt eines besonderen deutschen Weges in die Moderne, nicht als Vorgeschichte und Weichenstellung für das NS-Regime. Das Kaiserreich wurde als eine prosperierende, von eindeutigen Werten gekennzeichnete Zeit erinnert, frei von innerer Zerrissenheit wie äußerer Bedrohung, in welcher Deutschland einen hervorragenden Platz unter den Großmächten eingenommen habe. Diese Epoche endete angeblich nur durch ein unverschuldetes »Hineinschlittern« des Reichs in den Ersten Weltkrieg.[19] Im Herbst 1951 befragt, in welcher Zeit es den Deutschen im 20. Jahrhundert am besten gegangen sei, gaben 45 % der Bundesbürger das Kaiserreich an, 40 % die Friedensjahre des Dritten Reiches, nur 8 % sprachen sich für die Gegenwart aus.[20] Der in Göttingen lehrende, 1885 geborene Historiker Siegfried A. Kaehler belehrte denn auch seine Studenten in den vierziger Jahren, dass derjenige, der nicht die Zeit vor 1914 mitgemacht habe, nicht richtig gelebt habe.[21]

Lettow-Vorbeck als einer der bekanntesten noch lebenden Repräsentanten dieser Epoche wirkte daher trotz seiner ausgesprochen reaktionären politischen Einstellung, seines hohen Lebensalters und seiner Wahrnehmung als Kolonialoffizier in der frühen Bundesrepublik nicht etwa wie eine Art Dinosaurier, der sich in ein falsches Zeitalter verirrt hatte, welches nicht mehr das seine war. Er wurde vielmehr wegen seines Handelns im Ersten Weltkrieg unkritisch als ein Vorbild von Vaterlandliebe, Pflichterfüllung, Ehrenhaftigkeit, Opferbereitschaft, professioneller Kompetenz, Weltläufigkeit und Menschlichkeit dargestellt, dies umso mehr, als er nach wie vor hohes Ansehen in Großbritannien genoss. Die Tatsache seines Mitmachens im Dritten Reich wirkte sich dabei für sein Ansehen unter den Westdeutschen nicht etwa nachteilig aus. Es machte ihn erst recht zu einer Identifikationsfigur, wich sein Verhalten doch nicht von dem der großen Mehrheit in den Jahren zwischen 1933 und 1945 ab. Wegen dieses Bedürfnisses nach Identifikationsfiguren aus einer scheinbar guten Vergangenheit sowie des »kommunikativen Beschweigens« (Hermann Lübbe) der NS-Vergangenheit, schließlich auch aus einem wenig differenzierenden antikommunistischen Grundkonsens heraus, der Lettow-Vorbecks Einmarsch in Hamburg 1919 beispielsweise als Verteidigung der Hansestadt gegen »Spartakus« präsentierte[22], wurden auch seine antirepublikanischen Aktivitäten in der Weimarer Republik, welche letztlich den Nationalsozialsten geholfen hatten, nicht einmal von der SPD ab 1949 öffentlich thematisiert. »Als wir ihn verabschiedeten, nahmen wir den Eindruck mit, dass hier ein Deutscher im besten Sinne der Traditionen lebt, der an den Geschicken seines Landes immer noch regen Anteil nimmt und dank seiner guten Verbindungen (zu Briten und Südafrikanern, E. M.) vielleicht mehr für sein Volk tut, als der flüchtige Besucher glaubt«, hieß es in einem Bericht der »Hamburger Allgemeinen Zeitung« vom 18. März 1950 über einen Besuch der Redaktion bei dem »auch bei seinen einstigen Gegnern hoch geachteten« Lettow-Vorbeck in Waterneverstorff anlässlich seines 80. Geburtstags. In der »Frankfurter Allgemeinen Zeitung« vom 31. März 1951 berichtete ein Journalist unter dem Titel »Episode« über eine Großbritannienreise, bei welcher er auf unverhohlene Bewunderung für Lettow-Vorbeck auf der Insel gestoßen sei, vergleichbar mit der dortigen Volkstümlichkeit Rommels. Der Pensionär solle wissen, »dass er für sein Volk nicht nur Schlachten geschlagen, sondern auch Zuneigung und Achtung gewonnen hat, gerade bei seinen früheren Gegnern, bei Feldmarschällen, Premierministern und einfachen Leuten«.

Dieses hohe Ansehen Lettow-Vorbecks in der Bundesrepublik der fünfziger Jahre fand seinen deutlichsten Ausdruck darin, dass ihm im September 1956 von seiner Geburtsstadt Saarlouis, eine damals etwa 35 000 Einwohner zählende Kreisstadt, die Ehrenbürgerschaft angetragen wurde. Dies stellte eine Auszeichnung dar, zu der sich nicht einmal der Bremer Senat in der Weimarer Republik oder im Dritten Reich hatte durchringen können. Saarlouis begründete diesen Schritt mit seinen auch vom Gegner anerkannten militärischen Leistungen im Ersten Weltkrieg und der dabei gezeigten »Ritterlichkeit«. Lettow-Vorbeck habe zudem, wie es in der Vorlage des Bürgermeisters für den Stadtrat hieß, durch die Tatsache, dass er vornehmlich »Eingeborene« befehligte, die ihm über das Kriegsende hinaus treu geblieben seien, »die Argumente unserer ehemaligen Gegner, ›Deutschland könne keine Kolonien verwalten‹, Lügen gestraft«. Im Stadtrat stimmte am 31. August 1956 von den 34 Volksvertretern lediglich der einzige Abgeordnete der KPD gegen diese Initiative. Zugleich beschloss der Stadtrat eine Bronzetafel gießen zu lassen, die zur Erinnerung an den »Verteidiger Deutsch-Ostafrikas« an Lettow-Vorbecks Geburtshaus in der Silberherzstraße angebracht werden sollte.[23]

Der Entschluss, Lettow-Vorbeck zum Ehrenbürger zu ernennen, war natürlich auch Ausdruck der besonderen Situation des Saarlandes Mitte der fünfziger Jahre. Die Entscheidung fiel ein knappes Jahr nach der Volksabstimmung der Saarländer vom 23. Oktober 1955 über das »europäische Statut« der zwischen Frankreich und der Bundesrepublik umstrittenen Grenzregion, das von zwei Dritteln der Bevölkerung abgelehnt wurde. Mit diesem eindeutigen Votum gegen eine Sonderstellung des Saarlandes in Europa war der Weg für die Vereinigung des bisherigen Satellitenstaates Frankreichs mit der Bundesrepublik geebnet. 1957 kam es zum politischen Anschluss, 1959 folgte die Wirtschafts- und Währungsunion. Die Kleinstadt an der französischen Grenze, im ausgehenden 17. Jahrhundert von Ludwig XIV. als Festung gegründet, wollte durch die Würdigung Lettow-Vorbecks ein vorweggenommenes symbolisches Bekenntnis zur Wiederangliederung an Deutschland ablegen, in dem man sich zur deutschen Geschichte bekannte. 10 Jahre zuvor, im Mai 1946, war mit ausdrücklicher Förderung der französischen Besatzungsmacht dagegen mit einem großen Fest und einer Ausstellung dem in Saarlouis geborenen napoleonischen Marschall Michael Ney gedacht worden, während man eine schon in der Zwischenkriegszeit an Lettow-Vorbecks Geburtshaus in der Silberherzstraße angebrachte Gedenktafel abgenommen hatte.[24] In der unmittelbaren Nachkriegszeit, als aus wirtschaftlichen wie politischen Gründen vielen Saarländern eine Distanzierung von Deutschland und eine Anlehnung an Frankreich opportun erschien, wollte man die 1815 erfolgte Annexion durch Preußen symbolisch durch die Ehrung dieses Saarländers, der französischer Soldat geworden war, auslöschen und Saarlouis als gleichsam historisch Frankreich nahe stehende Stadt präsentieren.

Diese Art von sich zweimal innerhalb eines Jahrzehnts wandelnder Geschichtspolitik, die zunächst die Bindung an Frankreich und eine spezifisch saarländische Identität in den Vordergrund stellte und ab 1955 die auf Deutschland verweisenden historischen Traditionen betonte, war nach 1945 ein im Saarland weit verbreitetes Phänomen. Es äußerte sich in Straßenumbenennungen und der Denkmals- und Festkultur des Landes.[25] Die Grenzlage von Saarlouis zwischen Deutschland und Frankreich und die wechselnden jeweils dominanten politischen und kulturellen Einflüsse, denen sie unterlag bzw. zu denen die Stadt sich jeweils bekennen wollte, ließen sich auch in der Verleihung von Ehrenbürgerschaften ablesen. Von den insgesamt 12 Ehrenbürgerschaften, welche die Stadt zwischen dem Ende des 19. Jahrhunderts und 1955 vergeben hatte, gingen vier an Personen mit mehr als bloß lokaler Bedeutung: In der Zwischenkriegszeit waren Hindenburg und Hitler auf diese Weise gewürdigt worden, nach 1945 als Repräsentant eines unabhängigen Saarlandes der bis 1955 regierende Ministerpräsident Johannes Hoffmann und Frankreichs Botschafter im unabhängigen Saarland, Gilbert Grandval. Lettow-Vorbeck sollte die erste Persönlichkeit von überregionaler Bedeutung und eindeutig preußisch-deutscher Ausrichtung sein, die seit dem Referendum vom Oktober 1955 eine solche Ehrung erfuhr.

Am 5. Oktober 1956 überreichte man Lettow-Vorbeck die Ehrenbürgerurkunde im Rathaus der Stadt Saarlouis in einem Festakt, nachdem der Stadtrat Ende September entschieden hatte, auch die neue Saarbrücke und die Anfahrtsstraße zu dieser nach ihm zu benennen. Die Einwohner der Stadt wurden aufgefordert, ihre Häuser an diesem Tage zu beflaggen und bei der Einfahrt des Gastes in die Stadt die Straßen möglichst zahlreich zu säumen. Die Schüler erhielten dazu unterrichtsfrei. Bei einem Abstecher zu seinem Geburtshaus vor dem eigentlichen Festakt darüber informiert, dass die Stadt hier eine Tafel anzubringen gedächte, welche dem »Verteidiger Deutsch-Ostafrikas« gewidmet sei, belehrte Lettow-Vorbeck die Honoratioren, dass die Kämpfe vor allem dazu gedient hätten, »der deutschen Heimat möglichst viele Feinde vom Hals zu halten. Mit 14 000 Weißen und Schwarzen habe ich viereinhalb Jahre lang 300 000 Feinden gegenübergestanden. Sie festzuhalten war Zweck meiner Tätigkeit in Afrika«.[26] In Saarbrücken war zudem ein 62-jähriger ehemaliger Askari-Feldwebel der Schutztruppe ausfindig gemacht worden, der dort als fliegender Händler seinen Unterhalt verdiente. Nachdem Saarlouis zugesagt hatte ihm den geschätzten Verdienstausfall eines Arbeitstages zu ersetzen, erklärte dieser sich bereit als afrikanischer Komparse seinen ehemaligen Vorgesetzten am Eingang des Rathauses mit einer Trommel zu begrüßen. So tauchte bei der abschließenden Aufstellung der der Stadt entstandenen Kosten für die Feier neben »Druck der Einladungskarten« (3 300 Francs), »Rotwein und Gebäck« (3 119 Francs), »Herstellung der Mappe zum Ehrenbürgerbrief« (20 000 Francs) auch der Ausgabenposten »Verdienstausfall an Neger Johnson« (5 000 Francs) auf.[27] In der Lokalpresse wurde seine Anwesenheit als typisches Beispiel für die unverbrüchliche Treue der Afrikaner gegenüber ihrem ehemaligen Vorgesetzten präsentiert.[28]

Bei den Ansprachen im Rathaus überbot man sich gegenseitig mit Bekenntnissen zur Liebe und Treue zum (deutschen) Vaterland. Bürgermeister Hubert Schreiner sagte, dass »Klarheit der Ziele, die Vaterlandsliebe, das starke Pflichtgefühl, die Opferbereitschaft«, die Lettow-Vorbeck in Ostafrika gezeigt habe, auch heute noch anerkannte Tugenden seien. Deshalb sei Saarlouis stolz auf den hier Geborenen. Der erste Beigeordnete des Stadtrates, Paul Gladel, erklärte, die Leistungen Lettow-Vorbecks ließen sich mit zwei Worten zusammenfassen: tapfer und treu. »Wir hier in unserer Grenzstadt haben innerhalb von 30 Jahren zwei Mal um unser deutsches Schicksal bangen müssen und es wurde uns wirklich nichts geschenkt. Viele Opfer haben wir bringen müssen, ja viele Demütigungen einstecken müssen, aber verzagt haben wir trotzdem nicht und wir haben uns Ihr großes Vorbild, in den beiden Worten eben zusammengefasst ›tapfer und treu‹ zur Devise gemacht und haben mit Gottes Hilfe erreicht, dass der deutsche Charakter unserer Stadt, die ihren französischen Namen behalten mag, aber deutsch bis ins Mark sein wird.« Lettow-Vorbeck antwortete, es sei eine schöne Zeit in Deutsch-Ostafrika gewesen. »Schön besonders deshalb für mich, weil es meine Pflicht war (....) die hohe Vaterlandsliebe, die jeder in seinem Innersten trägt, wachzurufen und einzusetzen zu vaterländischer Tat. Es ist die gleiche Aufgabe, die sie hier im Saargebiet (sic) sich in so hervorragender und bewunderungswürdiger Weise gestellt haben.«[29] Nach dem Vollzug auch der Wirtschafts- und Währungseinheit des Saarlandes mit der Bundesrepublik gratulierte Lettow-Vorbeck »allen Freunden« in dem hartnäckig vom ihm im Duktus der Zwischenkriegszeit als »Saargebiet« bezeichneten Region dazu, »dass der unnatürliche Zwitterzustand nun endlich beendet ist und die treudeutschen Saarländer wieder fest zu ihrem angestammten Mutterlande zurückgekehrt sind«.[30]

3. »Afrika, wie ich es wiedersah«

Während die Verleihung der Ehrenbürgerwürde der Stadt Saarlouis an Lettow-Vorbeck im Jahre 1956 eher ein regionales Ereignis darstellte, das außerhalb des Saarlandes kaum Beachtung fand, kam Lettow-Vorbeck bereits 1953 wieder zu bundesweiter Prominenz. Grund hierfür war eine zehnwöchige, von der »Deutschen Illustrierten« gesponserte Afrikareise des 82-jährigen, die er von Januar bis März des Jahres zusammen mit seiner Tochter Heloise unternahm. Seine Frau, die ihn ursprünglich begleiten sollte, erkrankte kurz vor der Abreise und starb einige Wochen nach seiner Rückkehr aus Afrika. Die Reise führte ihn mit kurzen Zwischenlandungen in Libyen, Nigeria, Belgisch-Kongo nach Südafrika, Südwestafrika, Portugiesisch-Ostafrika, Tanganyika, Kenia und schließlich Ägypten. Eine zweimonatige Afrikareise stellte Anfang der fünfziger Jahre, als sich am touristischen Horizont der Westdeutschen gerade Italien als Traumziel abzuzeichnen begann, an sich schon ein Ereignis dar[31], umso mehr, wenn sie die 82-jährige bekannteste deutsche Kolonialpersönlichkeit unternahm. Folglich berichtete die bundesdeutsche Presse ausführlich über das Ereignis. Der mehr als freundliche Empfang, der Lettow-Vorbeck auf allen Stationen der Reise von privater wie offizieller Seite bereitet wurde, bekräftigte einmal mehr den Eindruck in der bundesdeutschen Öffentlichkeit, dass der Weltkriegsgeneral und die Vergangenheit, für die er stand, zum positiven Image Deutschlands beitrugen. Dabei zeugte sein 1955 veröffentlichtes Buch über die Reise, »Afrika, wie ich es wiedersah« zugleich von Lettow-Vorbecks nach wie vor zutiefst rassistischen und kolonialapologetischen Weltsicht.

Im AA hatte man allerdings im Vorhinein Bedenken, dass sich der ehemalige Kolonialoffizier bei seiner Expedition womöglich zu politisch brisanten Kommentaren hinreißen lassen könnte und recherchierte daher die Hintergründe des Unternehmens.[32] Es stellte sich heraus, dass der Anstoß zu der Reise ursprünglich von der südafrikanischen Regierung kam, welche mittels einer von der deutschen Presse begleiteten Lettow-Vorbeck-Tour Werbung in der Bundesrepublik für das sich im wirtschaftlichen Aufschwung befindliche Land machen wollte. Die Redaktion der in Stuttgart verlegten »Deutschen Illustrierten«, die eine Auflage von 360 000 Exemplaren wöchentlich hatte, griff diese Idee auf. Eine mehrteilige Photoreportage über die Südafrikareise des ehemaligen Kolonialoffiziers versprach wegen des Namens Lettow-Vorbeck auch vier Jahrzehnte nach dem Ersten Weltkrieg ein zugkräftiges Thema zu sein. Die Illustrierte erklärte sich einverstanden, auch eine von Lettow-Vorbeck gewünschte Weiterreise nach Ostafrika zu finanzieren. Eine Rückkehr nach Ostafrika hatte er schon 1937/38 geplant, um unter anderem auf Großwildjagd zu gehen. Allerdings war ihm damals die Einreise von den britischen Behörden verwehrt worden. Diese fürchteten, dass die Anwesenheit des berühmten

Veteranen unter den seit Mitte der zwanziger Jahre nach Ostafrika zurückgekehrten deutschen Siedlern, denen nach dem Beitritt Deutschlands zum Völkerbund nicht mehr das Niederlassungsrecht in einem offiziell dieser Organisation unterstehenden Mandatsgebiet verweigert werden konnte, aber auch Teilen der afrikanischen Bevölkerung Hoffnungen auf eine Rückgabe Tanganyikas an Deutschland nähren könnte.[33] Das AA war beruhigt, als die »Deutschen Illustrierte« versicherte, dass sie alles tun werde um Lettow-Vorbeck bei den Pressekonferenzen in Afrika von unbedachten Äußerungen abzuhalten. »Im Übrigen sei der General selbst der Ansicht, dass Deutschland sich heute glücklich schätzen könne, keine Kolonialmacht mehr zu sein.«[34]

»Lettow-Vorbeck begeistert begrüßt« titelte »Die Welt« am 12. Januar 1953 anlässlich seiner Ankunft am Kap. Die dortige deutsche Kolonie, aber auch die südafrikanischen Veteranen des Ostafrikafeldzugs organisierten ihm zu Ehren zahlreiche Veranstaltungen. Er wurde vom Premierminister Adolph Gysbert Malan empfangen und besuchte die Witwe des 1950 verstorbenen Smuts. Malan führte nach seinem Wahlsieg 1948 das Apartheidsregime in Südafrika ein, dessen Abschaffung laut Lettow-Vorbeck »mit Sicherheit zum Abbau all dessen führen würden, was kulturell auch zum Wohle der Schwarzen geschaffen ist, wenn nicht gar zur Ausrottung der Weißen überhaupt«.[35] Auf einer Pressekonferenz in Pretoria kurz nach der Ankunft sprach sich Lettow-Vorbeck gegen die Rückgabe der Kolonien an Deutschland aus, denn das Kolonialzeitalter gehe zu Ende. Deutschland müsse aber stärker an der wirtschaftlichen Erschließung Afrikas beteiligt werden. Zudem – hier schlug er eine Brücke zu seinen Auffassungen aus der Zeit vor 1945 – sei Afrika geeignet zur Ansiedlung deutscher Flüchtlinge.[36]

Lettow-Vorbeck beurteilte in seinem Buch »Afrika, wie ich es wiedersah« die Kolonialepoche weiterhin positiv, denn die Europäer hätten in Afrika viel für ein Ende der Stammesfehden, zur Verbesserung des Gesundheits- und für den Aufbau des Schulwesens getan. »Kurz für das Wohl ist unendlich viel geschehen (....) Das Tragische an dieser Entwicklung ist, dass die Europäer dafür wenig Dank ernten.«[37] Er wähnte Mitte der fünfziger Jahre die meisten Regionen Afrikas, das zu diesem Zeitpunkt an unabhängigen Staaten nur Südafrika, Liberia, Äthiopien und Ägypten zählte, als noch nicht reif für die Selbstständigkeit: »Der Gedanke, dass schließlich einmal die Eingeborenen sich auch ganz selbständig regieren müssen, scheint mir aber richtig zu sein. Ein jedes Volk will seine nationale Unabhängigkeit. Aber das ist ein Fernziel und geht nicht von heute auf morgen.«[38] Doch es brachen immer wieder die tradierten rassistischen Vorurteile aus dem Kaiserreich bei Lettow-Vorbeck hervor, die von einer grundsätzlichen Ungleichheit von Afrikanern und Europäern ausgingen. Diese Stereotype hatten schon die Hierarchieverhältnisse in der Schutztruppe und darüber hinaus das gesamte koloniale System gerechtfertigt. »Ein Schwarzer«, schrieb Lettow-Vorbeck mit Blick auf den Kikuyu-Führer Jomo Kenyatta, »auch wenn er studiert und europäische Sitten angenommen hat, ist noch lange nicht wirklich kultiviert. Auch das eigene europäische Haus, die moderne Kleidung, Auto und Radio machen noch nicht viel. Er ist zu wenig gefestigt und fällt leicht in den alten wilden Zustand zurück. Sich selbst überlassen, fehlt ihm der innere Motor (...) Hat er aber weiße Führer, ist er unglaublicher Leistungen und Opfer fähig, wie er das im Kriege bewiesen hat. Selbst ein guter Führer zu sein, ist er im Allgemeinen nicht fähig.«[39]

Vom Kap machte Lettow-Vorbeck einen Abstecher in das nach wie vor von Südafrika besetzte Südwestafrika, wo er u. a. das Schlachtfeld am Waterberg besuchte und auf die Jagd ging. Mitte Februar reiste die Gruppe per Schiff von Südafrika über Mozambik nach Tanganyika. Die deutsche Gesandtschaft in Pretoria, auf die der Veteran einen sehr rüstigen Eindruck machte, hob in ihren Berichten das taktvolle Auftreten Lettow-Vorbecks hervor, das im Gegensatz zum wichtigtuerischen Benehmen der ihn begleitenden zwei Journalisten der »Deutschen Illustrierten« gestanden habe. Lettow-Vorbeck habe eine sehr gute Presse in Südafrika erhalten. Er sei von dieser als »Rommel des Jahres 1914« und »Gentlemanly General« gelobt worden.[40]

Lettow-Vorbecks nach wie vor bestehendes Faible für rechts-autoritäre Regime wurde an der Beschreibung seiner Eindrücke beim Zwischenstopp in Portugiesisch-Ostafrika deutlich: »Ich hatte im Kriege die portugiesische Kolonie Mozambik gründlich durchstreift und hatte keine allzu hohe Meinung von der Tüchtigkeit der Portugiesen bekommen. Das war anders geworden. Die kluge und energische Staatsführung Salazars hatte sich auch in Mosambik durchgesetzt.«[41]

In Tanganyika besuchte die Reisegruppe die Hauptstadt, anschließend Tanga, sodann das Gebiet des Kilimandscharo. Von dort ging es nach Mombasa, wo man ein Schiff nach Ägypten nahm. In Kairo hielten sich die Lettow-Vorbecks Mitte März noch einige Tage als Gäste der ägyptischen Regierung auf. In Dar-es-Salaam und Tanga traf der Ex-Kommandeur jeweils auf einige hundert ehemalige deutsche Askari, die ihm einen herzlichen Empfang bereiteten. »Die Begeisterung über seinen Besuch bei der Eingeborenenbevölkerung bewies, dass ihm die Verehrung und Liebe dieser Kreise bis zur Gegenwart erhalten ist. Sein Besuch kann daher für die Beziehungen unseres Landes zu diesen Gebieten nur als positiv bezeichnet werden«, berichtete das deutsche Generalkonsulat in Nairobi über den Aufenthalt Lettow-Vorbecks in Tanganyika nach Bonn.[42] Auch Lettow-Vorbeck deutete in seinem Buch über die Reise und seinen zwei Jahre später erscheinenden Lebenserinnerungen diese Reaktion der Askari als eindeutiges Indiz für die von den Afrikanern positiv erinnerte deutsche Kolonialzeit in Ostafrika. Er leitete aus diesem historischen Erbe das Recht Deutschlands ab, zukünftig eine größere Rolle in Afrika spielen zu dürfen als bislang von Großbritannien und Frankreich als führenden Kolonialmächten zugelassen, nicht zuletzt auch, um in einer gemeinsamen Anstrengung des Westens das Vordringen des Kommunismus in Afrika zu verhindern.[43]

Sowohl das Generalkonsulat in Nairobi wie auch Lettow-Vorbeck und die bundesdeutsche Öffentlichkeit differenzierten in den fünfziger und sechziger Jahren wie schon nach dem Ersten Weltkrieg nicht zwischen den Askari und der großen Masse der schwarzen Bevölkerung in Ostafrika. So diente die Begegnung zwischen den Askari und Lettow-Vorbeck 1953 in Ostafrika beispielsweise 1966 als Argument, um gegen die angeblich einseitig negative Darstellung der deutschen Kolonialvergangenheit in der WDR-Fernsehsendung »Heia Safari« zu protestieren. Diese könne doch nicht so schlecht gewesen sein, wenn selbst vier Jahrzehnte nach dem Ersten Weltkrieg die Askari ihren ehemaligen Kommandeur begeistert empfangen hätten.[44] Man setzte erneut vereinfachend die Anhänglichkeit eines Teils der Askariveteranen an die Schutztruppe mit einer positiven Erinnerung aller schwarzen Bewohner Ostafrikas an die deutsche Kolonialzeit gleich. Dabei konnte man kaum von einer einheitlichen Erfahrung und darauf basierenden Erinnerung der Afrikaner an die deutsche Zeit sprechen. Für viele Afrikaner war sie entweder angesichts der nur dünnen deutschen administrativen Präsenz geographisch zu entfernt oder zeitlich zu vorübergehend gewesen, um überhaupt einen nachhaltigen Eindruck in positiver oder negativer Hinsicht zu hinterlassen. Für diejenigen jedoch, welche mit der deutschen Herrschaft intensiver in Kontakt gerieten, bedeutete sie zum überwältigenden Teil Unterdrückung, Ausbeutung und schließlich im Ersten Weltkrieg zehntausendfach Zwangsarbeit und Tod. Für die im Vergleich zur Gesamtbevölkerung winzige Minderheit ehemaliger Askari dagegen war die Freude über den Besuch ihres ehemaligen Kommandeurs durchaus verständlich. Er erinnerte sie an eine Zeit, als sie eine privilegierte, gut bezahlte Stellung unter der ostafrikanischen Bevölkerung ausfüllten, Dank derer sie in gewissem Maße ebenso zu Ausbeutern und Herren geworden waren wie ihre europäischen Vorgesetzten. Zugleich stellten sie während der Kriegsjahre eine militärische Elite dar, die sich allen anderen Formationen als überlegen erwiesen hatte, woraus sie ein gewisses Selbstbewusstsein ziehen konnten. Nach 1918 trugen sie allerdings im Gegensatz zu den Veteranen der KAR das Stigma der Verlierer, die für die falsche Seite gekämpft hatten. Bis zur Unabhängigkeit Tanganyikas untersagten ihnen beispielsweise die britischen Behörden eine Ehemaligenorganisation zu gründen, während ihre Söldnerkollegen von den KAR Aufnahme in die Veteranenorganisation British Legion fanden und entsprechende Sozialleistungen erhielten.[45] Das Bekenntnis der ehemaligen Askari zur Schutztruppe und ihrem Kommandeur im Jahre 1953 und darüber hinaus war auch eine Art Trotzreaktion einer ansonsten marginalisierten Minderheit gegen eine zunächst von der britischen Kolonialmacht, dann zunehmend auch von der Unabhängigkeitsbewegung dominierten Geschichtsdeutung, in der sie nicht vorkamen.

»Wer wäre berufener, einen Bericht über Afrika zu schreiben, als der ehemalige Verteidiger Deutsch-Ostafrikas, der kürzlich die früheren deutschen Kolonien und Südafrika bereiste? Aus seinen farbigen Schilderungen geht hervor, dass das Ansehen der Deutschen bei der Eingeborenenbevölkerung, vor allem den alten deutschen Askari, die die Zeit unter deutscher Flagge noch erlebt hatten, ungetrübt ist (...) Von höchst aktueller Bedeutung sind die Eindrücke, die der Verfasser vom politischen Gärungsvorgang, mit dem die farbige Bevölkerung sich der europäischen Führung zu entledigen sucht, gewann.« Mit diesen Sätzen warb der Münchener Lehmann-Verlag 1955 im Klappentext für Lettow-Vorbecks Afrikabuch. Tatsächlich stellte es nur eine Kollage von oberflächlichen persönlichen Eindrücken und Vorurteilen sowie von aufgefangene Gerüchten über den wachsenden Einfluss der UdSSR in Afrika dar. Das Buch zeugte auch im Detail von Unvertrautheit des Autors mit der politischen Situation in Afrika und anderswo. So nannte Lettow-Vorbeck noch ein Jahrzehnt nach Gründung der Vereinten Nationen die Organisation »Völkerbund«. Inhalt und Stil des Reiseberichts litten nicht etwa durch eine Senilität des Autors, der bis an sein Lebensende von erstaunlicher geistiger wie körperlicher Rüstigkeit war. Das Buch legte vielmehr noch einmal Zeugnis von der einfachen Weltsicht des Ex-Offiziers, seinen begrenzten intellektuellen Fähigkeiten und seinem engen Wissenshorizont ab. Allerdings brüstete sich der zu Bescheidenheit neigende Lettow-Vorbeck auch nie damit, außerhalb seines eigentlichen militärischen Metiers besondere Kompetenzen erworben zu haben oder umfassend gebildet zu sein und daher der Öffentlichkeit geschliffene Analysen der Vergangenheit, Gegenwart oder Prognosen für die Zukunft liefern zu können. So schrieb er am Ende seines Afrikaberichts: »Ich kann mir kein maßgebliches Urteil anmaßen. Meine Schilderungen sind keine tief schürfende Gelehrtenarbeit; es sind anspruchslose Beobachtungen eines Touristen.«[46] Er sah sich seit 1919 wegen seiner Berühmtheit oft von Parteien und anderen öffentlichen Institutionen, von Journalisten oder Verlagen gedrängt oder diesen gegenüber politisch verpflichtet, an ein breiteres Publikum adressierte Aussagen zu Themenbereichen zu treffen, die weit außerhalb seines geistigen Horizonts und seiner eigentlichen Interessen lagen. Heraus kamen dabei zumeist erschütternd naive und undifferenzierte Kommentare.

4. Letzte Jahre

Weder sein Bericht über die Afrikareise, noch seine im Vorjahr veröffentlichte, für Jugendliche bestimmte Anekdotensammlung »Kwa Heri, Bwana« sowie schließlich seine 1957 erschienenen Lebenserinnerungen fanden ein großes Echo in der westdeutschen Öffentlichkeit. Keines der drei Bücher konnte auch nur annähernd an den Erfolg von »Meine Erinnerungen aus Ostafrika « oder »Heia Safari« aus der Zeit vor 1945 anknüpfen. Der in der zweiten Hälfte der fünfziger Jahre einsetzende Liberalisierungs- und Verwestlichungsschub in der bundesrepublikanischen Gesellschaft, der zu einer langsamen Ablösung von den Leitbilder des Kaiserreichs führte, schließlich die Ende der fünfziger Jahre in Afrika mit aller Macht einsetzende Auflösung der Kolonialreiche bewirkten auch ein nachlassendes Interesse der Öffentlichkeit an der Person Lettow-Vorbecks und der Epoche, den Werten und Themen, für die er stand und die er u. a. durch die Veröffentlichung seiner Lebenserinnerungen bewahrt wissen wollte. Lettow-Vorbeck als einer der ältesten noch lebenden Offiziere »unserer alten Armee« , schrieb seine Tochter Ursula im Vorwort, vermöge »noch ein richtiges Bild von altem Preußentum, seiner Pflichtauffassung und damit den wahren Ursachen deutscher Größe zu geben, die der lebenden Generation vielfach entstellt wiedergegeben worden sind«.[47] Niemand setzte sich in der Bundesrepublik öffentlich kritisch mit seinen Mitte der fünfziger Jahre veröffentlichten autobiographischen Schriften auseinander, obwohl sie Zeugnis von der nach wie vor zutiefst antidemokratischen, nationalistischen, rassistischen und Krieg wie Kolonialzeit verherrlichenden Einstellung des Autors ablegten bei gleichzeitiger erschreckender politischer Naivität und militärischer Einseitigkeit. Man überging lieber pietätvoll diese immer unzeitgemäßer erscheinenden Äußerungen des alten, hoch geehrten Mannes.

Der letzte große öffentliche Auftritt Lettow-Vorbecks, »einer der populärsten Soldaten des Ersten Weltkriegs, der es durch ritterliche Kriegführung und geschickte Eingeborenenpolitik verstanden hatte, seinen Gegnern Achtung und Anerkennung abzunötigen«, wie es in der »Süddeutschen Zeitung« am 19. März 1960 zu diesem Anlass hieß, war sein 90. Geburtstag.[48] Er feierte ihn in Hamburg »in bewundernswerter geistiger und körperlicher Verfassung«[49] im Curio-Haus im Kreise von etwa 250 »Ostafrikanern« und anderen ehemaligen Kolonialdeutschen. Unter ihnen befand sich der 1913 in Ostafrika geborene schleswig-holsteinische Ministerpräsident Kai-Uwe von Hassell und der letzte Gouverneur von Togo, Adolf Friedrich Herzog von Mecklenburg sowie von seinen früheren Schutztruppenoffizieren Boell, Köhl und Kraut. Geladen hatte man ferner weitere etwa 100 Gäste aus der Familie und seinem militärischen und nichtmilitärischen Umfeld, darunter den ehemaligen Generalstabschef des Heeres im Zweiten Weltkrieg, Kurt Zeitzler, und den früheren DNVP-Reichsinnenminister Walther von Keudell. Die Bundeswehr war durch den Wehrbereichsbefehlshaber, den Standortkommandanten von Hamburg und den Leiter der Hamburger Führungsakademie vertreten. Die Stadt Saarlouis entsandte fünf Ratsherren für jede im Stadtrat vertretene Fraktion zu dem unprätentiösen, Lettow-Vorbecks eher frugalen Lebensstil widerspiegelnden Festessen mit Ochsenschwanzsuppe als Vorspeise, Schweineschnitzel mit jungen Bohnen und Salzkartoffeln als Hauptgang und – als einziger Extravaganz für damalige Zeiten – Ananas mit Sahne zum Nachtisch.[50]

Bundespräsident Heinrich Lübke, Bundeskanzler Konrad Adenauer und Verteidigungsminister Franz-Josef Strauss schickten Glückwunschtelegramme. Das Staatsoberhaupt schrieb: »Mit Ihrem Namen verknüpften sich für unser Volk nicht nur Erinnerungen an militärische Leistungen, sondern auch an die damit verbundene aufrechte menschliche Haltung, die Achtung und Zuneigung überall in der Welt gefunden hat.«[51] Der 79-jährige, in West-Berlin lebende Heinz Sivkovich, ehemaliger DDP-Reichstagsabgeordneter und 1918-1920 Kultusminister in Mecklenburg-Schwerin, beschwerte sich allerdings beim Bundespräsidialamt über die Ehrung des »aktiven Kappisten«, der vor genau 40 Jahren in Mecklenburg den Bürgerkrieg entfesselt habe. »An seinen Händen klebt das Blut der damals gefallenen Verteidiger der Weimarer Republik (...) Die Verhetzung der Reichswehr in Mecklenburg durch Lettow-Vorbeck war so groß, dass es seinem Nachfolger, General Weber, nicht gelungen ist, den Bürgerkrieg sofort zu stoppen.« Bonn verwahrte sich jedoch gegen diese Kritik und adelte den Offizier stattdessen nachträglich zum Demokraten: Es sei nicht angängig, dessen Würdigung einzig von seinem »schwankenden« Verhalten beim Kapp-Putsch abhängig zu machen. »Von Lettow-Vorbeck hat später als Abgeordneter der DNVP dem Reichstag angehört und in dem entscheidenden Jahr 1930 den Rechtskurs dieser Partei nicht mitgesteuert, sondern eine Schwenkung zu den Volkskonservativen durchgeführt, die zusammen mit dem Reichskanzler Brüning die freiheitlich-demokratische Grundordnung der Weimarer Verfassung erhalten wollten.«[52] Kritische Töne kamen vor allem von der anderen Seite des Eisernen Vorhanges: »Bonn provoziert Völker Afrikas: Hereromörder ›Vorbild der Bundeswehr‹« titelte das »Neue Deutschland« am 21. März 1960 und zählte auf, wer aus der militärischen wie politischen Elite der Bundesrepublik dem Kolonialoffizier gratuliert und ihn gewürdigt habe.

Bis zuletzt erstaunte Lettow-Vorbeck seine Zeitgenossen mit einer für sein Alter ungewöhnlichen geistigen und physischen Rüstigkeit. Die Erinnerung an die vier Jahre des Krieges in Ostafrika nahm für ihn im Rückblick auf sein Leben einen besonders wichtigen und positiven Stellenwert ein. »Es ist offensichtlich, dass wenige Dinge, die ihm nach 1919 widerfahren sind, eine große Bedeutung für ihn haben«, schrieb Leonard Mosley, der ihn 1962 in Hamburg für sein Buch interviewte.[53]

Am Montag, den 9. März 1964, nachdem er noch einige Wochen zuvor auf die Jagd gegangen war, starb Lettow-Vorbeck an Herzversagen in seiner Wohnung. Dort hatte er seit dem Tod seiner Frau mit seiner verwitweten Stieftochter gelebt, die ihm den Haushalt führte. »Auch seine Gegner achteten ihn«, »Ritter ohne Furcht und Tadel«, »Er war eine Legende Afrikas« und »Er führte einen Krieg ohne Hass – Lettow-Vorbecks Name wird noch heute in Afrika geachtet« lauteten einige der Überschriften der Zeitungsmeldungen über sein Ableben.[54]

Die Nachrufe in der westdeutschen Presse fielen fast durchweg positiv aus, wobei man vor allem seine auch vom Gegner anerkannte Ritterlichkeit und Menschlichkeit hervorhob. Sein Verhalten in der Weimarer Republik hingegen wurde, wenn überhaupt, äußerst kursorisch behandelt und als gleichsam natürlich für einen Mann seiner Sozialisation entschuldigt. Über seine Jahre im Dritten Reich schwieg die Presse vollständig.[55] Einzig »Der Spiegel« fand in seiner Ausgabe vom 18. März auch kritische Töne, in dem er auf den Massenmord an den Herero als Teil der deutschen Kolonialgeschichte und damit Lettow-Vorbecks Biographie, auf seine Rolle in der kolonialrevisionistischen Bewegung der Weimarer Republik sowie seinen Putsch gegen die demokratische Regierung Mecklenburgs hinwies. Ein Leserbrief an die Londoner »Times« als Nachlese zum dortigen Nachruf zeugte von Lettow-Vorbecks nach wie vor hohem Ansehen auf der anderen Seite des Kanals. Der Onkel des Absenders fiel als Hauptmann der KAR kurz vor Kriegsende 1918 als kranker Mann in die Hände der Schutztruppe und verstarb gleich darauf. »Es ist dennoch klar, dass er alle nur mögliche Zuwendung von von Lettow erhielt, der danach seine Witwe informierte, dass er sich ein Gebetsbuch besorgt und selbst das anglikanische Totengebet gelesen habe. Es war gerade so, wie man es von diesem ritterlichen Gegner erwarten konnte.«[56]

Lübke kondolierte den Töchtern. Allerdings war man im Bundespräsidialamt nach der Erfahrung anlässlich des Glückwunschtelegramms zum 90. Geburtstag vorsichtiger geworden. Der zuständige Referent empfahl, in Hinblick auf Lettow-Vorbecks Mitwirkung am Kapp-Putsch und sein »umstrittenes Eintreten« für den Kolonialgedanken in der Zwischenkriegszeit nur seine militärischen Leistungen zu würdigen. So hieß es schließlich: »Seine militärischen Leistungen als Kommandeur der Schutztruppe des damaligen Deutsch-Ostafrikas während des Ersten Weltkrieges waren ein leuchtendes Beispiel meisterhafter Kriegskunst, ritterlichen Kampfes und edeler menschlicher Gesinnung. Sie erwarben ihm in unserem Volk wie auch bei seinen ehemaligen Gegnern ungeteilte Anerkennung und verehrungsvolle Zuneigung. Mögen Sie Trost finden in dem Bewusstsein, dass die Erinnerung an Ihren Vater lebendig bleiben wird.«[57]

Die einzig eindeutig dissonante Stimme kam wieder aus Ostberlin. Das »Neue Deutschland« schrieb in seinem Nachruf vom 18. März unter dem Titel »Legende und Wirklichkeit«: »Der Bonner Staat hat Lettow-Vorbeck wieder seine Generalspension gegeben, ließ ihn Ehrendoktor (sic) und Ehrenbürger werden. Er hegt und pflegt die Legende vom mannhaften Soldaten Lettow-Vorbeck, weil seine Träume die gleichen sind, die der pommerische Junker ein Leben lang geträumt hat: das eigene Volk niederzuhalten und fremde Völker zu unterdrücken.«

Lettow-Vorbecks Beisetzung fand im Beisein von etwa 1 000 Trauergästen am 13. März auf dem kleinen Dorffriedhof in Pronstorf im Kreis Bad Segeberg statt. Hier lag bereits seine Frau begraben, denn in Pronstorf lebte die Tochter Heloise mit ihrem Mann, dem Gutsbesitzer Christian Graf von Rantzau. Sechs Stabsoffiziere der Bundeswehr hielten zuvor die Totenwache am Sarg, der auf Lettow-Vorbecks Wunsch mit der schwarz-weißen Flagge Preußens bedeckt war und auf dem sein breitkrempiger Schutztruppenhut und sein Offiziersdegen lagen. Eine Ehrenkompanie, ein Musikkorps der Bundeswehr, Bundesverteidigungsminister Hassel, der 1962 den im Zuge der Spiegelaffäre zurückgetretenen Strauss ersetzt hatte, und hohe Offiziere der Bundeswehr gaben der Feier das entsprechende militärische Gepräge. Sie verdeutlichten, dass man Lettow-Vorbeck in den westdeutschen Streitkräften als zur Traditionspflege geeigneten Soldaten ansah. Hassel nannte denn auch Lettow-Vorbeck in seiner Grabrede ein Vorbild für die Bundeswehr, denn er habe wesentliche Elemente der militärischen Führungskunst vorgelebt, indem er von sich die gleichen ungeheueren Leistungen wie von seinen Soldaten abgefordert habe. Durch seine Menschlichkeit und Ritterlichkeit sei er einer der ganz Großen, der beanspruchen könne Leitbild für die junge Soldatengeneration zu sein. Während der Sarg sich in die Grube senkte, intonierte die Militärkappelle wie vom Verstorbenen gewünscht die Hymne des Kaiserreichs »Heil Dir im Siegerkranz«.[58]

Mit Lettow-Vorbeck wurden fast symbolisch auch das Kaiserreich und das preußische Heer als dessen Rückgrat zu Grabe getragen, denn sein Tod ereignete sich an einem Scheitelpunkt westdeutschen Geschichtsbewusstseins und westdeutscher Identitätsfindung. Auslöser und zugleich auch Indiz hierfür wurde die Publikation von Fritz Fischers Buch »Griff nach der Weltmacht« drei Jahre zuvor, welches sich kritisch mit der Kriegszielpolitik des kaiserlichen Deutschlands im Ersten Weltkrieg auseinandersetzte. Das Buch des Hamburger Ordinarius stellte die bisher unter deutschen Historikern und in der Öffentlichkeit dominante These vom unverschuldeten »Hineinschlittern« in den Krieg in Frage und wies auf mögliche Kontinuitätslinien zwischen der Politik des Kaiserreichs und jener des Dritten Reichs hin, das damit nicht mehr als eine Art »Betriebsunfall« in der deutschen Geschichte isoliert werden konnte. Fischers Thesen provozierten nicht nur das Fachpublikum, sondern fanden auch ein starkes Echo in den Medien und beschäftigten selbst die Bundesregierung. In der einsetzenden »Fischer-Kontroverse« ging es für die damalige Öffentlichkeit um den Stellenwert der gesamten deutschen Geschichte bis 1945 für das westdeutsche Selbstverständnis. Auf dem Historikertag in Berlin im Oktober 1964, auf dem sich u. a. eine Sektion dem 50 Jahre zurückliegenden Ausbruch des Ersten Weltkriegs widmete, fiel Fischers Deutung besonders bei den jüngeren Historikergenerationen auf fruchtbaren Boden, während die älteren, noch im Kaiserreich sozialisierten Fachvertreter wie Ritter und Egmont Zechlin mit ihrer schon in den zwanziger Jahren propagierten These der deutschen Kriegsunschuld in die Minderheit gerieten.[59] Es erschien vor allem den jüngeren Generationen zunehmend zweifelhaft, das Kaiserreich weiterhin als eine positiv zu bewertende Epoche der deutschen Geschichte anzusehen und stattdessen überzeugender, es als eine Etappe einer Art negativen deutschen Sonderwegs zu interpretieren. Diesen könne man von der gescheiterten Revolution von 1848/49 über Bismarcks Reichsgründung, den Ersten Weltkrieg bis hin zu den strukturellen Schwächen der Weimarer Republik nachzeichnen. Er habe seinen katastrophalen Endpunkt im Dritten Reich gefunden. Eine positive Wendung sei erst mit dem Ende des deutschen Nationalstaats 1945 und der Gründung der Bundesrepublik eingetreten, mit welcher die deutsche Geschichte schließlich den Pfad der westlichen Normalentwicklung zu einem demokratischen Staatswesen eingeschlagen habe.[60]

Ferner zwang der Bau der Berliner Mauer 1961 die Westdeutschen endgültig, sich von den Illusionen einer baldigen Wiedervereinigung zu verabschieden und sich mit ihrem Teilstaat zu arrangieren, der offenbar mehr als ein Provisorium bis zur Wiedererrichtung eines Nationalstaats nach Muster des Bismarckreichs sein würde. Schließlich erlangte die Bundesrepublik durch ihren wirtschaftlichen Erfolg und die Stabilität ihrer politischen Institutionen in den Augen vor allem der jüngeren Generationen eine Existenzberechtigung und Glaubwürdigkeit aus sich selbst heraus, wie die Umfragen unter Bundesbürgern seit Ende der fünfziger Jahre zeigten. Seitdem nannte der stärkste Prozentsatz der Befragten stets die Gegenwart als die Zeit, in welcher es den Deutschen im 20. Jahrhundert am besten gegangen sei und nicht mehr, wie in der Frühphase der Bundesrepublik, das Kaiserreich oder die Friedensjahre des Dritten Reichs.[61]

Vor diesem Hintergrund eines sich wandelnden Geschichtsbildes in der westdeutschen Öffentlichkeit wurde die halboffizielle Beerdigungsfeier für Lettow-Vorbecks auch zu einer Art Statement der sich gegen diese Umwertung der Vergangenheit stemmenden Kräfte, die sich u. a. in der damaligen von der CDU geführten Bundesregierung fanden. So hatte das AA zur Jahreswende 1963/64 versucht, eine vom Goethe-Institut organisierte Vortragsreise Fischers in die USA zu verhindern, indem sie die Fördermittel zurückzog, damit dort nicht seine »unhaltbaren Thesen« zur Kriegsschuldfrage Verbreitung finden könnten.[62] Ebenso war die Bundeswehr an der Reinhaltung der Erinnerung an das militärische Erbe des Kaiserreichs interessiert, das weniger belastet als jenes der Wehrmacht schien. Sie hatte mit den Kasernen in Leer, Bremen-Vahr, Hamburg-Jenfeld und Bad Segeberg vier Liegenschaften nach Lettow-Vorbeck benannt, also mehr als die Wehrmacht im Dritten Reich, die ihn nur mit drei Standorten geehrt hatte. Dieser Versuch der Bundesregierung, eine Art positive Erinnerung an das Kaiserreich inklusive der Kolonialzeit und damit an den 1871 gegründeten Nationalstaat zu pflegen, mag neben der persönlichen Freundschaft, die Hassel mit Lettow-Vorbeck verband, und seiner generell kolonialapologetischen Einstellung als Sohn eines Pflanzers aus Deutsch-Ostafrika – so setzte er sich auch für die Wiedererrichtung des Carl-Peters-Denkmals auf Helgoland ein[63] – die Worte des Bundesverteidigungsministers am Grabe des Kolonialoffiziers erklären.

Die Beisetzung Lettow-Vorbecks besaß noch eine zweite geschichtspolitische Komponente, welche der Afrikapolitik der Bundesregierung dienen sollte. Das AA entsandte nicht nur den Leiter der Afrikaabteilung, Hans-Georg Steltzer, nach Pronstorf. Sie flog eigens für diesen Anlass zwei ehemalige Askari aus Tanganyika ein, das im Dezember 1961 unabhängig geworden war.[64] Ein Bundeswehrhubschrauber brachte die 65- bzw. 80-jährigen Veteranen vom Hamburger Flughafen nach Pronstorf, damit sie, mit dem roten Tarbusch der Askari auf dem Kopf, überhaupt rechtzeitig die Trauerfeier erreichten. Die Reise einer Delegation von Askariveteranen in die Bundesrepublik war bereits seit Herbst 1963 anvisiert worden, als Bundesbauminister Paul Lücke im Rahmen der Entwicklungszusammenarbeit Tanganyika besuchte. Lettow-Vorbecks Tod wirkte wie ein Katalysator, um diesen Plan nun rasch in die Realität umzusetzen. »Auf dem Namen General Lettow-Vorbecks ruht bis in unsere Tage das traditionelle deutsche Ansehen in Ostafrika«, hieß es in der Vorlage der Afrikaabteilung des AA an den Staatssekretär zur Genehmigung der Blitzreise.[65] Dass diese Reise geradezu überstürzt realisiert wurde, lag auch an einer vom WDR im Januar 1964 ausgestrahlten Fernsehsendung mit dem Titel »Reichsadler und Giraffe«. Diese hatte u. a. über die prekären Lebensverhältnisse ehemaliger deutscher Askari in Tanganyika berichtet und die Zuschauer mit Bildern und Orginaltönen gerührt, die Zeugnis von der anhaltenden Wirkung des Schutztruppendrills auch ein halbes Jahrhundert nach dem Ende der deutschen Kolonialzeit ablegten. Als Folge der Sendung traten wiederholt Fernsehzuschauer und Soldatenverbände an die Bundesregierung mit der Forderung heran, sie möge etwas gegen die Verarmung dieser Veteranen tun und ihnen den anhaltenden Dank des »Vaterlandes« für die in den Jahren 1914-1918 und darüber hinaus erwiesene Treue zeigen. So bot das Ableben Lettow-Vorbecks eine gute Gelegenheit, die ohnehin ventilierten Reisepläne nun umzusetzen, der Beisetzung eine entsprechende afrikanische Staffage zu verschaffen, den Reisenden ein Deutschlanderlebnis der besonderen Art zu bieten und die westdeutsche Öffentlichkeit zu beruhigen.

Die Reise der beiden Askari anlässlich der Beisetzung ihres ehemaligen Kommandeurs hatte auch einen deutschlandpolitischen Hintergrund. Alte Männer wie sie genossen eine besondere Autorität in afrikanischen Gesellschaften, galten sie doch als das Bindeglied zu den als so wichtig angesehenen Ahnen.[66] Ihre Berichte vom Reichtum der Bundesrepublik, vom Respekt, den man ehemaligen deutschen Soldaten wie ihnen dort zolle, aber auch von der Härte und Unmenschlichkeit der deutschen Teilung, denn ein Besuch an der Berliner Mauer war Bestandteil des insgesamt 10-tägigen offiziellen Besuchsprogramms, so lautete das Kalkül, sollte die Position der Bundesrepublik in Ostafrika vor allem gegenüber der DDR stärken. Nachdem die deutsch-tanganyikanischen Beziehungen zunächst 1962 hoffnungsvoll begonnen hatten, indem Dar-es-Salaam Bonn als einzigen Vertreter der deutschen Interessen anerkannte, zogen seit Mitte 1963 Wolken am diplomatischen Horizont auf. Ein Teil der Minister in der Regierung unter dem als gemäßigt angesehenen Julius Nyerere schien eine Hinwendung zum Ostblock zu befürworten. Zugleich kam es im Januar 1964 in dem nur einen Monat zuvor in die Unabhängigkeit entlassenen Sansibar zu einem Putsch, in welchem der Sultan durch eine marxistisch orientierte Regierung ersetzt wurde, die sofort diplomatische Beziehungen zur DDR anbahnte. Dies stellte aus Sicht Bonns das schlimmste afrikapolitische Katastrophenszenario dar, waren doch die Beziehungen der Bundesrepublik zu den unabhängig gewordenen Staaten des Kontinents ganz von der deutsch-deutschen Systemkonkurrenz beherrscht. Vorrangiges Ziel Bonns in Afrika in den sechziger Jahren war daher zu verhindern, dass die DDR dort Fuß fasste und durch Aufnahme diplomatischer Beziehungen mit den afrikanischen Staaten eine internationale Aufwertung als zweiter, gleichberechtigter deutscher Staat erfuhr.[67]

5. »Heia Safari«

Die Verbundenheit der Bundesrepublik als Rechtsnachfolgerin des Deutschen Reiches und einzige legitime Vertretung ganz Deutschlands mit Tanganyika und Sansibar, die sich Ende April 1964 zum neuen Staat Tansania vereinigten, sollte gleichsam am Grabe des ehemaligen Kommandeurs der Schutztruppe von Deutsch-Ostafrika erneut besiegelt werden. Erfolgreich war die Bundesregierung mit der diplomatischen und geschichtspolitischen Instrumentalisierung des Todes von Lettow-Vorbeck in Ostafrika jedoch nur bedingt. Es kam zwar zu Sympathiekundgebungen für den Verstorbenen unter den von der deutschen Botschaft auf insgesamt etwa 1 200 bis 1 400 geschätzten noch lebenden deutschen Askari, die z. T. der Vertretung in Dar-es-Salaam Kondolenzbesuche abstatteten und Geld für einen Erinnerungsstein sammeln wollten. Der ehemalige Kommandeur wurde auch in der britischen Siedlerpresse einmal mehr als ritterlicher Gegner gewürdigt. Das offizielle Tanganyika dagegen hielt sich zurück, erinnerte der Verstorbene doch an eine schmerzhafte Vergangenheit der Fremdherrschaft und Ausbeutung, während das neue Staatswesen in eine selbstbestimmte Zukunft schauen wollte.[68]

So entsprach wohl auch die Einschätzung des »Berliner Tagesspiegels« vom 1. April 1964, Lettow-Vorbeck lebe in der Erinnerung der Afrikaner als schon mythischer Held weiter und alle Leistungen, die Deutschland heute für Tanganyika erbrächte, würden nicht die Wirkung der Erinnerung an die alte Zeit mit dem »Bwana Kaiseri« und dem legendären Kommandeur erzielen, eher dem Wunschdenken der Redaktion. Diese blickte wie viele Deutsche auch ein halbes Jahrhundert nach dem Ende des deutschen Kolonialreichs noch wohlwollend auf diese Zeit zurück, deren bekanntester Exponent Lettow-Vorbeck gewesen war, und unterstellte den Afrikanern eine ebensolche Nostalgie. Im September 1965 hieß es entsprechend in der Zeitschrift »Neues Afrika« des Hamburger »Afrika-Vereins« in einem Artikel zum 100. Geburtstag Dernburgs, der von 1907 bis 1911 als Staatssekretär das RKA geleitet hatte: »Eine Gesamtdarstellung der deutschen Kolonialpolitik wäre längst fällig. Sie kann von der kritischen Geschichtsforschung vorläufig jedoch nicht geschrieben werden, da sich die Akten des Reichskolonialamtes in der Sowjetischen Besatzungszone befinden. Eine Feststellung kann man zum 100. Geburtstag von Bernhard Dernburg gleichwohl treffen: Es ist nicht zuletzt sein Verdienst, wenn das Urteil über die deutsche Kolonialherrschaft im Ganzen nicht ungünstig ausfällt.«[69]

Die weitgehend positive Darstellung der deutschen Kolonialvergangenheit in der Bundesrepublik noch Mitte der sechziger Jahre war z. T. dem deutsch-deutschen Systemkonflikt geschuldet. Die DDR versuchte Bonn als Fortführung der negativen Traditionslinien der deutschen Geschichte inklusive Imperialismus und Kolonialismus zu diskreditieren um sich selbst international aufzuwerten.[70] Die DDR führte entsprechend Lettow-Vorbeck als Beispiel für diese negative historische Kontinuitätslinie jenseits der Elbe an, während man diesseits längst mit ihr gebrochen habe. So veröffentlichte 1962 der Freie Deutsche Gewerkschaftsbund eine Broschüre mit dem Titel »Von Lettow-Vorbeck zum Sozialattaché«. Sie kontrastierte Kolonialismus und Neokolonialismus in Kaiserreich und Bundesrepublik, für welche das Wirken Lettow-Vorbecks im Weltkrieg und sein anhaltendes Ansehen im Westen noch ein halbes Jahrhundert später standen, mit dem angeblich nur von den besten Intentionen geleiteten entwicklungspolitischen Initiativen Ostberlins auf dem schwarzen Kontinent. Der Westen glaubte sich wiederum wegen seines Anspruchs, die Rechtsnachfolge des Deutschen Reichs zu verkörpern, genötigt, die Kolonialvergangenheit zu schönen, so wie die Regierungen und die Öffentlichkeit in der Weimarer Republik in einer Art Abwehrreflex gegen die Anklagen der Entente noch nachträglich die Kolonialpolitik des Kaiserreichs legitimiert hatten.

Am Abend des 5. und 6. Oktober 1966 strahlte das Erste Deutsche Fernsehen Ralph Giordanos zweiteilige WDR-Produktion »Heia Safari« aus, die sich mit der »Legende von der deutschen Kolonialidylle in Afrika«, wie die Dokumentation im Untertitel hieß, auseinandersetzte. Anstoß zu dieser Sendung waren für Giordano u. a. Hassels Worte bei der Beisetzung Lettow-Vorbecks gewesen, und der Titel der Sendung war natürlich eine Anspielung auf Lettow-Vorbecks Bestseller aus den zwanziger Jahren. Als Aufhänger und Ausklang seines Zweiteilers wählte Giordano Tagesschau-Bilder von der Trauerfeierlichkeit in Pronstorf. Giordano stellte den Lobesworten Hassels von der Leitbildfunktion des Verstorbenen auch in der Gegenwart die Lebenserinnerungen Lettow-Vorbecks von 1957 gegenüber. Aus diesen ließe sich ersehen, dass der Autor den Krieg für selbstverständlich angesehen und sich absolut unempfindlich gegenüber den Opfern der deutschen Kolonialepoche gezeigt habe. Er habe Bewunderung für Hitler gehegt und sei gegen den 20. Juli gewesen, nahm dafür aber am Kapp-Lüttwitz-Putsch teil.

Schon bei der Abnahme der Sendung im Sommer 1966 war sich die WDR-Fernsehredaktion für Politik über den potentiellen Sprengstoff der Dokumentation bewusst gewesen, stellte sich aber hinter Giordano. Es sollte der bis dahin größte von einer Fernsehdokumentation hervorgerufene Skandal seit Beginn des Fernsehprogramms in der Bundesrepublik im Jahre 1952 werden. Noch in der Nacht vom 5. auf den 6. Oktober rief CDU-Bundestagspräsident Eugen Gerstenmaier, seinerseits ein engagierter Afrikapolitiker, bei WDR-Intendant Klaus von Bismarck, der sich die Sendung nicht vor der Ausstrahlung angesehen hatte, an und drängte diesen vergeblich, den zweiten Teil des Films kurzfristig abzusetzen.[71] Die teilweise vehementen Reaktionen von Zuschauern, welche sich in den nächsten Wochen zu hunderten schriftlich und telefonisch an den WDR wendeten, zeigten, dass das verklärende Bild von den Zuständen in den deutschen Kolonien sich tatsächlich bis dahin unter der Mehrheit der Bundesbürger gehalten hatte. Sie zeugten auch von dem nach wie vor hohen Renommee Lettow-Vorbecks als bekanntestem Repräsentanten der deutschen Kolonialära. »Noch grotesker erschien es mir, dass man ausgerechnet eine Eloge auf Lettow-Vorbeck an seinem Grabe zum Anlass nahm, um mit der angeblichen Koloniallegende aufzuräumen. Ich gehöre nicht zu denen, die Lettow-Vorbeck persönlich gekannt haben, aber ich glaube, dass es kaum jemand gibt, der an der völligen Integrität gerade dieses Mannes zweifeln würde«, schrieb eine Zuschauerin aus Hamburg. »Diese Sendung war einfach empörend und wir hätten sie am liebsten abgeschaltet, wie wir es oftmals machen, aber wir mussten doch bis zum bitteren Ende sehen, wie die ›Zerstörung einer Legende‹ weiterging; vor allem interessierte uns, was Sie über den allseitig verehrten v. Lettow-Vorbeck bringen würden, ob Sie ihn genauso in den Schmutz ziehen würden, wie andere bekannte Kolonialmänner«, hieß es in einem weiteren Brief aus Hamburg. »In dieser Fernsehsendung wird auch noch das Ansehen des Generals von Lettow-Vorbeck herabgesetzt. Das ist eine Schäbigkeit, die ihres gleichen sucht«, empörte sich ein Duisburger.[72]

»Mit ihren beiden Fernsehsendungen unter dem Titel ›Heia Safari‹ haben Sie die Gemüter der braven Deutschen kräftig aufgestört. Auch uns erreichen telefonisch und brieflich wüste Beschimpfungen«, hieß es in einem Schreiben des Intendanten des Hessischen Rundfunks an seinen Kollegen vom WDR.[73] Es hagelte derartig viel Protest seitens der Zuschauer, dass sich der Kölner Sender veranlasst sah Mitte Dezember eine Podiumsdiskussion von Afrikaspezialisten, darunter den Historikern Franz Ansprenger und Hartmut Pogge von Strandmann, den Machern der Sendung und einer ins Studio geladenen Auswahl von 30 Zuschauern aufzuzeichnen, die zuvor sich schriftlich und mit sachlichen Argumenten zu dem Zweiteiler geäußert hatten. Diese wurde schließlich am 9. Februar 1967 im Fernsehen gesendet, als sich der Sturm allerdings schon wieder gelegt hatte. Nach der Ausstrahlung der eigentlichen Podiumsdiskussion verteidigte WDR-Intendant Bismarck, pikanterweise ein entfernter Verwandter Lettow-Vorbecks, in einer Ansprache an die Fernsehzuschauer nochmals grundsätzlich den Zweiteiler, auch wenn Einiges grob überspitzt dargestellt worden sei.

Die Dokumentation zeigte, welch mächtiges geschichtspolitisches Instrument das Fernsehen schon Mitte der sechziger Jahre in der Bundesrepublik geworden war, als bereits etwa 60% der Haushalte über einen Fernseher verfügten. Wegen seiner Reichweite und der zunächst im Vergleich zu Hörfunk und Printmedien unterstellten stärkeren Glaubwürdigkeit gemäß der Maxime »Bilder lügen nicht« war es innerhalb kurzer Zeit zum eindeutigen Leitmedium avanciert.[74] Giordanos Produktion fügte sich in einen seit ungefähr 1960 bei den bundesdeutschen Fernsehreportagen und Dokumentationen etwa über den Algerienkrieg und die Kongo-Krisen zu verzeichnenden Trend, Afrika nicht mehr nur als Austragungsort des Ost-Westkonfliktes zu präsentieren mit einer tendenziell pro-kolonialen Stoßrichtung. Vielmehr verschob sich jetzt die Gewichtung der Berichterstattung dahingehend, dass ein Kontinent vorgestellt wurde, der eher unter den durch die Hypothek der Kolonialzeit nach wie vor asymmetrischen Nord-Süd-Beziehungen litt als unter einer angeblichen Bedrohung durch eine kommunistische Unterwanderung.[75] Mithin eilte also die Fernsehberichterstattung über Afrika der noch im starren Blockdenken verhafteten Bonner Außenpolitik voraus.

Die Kritik Giordanos an der deutschen Kolonialvergangenheit traf den Nerv eines Teils der Zuschauer auch insofern, als deren Geschichtsbild Mitte der sechziger Jahre ohnehin schon durch die Fischerkontroverse, mehr aber noch durch die Medienereignisse wie den Eichmannprozess 1961 in Jerusalem, den Auschwitzprozess in Frankfurt 1963/65, den Skandal um Rolf Hochhuths Theaterstück »Der

Stellvertreter« und die Debatte im Bundestag über die Verjährung von NS-Verbrechen erschüttert war. Diese Vorgänge führten einer breiten Öffentlichkeit den Völkermord an den Juden in seiner ganzen Grausamkeit, Dimension und Planmäßigkeit vor Augen. Sie verdeutlichten aber auch die Beteiligung von Personen und Institutionen an diesen Taten, die keinesfalls als marginal in der deutschen Gesellschaft disqualifiziert werden konnten. Nicht zuletzt das Fernsehen selbst hatte seit Ende der fünfziger Jahre in einer sich fast Jahr für Jahr intensivierenden Weise mittels Dokumentationen, Fernsehspielen, Spielfilmen und Magazinbeiträgen dem Thema NS-Vergangenheit in eindeutig kritischer Sichtweise angenommen.[76] In dieser Situation wollten viele Fernsehzuschauer sich offenbar nicht um noch eine Illusion hinsichtlich der deutschen Geschichte im 20. Jahrhundert beraubt sehen. »Nachdem KZ-Filme, Theaterstücke und dergl. nicht mehr so recht ankommen, kramt man, jedenfalls beim WDR, in der Mottenkiste um uns Deutschen und der Welt immer wieder zu zeigen, was für Lumpen und Mörder wir sind«, schrieb ein Zuschauer aus Hannover. »Unsere Jugend ist es gewohnt, dass ihre Väter – das ist meine Generation – die den letzten Weltkrieg und die bitteren Jahre danach durchstehen mussten, von der deutschen Nachkriegspublizistik laufend mit Dreck beworfen wurden. Wenn Ihre Sendung von Giordano bezweckt, Gewalttätigkeiten der Großväter vorzuführen, so möchte ich wissen, an was unsere Jugend, die sowieso in einem politischen Vakuum lebt, glauben soll«, hieß es in einem Brief aus Delmenhorst. »Warum graben Sie dieses Thema aus, über das heute kaum noch gesprochen wird, höchstens noch von der älteren Generation, die den Rest davon miterlebte. Oder wollen Sie der Jugend damit nicht vorenthalten, wie ihre Großväter seinerzeit in Afrika handelten, sozusagen als Vorläufer für das heute so beliebte Thema NS-Verbrecher?«, fragte ein weiterer Zuschauer.[77]

Etwa drei Viertel der fast 400 Zuschriften[78], die den Sender zwischen Oktober 1966 und Dezember 1966 erreichten, äußerten sich negativ über die Dokumentation unter Verweis auf eigene Erfahrungen in Deutschlands früheren Schutzgebieten mit der angeblichen Anhänglichkeit der Afrikaner gegenüber ihren ehemaligen Kolonialherren, der Treue der Askari zu Lettow-Vorbeck sowie einigen Detailfehlern, die sich in die Sendung eingeschlichen hatten. Dazu gab es bösartige Unterstellungen, dass Giordano doch schon aufgrund seines Namens nicht Deutscher und daher nicht objektiv bei der Behandlung des Themas sein könne. Ferner wurde gewarnt, dass eine solche diffamierende Darstellung der Kolonialvergangenheit nur dem Kommunismus oder der (sich seit ihrer Gründung 1964 ohnehin im Aufwind befindlichen) NPD nutze und eine Art von »Nationalmasochismus« offenbare: Die deutsche Kolonialherrschaft sei auch nicht schlechter als die anderer Länder gewesen, nur dass man dort darüber schweige.

Die den Sender anklagenden und die deutsche Kolonialpolitik verteidigenden Zuschriften kamen zumeist von älteren, im Kaiserreich oder der Weimarer Republik aufgewachsenen Fernsehzuschauern sowie jenen, deren Biographien als Siedler, Schutztruppenangehöriger oder Kolonialbeamter Berührungspunkte mit der deutschen Kolonialgeschichte aufwiesen. Die Verfasser dieser Briefe standen nicht unbedingt stellvertretend für die Gesamtheit der Zuschauer, besaßen im Gegensatz zu dieser aber eine dezidierte Meinung über Deutschlands überseeische Vergangenheit, die sie nicht zuletzt aus persönlicher Betroffenheit entschlossen in der

Öffentlichkeit vertraten. Sie dominierten denn auch die Zuschauerinterventionen bei der Podiumsdiskussion unter Verweis auf ihre eigenen, anders gearteten Erfahrungen in Afrika und bestätigten damit das Bonmot, dass der Zeitzeuge der größte Feind des Historikers ist.

Routinemäßig stattfindende Infratest-Umfragen im Auftrag des WDR unter den Fernsehzuschauern hingegen ergaben, dass 18 % der Zuschauer »Heia Safari« ausgezeichnet, 53 % gut, 15 % zufriedenstellend, 6 % mäßig und nur 8 % sehr schlecht gefunden hätten. Allerdings wich laut WDR das Ergebnis der von Infratest ermittelten Zuschauerreaktion nicht wesentlich von jenen der durchschnittlichen Fernsehkonsumenten auf andere Sendungen ab.[79] Das Ergebnis zeigte eher, dass die Mehrheit der Zuschauer sich bislang überhaupt keine Gedanken über Deutschlands koloniale Vergangenheit gemacht hatte und bei einer Sendung mit vergleichbar vehement vorgetragenen pro-kolonialen Argumenten und Fakten vermutlich ebenso leicht für diese Sichtweise gewonnen worden wäre.

Interessanter für den Historiker sind im Rückblick jene Zuschauer, die dem WDR zur Sendung gratulierten und gleichsam empirische Belege dafür mitlieferten, dass Giordanos Behauptung von der von der Weimarer Republik und dem Dritten Reich in die Bundesrepublik hinübergeretteten Meistererzählung einer angeblich überwiegend humanen, gerechten, um das Wohl der Afrikaner bemühten deutschen Kolonialpolitik letztlich stimmte. »Es war mir vollkommen neu, was Sie über die Zustände in den ehemaligen deutschen Kolonien sagten. Das, was ich bisher über die ehemaligen deutschen Schutzgebiete gehört und gelesen habe (ich bin Jahrgang 1928), lautete ganz anders«, gestand ein Zuschauer ein. »Ich bin 34 Jahre alt und hatte noch nie etwas gelesen oder gehört, das diese auch von mir immer geglaubte schöne und stolze Kolonialzeit in Afrika irgendwie angegriffen hätte und muss deshalb Ralph Giordano völlig recht geben, wenn er sagt, dass in dieser Beziehung von allen Seiten geschwiegen worden ist«, hieß es in einer weiteren Zuschrift.[80] Besonders aussagekräftig schließlich sind die Briefe von zwei Personen, die das Geschichtsbild der zukünftigen Generationen in der Bundesrepublik mitformten: »Ich bin Oberstudienrat und kann Ihnen bestätigen, dass in keinem unserer Geschichtsbücher die Kehrseite des deutschen Kolonialismus auch nur andeutungsweise gezeigt wird. Deswegen ist ihre Sendung eine Notwendigkeit.« Eine Geschichtslehrerin aus Castrop-Rauxel sekundierte: »Ich muss gestehen, dass mir leider die meisten Tatsachen unbekannt waren und dass es Kollegen, die ich befragt habe, offenbar nicht anders ging. Natürlich ist einem der Hereroaufstand als Faktum bekannt, aber die Einzelheiten der Niederwerfung dieses und anderer Aufstände wie überhaupt die (auch) mit der deutschen Kolonisierung verbundene Unmenschlichkeit waren mir neu. Von Kolonialgräueln wusste ich zwar, meine Vorstellung von den deutschen Kolonien entsprach jedoch im Wesentlichen der in der Sendung gezeigten ›Kolonialidylle‹ (…) Vielleicht freut es Sie zu hören, dass ich einigen meiner Schülerinnen die – freiwillig übernommene Aufgabe – gestellt habe, die an unserer Schule eingeführten Geschichtsbücher und Quellenbände systematisch daraufhin zu untersuchen, wie die Kolonialpolitik der europäischen Mächte allgemein und die des Deutschen Reiches im Besonderen dargestellt wird. Das Ergebnis, über das ich mir jetzt schon im Klaren bin, werde ich dem Klett-Verlag mitteilen mit der Bitte, in den Neuauflagen seiner Geschichtsbücher dieses

Kapitel so darzustellen, dass die Schüler vom Kolonialismus ein Bild bekommen, das der Wirklichkeit entspricht.«[81]

Diese zuletzt zitierten Zuschriften zeigen, dass der gesellschaftliche Wandel in der Bundesrepublik und damit die Bereitschaft, Abschied von tradierten Geschichtsbildern zu nehmen – inklusive denen über Deutschlands koloniale Vergangenheit – auch außerhalb der historischen Fachdisziplin Mitte der sechziger Jahre nicht mehr aufzuhalten war. Der zunächst im Juni 1967 von der Polizei verhinderte, im November 1968 schließlich nachgeholte Sturz des vor dem Zentralgebäude der Hamburger Universität befindlichen Wissmann-Denkmals durch Studenten steht geradezu sinnbildlich dafür[82], dass vor allem die junge Generation in der Bundesrepublik nicht mehr bereit war, die bis dahin vorwaltende Verharmlosung und Glorifizierung von Deutschlands kolonialer Vergangenheit weiterhin zu akzeptieren. Es würde nur noch eine Frage der Zeit sein, bis als Folge dieses gesellschaftlichen Wandelungsprozesses Lettow-Vorbeck als bekanntester Exponent der angeblich positiven deutschen Kolonialtraditionen bei der großen Mehrheit der Bundesbürger in Vergessenheit geriet.

ZUSAMMENFASSUNG

Wenden wir uns am Ende dieses Buches noch einmal einer der Grundfragen jeder Biographie zu: Ist Lettow-Vorbeck eher eine ungewöhnliche historische Erscheinung als Deutschlands einziger über dessen Grenzen hinaus bekannter und lange Zeit positiv beurteilter Kolonialoffizier und Kolonialheld? Oder dient er eher als Beispiel, an dem das Denken und Handeln sowie die Lebensbedingungen einer bestimmten Generation, Berufs- und Sozialgruppe vom Kaiserreich bis in die frühe Bundesrepublik herausgearbeitet werden kann?

In den meisten Fällen ist die Auffälligkeit einer historischen *Persönlichkeit* geradezu Voraussetzung, um auch den *Typus* zu rekonstruieren. Zum einen wird der Historiker oft erst durch herausragende Vertreter eines Typus auf diesen gestoßen und nimmt ihn als Beispiel um einen neuen Typus zu entwickeln. Er geht also zumeist vom Besonderen zum Allgemeinen.[1] Zum anderen veranlasst erst eine scheinbare oder tatsächliche Außergewöhnlichkeit des Werdeganges und zeitweilige Berühmtheit entweder den Protagonisten selbst, Material über sein Leben für die Nachwelt als Nachlass zu sammeln oder sich schon zu Lebzeiten öffentlich zu äußern, so wie es Lettow-Vorbeck in Form von Memoiren, öffentlichen Vorträgen, Interviews, Zeitungsartikeln und politischen Pamphleten tat. Erst durch ihre vermeintliche historische Bedeutung findet eine Person Niederschlag in den Akten oder in der zeitgenössischen Medienberichterstattung. Kurzum, es entsteht Material zu ihrem Leben und Wirken, welches zukünftigen Biographen dienlich ist, um daraus sowohl das Besondere, die *Persönlichkeit*, wie das Allgemeingültige, den *Typus*, destillieren zu können. Einen gewissen Grad an Berühmtheit, wie sie Lettow-Vorbeck besaß, ist umso wichtiger bei den Personenkreisen, für die er stand. Diese, anders als z. B. akademisch gebildete oder durch ihre Funktion per se eher um Öffentlichkeit bemühte Berufsgruppen wie Journalisten, Professoren, Politiker, Künstler oder Geistliche, neigen kraft Selbstverständnis, gesellschaftlicher Aufgabe und erlernten Fähigkeiten weniger dazu über sich und die Umwelt in schriftlicher oder sonstiger der Nachwelt überlieferbarer Form zu reflektieren oder mit der Öffentlichkeit zu kommunizieren. Ein Mangel an Mitteilsamkeit und Schriftlichkeit war geradezu konstituierendes Merkmal der adeligen Offiziere mit relativ geringem Bildungshintergrund, für die Lettow-Vorbeck stand. Diese wollten in Abwandlung von Bismarcks Bonmot durch Blut und Eisen, nicht durch Reden und Schreiben glänzen, sie sahen sich als Tat- und Willensmenschen und nicht als sich der Introspektion hingebende Denker und Meinungslenker. Deutlich wurde dies bei Lettow-Vorbeck, der bis 1918 noch nie an die Öffentlichkeit getreten war, beispielsweise daran, dass ihm zunächst die Idee fern lag seine Kriegserlebnisse nach seiner Rückkehr aus Ostafrika zu publizieren.

Auf das lange Leben Lettow-Vorbecks bezogen dominiert in den Jahren bis 1914 und ab 1919, doch selbst für den Ersten Weltkrieg, eher das Typische, das Repräsentative für einen Angehörigen des ostelbischen Kleinadels aus der Generation der »Wilhelminer«, der wie die meisten seiner Standesgenossen praktisch seit Geburt durch Familientradition zum Offiziersberuf vorherbestimmt war und diesen Lebensweg bereitwillig einschlug. Wenn Lettow-Vorbeck auch in seiner Laufbahn schon vor 1914 überdurchschnittlich erfolgreich war, hob er sich hinsichtlich seiner Interessen, seinem Selbstverständnis und beruflichen Werdegang, schließlich in Anwendung der erlernten militärischen Fähigkeiten in Ostafrika nicht wesentlich von seinen Offizierskameraden und Standesgenossen ab. Er kann als geradezu typischer Vertreter des preußischen, adeligen Offiziers gelten. Lettow-Vorbeck stand damit für eine professionelle und gesellschaftliche Elite, die um die Jahrhundertwende etwa 6 000 Personen vom Leutnant bis zum Generalfeldmarschall umfasste.

Er wollte an seinem Lebensende als Offizier und als Repräsentant des von ihm vornehmlich militärisch definierten »Preußentums« der Jahre bis 1918 gesehen werden, das in seiner Übertragung auf ganz Deutschland ab 1866 eine historisch positiv zu bewertende Mission erfüllt habe. Die preußische Armee galt ihm noch an seinem Lebensabend als nahezu perfekte militärische Einrichtung. Dies verdeutlichen (neben seinen Lebenserinnerungen) die in seinem Nachlass im Freiburger Militärarchiv erhaltenen Dokumente, die zum weit überwiegenden Teil Aufschluss über seine militärischen Meriten und Lebensstationen geben. Jeder Nachlass (wie natürlich auch veröffentlichte »Ego-Dokumente« wie Memoiren und Tagebücher) ist ein Indiz dafür, wie eine Person erinnert werden will und gleichsam ein Versuch, noch aus dem Grab zukünftigen Biographen die Feder zu führen, mithin ein Stück individueller Geschichtspolitik post mortem.

Es war für Lettow-Vorbeck eher die professionelle Kompetenz und politische Funktion als Stütze des Staates und scheinbare Klammer der Nation denn die soziale Exklusivität, welche die herausgehobene gesellschaftliche Stellung des Offizierskorps in Deutschland rechtfertigte. Allerdings ließen sich für ihn und seine Standesgenossen Adeligkeit und militärische Kompetenz durch die jahrhundertlange Familientradition nicht trennen. Der vermeintliche Erfolg von adeligen Offiziersdynastien wie den Lettow-Vorbecks über die Jahrhunderte – es wurde stets auf die erfolgreichen Mitglieder verwiesen, die eher durchschnittlichen Karrieren holte man selten aus dem Dunkel der Familiengeschichte hervor – schien dies zu bestätigen. Bei adeligen Standesgenossen wie etwa seinem ersten Adjutanten in Ostafrika, Alexander Freiherr von Hammerstein, nahm er eine solche Kompetenz als gleichsam angeboren an, ohne jedoch notwendigerweise auf bürgerliche Offiziere herabzublicken. Dabei basierte dieser Erfolg von Adeligen in Militärkarrieren zu einem nicht geringen Teil auf den bereits bestehenden familiären Netzwerken in der Armee und den durch die Kadettenanstalten und das Instrument der Leibpagen seit Generationen etablierten Beziehungen zum Herrscherhaus. Als hilfreich erwies sich das über Jahrhunderte akkumulierte Herrschaftswissen über die Strukturen, Entscheidungsabläufe und informellen Kanäle innerhalb des preußischen Heeres sowie die Konzentration auf bestimmte Ausbildungswege, Waffengattungen und Einheiten. Im Falle der Lettow-Vorbecks war es der Besuch des Kadettenkorps, die Konzentration auf die Infanterie und hier insbesondere auf das 4. Garderegiment zu Fuß. Als karrierefördernd galt schließlich auch ein in den Familien gepflegter Habitus, die »echt preußische«, »straffe« Erscheinung, die ihm beispielsweise sein späterer Vorgesetzter Ludwig von Estorff attestierte, als er Lettow-Vorbeck erstmals zur Jahrhundertwende im Generalstab traf. Diese »Haltung«

spielte eine wichtige Rolle bei Offiziersbeurteilungen, wie die Qualifikationsberichte der Inspektion der Marine-Infanterie über Lettow-Vorbeck zeigen. Sie konnte zu einem gewissen Grad fehlende Begabung ausgleichen.

Gleichwohl würde es zu kurz greifen, Lettow-Vorbeck oder seine ebenfalls als Offiziere dienenden Brüder als bloße Profiteure der preußischen Armee als Versorgungsinstitut für die Söhne des ostelbischen Kleinadels zu charakterisieren, als Produkte eines armeeinternen Klientelismus, als dessen Folge ihnen eine außergewöhnliche Karriere gleichsam qua Geburt gesichert war. Zum einen waren die Anforderungen für eine erfolgreiche Offizierslaufbahn in der preußisch-deutschen Armee seit den Einigungskriegen wegen veränderter technischer und gesellschaftlicher Voraussetzungen der Kriegführung bei gleichzeitiger verstärkter Konkurrenz durch Anwärter aus dem Bürgertum erheblich gestiegen. Dies zeigte sich vor allem an der Aufnahmeprüfung für die Kriegsakademie, an welcher Lettow-Vorbeck fast gescheitert wäre. Zum anderen verbaten es auch das Selbstverständnis der adeligen Offiziersdynastien und ihre Abhängigkeit von den Karrieren in der Armee für ihre gesellschaftliche Stellung und ihr ökonomisches Überleben, sich nach der Ernennung zum Offizier einer Art Müßiggang im Heer hinzugeben. Die militärische Kompetenz musste vielmehr im Rahmen des adeligen Denkens über Generationen und in größeren Familienverbänden immer wieder aufs Neue bewiesen werden, um den angeblich hohen, von den Ahnen gesetzten militärischen Standard zu halten und den Ruf der Gesamtsippe zu wahren. Der vom Vater ausgeübte Druck auf die Lettow-Vorbeck-Brüder in den 1890er Jahren sich für die Kriegsakademie zu qualifizieren, kann als Indiz hierfür gesehen werden.

Der Anspruch, das militärische Metier nicht zuletzt zwecks Statuserhalt als professionelle und damit auch gesellschaftliche Elite möglichst perfekt zu beherrschen, bewirkte bei Lettow-Vorbeck eine grundsätzliche Aufgeschlossenheit gegenüber militärtechnischen Neuerungen und den daraus abzuleitenden notwendigen Änderungen der Gefechtsfeldtaktik. Seine Offenheit gegenüber der technischen Moderne in ihrer militärischen wie zivilen Ausprägung äußerte sich schließlich noch darin, dass er nach dem Ersten Weltkrieg zeitweilig im Aufsichtsrat der Vorläufergesellschaft der Lufthansa saß. Lettow-Vorbecks Berufsweg vollzog sich also im Spannungsfeld zwischen der *Protektion* seines Standes durch die Militärmonarchie einerseits und den immer höheren *Leistungsanforderungen* andererseits, denn es reichte zunehmend nicht mehr, ein »von« im Namen zu tragen, um die »Majorsecke« relativ sicher zu umschiffen. Lettow-Vorbeck war ein Anhänger des Leistungsprinzips jenseits äußerlicher Formalitäten zumindest innerhalb der vorgegebenen und von ihm auch in der Schutztruppe eingehaltenen strikten Laufbahntrennung zwischen Offizieren einerseits und Mannschaften und Unteroffizieren andererseits. Dies zeigte sich deutlich während seines Kommandos in Ostafrika. Dort ersetzte er von ihm als unfähig angesehene aktive Offiziere ungeachtet ihres Ranges oder ihrer adeligen Herkunft ggf. durch Reserveoffiziere oder aktive Offiziere, die zuweilen einen niedrigeren Rang besaßen als ihre Vorgänger auf dem gleichen Posten.

Hinsichtlich der im Nachlass wie in den Memoiren vor allem in Hinblick auf die Jahre des Dritten Reiches wesentlich schlechter dokumentierten, aber durch andere Überlieferungen vergleichbar gut rekonstruierbaren Lebensabschnitte Lettow-

Vorbecks ab 1919 überwiegen ebenfalls die repräsentativen und verallgemeinerungsfähigen Elemente, die geeignet sind, ihn eher als *Typus* denn als individuelle und herausragende *Persönlichkeit* darzustellen. Zwar wies seine Biographie durchaus eigenwillige Züge auf, die ihn von vielen Zeitgenossen seiner gesellschaftlichen Prägung abhoben: Seine guten Englischkenntnisse gaben ihm eine gewisse Weltläufigkeit; sein Entschluss, eine geschiedene Frau zu heiraten und sich ihrer Kinder anzunehmen, widersprach den damals gängigen gesellschaftlichen Konventionen; die berufliche Tätigkeit in Bremen in den zwanziger Jahren passt nicht zu der in der Literatur dominierenden Charakterisierung des preußischen Kleinadels als dem Wirtschaftsleben ablehnend gegenüberstehend; seine Bescheidenheit und sein unprätentiöses Auftreten selbst nach 1919, als er für Teile der in- wie ausländischen Öffentlichkeit zum Vorbild und mit Ehrungen überhäuft wurde, beeindrucken auch den kritischen Biographen. Dennoch: Lettow-Vorbecks politisches Engagement und seine Reaktionen auf die Zäsuren von 1918/19, 1933, 1939 und 1945/49 glichen denen anderer Vertreter der militärischen Elite des Kaiserreichs und des preußischen Kleinadels.

Der Zusammenbruch des Kaiserreichs 1918 stellte für ihn einen traumatischen Verlust der gewohnten politischen Ordnung, des sozialen Status seiner Familie, schließlich auch der bisher gesicherten beruflichen Perspektiven im Schoß der hoch gerüsteten Militärmonarchie dar. Es war eine Umwälzung, die er sprachlich kaum zu fassen vermochte, für die Metaphern wie die »abgerissenen Kokarden« und die »kreischenden Weiber« herhalten mussten. Die neuen Verhältnisse erschienen ihm wegen seiner mangelnden intellektuellen Differenzierungsfähigkeit und seinem autoritären, an klaren Hierarchien orientierten Weltbild nur als unübersichtlich und bedrohlich. Er reagierte mit Hass und Ablehnung auf sie. Diese Reaktion beschränkte sich nicht nur auf die neuen politischen Strukturen, sondern auch auf den kulturellen Überbau der klassischen Moderne, wie es seine Wahlkampfreden in München 1928 bezeugen. Er wurde durch seine antidemokratische Gesinnung, die beinahe pathologische Furcht vor dem angeblich nun überall agitierenden »Bolschewismus«, den er beispielsweise in Hamburg 1919 und in Mecklenburg 1920 am Werke sah, sowie dem Streben nach Wiederherstellung einer hauptsächlich militärisch definierten deutschen Großmachtposition einer der für seinen Stand typischen Wegbereiter des Dritten Reichs. Dabei mied er das offene Engagement in der NSDAP, darin ebenfalls nicht untypisch für seine Alterskohorte und deren Selbstverständnis als vermeintlich über den Parteien stehende Soldaten. Folglich sah er seine natürliche politische Heimat weiter in der DNVP bzw. KVP und betrachtete Paul von Hindenburg als sein Leitbild.

Ab 1933 wurde er zum bereitwilligen Kollaborateur des NS-Regimes, obwohl sich die kurzzeitige Hoffnung schon 1934 verflüchtigte, dass dieses nur Auftakt einer Rückkehr zu der »guten alten Zeit« vor 1918 sei, dass also die Konservativen die Nationalsozialisten für ihre Ziele einspannen und benutzen könnten. Er bemühte sich in den folgenden Jahren um einen gewissen symbolischen Mindestabstand zum Nationalsozialismus. Dieser resultierte, wie schon vor 1933, weniger aus Vorbehalten gegenüber dem Inhalt, wenn man einmal den Sonderfall der Kolonialpolitik außer Acht lässt, als gegenüber dem Stil und den Trägern nationalsozialistischer Politik. Er sah den Nationalsozialismus vornehmlich als eine Art braunes

»Preußentum«, welcher allein deshalb schon zu begrüßen war, weil er seinen Söhnen eine vormilitärische Erziehung in der NAPOLA und eine standesgemäße Offizierskarriere ermöglichte. In seiner Weigerung sich dem nationalkonservativen Widerstand anzuschließen, der im 20. Juli 1944 kulminierte, wich sein Verhalten ebenfalls nicht von der großen Mehrheit der damals aktiven wie ehemaligen (adeligen) Offiziere ab.

Nach 1945 sah Lettow-Vorbeck sich im Einklang mit der Mehrheit der Deutschen lediglich als Opfer, nicht aber als Mitverantwortlicher für die Anbahnung der Diktatur und ihr Wüten zwischen 1933 und 1945. Die westdeutsche Gesellschaft erteilte der Schicht, Profession und Generation, für die er stand, bereitwillig Absolution für ihr Verhalten vor und nach 1933. Mehr noch: Sie betrachtet Lettow-Vorbeck z. T. bis heute als militärisches Vorbild, ja sogar wegen seines Handelns als Kommandeur in Ostafrika im Ersten Weltkrieg als angeblichen historischen Aktivposten für das deutsche Ansehen in Afrika.

Das Besondere an Lettow-Vorbecks Leben waren zweifelsohne die fünf Jahre als Kommandeur der Schutztruppe in Deutsch-Ostafrika. Hier – und in gewissem Maße noch während des Kapp-Lüttwitz-Putsches 1920 – war er entfesselter, geschichtsmächtiger Akteur, dessen Handeln buchstäblich mörderische Konsequenzen für seine Mitmenschen zeitigte. In Ostafrika wurde er nicht, wie andere Offiziere seines Ranges auf den Schlachtfeldern Europas, in seiner Kommandogewalt eingeengt, nachdem er den ihm eigentlich vorgesetzten Gouverneur Heinrich Schnee ab 1915 faktisch entmachtet hatte. Zugleich zeigt eine Analyse seiner Kriegführung, dass er sich auch hier, bei seinem dritten überseeischen Einsatz, nicht wesentlich außerhalb der Denkschemata eines preußischen, vor allem kontinentaleuropäisch geprägten und einzig auf das Geschehen auf dem Schlachtfeld fokussierten Offiziers handelte. Deutlich wurde diese rein operative, europazentrierte Sichtweise des Krieges an seinem vor Kriegsausbruch entworfenen »Meisterplan«, an dem er bis 1918 festhielt: Durch ein offensives Vorgehen in Ostafrika, so Lettow-Vorbecks Intention, sollte das Reich an seinen Fronten in Europa entlastet werden, indem man den Gegner zwang Truppen nach Ostafrika zu verlegen. Dieser Plan erwies sich aber von Anfang an mehr oder weniger als Chimäre, wie ein Blick auf die auf gegnerischer Seite zum Einsatz kommenden Verbände offenbart. Lettow-Vorbecks unbeirrtes Beharren auf der Richtigkeit seiner ursprünglichen strategischen Prämissen war nicht zuletzt für das Fortdauern der Kämpfe in Ostafrika bis 1918 und daher für die großen Verluste unter der schwarzen Zivilbevölkerung mit verantwortlich. An der angeblichen Wirksamkeit seiner Strategie hielt er auch in seinen Kriegserinnerungen und anderen öffentlichen Äußerungen nach 1918 fest, untermauert mit dem auf den ersten Blick eindrucksvollen Zahlenspiel, die etwa 15 000 Soldaten der Schutztruppe hätten in vier Kriegsjahren 300 000 Gegner gebunden. Lettow-Vorbecks Behauptung wurde unkritisch von der deutschen Öffentlichkeit und deren amtlicher Kriegsgeschichtsschreibung nach 1918 übernommen. Abgesehen von den großen menschlichen Verlusten unter der afrikanischen Zivilbevölkerung bewirkte Lettow-Vorbecks entschlossener Widerstand auch, dass sich in der Entente während des Krieges die Auffassung verfestigte Deutschland bei einem Friedensschluss auf keinen Fall seine afrikanischen Kolonien zu belassen.

Fragen der Logistik, der psychologischen Kriegführung, der wirtschaftlichen und politischen Voraussetzungen und Folgen eines Konfliktes für die Zukunft der deutschen oder überhaupt der europäischen Kolonialherrschaft lagen, anders als etwa bei Schnee, jenseits seines Horizontes. Dieses eindimensionale Bild des Krieges, aber auch seiner zivilen Umwelt, resultierte nicht zuletzt aus einem Werdegang, der sich gleichsam hermetisch abgeschlossen von der gesellschaftlichen Realität vollzog. Lettow-Vorbecks Lebensweg bot vom familiären Hintergrund über die Erziehung im Kadettenkorps bis zur Ausbildung in Kriegsakademie und Generalstab wenig Gelegenheit, neue Impulse außerhalb der eigenen, in professioneller wie sozialer Hinsicht weitgehend homogenen Diskursgemeinschaft zu erhalten. Je erfolgreicher dabei eine Offizierslaufbahn wie die seine bis 1914 war, desto mehr verstärkte sich diese Tendenz der gesellschaftlichen Abschottung. Ein Offizier wie Lettow-Vorbeck diente in den privilegierten Garnisonen und Truppenteilen, die stärker als andere vom preußischen Adel geprägt waren. In diesen Eliteformationen wie den Garderegimentern oder den Seebataillonen zeichneten sich selbst die Wehrpflichtigen durch besondere Treue zur Militärmonarchie aus.

Auch sein Afrikabild hob ihn nicht von den damals gängigen Vorurteilen ab. Ein Rassismus, der, unbeeinflusst von den Erfahrungen in der Schutztruppe, bis an sein Lebensende nachweisbar ist, reduzierte die Afrikaner auf militärisches »Menschenmaterial«. Er verhinderte, zusammen mit der durch Familie und Kadettenanstalten seit frühester Kindheit erfahrenen Erziehung zur Härte auch gegen sich selbst, jede Empathie für die hunderttausende von Opfern unter der schwarzen Zivilbevölkerung, die der Krieg in Ostafrika forderte. Er erwähnte sie mit keinem Wort in seinen Memoiren. Die Auffassung von der natürlichen Unterlegenheit und Minderwertigkeit der Afrikaner bewirkte ferner, dass er sich die Askari trotz aller militärischen Qualitäten, die er an ihnen im Laufe des Ostafrikafeldzuges schätzen lernte, nur als Untergebene vorstellen konnte, die in der Hierarchie noch unter dem geringsten Dienstgrad seiner weißen Soldaten standen. Das Einhalten einer eindeutigen Rassenbarriere in der Schutztruppe stellte aber auch eine Analogie zur Klassenschranke im Heimatheer dar. Die preußischen Offiziere kommandierten im Reich Wehrpflichtige, die ihnen, vor allem wenn es sich um Rekruten aus dem bäuerlichen Umfeld handelte, als zuverlässig galten. Dennoch erachteten sie den gemeinen Soldaten aus Pommern oder Brandenburg nicht als offiziersfähig. Entsprechend rigide waren auch die Laufbahnen im preußischen Heer von einander getrennt.

In der Geringschätzung des Lebens der Afrikaner und ihrer militärischen Führungsqualitäten unterschied Lettow-Vorbeck sich nicht von seinen Zeitgenossen. Die schwarzen Opfer des Krieges in Ostafrika hielt auch keiner seiner deutschen, britischen oder südafrikanischen Offizierskollegen für erwähnens- oder bedauernswert, sei es in ihren Memoiren oder der amtlichen Darstellung des Feldzuges. Auch sie sahen die Askari der Schutztruppe oder der KAR lediglich als Fußvolk an, nicht aber als potentielle militärische Führer. Unter weitgehender Ausklammerung der Afrikaner, auf deren Rücken dieser Krieg ausgetragen wurde, gratulierten sich die weißen Offiziere beider Seiten nach 1918 gegenseitig zur im Ostafrikafeldzug gezeigten »Ritterlichkeit« und »Menschlichkeit«, die sich auf einige Gesten und einen völkerrechtskonformen Umgang zwischen den Weißen beschränkte. In der Bewunderung für Lettow-Vorbeck spiegelte sich letztlich der auch im britischen wie südafrikanischen Offizierskorps verankerte Rassismus, aber ebenso das dort gleichermaßen vorherrschende rein auf das Schlachtfeld bezogene militärische Denken wider.

Allein schon wegen seines Handelns in Afrika als *preußischer* Kolonialoffizier, ganz abgesehen von Lettow-Vorbecks politischem Engagement zwischen 1919 und 1945, ist er nicht geeignet, der heutigen Bundeswehr als Vorbild zu dienen. Dabei mögen Lettow-Vorbecks wiederholte Überseeeinsätze in den Jahren 1900 bis 1918 auf den ersten Blick mehr denn je dazu verlocken: zum einen, da die deutschen Streitkräfte seit den 1990er Jahren zunehmend auch außerhalb Europas Verwendung finden; zum zweiten weil die Kolonial- bzw. Dekolonisationskriege des 19. und 20. Jahrhunderts Ähnlichkeiten mit den »neuen«, »asymmetrischen«, vermutlich zukünftig dominanten Konfliktszenarien des 21. Jahrhunderts aufweisen.[2] Allerdings sollen die heutigen friedenserhaltenden und friedenserzwingenden Einsätze der Bundeswehr dem Wiederaufbau zerstörter Staatswesen und der internationalen Streitschlichtung dienen. Gefordert werden dabei auch nicht-militärische Eigenschaften, denn der Soldat soll bei diesen internationalen Einsätzen idealerweise nicht nur Kämpfer, sondern auch Entwicklungshelfer, Polizist und Vermittler sein, der die politische Komplexität der Krisenszenarien erfasst, denen er begegnet.[3] Diese Aufgabenstellung erfordert also weit mehr als die unreflektierte Anwendung maximaler militärischer Gewalt unter Ausblendung aller wirtschaftlichen, humanitären und politischen Konsequenzen, von welcher Lettow-Vorbecks Kommando in Ostafrika in den Jahren 1914-1918 zeugte. Lettow-Vorbecks Agieren in Ostafrika wie auch seine autobiographischen Schriften zeigen ihn als Teil der preußisch-deutschen Militärelite, die den Krieg verabsolutierte und als Zweck an sich ansah.

Es war nicht so sehr die Einzigartigkeit seiner Persönlichkeit, ungeachtet seines persönlichen Mutes, seiner großen physischen und psychischen Widerstandskraft gegenüber allen Strapazen des Feldzuges, seiner Bereitschaft und Fähigkeit zur Entsagung und seines Bemühens, gefangene weiße Gegner so menschlich wie möglich unter den obwaltenden Gegebenheiten zu behandeln, die Lettow-Vorbeck noch heute biographiewürdig macht. Vielmehr erhebt ihn die Singularität der Umstände und der Position, in denen er sich zufällig seit 1914 befand, zu einer Erscheinung von historischer Bedeutung. Nach Auswertung der Quellen allerdings weicht diese Geschichtsmächtigkeit stark von jener ab, die Lettow-Vorbeck seit 1918 und teilweise bis heute in Deutschland zugeschriebenen wird. Zwar war die Schutztruppe tatsächlich im Herbst 1918 militärisch nicht geschlagen. Dem britischen Empire hätten wohl angesichts der besonderen logistischen, klimatischen, topographischen und gesundheitlichen Herausforderungen des afrikanischen Kriegsschauplatzes, schließlich den Koordinationsschwierigkeiten jeglicher Koalitionskriegführung, von denen Lettow-Vorbeck bei seinem Einfall in Mozambik profitiert hatte, die Mittel gefehlt die Schutztruppe innerhalb kurzer Zeit zur Kapitulation zu zwingen. Dieses erfolgreiche Durchhalten im afrikanischen Busch war aber auch Folge von Lettow-Vorbecks rücksichtslosem Vorgehen. Er sicherte das Überleben seiner Einheiten seit 1916 nicht zuletzt durch die Vernichtung der Lebensgrundlagen der Afrikaner mittels einer Politik der

Plünderung, der Versklavung und der verbrannten Erde sowohl in Deutsch-Ostafrika wie in den Nachbarkolonien.

Die Loyalität eines Kerns altgedienter, der afrikanischen Zivilgesellschaft entfremdeter Askari, die zudem nur aus bestimmten Ethnien stammten, zur Schutztruppe kann nicht als Kennzeichen einer besonderen Popularität der deutschen Kolonialherrschaft unter den Afrikanern an sich gewertet werden. Diese kleine Minderheit privilegierter schwarzer Söldner bildete vielmehr die tragende Säule, um überhaupt eine Gewaltherrschaft über die Mehrheit der Afrikaner aufrechtzuerhalten und sie im Weltkrieg ausbeuten zu können. Lettow-Vorbeck und seine »treuen Askari« waren also nicht, wie nach 1918 über Jahrzehnte behauptet, Symbol für die angeblichen Leistungen und die Gerechtigkeit der deutschen Kolonialherrschaft in Ostafrika. Sie personifizieren vielmehr ihren Zwangscharakter und ihre Rücksichtslosigkeit.

Lettow-Vorbeck galt trotzdem in Deutschland von der Weimarer Republik bis in die Bundesrepublik als positiv besetzter kolonialer und militärischer Erinnerungsort. Dieser Umstand resultierte einmal daher, dass außenpolitische Interessen es geraten erscheinen ließen, ein positives Bild der deutschen Kolonialherrschaft aufrecht zu erhalten. In der Weimarer Republik war Lettow-Vorbeck schlichtweg ein zu wichtiger Baustein im Kampf gegen die »koloniale Schuldlüge« der Entente, die wie der gesamte Versailler Vertrag als angeblich ungerechtfertigtes moralisches Strafgericht der Sieger kollektiv abgelehnt wurde. In der Bundesrepublik lebte die Legende von der Kriegsunschuld des Deutschen Reiches am Ausbruch des Ersten Weltkriegs bis zur Fischer-Kontroverse Anfang der sechziger Jahre fort und damit auch die Kritik an der Versailler Friedensordnung inklusive der kolonialen Klauseln. Ferner überwog nach zwei verlorenen Weltkriegen jeweils der Bedarf nach scheinbar makellosen Leitbildern: zunächst ab 1918 nach einem unbesiegten Heerführer; sodann in den 1950er Jahren für die entstehende Bundeswehr nach einem Offizier, dessen militärische Karriere ihren Zenit nicht im NS-Regime erreicht hatte, sondern in dem zunächst überwiegend positiv beurteilten Kaiserreich. Zudem empfahl sich Lettow-Vorbeck für diese Vorbildfunktion auch wegen seines Ansehens in Großbritannien, das nun zum Verbündeten im Rahmen der NATO geworden war. Schließlich verhinderte der deutsch-deutsche Systemkonflikt in der Bundesrepublik bis in die 1960er Jahre hinein eine Ablösung vom historischen Erbe des Kaiserreichs inklusive seiner kolonialen Komponente, denn Bonn sah sich in der Rechtsnachfolge des Deutschen Reiches als Alleinvertretung deutscher Interessen in Afrika und anderswo.

Sicherlich entsprachen diese Rollenzuschreibungen seit 1918/19 durch Teile der deutschen Öffentlichkeit Lettow-Vorbecks Selbst- und Geschichtsbild. Gleichwohl entstanden diese Deutungsmuster seiner Persönlichkeit und seines Wirkens angesichts einer weit verbreiteten gesellschaftlichen Disposition zur Verdrängung oder zumindest verzerrten Wahrnehmung der deutschen kolonialen und anderweitigen Vergangenheiten in der Weimarer Republik wie auch in der Bundesrepublik weitgehend unabhängig von seiner persönlichen Einflussnahme. Nicht nur Lettow-Vorbecks Wollen und Wirken und sein Typus, sondern auch seine Funktion als Identifikationsfigur für die Öffentlichkeit nach zwei verlorenen Weltkriegen machen ihn daher zu einem lohnenswerten Objekt einer Biographie.

ANMERKUNGEN

Perspektiven einer Biographie

1 Paul von Lettow-Vorbeck, Meine Erinnerungen aus Ostafrika, Leipzig 1920 sowie ders., Heia Safari. Deutschlands Kampf um Ostafrika, Leipzig 1920.

2 »Kieler Nachrichten« vom 14. 3. 1964; »Die Welt« vom 14. 3. 1964.

3 Die Häufigkeit der Kasernennamen ist zusammengestellt nach Alfred Mechtersheimer und Peter Berth, Militarisierungsatlas der BRD. Streitkräfte, Waffen und Standorte. Kosten und Risiken, Darmstadt 1986, S. 212-285. Scharnhorst diente neun Mal als Namenspate, Prinz Eugen und Fritsch jeweils fünf Mal, die weiteren genannten Soldaten jeweils vier Mal. Boelcke, Mackensen und Rommel folgten mit jeweils drei nach ihnen benannten Kasernen.

4 Jürgen Busche. Heldenprüfung. Das verweigerte Erbe des Ersten Weltkriegs, München 2004.

5 David M. Keithly, Khaki Foxes. The East Afrika Korps, in: Small Wars and Insurgencies, Bd. 12 (2001), S. 165-185, hier S. 167 bzw. Edwin P. Hoydt, Guerilla. Colonel Lettow-Vorbeck and Germany's East African Campaign, London/New York 1981, S. 206.

6 William Stevenson, The Ghosts of Africa. The Epic Story of an Astonishing Military Hero, London 1980; deutsche Ausgabe: Der Löwe von Afrika. Der legendäre General Paul von Lettow-Vorbeck und sein Kampf um Ostafrika. Roman, München 1984.

7 Abgedruckt in Detlev Bald u. a., Aus Liebe zum Imperium. Deutschlands dunkle Vergangenheit in Afrika. Zu Legende und Wirklichkeit von Tansanias deutscher Kolonialvergangenheit, Bremen 1978, S. 203. Ich danke Bernhard Gissibl von der Universität Mannheim für diesen Hinweis.

8 Entsprechend äußerte sich etwa der Präsident des Hamburger Übersee-Clubs, Helmut Kruse, bei seiner Rede im April 1999 anlässlich des Besuchs des ehemaligen tansanischen Präsidenten Julius Nyerere in der Hansestadt. Vgl. hierzu Verena Uka, Eine Geschichte »derer wir uns nicht zu schämen haben«. Auseinandersetzung in der Bundesrepublik Deutschland um koloniale Vergangenheit am Beispiel der Diskussion um den »Tansania-Park« in Hamburg, Magisterarbeit Universität Hannover 2003. Ich danke der Autorin für die Überlassung ihres Manuskripts.

9 Zum Begriff siehe Hagen Schulze und Etienne François, Einleitung, in: Deutsche Erinnerungsorte, Bd. 1, herausgegeben von Hagen Schulze und Etienne François, München 2001, S. 9-24. In diesem Werk werden keine »lieux de mémoire« aufgeführt, die für die Erinnerung an die koloniale Vergangenheit Deutschlands stehen. Dies leistet stattdessen Joachim Zeller, Kolonialdenkmäler und Geschichtsbewusstsein. Eine Untersuchung der kolonialen deutschen Erinnerungskultur, Frankfurt/M. 2000.

10 Vgl. Norbert Frei, Vergangenheitspolitik. Die Anfänge der Bundesrepublik und die NS-Vergangenheit, München 1996 bzw. Edgar Wolfrum, Geschichtspolitik in der Bundesrepublik Deutschland. Der Weg der bundesrepublikanischen Erinnerung, Darmstadt 1999.

11 Jay Winter, The Generation of Memory. Reflections on the «Memory Boom" in Contemporary Historical Studies, in: Bulletin of the German Historical Institute Washington, Nr. 27 (2000), S. 69-92.

12 Vgl. neben Zeller, Kolonialdenkmäler auch Sara Friedrichsmeyer u. a. (Hrsg.), The Imperialist Imagination. German Colonialism and Its Imagination, Ann Arbor 1998; Birthe Kundrus (Hrsg.), Phantasiereiche. Zur Kulturgeschichte des deutschen Imperialismus, Frankfurt/M. 2003; Dirk van Laak, Imperiale Infrastruktur. Deutsche Planungen für eine Erschließung Afrikas 1880-1960, Paderborn 2004; Helma Lutz (Hrsg.), Kolonialismus und Erinnerungskultur. Die Kolonialvergangenheit im kollektiven Gedächtnis der deutschen und niederländischen Einwanderungsgesellschaft, Münster 2005; Jared Poley, Decolonization in Germany. Weimar Narratives of Colonial Loss and Foreign Occupation, Oxford 2005; Sandra Maß, Weiße Helden, schwarze Krieger. Zur Geschichte kolonialer Männlichkeit in Deutschland 1918-1964, Köln 2006. Auch die erste kritische, aus wesentlichen Teilen der in Deutschland lagernden Quellen geschriebene biographische Skizze über Lettow-Vorbeck von Uwe Schulte-Varendorff, Kolonialheld für Kaiser und Führer. General Lettow-Vorbeck – Mythos und Wirklichkeit, Berlin 2006 legt den Schwerpunkt der Darstellung eindeutig auf Lettow-Vorbeck als Person öffent-

lichen Interesses nach 1918 und Exponent einer bestimmten Vergangenheitsinterpretation, nicht auf den militärischen Akteur bis zum Ende des Ersten Weltkriegs.

13 Den Anfang bildeten die in der Zwischenkriegszeit begonnenen Ostafrikabände beider Seiten als Teil der im Regierungsauftrag entstehenden offiziellen Weltkriegsdarstellungen. Diese wurden von Veteranen des Feldzugs verfasst, wobei sich die britischen und deutschen Offiziere, nun zu Militärhistorikern mutiert, bis 1939 regelmäßig über den Fortgang ihrer Forschungen austauschten. Vgl. Charles Hordern (Bearb.), History of the Great War. Military Operations in East Africa. Bd. 1: August 1914 – September 1916, London 1941. Der geplante zweite Band für die letzten beiden Jahre des Feldzugs ist wegen des Beginns des Zweiten Weltkriegs nie fertig gestellt worden. Das Material hierfür ist in den National Archives (NA) in Kew in den Cabinet Papers überliefert. Für die deutsche Seite, basierend auf den Vorarbeiten der Kriegsgeschichtlichen Forschungsanstalt des Heeres und des Reichsarchivs aus den dreißiger und vierziger Jahren, dann aber schließlich als Privatdruck erschienen, bewerkstelligte dies Ludwig Boell, Die Operationen in Ostafrika. Weltkrieg 1914-1918, Hamburg 1951. Das Originalmanuskript in etwa vierfachem Umfang befindet sich im Nachlass Boell im Bundesarchiv-Militärarchiv (BA-MA) in Freiburg. Die weitaus beste und ansatzweise »histoire totale« des Feldzuges, die sich nicht nur in operativen Details verliert, stammt von Hew Strachan, The First World War. Bd. 1: To Arms, Oxford 2001, S. 569-643. Die erste aus den Quellen aller beteiligten Staaten geschriebene Studie des Ostafrikafeldzugs von Oberstleutnant Ross Anderson, The Forgotten Front. The East African Campaign 1914-1918, Stroud 2004, hebt im Wesentlichen auf die operationsgeschichtlichen Aspekte ab. Anderson bewertet aber wie auch Strachan Lettow-Vorbecks operative und taktische Entscheidungen erstmals kritischer als zuvor geschehen. Eine ausgezeichnete aus den Quellen geschriebene Studie über die Rolle des Ostafrikafelduzuges in der britischen Globalstrategie und die Zusammenarbeit vor allem mit Südafrika liefert Anne Samson, Britain, South Africa and the East African Campaign 1914-1918. The Union Comes of Age, London/New York 2006. Die zahlreichen weiteren im angelsächsischen Raum seit den 1960er Jahren publizierten populären Darstellungen stellen meist nur eine Paraphrasierung der amtlichen Kriegsgeschichtsschreibung und der englischsprachigen Memoirenliteratur dar. Dabei wurde Lettow-Vorbeck als Kronzeuge in eigener Sache ausgiebig rezipiert, denn seine Kriegserinnerungen erschienen bereits 1920 in englischer Übersetzung. Keiner dieser Autoren ging systematisch in die Archive und lieferte mehr als einen anekdotengespickten Abriss der Operationen. Vgl. Brian Gardner, German East. The Story of the First World War in East Africa, London 1963; J. R. Sibley, Tanganyikan Guerilla. East African Campaign 1914 -1918, London 1971; Charles Miller, Battle for the Bundu. The First World War in East Africa, New York 1974; Hoydt, Guerrilla. Leonard Mosley, Duel for Kilimandjaro. An Account of the East African Campaign, London 1963 ist insofern eine Ausnahme, als der Autor Anfang der sechziger Jahre noch einige deutsche Überlebende des Feldzuges interviewte, darunter Lettow-Vorbeck selbst. Neuere oparationsgeschichtliche Studien liegen jetzt mit den unveröffentlichten Dissertationen der US-Offiziere Thomas A. Crowson, When Elephants Clash. A Critical Analysis of Major General Paul Emil von Lettow-Vorbeck in the East African Theatre of War, Springfield/Virginia 2003 sowie John C. Stratis, A Case Study in Leadership. Colonel Paul Emil von Lettow-Vorbeck, Springfield/Virginia 2002 vor.

14 So etwa von John Iliffe, A Modern History of Tanganyika, London 1979, S. 241 und Leonhard Harding, Geschichte Afrikas im 19. und 20. Jahrhundert, München 1999, S. 59.

15 Aus der Fülle der Forschungsliteratur zum Thema sei hier nur auf die Veröffentlichung von Joachim Zeller und Jürgen Zimmerer (Hrsg.), Völkermord in Deutsch-Südwestafrika. Der Kolonialkrieg (1904-1908) in Namibia und seine Folgen, Berlin 2003 verwiesen.

16 Siehe zuletzt Felicitas Becker und Jigal Beez (Hrsg.), Der Maji-Maji-Krieg in Deutsch-Ostafrika 1905-1907, Berlin 2005.

17 Schulte-Varendorff, Kolonialheld, S. 54-67 sowie Edward Paice, Tip and Run. The Untold Tragedy of the Great War in Africa, London 2007, S. 278-290 und S. 392-399.

18 Vgl. hierzu das Ende der sechziger Jahre von der Universität in Dar-es-Salaam gestartete umfangreiche Maji-Maji-Research Project, welches u. a. Zeitzeugenaussagen von überlebenden Afrikanern sammelte.

19 Vgl. Gesine Krüger, Kriegsbewältigung und Geschichtsbewusstsein. Realität, Deutung und Verarbeitung des deutschen Kolonialkriegs in Namibia 1904-1907, Göttingen 1999.

[20] Pierre Bourdieu, Die biographische Illusion, in: BIOS, Bd. 3 (1990), S. 75-81.

[21] Paul von Lettow-Vorbeck, Mein Leben, Biberach 1957. Schulte-Varendorff, Kolonialheld, S. 10 ff., folgt hier unkritisch und nicht zuletzt als Folge einer fehlenden Einbettung von Lettow-Vorbecks Laufbahn in die Karrieremuster und Struktur der preußisch-deutschen Armee vor 1914 dessen Selbststilisierung als Offizier, der in China und Deutsch-Südwestafrika das Handwerk des kolonialen Kleinkrieges gelernt habe, um es dann in Ostafrika einzusetzen.

[22] Dierk Walter, Warum Kolonialkrieg?, in: Kolonialkriege. Militärische Gewalt im Zeichen des Imperialismus, herausgegeben von Thoralf Klein und Frank Schumacher, Hamburg 2006, S. 14-43, hier S. 20-23.

[23] Einen guten Überblick zu den bisherigen im Rahmen der Historiographie zum deutschen Kolonialismus abgedeckten Themenfeldern bietet Birte Kundrus, Moderne Imperialisten. Das Kaiserreich im Spiegel seiner Kolonien, Köln 2003, S. 1-42.

[24] Eine Ausnahme bildet Eric J. Mann, Mikono ya damu. »Hands of Blood«. African Mercenaries and the Politics of Conflict in German East Africa 1888-1904, Frankfurt/M. 2002.

[25] Die einzige Ausnahme bildet Wolfgang Petter, Das Offizierskorps der deutschen Kolonialtruppen 1889-1918, in: Das deutsche Offizierskorps 1860-1960, herausgegeben von Hans Hubert Hofmann, Boppard 1980, S. 163-173.

[26] Vgl. auch Theodor Schieder, Der Typus in der Geschichtswissenschaft, in: Staat und Gesellschaft im Wandel der Zeit. Studien zur Geschichte des 19. und 20. Jahrhunderts, herausgegeben von Theodor Schieder, 3. Aufl. München 1974, S. 172-187.

[27] Einen guten Überblick über die gegenwärtigen Trends in der Biographik und die mit diesem Genre verbundenen methodischen Probleme und Fragestellungen bieten Hans Erich Bödeker, Biographie. Annäherungen an den gegenwärtigen Forschungs- und Diskussionsstand, in: ders. (Hrsg.), Biographie schreiben, Göttingen 2003, S. 11-63; Simone Lässig, Towards a Biographical Turn? Biography in Modern Historiography – Modern Historiography in Biography, in: Bulletin of the German Historical Institute, Nr. 35 (2004), S. 147-155 sowie Carl Alexander Krethlow, Militärbiographie: Entwicklung und Methodik, in: Militärische Erinnerungskultur. Soldaten im Spiegel von Biographien, Memoiren und Selbstzeugnissen, herausgegeben von Michael Epkenhans u. a., Paderborn 2006, S. 1-27.

[28] So etwa Wolfram Wette (Hrsg.), Der Krieg des kleinen Mannes. Eine Militärgeschichte von unten, München 1992 und Thomas Müller, Konrad Krafft von Dellmensingen (1862-1953). Porträt eines bayerischen Offiziers, München 2002. Gruppenbiographien liegen u. a. vor von Michael Wildt, Generation der Unbedingten. Das Führerkorps des Reichssicherheitshauptamtes, Hamburg 2003 und Johannes Hürter, Hitlers Heerführer. Die deutschen Befehlshaber im Krieg gegen die Sowjetunion 1941/42, München 2006.

[29] Hiervon zeugte beispielsweise die Konferenz des Instituts für Zeitgeschichte und des Militärgeschichtlichen Forschungsamtes in München im Oktober 2006, die trotz des Titels »Massen oder Menschen? Militärische Biographien im Zeitalter der Weltkriege« sich auf Kriegsteilnehmer der Jahre 1939-1945 beschränkte. Vgl. neben Hürter, Hitlers Heerführer, Jürgen Löffler, Walther von Brauchitsch 1881-1948. Eine politische Biographie, Frankfurt/M. 2001; Bernhard R. Kroener, Generaloberst Friedrich Fromm. Eine Biographie, Paderborn 2005; Kerstin A. Schäfer, Werner von Blomberg. Hitlers erster Feldmarschall. Eine Biographie, Paderborn 2005; Kerstin von Lingen, Kesselrings letzte Schlacht. Kriegsverbrecherprozesse, Vergangenheitspolitik und Wiederbewaffnung. Der Fall Kesselring, Paderborn 2004 und Oliver von Wrochem, Erich von Manstein. Vernichtungskrieg und Geschichtspolitik, Paderborn 2006.

[30] Zu dieser Entwicklung innerhalb des preußischen Adels Stefan Malinowski, Vom König zum Führer. Sozialer Niedergang und politische Radikalisierung im deutschen Adel zwischen Kaiserreich und NS-Staat, Berlin 2003, dessen Ergebnisse aber am Beispiel Lettow-Vorbecks nicht durchgehend bestätigt werden konnten.

[31] Siehe hierzu auch die Überlegungen von Wolfram Pyta, Paul von Hindenburg als charismatischer Führer der deutschen Nation, in: Charismatische Führer der deutschen Nation, herausgegeben von Frank Möller, München 2004, S. 109-148.

[32] Als Basis hierfür dienten neben den in Lettow-Vorbecks Nachlass (BA-MA N103/15-20) befindlichen Zeitungsartikeln vor allem die Pressedokumentationen von vier Institutionen, die über Jahrzehnte hunderte von Berichten unter dem Stichwort »Lettow-Vorbeck« gesammelt haben. Im Gegensatz zu den von Lettow-Vorbeck bzw. seinem Umfeld gelesenen und anschlie-

ßend gesammelten Zeitungsberichten, die im Nachlass erhalten sind, und die daher vornehmlich das konservative bis rechtsextreme Meinungsspektrum reflektieren, bieten diese Pressedokumentationen den Vorteil, das gesamte Meinungsbild widerzuspiegeln. Im Pressearchiv des Reichslandbundes im Bundesarchiv Berlin (BAB R8034III/275) befinden sich Artikel für die Jahre 1916-1942, zusätzlich im dortigen Bestand des Auswärtigen Amtes für die Jahre 1917-1920 (R901/54570 und 54747). In der Pressedokumentation des Hamburger Weltwirtschaftsarchivs sind Artikel für die Jahre 1916-1964 überliefert. Die Pressedokumentation des Deutschen Bundestages in Berlin besitzt ein Dossier für die Jahre 1950-1964.

33 Vgl. Klaus Helbig, Legende und Wahrheit. Der Erste Weltkrieg in Afrika und die Rolle des Generals von Lettow-Vorbeck, Diss phil. Leipzig 1968.

I. Frühe Prägungen

1 Lettow-Vorbeck, Mein Leben. Das wesentlich ausführlichere ursprüngliche Manuskript von 1941/42, welches einen besseren Einblick in Familiengeschichte, Lebenslauf und Denken des Generals gibt als die für die Öffentlichkeit gereinigte Druckfassung, umfasst leider nur die Jahre bis 1919. Es befindet sich in BA-MA N103/24 und wird künftig als »Lebenserinnerungen« zitiert.

2 Vgl. hierzu Eckart Conze, Von deutschem Adel. Die Grafen Bernstorff im 20. Jahrhundert, Stuttgart 2000, S. 343-350 sowie Malinowski, Vom König zum Führer, S. 47-55.

3 Cecil Rhodes Library Oxford (CRL), Richard Meinertzhagen Diaries, Bd. 27 (Eintragung vom 1. 6. 1926).

4 BA-MA N103/24, Lebenserinnerungen, S. 6.

5 Hermann von Lettow, Beiträge zur Geschichte des Geschlechts von Lettow-Vorbeck, Lauenburg 1882 sowie ders., Neue Beiträge zur Geschichte des Geschlechts von Lettow-Vorbeck, Stolp 1905.

6 Lettow, Beiträge, S. 15 f.

7 Vgl. Francis Carsten, Geschichte der preußischen Junker, Frankfurt 1988.

8 Carsten, Geschichte der preußischen Junker, S. 40.

9 Lettow, Beiträge, S. 16.

10 Vgl. Markus Funck, The Meaning of Dying. East Elbian Noble Families as ›Warrior Tribes‹ in the 19th and 20th Century, in: Sacrifice and National Belonging in 20th Century Germany, herausgegeben von Greg Eghigian und Matthew Paul Berg, Arlington 2002, S. 26-63. Zahlen aus Heiger Ostertag, Bildung, Ausbildung und Erziehung des Offizierskorps im deutschen Kaiserreich 1871-1918. Eliteideal, Anspruch und Wirklichkeit, Frankfurt/M. 1990, S. 53-55. Für die Lettows stammt die Zahl aus Rang- und Quartiersliste der königlich-preußischen Armee 1887, Berlin 1888.

11 Hartmut Berghoff, Adel und Industriekapitalismus im Deutschen Kaiserreich – Abstoßungskräfte und Annäherungstendenzen zweier Lebenswelten, in: Adel und Bürgertum in Deutschland. Bd. 1: Entwicklungen und Wendepunkte im 19. Jahrhundert, herausgegeben von Heinz Reif, Berlin 2000, S. 233-272, hier S. 261 ff.

12 Conze, Von deutschem Adel, S. 305 f.

13 Hans-Ulrich Wehler, Das Deutsche Kaiserreich 1871-1918, 7. Aufl. Göttingen 1994, S. 63.

14 Zahlen aus Hans-Ulrich Wehler, Deutsche Gesellschaftsgeschichte. Bd. 3: 1848/49-1914, München 1995, S. 819. Zur Differenzierung innerhalb des deutschen Adels in Bezug auf Selbstverständnis und Berufsfelder vgl. Heinz Reif, Adel im 19. und 20. Jahrhundert, München 1999.

15 Reif, Adel, S. 18 f.

16 Zu den Lebensläufen vgl. Lettow, Neue Beiträge, passim. Biographische Angaben auch in Genealogisches Handbuch des deutschen Adels. Adelige Häuser A, Bd. 20, Limburg 1988, S. 231 ff.

17 BA-MA N103/24, Lebenserinnerungen, S. 9 f.; Lettow-Vorbeck, Mein Leben, S. 13.

18 Lettow, Neue Beiträge, S. 211.

19 Axel Schildt, Konservatismus in Deutschland. Von den Anfängen im 18. Jahrhundert bis zur Gegenwart, München 1998, S. 119.

20 Lettow-Vorbeck, Mein Leben, S. 25 f.
21 Carsten, Geschichte der preußischen Junker, S. 53.
22 Lettow-Vorbeck, Mein Leben, S. 13.
23 Zum »Kult der Kargheit« insbesondere des ostelbischen Adels vgl. Malinowski, Vom König zum Führer, S. 90-105.
24 »Die Welt« vom 18. 3. 1960.
25 Gespräch mit Ruth von Lettow-Vorbeck am 13. 4. 2004 in Hamburg.
26 Lettow-Vorbeck, Mein Leben, S. 19.
27 Lettow, Neue Beiträge, S. 208-211.
28 Elisabeth von Lettow-Vorbeck, Aus dem Leben Lettow-Vorbecks, in: »Hamburger Fremdenblatt« vom 18. 8. 1918.
29 Vater als strenger Ausbilder nach Lettow, Neue Beiträge, S. 211. Zitat aus BA-MA N103/24, Lebenserinnerungen, S. 21.
30 Die Auffassung, dass die Entwicklung eines »Charakters« das Wichtigste für einen Heranwachsenden sei, wird auch in einem Brief Lettow-Vorbecks an seinen Sohn zum 16. Geburtstag im Jahre 1937 deutlich, in dem er ihm diese Einsicht für den künftigen Lebensweg mit auf den Weg gab. In: BA-MA N103/2, Brief vom 8. 7. 1937.
31 Malinowski, Vom König zum Führer, S. 73-89.
32 Heinz Stübig, Das höhere militärische Bildungswesen zwischen Professionalisierung und sozialer Abgrenzung. Zur Entwicklung der Kriegsschulen und der Kriegsakademie in Preußen während des 19. Jahrhunderts, in: Wirtschaft, Wissenschaft und Bildung in Preußen, Zur Wirtschafts- und Sozialgeschichte Preußens vom 18. bis zum 20. Jahrhundert, herausgegeben von Karl-Heinrich Kaufhold und Bernd Sösemann, Stuttgart 1998, S. 191-212.
33 Zitiert nach Holger Afflerbach, Falkenhayn. Strategisches Denken im Kaiserreich, München 1994, S. 11.
34 So etwa der Oberst a. D. Camill Schaible, Standes- und Berufspflichten des deutschen Offiziers. Für angehende und jüngere Offiziere des stehenden Heeres und des Beurlaubtenstandes, Berlin 1891, S. 87 ff. Für das Bürgertum vgl. Georg Bollenbeck, Bildung und Kultur. Glanz und Elend eines Deutungsmusters, Frankfurt 1996, S. 143 ff.
35 Detlef Bald, Der deutsche Offizier. Sozial- und Bildungsgeschichte des deutschen Offizierskorps im 20. Jahrhundert, München 1982, S. 105.
36 Annika Mombauer, Helmut von Moltke and the Origins of the First World War, Cambridge 2001, S. 51.
37 Paul von Hindenburg, Aus meinem Leben, Leipzig 1934, S. 19 f.
38 Lettow, Neue Beiträge, S. 252.
39 Lettow, Neue Beiträge, S. 254; BA-MA N103/24, Lebenserinnerungen, S. 194 f.
40 Lettow-Vorbeck, Aus dem Leben Lettow-Vorbecks.
41 BA-MA N103/24, Lebenserinnerungen, S. 25.
42 Vgl. Friedrich von Lettow-Vorbeck, Aus der Zeit der Stockprügel und Garotten. Rokoko-Novellen, Berlin 1902.
43 Jürgen K. Zabel, Das preußische Kadettenkorps. Militärische Jugenderziehung im preußischen Militärsystem, Frankfurt/M. 1978; John Monclure, Forging the King's Sword. Military Education Between Tradition and Modernization. The Case of the Royal Prussian Cadet Corps 1871-1918, New York 1993 und Klaus Schmitz, Militärische Jugenderziehung. Preußische Kadettenhäuser und nationalpolitische Erziehungsanstalten zwischen 1807 und 1936, Köln/Wien 1997.
44 Monclure, Forging the King's Sword, S. 90-92.
45 Monclure, Forging the King's Sword, S. 17 f. und 243.
46 Daniel L. Hughes, The King's Finest. A Social and Bureaucratic Profile of Prussia's General Officers 1871-1914, New York 1987, S. 61-64.
47 Wehler, Deutsche Gesellschaftsgeschichte, Bd. 3, S. 863. Vgl. Hartmut John, Das Reserveoffizierskorps im Deutschen Kaiserreich 1890-1914. Ein sozialgeschichtlicher Beitrag zur Untersuchung der gesellschaftlichen Militarisierung im wilhelminischen Deutschland, Frankfurt/M. 1981.
48 Monclure, Forging the King's Sword, S. 61 und S. 67.
49 BA-MA N103/24, Lebenserinnerungen, S. 25.
50 Schmitz, Militärische Jugenderziehung, S. 3.

51 Lettow-Vorbeck, Mein Leben, S. 30.
52 BA-MA N103/24, Lebenserinnerungen, S. 25.
53 Lettow-Vorbeck, Mein Leben, S. 24.
54 Lettow-Vorbeck, Mein Leben, S. 32.
55 Monclure, Forging the King's Sword, S. 170; Schmitz, Militärische Jugenderziehung, S. 68-78.
56 Monclure, Forging the King's Sword, S. 176. Zur Professionalisierung des Generalstabs vgl. vor allem Arden Bucholz, Moltke, Schlieffen and Prussian War Planning, New York 1991.
57 Zabel, Das preußische Kadettenkorps, S. 185 f.; Schmitz, Militärische Jugenderziehung, S. 6 f. und 77.
58 BA-MA N103/16, Oberstleutnant Rhode, Erinnerungen an Lettow-Vorbeck (undatierter Zeitungsausschnitt, ca. 1935).
59 Vgl. hierzu Ursula Breymayer u. a. (Hrsg.), Willensmenschen. Über deutsche Offiziere, Frankfurt/M. 1999.
60 Lettow-Vorbeck, Mein Leben, S. 32.
61 Vgl. Handbuch für den königlich-preußischen Hof und Staat für das Jahr 1887/88, Berlin 1887, S. 31.
62 Monclure, Forging the King's Sword, S. 136-140.
63 Monclure, Forging the King's Sword, S. 140.
64 BA-MA N103/7, Zeugnis der Reife Hauptkadettenanstalt Lichterfelde, 25. 1. 1888.
65 Lettow-Vorbeck, Mein Leben, S. 32.
66 Oberst a. D. von Rosenberg, Militär-Kabinett, in: Ehrendenkmal der Deutschen Armee und Marine 1871-1918, Berlin 1926, S. 52-66, Zitat S. 64.

II. Vom Garderegiment zum Generalstab

1 Lettow-Vorbeck, Mein Leben, S. 33 f.
2 John C. G. Röhl, Wilhelm II. Der Aufbau der persönlichen Monarchie 1888-1900, München 2001, S. 633 ff.
3 BA-MA N103/24, Erinnerungen, S. 30. Karrierestationen des Vaters nach BA-MA Msg. 10865.
4 Militärgeschichtliches Forschungsamt (Hrsg.), Untersuchungen zur Geschichte des Offizierskorps. Anciennität und Beförderung nach Leistung, Stuttgart 1962, Anlage 3 Blatt 1.
5 Militärgeschichtliches Forschungsamt (Hrsg.), Untersuchungen, S. 163.
6 Vgl. Mark Stoneman, Bürgerliche und adelige Krieger. Zum Verhältnis von sozialer Herkunft und Berufskultur im wilhelminischen Armee-Offizierskorps, in: Adel und Bürgertum im 19. und 20. Jahrhundert. Bd. 2: Entwicklungslinien und Wendepunkte, herausgegeben von Heinz Reif, Berlin 2000, S. 25-65.
7 Hughes, The King's Finest, S. 13.
8 Wilhelm Deist, Militär, Staat und Gesellschaft. Studien zur preußisch-deutschen Militärgeschichte, München 1991, S. 55.
9 Die Namen der Abiturienten sind in der Reihenfolge ihrer Abschlussnoten sowie ihrer designierten Verwendung in den einzelnen Regimentern abgedruckt im »Militärwochenblatt« vom 11. 2. 1888, S. 274 f. Ihr weiterer Werdegang nach Rang- und Quartiersliste des Königlich Preußischen Armee, Berlin 1900 ff.
10 Moncure, Forging the King's Sword, S. 243 ff.
11 Antulio J. Echevarria, After Clausewitz: German Military Thinkers Before the Great War, Lawrence (Kansas) 2000, passim.
12 Hughes, The King's Finest, S. 76 und 146 ff.
13 Bernd Ulrich u. a. (Hrsg.), Untertanen in Uniform. Militär und Militarismus im Kaiserreich 1871-1914, Frankfurt/M. 2001, S. 106.
14 BA-MA N103/24, Lebenserinnerungen, S. 33.
15 Rang- und Quartiersliste der Königlich Preußischen Armee 1887, Berlin 1888.
16 Lettow-Vorbeck, Mein Leben, S. 35.
17 Vgl. auch Michael Geyer, The Past as Future. The German Officer Corps as Profession, in: German Professions 1800-1950, herausgegeben von Goeffrey Cocks und Konrad H. Jarausch, New York und Oxford 1990, S. 183-212, hier S. 190.

18 Einen wenn auch stark apologetischen Abriss einer Offizierslaufbahn bietet Generalmajor a. D. von Borries, Vom Rekruten zum Feldmarschall, in: Ehrendenkmal, S. 218-242.

19 Lettow-Vorbeck, Mein Leben, S. 38.

20 Lettow-Vorbeck, Mein Leben, S. 44. Zu den Vorteilen des Dienstes in einem Garderegiment vgl. Ostertag, Bildung, S. 162 f.; zur Auswahl der Mannschaften Baron von Lüdinghausen gen. Wolff, Organisation und Dienst der Kriegsmacht des Deutschen Reiches. Zugleich als Leitfaden der Dienstkenntniß bei der Vorbereitung zum Offiziersexamen, 8. umgearbeitete und vermehrte Aufl., Berlin 1876, S. 169 und 176.

21 Kroener, Fromm, S. 21 und S. 71.

22 BA-MA N103/24, Erinnerungen, S. 43 (Zitat) und S. 68 f.

23 Lettow-Vorbeck, Mein Leben, S. 45.

24 Eric Dorn Brose, The Kaiser's Army. The Politics of Military Technology in Germany During the Machine Age 1870-1918, Oxford 2001, S. 68 und 158; Echevarria, After Clausewitz, S. 219.

25 Echevarria, After Clausewitz, passim; Stephan Leistenschneider, Auftragstaktik im preußisch-deutschen Heer, Hamburg 2002, S. 72 ff.

26 BA-MA N103/24, Erinnerungen, S. 45.

27 Schaible, Standes- und Berufspflichten, S. 43 f.; Lüdinghausen, Organisation und Dienst, S. 3.

28 Stephen E. Clemente, For King and Kaiser! The Making of the Prussian Army Officer, New York 1992, S. 162.

29 Gerhard Hohorst u. a., Sozialgeschichtliches Arbeitsbuch. Bd. 2 Materialien zur Statistik des Kaiserreichs, München 1975, S. 107. Hier wird der durchschnittliche Jahresverdienst für 1895 eines Arbeitnehmers in Industrie, Handel und Verkehr mit 665 RM angegeben. Lettow-Vorbecks Sold betrug hingegen 1 620 RM jährlich ohne die väterliche Zulage.

30 Schaible, Standes- und Berufspflichten, S. 58 ff.

31 Preußisches Geheimes Staatsarchiv Berlin (PGStA) Nachlass Heinrich Schnee Bd. 20, Aufstieg und Ende der Kolonialära (Memoirenmanuskript ca. 1933), S. 203.

32 Conze, Von deutschem Adel, S. 373 ff sowie Wolfram G. Teilemann, Adel im grünen Rock. Adeliges Jägertum, Großprivatwaldbesitz und die preußische Forstbeamtenschaft 1866-1914, Berlin 2004.

33 Lüdinghausen, Organisation und Dienst, S. 400 f.

34 Lettow-Vorbeck, Mein Leben, S. 44.

35 Grundlegend hiezu Bucholz, Prussian War Planning.

36 Hughes, The King's Finest, S. 85 relativiert zwar die Bedeutung des Generalstabs für eine Generalslaufbahn im Kaiserreich, indem er darauf verweist, dass nur etwa ein Drittel der etwa 2 400 zwischen 1871 und 1914 in einen Generalsrang beförderten preußischen Offiziere Kriegsakademie und Generalstab durchlaufen hätten. Allerdings differenziert er nicht nach Generationen, vielmehr basieren seine Ergebnisse auf dem Mittelwert aller Offiziere, die zwischen 1870 und 1914 General wurden. Man kann jedoch davon ausgehen, dass der Generalstab für die jüngeren, ab 1870 geborenen Offiziersgenerationen, denen Lettow-Vorbeck angehörte und welche die unteren und mittleren Ränge in den Friedensjahren des Kaiserreichs bis 1914 stellten, sich bereits wesentlich deutlicher als Königsweg einer erfolgreichen Karriere abzeichnete als für die älteren Generationen, die zwischen 1810 und 1860 geboren worden waren und die es in den Jahren 1871 bis 1914 zum General brachten. Denn schließlich umfasst Hughes Sample auch Offiziere, die bereits hohe Positionen erreicht hatten, bevor der Generalstab seine volle Bedeutung unter Moltke entfalten konnte, ferner solche Offiziere, welche die Chance hatten, sich in den Einigungskriegen auszuzeichnen. Wäre das Sample auf die Jahre 1914-18 ausgedehnt worden, so wäre der Generalstab sicherlich als beschleunigendes Element militärischer Karrieren seit den 1870er Jahren deutlicher hervorgetreten.

37 Clemente, For King and Kaiser!, S. 173 ff.; Ostertag, Bildung, S. 154 ff.

38 BA-MA N103/24, Erinnerungen, S. 71.

39 Stübig, Das höhere militärische Bildungswesen zwischen Professionalisierung und sozialer Abgrenzung, passim.

40 Bucholz, Prussian War Planning, S. 78-83; Markus Pöhlmann, Kriegsgeschichte und Geschichtspolitik: Der Erste Weltkrieg. Die amtliche deutsche Militärgeschichtsschreibung 1914-1956, Paderborn 2002, S. 39.

41 Gotthard Breit, Das Staats- und Gesellschaftsbild deutscher Generale beider Weltkriege im Spiegel ihrer Memoiren, Boppard 1973, S. 16 f.

42 Grundlegend hierzu Isabel V. Hull, Absolute Destruction. Military Culture and the Practices of War in Imperial Germany, Ithaca und London 2005.

43 Grundlegend hierzu Dieter Storz, Kriegsbild und Kriegsrüstung vor 1914. Europäische Landstreitkräfte vor dem Ersten Weltkrieg, Herford 1992.

44 PGStA Nachlass Heinrich Schnee Bd. 20, Aufstieg und Ende der Kolonialära (Memoirenmanuskript), S. 204.

45 BA-MA N103/22-23, Bücherverzeichnis (ca. 1956).

46 Ludwig von Estorff, Wanderungen und Kämpfe in Südwestafrika, Ostafrika und Südafrika 1894-1910, Wiesbaden 1968, S. 79.

47 Bucholz, Prussian War Planning, S. 130 f.

48 Estorff, Wanderungen, S. 78.

49 Mombauer, Helmuth von Moltke, S. 37-39.

50 Lettow-Vorbeck, Mein Leben, S. 47.

51 BA-MA N103/24, Erinnerungen, S. 80.

52 Harald Rosenbach, Das Deutsche Reich, Großbritannien und der Transvaal 1896-1902. Anfänge deutsch-britischer Entfremdung, Göttingen 1993.

53 Echevarria, After Clausewitz, S. 79 f. und 112; Storz, Kriegsbild und Kriegsrüstung, S. 91 f. Vgl. auch Joachim Radkau, Das Zeitalter der Nervosität. Deutschland zwischen Bismarck und Hitler, München 1998.

54 Bernd-Felix Schulte, Die deutsche Armee 1900-1914. Zwischen Beharren und Verändern, Düsseldorf 1977, S. 174 f. sowie Storz, Kriegsbild und Kriegsrüstung, S. 58 f.

55 Major von François, Die Lehren aus dem südafrikanischen Kriege für das deutsche Heer, Berlin 1900, S. 16 und S. 63 (Schwächen der britischen Armee) sowie S. 45 f., S. 57 und S. 62 f. (Schwächen der Buren).

56 Echevarria, After Clausewitz, S. 70 ff.; Brose, The Kaiser's Army, S. 89 f.; Leistenschneider, Auftragstaktik, S. 123-127.

57 BA-MA N103/24, Erinnerungen, S. 83.

58 François, Lehren aus dem südafrikanischen Kriege, passim

59 Zahlen nach Heeressanitätsinspektion des Reichskriegsministeriums (Bearb.), Sanitätsbericht über das Deutsche Heer im Weltkriege 1914-1918, Bd. 3: Die Krankenbewegungen bei dem Deutschen Feld- und Besatzungsheer, Berlin 1934, S. 90.

60 Rosenbach, Das Deutsche Reich, S. 226.

61 Mombauer, Helmuth von Moltke, S. 116.

62 Lettow-Vorbeck, Mein Leben, S. 45.

63 Friedrich von Bernhardi, Deutschland und der nächste Krieg, 4. Aufl. Stuttgart und Berlin 1912, S. 166.

III. Einsatz in China

1 Einen ausgezeichneten Überblick über Ursachen, Verlauf und Deutung des Boxerkrieges bietet Thoralf Klein, Straffeldzug im Namen der Zivilisation: Der Boxerkrieg in China (1900-1901), in: Kolonialkriege. Militärische Gewalt im Zeichen des Imperialismus, herausgegeben von Thoralf Klein und Frank Schumacher, Hamburg 2006, S. 145- 181.

2 Horst Gründer, Geschichte der deutschen Kolonien. 3. Aufl. Paderborn 1995, S. 98-100.

3 Annika Mombauer, Wilhelm, Waldersee and the Boxer Rebellion, in: The Kaiser. New Research on Wilhelm II's Role in Imperial Germany, herausgegeben von Annika Mombauer und Wilhelm Deist, Cambridge 2003, S. 91-18, hier S. 92.

4 Reinhard Brühl, Aufbau und Verlegung von Streitkräften für den überseeischen Einsatz am Beispiel des »ostasiatischen Expeditionskorps«, in: Militärgeschichte, Bd. 18 (1979), S. 193-205.

5 BA-MA N103/26, Paul von Lettow Vorbeck, Verwendung in China und Deutsch-Südwestafrika (Manuskript ca. 1952 – zitiert im Folgenden als »Verwendung in China«), S. 5. Zum Aufbau des Expeditionskorps siehe auch die Erinnerungen des Kommandeurs Erich von Lessel, Böh-

men, Frankreich, China 1866-1901. Erinnerungen eines preußischen Offiziers, Köln 1981 sowie Deutschland in China 1900-1901, bearbeitet von Teilnehmern der Expedition, Düsseldorf 1902.

6 Breit, Staats- und Gesellschaftsbild deutscher Generale, S. 43. Vgl. hierzu auch Thomas Rohkrämer, Der Militarismus der »kleinen Leute«. Die Kriegervereine im deutschen Kaiserreich 1871-1914, München 1990.

7 BA-MA N103/24, Lebenserinnerungen, S. 88.

8 BAB RK B114, Lebenslauf von Friedrich von Lettow-Vorbeck von 1938. Zur deutschen Militärmission in Chile vgl. Jürgen Schäfer, Deutsche Militärhilfe an Südamerika. Militär und Rüstungsinteressen in Argentinien, Bolivien und Chile vor 1914, Düsseldorf 1974, S. 50-58.

9 Rudolf Vierhaus (Hrsg.), Das Tagebuch der Baronin Spitzemberg. Aufzeichnungen aus der Hofgesellschaft des Hohenzollernreiches, 3. Aufl. Göttingen 1963, S. 399.

10 Heinrich Otto Meisner (Hrsg.), Denkwürdigkeiten des Generalfeldmarschalls Alfred Graf von Waldersee. Bd. 3, Stuttgart 1923, S. 4.

11 Walter Oberkircher (Hrsg.), General Erich von Gündell. Gündell. Aus seinen Tagebüchern, Hamburg 1939, S. 55.

12 BA-MA N103/26, Verwendung in China, S. 5.

13 Mombauer, Wilhelm, S. 94.

14 Zitiert nach Bernd Sösemann, Die so genannte Hunnenrede Wilhelm II. Textkritische und interpretatorische Bemerkungen zur Ansprache des Kaisers vom 27. 7. 1900 in Bremerhaven, in: Historische Zeitschrift, Bd. 222 (1976), S. 342-358, hier S. 349 f.

15 Susanne Kuss, Deutsche Soldaten während des Boxeraufstandes in China. Elemente und Ursprünge des Vernichtungskrieges, in: Das Deutsche Reich und der Boxeraufstand, herausgegeben von Susanne Kuss und Bernd Martin, Bamberg 2002, S. 165-183, hier S. 178.

16 Sösemann, Hunnenrede, S. 345.

17 National Archives Kew (NA) WO 106/6266.

18 BA-MA N103/24, Lebenserinnerungen, S. 96; Lessel, China, S. 177.

19 Lettow-Vorbeck, Mein Leben, S. 49.

20 Lettow-Vorbeck, Mein Leben, S. 53.

21 Lessel, China, S. 183; Gündell, Aus seinen Tagebüchern, S. 14 f.

22 Lettow-Vorbeck, Mein Leben, S. 53; Waldersee, Denkwürdigkeiten, Bd. 3, S. 20 und 33 f.; Deutschland in China, S. 86.

23 Waldersee, Denkwürdigkeiten, Bd. 3, S. 5.

24 Lettow-Vorbeck, Mein Leben, S. 56f.

25 Bayerisches Hauptstaatsarchiv/Kriegesarchiv München (BHStA) MKr 853, Überblick über die in den Kommissionsberatungen über die ostasiatische Expedition zu erörternden Fragen, Aufzeichnung des preußischen Kriegsministeriums vom 1. 11. 1901.

26 Lettow-Vorbeck, Mein Leben, S. 54.

27 Deutschland in China, S. 146-149.

28 Klein, Straffeldzug im Namen der Zivilisation, S. 165.

29 Waldersee, Denkwürdigkeiten, Bd. 3, S. 34, 77, 132 f.

30 Lessel, China, S. 208.

31 NA WO 106/6266, Bericht Griersons an das Kriegsministerium, 24. 1. 1901.

32 BA-MA N103/24, Verwendung in China, S. 19.

33 Mombauer, Wilhelm, S. 100 f.

34 Paul von Lettow-Vorbeck, Kwa heri Bwana! Auf Wiedershen Herr! Erlebnisse in fremden Ländern, Lengerich 1954, S. 9.

35 Waldersee, Denkwürdigkeiten, Bd. 3, S. 66; Deutschland in China, S. 441.

36 NA WO 106/6262, Report on the Organization of the German Contingent China Expeditionary Force, Bericht von Oberst Grierson vom 11. 12. 1900.

37 BA-MA N103/26, Verwendung in China, S. 18; Lettow-Vorbeck, Mein Leben, S. 55 f. Zum guten Eindruck der Japaner vgl. auch Waldersee, Denkwürdigkeiten, Bd. 3, S. 20 f. und 119 f.

38 Der Erinnerungsband »Deutschland in China« spricht bei der Würdigung der Verbündeten abschließend (S. 441) ganz im Sinne der zeitgenössischen nationalen Stereotype vom »blinden Gehorsam und der Treue des russischen Soldaten«, der »Intelligenz« der Franzosen, dem »Schneid und der Reinlichkeit« der Japaner, der »Bedürfnislosigkeit« der Inder, der »Findigkeit«

der Italiener, dem »Selbstbewusstsein und Sportssinn« der Engländer und der »praktischen Ausrüstung« der Amerikaner.

39 NA WO106/6262, Report on the Organization of the German Contingent China Expeditionary Force, Bericht von Oberst Grierson vom 11. 12. 1900.

40 Lessel, China, S. 244.

41 Baron E. Binder-Krieglstein, Die Kämpfe des deutschen Expeditionskorps in China und ihre militärischen Lehren, Berlin 1902, S. 264.

42 BHStA MKr 853, Denkschrift Waldersees über die Erfahrungen in China, 8. 7. 1901; Lessel, China, S. 185 und 211; Lettow-Vorbeck, Mein Leben, S. 62; Binder-Krieglstein, Kämpfe, S. 221 ff.

43 Lettow-Vorbeck, Aus dem Leben Lettow-Vorbecks.

44 BA-MA N103/24, Lebenserinnerungen, S. 100.

45 Richard Meinertzhagen, Army Diary 1899-1926, London 1960, S. 15 (Eintragung vom 1. 7. 1899).

46 Martin Samuels, Command or Control? Command, Training and Tactics in the British and German Armies 1888-1918, London 1995, S. 282.

47 Binder-Krieglstein, Kämpfe, S. 261 ff.

48 Waldersee, Denkwürdigkeiten, Bd. 3, S. 119 f.

49 Lettow-Vorbeck, Mein Leben, S. 68.

50 NA WO 106/6262, Report on the Organization of the German Contingent China Expeditionary Force, Bericht von Oberst Grierson vom 11. 12. 1900.

51 Deutschland in China, S. 84.

52 Katja-Maria Wächter, Die Macht der Ohnmacht. Leben und Politik des Franz Xaver Ritter von Epp 1868-1946, Frankfurt/M. 1999, S. 28 f.

53 Vgl. hierzu Sabine Dabringhaus, An Army on Vacation? The German War in China 1900-1901, in: Anticipating Total War. The German and American Experiences 1871-1914, herausgegeben von Manfred F. Boemcke u. a., Cambridge 1999, S. 459-476.

54 Waldersee, Denkwürdigkeiten, Bd. 3, S. 74.

55 Zum Verlauf des Gefecht vgl. Deutschland in China, S. 234-240.

56 BA-MA N103/26, Verwendung in China.

57 Deutschland in China, S. 439.

58 Waldersee, Denkwürdigkeiten, Bd. 3, S. 60 f.

59 Lettow-Vorbeck, Mein Leben, S. 59. Es handelte sich vermutlich um den Vorstoß des österreichungarischen Marine-Infanteriedetachments in die Gegend von Kau Ende Januar 1901.

60 Rudolf Zabel, Deutschland in China, Lepizig 1902, S. 383.

61 Klein, Straffeldzug im Namen der Zivilisation, S. 159 f.

62 Zabel, Deutschland in China, S. 380 ff.

63 NA WO 106/6262, Report on the Organization of the German Contingent China Expeditionary Force, Bericht von Oberst Grierson vom 11. 12. 1900 sowie WO 106/6266, Berichte Griersons an das Kriegsministerium, 2. 4. und 18. 5. 1901.

64 NA WO 106/6266, Bericht Griersons an das Kriegsministerium, 7. 3. 1901.

65 NA WO 106/6266, Bericht Griersons an das Kriegsministerium, 21. 4. 1901.

66 Zu Trotha vgl. Hull, Absolute Destruction, S. 24 ff.

67 Lettow-Vorbeck, Mein Leben, S. 65.

68 So gab es denn auch beim Expeditionskorps des Heeres während seines Aufenthaltes in China 27 Gefallene und Vermisste, aber 173 Todesfälle durch Krankheiten, insbesondere Ruhr und Typhus. Zahlen aus Deutschland in China, S. 397.

69 Waldersee, Denkwürdigkeiten, Bd. 3, S. 108-119 (Zitat S. 115 f.).

70 BHStA MKr 853, Denkschrift Waldersees über die Erfahrungen in China, 7. 8. 1901; Lessel, China, S. 221 f.

71 Mombauer, Wilhelm, S. 114.

72 BA-MA N103/26, Verwendung in China, S. 21.

73 Waldersee, Denkwürdigkeiten, Bd. 3, S. 138 f.

74 Lettow-Vorbeck, Mein Leben, S. 65.

75 BHStA MKr 853, Überblick über die in den Kommissionsberatungen des ostasiatischen Expeditionskorps zu erörternden Fragen, Aufzeichnung des preußischen Kriegsministeriums vom 1. 11. 1901.

76 Lettow-Vorbeck, Mein Leben, S. 67; Deutschland in China, S. 436 f.

77 Admiralstab der Marine (Hrsg.), Die Kaiserliche Marine während der Wirren in China 1900-1901, Berlin 1903.

78 Deutschland in China, S. 435 f. Das preußische Kriegsministerium hatte am 31. 7. 1901 das bayerische Kriegsministerium darüber informiert, dass lediglich Waldersee einen festlichen Empfang erhalte, Willkommensmaßnahmen für alle anderen Heimkehrertransporte jedoch unterbleiben würden. In: BHStA MKr 847.

79 Lettow-Vorbeck, Mein Leben, S. 68.

80 Deutschland in China, S. 436 f.; Lessel, China, S. 284.

81 Lettow-Vorbeck, Mein Leben, S. 67 ff.

IV. Krieg in Deutsch-Südwestafrika

1 Rang- und Quartiersliste des Königlich Preußischen Heeres 1902, Berlin 1903.

2 Lettow-Vorbeck, Mein Leben, S. 69 ff.

3 BA-MA N103/24, Lebenserinnerungen, S. 129.

4 Der Hereroaufstand wie auch die Geschichte der Kolonie sind sehr gut erforscht. Vgl. u. a. Helmut Bley, Kolonialherrschaft und Sozialstruktur in Südwest-Afrika 1894-1914, Hamburg 1968; Horst Drechsler, Südwestafrika unter deutscher Kolonialherrschaft. Der Kampf der Herero und Nama gegen den deutschen Imperialismus 1884-1915, Berlin (Ost) 1966; John M. Bridgman, The Revolt of the Hereros, Los Angeles 1981; Krüger, Kriegsbewältigung und Geschichtsbewusstsein; Jürgen Zimmerer, Deutsche Herrschaft über Afrikaner. Staatlicher Machtanspruch und Wirklichkeit im kolonialen Namibia, Hamburg 2001; Kundrus, Moderne Imperialisten; Zimmerer/ Zeller (Hrsg.), Völkermord in Deutsch-Südwestafrika. Zu den militärischen Aspekten siehe vor allem Walter Nuhn, Sturm über Südwest. Der Hereroaufstand von 1904. Ein düsteres Kapitel der kolonialen Vergangenheit Namibias, Bonn 1989 und jetzt Hull, Absolute Destruction, S. 7-90.

5 BHStA MKr 853, Denkschrift Waldersees über die Erfahrungen in China, 7. 8. 1901.

6 Vgl. Hauptmann von Haeften, Eine deutsche Kolonialarmee, in: Vierteljahrshefte für Truppenführung und Heereskunde, Bd. 2 (1905), S. 609-639.

7 Vgl. Deutschlands koloniale Wehrmacht in ihrer gegenwärtigen Organisation und Schlagfähigkeit, bearbeitet von einem höheren Offizier, Berlin 1906.

8 BA-MA RW51/18, Überblick über die bei der Entsendung von Verstärkungen für die Schutztruppe in Südwestafrika gesammelten Erfahrungen, 1. 11. 1908.

9 BA-MA N103/26, Verwendung in China und Deutsch-Südwestafrika, S. 22 ff.

10 Petter, Das Offizierskorps der deutschen Kolonialtruppen, S. 164.

11 BA-MA N013/24, Lebenserinnerungen, S. 80.

12 Lettow-Vorbeck, Kwa heri Bwana, S. 22 f.

13 Vgl. Thomas Morlang, »Die Wahehe haben ihre Vernichtung gewollt«. Der Krieg der »Kaiserlichen Schutztruppe« gegen die Hehe in Deutsch-Ostafrika 1890-1898, in: Klein/Schumacher (Hrsg.), Kolonialkriege, S. 80-108, hier S. 97.

14 BA-MA N103/24, Lebenserinnerungen, S. 137.

15 Hull, Absolute Destruction, S. 24-27.

16 Estorff, Wanderungen, S. 116 f.

17 Nuhn, Sturm über Süd-West, S. 182-204.

18 Lettow-Vorbeck, Kwa heri Bwana, S. 22.

19 Militärgeschichtliches Forschungsamt (Hrsg.), Untersuchungen zur Geschichte des Offizierskorps, S. 165 f.

20 BA-MA N103/26, Verwendung in China und Deutsch-Südwestafrika, S. 39.

21 BHStA MKr 853, Überblick über die in den Kommissionsberatungen über die ostasiatische Expedition zu erörtenden Fragen, Aufzeichnung des preußischen Kriegsministeriums vom 1. 11. 1901. Vgl. auch Schulte, Die deutsche Armee 1900-1914, S. 167-170.

22 BA-MA N103/26, Verwendung in China und Deutsch-Südwestafrika, S. 24 f. Vgl. auch Maximilian Bayer, Mit dem Hauptquartier in Südwestafrika, Berlin 1909, S. 278 f.
23 BA-MA RW51/18, Überblick über die bei der Entsendung von Verstärkungen für die Schutztruppe nach Südwestafrika gemachten Erfahrungen, 1. 11. 1908; Deutschlands koloniale Wehrmacht, S. 49 ff.
24 Charles Edward Callwell, Small Wars. Their Principles and Practise, 3. erweiterte Aufl. London 1906, S. 57.
25 Bayer, Hauptquartier, S. 8.
26 Hull, Absolute Destruction, S. 34.
27 NA WO106/268, Bericht Trenchs an das War Office, 31. 10. 1905.
28 Paul Rohrbach, Aus Südwestafrikas schweren Tagen. Blätter von Arbeit und Abschied, Berlin 1909, S. 160-165.
29 Lettow-Vorbeck, Mein Leben, S. 76.
30 Vgl. hierzu aus zeitgenössischer Sicht Callwell, Small Wars, S. 40 sowie Hew Strachan, European Armies and the Conduct of War, London 1983, S. 78 f.
31 Vgl. Jehuda Wallach, Das Dogma der Vernichtungsschlacht. Die Lehren von Clausewitz und Schlieffen und ihre Wirkungen in zwei Weltkriegen, Berlin 1967.
32 Callwell, Small Wars, S. 148; Kurd Schwabe, Dienst und Kriegführung in den Kolonien und auf überseeischen Expeditionen, Berlin 1903, S. 10.
33 Lettow-Vorbeck, Mein Leben, S. 81 sowie Bayer, Hauptquartier, S. 160.
34 Hull, Absolute Destruction, S. 30. In einem Brief an den Generalstab vom 4. 10. 1904, in dem er den zwei Tage zuvor von ihm erlassenen so genannten »Vernichtungsbefehl« rechtfertigte, schrieb Trotha vom Rassenkampf zwischen schwarz und weiß, den er schon 1897 in einem Bericht aus Ostafrika vorausgesagt habe. Vgl. Nuhn, Sturm über Südwest, S. 284.
35 Vereinzelte Hinweise für das von den Herero angeblich nicht genutzte wirtschaftliche Potential des eigentlich reichen Landes finden sich etwa in den Memoiren von Bayer, Mit dem Hauptquartier in Südwestafrika, S. 245 und 287. Zu den USA vgl. Michael Hochgeschwender, The Last Stand: Die Indianerkriege im Westen der USA (1840-1890), in: Klein/Schumacher (Hrsg.), Kolonialkriege, S. 44-79, hier S. 46-48.
36 Vierhaus (Hrsg.), Tagebuch der Baronin Spitzemberg, S. 452 f. (Tagebucheintragung vom 28. 12. 1905).
37 Die Kämpfe der deutschen Truppen in Südwestafrika. Bd. 1 Der Feldzug gegen die Herero, herausgegeben vom Großen Generalstab, Berlin 1906, S. 6.
38 BA-MA N103/77, Unvollendetes Manuskript ohne Titel (ca. 1935).
39 Vgl. Woodruff D. Smith, The German Colonial Empire, Chapel Hill 1978, S. 23 ff. und S. 150 ff.; Gründer, Geschichte der deutschen Kolonien, S. 26 ff., 34 ff., S. 63 f. und 235 f.
40 Paul von Lettow-Vorbeck, Ostafrika Siedlungsland? Welche Kriegserfahrungen liegen herüber vor? Vortrag im Industrie-Club Düsseldorf gehalten am 11. 5. 1934. Als Stenogramm gedruckt, Düsseldorf 1934, S. 4 und S. 14 f.
41 Nuhn, Sturm über Südwest, S. 226; Lettow-Vorbeck, Mein Leben, S. 78.
42 Bayer, Hauptquartier, S. 136-148; Die Kämpfe der deutschen Truppen in Südwestafrika, Bd. 1, S. 164; Paul von Lettow-Vorbeck, Afrika, wie ich es wiedersah, München 1955, S. 33; Nuhn, Sturm über Südwest, S. 225-260.
43 Hull, Absolute Destruction, S. 41.
44 Schwabe, Dienst und Kriegführung in den Kolonien, S. 88 f.
45 Hull, Absolute Destruction, S. 41.
46 Bayer, Hauptquartier, S. 160 ff.; Nuhn, Sturm über Südwest, S. 260 ff.
47 BA-MA RW51/18, Überblick über die bei der Entsendung von Verstärkungen für die Schutztruppe in Südwestafrika gesammelten Erfahrungen, Aufzeichnung des KdS, 1. 11. 1908.
48 Hull, Absolute Destruction, S. 114 f., S. 141 und S. 144.
49 Bayer, Hauptquartier, S. 278.
50 Callwell, Small Wars, S. 93.
51 BA-MA N103/24, Lebenserinnerungen, S. 153.
52 Nuhn, Sturm über Südwest, S. 282-285.
53 Vgl. vor allem Zimmerer/Zeller (Hrsg.), Völkermord in Deutsch-Südwestafrika, passim.
54 Roger Louis, Great Britain and Germany's Lost Colonies 1914-1919, Oxford 1967, S. 31 f.

55 Sanitätsbericht über die Kaiserliche Schutztruppe für Deutsch-Südwestafrika während des Herero- und Hottentottenaufstandes für die Zeit vom 1. 1. 1904 bis 31. 3. 1907, bearbeitet vom Kommando der Schutztruppen im Reichskolonialamt, Bd. 1, Berlin 1909, S. 92 f.
56 BHStA MKr 853, Überblick über die in den Kommissionsberatungen über die ostasiatische Expedition zu erörternden Fragen, Aufzeichnung des preußischen Kriegsministeriums vom 1. 11. 1901.
57 NA WO106/268, Bericht Trenchs an das War Office, 18. 7. 1906.
58 Zahlen für China und Deutsch-Südwestafrika nach Heeressanitätsinspektion (Bearb.), Sanitätsbericht, Bd. 3, S. 91.
59 Sanitätsbericht über die Kaiserliche Schutztruppe, Bd. 2, S. 448 f.; Wolfgang U. Eckart, Medizin und Kolonialimperialismus in Deutschland 1884-1945, Paderborn 1997, S. 273-290.
60 Lettow-Vorbeck, Afrika, wie ich es wiedersah, S. 33.
61 Die Kämpfe der deutschen Truppen in Südwestafrika, Bd. 1, S. 218.
62 Der Nama-Aufstand hat in der Historiographie bislang weniger Beachtung gefunden als der Krieg gegen die Herero. Zu den militärischen Aspekten vgl. insbesondere Walter Nuhn, Feind überall. Der große Nama-Aufstand 1904-1908 in Deutsch-Südwestafrika. Der erste Partisanenkrieg in der Geschichte der deutschen Armee, Bonn 2000. Eher eine unzusammenhängende Materialsammlung als eine Darstellung liefert Andreas Heinrich Bühler, Der Nama-Aufstand gegen die deutsche Kolonialherrschaft in Namibia von 1904-1907, Frankfurt/M. 2003.
63 Theodor Leutwein, Elf Jahre Gouverneur in Südwestafrika, 2. Aufl. Berlin 1907, S. 528 f.
64 Bayer, Hauptquartier, S. 42 (Herero) bzw. S. 236 und 258 (Hendrik Witbooi und Morenga); Lettow-Vorbeck, Mein Leben, S. 76 und 84; Die Kämpfe der deutschen Truppen in Südwestafrika, Bd. 1, S. 4; Leutwein, 11 Jahre Gouverneur, S. 531 f.
65 Bayer, Hauptquartier, S. 235.
66 Deutschlands koloniale Wehrmacht, S. 83.
67 Die Kämpfe der deutschen Truppen in Südwestafrika. Bd. 2: Der Feldzug gegen die Hottentotten, herausgegeben vom Großen Generalstab, Berlin 1907, S. 335.
68 Eckart, Medizin und Kolonialimperialismus, S. 276.
69 Nuhn, Feind überall, S. 85 ff.; Leutwein, 11 Jahre Gouverneur in Südwestafrika, S. 533.
70 Hull, Absolute Destruction, S. 64-69.
71 NA WO106/268, Bericht von Oberstleutnant Trench an das Kriegsministerium, 10. 10. 1905.
72 Nuhn, Sturm über Süd-West, S. 302 f.; Nuhn, Feind überall, S. 164 ff.
73 Lettow-Vorbeck, Mein Leben, S. 88.
74 Lettow-Vorbeck, Mein Leben, S. 88.
75 BA-MA N103/76, Tagebucheintragungen des Oberarztes Schulz aus Lettow-Vorbecks Kompanie, Oktober 1905.
76 BA-MA N103/26, Verwendung in China und Südwestafrika, S. 44. Vgl. Callwell, Small Wars, S. 130 f.
77 Einzig Ochsen konnten sich von der kargen Vegetation im Süden der Kolonie ernähren, für Maultiere und Pferde musste hingegen Futter mitgeführt werden.
78 Nuhn, Feind überall, S. 205-208.
79 Lettow-Vorbeck, Kwa heri Bwana, S. 57.
80 BA-MA N106/26, Verwendung in China und Südwestafrika, S. 52 ff.
81 Leutwein, 11 Jahre Gouverneur in Südwestafrika, S. 534, Lettow-Vorbeck, Mein Leben, S. 95.
82 Die Kämpfe der deutschen Truppen in Südwestafrika, Bd. 2, S. 254.
83 Lettow-Vorbeck, Mein Leben, S. 95.
84 BA-MA N106/76, Tagebuch des Oberarztes Dr. Schulz, Eintragung vom 7. 1. 1906.
85 Lettow-Vorbeck, Mein Leben, S. 95-102.
86 Smith, The German Colonial Empire, S. 185-191.
87 Bayer, Hauptquartier, S. 284; Die Kämpfe der deutschen Truppen in Südwestafrika, Bd. 2, S. 300.
88 Die Kämpfe der deutschen Truppen in Südwestafrika, Bd. 2, S. 300.
89 Storz, Kriegsbild und Kriegsrüstung, S. 136 ff.
90 Storz, Kriegsbild und Kriegsrüstung, S. 137. Der Autor liefert ähnliche Belege für einen britischen und Schweizer Militärbeobachter.

91 Leistenschneider, Auftragstaktik im preußisch-deutschen Heer, S. 128 ff.; Echevarria, After Clausewitz, S. 69 und 121 ff.

92 Petter, Das Offizierskorps der deutschen Kolonialtruppen, S. 165-168.

V. Zwischen Heimatheer und Überseeverwendung

1 BA-MA N103/24, Lebenserinnerungen, S. 190 f.

2 Georg von Alten (Hrsg.), Handbuch für Heer und Flotte. Bd. 1, Berlin 1909, S. 139.

3 BA-MA N103/24, Lebenserinnerungen, S. 191.

4 Ulrich Trumpener, Junkers and Others. The Rise of Commoners in the Prussian Army 1871-1914, in: Canadian Journal of History, Bd. 14 (1979), S. 29-47, hier S. 43 f.

5 Lettow-Vorbeck, Mein Leben, S. 104.

6 Dorn, The Kaiser's Army, S. 61, 90, 157 f.

7 BA-MA N103/24, Erinnerungen, S. 194 f. BAB RK B114, Lebenslauf von Friedrich von Lettow-Vorbeck von 1938.

8 Lettow-Vorbeck, Mein Leben, S. 114.

9 Lettow-Vorbeck, Mein Leben, S. 106 f.

10 Vgl. die Altersangaben in den erhaltenen Qualifikationsberichten der Offiziere der Marine-Infanterie aus jenen Jahren in: BA-MA RM2/842.

11 BA-MA R2/1093, Inspektion der Marine-Infanterie an den Chef des Marinekabinetts betr. vorzugsweise Beförderung von Offizieren der Marine-Infanterie, Schreiben vom 15. 6. 1905.

12 Vgl. Oberstleutnant von Prittwitz und Gaffron, Geschichte des I. Seebataillons, Oldenburg 1912.

13 Lettow-Vorbeck, Meine Erinnerungen aus Ostafrika, S. 14.

14 Vgl. Die Kämpfe der deutschen Truppen in Südwestafrika, Bd. 1, S. 17 und 130. Unterlagen zu den Beratungen der Kommission befinden sich in BA-MA RM3/4323 und RW51/18-19.

15 BA-MA RM3/4323, Grundzüge der Stellungnahmen des Kriegsministeriums vom 21. 11. 1908; Überblick über die bei der Entsendung von Verstärkungen für die Schutztruppe gemachten Erfahrungen und die in den Kommissionsberatungen zu erörternden Fragen, Aufzeichnung des KdS vom 1. 11. 1908.

16 Haeften, Eine deutsche Kolonialarmee, S. 612.

17 BA-MA RM3/4323, Grundzüge für die Stellungnahme des Kriegsministeriums, 21. 11. 1908.

18 Smith, The German Colonial Empire, S. 121 ff.; Gründer, Geschichte der deutschen Kolonien, S. 63 ff.

19 BA-MA RM3/4323, Überblick über die bei der Entsendung von Verstärkungen für die Schutztruppe in Südwestafrika gesammelten Erfahrungen, 1. 11. 1908.

20 Estorff, Wanderungen, S. 145 f.

21 Schwabe, Dienst und Kriegführung in den Kolonien, S. 1; vgl. auch zur damaligen Diskussion hinsichtlich der Besiedlung Afrikas unter medizinischen Gesichtspunkten Kundrus, Moderne Imperialisten, S. 162 ff.

22 Dr. Steuber, Über die Verwendbarkeit europäischer Truppen in tropischen Kolonien vom gesundheitlichen Standpunkte, in: Vierteljahrshefte für Truppenführung und Heereskunde, Bd. 4 (1907), S. 232-268.

23 BA-MA RW51/19, Ergebnisse der Kommission zur Beratung der aufgrund der Entsendung von Verstärkungen für die Schutztruppe in Südwestafrika gemachten Erfahrungen, März 1909.

24 Statistisches Jahrbuch für das Deutsche Reich, Bd. 30 (1909), Berlin 1909, S. 303.

25 Mombauer, Helmuth von Moltke, S. 83.

26 Vgl. Holger H. Herwig, Das Offizierskorps der kaiserlichen Marine vor 1918, in: Das Deutsche Offizierskorps 1860-1960, herausgegeben von Hans Hubert Hoffmann, Boppard 1980, S. 139-161.

27 Lettow-Vorbeck, Mein Leben, S. 107.

28 BA-MA RM3/4323, Ausführungen des Korvettenkapitäns Löhlein in der Sitzung vom 17. 2. 1909 zur Frage der Verwendung der Marine-Infanterie als Expeditionstruppe.

29 BA-MA RM3/4324, Schreiben der Inspektion der Marine-Infanterie an das Kommando der Marinestation der Ostsee, 31. 5. 1911.

30 A. Harding Ganz, Colonial Policy and the German Imperial Navy, in: Militärgeschichtliche Mitteilungen, Heft 21 (1977), S. 35-52.

31 Deist, Miltär, Staat und Gesellschaft, S. 9-13.

32 Lettow-Vorbeck, Mein Leben, S. 108 f.

33 BA-MA N103/20, Persönliche Erinnerung an General von Lettow-Vorbeck als Kommandeur des ehemaligen II. Seebataillons in Wilhelmshaven, Manuskript von Elimar Böning (ca. 1935).

34 Historisches Archiv des Westdeutschen Rundfunks Köln (HA WDR) Bd. 00471, Brief von W. H. Koch an den WDR, 12. 11. 1966.

35 BA-MA RM2/842, Auszüge aus den Qualifikationsberichten über die Offiziere der Marine-Infanterie. Zur Aussagekraft der Qualifikationsberichte vgl. Ostertag, Bildung, S. 70 f.

36 Lettow-Vorbeck, Mein Leben, S. 111 f.

37 BA-MA RM2/1093, Notiz des Admirals von Müller, 9. 6. 1908.

38 BA-MA RM2/1850, Korrespondenz zwischen Militärkabinett und Marinekabinett, Dezember 1909 bis Februar 1910.

39 Thomas Morlang, »Ich habe die Sache satt hier, herzlich satt«. Briefe des Kolonialoffiziers Rudolf von Hirsch aus Deutsch-Ostafrika 1905-1907, in: Militärgeschichtliche Zeitschrift, Heft 61 (2002), S. 489-521, hier S. 498.

40 Petter, Das Offizierskorps der deutschen Kolonialtruppen, S. 167; Peter Duignan und L.H. Gann, The Rulers of German Africa 1884-1914, Stanford 1977, S. 109 f.; Morlang, »Ich habe die Sache satt hier, herzlich satt«, S. 497.

41 BHStA MKr 792, Anforderungen des Kommandos der Schutztruppen an das bayerische Kriegsministerium bezüglich Anwärtern aus dem bayerischen Heer, ca. 1912.

42 Hermann von Wissmann, Afrika. Schilderungen und Rathschläge zur Vorbereitung für den Aufenthalt und Dienst in den deutschen Schutzgebieten, Berlin 1895, S. 76 f.

43 NA Cab45/27, General Lessons of the East African Campaign, Memorandum von Brigadegeneral J. E. Edmonds von der Historical Section des Committee for Imperial Defense, Sommer 1933. Zu den King's African Rifles vgl. Timothy Parsons, The African Rank-and-File. Social Implications of Colonial Military Service in the King's African Rifles 1902-1964, Oxford 1999.

44 Zahlen nach Vgl. Deutscher Offiziersbund (Hrsg.), Ehrenrangliste des ehemaligen deutschen Heeres 1914-1918, Berlin 1926, passim.

45 BA-MA N103/26, Erinnerungen, S. 212.

46 Rudolf Schmidt-Bückeburg, Das Militärkabinett der preußischen Könige und deutschen Kaiser. Seine geschichtliche Entwicklung und staatsrechtliche Stellung 1787-1918, Berlin 1933, S. 231 ff.

47 Smith, The German Colonial Empire, S. 197 ff.; Duignan/Gann, The Rulers of German Africa, S. 139 f. und 177 f.

48 Vgl. hierzu Kirsten Zirkel, Military Power in German Colonial Policy. The Schutztruppen and their Leaders in East and South-West Africa 1888-1918, in: Guardians of Empire. The Armed Forces of the Colonial Powers 1700-1964, herausgegeben von David Killingray and David Omissi, Manchester 1999, S. 91-113.

49 BA-MA RM3/4323, Überblick über die bei der Entsendung von Verstärkungen für die Schutztruppe in Südwestafrika gesammelten Erfahrungen, Aufzeichnung des Kommandos der Schutztruppen vom 1. 11. 1908.

50 Deutscher Offiziersbund (Hrsg.), Ehrenrangliste des ehemaligen deutschen Heeres, S. 1010 ff.

51 BA-MA RM2/1108, Schreiben des Chefs des Militärkabinetts an den Chef des Marinekabinetts, 5. 8. 1913.

52 Klaus Epstein, Erzberger and the German Colonial Scandals 1905-1910, in: English Historical Review, Bd. 74 (1959), S. 637-663.

53 Verhandlungen des Reichstags. 13. Legislaturperiode, 127. Sitzung vom 6. 3. 1913, S. 4307.

54 Einige Unterlagen zum Fall Schleinitz befinden sich in Bundesarchiv Berlin (BAB) R43/I/932-933.

55 BA-MA RM2/1108, Schreiben des Chefs des Militärkabinetts an den Chef des Marinekabinetts, 15. 10. 1913.

56 BHStA MKr 779, Bestimmungen für die Kommandierung von Offizieren zum Seminar für orientalische Sprachen in Berlin zwecks Vorbereitung für den Schutztruppendienst, Rundschreiben des preußischen Kriegsministeriums vom 23. 12. 1910.

[57] Heinrich Schnee, Als letzter Gouverneur in Deutsch-Ostafrika. Erinnerungen, Berlin 1964, S. 9.
[58] Deist, Militär, Staat und Gesellschaft, S. 55.
[59] Dienstaltersliste der Offiziere der Königlich-Preußischen Armee und des XIII. (württembergischen) Armeekorps 1913/14, Berlin 1914, S. 9 ff.
[60] Altersangaben nach BA-MA Militärgeschichtliche Sammlung.

VI. Friedensmonate in Deutsch-Ostafrika

[1] Kurzcharakterisierungen Lettow-Vorbecks finden sich u. a. bei Leonidas E. Hill (Hrsg.), Die Weizäcker-Papiere. Bd. 2: 1933-1950, Stuttgart 1974, S. 59 (Tagebucheintragung vom 29. 1. 1933), C. P. Fendall, East-African Force 1915-1919. An Unofficial Record of its Creation and Fighting Career, London 1921, S. 128 sowie in den unveröffentlichten Tagebüchern von Richard Meinertzhagen in der CRL (Tagebucheintragungen vom 1. 6. 1926, 2. 12. 1929, 3. 12. 1929, 23. 6. 1939) und in den unveröffentlichten Passagen von Heinrich Schnees Memoirenmanuskript »Aufstieg und Fall der deutschen Kolonialära« in Bd. 20 seines Nachlasses im PGStA (S. 201 ff.).
[2] Zitiert nach Judith Thurman, Isak Dinesen. The Life of Karen Bixen, Hammondsworth 1984, S. 142.
[3] Karen Blixen, Out of Africa, Harmondsworth 1985, S. 190 f.
[4] Lettow-Vorbeck, Mein Leben, S. 116.
[5] Ada Schnee, Meine Erlebnisse während des Krieges in Ostafrika, Leipzig 1918, S. 14 f.
[6] Juhani Koponen, Development for Exploitation. German Colonial Policies in Mainland Tanzania 1884-1914, Helsinki 1995, S. 623.
[7] BAMA N14/21, Kommandobefehl Nr. 4 der Schutztruppe vom 30. 4. 1914.
[8] Gann/Duignan, The Rulers of German Africa, S. 170. Einen guten Überblick über die Geschichte der Kolonie bietet Gründer, Geschichte der deutschen Kolonien, S. 154-169 sowie John Illife, A Modern History of Tanganyika, Cambridge 1979, S. 85 ff. Sehr gute Informationen über Topographie, Bevölkerung, Klima, die deutsche Verwaltung und militärische Präsenz liefert auch das vom britischen Marinenachrichtendienst im Ersten Weltkrieg erstellte Nachschlagewerk Admiralty War Staff Intelligence Service (Hrsg.), A Handbook of German East Africa, London 1916.
[9] Schnee, Als letzter Gouverneur in Deutsch-Ostafrika, S. 115.
[10] Hauptmann Bock von Wülfingen, Die militärische Lage in Deutsch-Ostafrika, in: Jahrbuch über die deutschen Kolonien, Bd. 7 (1914), S. 38 f.
[11] BAMA N103/24, Lebenserinnerungen, S. 216.
[12] Die Residenzen unterlagen im Gegensatz zu den Bezirken einer indirekten Kontrolle durch die Kolonialmacht. Sie umfassten Ruanda, Burundi und Bukoba im Nordwesten.
[13] BAK N1053/36, Tagebuch Wilhelm Solfs über seine Ostafrikareise 1912 (Tagebucheintragung vom 14. 8. 1912); Schnee, Als letzter Gouverneur in Deutsch-Ostafrika, S. 131 f.
[14] Wilhelm Methner, Unter drei Gouverneuren. 16 Jahre Dienst in deutschen Tropen, Berlin 1938, S. 296 f.; Theodor Seitz, Südafrika im Weltkriege, Berlin 1920, S. 1 ff.; Wilhelm Arning, Vier Jahre Weltkrieg in Deutsch-Ostafrika, Hannover 1920, S. 30.
[15] Bock von Wülfingen, Die militärische Lage in Deutsch-Ostafrika, S. 39.
[16] Vgl. Organisatorische Bestimmungen für die Kaiserlichen Schutztruppen in Afrika (Schutztruppenordnung), Berlin 1898, S. 2.
[17] Schnee, Als letzter Gouverneur in Deutsch-Ostafrika, S. 129-133.
[18] Wehler, Das Deutsche Kaiserreich, S. 158.
[19] Imperial War Museum London (IWM), Extracts from General von Lettow-Vorbeck's Private Diary (ca. Frühjahr 1918). Bei diesen »Tagebüchern« Lettow-Vorbecks handelt es sich um Aufzeichnungen der Schutztruppe bzw. ihres Kommandeurs, die am Ende des Zweiten Weltkriegs im Potsdamer Kriegsarchiv wie die meisten anderen Unterlagen zur preußisch-deutschen Militärgeschichte verbrannten. Nach der Kapitulation der Schutztruppe im November 1918 fertigten die britisch-südafrikanischen Truppen aber übersetzte Abschriften dieser an, von denen eine im IWM erhalten geblieben ist. Die vier nicht paginierten Bände im Umfang von etwa

2 000 Seiten umfassen zu etwa 4/5 eine Art Kriegstagebuch der Schutztruppe von August 1914 bis November 1918 mit eingehenden Lageberichten, ausgegebenen Befehlen und Lagebeurteilungen. Es enthält sich daher persönlicher Bemerkungen. Am Ende des vierten Bandes der erbeuteten Papiere, die ursprünglich vermutlich nicht zusammen aufbewahrt worden waren, folgt das »Private Diary«, d. h. reflektierende und vor persönlichen Wertungen nicht scheuende Aufzeichnungen Lettow-Vorbecks über seine Erfahrungen als Kommandeur der Schutztruppe seit 1914. Diese entstanden vermutlich Anfang 1918 in Portugiesisch-Ostafrika, denn sie gehen nicht über das Jahr 1917 hinaus.

20 Zu Schnee vgl. L. H. Gann, Heinrich Schnee (1871-1949), in: European Proconsuls. European Governors in Africa, herausgegeben von L. H. Gann und Peter Duignan, Stanford 1978, S. 492-522 sowie Schnee, Als letzter Gouverneur in Deutsch-Ostafrika, S. 6 ff.

21 Gann, Schnee, S. 494 ff.; zu den deutschen Kolonialbeamten vgl. auch Gann/Duignan, The Rulers of German Africa, S. 47 ff.

22 Methner, Unter drei Gouverneuren, S. 291 ff.

23 Schnee, Als letzter Gouverneur in Deutsch-Ostafrika, S. 9 und S. 129-133.

24 Lettow-Vorbeck, Meine Erinnerungen aus Ostafrika, S. 15.

25 Imperial War Museum London (IWM), Translation of General von Lettow-Vorbeck's Diary, Bd. 4: Extracts from General von Lettow-Vorbeck's Private Diary (ca. Frühjahr 1918).

26 Anleitung zum Felddienst in Deutsch-Ostafrika, Dar-es-Salaam 1911, S. 17.

27 Zur Geschichte und schwarzem Personal der Schutztruppe Mann, Mikono ya damu sowie Michael Pesek, Koloniale Herrschaft in Deutsch-Ostafrika. Expeditionen, Militär und Verwaltung seit 1880, Frankfurt/M. 2005, S. 300-324. Zeitgenössisch Ernst Nigmann, Geschichte der kaiserlichen Schutztruppe für Deutsch-Ostafrika, Berlin 1911 und Dr. Becker, Die Schutztruppe für Deutsch-Ostafrika. Ein Rückblick auf das erste Vierteljahrhundert ihres Bestehens, in: Jahrbuch über die deutschen Kolonien, Bd. 7 (1914), S. 115-130. Zur militärischen Gliederung am Vorabend des Ersten Weltkriegs vgl. auch Deutschlands koloniale Wehrmacht in ihrer gegenwärtigen Organisation und Schlagkraft, S. 4-26 sowie Boell, Die Operationen in Ostafrika, S. 19 ff.

28 Zur Etymologie vgl. Stefanie Michels, Askari – treu bis in den Tod? Vom Umgang der Deutschen mit ihren schwarzen Soldaten, in: AfrikanerInnen in Deutschland und schwarze Deutsche – Geschichte und Gegenwart, herausgegeben von Marianne Bechthaus-Gerst und Reinhardt Klein-Arendt, Münster 2004, S. 171-186, hier S. 171 f.

29 Vgl. hierzu Philip D. Curtain, Death by Migration. Europe's Encounter with the Tropical World in the 19th Century, Cambridge 1989.

30 Wissmann, Afrika, S. 58 ff.

31 Curtain, Death by Migration, S. 107.

32 Anleitung zum Felddienst in Deutsch-Ostafrika, S. 50 f. und S. 91.

33 Ministère de la Défense Nationale (Hrsg.), Les campagnes coloniales belges. Bd. 1, Brüssel 1927, S. 33; W. D. Downes, With the Nigerians in German East Africa, London 1919, S. 55.

34 Hauptmann Bock von Wülfingen, Die militärische Lage in Deutsch-Ostafrika, in: Jahrbuch über die deutschen Kolonien, Bd. 6 (1913), S. 50-53, hier S. 53.

35 Ähnliches galt für die KAR in Britisch-Ostafrika. Vgl. Parsons, The African Rank-and-File, S. 5.

36 Anleitung zum Felddienst in Deutsch-Ostafrika, S. 6.

37 Iliffe, A Modern History of Tanganyika, S. 44-46. Vgl. auch Geoffrey Hodges, Kariakor. The Carrier Corps. The Story of Military Labour Forces in the Conquest of German East Africa 1914-1918, Nairobi 1999, S. 6 ff.

38 Mann, Mikono ya damu, S. 234 f.; für die KAR Parsons, The African Rank-and-File, S. 55; für Kamerun Herbert Pürschel, Die Kaiserliche Schutztruppe für Kamerun. Gefüge und Aufgabe, Berlin 1936, S. 19.

39 Mann, Mikono ya damu, S. 240 f.

40 Maximilian Decker, Afrikanisches und Allzu-Afrikanisches. Erlebtes und Erlauschtes in Deutsch-Ostafrika 1914-1917, Leipzig 1932, S. 212.

41 Anleitung zum Felddienst in Deutsch-Ostafrika, S. 7.

42 BAMA N103/99, Die Schutztruppe für Deutsch-Ostafrika im Frieden und im Kriege, Vortrag des Freiherrn von Lynecker vom 3. 1. 1931.

[43] Boell, Die Operationen in Ostafrika, S. 19.
[44] Anleitung zum Felddienst in Deutsch-Ostafrika, S. 7.
[45] Zum Verhältnis der Kolonialmacht zum Islam in Ostafrika vgl. Michael Pesek, Kreuz oder Halbmond. Die deutsche Kolonialpolitik zwischen Pragmatismus und Paranoia in Deutsch-Ostafrika 1908-1914, in: Mission und Gewalt, herausgegeben von J. Becher und U. von Heyden, Stuttgart 2000, S. 97-112.
[46] Anleitung zum Felddienst in Deutsch-Ostafrika, S. 10.
[47] Mann, Mikono ya damu, S. 231.
[48] Organisatorische Bestimmungen für die Kaiserlichen Schutztruppen in Afrika, S. 4.
[49] Pürschel, Die kaiserliche Schutztruppe für Kamerun, S. 18.
[50] Wissmann, Afrika, S. 64; Pürschel, Die kaiserliche Schutztruppe für Kamerun, S. 43.
[51] Wissmann, Afrika, S. 67.
[52] BAMA N103/99, Die Schutztruppe für Deutsch-Ostafrika im Frieden und im Kriege, Vortrag des Freiherrn von Lynecker vom 3. 1. 1931.
[53] Vgl. etwa die Charakterisierung der schwarzen nigerianischen Soldaten durch ihren britischen Hauptmann Downes, With the Nigerians in German East Africa, S. 290. Ein Beispiel für die zeitgenössische Beurteilung der Tirailleurs Sénégalais durch ihre französischen Vorgesetzten liefert Christian Koller, »Von Wilden aller Rassen niedergemetzelt«. Die Diskussion um die Verwendung von Kolonialtruppen in Europa zwischen Rassismus, Kolonial- und Militärpolitik 1914-1930, Stuttgart 2001, S. 273.
[54] Lettow-Vorbeck, Meine Erinnerungen an Ostafrika, S. 20.
[55] Zu den pauschalisierenden Urteilen der Zeitgenossen über alle Afrikaner Jutta Bückendorf, Schwarz-Weiß-Rot über Ostafrika. Deutsche Kolonialpläne und afrikanische Realität, Münster 1997, S. 263-267. Vgl. auch Martin Schubert, Der schwarze Fremde. Das Bild des Schwarzafrikaners in der parlamentarischen und publizistischen Kolonialdiskussion in Deutschland von den 1870er bis in die 1930er Jahren, Stuttgart 2003.
[56] Grundlegend hierzu Mann, Mikono ya damu, passim.
[57] Iliffe, A Modern History of Tanganyika, S. 168 ff.
[58] Nigmann, Geschichte der kaiserlichen Schutztruppe, S. 135 ff.
[59] Nigmann, Geschichte der kaiserlichen Schutztruppe, S. 125; Lettow-Vorbeck, Meine Erinnerungen aus Ostafrika, S. 7-9.
[60] Wissmann, Afrika, S. 12 f. und S. 28. Das gleiche Vorurteil hatten die deutschen Offiziere gegenüber den Askari in Kamerun. Vgl. Pürschel, Die kaiserliche Schutztruppe für Kamerun, S. 84.
[61] Richard Meinertzhagen, Kenya Diary 1902-1906, Oxford 1957, S. 311 f. (Tagebucheintragung vom 13. 4. 1906).
[62] Heinrich Mentzel, Die Kämpfe in Kamerun 1914-1916. Vorbereitung und Verlauf, Berlin 1936, S. 26.
[63] Anleitung zum Felddienst in Deutsch-Ostafrika, S. 2 und S. 15.
[64] Heinrich Schnee, Deutsch-Ostafrika im Weltkrieg. Wie wir lebten und wie wir kämpften, Leipzig 1919, S. 118; Boell, Die Operationen in Ostafrika, S. 22 f.
[65] BAMA N14/14, Denkschrift des KdS über Mobilmachungsvorarbeiten für den Fall eines Krieges mit einer Großmacht für Deutsch-Ostafrika, 27. 4. 1912.
[66] Wolfgang J. Mommsen, The Topos of Inevitable War in Germany in the Decade Before 1914, in: Germany in the Age of Total War. Essays in Honour of Francis Carsten, herausgegeben von Volker R. Berghahn und Martin Kitchen, London 1981, S. 23-45. Für das Offizierskorps vgl. auch Stig Förster, Die deutsche Offizierselite zwischen Religion und Sozialdarwinismus 1870-1914, in: »Gott mit uns«. Nation, Religion und Gewalt im 19. und frühen 20. Jahrhundert, herausgegeben von Gerd Krumeich und Hartmut Lehmann, Göttingen 2000, S. 193-211, hier S. 204 ff.
[67] Lettow-Vorbeck, Meine Erinnerungen aus Ostafrika, S. 3 f.
[68] Lettow-Vorbeck, Mein Leben, S. 118 f.
[69] Bernhardi, Deutschland und der nächste Krieg, S. 95 f. und S. 106 (Zitat).
[70] Mommsen, The Topos of Inevitable War, S. 35 f. sowie ders., Imperial Germany 1867-1918. Politics, Culture and Society in an Authoritarian State, London 1995, S. 201 f.

71 Boell, Die Operationen in Ostafrika, S. 23 (Zitat); Lettow-Vorbeck, Meine Erinnerungen aus Ostafrika, S. 4.
72 BA-MA N103/62, Betrachtungen zur Lage der deutschen Schutztruppe zu Beginn und während des Ersten Weltkriegs (ca. 1936). Zum unterschiedlichen Führungsstil in beiden Armeen vgl. Samuels, Command or Control?, passim.
73 Bernhardi, Deutschland und der nächste Krieg, S. 151.
74 Vgl. Stig Förster, Dreams and Nightmares. German Military Leadership and the Image of Future Warfare 1871-1914, in: Anticipating Total War. The German and American Experiences 1871-1914, herausgegeben von Manfred F. Boemeke u. a., Cambridge 1999, S. 343-376 sowie Mombauer, Helmuth von Moltke, S. 94 f. und S. 212 f.
75 Michael Fröhlich, Von Konfrontation zur Koexistenz. Die deutsch-britischen Kolonialbeziehungen in Afrika zwischen 1884 und 1914, Bochum 1990, S. 269 ff.
76 NA FO704/2, Bericht von Konsul King an das Foreign Office, 9. 6. 1914.
77 Samson, Britain, S. 21 f.; Strachan, The First Word War, S. 496.
78 Lettow-Vorbeck, Meine Erinnerungen aus Ostafrika, S. 9; Lettow-Vorbeck, Mein Leben, S. 120.
79 Mentzel, Die Kämpfe in Kamerun, S. 28; Boell, Die Operationen in Ostafrika, S. 434 f.
80 Vgl. hierzu Paul Kennedy, The Rise of Anglo-German Antagonism 1860-1914, London 1980, S. 410 ff.
81 BA-MA N14/14, Denkschrift des KdS über Mobilmachungsvorarbeiten für den Fall eines Krieges mit einer Großmacht für Deutsch-Ostafrika, 27. 4. 1912.
82 BA-MA RH61/40, Der Krieg in den Kolonien (Einleitungskapitel des Manuskripts der Kriegsgeschichtlichen Forschungsanstalt des Heeres für den nicht veröffentlichten Kolonialband der vom Reichsarchiv herausgegeben amtlichen deutschen Weltkriegsgeschichte aus den dreißiger Jahren).
83 Mentzel, Die Kämpfe in Kamerun, S. 29.
84 Mentzel, Die Kämpfe in Kamerun, S. 32 f.; Boell, Die Operationen in Ostafrika, S. 22 f.
85 BA-MA RH61/40, Der Krieg in den Kolonien (Einleitungskapitel des Manuskripts der Kriegsgeschichtlichen Forschungsanstalt des Heeres für den nicht veröffentlichten Kolonialband der vom Reichsarchiv herausgegeben amtlichen deutschen Weltkriegsgeschichte aus den dreißiger Jahren).
86 So zumindest Mentzel, Die Kämpfe in Kamerun, S. 30 auf Basis der Akten des KdS, die im Zweiten Weltkrieg vernichtet wurden.
87 BA-MA N103/62, Betrachtungen zur Lage der deutschen Schutztruppe zu Beginn und während des Ersten Weltkriegs (ca. 1936).
88 Vgl. hierzu Jack Snyder, The Doctrine of the Offensive. Military Decision-Making and the Disasters of 1914, Ithaca/N.Y. 1984.
89 Militärisches Orientierungsheft für Deutsch-Ostafrika, Dar-es-Salaam 1911.
90 PGStA Nachlass Schnee Bd. 20, Aufstieg und Ende der Kolonialära (Memoirenmanuskript), S. 198-202 (Zitat S. 198).
91 BA-MA N14/1, Der Feldzug in Deutsch-Ostafrika 1914-1918 (Manuskript von Ludwig Boell).
92 BA-MA N14/2, Schreiben des RKA an den Gouverneur von Deutsch-Ostafrika, 17. 7. 1914.
93 BA-MA N14/1, Der Feldzug in Deutsch-Ostafrika 1914-1918 (Manuskript von Ludwig Boell).

VII. Der »tolle Mullah“

1 James Joll, The Origins of the First World War, 2. Aufl. London 1992, S. 200 f.
2 Grundlegend hierzu Jeffrey Verhey, Der »Geist von 1914« und die Erfindung der Volksgemeinschaft, Hamburg 2000 sowie Christian Geinitz, Kriegsfurcht und Kampfbereitschaft, Das Augusterlebnis in Freiburg. Eine Studie zum Kriegsbeginn 1914, Essen 1998.
3 Schnee, Deutsch-Ostafrika im Weltkriege, S. 28; ebenso Methner, Unter drei Gouverneuren, S. 347 f.
4 BAB R1001/875, Bericht über meine Tätigkeit und Erlebnisse während des Krieges in Deutsch-Ostafrika, 30. 1. 1919.

[5] IWM Tagebuch Norman Kings, 1. und 5. 8. 1914.
[6] Afflerbach, Falkenhayn, S. 170.
[7] Mosley, Duel for Kilimanjaro, S. 17 f.
[8] BA-MA RH61/40, Der Krieg in den Kolonien (Einleitungskapitel des Manuskripts der Kriegsgeschichtlichen Forschungsanstalt des Heeres für den nicht veröffentlichten Kolonialband der vom Reichsarchiv herausgegeben amtlichen deutschen Weltkriegsgeschichte aus den dreißiger Jahren).
[9] Marine-Archiv (Hrsg.), Der Krieg zur See 1914-1918. Bd. 7: Die Kämpfe der Kaiserlichen Marine in den deutschen Kolonien, Berlin 1935, S. 132.
[10] Vgl. Reinhard Klein-Arndt, Kamina ruft Nauen! Die Funkstellen in den deutschen Kolonien 1904-1918, Köln 1996, S. 294 f.
[11] IWM, Translation of General von Lettow-Vorbeck's Diary, Bd. 1, 7. 8. 1914.
[12] Hordern (Bearb.), Military Operations in East Africa, S. 30 f.; Louis, Great Britain and Germany's Lost Colonies, S. 36 f. und S. 9 (Zitat); Anderson, The Forgotten Front, S. 18 und S. 32; Samson, Britain, S. 42 f.
[13] Boell, Die Operationen in Ostafrika, S. 34-43.
[14] PGStA Nachlass Schnee Bd. 20, Aufstieg und Ende der Kolonialära (Memoirenmanuskript), S. 197.
[15] Schnee, Deutsch-Ostafrika im Weltkrieg, S. 35 f.
[16] PGStA Nachlass Schnee Bd. 20, Aufstieg und Ende der Kolonialära (Memoirenmanuskript), S. 212.
[17] Boell, Die Operationen in Ostafrika, S. 24.
[18] IWM Translation of General von Lettow-Vorbeck's Diary, Bd. 4: Extracts from General von Lettow-Vorbeck's Private Diary.
[19] Meinertzhagen, Army Diary, S. 105.
[20] PGStA Nachlass Schnee Bd. 20, Aufstieg und Fall der deutschen Kolonialära (Memoirenmanuskript), S. 202-206 (Zitat S. 206).
[21] IWM Translation of General von Lettow-Vorbeck's Diary, Bd. 1, 10. 8. 1914.
[22] Anderson, The Forgotten Front, S. 36.
[23] Vgl. Ascan Roderich Lutheroth, Tunukwenda. Auf Kriegssafari in Deutsch-Osafrika, Hamburg 1938, S. 29 sowie August Hauer, Kumbuke. Erlebnisse eines Arztes in Deutsch-Ostafrika, Berlin 1922, S. 72.
[24] IWM, Translation of General von Lettow-Vorbeck's Diary, Bd. 1, 10. 8. 1914.
[25] Anderson, Forgotten Front, S. 45-47.
[26] Samson, Britain, 33 f.
[27] Schnee, Deutsch-Ostafrika im Weltkrieg, S. 40.
[28] NA Cab 45/28, A lesson from the East African Campaign: Suitability of different types of troop for warfare in East Africa, Aufzeichnung von Major Fritz Stacke von 1934. Zu Panama William H. McNeill, Plagues and Peoples, 3. Aufl. New York 1998, S. 285.
[29] Schnee, Deutsch-Ostafrika im Weltkrieg, S. 42.
[30] IWM Translation of General von Lettow-Vorbeck's Diary, Bd. 1, 29. 8. 1914.
[31] BAB R1001/875, Bericht Schnees an das RKM über den Krieg in Ostafrika, Mai 1919.
[32] Paice, Tip and Run, S. 159.
[33] Boell, Die Operationen in Ostafrika, S. 41 ff.
[34] IWM Translation of General von Lettow-Vorbeck's Diary, Bd. 4: Extracts from General von Lettow-Vorbeck's Private Diary.
[35] Lettow-Vorbeck, Meine Erinnerungen aus Ostafrika, S. 4-6.
[36] IWM Diary of General von Lettow-Vorbeck, Bd. 1, 22. 10. 1914.
[37] So z. B. Hull, Absolute Destruction, S. 202 f.
[38] Schnee, Deutsch-Ostafrika im Weltkrieg, S. 125.
[39] NA CO 691/93/5, Memorandum of my tour with the German delegation for the payment of war wages to ex-German askari etc. from 8 February 1926 to 24 June 1927, Bericht von R. W. Gordon vom 30. 6. 1927.
[40] Vgl. neben der ausführlichen Beschreibung der wirtschaftlichen Mobilisierung der Kolonie bei Schnee, Deutsch-Ostafrika im Weltkrieg, passim auch W. O. Henderson, The War Economy of German East Africa 1914-1917, in: Economic History Review, Bd. 13 (1943), S. 104-110.

41 Hordern (Bearb.), Military Operations in East Africa, S. 15 ff. und S. 558-560. H. Moyse-Bartlett, The King's African Rifles 1890-1945. A Study in the Military History of East and Central Africa, Aldershot 1956, S. 150 ff. und 259.
42 Paice, Tip and Run, S. 76. Umgekehrt empörte sich die deutsche Öffentlichkeit darüber, dass Frankreich an der Westfront seine schwarzen und Großbritannien seine indischen Kolonialtruppen einsetzte. Vgl. Koller, Von den Wilden aller Rassen niedergemetzelt, S. 103-134.
43 BAB R1001/875, Bericht über meine Tätigkeit und Erlebnisse während des Krieges in Deutsch-Ostafrika, 30. 1. 1919.
44 Boell, Die Operationen in Ostafrika, S. 40 und S. 70.
45 IWM Translation of General von Lettow-Vorbeck's Diary, Bd. 4: Extracts from General von Lettow-Vorfbeck's Private Diary.
46 BAB R1001/874, Bericht des Regierungsrats Brandes über die Tätigkeit der Zivilverwaltung während des Krieges in Deutsch-Ostafrika, 25. 2. 1918.
47 Ludwig Deppe, Mit Lettow-Vorbeck durch Afrika, Berlin 1919, S. 22.
48 Hordern (Bearb.), Military Operations in East Africa, S. 60; Meinertzhagen, Army Diary, S. 84-88 (Tagebucheintragungen vom 28. 10. und 2. 11. 1914).
49 Anderson, The Forgotten Front, S. 32-40; Louis, Germany's Lost Colonies, S. 63.
50 Meinertzhagen, Army Diary, S. 81-88.
51 IWM General von Lettow-Vorbecks Diary, Bd. 1, 22. 10. 1914 und 26. 10. 1914.
52 Lettow-Vorbeck, Meine Erinnerungen aus Ostafrika, S. 31 ff.; Paul von Lettow-Vorbeck, Was mir die Engländer über Ostafrika erzählten. Zwanglose Unterhaltungen mit ehemaligen Gegnern, 2. Aufl. Leipzig 1939, S. 23; Boell, Die Operationen in Ostafrika, S. 74 f.
53 IWM Tanslation of General von Lettow-Vorbeck's Diary, Bd. 1, 18. 9. 1914.
54 BA-MA N103/62, Betrachtungen zur Lage der deutschen Schutztruppe zu Beginn und während des Ersten Weltkriegs, Aufzeichnung Lettow-Vorbecks ca. 1935.
55 BA-MA N103/62, Betrachtungen zur Lage der deutschen Schutztruppe zu Beginn und während des Ersten Weltkriegs, Aufzeichnung Lettow-Vorbecks ca. 1935 (Zitat); Lettow-Vorbeck, Meine Erinnerungen aus Ostafrika, S. 36; Lettow-Vorbeck, Was mir die Engländer über Ostafrika erzählten, S. 31.
56 IWM Translation of General von Lettow-Vorbeck's Diary, Bd. 1, 6. 11. 1914.
57 IWM Translation of General von Lettow-Vorbeck's Diary, Bd. 1, 29. 8. 1914.
58 National Army Museum London 6506/16, Gefechtsberichte der 17. Feldkompanie über den 3. und 4. 11. 1914.
59 So etwa Hauer, Kumbuke, S. 217.
60 IWM Tagebuch Norman Kings, 5. 11. 1914; NA Cab 45/30, Account of the Operation at Tanga 2.-5. 11. 1914, Bericht des Oberstleutnant Anderson vom 14. 11. 1914.
61 Meinertzhagen, Army Diary, S. 97-101.
62 Vgl. auch Joachim von Dissow, Adel im Übergang. Ein kritischer Standesgenosse berichtet aus Residenzen und Gutshäusern, Stuttgart 1961, S. 90. Dissow, Pseudonym für den kurz vor der Jahrhundertwende geborenen Johann Albrecht von Rantzau konstatierte, dass nationaler Hass beispielsweise auf Großbritannien im Ersten Weltkrieg eher ein Phänomen des Bürgertums denn des alten preußischen Militäradels gewesen sei. Dieser fasste Krieg als natürlichen, in regelmäßigen Abständen wiederkehrenden Bestandteil seines Daseins auf.
63 Schallarchiv des Norddeutschen Rundfunks Hamburg, Ansprache Lettow-Vorbecks vor dem IR 69 am 5. 2. 1937 in Hamburg-Jenfeld (Tondokument).
64 An der Westfront waren Artilleriegeschosse und Bomben für etwa 60% der Verwundungen und Todesfälle verantwortlich. Vgl. T. J. Mitchell und G. M. Smith, History of the Great War. Medical Services. Casualties and Medical Statistics of the Great War, London 1931, S. 40. Im Herbst 1918 kam auf britischer Seite in Ostafrika ein Geschütz auf etwa 5 000 Soldaten, an der Westfront hingegen kam ein Geschütz auf 200 eingesetzte Soldaten. Vgl. War Office (Hrsg.), Statistics of the Military Effort of the British Empire during the Great War 1914-1920, London 1922, S. 62-64 und S. 451. Zur geringen Effizienz der Artillerie in Ostafrika vgl. J. J. Collyder, The South Africans with General Smuts in German East Africa 1916, Pretoria 1939, S. 284 sowie Fendall, The East African Force, S. 193.
65 BA-MA N103/62, Betrachtungen zur Lage der deutschen Schutztruppe zu Beginn und während des Ersten Weltkriegs, Aufzeichnung Lettow-Vorbecks (ca. 1935), S. 20.

66 NA Cab 45/31, Brief von Davies an Hordern, 27. 7. 1938.
67 Hordern (Bearb.), Military Operations in East Africa, S. 100 f.
68 Anderson, The Forgotten Front, S. 58-64.
69 NA Cab 45/30, Notes on the East African Campaign, Aufzeichnung von Oberstleutnant W. E. Beazley vom Oktober 1937.
70 IWM Tagebuch Norman Kings, 10. 12. 1914.
71 Lettow-Vorbeck, Was mir die Engländer über Ostafrika erzählten, S. 31 (Zitat) sowie BA-MA N103/62, Betrachtungen zur Lage der deutschen Schutztruppe zu Beginn und während des Ersten Weltkriegs, Aufzeichnung Lettow-Vorbecks (ca. 1935), S. 19 f.
72 IWM General von Lettow-Vorbeck's Diary, Bd. 1, 26. 11. 1914 und 19. 2. 1915.
73 BAB R1001/868, Brief Schelchers an seinen Vater in Deutschland, 20. 3. 1915. Ähnlich zur Stimmungsentwicklung und dessen Ursachen auch Pflanzer Kaltmann in: BAB R1001/875, Bericht über meine Tätigkeit und Erlebnisse während des Krieges in Deutsch-Ostafrika, 30. 1. 1919.
74 So bereits Schnee in einem Bericht an das RKA vom 8. 10. 1914, in: BAB R1001/864.
75 Paice, Tip and Run, S. 159.
76 BAB R1001/871, Brief Schnees an Solf, 20. 5. 1915.
77 Deppe, Mit Lettow-Vorbeck durch Afrika, S. 149 f. und 154 f. (Zitat).
78 BAB R1001/875, Bericht Schnees an das RKM über den Krieg in Ostafrika, Mai 1919
79 Schnee, Deutsch-Ostafrika im Weltkrieg, S. 148 ff.; Max Looff, Deutsche Kolonie in Not. Kriegserinnerungen aus Deutsch-Ostafrika, Berlin 1928, S. 155.
80 Tagebucheintragungen des Lettow-Vorbeck begleitenden Leutnants der Reserve Bleek vom 15. 1. 1915, abgedruckt in: Kämpfe an vergessenen Fronten. Feldpostbriefe, Tagebücher und Berichte, herausgegeben von Wolfgang Förster, Berlin 1931, S. 21. Zu Lettow-Vorbecks Vorliebe für stundenlange Erkundungspatrouillen vgl. auch Hauer, Kumbuke, S. 155.
81 Tagebucheintragung Bleeks vom 24. 1. 1915, in: Förster (Hrsg.), Kämpfe an vergessenen Fronten, S. 24.
82 Lettow-Vorbeck, Meine Erinnerungen aus Ostafrika, S. 53 ff.
83 Tagebucheintragung Bleeks vom 24. 1. 1915, in: Förster (Hrsg.), Kämpfe an vergessenen Fronten, S. 25.
84 Lettow-Vorbeck, Meine Erinnerungen aus Ostafrika, S. 55 und S. 166. Vgl. zur zeitgenössischen, in den damaligen Offizierskorps aller Großmächte dominierenden Auffassung, dass letztlich der Wille des Soldaten, nicht die Art und Leistungsfähigkeit der Waffen über den Ausgang der Schlacht entschieden, Storz, Kriegsbild und Kriegsrüstung, S. 16 f. und S. 137 ff.
85 Hordern (Bearb.), Military Operations in East Africa, S. 127.
86 Hordern (Bearb.), Military Operations in East Africa, S. 127.
87 BAB R1001/871, Brief Schnees an Solf, 20. 5. 1915.
88 IWM Translation of General von Lettow-Vorbeck's Diary, Bd. 4: Extract from General von Lettow-Vorbeck's Private Diary.
89 Lettow-Vorbeck, Meine Erinnerungen aus Ostafrika, S. 57.
90 IWM Translation of General von Letttow-Vorbeck's Diary, Bd. 4: Extracts from General von Lettow-Vorbeck's Private Diary.
91 PGStA Nachlass Schnee Bd. 24, Stellungnahme von Vizeadmiral Looff zum Verhältnis Schnee-Lettow-Vorbeck, 1. 8. 1949.
92 Arning, Vier Jahre Weltkrieg in Deutsch-Ostafrika, S. 47 f.
93 IWM Translation of General von Lettow-Vorbeck's Diary, Bd. 1, 26. 3. 1915.
94 IWM Translation of General von Lettow-Vorbeck's Diary, Bd. 2, Anfang Oktober 1915.
95 Boell, Die Operationen in Ostafrika, S. 154 f.
96 BA-MA N14/14, Die Schutztruppe für Deutsch-Ostafrika, Aufzeichnung Lettow-Vorbecks vom 29. 11. 1915.
97 Boell, Die Operationen in Ostafrika, S. 129.
98 Meinertzhagen, Army Diary, S. 147.
99 Lettow-Vorbeck, Meine Erinnerungen aus Ostafrika, S. 8.
100 Storz, Kriegsbild und Kriegsrüstung, S. 340 f.
101 Gann/Duignan, The Rulers of German Africa, S. 189 sowie Eckart, Medizin und Kolonialimperialismus in Deutschland, passim. Vgl. auch zur medizinischen Versorgung der Schutztruppe

Prof. Dr. Steudel, Die Gesundheitsverhältnisse bei den Schutztruppen im Kolonialdienst, in: Deutschlands Gesundheitsverhältnisse unter dem Einfluss des Weltkrieges, herausgegeben von F. Bumm, Bd. 2, Stuttgart 1928, S. 237-276.

102 Hordern (Bearb.), Military Operations in East Africa, S. 521. Zahlen für die deutsche Seite in IWM Translation of General von Lettow-Vorbeck's Diary, Bd. 2, 1. 8. und 1. 9. 1915.

103 S. D. Pradhan, Indian Army in East Africa 1914-1918, Neu-Dehli 1991, S. 27.

104 IWM Translation of General von Lettow-Vorbeck's Diary, Bd. 1, 26. 3. 1915.

105 IWM Translation of General von Lettow-Vorbeck's Diary, Bd. 2, 1. 9. 1915.

106 Schnee, Deutsch-Ostafrika im Weltkrieg, S. 121.

107 BAK N1053/46, Brief Gayls an Solf, 2. 8. 1915.

108 Zitiert nach Laak, Imperiale Infrastruktur, S. 176 f.

109 IWM Translation of General von Lettow-Vorbeck's Diary, Bd. 2, Ende August 1915.

110 Anderson, The Forgotten Front, S. 86-90.

111 Methner, Unter drei Gouverneuren, S. 371 f.

112 Storz, Kriegsbild und Kriegsrüstung, S. 169.

113 PGStA Nachlass Schnee Bd. 20, Aufstieg und Fall der Kolonialära (Memoirenmanuskript), S. 203 f.

114 Meinertzhagen, Army Diary, S. 112.

115 PGStA Nachlass Schnee Bd. 20, Aufstieg und Fall der Kolonialära (Memoirenmanuskript), S. 206.

116 PGStA Nachlass Schnee Bd. 20, Aufstieg und Ende der Kolonialära (Memoirenmanuskript), S. 206. Zum Fall Fischer Rudolf de Haas, Lettow-Vorbeck, in: Das Tagebuch, Bd. 8 (1927), S. 1626-1633, hier S. 1628.

117 Deppe, Mit Lettow-Vorbeck durch Afrika, S. 27.

118 Benjamin Ziemann, Front und Heimat. Ländliche Kriegserfahrungen im südlichen Bayern 1914-1923, Essen 1997, S. 140-162.

119 Paul Rentwig, Lettow-Vorbeck, in »Schlesische Zeitung« vom 31. 7. 1920.

120 Deppe, Mit Lettow-Vorbeck durch Afrika, S. 26. National Army Museum London 6506/16, Kommandobefehl Lettow-Vorbecks an die Feldkompanien, 6. 8. 1915.

121 PGStA Nachlass Schnee Bd. 20, Aufstieg und Fall der Kolonialära (Memoirenmanuskript), S. 203 f.

122 Richard Wenig, Kriegssafari. Erlebnisse und Eindrücke auf den Zügen Lettow-Vorbecks durch das östliche Afrika, Berlin 1920, S. 215.

123 Boell, Die Operationen in Ostafrika, S. 429 f.

124 Schnee, Deutsch-Ostafrika im Weltkrieg, S. 394.

125 Haas, Lettow-Vorbeck, S. 1627.

VIII. In der Defnsive

1 Strachan, The First World War, S. 600-602; Hordern (Bearb.), Military Operations in East Africa, S. 212 f.; Samson, Britain, S. 46-67.

2 Lettow-Vorbeck, Meine Erinnerungen aus Ostafrika, S. 121 ff.

3 Einen guten Überblick über die Situation Südafrikas am Vorabend und im Ersten Weltkrieg bietet N. G. Garson, South Africa and World War I, in: Journal of Imperial and Commonwealth History, Bd. 8 (1979/80), S. 68-85 sowie Samson, Britain, S. 69-80.

4 Louis, Britain and Germany's Lost Colonies, S. 4, 9 und 50-53.

5 Zum Feldzug in Deutsch-Südwestafrika und dem Charakter der südafrikanischen Armee vgl. Strachan, The First World War, S. 543-568.

6 Robert Hyam, The Failure of South African Expansion 1908-1948, London 1972, S. 1-32; Samson, Britain, S. 93-118.

7 Paice, Tip and Run, S. 96-98.

8 John Vincent-Smith, Britain, Portugal and the First World War 1914-1916, in: European Studies Review, Bd. 4 (1974), S. 207-238; René Pélissier, Naissance du Mozambique. Résistance et révoltes anticoloniales (1854 – 1918), 2 Bände, Paris 1984; John P. Cann, Mozambique, German East Africa and the Great War, in: Small Wars and Insurgencies, Bd. 12 (2001), S. 114-143.

[9] Arning, Vier Jahre Weltkrieg in Deutsch-Ostafrika, S. 297.
[10] IWM Translation of General von Lettow-Vorbeck's Diary, Bd. 1, 6. 6. 1915, 10. 7. 1915, 15. 7. 1915; Bd. 2, 1. 9. 1915, 1. 11. 1915.
[11] Schnee, Deutsch-Ostafrika im Weltkrieg, S. 171.
[12] IWM Translation of General von Lettow-Vorbeck's Diary, Bd. 2, 1. 1. 1916.
[13] Marine-Archiv (Hrsg.), Der Krieg zur See, Bd. 7, S. 197 ff.
[14] Boell, Die Operationen in Ostafrika, S. 148 ff.
[15] BAB R1001/873, Schreiben Schnees an das RKA, 31. 3. 1916.
[16] BA-MA N14/13, Die Organisation des Nachschubwesens (Manuskript der Hauptleute Schmidt und Hindorf von der Kriegsgeschichtlichen Forschungsanstalt des Heeres für den geplanten Kolonialband der offiziellen Weltkriegsgeschichte des Reichsarchivs).
[17] Meinertzhagen, Army Diary, S. 166 (Tagebucheintragung vom 5. 3. 1916).
[18] Meinertzhagen, Army Diary, S. 162-165 (Tagebucheintragungen vom 1. 1. und 23. 2. 1916).
[19] Collyder, The South Africans, S. XVI, 11, 196.
[20] Lettow-Vorbeck, Meine Erinnerungen aus Ostafrika, S. 90.
[21] Anderson, The Forgotten Front, S. 112-117.
[22] Hauer, Kumbuke, S. 157.
[23] BAK N1053/131, Brief Schnees an Solf, 30. 3. 1916.
[24] Meinertzhagen, Army Diary, S. 178.
[25] Collyder, The South Africans, S. 116 f.
[26] Looff, Deutsche Kolonie in Not, S. 80.
[27] W. K. Hancock und Jan van der Poel (Hrsg.), Selections from the Smuts Papers. Bd. 3: June 1910 – November 1918, Cambridge 1966, S. 366.
[28] Hordern (Bearb.), Military Operations in East Africa, S. 521.
[29] BAB R1001/873, Bericht betreffend Lage in Südafrika, 11. 10. 1916, Samson, Britain, S. 114 und 146 f.
[30] Schnee, Deutsch-Ostafrika im Weltkrieg, S. 182 f.
[31] Henderson, The War Economy of German East Africa, S. 106.
[32] IWM General von Lettow-Vorbeck's Diary, Bd. 3, 30. 5. 1916 und 25. 6. 1916.
[33] BAB R1001/875, Bericht über den Krieg in Ostafrika, Denkschrift Schnees an das RKM vom Mai 1919; Schnee, Deutsch-Ostafrika im Weltkrieg, S. 232.
[34] Christian Christensen, Nordschleswiger verteidigen Deutsch-Ostafrika. Bericht über die Fahrt des Blockadebrechers ›Kronborg‹ und das Schicksal seiner Mannschaft in Deutsch-Ostafrika 1914-1918, Essen 1938, S. 192.
[35] NA CAB 45/12, Intelligence Notes on British and German East Africa, Broschüre Meinertzhagens für die britischen Truppen vom Dezember 1915.
[36] BAB R1001/875, Wiederbesetzung Deutsch-Ostafrikas, Auszug aus einem Bericht des Hauptmanns Linde-Suden der Schutztruppe für Deutsch-Ostafrika, 20. 3. 1918.
[37] BAB R1001/874, Bericht über die Tätigkeit in Deutsch-Ostafrika 17. 6. 1914-16. 10. 1916 von F. G. Rihli.
[38] Iliffe, A Modern History of Tanganyika, S. 270 f.
[39] BAB R1001/875, Bericht des Sekretärs Westhaus beim Gouvernement Deutsch-Ostafrikas über seine Tätigkeit während der letzten Dienstverpflichtung bis zum Austausch aus der Kriegsgefangenschaft, 2. 8. 1918.
[40] Iliffe, A Modern History of Tanganyika, S. 255.
[41] Gregory Maddox, Famine in Central Tansania, in: Journal of African History, Bd. 31 (1990), S. 181-197.
[42] Decker, Afrikanisches und Allzu-Afrikanisches, S. 241 ff.
[43] IWM General von Lettow-Vorbeck's Diary, Bd. 3, 29. 11. 1916.
[44] BAB R1001/875, Wie war die Stimmung unter den Eingeborenen? Bericht eines Kolonialbeamten aus Tabora (undatiert).
[45] NA WO106/581, Situation in East Africa 15. 1. 1917 (Bericht für das Kriegsministerium).
[46] Decker, Afrikanisches und Allzu-Afrikanisches, S. 246 f.
[47] Louis, Britain and Germany's Lost Colonies, S. 65-67.
[48] Schnee, Deutsch-Ostafrika im Weltkrieg, S. 219 f. und 270 f.
[49] Cann, Mozambique, German East Africa and the First World War, S. 126-134.

50 Zitiert nach Pélissier, Naissance du Mozambique, Bd. 2, S. 690.
51 Meinertzhagen, Army Diary, S. 195 f. (Eintragung vom 27. 8. 1916).
52 Lettow-Vorbeck, Meine Erinnerungen aus Ostafrika, S. 149.
53 Paul von Lettow-Vorbeck, Meine Eindrücke in England, Münchener Neueste Nachrichten vom 1. 1. 1930.
54 Looff, Deutsche Kolonie in Not, S. 80.
55 BA-MA N103/85, Schreibens Smuts an Schnee, 30 . 9. 1916.
56 Hancock/Van der Poel (Hrsg.), Smuts Papers, Bd. 3, S. 408.
57 Lettow-Vorbeck, Meine Erinnerungen an Ostafrika, S. 138; BA-MA N103/85, Schreiben Schnees an Lettow-Vorbeck, 8. 10. 1916.
58 Schnee, Als letzter Gouverneur in Deutsch-Ostafrika, S. 145.
59 So Schnee in einem Erlass an die Verwaltung am 1. 8. 1916 anlässlich des zweiten Jahrestages des Kriegsausbruchs, in: Schnee, Deutsch-Ostafrika im Weltkrieg, S. 225.
60 Deppe, Mit Lettow-Vorbeck durch Afrika, S. 199.
61 Während es im Norden Deutsch-Ostafrikas stets zwei Regenzeiten gab, eine kleinere im November/Dezember und eine größere zwischen März und Mai, gab es im Süden der Kolonie jedes Jahr nur eine Regenzeit von Dezember bis Mai mit der größten Niederschlagsmenge zwischen Januar und März.
62 Hordern (Bearb.), Military Operations in East Africa, S. 521 f.
63 Meinertzhagen, Army Diary, S. 200-206 (Dezember 1916).
64 Hauer, Kumbuke, 264.
65 BA-MA RM8/368, Meine Verwendung und Tätigkeit in der Kaiserlichen Schutztruppe für Deutsch-Ostafrika von 1915 bis 1917, Bericht von Marine-Oberingenieur Bockmann (nach 1918).
66 Parsons, The African Rank-and-File, S. 17.
67 Moyse-Bartlett, The King's African Rifles, S. 336.
68 So Generalmajor Callwell, der das War Office im Committee of Imperial Defense vertrat, in seiner Bewertung der Nebenkriegsschauplätze des Empires. Vgl. Charles Edward Callwell, Experiences of a Dug-Out, London 1920, S. 178 f.
69 So z. B. in der »Kölnischen Volkszeitung« vom 20. 7. 1916 unter dem Titel »Der Verteidiger Deutsch-Ostafrikas«.
70 Verhandlungen des Reichstags. 66. Sitzung vom 16. 10. 1916, S. 1769.
71 BAMA N103/1, Schreiben Smuts an Lettow-Vorbeck, 7. 11. 1916 sowie Dankesschreiben Lettow-Vorbecks, 2. 12. 1916.
72 Ludwig und Charlotte Deppe, Um Deutsch-Ostafrika. Erinnerungen, Dresden 1925, S. 178; Burkhard Vieweg, Macho Porini. Die Augen im Busch. Kautschukpflanzer Karl Vieweg in Deutsch-Ostafrika. Authentische Berichte 1910-1919, Weikersheim 1996, S. 383.
73 Deppe, Um Deutsch-Ostafrika, S. 205. Ähnliche Hinweise auch bei Franz Köhl, Der Kampf um Deutsch-Ostafrika, Berlin 1919, S. 42 und Looff, Deutsche Kolonie in Not, S. 80.
74 Deppe, Um Deutsch-Ostafrika, S. 270 f.
75 Eduard Schmidt, Erinnerungen an den Feldzug in Deutsch-Ostafrika September 1917 – November 1917, Bern 1931, S. 21.
76 Lettow-Vorbeck, Meine Erinnerungen aus Ostafrika, S. 141, 153, 157 f.
77 IWM Translation of General von Lettow-Vorbeck's Diary, Bd. 4 Extracts from General von Lettow-Vorbeck's Private Diary.
78 Deppe, Um Deutsch-Ostafrika, S. 204.
79 Tagebuch des Leutnants der Reserve Osterhage 1916/17, in: Förster (Hrsg.), Kämpfe an vergessenen Fronten, S. 97.
80 Walter von Ruckteschell, Der Feldzug in Ostafrika, Berlin 1919, S. 49.
81 Köhl, Der Kampf um Deutsch-Ostafrika, S. 53 f. (Zitat); Schnee, Deutsch-Ostafrika im Weltkrieg, S. 250, S. 271 und 276 f.
82 Hauer, Kumbuke, S. 215 f.
83 Hauer, Kumbuke, S. 204 f.
84 Deppe, Um Deutsch-Ostafrika, S. 178 f.; Lettow-Vorbeck, Meine Erinnerungen aus Ostafrika, 154 f.
85 Marine-Archiv (Hrsg.), Der Krieg zur See, Bd. 7, S. 164.

86 Boell, Die Operationen in Ostafrika, S. 317.
87 Deppe, Mit Lettow-Vorbeck durch Afrika, S. 27; De Haas, Lettow-Vorbeck, S. 1630.
88 Wenig, Kriegssafari, S. 17 und 30 f.
89 Christensen, Nordschleswiger verteidigen Deutsch-Ostafrika, S. 142.
90 Hauer, Kumbuke, S. 271.
91 Tagebucheintragung des Hauptmanns Spangenberg vom 31. 12. 1917, in: Förster (Hrsg.), Kämpfe an vergessenen Fronten, S. 107 f. ; Boell, Die Operationen in Ostafrika, S. 417.
92 Hancock/Poel (Hrsg.), Selections from the Smuts Papers, Bd. 3. , S. 436.
93 »The Times« vom 29. 1. 1917 (Ansprache Smuts bei seinem Empfang in Pretoria) sowie »The Times« vom 13. 3. 1917 (Ansprache Smuts bei der Ankunft in London).
94 Zitiert nach Geoffrey Hodges, The Carrier Corps. Military Labour in the East African Campaign 1914-1918, Westport/Connecticut 1986, S. 51.
95 NA Cab 45/44, Tagebuch von C. P. Fendall, 11. 2. 1917.
96 Downes, With the Nigerians in German East Africa, S. 89 ff.
97 NA Cab 45/30, Notes on the Campaign in East Africa von Oberstleutnant W. E. Beazley, Oktober 1937; NA Cab 45/44, Tagebuch von C. P. Fendall, 16. 5. 1917.
98 Anderson, The Forgotten Front, S. 210; Strahan, The First World War, S. 631 f.; Paice, Tip and Run, S. 298-300.
99 NA Cab 45/31, Brief von Oberstleutnant L. M. Davis an Major Hordern, 27. 7. 1938.
100 Anderson, The Forgotten Front, S. 181 f. und S. 211-213.
101 Hancock/Poel (Hrsg.), Selections from the Smuts Papers, Bd. 3, S. 409; NA WO 106/581, Situation in East Africa, 15. 1. 1917.
102 NA WO 106/581, Situation in East Africa, 24. 1. 1917.
103 Anderson, The Forgotten Front, S. 190 f.; Pélissier, Naissance du Mozambique, Bd. 2, passim.
104 Anderson, The Forgotten Front, S. 202-208.
105 Schnee, Als letzter Gouverneur in Deutsch-Ostafrika, S. 148 f.
106 Looff, Deutsche Kolonie in Not, S. 88-92.
107 Hauer, Kumbuke, S. 263.
108 Boell, Die Operationen in Ostafrika, S. 429 f.
109 Lettow-Vorbeck, Meine Erinnerungen aus Ostafrika, S. 216.
110 PGStA Nachlass Schnee Bd. 23, Geheimbericht Schnees an das RKM, 9. 5. 1919.
111 De Haas, Lettow-Vorbeck, S. 1630.
112 NA Cab 45/74, Protokoll der Sitzung des Kriegskabinetts vom 23. 7. 1917.
113 Anderson, The Forgotten Front, S. 220-249.
114 BA-MA RM8/368, Meine Verwendung und Tätigkeit in der Kaiserlichen Schutztruppe von Deutsch-Ostafrika von 1915 bis 1917, Bericht von Marine-Oberingenieur Bockmann (nach 1918).
115 Hugh Clifford, The Gold Coast Regiment in the East African Campaign, London 1920, S. 165 f.
116 Lettow-Vorbeck, Meine Erinnerungen aus Ostafrika, S. 194-198.
117 National Army Museum London 6506/16, Bericht der 17. Feldkompanie über die Kampfpatrouille auf dem Makonde-Hochland vom 2. bis 16. 11. 1917, 1. 2. 1918.
118 Lettow-Vorbeck, Meine Erinnerungen aus Ostafrika, S. 200 f.
119 Fendall, The East African Force, S. 104 ff.
120 Tagebuch des Leutnants der Reserve Osterhage, abgedruckt in: Förster (Hrsg.), Kämpfe an vergessenen Fronten, S. 103 f.
121 Schnee, Deutsch-Ostafrika im Weltkrieg, S. 255; Boell, Die Operationen in Ostafrika, S. 382 f.; Köhl, Der Kampf um Deutsch-Ostafrika, S. 64.
122 NA WO106/242, Situationsbericht für den Generalstab in London, 17. 10. 1917.
123 Schnee, Als letzter Gouverneur in Deutsch-Ostafrika, S. 148 f.
124 Schnee, Deutsch-Ostafrika im Weltkrieg, S. 228.
125 Vieweg, Macho Porini, S. 428; vgl. auch Hauer, Kumbuke, S. 267.
126 Downes, With the Nigerians in German East Africa, S. 247 f.
127 Zahlen nach Boell, Die Operationen in Ostafrika, S. 399.
128 Schnee, Deutsch-Ostafrika im Weltkrieg, S. 258 f.
129 NA Cab 45/74, Protokoll der Sitzung des Kriegskabinetts vom 8. 10. 1917.

130 »The Times« vom 3. 2. 1920.
131 So etwa in einem Artikel der »Rheinisch-westfälischen Zeitung« vom 21. 11. 1917 unter dem Titel »Deutsch-Ostafrikas Heldentum im Feindesmund – Unser ostafrikanischer Hindenburg«.
132 BAB R1001/874, Bericht des Regierungsrates Brandes über die Tätigkeit der Zivilverwaltung während des Krieges in Deutsch-Ostafrika, 25. 2. 1918.
133 Marine-Archiv (Hrsg.), Der Krieg zur See, Bd. 7, S. 207 f.
134 Marine-Archiv (Hrsg.), Der Krieg zur See, Bd. 7, S. 209-211. Zu den kolonialen Kriegszielvorstellungen des RKA 1917 vgl. Fritz Fischer, Griff nach der Weltmacht. Die Kriegszielpolitik des kaiserlichen Deutschlands 1914-1918, 4. Aufl. Düsseldorf 1971, S. 472.
135 Lettow-Vorbeck, Meine Erinnerungen aus Ostafrika, S. 180.
136 Collyder, The South Africans, S. 171; Wenig, Kriegssafari, S. 116; Lettow-Vorbeck, Meine Erinnerungen aus Ostafrika, S. 238.
137 Hordern (Bearb.), Military Operations in East Africa, S. 514.
138 Fendall, The East African Force, S. 192 f.; Collyder, The South Africans, S. 265.
139 Strachan, The First World War, S. 602-604; Paice, Tip and Run, S. 280.

IX. Die Geissel Ostafrikas

1 NA WO 106/242, Bericht von Major McDonell über die portugiesischen Truppen im Norden Mozambiques, 16. 5. 1917.
2 NA WO 106/472, Telegramm Van Deventers an das Kriegsministerium, 9. 9. 1917.
3 Pélissier, Naissance du Mozambique, Bd. 1, S. 305.
4 Wenig, Kriegssafari, S. 14 ff.; Lettow-Vorbeck, Mein Leben, S. 158.
5 IWM Translation of General von Lettow-Vorbeck's Diary, Bd. 4, 25. 11. 1917.
6 PGStA Nachlass Schnee Bd. 19, Ostafrikanisches Tagebuch 1917/18, S. 218 f. (Zitat); Pélissier, Naissance du Mozambique, S. 706 (portugiesische Verluste); Wenig, Kriegssafari, S. 32 (Versklavung der Gefangenen).
7 NA Cab 45/44, Tagebuch von Oberst C. P. Fendall, 7. 12. 1917.
8 Anderson, The Forgotten Front, S. 264 f.
9 NA WO 106/242, Situationsberichte für den Generalstab, 8. 1. und 14. 2 . 1918.
10 Mosley, Duel for Kilimandjaro, S. 178 f.
11 BA-MA N103/86, Schreiben Lettow-Vorbecks an Schnee, 26. 12. 1917.
12 BA-MA N103/86, Schreiben Schnees an Lettow-Vorbeck, 14. 1. 1918.
13 So legte Schnee beispielsweise am 27. 6. 1918 bei Lettow-Vorbeck schriftlich Protest ein, dass der Kommandeur ihm bei der Begegnung der beiden an jenem Tag keine Meldung gemacht habe. In: BA-MA N103/86.
14 Pélissier, Naissance du Mozambique, Bd. 2, S. 712 ff.; Fendall, East African Force, S. 120.
15 Pélissier, Naissance du Mozambique, Bd. 1, S. 305 sowie Bd. 2, S. 678.
16 Schnee, Deutsch-Ostafrika im Weltkrieg, S. 317.
17 NA WO 158/468, Report on military reconnaissance of Portuguese East Africa, Bericht eines portugiesischen Agenten für die britischen Streitkräfte vom 7. 8. 1917.
18 Wenig, Kriegssafari, S. 100 (Zitat) und S. 182 (»Landschaftsträger«).
19 Pélissier, Naissance du Mozambique, Bd. 2, S. 721.
20 Schnee, Deutsch-Ostafrika im Weltkrieg, S. 316 f.
21 Ralph A. Austen, Northwest Tanzania under German and British Rule. Colonial Policy and Tribal Politics 1889-1959, New Haven und London 1968, S. 117 f.
22 BA-MA N14/37, Der Feldzug in Ostafrika 1914-1918 (Manuskript von Ludwig Boell).
23 Schnee, Deutsch-Ostafrika im Weltkrieg, S. 324.
24 IWM Translation of General von Lettow-Vorbeck's Diary, Bd. 4: Excerpts of General von Lettow-Vorbeck's Private Diary.
25 NA WO 158/472, Protokoll der Besprechung zwischen van Deventer und Rosa vom 6. 5. 1918.
26 NA WO 106/242, Situationsbericht für den Generalstab, 27. 3. 1918; NA WO 106/581, Note on the Situation in East Africa, 18. 4. 1918.

27 Schnee, Deutsch-Ostafrika im Weltkrieg, S. 331.
28 NA WO 158/473, Protokoll der Konferenz zwischen Van Deventer und Rosa vom 6. 5. 1918.
29 Ruckteschell, Der Feldzug in Ostafrika, S. 81.
30 Lettow-Vorbeck, Meine Erinnerungen aus Ostafrika, S. 240.
31 NA Cab 45/44, Tagebuch von C. P. Fendall, Eintragungen vom 24. 7. und 20. 10. 1918.
32 Deppe, Mit Lettow-Vorbeck durch Afrika, S. 158; PGStA Nachlass Schnee Bd. 23, Geheimbericht Schnees an das RKM, 7. 5. 1919.
33 Ruckteschell, Der Feldzug in Ostafrika, S. 90.
34 Lettow-Vorbeck, Meine Erinnerungen aus Ostafrika, S. 258 f.
35 NA WO 158/473, Telegramm Van Deventers an das Kriegsministerium, 6. 7. 1918.
36 Filipe Ribeiro de Meneses, The Abandoned Army. The Portuguese Expeditionary Corps in France 1917-1918, in: Portuguese Studies Review, Bd. 5 (1996), S. 59-72.
37 IWM Translation of General von Lettow-Vorbeck's Diary, Bd. 4, 3. und 4. 7. 1918.
38 Ruckteschell, Der Feldzug in Ostafrika, S. 87.
39 Lettow-Vorbeck, Meine Erinnerungen aus Ostafrika, S. 270.
40 NA WO 158/474, Telegramm Van Deventers an das Kriegsministerium, 6. 7. 1918.
41 Deppe, Mit Lettow-Vorbeck durch Afrika, S. 362.
42 IWM Diary of General von Lettow-Vorbeck, Bd. 4, 15. 9. 1918; Wenig, Kriegssafari, S. 208.
43 Boell, Die Operationen in Ostafrika, S. 438.
44 Schnee, Deutsch-Ostafrika im Weltkrieg, S. 330 f.
45 BAB R1001/874, Nachrichten für General von Lettow des KdS, 12. 6. 1918.
46 Deppe, Mit Lettow-Vorbeck durch Afrika, S. 364.
47 BA-MA N103/24, Lebenserinnerungen, S. 274.
48 Deppe, Mit Lettow-Vorbeck durch Afrika, S. 372.
49 Vgl. die Presseausschnittssammlung des Auswärtigen Amtes zum Stichwort »Lettow-Vorbeck« in BAB R901/54970.
50 Als Überblick hierzu David K. Patterson und Gerald F. Pyle, The Geography and Mortality of the 1918 Influenza Pandemic, in: Bulletin of the History of Medicine, Bd. 65 (1991), S. 4-21.
51 IWM General von Lettow-Vorbeck's Diary, Bd. 4, 22. 9. 1918.
52 Deppe, Mit Lettow-Vorbeck durch Ostafrika, S. 392 (Tagebucheintragung vom 13. 9. 1918).
53 PGStA Nachlass Schnee Bd. 19, Ostafrikanisches Tagebuch, S. 273.
54 BA-MA N14/38, Der Feldzug in Ostafrika 1914-1918 (Manuskript von Ludwig Boell).
55 Deppe, Mit Lettow-Vorbeck durch Ostafrika, S. 394 f.; vgl. auch Lettow-Vorbeck, Meine Erinnerungen aus Ostafrika, S. 282.
56 NA Cab 45/74, Geheimes Memorandum von Generalstabschef Henry Wilson, 11. 10. 1918.
57 PGStA Nachlass Schnee Bd. 19, Ostafrikanisches Tagebuch, S. 280.
58 BA-MA N14/38, Der Feldzug in Ostafrika 1914-1918 (Manuskript von Ludwig Boell).
59 Wenig, Kriegssafari, S. 166 f.
60 Deppe, Mit Lettow-Vorbeck durch Ostafrika, S. 393.
61 Pélissier, Naissance du Mozambique, Bd. 2, S. 684 f.
62 PGStA Nachlass Schnee Bd. 19, Ostafrikanisches Tagebuch, S. 288 ff.
63 NA Cab 45/44, Tagebuch von C. P. Fendall, 21. 10. 1918.
64 BA-MA N14/38, Der Feldzug in Ostafrika 1914-1918 (Manuskript von Ludwig Boell).
65 Deppe, Mit Lettow-Vorbeck durch Ostafrika, S. 395; Lettow-Vorbeck, Meine Erinnerungen aus Ostafrika, S. 270.
66 Köhl, Der Kampf um Deutsch-Ostafrika, S. 89 f.
67 Anderson, The Forgotten Front, S. 291 f.
68 Strachan, The First World War, S. 640 f.
69 NA WO 158/905, Telegramm Edwards an Van Deventer, 20. 11. 1918.
70 PGStA Nachlass Schnee Bd. 19, Ostafrikanisches Tagebuch, S. 307.
71 IWM P126 Hawkins Papers, Telegramm Hawkins an seine Vorgesetzten, 8. 11. 1918.
72 »The Times« vom 3. 2. 1920.
73 Ruckteschell, Der Feldzug in Ostafrika, S. 98 f.; Köhl, Der Kampf um Deutsch-Ostafrika, S. 90.
74 PGStA Nachlass Schnee Bd. 19, Ostafrikanisches Tagebuch, S. 315 f.; Lettow-Vorbeck, Meine Erinnerungen an Ostafrika, S. 295.

[75] Förster (Hrsg.), Kämpfe an vergessenen Fronten, S. 112; Schnee, Deutsch-Ostafrika im Weltkrieg, S. 389; Deppe, Mit Lettow-Vorbeck durch Ostafrika, S. 449.
[76] Schnee, Deutsch-Ostafrika im Weltkrieg, S. 389.
[77] Lettow-Vorbeck, Meine Erinnerungen aus Ostafrika, S. 292; Schnee, Deutsch-Ostafrika im Weltkrieg, S. 389; Ruckteschell, Der Feldzug in Ostafrika, S. 107; Köhl, Der Kampf um Deutsch-Ostafrika, S. 90.
[78] IWM Hopkins Papers, Aufzeichnung von Hauptmann L. A. Russell von der North Rhodesia Police über die letzte Phase des Krieges, Oktober 1937; Oberstleutnant Hawkins gegenüber der »Times« vom 3. 2. 1920.
[79] »The Times« vom 15. 11. 1918; NA Cab 45/44, Tagebuch von C. P. Fendall, 22. 11. 1918.
[80] Edmund Marhefka (Hrsg.), Der Waffenstillstand 1918/19. Das Dokumentenmaterial der Waffenstillstandsverhandlungen von Compiègne, Spa, Trier und Brüssel, Bd. 1, Berlin 1928, S. 40 f.
[81] Aufschluss über die britischen Motive hinsichtlich der Kriegsliquidierung in Rhodesien geben die Dokumente in NA WO 158/905.
[82] NA WO 158/905, Telegramm Van Deventers an das Kriegsministerium, 25. 11. 1918.
[83] BA-MA N103/24, Lebenserinnerungen, S. 274.
[84] PGStA Nachlass Schnee Bd. 19, Ostafrikanisches Tagebuch, S. 314; Wenig, Kriegssafari, S. 247; IWM Hopkins Papers, Aufzeichnung von Hauptmann L. A. Russell von der North Rhodesia Police über die letzte Phase des Krieges, Oktober 1937; Lettow-Vorbeck, Meine Erinnerungen aus Ostafrika, S. 289.
[85] IWM Hopkins Papers, Account of the last phase of the campaign (Manuskript von Major Hopkins); Förster (Hrsg.), Kämpfe an vergessenen Fronten, S. 113.
[86] NA WO 158/905.
[87] Zahlen nach Boell, Die Operationen in Deutsch-Ostafrika, S. 424 sowie Schnee, Deutsch-Ostafrika im Weltkrieg, S. 395. Zum Ablauf der Übergabe und der Haltung der Offiziere vgl. auch Mosley, Duel for Kilimandjaro, S. 221-224.
[88] PGStA Nachlass Schnee Bd. 19, Ostafrikanisches Tagebuch.
[89] BA-MA N103/24, Lebenserinnerungen, S. 274.
[90] Zahlen nach Boell, Die Operationen in Ostafrika, S. 242.
[91] »The Times« vom 3. 2. 1920; Fendall, The East African Force, S. 128.
[92] Lettow-Vorbeck, Meine Erinnerungen aus Ostafrika, S. 297.
[93] Mitchell/Smith, Casualties and Medical Statistics of the Great War, S. 38; McNeill, Plagues and Peoples, S. 288 f.
[94] Zahlen nach Boell, Die Operationen in Ostafrika, S. 428 sowie War Office (Hrsg.), Statistics of the Military Effort, S. 238-240 und S. 352 (Portugal). Die Zahl von 100 000 Toten unter den Trägern bei Hodges, The Carrier Corps, S. 110 f. Es gibt keine Angaben in der Literatur oder den Primärquellen über die Gesamtzahl der auf deutscher Seite mobilisierten Askari. Die bereits erwähnte deutsche Kommission, die 1926/27 durch das vormalige Deutsch-Ostafrika reiste, um den Askari den in den letzten Kriegsjahren vorenthaltenen Sold auszuzahlen, entschädigte aber allein etwa 20 000 Askariveteranen oder deren Hinterbliebene.
[95] Les campagnes coloniales belges 1914-1918, Bd. 3, S. 268.
[96] Wilhelm Arning, Deutsch-Ostafrika gestern und heute, 2. Auflage Berlin 1942, S. 31 zitiert eine Schätzung von 1919 aus der »Kolonialen Rundschau«.
[97] Iliffe, A Modern History of Tanganyika, S. 250.
[98] Zahlen aus Arning, Deutsch-Ostafrika gestern und heute, S. 72.
[99] Zur Grippeepidemie in Ostafrika vgl. James G. Ellison, »A Fierce Hunger«. Tracing Impacts of the 1918/19 Influenza Epidemic in South West Tansania, in: The Spanish Influenza Pandemic of 1918/19. New Perspectives, herausgegeben von Howard Phillips und David Killingray, London 2003, S. 221-229 sowie M. C. Musambachime, The Influenza Epidemic of 1918/19 in Northern Rhodesia, in: Zambia Journal of History, Bd. 6/7 (1993/94), S. 46-73.
[100] Louis, Britain and Germany's Lost Colonies, S. X, 2.f., 77 f., 85 f. Brian Digre, Imperialism's New Clothes. The Repartition of Tropical Africa 1914-1919, New York 1990, S. 137 und S. 148.
[101] Digre, Imperialism's New Clothes, S. 195.
[102] Vgl. hierzu Strachan, The First World War, S. 509-542.

[103] CRL Richard Meinertzhagen Diaries, Bd. 27 (Eintragung vom 1. 6. 1926).

[104] Hordern (Bearb.), Military Operations in East Africa, passim; Collyder, The South Africans, passim; Fendall, The East African Force, passim.

[105] Downes, With the Nigerians in German East Africa, S. 298.

[106] Collyder, The South Africans, S. 116 f. sowie Clifford, The Gold Coast Regiment, S. 152, der die Willensleistung Lettow-Vorbecks hervorhebt, dessen Taktik in den Operationen 1917/18 hingegen als nicht herausragend ansah.

[107] Boell, Die Operationen in Ostafrika, S. 427 ff.

[108] Boell, Die Operationen in Ostafrika, S. 429.

[109] De Haas, Lettow-Vorbeck, S. 1631.

[110] Storz, Kriegsbild und Kriegsrüstung, S. 17, S. 305-308 und S. 373.

[111] Christian Müller, Anmerkungen zur Entwicklung von Kriegsbild und operativ-strategischem Szenario im preußisch-deutschen Heer vor dem Ersten Weltkrieg, in: Militärgeschichtliche Mitteilungen, Heft 57 (1998), S. 385-442, hier S. 427 f.

[112] Nach Werner Hahlweg, Guerilla. Krieg ohne Fronten, Stuttgart 1968, S. 22 f.

[113] Gann/Duignan, The Rulers of German Africa, S. 219.

X. Gefeierter Heimkehrer und Offizier in der Reichswehr

[1] BA-MA N103/24, Lebenserinnerungen, S. 255 f.

[2] Vgl. hierzu Marcus Funck und Stephan Malinowski, Geschichte von oben. Autobiographien als Quelle einer Sozial- und Kulturgeschichte des deutschen Adels in Kaiserreich und Weimarer Republik, in: Historische Anthropologie, Bd. 7 (1999), S. 236-266; Wencke Meteling, Der deutsche Zusammenbruch 1918 in den Selbstzeugnissen adeliger preußischer Offiziere, in: Adel und Moderne, herausgegeben von Eckart Conze und Monika Wienfort, Köln und Wien 2004, S. 289-321; Bernd-A. Rusinek, »Das überall frech eindringende moderne Leben...« Hohe Offiziere des Kaiserreichs als antidemokratische Denker, in: Jahrbuch Extremismus und Demokratie, Bd. 4 (1992), S. 29-52. BA-MA N103/24, Lebenserinnerungen, S. 135. Zum Schicksal Deimlings und Schoenaichs nach 1919 siehe Wolfram Wette (Hrsg.), Pazifistische Offiziere in Deutschland 1871-1933, Bremen 1999.

[3] BAB R1001/541, Schreiben des AA an das RKM, 3. 2. 1919.

[4] PGStA Nachlass Schnee Bd. 20, Aufstieg und Ende der Kolonialära (Memoirenmanuskript), S. 232 f.

[5] BA-MA N013/24, Lebenserinnerungen, S. 260.

[6] Boris Barth, Dolchstoßlegenden und politische Desintegration. Das Trauma der deutschen Niederlage im Ersten Weltkrieg 1914-1933, Düsseldorf 2003, S. 186; Ziemann, Front und Heimat, S. 266.

[7] Zitiert nach Pyta, Hindenburg, S. 124.

[8] René Schilling, »Kriegshelden«. Deutungsmuster heroischer Männlichkeit in Deutschland 1813-1945, Paderborn 2002, S. 252 f. und S. 286 f. Zu Mackensen vgl. Theo Schwarzmüller, Zwischen Kaiser und »Führer«. Generalfeldmarschall August von Mackensen. Eine politische Biographie, 3. Aufl. Paderborn 1997.

[9] Politisches Archiv des Auswärtigen Amtes Berlin (PA AA) Bd. R8331, Bericht Rosens an die Nachrichtenabteilung des Auswärtigen Amtes, 1. 3. 1919.

[10] Maria Gräfin Matuschka, Meine Erinnerungen aus Deutsch-Ostafrika von 1911-1919, Leipzig 1920, S. 138 f.; Deppe, Mit Lettow-Vorbeck durch Afrika, S. 471-473.

[11] Richard Bessel, Germany After the First World War, Oxford 1993, S. 84-86; Wolfgang Schivelbusch, Die Kultur der Niederlage. Der amerikanische Süden 1865-Frankreich 1871-Deutschland 1918, Frankfurt/M. 2003, S. 242 ff., Barth, Dolchstoßlegenden, S. 213-219; Meteling, Der Zusammenbruch, S. 305.

[12] Schallarchiv des Norddeutschen Rundfunks Hamburg, Ansprache Lettow-Vorbecks vom 5. 2. 1937 vor dem IR 69 in Hamburg-Jenfeld (Tondokument).

[13] Zur Stimmung in der Stadt vgl. Theodor Wolff, Tagebücher 1914-1919. Der Erste Weltkrieg und die Entstehung der Weimarer Republik in Tagebüchern, Leitartikeln und Briefen des Chefre-

dakteurs am »Berliner Tageblatt« und Mitbegründers der »Deutschen Demokratischen Partei«, Bd. 2, Boppard 1984, S. 693 ff.

14 BA-MA N103/24, Lebenserinnerungen, S. 265.

15 Joachim Zeller, Das Ende der deutschen Kolonialgeschichte – Der Einzug Lettow-Vorbecks und seiner »Heldenschar« in Berlin, in: Kolonialmetropole Berlin. Eine Spurensuche, herausgegeben von Ulrich van der Heyden und Joachim Zeller, Berlin 2002, S. 229-232; Maß, Weiße Helden, S. 34-39.

16 Wolff, Tagebücher, Bd. 2, S. 693.

17 BA-MA N103/92, Zeiteinteilung anlässlich der Rückkehr der Schutztruppe für Deutsch-Ostafrika, Aufzeichnung des KdS von Ende Februar 1919; BA-MA N103/24, Lebenserinnerungen, S. 272. Der »Prolog« ist abgedruckt in »Deutsch-Übersee« vom 4. 4. 1919.

18 Universitätsarchiv der Humboldt-Universität Berlin, Phil. 1368.

19 Pöhlmann, Kriegsgeschichte und Geschichtspolitik, S. 31 f.

20 Zur Entstehung der »Deutschen Akademie« und der Auswahl ihrer Senatoren Eckard Michels, Von der Deutschen Akademie zum Goethe-Institut. Sprach- und auswärtige Kulturpolitik 1923-1960, München 2005, S. 11-31.

21 Hill (Hrsg.), Die Weizäcker-Papiere, Bd. 2, S. 59.

22 Biographische Angaben zu Friedrich von Lettow-Vorbeck finden sich in den Unterlagen des ehemaligen Berlin Document Centers im Bundesarchiv Berlin (RK B114). Als Schriftsteller trat der Bruder 1933 zwangsweise der Reichsschrifttumskammer bei, um seine Tätigkeit weiter ausüben zu können.

23 BA-MA N103/24, Lebenserinnerungen, S. 260 f.

24 Gespräch mit Ruth von Lettow-Vorbeck am 13. 4. 2004 in Hamburg.

25 Vgl. Kriegsgeschichtliche Forschungsanstalt des Heeres (Hrsg.), Darstellungen aus den Nachkriegskämpfen deutscher Truppen und Freikorps. Bd. 6: Die Wirren in der Reichshauptstadt und im nördlichen Deutschland 1918-1920, Berlin 1940, S. 78-103 sowie Wolff, Tagebücher, Bd. 2, S. 694 ff. Zu den Übergriffen der Regierungstruppen Emil Julius Gumbel, Vier Jahre politischer Mord, 3. Aufl. Berlin 1922, S. 15-26.

26 BA-MA N103/24, Lebenserinnerungen, S. 283.

27 Vgl. überblicksartig Walter Mühlhausen, Die Sozialdemokratie am Scheideweg – Burgfrieden, Parteikrise und Spaltung im Ersten Weltkrieg, in: Der Erste Weltkrieg. Wirkung – Analyse – Wahrnehmung, herausgegeben von Wolfgang Michalka, München 1994, S. 649-671.

28 Heinz Hürten, Der Kapp-Putsch als Wende. Über Rahmenbedingungen der Weimarer Republik seit dem Frühjahr 1920, Opladen 1989, S. 10 f.

29 Paul von Lettow-Vorbeck, Meine Eindrücke in England, »Münchener Neueste Nachrichten« vom 1. 1. 1930.

30 Malinowski, Vom König zum Führer, S. 125 ff.; Bernd Sösemann, Der Verfall des Kaisergedankens im Ersten Weltkrieg, in: Der Ort Kaiser Wilhelms II. in der deutschen Geschichte, herausgegeben von John Röhl, München 1991, S. 145-170; Martin Kohlrausch, Die Flucht des Kaisers. Doppeltes Scheitern adelig-bürgerlicher Monarchiekonzepte, in: Adel und Bürgertum in Deutschland. Bd. 2: Entwicklungslinien und Wendepunkte im 20. Jahrhundert, herausgegeben von Heinz Reif, Berlin 2001, S. 65-101.

31 BA-MA N103/24, Lebenserinnerungen, S. 259.

32 Lettow-Vorbeck, Mein Leben, S. 21, 24, 27 (Wilhelm I.) sowie S. 49 und 107 (Wilhelm II.).

33 Zu diesem Radikalisierungsprozess vgl. Malinowski, Vom König zum Führer, S. 298 ff.

34 Kuno Graf Westarp, Konservative Politik im Übergang vom Kaiserreich zur Weimarer Republik, Düsseldorf 2001, S. 402.

35 CRL Tagebücher Richard Meinertzhagen Bd. 60, Eintragung vom 19. 5. 1951.

36 Zur DNVP vgl. den Überblick von Friedrich Freiherr Hiller von Gärtringen, Die Deutsch-Nationale Volkspartei in der Weimarer Republik, in: Historische Mitteilungen der Ranke-Gesellschaft, Bd. 9 (1996), S. 169-188. Zur Ideologie und Selbstdarstellung der DNVP Anneliese Thimme, Flucht in den Mythos. Die Deutsch-Nationale Volkspartei und die Niederlage von 1918, Göttingen 1969.

37 Vgl. Friedrich Freiherr Hiller von Gärtringen, Monarchismus in der deutschen Republik, in: Die Weimarer Republik, herausgegeben von Michael Stürmer, Königstein/Taunus 1980, S. 254-271.

[38] BA-MA N103/55, Vernehmung Lettow-Vorbecks durch das Reichsgericht Leipzig wegen des Verdachts auf Hochverrat, 19. 6. 1920.

[39] Thimme, Flucht in den Mythos, S. 108.

[40] Zitiert nach Wolfram Pyta, Das Zerplatzen der Hoffnungen auf eine konservative Wende. Kuno Graf Westarp und Hindenburg, in: »Ich bin der letzte Preuße«. Der politische Lebensweg des konservativen Politikers Kuno Graf Westarp, herausgegeben von Larry Eugene Jones und Wolfram Pyta, Köln 2006, S. 163-187, hier S. 177 f.

[41] »Weser-Zeitung« vom 26. 11. 1933 (Hindenburg-Porträt) und vom 29. 11. 1933 (Zitat).

[42] Er benutzte dieses Bild auch bei seiner Ansprache vor dem IR 69 in Hamburg am 5. 2. 1937, die im Schallarchiv des Norddeutschen Rundfunks in Hamburg erhalten ist.

[43] Vgl. hierzu auch Klaus Theweleit, Männerphantasien, 2 Bände Frankfurt 1977/78.

[44] Marcus Funck, Schock und Chance. Der preußische Militäradel in der Weimarer Republik zwischen Stand und Profession, in: Reif (Hrsg.), Adel und Bürgertum, Bd. 2, S. 127-171, hier S. 138-141.

[45] Malinowski, Vom König zum Führer, S. 38, 201, 274 ff.

[46] Der Jud ist schuld....? Diskussionsbuch über die Judenfrage. Unter Mitarbeit von Friedrich von Lettow-Vorbeck u. a., Basel und Berlin 1932. Anfang der vierziger Jahre arbeitete der Bruder an einen Roman mit dem Arbeitstitel »Alliance Israelite Universelle«, in welchem er versuchte zu schildern, »wie auch jetzt noch Mächte des Judentums unser deutsches Leben zu zerstören suchen«, wie er 1941 der Reichsschrifttumskammer mitteilte. BAB RK B114, Personalunterlagen Friedrich von Lettow-Vorbecks der Reichsschrifttumskammer. BA-MA N103/23, Bücherverzeichnis (ca. 1956/57).

[47] BAB R43/I/624, Schreiben der DKG an Reichskanzler Scheidemann, 25. 4. 1919.

[48] Gründer, Geschichte des deutschen Kolonialreichs, S. 216 f.

[49] Louis, Britain and Germany's Lost Colonies, S. 54-56, S. 76 und S. 101 f.; Jan Esche, Koloniales Anspruchsdenken in Deutschland im Ersten Weltkrieg, während der Versailler Friedensverhandlungen und in der Weimarer Republik, Diss. phil. Universität Hamburg 1989, S. 67-85; Digre, Imperialism's New Clothes, passim.

[50] Vgl. hierzu Ulrich Heinemann, Die verdrängte Niederlage. Politische Öffentlichkeit und Kriegsschuldfrage in der Weimarer Republik, Göttingen 1983.

[51] »Vossische Zeitung« vom 28. 2. 1919; »Magdeburgische Zeitung« vom 27. 2. 1919; »Hamburger Nachrichten« vom 28. 2. 1919.

[52] Paul von Lettow-Vorbeck, Um Vaterland und Kolonie. Ein Weckruf an die deutsche Nation, Berlin 1919, ders., Meine Erinnerungen aus Ostafrika sowie ders., Heia Safari.

[53] Lettow-Vorbeck, Heia Safari, S. 159.

[54] Lettow-Vorbeck, Heia Safari, S. 275 f.

[55] Schnee, Deutsch-Ostafrika im Weltkrieg, S. VI.

[56] Parsons, The African Rank-and-File, S. 182.

[57] Anleitung zum Felddienst in Ostafrika, S. 2.

[58] Hier sei nur auf das Beispiel der Deutschen in der französischen Fremdenlegion verwiesen, welche teilweise die Treue zur Legion mit einer regelrechten Abneigung gegen Frankreich verbanden, und die sich von ihren Offizieren 1961 zum Putsch gegen die französische Regierung instrumentalisieren ließen. Vgl. Eckard Michels, Deutsche in der Fremdenlegion 1870-1965. Mythen und Realitäten, 5. Aufl. Paderborn 2006.

[59] Lettow-Vorbeck, Um Vaterland und Kolonie, S. 15.

[60] Die Zuschriften an den Sender sind gesammelt in HA WDR in den Bänden 469-474. Die Zitate stammen aus dem Band 471 (Brief von Walter Kühn vom 27. 10. 1966) und Band 472 (Brief von Hans Meyer vom 10. 11. 1966).

[61] BA-MA N103/24, Lebenserinnerungen, S. 268.

[62] Vgl. auch Heinz Hürten, Das Offizierskorps des Reichsheeres, in: Das deutsche Offizierskorps 1860-1960, herausgegeben von Hans Hubert Hofmann, Boppard 1980, S. 231-245, hier S. 233.

[63] Hürten, Der Kapp-Putsch als Wende, S. 10.

[64] BA-MA N103/24, Lebenserinnerungen, S. 268.

[65] Rainer Wohlfeil. Heer und Republik, in: Handbuch der deutschen Militärgeschichte 1648-1939, herausgegeben vom Militärgeschichtlichen Forschungsamt, Bd. 3 (Teil VI), Freiburg 1979, S. 11-303, hier S. 84-86.

66 Militärgeschichtliches Forschungsamt (Hrsg.), Untersuchungen zur Geschichte des Offizierskorps, S. 168 f. Zur Beförderungspraxis in der Wehrmacht Reinhard Stumpf, Die Wehrmachtselite. Rang- und Herkunftsstruktur der deutschen Generale und Admirale 1933-1945, Boppard 1982.

67 Zum faktischen, von ihnen später oft beklagten Verlust der Kommandogewalt der Regiments- und Divisionskommandeure im Ersten Weltkrieg Deist, Militär, Staat und Gesellschaft, S. 55 und Breit, Staats- und Gesellschaftsbild, S. 65.

68 Wolfram Wette, Gustav Noske. Eine politische Biographie. 2. Aufl. Düsseldorf 1988, S. 334.

69 Hagen Schulze, Freikorps und Republik 1918-1920, Boppard 1969, S. 207.

70 Wette, Noske, S. 370.

71 Akten der Reichskanzlei. Das Kabinett Scheidemann, Boppard 1971, S. 98 (Kabinettssitzung vom 25. 3. 1919); Verhandlungen der Verfassungsgebenden Nationalversammlung. Bd. 327, 30. Sitzung vom 27. 3. 1919, S. 853.

72 Lettow-Vorbeck, Mein Leben, S. 175.

73 BA-MA N103/24 Lebenserinnerungen, S. 274.

74 Zitiert nach Barth, Dolchstoßlegenden, S. 219.

75 Die Stärke und Gliederung des Garde-Kavallerie-Schützenkorps und der Lettow-Vorbeck unterstehenden Verbände ist abgedruckt in: Kriegsgeschichtliche Forschungsanstalt des Heeres (Hrsg.), Darstellungen, Bd. 6, S. 122 f. und S. 211-215.

76 Zu den Aktivitäten Pabsts vgl. Johannes Erger, Der Kapp-Lüttwitz-Putsch. Ein Beitrag zur deutschen Innenpolitik 1919/20, Düsseldorf 1967, S. 19 f.

77 Wette, Noske, S. 482-486.

78 »Deutsche Tageszeitung« vom 21. 3. 1919 (Vortrag in Lübeck); »Vossische Zeitung« vom 31. 3. 1919 (Vortrag in Berlin); »Hamburger Fremdenblatt« vom 31. 5. 1919 (Vortrag in Hamburg und Wandsbek); »Deutsche Tageszeitung« vom 27. 6. 1919 (Vortrag in Berlin); »Bremer Nachrichten« vom 22. 10. 1919 (Vortrag in Bremen); »Süddeutsche Zeitung« vom 4. 3. 1920 (Vortrag in Stuttgart); »Tägliche Rundschau« vom 8. 3. 1920 (drei Vorträge in Nürnberg).

79 Erwin Könnemann und Gerhard Schulze (Hrsg.), Der Kapp-Lüttwitz-Ludendorff-Putsch. Dokumente, München 2002, Dokument 5 (S. 5 f.); Erwin Könnemann und Gerhard Schulze (Hrsg.), Arbeiterklasse siegt über Kapp und Lüttwitz. Bd. 1, Berlin (Ost) 1971, Dokument 1 (S. 3).

80 So äußerte sich Lettow-Vorbeck in einem Interview auf die Frage, ob er als Kandidat der Rechtsparteien für die Reichspräsidentenwahl tatsächlich bereitstehe, dass bislang noch keine offizielle Anfrage an ihn gerichtet worden sei. »Nationalzeitung« vom 10. 3. 1920.

81 Lettow-Vorbeck, Mein Leben, S. 187 f.

82 Schulze, Freikorps und Republik, S. 220-228.

83 Lettow-Vorbeck, Mein Leben, S. 187.

84 Lettow-Vorbeck, Mein Leben, S. 179. Vgl. auch Ulrich Linse, Barfüßige Propheten. Erlöser der zwanziger Jahre, Berlin 1983.

85 BA-MA N103/24, Lebenserinnerungen, S. 278.

86 Vgl. hierzu Markus Pöhlmann, »Dass sich ein Sargdeckel über mir schlösse«. Typen und Funktionen von Weltkriegserinnerungen militärischer Entscheidungsträger, in: Der verlorene Frieden. Politik und Kriegskultur nach 1918, herausgegeben von Jost Dülffer und Gerd Krumeich, Essen 2002, S. 149-170.

87 Erich Ludendorff, Meine Kriegserinnerungen 1914-1918, Berlin 1919; Alfred von Tirpitz, Erinnerungen, Leipzig 1919.

88 Safari kann in Suaheli alle Arten von »Reisen« bedeuten: vom Jagdausflug über die Handelskarawane bis hin zum Feldzug.

89 Die Mitautorenschaft Kerns geht aus einem Brief an das RKM vom 14. 8. 1919 hervor. In: BAB R1001/875. Kerns Hilfe bei der Entstehung von Lettow-Vorbecks Ostafrika-Erinnerungen war für die Leserschaft nicht ersichtlich. In seinen Lebenserinnerungen von 1957 erwähnte Lettow-Vorbeck nur einen vom Verlag abgestellten »Hilfsarbeiter«. Vgl. Lettow-Vorbeck, Mein Leben, S. 178.

90 Zur Rolle der Historiker bei der Zurückweisung der Kriegsschuldthese in den 20er Jahren vgl. Heinemann, Die verdrängte Niederlage, S. 105-111 sowie Wolfgang Jäger, Historische Forschung und politische Kultur in Deutschland. Die Debatte 1914-1980 um den Ausbruch des

Ersten Weltkriegs, Göttingen 1984, S. 68-88. Zu Kerns publizistischen Aktivitäten und seiner Zusammenarbeit mit Tirpitz vgl. Oliver Schillings, Vom Bourgeois zum Citoyen. Fritz Kern zwischen den Lebenswelten Politik und Wissenschaft, Münster 2001, S. 176 ff.

91 Lettow-Vorbeck, Meine Erinnerungen aus Ostafrika, S. 9, 14 und 18.

92 Ruckteschell ging Ende 1913 mit seiner Frau Clary nach Deutsch-Ostafrika, um für die Deutsche-Ostfrika-Linie ein Gemälde des Kilimandjaro anzufertigen, welches den Salon von einem der Dampfer der Reederei schmücken sollte. Kurz vor dem Abschluss seiner Arbeiten wurde er vom Kriegsausbruch überrascht und als Reserveoffizier für die Schutztruppe mobilisiert. Einige Dokumente zur Entstehung von »Heia Safari« befinden sich im Nachlass Ruckteschell im Besitz seiner Tochter Ruth von Bennigsen in Geisenbrunn.

93 Dies wird in einem Schreiben des Koehler-Verlages an Ruckteschell vom 15. 8. 1919 im Nachlass Ruckteschell deutlich, in welchem dieser aufgefordert wurde, u. a. folgende Aspekte in das Manuskript der »Volksausgabe« einzuarbeiten: (1) Das natürliche Unterordnungsbedürfnis der Afrikaner und ihre Zuverlässigkeit und Dankbarkeit gegenüber Deutschland; (2) die Distanz des Führers zu seinen Offizieren durch seine schwere Last der Verantwortung, das Ganze aber aufgelockert durch behagliche Momente mit den Kameraden; (3) die physischen Anstrengungen der Märsche in den Tropen, aber auch der Durchhaltewillen aus Vaterlandsliebe; (4) der Unwillen, 1918 die Waffen niederzulegen; (5) die Wortbrüchigkeit der Briten.

94 Lettow-Vorbeck, Heia Safari, S. 134.

95 Lettow-Vorbeck, Heia Safari, S. 143.

96 Lettow-Vorbeck, Heia Safari, S. 260 f.

97 Lettow-Vorbeck, Heia Safari, S. 261.

98 Schnee, Deutsch-Ostafrika im Weltkrieg, S. 35 f. und S. 280.

99 PGStA Nachlass Schnee Bd. 23, Geheimbericht Schnees an das RKM, 7. 5. 1919.

100 PGStA Nachlass Schnee Bd. 20, Aufstieg und Ende der Kolonialära (Memoirenmanuskript), S. 188.

101 BA-MA N103/87, Schreiben des RKM an Lettow-Vorbeck, 16. 1. und 23. 2. 1920.

102 Barth, Dolchstoßlegenden, S. 321-340; Pöhlmann, »Dass sich der Sargdeckel über mir schlösse«, S. 159 f.

103 Wilhelm Solf, Schnee und Lettow-Vorbeck, in: Die Deutsche Nation, Bd. 2 (1920), S. 87-95.

104 Zur politischen und wirtschaftlichen Situation in Hamburg im Frühjahr 1919 vgl. Ursula Büttner, Politische Gerechtigkeit und sozialer Geist. Hamburg zur Zeit der Weimarer Republik, Hamburg 1985, S. 24 ff. sowie generell für die Situation in den Großstädten als Sammelbecken demobilisierter Soldaten Bessel, Germany, S. 154 f.

105 Siehe hierzu auch Ernst Willi Hansen, Walter Lamp'l und die »Hamburger Punkte«, in: Geschichte als Verpflichtung. Hamburg, Reformation und Historiographie (Festschrift für Rainer Postel), herausgegeben von Michael Hundt, Hamburg 2001, S. 159-181.

106 Büttner, Politische Gerechtigkeit, S. 41 ff.; Lothar Danner, Ordnungspolizei in Hamburg. Betrachtungen zu ihrer Geschichte 1918-1933, Hamburg 1958, S. 14.

107 Büttner, Politische Gerechtigkeit, S. 95-97.

108 Kriegsgeschichtliche Forschungsanstalt des Heeres (Hrsg.), Darstellungen, Bd. 6, S. 132 f.

109 Kriegsgeschichtliche Forschungsanstalt des Heeres (Hrsg.), Darstellungen, Bd. 6, S. 134.

110 »Hamburger Correspondent« vom 30. 6. 1919.

111 »Hamburger Correspondent« vom 1. 7. 1919.

112 Barth, Dolchstoßlegenden, S. 220-226.

113 Staatsarchiv Hamburg (StAHH) Zeitgeschichtliche Sammlung IV1, Geschichte der Bahrenfelder in der Revolutionszeit, Manuskript von Oberleutnant zur See Becker.

114 Büttner, Politische Gerechtigkeit und sozialer Geist, S. 97.

115 StAHH Zeitgeschichtliche Sammlung IV1, Geschichte der Bahrenfelder in der Revolutionszeit, Manuskript von Oberleutnant zur See Becker; »Die Schutztruppe« (Soldatenzeitung des Korps Lettow-Vorbeck), Nr. 1 vom 8. 7. 1919.

116 StAHH, Senatskommission für Reichs- und Auswärtige Angelegenheiten V27b, Korpsbefehl Lettow-Vorbecks vom 2. 7. 1919; Lettow-Vobeck, Mein Leben, S. 183.

117 »Die Schutztruppe« Nr. 1 vom 8. 7. 1919.

118 StAHH Senatskommission für Reichs- und Auswärtige Angelegenheiten V 27b, Korps Lettow Nachrichtenblatt, Nr. 5 (10. 7. 1919) und Nr. 7 (21. 7. 1919).

119 StAHH Senat CLVII Lit Me Nr. 12 Bd. 24 Fasc. 11b, Schreiben des Senatspräsidenten an Lettow-Vorbeck, 18. 7. 1919.
120 So etwa Schulte-Varendorff, Kolonialheld, S. 80-82.
121 StAHH Nachlass Dr. Walter Lamp'l Nr. 12, Denkschrift Lettow-Vorbecks über die Zustände in der Hamburger Schutzmannschaft, 18. 7. 1919.
122 StAHH Senatskommission für Reichs- und Auswärtige Angelegenheiten V 27b, Korpsbefehl vom 11. 7. 1919.
123 BA-MA N103/2, Teilnehmerliste zur Feier des 80. Geburtstags des Generals a. D. Paul von Lettow-Vorbeck in Eutin, 19. 3. 1950. Die Zahl von 150 Schutztruppenveteranen, die in Hamburger Dienste traten, findet sich in: Kriegsgeschichtliche Forschungsanstalt des Heeres (Hrsg.), Darstellungen, Bd. 6, S. 222.
124 Vgl. auch Danner, Ordnungspolizei, S. 23-32.
125 StAHH Senat CVII Vol. 24 Fasc. 11b, Schreiben Lettow-Vorbecks an den Senat, 14. 8. 1919; StAHH Senatskommission für die Reichs- und Auswärtigen Angelegenheiten V 27a, Schreiben des Präsidenten des Senats an Lettow-Vorbeck, 23. 8. 1919.
126 Lettow-Vorbeck, Mein Leben, S. 183.
127 »Hamburger Abendblatt« vom 19. 3. 1960; »Frankfurter Allgemeine Zeitung« vom 19. 3. 1960; »Der Spiegel« vom 18. 3. 1964.
128 So titelte die »Hamburger Volkszeitung« am 11. 3. 1926 anlässlich eines Kolonialvortrages des Offiziers in Hamburg »Arbeiterschlächter Lettow in Hamburg«.
129 Vgl. Georg Tessin, Deutsche Verbände und Truppen 1918-1933. Altes Heer, Freiwilligenverbände, Reichswehr, Heer, Luftwaffe, Landespolizei, Osnabrück 1974 sowie Edgar Graf von Matuschka, Organisation des Reichsheeres, in: Handbuch der deutschen Militärgeschichte 1648-1939, Bd. 6, Frankfurt/M. 1970, S. 305-343.
130 Wette, Noske, S. 547-552; William Mulligan, The Creation of the Modern German Army. General Walther Reinhardt and the Weimar Republic 1914-1930, Oxford 2005, S. 146.
131 Die neuen Reichswehreinheiten sowie die noch bestehenden Freikorps und noch nicht aufgelösten Formationen des alten Heeres zählten im Sommer 1919 noch mindestens 400 000 Mann, möglicherweise aber bis zu 600 000 Soldaten. Selbst Regierung und Reichswehrleitung schienen keinen genauen Überblick zu haben. Vgl. Wette, Noske, S. 551; Mulligan, Creation, S. 145.
132 Lettow-Vorbeck, Mein Leben, S. 184.
133 Schulze, Freikorps und Republik, S. 214-217; Mulligan, Creation, S. 142 f.
134 Walther von Lüttwitz, Im Kampf gegen die November-Revolution, Berlin 1934, S. 85-87.
135 Erger, Der Kapp-Lüttwitz-Putsch, S. 43.
136 BA-MA N103/55, Vernehmung Lettow-Vorbecks durch das Reichsgericht, 1. 4. 1919.
137 BA-MA N103/55, Vernehmung Lettow-Vorbecks durch das Reichsgericht, 1. 4. und 19. 6. 1920; Lettow-Vorbeck, Mein Leben, S. 186-188.
138 »Nationalzeitung« vom 10. 3. 1920.
139 Heinrich August Winkler, Weimar 1918-1933. Die Geschichte der ersten deutschen Demokratie, München 1993, S. 111.
140 Matuschka, Organisation des Reichsheeres, S. 318.
141 Erger, Der Kapp-Lüttwitz-Putsch, S. 109. Lettow-Vorbeck spricht in seinen Memoiren von einem Treffen der Kommandeure Anfang Februar, auf welchem er sich gegen einen Putsch ausgesprochen habe. Vgl. Lettow-Vorbeck, Mein Leben, S. 188.
142 Wette, Noske, S. 628 ff.; Erger, Der Kapp-Lüttwitz-Putsch, S. 116-149.
143 BA-MA N103/55, Vernehmung Lettow-Vorbecks durch das Reichsgericht, 19. 6. 1920; Lettow-Vorbeck, Mein Leben, S. 188 f . Zu den Vorgängen in Breslau vgl. Erger, Der Kapp-Lüttwitz-Putsch, S. 184.
144 Mecklenburgisches Landesarchiv Schwerin (MLA), Mecklenburgisches Staatsministerium Bd. 493, Darstellung des Ministerialdirektors Walter über den Kapp-Putsch in Schwerin, 6. 4. 1920.
145 BA-MA N103/55, Vernehmung Lettow-Vorbecks durch das Reichsgericht, 1. 4. und 19. 6. 1920 (Zitat); Lettow-Vorbeck, Mein Leben, S. 188-191 (Zitat S. 189); MLA Mecklenburgische Gesandtschaft Berlin Bd. 854, Protokoll der Besprechung Lettow-Vorbecks mit der Staatsregierung, 17. 3. 1920.
146 BA-MA N103/55, Vernehmung Lettow-Vorbecks durch das Reichsgericht, 1. 4. 1920.

147 BA-MA N103/2, Brief Lettow-Vorbecks an Generaloberst Einem, 9. 9. 1930.

148 Die SPD-geführte Regierung von Mecklenburg-Strelitz leistete keinen Widerstand gegen die Putschisten und wurde daher nicht abgesetzt. Die Regierungen der Stadtstaaten Hamburg und Lübeck bekannten sich zur alten Regierung Bauer. Die Reichswehr war in diesen Garnisonen zu schwach um sie abzusetzen.

149 Erger, Der Kapp-Lüttwitz-Putsch, S. 155 ff.

150 Abgedruckt in Schulz/Könnemann (Hrsg.), Der Kapp-Lüttwitz-Ludendorff-Putsch, S. 826.

151 Jens Flemming, Die Bewaffnung des »Landvolkes«. Ländliche Schutzwehren und agrarischer Konservatismus in der Anfangsphase der Weimarer Republik, in: Militärgeschichtliche Mitteilungen, Heft 26 (1979), S. 7-36.

152 Gerhard Roßbach, Mein Weg durch die Zeit. Erinnerungen und Bekenntnisse, Weilburg/Lahn 1950, S. 65-67; Arnolt Bronnen, Roßbach, Berlin 1930, S. 102-109; Bernhard Sauer, Gerhard Roßbach – Hitlers Stellvertreter in Berlin, in: Zeitschrift für Geschichtswissenschaft, Bd. 50 (2002), S. 5-21; Zur Rolle der Großgrundbesitzer in Mecklenburg vor und während des Putsches vgl. die Dokumente in Könnemann u. a. (Hrsg.), Arbeiterklasse, Bd. 2, S. 611-688.

153 Der Befehl ist abgedruckt in Schulz/Könnemann (Hrsg.), Der Kapp-Lüttwitz-Ludendorff-Putsch, S. 834 f. Vgl. zu den Vorgängen in Mecklenburg aus marxistischer Sicht und mit Überbetonung der »revolutionären« Situation in Mecklenburg und dem angeblichen mangelnden Widerstandswillen der SPD Könnemann u. a. (Hrsg.), Arbeiterklasse, Bd. 2, S. 611-688 sowie Martin Polzin, Der Kapp-Putsch in Mecklenburg. Junkertum und Landproletariat in der revolutionären Krise nach dem Ersten Weltkrieg, Rostock 1966. Aus Sicht der Reichswehr bzw. des Dritten Reiches und unter ebenso überzogener Darstellung des angeblichen in Mecklenburg drohenden, systematisch geplanten »kommunistischen Umsturzes« vgl. Kriegsgeschichtliche Forschungsanstalt des Heeres (Hrsg.), Darstellungen, Bd. 6, S. 160-168. Die beste Darstellung liefert Fred Mrotzek, Der Kapp-Lützwitz-Putsch im März 1920, in: Mecklenburger Jahrbücher, Bd. 120 (2005), S. 133-155.

154 BA-MA N103/55, Vernehmung Lettow-Vorbecks durch das Reichsgericht, 19. 6. 1920.

155 Erger, Der Kapp-Lüttwitz-Putsch, S. 229-265 (Zitat S. 264).

156 Dissow, Adel im Übergang, 201 (Zitat); Mrotzek, Der Kapp-Lützwitz-Putsch, S. 145 (Reichswehr in Schwerin) und S. 154 (Zeitfreiwillige).

157 MLA Mecklenburgische Gesandtschaft Berlin Bd. 854, Protokoll der Besprechung zwischen Lettow-Vorbeck, der Staatsregierung und Landtagsabgeordneten, 17. 3. 1920.

158 MLA Mecklenburgisches Staatsministerium Bd. 493, Aussage eines Beamten vom 9. 4. 1920.

159 MLA Mecklenburgisches Staatsministerium Bd. 493, Aufruf des Militärbefehlshabers, 18. 3. 1920; BA-MA N103/54, Tagesbefehl Lettow-Vorbecks an die Reichswehrbrigade 9, 18. 3. 1920.

160 Winkler, Weimar, S. 127-138.

161 MLA Mecklenburgisches Staatsministerium Bd. 493, Politische Strömungen und Bewegungen im Bereich der 17. Division, Bericht des Auflösungsstabes der Division vom 11. 7. 1919.

162 Gumbel, Vier Jahre politischer Mord, S. 52-55. Verluste der Reichswehr in BA-MA N103/55.

163 Schulte-Varendorff, Kolonialheld, S. 88.

164 BA-MA N103/54, Schreiben des Personalamtes des Reichswehrministeriums an Lettow-Vorbeck, 8. 4. 1920; Verfügung des Reichswehrministers vom 11. 5. 1920.

165 BAB R3001/21463.

166 BA-MA N103/7, Schreiben des Personalamtes des Reichswehrministeriums an Lettow-Vorbeck, 14. 5. 1920.

167 Könnemann/Schulz (Hrsg.), Der Kapp-Lüttwitz-Ludendorff-Putsch, S. 531.

168 Vgl. hierzu Jürgen Christoph, Die politischen Reichsamnestien 1918-1933, Frankfurt/M. 1988, S. 44-98 (Zitat S. 94). Konteradmiral Magnus von Levetzow hatte sich als Chef der Marienstation der Ostsee in Kiel hinter die Putschisten gestellt. Paul Lindemann war ehemaliger Oberbürgermeister von Kiel, den Kapp als Oberpräsident der Provinz Schleswig-Holstein einsetzte.

169 BA-MA N103/7, Schreiben des Personalamts des Reichswehrministeriums an Lettow-Vorbeck, 15. 11. 1920 (Antwort auf Lettow-Vorbecks Schreiben vom 24. 10. 1920).

XI. Auf der Suche nach neuen Aufgaben

1 Nachlass Ruckteschell, Brief Lettow-Vorbecks an Ruckteschell, 25. 6. 1935.

2 Lettow-Vorbeck, Mein Leben, S. 194.

3 Wolfram Pyta, Dorfgemeinschaft und Parteipolitik 1918-1933. Die Verschränkung von Milieu und Parteien in den protestantischen Landgebieten Deutschlands in der Weimarer Republik, Düsseldorf 1996, S. 163-166.

4 Lettow-Vorbeck, Mein Leben, S. 196 f.

5 Conze, Von deutschem Adel, S. 18-20; Shelley Baranowski, The Sanctity of Rural Life. Nobility, Protestantism and Nazism in Weimar Prussia, Oxford 1995, S. 17-82.

6 Magaret L. Anderson, Practicing Democracy. Elections and Political Culture in Imperial Germany, Princeton 2000, S. 185 f.

7 Pyta, Dorfgemeinschaft und Parteipolitik, passim.

8 Landeshauptarchiv Sachsen-Anhalt Magdeburg (LHA) Rep. C20 XIIII Oberpräsident Meldestelle Bd. 4646/10, Bericht des Landrats, 1. 3. 1921. Ergebnisse der Landtagswahlen in Preußen aus Jürgen Falter u. a., Wahlen und Abstimmungen in der Weimarer Republik. Materialien zum Wahlverhalten 1919-1933, München 1986, S. 101.

9 So etwa seine Vorträge am 23. 3. 1921 in Breslau und am 5. 11. 1921 in Halle.

10 LHA Rep. C20 XIII Oberpräsident Meldestelle Bd. 4613 und Bd. 4614, Berichte der Polizei bzw. des Landrats an den Oberpräsidenten, 25. 8., 31. 8. und 6. 11. 1921.

11 Siehe auch Schulte-Varendorff, Kolonialheld, S. 92 f. mit weiteren Belegen.

12 LHA Rep. C20 XIII Oberpräsident Meldestelle Bd. 4614, Bericht der Polizei in Halle an den Oberpräsidenten, 6. 11. 1921. Vgl. auch den Bericht der SPD-nahen »Münchener Post« vom 3. 9. 1920 über einen Vortrag Lettow-Vorbecks in München. Seine kolonialpolitischen Vorstellungen wiederholte Lettow-Vorbeck auch in einem Artikel unter dem Titel »Wir brauchen wieder Kolonien« in der »Deutschen Tageszeitung« vom 16. 3. 1921.

13 Ernst Gerhard Jacob, Kolonialpolitisches Quellenheft. Die deutsche Kolonialfrage 1918-1935, Bamberg 1935, S. 49-51.

14 Jacob, Kolonialpolitisches Quellenheft, S. 111-115 gibt Beispiele aus den Jahren 1919 bis 1932 für die Länder Preußen, Bayern, Thüringen, Anhalt, Braunschweig, Oldenburg und Sachsen.

15 Vgl. neben den »klassischen" Studien von Wolfe D. Schmokel, Dream of Empire. German Colonialism 1919-1945, Westport/Ct. 1964, S. 10-17 und S. 46-74 und Klaus Hildebrand, Vom Reich zum Weltreich. Hitler, NSDAP und koloniale Frage 1919-1945, München 1969, S. 40 ff. unter den neueren Veröffentlichungen insbesondere Zeller, Kolonialdenkmäler, S. 179-181 sowie Christian Rogowski, »Heraus mit unseren Kolonien!« Der Kolonialrevisionismus der Weimarer Republik und die »Hamburger Kolonialwoche« 1926, in: Kundrus (Hrsg), Phantasiereiche, S. 243-262.

16 Vgl. Hans Fenske, Konservativismus und Rechtsradikalismus in Bayern nach 1918, Bad Homburg 1969.

17 »München-Augsburger Abendzeitung« vom 3. 9. 1920. Vgl. auch Lettow-Vorbeck, Mein Leben, S. 197.

18 LHA Rep. C20 XIII Oberpräsident Meldestelle Bd. 4614, Bericht der Polizei in Halle an den Oberpräsidenten, 6. 11. 1921.

19 Christina von Hodenberg, Konsens und Krise. Eine Geschichte der westdeutschen Medienöffentlichkeit 1945-1973, Göttingen 2006, S. 201-203.

20 »Hamburger Fremdenblatt« vom 31. 5. 1919 (Nhamacurra-Anekdote); »Deutsche Tageszeitung« vom 7 . 11. 1921 (stürmischer, nicht endend wollender Beifall); »München-Augsburger Tageszeitung« vom 3. 9. 1920 (straffe Erscheinung); »Bayerische Tageszeitung« vom 9. 3. 1920 (trockener Humor); »Süddeutsche Zeitung« vom 4. 3. 1920 (freier, schlichter Vortrag); »Bremer Nachrichten« vom 22. 10. 1919 (nicht endender Beifall).

21 Dissow, Adel im Übergang, S. 91 und S. 115.

22 Siehe die Memoiren meines Urgroßvaters Hunold von Ahlefeld, Erinnerungen 1851-1919, Bremen (Privatdruck) 1967, S. 41, der 1911 als Vizeadmiral a. D. nach Bremen zog. In diesem Falle gewährte der Senat allerdings einen Dispens, sofern der Antragsteller aus seinem Titel keine Vorrechte ableiten würde.

23 Lettow-Vorbeck, Mein Leben, S. 199.

24 Lettow-Vorbeck, Mein Leben, S. 200. Vgl. auch Hartmut Müller, Die Bremer Jahre des Generals Paul von Lettow-Vorbeck, in: Soziale Demokratie und sozialistische Theorie. Festschrift für Hans-Joseph Steinberg zum 60. Geburtstag, herausgegeben von Inge Marßolek und Till Schelz-Brandenburg, Bremen 1995, S. 89-96.

25 Vgl. Hartmut Müller, Lüderitz und der koloniale Mythos. Kolonialbewegungen in Bremen, in: Diskurs. Bremer Beiträge zu Wissenschaft und Gesellschaft, Heft 6 (1982), S. 125-148, hier S. 126-129.

26 Müller, Lüderitz, S. 140-143; Zeller, Kolonialdenkmäler, S. 142 ff. (Zitat S. 172).

27 Lettow-Vorbeck. Mein Leben, S. 200.

28 Malinowski, Vom König zum Führer, S. 274 ff.; Conze, Von deutschem Adel, S. 305 f. und Berghoff, Adel und Industriekapitalismus, S. 261 ff.

29 Wer leitet? Die Männer der Wirtschaft und der einschlägigen Verwaltung, Berlin 1940, S. 520.

30 Lettow-Vorbeck, Mein Leben, S. 273.

31 CRL Richard Meinertzhagen Diaries Bd. 27, Eintragung vom 1. 6. 1926. Gespräch mit Ruth von Lettow-Vorbeck am 13. 4. 2004 in Hamburg (Stock in der Ecke) sowie mit Eva-Maria Nehm (geb. Pommeranz), einer Jugendfreundin von Lettow-Vorbecks Sohn Arnd aus den Bremer Jahren am 14. 8. 2004 in Rudgwick (Angst Arnds vor der Strenge des Vaters).

32 Lettow-Vorbeck, Mein Leben, S. 200-207, 269 und 276. Gespräch mit Ruth von Lettow-Vorbeck am 13. 4. 2004 in Hamburg. Zum Durchschnittseinkommen in Bremen vgl. Herbert Schwarzwälder, Geschichte der Freien Hansestadt Bremen. Bd. 3: Bremen in der Weimarer Republik (1918-1933), Hamburg 1983, S. 346.

33 Vgl. Volker R. Berghahn, Der Stahlhelm. Bund der Frontsoldaten 1918-1935, Düsseldorf 1966. Zum Bremer Stahlhelm Schwarzwälder, Geschichte, Bd. 3, S. 591 f.

34 Zu Tirpitz' Aktivitäten als Reichstagsabgeordneter der DNVP und seiner zweimaligen Kandidatur für den Wahlkreis 24 Raffael Scheck, Alfred von Tirpitz and German Right-Wing Politics 1914-1930, Atlantic Highlands/New Jersey 1998, S. 145 ff. Zur Struktur des Wahlkreises Falter, Wahlen und Abstimmungen, S. 66. Vgl. auch Dieter Thränhardt, Wahlen und politische Strukturen in Bayern 1848-1953. Historisch-soziologische Untersuchungen zum Entstehen eines Parteisystems, Düsseldorf 1973. Zur bayerischen DNVP Manfred Kittel, Zwischen völkischem Fundamentalismus und gouvernementaler Taktik. DNVP-Vorsitzender Hans Hilpert und die bayerischen Deutschnationalen, in: Zeitschrift für Bayerische Landesgeschichte, Bd. 59 (1996), S. 849-90.

35 Schildt, Konservatismus in Deutschland, S. 138.

36 »Berliner Lokal-Anzeiger« vom 20. 3. 1928. Der Brief an Tirpitz vom 19. 2. 1928, der ebenfalls mit der Parole »Das Vaterland über die Partei« endet, befindet sich in BA-MA N253/256.

37 »Hamburger Nachrichten« vom 14. 4. 1928; »Münchener Neueste Nachrichten« vom 15. 5. 1928; »Neue Zürcher Zeitung« vom 18. 5. 1928.

38 Die Ergebnisse des Wahlkreises 24 finden sich im Reichstagshandbuch. 3. Wahlperiode 1924, Berlin 1925, S. 168 f. sowie Reichstagshandbuch. 4. Wahlperiode 1928, Berlin 1928, S. 267.

39 Pyta, Dorfgemeinschaft und Parteipolitik, S. 295 ff.

40 Lettow-Vorbeck, Mein Leben, S. 208.

41 Hiervon zeugen einige über Lettow-Vorbeck gehende oder von ihm verfasste Schriftstücke anlässlich einer Auseinandersetzung zwischen den DNVP-Mitgliedern Keudell und Hugenberg vom Sommer 1929 im Nachlass von Kuno Graf Westarp in Gärtringen (Nachlass Westarp).

42 Verhandlungen des Reichstags. 4. Wahlperiode 51. Sitzung am 26. 2. 1929, S. 1287-1291.

43 Verhandlungen des Reichstags. 4. Wahlperiode 87. Sitzung am 15. 6. 1929, S. 2501-2503; Verhandlungen des Reichstags. 4. Wahlperiode 169. Sitzung am 21. 5. 1930, S. 5237-5240.

44 So taucht Lettow-Vorbecks Name im Tagebuch von Reinhold Quaatz, einem engen Vertrauten des Parteivorsitzenden Hugenberg, das die beste Quelle für die innerparteilichen Auseinandersetzungen in der DNVP ab 1928 ist, beispielsweise kein einziges Mal auf. Vgl. Hermann Weiß und Paul Hoser (Hrsg.), Die Deutschnationalen und die Zerstörung der Weimarer Republik. Aus dem Tagebuch von Reinhold Quaatz, München 1989.

45 Heidrun Holzbach, Das System Hugenberg. Die Organisation bürgerlicher Sammlungspolitik vor dem Aufstieg der NSDAP, Stuttgart 1981, S. 167-254 sowie Thomas Mergel, Das Scheitern

des deutschen Tory-Konservatismus. Die Umformung der DNVP zu einer rechtsradikalen Partei 1928-1933, in: Historische Zeitschrift, Bd. 276 (2003), S. 323-360.

46 Erasmus Jonas, Die Volkskonservativen 1928-1933. Entwicklung, Struktur, Standort und staatspolitische Zielsetzung, Düsseldorf 1965, S. 20.

47 Winkler, Weimar, S. 363 ff.

48 Vgl. Larry Eugene Jones, Kuno Graf Westarp und die Krise des deutschen Konservatismus in der Weimarer Republik, in: Jones/Pyta (Hrsg.), »Ich bin der letzte Preuße«, S. 109-146, hier S. 144 sowie Mergel, Das Scheitern, passim.

49 Paul von Lettow-Vorbeck, Warum ich aus der DNVP austrat, Berlin 1930, S. 1.

50 Zitiert nach Jürgen Maurer und Udo Wengst (Bearb.), Politik und Wirtschaft in der Krise 1930-1932. Quellen zur Ära Brüning. Bd. 1, Düsseldorf 1980, S. 272.

51 Das Protokoll der Fraktionssitzung ist abgedruckt in Maurer/Wengst (Bearb.), Politik, Bd. 1, S. 286-299 (Zitat S. 296).

52 Lettow-Vorbeck, Warum ich aus der DNVP austrat, S. 4.

53 Lettow-Vorbeck, Warum ich aus der DNVP austrat, S. 4 f.

54 Jonas, Die Volkskonservativen, S. 80.

55 Lettow-Vorbeck, Warum ich aus der DNVP austrat, S. 6.

56 Dissow, Adel im Übergang, S. 229 f.

57 Lettow-Vorbeck, Warum ich aus der DNVP austrat, S. 3 f.

58 Paul von Lettow-Vorbeck, Der Sinn des Kampfes, in: »Münchener Neueste Nachrichten« vom 28. 8. 1930.

59 Holzbach, Das System Hugenberg, S. 222 ff.; Jonas, Die Volkskonservativen, S. 134-136.

60 Nachlass Westarp, Brief Westarps an Lettow-Vorbeck, 24. 7. 1930.

61 Nachlass Westarp, Brief Westarps an Treviranus, 14. 8. 1930.

62 Jonas, Die Volkskonservativen, S. 82.

63 Thränhardt, Wahlen, S. 140 f.

64 Nachlass Westarp, Brief Westarps an Otto, 16. 9. 1930 (Mandat für Lettow-Vorbeck); Brief Lindeneiner-Wildaus an Westarp, 28. 10. 1930 (Parteivorsitz).

65 Staatsarchiv Bremen 4.65-131.

66 BAK N1231/38, Notiz von Otto Schmidt-Hannover betr. General von Lettow für Hugenberg, 17. 4. 1931.

67 BA-MA N103/106, Schreiben der East African Campaign Veteran's Association an die deutsche Botschaft London, 1. 10. 1923.

68 BA-MA N103/106, Schreiben des Auswärtigen Amtes an Lettow-Vorbeck, 11. 10. 1923.

69 So der Leserbrief eines deutschen Jagdfliegers in der »Times« vom 18. 12. 1929, der sich dagegen verwehrte, dass Lettow-Vorbeck, wie in der »Times« behauptet, der Pionier hinsichtlich der Treffen zwischen den ehemaligen Kriegsgegnern gewesen sei.

70 PA AA R76981, Bericht der Botschaft London an das Auswärtige Amt, 20. 11. 1929.

71 Zu Meinertzhagen vgl. Mark Cocker, Richard Meinertzhagen. Soldier, Scientist and Spy, London 1989.

72 CRL Richard Meinertzhagen Diaries Bd. 29, Eintragungen vom 2. 12. und 4. 12. 1929; Lettow-Vorbeck, Was mir die Engländer über Ostafrika erzählten, S. 33-35.

73 CRL Richard Meinertzhagen Diaries Bd. 29, Eintragung vom 2. 12. 1929.

74 Die Ansprachen sind abgedruckt in »The Times« vom 3. 12. 1929.

75 CRL Richard Meinertzhagen Diaries Bd. 29, Eintragung vom 3. 12. und 4. 12 1929.

76 NA Cab45/36, Brief von Oberst D. H. Powell an Brigadegeneral Edmonds, 18. 7. 1934.

77 Einige Dokumente hierzu befinden sich im Staatsarchiv Bremen (4.49 Nr. 389).

78 CRL Richard Meinertzhagen Diaries Bd. 29, Eintragung vom 6. 12. 1929.

79 Zu Lettow-Vorbecks Wahrnehmung Großbritanniens vgl. Lettow-Vorbeck, Meine Eindrücke in England. Die »England-Illusion« wurde nicht zuletzt in Hitlers 1924/25 verfassten »Mein Kampf« deutlich. Vgl. auch Gottfried Niedhart, Die Außenpolitik der Weimarer Republik, München 1999, S. 88. Zum deutschen Großbritannienbild vor 1933 Gerwin Strobl, The Germanic Isle. Nazi Perceptions of Britain, Cambridge 2000, S. 5-35.

80 Lettow-Vorbeck, Was mir die Engländer über Ostafrika erzählten, passim (Zitat S. 64).

XII. »Trotzdem ist die Bewegung in ihrer Gesamtheit doch ungeheur wertvoll«: Im Dritten Reich

1 »Weser-Zeitung« vom 27. 8. 1930.

2 Vgl. aus der Fülle der Literatur als Überblick Schildt, Konservatismus in Deutschland, S. 170 ff.

3 Peter Longerich, Die brauen Bataillone. Geschichte der SA, München 1989, S. 46 sowie Sven Reichardt, Faschistische Kampfbünde. Gewalt und Gemeinschaft im italienischen Squadrismus und in der deutschen SA, Köln/Wien 2002, S. 579.

4 Hill (Hrsg.), Die Weizäcker-Papiere, Bd. 2, S. 59.

5 Lettow-Vorbeck, Mein Leben, S. 210.

6 BAB R43/II/826, Schreiben Lettow-Vorbecks an Hindenburg, 8. 4. 1933.

7 Vgl. Klaus-Jürgen Müller, Der Tag von Potsdam und das Verhältnis der preußisch-deutschen Militärelite zum Nationalsozialismus, in: Potsdam. Staat, Armee und Residenz in der preußisch-deutschen Militärgeschichte, herausgegeben von Bernhard R. Kroener, Frankfurt/M. 1993, S. 435-449.

8 Die Tatsache, dass er seine beiden Söhne auf die Plöner NAPOLA schickte, geht weder aus Lettow-Vorbecks Memoiren noch aus den sonstigen Unterlagen in seinem Nachlass hervor. Ich verdanke diesen Hinweis ursprünglich meiner Tante Jutta Nicolson (geb. von Ahlefeld), die in den dreißiger Jahren in Bremen mit Heloise von Lettow-Vorbeck auf das gleiche Gymnasium ging. Später wurde es mir von Dr. Uwe Lamprecht bestätigt, der von 1940 bis 1945 als Schüler die NAPOLA Plön besuchte und ein Verzeichnis aller ehemaligen dortigen Schüler besitzt (schriftliche Auskunft vom 22. 5. 2003). Ab 1942 führte die jeweils jüngste Klasse der NAPOLA, »Zug« genannt, den Namen »Zug Rüdiger von Lettow-Vorbeck« des ehemaligen NAPOLA-Schülers, der inzwischen gefallen war.

9 Schmitz, Militärische Jugenderziehung, S. 226 ff.

10 Gespräch mit Ruth von Bennigsen am 1. 4. 2004 in Geisenbrunn.

11 CRL Richard Meinertzhagen Diaries Bd. 36, Eintragung vom 31. 3. 1934. Vgl. auch Breit, Das Staats- und Gesellschaftsbild, S. 176.

12 Schwarzmüller, Mackensen, S. 273-277.

13 Unterlagen zur Entstehung und Besetzung des Staatsrates im Staatsarchiv Bremen (S. 1. a Nr. 280). Siehe auch Herbert Schwarzwälder, Geschichte der Freien Hansestadt Bremen. Bd. 4 : Bremen in der NS-Zeit (1933-1945), Hamburg 1985, S. 68 f.

14 Lettow-Vorbeck, Mein Leben, S. 212.

15 Lettow-Vorbeck, Mein Leben, S. 211.

16 Malinowski, Vom König zum Führer, S. 570-577.

17 Berghahn, Der Stahlhelm, S. 250 ff.

18 Schwarzwälder, Geschichte, Bd. 4, S. 136 f.

19 Lettow-Vorbeck, Mein Leben, S. 214 f.

20 Grundlegend hierzu Ian Kershaw, Der Hitler-Mythos. Führerkult und Volksmeinung, München 2002.

21 Für Beck siehe Klaus-Jürgen Müller, Das Heer und Hitler. Armee und nationalsozialistisches Regime 1933-1940, Stuttgart 1969, S. 326-329 und für Weizäcker Rainer Blasius, Für Großdeutschland gegen den großen Krieg. Staatssekretär Ernst von Weizäcker in den Krisen um die Tschechoslowakei und Polen 1938/39, Köln/Wien 1981.

22 Lettow-Vorbeck, Mein Leben, S. 214 f.

23 Malinowksi, Vom König zum Führer, S. 505-513; Schwarzmüller, Mackensen, S. 282-326.

24 Vgl. hierzu Joseph Henke, England in Hitlers politischem Kalkül. Vom Scheitern der Bündniskonzeption bis zum Kriegsbeginn, Boppard 1973.

25 CRL Richard Meinertzhagen Diaries Bd. 37, Eintragung vom 17. 10. 1934.

26 CRL Richard Meinertzhagen Diaries Bd. 38, Eintragung vom 15. 7. 1935.

27 CRL Richard Meinertzhagen Diaries Bd. 38, Eintragung vom 27. 7. 1935; Lettow-Vorbeck, Mein Leben, S. 217.

28 So etwa bei einer Kundgebung des RKB in Hamburg im November 1934 laut »Hamburger Fremdenblatt« vom 28. 11. 1934 und beim Treffen der ehemaligen Deutsch-Ostafrikaner in Hamburg im August 1938 laut »Hamburger Nachrichten« vom 15. 8. 1938.

29 Nachlass Ruckteschell, Brief Lettow-Vorbecks an Ruckteschell, 25. 6. 1935. Generalleutnant Adolf Strauss war Kommandeur der in Bremen stationierten 22. Infanteriedivision.

30 Vgl. hierzu den Überblick von Hans Mommsen, Preußentum und Nationalsozialismus, in: Der Nationalsozialismus. Studien zur Ideologie und Herrschaft, herausgegeben von Wolfgang Benz u. a., Frankfurt/M. 1993, S. 29-41.

31 Schmitz, Militärische Jugenderziehung, S. 293-302 (Zitate S. 300).

32 Hildebrand, Vom Reich zum Weltreich, S. 70-88.

33 »Hamburger Tageblatt« vom 30. 6. 1933.

34 Hildebrand, Vom Reich zum Weltreich, S. 289 f.

35 Lettow-Vorbeck, Ostafrika Siedlungsland?, S. 5 f.

36 Hildebrand, Vom Reich zum Weltreich, S. 230-247.

37 Lettow-Vorbeck, Mein Leben, S. 212.

38 So Schwarzmüller, Mackensen, S. 349 in Bezug auf die gelegentlichen Proteste des Feldmarschalls gegen den nationalsozialistischen Kirchenkampf.

39 Schmokel, Dream of Empire, S. 17-31; Hildebrand, Vom Reich zum Weltreich, S. 300 ff. Zu Epp vgl. Wächter, Die Macht der Ohnmacht. Für die Reaktionen auf britischer Seite vgl. Andrew J. Crozier, Appeasement and Germany's Last Bid for Colonies, London 1988.

40 Hildebrand, Vom Reich zum Weltreich, S. 546 f.

41 Die Tagebücher von Joseph Goebbels. Teil I: Aufzeichnungen 1924-1941, herausgegeben von Elke Fröhlich, Bd. 3, München 1987, S. 409 und S. 426.

42 Belege bei Schulte-Varendorff, Kolonialheld, S. 123.

43 Die Interpretation eines ursprünglich existierenden »Stufenplans« Hitlers zur Erringung zunächst der kontinentalen und dann der Weltherrschaft wurde zunächst von Andreas Hillgruber, Hitlers Strategie. Politik und Kriegführung 1940/41, Frankfurt/M. 1965 vorgelegt. Hildebrand griff diese Idee mit seiner Untersuchung über die NS-Kolonialpolitik auf und bestätigte sie. Vgl. Hildebrand, Vom Reich zum Weltreich, S. 443 ff.

44 Deutschland-Berichte der SPD (SOPADE) 1934-1940. 7 Bände Frankfurt/M. 1980, passim. Zur Konsumversorgung im Dritten Reich vgl. u. a. Hartmut Berghoff, Methoden der Verbrauchslenkung im Nationalsozialismus. Konsumpolitische Normensetzung zwischen totalitärem Anspruch und widerspenstiger Praxis, in: Wirtschaftskontrolle und Recht in der nationalsozialistischen Diktatur, herausgegeben von Dieter Gosewinkel, Franfurt/M. 2005, S. 281-316.

45 NA CO822/84/15, Bericht des britischen Konsulates in Bremen an die Botschaft Berlin, 7. 1. 1938.

46 Schwarzwälder, Geschichte, Bd. 4, S. 353-355; Müller, Lüderitz, S. 144 f.; Schulte-Varendorff, Kolonialheld, S. 120 f.

47 Sie ist als Tondokument überliefert im Schallarchiv des Norddeutschen Rundfunks in Hamburg. Vgl. auch über die Zeremonie das »Hamburger Tageblatt« vom 5. 2. 1937.

48 Alexandre Kum'a N'Dumbe III, Hitler voulait l'Afrique. Le projet du Troisième Reich sur le continent africain, Paris 1980, S. 220 ff.

49 Vgl. Ludwig Gerhardt (Hrsg.), Die Gedenkstätte in der ehemaligen Lettow-Vorbeck-Kaserne in Hamburg-Jenfeld (»Tansania-Park«), Hamburg 2003 sowie Uka, Eine Geschichte »derer wir uns nicht zu schämen brauchen«, passim.

50 Nachlass Ruckteschell, Abrechnungen des Verlags Hase & Köhler für Ruckteschell über die jährlich verkauften Exemplare von »Heia Safari« für die Jahre 1932-1942.

51 Einige Unterlagen hierzu in BA-MA N103/53.

52 CRL Richard Meinertzhagen Diaries Bd. 44, Eintragung vom 23. 6. 1939.

53 So auch Lettow-Vorbeck, Mein Leben, S. 220 f. über den Besuch Meinertzhagens, den er allerdings irrtümlich auf den August 1939 datierte.

54 Vgl. Wolfram Wette, Zur psychologischen Mobilmachung der deutschen Bevölkerung 1933-1939, in: Der Zweite Weltkrieg. Analysen, Grundzüge, Forschungslage, herausgegeben von Wolfgang Michalka, München 1989, S. 205-223, hier S. 219 ff

55 Ian Kershaw, Der Überfall auf Polen und die öffentliche Meinung in Deutschland, in: Politischer Wandel, organisierte Gewalt und nationale Sicherheit. Beiträge zur neueren Geschichte Deutsch-

lands und Frankreichs (Festschrift für Klaus-Jürgen Müller), herausgegeben von Ernst-Willi Hansen u. a., München 1995, S. 237-250.

56 CRL Richard Meinertzhagen Diaries Bd. 44, Eintragung vom 23. 6. 1939.

57 Vgl. hierzu Müller, Heer und Hitler, S. 345-377.

58 Vgl. zu den Generälen z. V. Stumpf, Die Wehrmachtselite, S. 72-93.

59 Schwarzmüller, Mackensen, S. 374.

60 Lettow-Vorbeck, Mein Leben, S. 230

61 Hildebrand, Vom Reich zum Weltreich, S. 740 f. Der letzte nachweisbare Vortrag Lettow-Vorbecks fand im Oktober 1942 in Hamburg statt. Vgl. »Hamburger Fremdenblatt« vom 25. 10. 1942. Zumindest im Nachlass Ruckteschell enden die Verkaufsabrechnungen des Verlages für »Heia Safari« mit dem Jahr 1942.

62 Heinz Boberach (Hrsg.), Meldungen aus dem Reich. Die geheimen Lageberichte des Sicherheitsdienstes der SS 1938-1945. Bd. 6, Herrsching 1984, S. 2036.

63 Schallarchiv des Norddeutschen Rundfunks Hamburg, Ansprache Lettow-Vorbecks an das II. Bataillon des IR 69 vom 5. 2. 1937 (Tonaufnahme).

64 Nachlass Ruckteschell, Undatierter Brief Lettow-Vorbecks vom Herbst 1939 an Ruckteschell.

65 Nachlass Ruckteschell, Brief von Martha von Lettow-Vorbeck an Ruckteschell, 1. 3. 1940.

66 Nachlass Ruckteschell, Brief von Lettow-Vorbeck an Ruckteschell, 4. 6. 1940.

67 Zu den Umsturzplänen Müller, Heer und Hitler, S. 471-573. Beispiele für die (nach 1945 geflissentlich verschwiegene) Bewunderung zuvor skeptischer Generäle liefert Breit, Staats- und Gesellschaftsbild, S. 199 f.

68 Lettow-Vorbeck, Mein Leben, S. 226 (Zitat) bzw. S. 203-206.

69 Lettow-Vorbeck, Mein Leben, S. 230 f.

70 Gespräch mit Ruth von Lettow-Vorbeck am 13. 4. 2004 in Hamburg.

71 BA-MA N103/24, Lebenserinnerungen, S. 6.

72 Darum lehnte beispielsweise auch der ansonsten stärker als Lettow-Vorbeck regimekritisch eingestellte Graf Westarp im Kriege den Widerstand gegen das Regime ab. Vgl. Karl J. Mayer, Kuno Graf Westarp als Kritiker des Nationalsozialismus, in: Pyta/Jones (Hrsg.), »Ich bin der letzte Preuße«, S. 189-216, hier S. 216.

73 Lettow-Vorbeck, Mein Leben, S. 234.

74 Lettow-Vorbeck, Mein Leben, S. 235.

75 Lettow-Vorbeck, Mein Leben, S. 221.

76 Breit, Das Staats- und Gesellschaftsbild, S. 199-205; Friedrich Gerstenberger, Strategische Erinnerungen. Die Memoiren deutscher Offiziere, in: Vernichtungskrieg. Verbrechen der Wehrmacht 1941-1944, herausgegeben von Hannes Heer und Klaus Naumann, 10. Aufl. Hamburg 1997, S. 620-629 und Bernd Wegner, Erschriebene Siege. Franz Halder, die »Historical Division« und die Rekonstruktion des Zweiten Weltkriegs im Geiste des deutschen Generalstabs, in: Hansen (Hrsg.), Politischer Wandel, S. 287-302.

77 Lettow-Vorbeck, Mein Leben, S. 234 f. Vgl. auch Breit, Das Staats- und Gesellschaftsbild, S. 211.

XIII. Nochmals Vorbild

1 CRL Richard Meinertzhagen Diaries Bd. 60, Eintragung vom 19. 5. 1951.

2 Zur Situation im Schloss kurz nach Kriegsende vgl. die Memoiren des britischen Besatzungsoffiziers Michael Thomas, Deutschland, England über Alles, München/Berlin 1987, S. 126 f. Aufschluss über die Entwicklung der Stimmung im Kreis Plön und die wirtschaftlichen Probleme geben u. a. die Berichte des dortigen britischen Kreis Resident Officer in NA FO1006/68-69 und 458.

3 Lettow-Vorbeck, Mein Leben, S. 236.

4 NA FO1006/148, Bericht von Oberst J. H. Needham über einen Besuch bei Lettow-Vorbeck in Waterneverstorff, 11. 3. 1948. In diesem Aktenband befinden sich weitere Unterlagen zur finanziellen Situation und zum Gesundheitszustand Lettow-Vorbecks in der zweiten Hälfte der vierziger Jahre.

5 »Hamburger Allgemeine Zeitung« vom 18. 3. 1950; »Frankfurter Allgemeine Zeitung« vom 27. 4. 1950; »Frankfurter Allgemeine Zeitung« vom 31. 3. 1951; »Die Welt« vom 31. 12. 1952.

6 Lettow-Vorbeck, Mein Leben, S. 236 und S. 240 f.

7 So bezog sich Smuts in einem Brief vom Juli 1949 an den südafrikanischen Militärbevollmächtigten in Berlin mit der Bitte dem ehemaligen Gegner zu helfen, auf ein Schreiben, in dem ihm Meinertzhagen die prekären Umstände, unter denen die Lettow-Vorbecks lebten, geschildert habe. Vgl. Jean van der Poel (Hrsg.), Selections from the Smuts Papers. Bd. 7: August 1945 – October 1950, Cambridge 1973, S. 303.

8 Die Unterlagen zu diesen Vorgängen befinden sich in NA FO1006/148.

9 Zur den Einstellungen der Deutschen in den ersten Nachkriegsjahren in den Westzonen vgl. Anna Merritt und Richard Merritt, Public Opinion in Occupied Germany. The OMGUS Surveys 1945-1949, Urbana/Ill. 1970; Josef Foschepoth, Zur deutschen Reaktion auf Niederlage und Besatzung, in: Westdeutschland 1945-1955. Unterwerfung, Kontrolle, Integration, herausgegeben von Ludolf Herbst, München 1986, S. 151-165; Barbara Marshall, German Reactions to Military Defeat 1945-1947. The British View, in: Berghahn/Kitchen (Hrsg.), Germany in the Age of Total War, S. 218-239.

10 Lettow-Vorbeck, Mein Leben, S. 236-238.

11 Elisabeth Noelle und Erich Peter Neumann (Hrsg.), Jahrbuch der öffentlichen Meinung 1947-1955, Allensbach 1956, S. 125.

12 Lettow-Vorbeck, Mein Leben, S. 241.

13 »Hamburger Allgemeine Zeitung« vom 18. 3. 1950.

14 Jörg Echternkamp, Zwischen Selbstverteidigung und Friedenskampf. Der Erste Weltkrieg im Vergangenheitshorizont der Deutschen 1945-1960, in: Erster Weltkrieg – Zweiter Weltkrieg. Ein Vergleich, herausgegeben von Bruno Thoß und Hans-Erich Volkmann, Paderborn 2002, S. 641-668.

15 Paul von Lettow-Vorbeck, Ein Jubiliar schreibt selbst, »Die Zeit« vom 23. 3. 1950. Zum Umgang der deutschen Öffentlichkeit mit der Kriegsverbrecherfrage Frei, Vergangenheitspolitik, S. 133-306.

16 Lettow-Vorbeck, Mein Leben, S. 242.

17 CRL Richard Meinertzhagen Diaries Bd. 60, Eintragungen vom 18. und 19. 5. 1951.

18 Unterlagen hierzu in BA-MA N103/21.

19 Zum gesellschaftlichen Wandel überblicksartig Ulrich Herbert, Liberalisierung als Lernprozess. Die Bundesrepublik in der deutschen Geschichte – eine Skizze, in: Wandlungsprozesse in Westdeutschland. Belastung, Integration, Liberalisierung 1945-1980, herausgegeben von Ulrich Herbert, 2. Aufl. Göttingen 2003, S. 7-49; für die Medienlandschaft Hodenberg, Konsens und Krise, passim. Zum Geschichtsbild Wolfrum, Geschichtspolitik, S. 124 ff. Zu der in Anlehnung an die Weimarer Zeit in der Bundesrepublik in den fünfziger Jahren unter Fachhistorikern wie der Allgemeinheit dominierenden Auffassung vom unverschuldeten »Hineinschlittern« Deutschlands in den Ersten Weltkrieg vgl. Jäger, Historische Forschung, S. 106-117.

20 Noelle/Neumann (Hrsg.), Jahrbuch der öffentlichen Meinung, S. 126.

21 Thimme, Flucht in den Mythos, S. 107.

22 So z. B. »Die Welt« vom 31. 12. 1952, in welcher sie über die vom Senat geförderte Übersiedelung Lettow-Vorbecks nach Hamburg berichtete.

23 Stadt Saarlouis Hauptamt (SSH), Verleihung des Ehrenbürgerrechts der Stadt Saarlouis an General a. D. von Lettow-Vorbeck, (Aufzeichnung des Bürgermeisteramtes vom 28. 8. 1956); Auszug aus der Niederschrift der Sitzung des Stadtrates am 31. 8. 1956, 4. 9. 1956.

24 So wurde in der Versammlung des Stadtrates vom 31. 8. 1956 von der Anbringung einer Gedenktafel an Lettow-Vorbecks Geburtshaus gesprochen »ähnlich wie sie früher bestanden habe«. SSH, Auszug aus der Niederschrift der Sitzung des Stadtrates am 31. 8. 1956, 4. 9. 1956.

25 Vgl. Armin Flender, Gedenktage im Saarland nach dem Zweiten Weltkrieg. Politische Symbole zwischen Autonomie und »kleiner Wiedervereinigung«, in: Grenzfall. Das Saarland zwischen Deutschland und Frankreich 1945-1960, herausgegeben von Rainer Hudemann u. a., St. Ingbert 1997, S. 293-312.

26 »Neunkirchener Nachrichten« vom 6. 10. 1956.

27 SSH, Vermerk von Bürgermeister Schreiner, 4. 10. 1956; Feier aus Anlass der Überreichung des Ehrenbürgerbriefes an General von Lettow-Vorbeck am 5. 10. 1956, Aufzeichnung von Bürgermeister Schreiner vom 25. 10. 1956.
28 »Lokalanzeiger für Saarlouis« vom 6. 10. 1956.
29 SSH, Vom Tonband transkribierte Wortlaute der am 5. 10. 1956 gehaltenen Reden.
30 SSH, Brief Lettow-Vorbecks an den Bürgermeister von Saarlouis, 27. 7. 1959.
31 Allein der Flug der Reisegruppe von Düsseldorf nach Johannesburg kostete pro Person 1 800 DM, was damals etwa dem vierfachen Monatslohn eines Facharbeiters in der westdeutschen Industrie entsprach.
32 Die Vorgänge hierzu befinden sich in PA AA B23/27.
33 Vereinzelte Unterlagen hierzu in NA CO822/84/15.
34 PA AA B23/27, Schreiben des Presse- und Informationsamtes der Bundesregierung an das AA über ein Gespräch mit der Redaktion der »Deutschen Illustrierten«, 5. 1. 1953.
35 Lettow-Vorbeck, Afrika, S. 40.
36 »Frankfurter Allgemeine Zeitung« vom 21. 1. 1953; »Westfalenpost« vom 21. 1. 1953; »Weser-Kurier« vom 29. 1. 1953.
37 Lettow-Vorbeck, Afrika, S. 12 und 14.
38 Lettow-Vorbeck, Afrika, S. 14.
39 Lettow-Vorbeck, Afrika, S. 73.
40 PA AA B23/27, Berichte der Gesandtschaft Pretoria an das AA, 16. 1. und 30. 1. 1953.
41 Lettow-Vorbeck, Afrika, S. 46.
42 PA AA B23/27, Bericht des Generalkonsulats Nairobi an das AA, 7. 3. 1953.
43 Lettow-Vorbeck, Afrika, S. 58 ff.; Lettow-Vorbeck, Mein Leben, S. 255 ff.
44 HA WDR Bd. 00472, Zuschrift von Elly Lentz aus Berlin, 16. 10. 1966.
45 PA AA B34/366, Bericht der Botschaft Dar-es-Salaam an das AA, 23. 7. 1962.
46 Lettow-Vorbeck, Afrika, S. 81.
47 Lettow-Vorbeck, Mein Leben, S. 3.
48 Weitere Würdigungen in »Frankfurter Allgemeine Zeitung« vom 19. 3. 1960 und in »Die Welt« vom 18. 3. 1960.
49 SSH, Bericht des Bürgermeisters Schreiner über die Geburtstagsfeier in Hamburg, 22. 3. 1960.
50 SSH, Zum 90. Geburtstag von General von Lettow-Vorbeck 20. 3. 1960 (Festprogramm und Teilnehmerliste).
51 BAK B122/4918, Glückwunschtelegramm Lübkes vom 18. 3. 1960.
52 BAK B122/4918, Schreiben des Bundespräsidialamtes an Sivkovich, 20. 4. 1960.
53 Mosley, Duel for Kilimandjaro, S. 227.
54 »Hamburger Abendblatt« vom 10. 3. 1964 (Legende), »Hamburger Echo« vom 10. 3. 1964 (Ritter); »Die Welt« vom 11. 3. 1964 (Gegner), »Weser-Kurier« vom 10. 3. 1964 (Krieg ohne Hass).
55 »Stuttgarter Nachrichten« vom 10. 3. 1964; »Münchener Merkur« vom 11. 3. 1964; »Stuttgarter Zeitung« vom 11. 3. 1964; »Süddeutsche Zeitung« vom 11. 3. 1964.
56 »The Times« vom 11. 3. 1964 (Nachruf) und vom 20. 3. 1964 (Leserbrief).
57 BAK B122/4918, Aufzeichnung des Referenten und Beileidstelegramm Lübkes an Ruth von Lettow-Vorbeck, 10. 3. 1964.
58 »Die Welt« vom 14. 3. 1964; »Kieler Nachrichten« vom 14. 3. 1964.
59 Zur Fischerkontoverse vgl. u. a. Jäger, Historische Forschung, S. 132-156 sowie Konrad H. Jarausch, Der nationale Tabubruch. Wissenschaft, Öffentlichkeit und Politik in der Fischerkontroverse, in: Zeitgeschichte als Streitgeschichte. Große Kontroversen seit 1945, herausgegeben von Martin Sabrow u. a., München 2003, S. 20-40.
60 Zur Umkehrung der Sonderwegsthese in den sechziger Jahren vgl. u. a. Thomas Welskopp, Identität ex negativo. »Der deutsche Sonderweg« als historische Meistererzählung in der Bundesrepublik in den 70er und 80er Jahren, in: Die historische Meistererzählung. Deutungslinien deutscher Nationalgeschichte nach 1945, herausgegeben von Konrad H. Jarausch und Martin Sabrow, Göttingen 2002, S. 109-139 sowie Egbert Klautke, Auf den Spuren des Sonderwegs. Zur Westorientierung der deutschen Geschichtswissenschaft in der Bundesrepublik, in: Deutschland und die USA in der Internationalen Geschichte des 20. Jahrhunderts (Festschrift

für Detlef Junker), herausgegeben von Manfred Berg und Philipp Gassert, Stuttgart 2004, S. 98-112.

61 Wolfrum, Geschichtspolitik, S. 216-240.

62 Christoph Cornelißen, Gerhard Ritter. Geschichtswissenschaft und Politik im 20. Jahrhundert, Düsseldorf 2001, S. 605-609.

63 Arne Perras, Carl Peters and German Imperialism 1856-1918. A Political Biography, Oxford 2004, S. 252 f.

64 Vgl. hierzu auch Stefanie Michels, Reichsadler und Giraffe – Askari am Grab von Lettow-Vorbeck, in: Koloniale und postkoloniale Konstruktion von Afrika und Menschen afrikanischer Herkunft in der deutschen Alltagskultur, herausgegeben von Marianne Bechhaus-Gerst u. a., Frankfurt/M. 2006 (im Druck). Ich danke der im Übrigen nicht mit mir verwandten Verfasserin für die Überlassung des Manuskripts.

65 PA AA B34/527, Aufzeichnung der Afrikaabteilung für den Staatssekretär, 10. 3. 1964.

66 Harding, Geschichte Afrikas, S. 142-149.

67 Ulf Engel, Die Afrikapolitik der Bundesrepublik Deutschland 1949-1999, Hamburg 2000, S. 43 und S. 117-145.

68 PA AA B34/527, Tanganyikanisches Echo auf den Tod General von Lettow-Vorbecks, Bericht der Botschaft Dar-es-Salaam an das AA vom 3. 4. 1964.

69 Bernhard Dernburg und die deutschen Kolonien in Afrika, in: Neues Afrika, Bd. 7 (1965), S. 283 f.

70 So etwa Helbig, Legende und Wahrheit und Heinrich Loth, Griff nach Ostafrika. Politik des deutschen Imperialismus und antikolonialer Kampf. Legende und Wirklichkeit, Berlin (Ost) 1968. Vgl. auch für die Auswirkungen des Ost-West-Konfliktes für die Forschung zur deutschen Kolonialgeschichte in den beiden deutschen Staaten Ulrich van der Heyden, Kolonialgeschichtsschreibung in Deutschland. Eine Bilanz ost- und westdeutscher Kolonialhistoriographie, in: Neue Politische Literatur, Bd. 48 (2003), S. 401-429, hier S. 406 f.

71 Ralph Giordano, »Heia Safari«. Erfahrungen mit einer Fernsehsendung I, in: An den Brandherden der Welt. Ein Fernsehmann berichtet, Hamburg 1990, S. 176-192 sowie ders., Erinnerungen eines Davongekommenen, Köln 2007, S. 335-343.

72 HA WDR Bd. 00473, Zuschrift von A. Soehring, 16. 10. 1966; HA WDR Bd. 00469, Zuschrift von M. Ulffers, 7. 10. 1966; HA WDR Bd. 472, Zuschrift von Hans Meyer, 10. 11. 1966.

73 HA WDR Bd. 00473, Schreiben des Intendanten des Hessischen Rundfunks an den WDR, 12. 10. 1966.

74 Knut Hicketier, Geschichte des deutschen Fernsehens, Stuttgart 1998, S. 199; Peter Zimmermann, Geschichte von Dokumentarfilm und Reportagen von der Adenauer-Ära bis zur Gegenwart, in: Geschichte des Fernsehens in der Bundesrepublik Deutschland, Bd. 3: Informations- und Dokumentarsendungen, herausgegeben von Peter Ludes u. a., München 1994, S. 213-324, hier S. 295.

75 Zimmermann, Geschichte, S. 221-231 und S. 295 f.

76 Christoph Classen, Bilder der Vergangenheit. Die Zeit des Nationalsozialismus im Fernsehen der Bundesrepublik Deutschland 1955-1965, Köln 1999.

77 HA WDR Köln Bd. 00469, Zuschrift von Bruno Blessin, Oktober 1966; HA WDR Bd. 00472, Zuschrift von Heinz Meyer, 10. 10. 1966; HA WDR Bd. 00469, Zuschrift von M. Ulffers, 7. 10. 1966.

78 Die erste zeitgeschichtliche Dokumentation des westdeutschen Fernsehens überhaupt, die zwischen Oktober 1960 und Mai 1961 in 14 Teilen ausgestrahlte Sendung »Das Dritte Reich«, zur prime time Freitags abends gezeigt und jeweils Montags wiederholt, hatte vergleichsweise mit etwas mehr als 600 Zuschriften von Zuschauern ein wesentlich geringeres Echo, obwohl die geschilderten Ereignisse zeitlich näher lagen und natürlich mehr direkt Betroffene ansprachen. Zahlen nach Classen, Bilder, S. 158.

79 HA WDR Bd. 00469, Aufzeichnung des WDR von Anfang 1967.

80 HA WDR Bd. 00473, Zuschrift von Werner Huchenbach, 15. 10. 1966; HA WDR Bd. 00473, Zuschrift von Wilhelm Spangenberg, 17. 2. 1967.

81 HA WDR Bd. 00471, Zuschrift von Walter Höreth, 10. 2. 1967; HA WDR Bd. 00472, Zuschrift von Ursula Meckstroth, 15. 10. 1966.

82 Zeller, Kolonialdenkmäler und Geschichtsbewusstsein, S. 206-211.

Zusammenfassung

1 Als Beispiel sei hier auf Ulrich Herberts Studie über Werner Best verwiesen. Anhand dieses schon vor 1933 publizistisch aktiven NS-Juristen und seiner verschiedenen, ihn aus der Masse des Führerkorps der SS und SD heraushebenden Verantwortlichkeiten, die ihn zeitweilig zum Abteilungsleiter im Reichssicherheitshauptamt, zum Chef der Militärverwaltung in Frankreich und zum Generalbevollmächtigten des Reiches in Dänemark machten, entwickelte Herbert seine Interpretation der »Generation der Sachlichkeit«, die rationales Handeln mit weltanschaulicher Radikalität verknüpft und das Führerkorps der SS und des SD gekennzeichnet habe. Vgl. Ulrich Herbert, Best. Biographische Studien über Radikalismus, Weltanschauung und Vernunft 1903-1989, Bonn 1996.

2 Vgl. hierzu Walter, Warum Kolonialkrieg?, S. 34 f.

3 Vgl. Bundesministerium der Verteidigung (Hrsg.), Weißbuch 2006 zur Sicherheitspolitik Deutschlands und zur Zukunft der Bundeswehr, Berlin 2006.

ABKÜRZUNGSVERZEICHNIS

AA	Auswärtiges Amt
a. D.	außer Dienst
BAB	Bundesarchiv Berlin
BAK	Bundesarchiv Koblenz
BA-MA	Bundesarchiv Militärarchiv Freiburg
BHStA	Bayerisches Hauptstaatsarchiv/Kriegsarchiv München
Cab	Cabinet Papers in den National Archives
CO	Colonial Office Akten in den National Archives
CRL	Cecil Rhodes Library Oxford
DDP	Deutsche Demokratische Partei
DDR	Deutsche Demokratische Republik
DKG	Deutsche Kolonialgesellschaft (wichtigste koloniale Lobbygruppe 1884-1936)
DKP	Deutsch-Konservative Partei
DM	Deutsche Mark
DNHGV	Deutsch-Nationaler Handlungsgehilfenverband
DNVP	Deutsch-Nationale Volkspartei
DOAG	Deutsch-Ostafrikanische Gesellschaft
DVP	Deutsche Volkspartei
FO	Foreign Office Akten in den National Archives
FP	Force Publique (aus afrikanischen Söldnern bestehende belgische Militäreinheiten im Kongo)
HA WDR	Historisches Archiv des Westdeutschen Rundfunks Köln
IR	Infanterieregiment
IWM	Imperial War Museum London
KAR	King's African Rifles (aus afrikanischen Söldnern bestehende britische Militäreinheiten in Ostafrika)
KdS	Kommando der Schutztruppen im Reichskolonialamt (1907-1919)
km	Kilometer
KPA	Kolonialpolitisches Amt der NSDAP
KPD	Kommunistische Partei Deutschlands
KVP	Konservative Volkspartei
LHA	Landeshauptarchiv Sachsen-Anhalt Magdeburg
MLA	Mecklenburgisches Landesarchiv Schwerin
NA	National Archives Kew/Surrey (Großbritannien)
NAPOLA	Nationalpolitische Erziehungsanstalt
NATO	North Atlantic Treaty Organization
NPD	Nationaldemokratische Partei Deutschlands
NSDAP	Nationalsozialistische Deutsche Arbeiterpartei
OHL	Oberste Heeresleitung
OdS	Oberkommando der Schutztruppen im Auswärtigen Amt (1896-1907)
PA AA	Politisches Archiv des Auswärtigen Amtes Berlin
PGStA	Preußisches Geheimes Staatsarchiv Berlin
RKA	Reichskolonialamt (1907-1919)
RKB	Reichskolonialbund (Dachverband aller kolonialen Lobbygruppen ab 1933)
RKM	Reichskolonialministerium (1919/20 als kurzzeitige Nachfolge des RKA)
RM	Reichsmark
SA	Sturmabteilung
SD	Sicherheitsdienst der SS

SPD	Sozialdemokratische Partei Deutschlands
SS	Schutzstaffel
SSH	Stadt Saarlouis Hauptamt
StAHH	Staatsarchiv Hamburg
USPD	Unabhängige Sozialdemokratische Partei Deutschlands
WDR	Westdeutscher Rundfunk
WO	War Office Akten in den National Archives
z. D.	zur Disposition
z. V.	zur Verwendung

QUELLEN- UND LITERATURVERZEICHNIS

Archivalien/Pressedokumentationen/ Auskünfte von Zeitzeugen

Bundesarchiv-Militärarchiv Freiburg (BA-MA)
Mgs Militärgeschichtliche Sammlung (Lebensläufe bedeutender Offiziere des Kaiserreichs).
N14 Nachlass Ludwig Boell.
N103 Nachlass Paul von Lettow-Vorbeck.
N253 Nachlass Alfred von Tirpitz.
PH26 Nachkriegsformationen.
RH61 Kriegsgeschichtliche Forschungsanstalt des Heeres.
RM2 Kaiserliches Marinekabinett.
RM3 Reichsmarineamt.
RM5 Admiralstab der Marine.
RM8 Kriegswissenschaftliche Abteilung der Marine.
RW51 Kaiserliche Schutztruppen und sonstige deutsche Landstreitkräfte in Übersee.

Bundesarchiv Berlin (BAB)
R43 Reichskanzlei.
R904 Deutsche Waffenstillstandskommission.
R1001 Reichskolonialamt.
R3001 Reichsjustizministerium.
R8023 Deutsche Kolonialgesellschaft.
Presseausschnittssammlungen
R8034III/275Reichslandbund/Pressedokumentation Paul von Lettow-Vorbeck (1916-1942).
R901/54570 und 54574 Auswärtiges Amt/Pressedokumentation zu Paul von Lettow-Vorbeck (1917-1920).
Ehemaliges Berlin Document Center im Bundesarchiv: Personalunterlagen zu Ada (Reichskulturkammer), Christine (Reichskulturkammer), Friedrich (Reichskulturkammer), Hans Albert (SS), Horst (Parteikanzlei), Ilse (Parteikanzlei), Klaus (Parteikanzlei) und Paul von Lettow-Vorbeck (Deutsche Akademie).

National Archives Kew/Surrey Großbritannien (NA)
Cabinet Papers (Cab):
Cab 44 Committee of Imperial Defense, Historical Section – Official War Histories: Draft Chapters and Military Narratives.
Cab 45 Committee of Imperial Defense, Historical Section – Official War Histories: Correspondence and Papers.
Colonial Office (CO):
CO 691 Tanganyika Original Correspondence.
CO 822 East Africa Original Correspondence.
Foreign Office (FO):
FO 371 General Correspondence.
FO 704 Consulate Dar-es-Salaam, German East Africa.
FO 1006 Control Commission for Germany/British Element, Region Schleswig-Holstein.
War Office (WO):
WO 32 Registered Files (General Series).
WO 106 Directorate of Military Operations and Military Intelligence.

WO 157 Intelligence Summaries First World War.
WO 158 Military Headquarters: Correspondence and Papers First World War.

Imperial War Museum London (IWM)
Translation of General von Lettow-Vorbeck's Diary (Kriegstagebuch der Schutztruppe), 4 Bände (1914-1918).
Tagebuch von Norman King, britischer Konsul in Dar-es-Salaam (1914-1916).
P 126 Major Edward B. Hawkins papers.
94/28/1 Major F. A. Hopkins papers.

Politisches Archiv des Auswärtigen Amtes Berlin (PA AA)
Altes Amt:
Bd. R8330 und R 8331 Berichte der Botschaft Den Haag 1919.
Bd. R76981 Berichte der Botschaft London 1929.
Neues Amt:
B11/1063 und B23/27 Unterlagen zur Afrikareise Lettow-Vorbecks 1952/53.
B34/366, 526, 527, 609, 672 Korrespondenz des Amtes mit der Botschaft Dar-es-Salaam 1962-1967.

Preußisches Geheimes Staatsarchiv Berlin (PGStA)
I. Hauptabteilung Rep. 92 Nachlass Heinrich Schnee.

Cecil Rhodes Library Oxford (CRL)
Tagebücher von Richard Meinertzhagen (1899-1965).

Staatsarchiv Bremen
Senatskanzlei.
Bremische Gesandtschaft in Berlin.
Bremischer Staatsrat.
Nachrichtenstelle der Polizeidirektion.
Presseausschnittsmappe Lettow-Vorbeck.

Staatsarchiv Hamburg (StAHH)
Zeitgeschichtliche Sammlung: Nachlass Dr. Walter Lamp'l.
Senatskommission für die Reichs- und Auswärtigen Angelegenheiten.
Senatsakten.

Mecklenburgisches Landesarchiv Schwerin (MLA)
Ministerium des Innern.
Staatsministerium Schwerin.
Mecklenburgisch-Schwerinsche Gesandtschaft in Berlin.

Bundesarchiv Koblenz (BAK)
B122 Bundespräsidialamt.
N1053 Nachlass Wilhelm Solf.
N1231 Nachlass Alfred Hugenberg.

Bayerisches Hauptstaatsarchiv/Kriegsarchiv München (BHStA)
Mkr Kriegsministerium.

Landeshauptarchiv Sachsen-Anhalt Magdeburg (LSA)
Rep. C20 XIII Oberpräsident Meldestelle.
C30 Osterburg A: Landratsamt.

Historisches Archiv des Westdeutschen Rundfunks Köln (HA WDR)
Unterlagen zur Publikumsreaktion auf die Fernsehdokumentation »Heia Safari« (1966-1970).

Schallarchiv des Norddeutschen Rundfunks Hamburg

Ansprache Lettow-Vorbecks vor dem Infanterieregiment 69 in Hamburg-Jenfeld am 5. Februar 1937.

Rundfunkinterview Lettow-Vorbecks durch den NWDR Frühjahr 1953.

Universitätsarchiv der Humboldt-Universität Berlin

Unterlagen zur Ehrendoktorwürde Paul von Lettow-Vorbecks 1919.

Nachlass Walter von Ruckeschell im Besitz von Ruth von Bennigsen in Geisenbrunn

Unterlagen zur Entstehung und Vertrieb des Buches »Heia Safari« (1919-1943).

Korrespondenzfragmente zwischen Paul von Lettow-Vorbeck und Walter von Ruckteschell (1935-1940).

Nachlass Kuno Graf Westarp im Besitz von Friedrich Freiherr Hiller von Gärtringen

Vereinzelte Dokumente über Lettow-Vorbecks Kandidatur für die Konservative Volkspartei 1930.

Stadt Saarlouis/Hauptamt (SSH)

Unterlagen zur Ehrenbürgerschaft Paul von Lettow-Vorbecks (1956-1964).

Hamburger Weltwirtschaftsarchiv/Pressedokumentation

Presseausschnittsmappe Paul von Lettow-Vorbeck (1916-1970).

Pressedokumentation des Deutschen Bundestages Berlin

Presseausschnittsmappe Paul von Lettow-Vorbeck (1950-1964).

National Army Museum London

8306-102 Unterlagen von Major Edward B. Hawkins (1917-1922).

6506-16 Gefechtsberichte der 17. Feldkompanie der Schutztruppe (1914-1918).

Auskünfte von Zeitzeugen

Gespräch mit Ruth von Bennigsen in Geisenbrunn am 1. April 2004 (geb. 1920, Tochter von Walter von Ruckteschell).

Gespräch mit Ruth von Lettow-Vorbeck am 13. April 2004 in Hamburg (geb. 1932, Tochter von Lettow-Vorbecks Stieftochter Ruth).

Gespräch mit Eva-Maria Nehm (geb. Pommeranz) am 14. August 2004 in Rudgwick/West Sussex (geb. 1923, Jugendfreundin von Lettow-Vorbecks Sohn Arnd in Bremen und Klassenkameradin von Lettow-Vorbecks Tochter Heloise in den dreißiger Jahren).

Wiederholte Gespräche mit Jutta Nicolson (geb. von Ahlefeld) in Rudgwick/West Sussex 1997-2006 (geb. 1923, Schulfreundin von Lettow-Vorbecks Tochter Heloise in Bremen in den dreißiger Jahren).

Schriftliche Auskunft von Dr. Uwe Lamprecht vom 22. Mai 2003 (NAPOLA-Schüler in Plön 1940-45).

Darstellungen und veröffentlichte Quellen

Admiralstab der Marine (Hrsg.): Die Kaiserliche Marine während der Wirren in China 1900-1901, Berlin 1903.

Admiralty War Staff Intelligence Division (Hrsg.): A Handbook of German East Africa, London 1916.

Afflerbach, Holger: Falkenhayn. Politisches Denken und Handeln im Kaiserreich, München 1994.

Ahlefeld, Hunold von: Erinnerungen 1851-1919, Privatdruck Bremen 1967.
Akten der Reichskanzlei. Das Kabinett Scheidemann, Boppard 1971.
Alten, Georg von (Hrsg.): Handbuch für Heer und Flotte. Bd. 1-7, Berlin 1909-1914.
Anderson, Magaret L.: Practicing Democracy. Elections and Political Culture in Imperial Germany, Princeton 2000.
Anderson, Ross: The Battle of Tanga, in: War in History, Bd. 8 (2001), S. 294 – 322.
Ders.: The Forgotten Front. The East African Campaign 1914-1918, Stroud 2004.
Anleitung zum Felddienst in Deutsch-Ostafrika, Dar-es-Salaam 1911.
Arning, Wilhelm: Vier Jahre Weltkrieg in Deutsch-Ostafrika, Hannover 1920.
Ders.: Deutsch-Ostafrika gestern und heute, 2. Aufl. Berlin 1942.
Austen, Ralph A.: Northwest Tanzania under German and British Rule. Colonial Policy and Tribal Politics 1889-1959, New Haven und London 1968.
Baer, Martin und Olaf Schroeter: Eine Kopfjagd. Deutsche in Ostafrika – Spuren kolonialer Herrschaft, Berlin 2001.
Bald, Detlef: Deutsch-Ostafrika 1900-1914. Eine Studie über Verwaltung, Interessengruppen und wirtschaftliche Erschließung, München 1970.
Ders.: Aus Liebe zum Imperium. Deutschlands dunkle Vergangenheit in Afrika. Zu Legende und Wirklichkeit von Tanzanias deutscher Kolonialvergangenheit, Bremen 1978.
Ders.: Der deutsche Offizier. Sozial- und Bildungsgeschichte des deutschen Offizierskorps im 20. Jahrhundert, München 1982.
Baranowski, Shelley: The Sanctity of Rural Life. Nobility, Protestantism and Nazism in Weimar Germany, Oxford 1995.
Barth, Boris: Dolchstoßlegenden und politische Desintegration. Das Trauma der deutschen Niederlage im Ersten Weltkrieg 1914-1933, Düsseldorf 2003.
Bayer, Maximilian: Mit dem Hauptquartier in Südwestafrika, Berlin 1909.
Becker; Felicitas und Jigal Beez (Hrsg.): Der Maji-Maji-Krieg in Deutsch-Ostafrika 1905-1907, Berlin 2005.
Becker, Oberstabsarzt Dr.: Die Schutztruppe für Deutsch-Ostafrika. Ein Rückblick auf das erste Vierteljahrhundert ihres Bestehens, in: Jahrbuch für die Deutschen Kolonien, Bd. 7 (1914), S. 117-130.
Berghahn, Volker R.: Der Stahlhelm. Bund der Frontsoldaten 1918-1935, Düsseldorf 1966.
Bernhardi, Friedrich von: Deutschland und der nächste Krieg, 4. Aufl. Stuttgart/Berlin 1912.
Berghoff, Hartmut: Adel und Industriekapitalismus im Deutschen Kaiserreich –
Abstoßungskräfte und Annäherungstendenzen zweier Lebenswelten, in: Adel und Bürgertum in Deutschland. Bd. 1: Entwicklungen und Wendepunkte im 19. Jahrhundert, herausgegeben von Heinz Reif, Berlin 2000, S. 233-272.
Ders.: Methoden der Verbrauchslenkung im Nationalsozialismus. Konsumpolitische Normensetzung zwischen totalitärem Anspruch und widerspenstiger Praxis, in: Wirtschaftskontrolle und Recht in der nationalsozialistischen Diktatur, herausgegeben von Dieter Gosewinkel, Frankfurt/M. 2005, S. 281-316.
Bessel, Richard: Germany After the First World War, Oxford 1993.
Binder-Krieglstein, Baron E.: Die Kämpfe des deutschen Expeditionskorps in China und ihre militärischen Lehren, Berlin 1902.
Blasius, Rainer: Für Großdeutschland gegen den großen Krieg. Staatssekretär Ernst von Weizäcker in den Krisen um die Tschechoslowakei und Polen 1938/39, Köln/Wien 1981.
Bley, Hemut: Kolonialherrschaft und Sozialstruktur in Deutsch-Südwestafrika 1894-1914, Hamburg 1968.
Blixen, Karen: Out of Africa, Hamondsworth 1985.
Boberach, Heinz (Hrsg.): Meldungen aus dem Reich. Die geheimen Lageberichte Des Sicherheitsdienstes der SS 1938-1945, 17 Bände, Herrsching 1984.
Bock von Wülfingen, Hauptmann: Die militärische Lage in Deutsch-Ostafrika, in: Jahrbuch der Deutschen Kolonien, Bd. 6 (1913), S. 50-53.
Ders.: Die militärische Lage in Deutsch-Ostafrika, in: Jahrbuch der Deutschen Kolonien, Bd. 7 (1914), S. 38 f.

Bödeker, Hans Erich: Biographie. Annäherungen an den gegenwärtigen Forschungs- und Diskussionsstand, in: Biographie schreiben, herausgegeben von Hans Erich Bödeker, Göttingen 2003, S. 11-63.

Boell, Ludwig: Die Operationen in Ostafrika. Weltkrieg 1914-1918, Hamburg 1951.

Ders.: Der Waffenstillstand 1918 und die ostafrikanische Schutztruppe, in: Wehrwissenschaftliche Rundschau, Bd. 14 (1964), S. 324-336.

Bollenbeck, Georg: Bildung und Kultur. Glanz und Elend eines Deutungsmusters, Frankfurt 1996.

Borries, Generalmajor a. D.: Vom Rekruten zum Feldmarschall, in: Ehrendenkmal der Deutschen Armee und Marine 1870-1918, Berlin 1926, S. 218-242.

Bourdieu, Pierre: Die biographische Illusion, in: BIOS, Bd. 3 (1990), S. 75-81.

Breit, Gotthard: Das Staats- und Gesellschaftsbild deutscher Generale beiderWeltkriege im Spiegel ihrer Memoiren, Boppard 1973.

Breymayer, Ursula u. a. (Hrsg.): Willensmenschen. Über deutsche Offiziere, Frankfurt/M. 1999.

Bridgman, Jon M.: The Revolt of the Hereros, Berkeley 1981.

Bronnen, Arnolt: Rossbach, Berlin 1930.

Brose, Eric Dorn: The Kaiser's Army. The Politics of Military Technology in Germany During the Machine Age 1870-1918, Oxford 2001.

Brühl, Reinhard: Militärgeschichte und Kriegspolitik. Zur Militärgeschichtsschreibung des preußisch-deutschen Generalstabs 1816-1945, Berlin (Ost) 1973.

Ders.: Aufbau und Verlegung von Streitkräften für den überseeischen Einsatz am Beispiel des »Ostasiatischen Expeditionskorps«, in: Militärgeschichte, Bd. 18 (1979), S. 193-205.

Bucholz, Arden: Moltke, Schlieffen and Prussian Warplanning, Oxford/NewYork 1991.

Buchsteiner, Ilona: Pommerscher Adel im Wandel des 19. Jahrhunderts, in: Geschichte und Gesellschaft, Bd. 25 (1999), S. 343-374.

Bückendorf, Jutta: Schwarz-Weiß-Rot über Ostafrika! Deutsche Kolonialpläne und afrikanische Realität, Münster 1997.

Bühler, Andreas Heinrich: Der Namaaufstand gegen die deutsche Kolonialherrschaft in Namibia von 1904-1913, Frankfurt/M. 2003.

Büttner, Ursula: Politische Gerechtigkeit und sozialer Geist. Hamburg zur Zeit der Weimarer Republik, Hamburg 1985.

Bundesministerium der Verteidigung (Hrsg.): Weißbuch 2006 zur Sicherheitspolitik Deutschlands und zur Zukunft der Bundeswehr, Berlin 2006.

Busche, Jürgen: Heldenprüfung. Das verweigerte Erbe des Ersten Weltkriegs, München 2004.

Callwell, Charles Edward: Small Wars. Their Principles and Practice, 3. erweiterte Aufl. London 1906.

Ders.: Experiences of a Dug-Out 1914-1918, London 1920.

Cann, Paul C.: Mozambique, German East Africa and the First World War, in: Small Wars and Insurgencies, Bd. 12 (2001), S. 114-143.

Carsten, Francis: Reichswehr und Politik 1918-1933, Köln/Berlin 1964.

Ders.: Geschichte der preußischen Junker, Frankfurt 1988.

Chanady, Attila A.: The Desintegration of the German National People's Party 1924-1930, in: Journal of Modern Histrory, Bd. 39 (1967), S. 65-91.

Chickering, Roger: Das Deutsche Reich und der Erste Weltkrieg, München 2002.

Christiansen, Carl: Durch! Mit Kriegsmaterial zu Lettow-Vorbeck, Stuttgart 1916.

Christensen, Christian: Nordschleswiger verteidiger Deutsch-Ostafrika. Bericht über die Fahrt des Blockadebrechers ›Kronborg‹und das Schicksal seiner Mannschaft in Deutsch-Ostafrika 1914-1918, Essen 1938.

Christoph, Jürgen: Die politischen Reichsamnestien 1918-1933, Frankfurt/M. 1988.

Classen, Christoph: Bilder der Vergangenheit. Die Zeit des Nationalsozialismus im Fernsehen der Bundesrepublik Deutschland 1955-1965, Köln 1999.

Clemente, Stephen E.: For King and Kaiser! The Making of the Prussian Army Officer 1860-1914, New York 1992.

Clifford, Hugh: The Gold Coast Regiment in the East African Campaign, London 1920.

Cocker, Mark: Richard Meinertzhagen. Soldier, Scientist and Spy, London 1989.

Collyder, J. J.: The South Africains with General Smuts in German East Africa 1916, Pretoria 1939.
Conze, Eckart: Von deutschem Adel. Die Grafen Bernstorff im 20. Jahrhundert, Stuttgart 2000.
Ders. (Hrsg.): Kleinès Lexikon des Adels. Titel, Throne, Traditionen, München 2005.
Cornelißen, Christoph: Gerhard Ritter. Geschichtswissenschaft und Politik im 20. Jahrhundert, Düsseldorf 2001.
Craig, Gordon A.: The Politics of the Prussian Army 1640-1945, Oxford 1964.
Crowson, Thomas A.: When Elepants Clash. A Critical Analysis of Major General Paul Emil von Lettow-Vorbeck in the East African Theatre of the Great War, Diss phil Springfield/Virginia 2003.
Crozier, Andrew S.: Appeasement and Germany's Last Bid for Colonies, London 1988.
Curtain, Philip D.: Death by Migration. Europe's Encounter with the Tropical World in the 19th Century, Cambridge 1989.
Ders.: Disease and Empire. The Health of European Troops in the Conquest of Africa, Cambridge 1998.
Dabringhaus, Sabine: An Army on Vacation? The German War in China 1900-1901, in: Anticipating Total War. The German and American Experiences 1871-1914, herausgegeben von Manfred F. Boemeke u. a., Cambridge 1999, S. 459-476.
Danner, Lothar: Ordnungspolizei in Hamburg. Betrachtungen zu ihrer Geschichte 1918-1933, Hamburg 1958.
Decker, Maximilian: Afrikanisches und Allzu-Afrikanisches. Erlebtes und Erlauschtes in Deutsch-Ostafrika 1914-1917, Leipzig 1932.
Deimling, Berthold von: Aus der alten in die neue Zeit. Lebenserinnerungen, Berlin 1930.
Deist, Wilhelm: Militär, Staat und Gesellschaft. Studien zur preußisch-deutschen Militärgeschichte, München 1991.
Demeter, Karl: Das deutsche Offizierskorps in Gesellschaft und Staat 1650-1945, 4. Aufl. Frankfurt/M. 1965.
Deppe, Ludwig: Mit Lettow-Vorbeck durch Afrika, Berlin 1919.
Ders. und Charlotte: Um Deutsch-Ostafrika. Erinnerungen, Dresden 1925.
Der Jud ist schuld…? Ein Diskussionsbuch über die Judenfrage. Unter Mitarbeit von Friedrich von Lettow-Vorbeck u. a., Basel/Berlin 1932.
Deutschland-Berichte der SPD (SOPADE) 1934-1940. 7 Bände, Frankfurt/M. 1980.
Deutschland in China, bearbeitet von Teilnehmern an der Expedition, Düsseldorf 1902.
Deutschlands koloniale Wehrmacht in ihrer gegenwärtigen Organisation und Schlagfähigkeit. Aufgrund von neuesten amtlichen Dokumenten bearbeitet von einem höheren Offizier, Berlin 1906.
Die Kämpfe der deutschen Truppen in Südwestafrika, herausgegeben vom Großen Generalstab, 2 Bände, Berlin 1906/7.
Dienstaltersliste der Offiziere der Könglich-Preußischen Armee und des XIII. (württembergischen) Armeekorps 1913/14, Berlin 1914.
Die Schutztruppe. Soldatenzeitung des Korps Lettow-Vorbeck, Jahrgang 1 (1919).
Die Tagebücher von Joseph Goebbels. Teil I: Aufzeichnungen 1924-1941, herausgegeben von Elke Fröhlich, München 1987 ff.
Digre, Brian: Imperialism's New Clothes. The Repartition of Tropical Africa 1914-1919, New York/Bern 1990.
Dissow, Joachim von: Adel im Übergang. Ein kritischer Standesgenosse berichtet aus Residenzen und Gutshäusern, Stuttgart 1961.
Dobbertin, Walther: Die Soldaten Lettow-Vorbecks. 120 künstlerische Kupfertiefdrucke nach Aufnahmen aus dem Weltkriege in Deutsch-Ostafrika, Harburg 1932.
Downes, W. D.: With the Nigerians in German East Africa, London 1919.
Drechsler, Horst: Südwestafrika unter deutscher Kolonialherrschaft. Der Kampf der Herero und Nama gegen den deutschen Imperialismus 1884-1915, Berlin (Ost) 1966.
Duignan, Peter und L. H. Gann: The Rulers of German Africa 1884-1914, Stanford 1977.
Echevarria, Antulio J.: After Clausewitz. German Military Thinkers Before the Great War, Lawrence (Kansas) 2000.

Echternkamp, Jörg: Zwischen Selbstverteidigung und Friedenskampf. Der Erste Weltkrieg im Vergangenheitshorizont der Deutschen 1945-1960, in: Erster Weltkrieg – Zweiter Weltkrieg. Ein Vergleich, herausgegeben von Bruno Thoß und Hans-Erich Volkmann, Paderborn 2002, S. 641-668.

Eckart, Wolfgang U.: Medizin und Kolonialimperialismus in Deutschland 1884-1945, Paderborn 1997.

Ehrenrangliste des ehemaligen Deutschen Heeres auf Grund der Ranglisten von 1914 mit den inzwischen eingetretenen Veränderungen, herausgegeben vom Deutschen Offiziersbund, Berlin 1926.

Ellison, James G.: »A Fierce Hunger«. Tracing Impacts of the 1918/19 Influenza Epidemic in South-West Tansania, in: The Spanish Influenza Pandemic of 1918/19. New Perspectives, herausgegeben von Howard Phillips und David Killingray, London 2003, S. 221-229.

Engel, Ulf: Die Afrikapolitik der Bundesrepublik Deutschland 1949-1999, Hamburg 2000.

Epstein, Klaus: Erzberger and the German Colonial Scandals 1905-1910, in: English Historical Review, Bd. 74 (1959), S. 637-663.

Erger, Johannes: Der Kapp-Lüttwitz-Putsch. Ein Beitrag zur deutschen Innenpolitik 1919/20, Düsseldorf 1967.

Esche, Jan: Koloniales Anspruchsdenken in Deutschland im Ersten Weltkrieg, während der Versailler Friedensverhandlungen und in der Weimarer Republik, Diss. phil. Universität Hamburg 1989.

Estorff, Ludwig von: Wanderungen und Kämpfe in Südwestafrika, Ostafrika und Südafrika 1904-1910, Wiesbaden 1968.

Falter, Jürgen u. a.: Wahlen und Abstimmungen in der Weimarer Republik. Materialen zum Wahlverhalten 1919-1933, München 1986.

Farwell, Byron: The Great War in Africa 1914-1918, Hammondworth 1987.

Fendall, C. P.: East-African Force 1915-1919. An Unofficial Record of its Creation and Fighting Career, London 1921.

Fenske, Hans: Konservativismus und Rechtsradikalismus in Bayern nach 1918, Bad Homburg 1969.

Fischer, Fritz: Griff nach der Weltmacht. Die Kriegszielpolitik des kaiserlichen Deutschlands 1914-1918, 4. Aufl. Düsseldorf 1971.

Flemming, Jens: Die Bewaffnung des »Landvolkes«. Ländliche Schutzwehren und agrarischer Konservativismus in der Anfangsphase der Weimarer Republik, in: Militärgeschichtliche Mitteilungen, Heft 26 (1979), S. 7-36.

Flender, Armin: Gedenktage im Saarland nach dem Zweiten Weltkrieg. Politische Symbole zwischen Autonomie und »kleiner Wiedervereinigung«, in: Grenzfall. Das Saarland zwischen Deutschland und Frankreich 1945-1960, herausgegeben von Rainer Hudemann u. a., St. Ingbert 1997, S. 293-312.

Förster, Stig: Der doppelte Militarismus. Die deutsche Heeresrüstungspolitik zwischen Status-Quo-Sicherung und Aggression 1890-1913, Stuttgart 1985.

Ders.: Dreams and Nightmares. German Military Leadership and the Images of Future Warfare 1871-1914, in: Anticipating Total War. The German and American Experiences 1871-1914, herausgegeben von Manfred F. Boemeke u. a., Cambridge 1999, S. 343-376.

Ders.: Stig: Der Sinn des Krieges. Die deutsche Offizierselite zwischen Religion und Sozialdarwinismus 1870-1914, in: »Gott mit uns«. Nation, Religion und Gewalt im 19. und frühen 20. Jahrhundert, herausgegeben von Gerd Krumeich und Hartmut Lehmann, Göttingen 2000, S. 193-211.

Förster, Wolfgang (Hrsg.): Kämpfe an vergessenen Fronten. Feldpostbriefe, Tagebücher und Berichte, Berlin 1931.

Foschepoth, Josef: Zur deutschen Reaktion auf Niederlage und Besatzung, in: Westdeutschland 1945-1955. Unterwerfung, Kontrolle, Integration, herausgegeben von Ludolf Herbst, München 1986, S. 151-165.

François, Major von: Lehren aus dem südafrikanischen Kriege für das deutsche Heer, Berlin 1900.

Frei, Norbert: Vergangenheitspolitik. Die Anfänge der Bundesrepublik und die NS-Vergangenheit, München 1996.

Frenssen, Gustav: Peter Moors Fahrt nach Südwest. Ein Feldzugbericht, Berlin 1906.

Friedrichsmeyer, Sara u. a. (Hrsg.): The Imperialist Imagination. German Colonialism and Its Imagination, Ann Arbor 1998.
Fröhlich, Michael: Von Konfrontation zur Koexistenz. Die deutsch-britischen Kolonialbeziehungen in Afrika zwischen 1884 und 1914, Bochum 1990.
Ders.: Imperialismus. Deutsche Kolonial- und Weltpolitik 1880-1914, 2. Aufl. München 1997.
Funck, Marcus und Stephan Malinowski: Geschichte von oben. Autobiographien als Quelle einer Sozial- und Kulturgeschichte des deutschen Adels in Kaiserreich und Weimarer Republik, in: Historische Anthropologie, Bd. 7 (1999), S. 236-266.
Ders.: Schock und Chance. Der preußische Militäradel in der Weimarer Republik zwischen Stand und Profession, in: Adel und Bürgertum in Deutschland. Bd. 2: Entwicklungslinien und Wendepunkte im 20. Jahrhundert, herausgegeben von Heinz Reif, Berlin 2001, S. 127-171.
Ders.: Ready for War? Conceptions of Military Manliness in the Prusso-German Officer Corps before the First World War, in: Home/Front. The Military, War and Gender in 20th Germany, herausgegeben von Karen Hagemann und Stefanie Schüler-Springorum, Oxford/New York 2002, S. 43-68.
Ders.: The Meaning of Dying: East Elbian Noble Families as »Warrior Tribes« in the 19th and 20th Century, in: Sacrifice and National Belonging in 20th Century Germany, herausgegeben von Greg Eghigian and Mathew Paul Berg, Arlington 2002, S. 26-63.
Gann, L. H.: Heinrich Schnee (1871-1949), in: African Proconsuls. European Governors in Africa, herausgegeben von L. H. Gann und Peter Duignan, Stanford 1978, S. 492-522.
Ganz, Harding A.: Colonial Policy and the German Imperial Navy, in: Militärgeschichtliche Mitteilungen, Heft 21 (1977), S. 35-52.
Gardener, Brian: German East. The Story of the First World War in East Africa, London 1963.
Garson, N. G.: South Africa and World War I, in: Journal of Imperial and Commonwealth History, Bd. 8 (1979/80), S. 68-85.
Gassert, Philipp und Alan E. Steinweis (Hrsg.), Coping with the Nazi Past. West German Debates and Generational Conflict 1955-1975, Oxford 2006.
Gerhardt, Ludwig (Hrsg.): Die Gedenkstätte in der ehemaligen Lettow-Vorbeck-Kaserne in Hamburg-Jenfeld (»Tansania-Park«), Hamburg 2003.
Geinitz, Christian: Kriegsfurcht und Kampfbereitschaft. Das Augusterlebnis in Freiburg. Ene Studie zum Kriegsbeginn 1914, Essen 1998.
Genealogisches Handbuch des Deutschen Adels. Adelige Häuser A, Bd. 20,Limburg 1988.
Gerstenberger, Friedrich: Strategische Erinnerungen. Die Memoiren deutscher Offiziere, in: Vernichtungskrieg. Verbrechen der Wehrmacht 1941-1944, herausgegeben von Hannes Heer und Klaus Naumann, 10. Aufl. Hamburg 1997, S. 620-629.
Geyer, Michael: The Past as Future. The German Officer Corps as Profession, in: German Professions 1800-1950, herausgegeben von Geoffrey Cocks und Konrad H. Jarausch, New York/Oxford 1990, S. 183-212.
Gifford, Prosser und William Roger Loius (Hrsg.): Britain and Germany in Africa. Imperial Rivalry and Colonial Rule, New Haven 1967.
Giordano, Ralph: »Heia Safari«. Erfahrungen mit einer Fernsehsendung I, in: An den Brandherden der Welt. Ein Fernsehmann berichtet, herausgegeben von Ralph Giordano, Hamburg 1990, S. 176-192.
Ders.: Erinnerungen eines Davongekommenen, Köln 2007.
Goebel, J.: Afrika zu unseren Füßen. 40 000 km Zeppelin-Kriegsfahrten Lettow-Vorbeck entgegen, Leipzig 1931.
Gründer, Horst: Geschichte der deutschen Kolonien, 3. Aufl. Paderborn 1995.
Gumbel, Emil Julius (Hrsg.): Vier Jahre politischer Mord, 3. Aufl. Berlin 1922.
Haeften, Hauptmann von: Eine deutsche Kolonialarmee, in: Vierteljahrshefte für Truppenführung und Heereskunde, Bd. 2 (1905), S. 609-639.
Hahlweg, Werner: Guerilla. Krieg ohne Fronten, Stuttgart 1968.
Hancock, W. K. und Jan van der Poel (Hrsg.): Selections from the Smuts Papers. Bd. 3: June 1910 – November 1918, Cambridge 1966.
Handbuch für den königlich-preußischen Hof und Staat für das Jahr 1887/88, Berlin 1887.
Hansen, Ernst Willi: Walter Lamp'l und die »Hamburger Punkte«, in: Geschichte als Verpflichtung. Hamburg, Reformation und Historiographie (Festschrift für Rainer Postel), herausgegeben von Michael Hundt, Hamburg 2001, S. 159-181.

Harding, Leonhard: Geschichte Afrikas im 19. und 20. Jahrhundert, München 1999.
Hauer, August: Kumbuke. Erlebnisse eines Arztes in Deutsch-Ostafrika, Berlin 1922.
Haupt, Werner: Die deutschen Schutztruppen 1889-1918. Auftrag und Geschichte, Berg am See 1989.
Heeressanitätsinspektion des Reichskriegsministeriums (Bearb.): Sanitätsbericht über das Deutsche Heer im Weltkriege 1914-1918, Bd. 3: Die Krankenbewegungen bei dem Deutschen Feld- und Besatzungsheer, Berlin 1934.
Heinemann, Ulrich: Die verdrängte Niederlage. Politische Öffentlichkeit und Kriegsschuldfrage in der Weimarer Republik, Göttingen 1983.
Helbig, Klaus: Legende und Wahrheit. Der Erste Weltkrieg in Ostafrika und die Rolle des Generals von Lettow-Vorbeck, Diss. phil Universität Leipzig 1968.
Ders.: Der ostafrikanische Widerstandskampf während des Ersten Weltkrieges, in: Philosophie der Eroberer und koloniale Wirklichkeit. Ostafrika 1884-1918, herausgegeben von Kurt Büttner und Heinrich Loth, Berlin (Ost) 1981, S. 303- 349.
Ders.: Die deutsche Kriegführung in Ostafrika 1914-1918, in: Militärgeschichte, Bd. 28 (1989), S. 136-145.
Henderson, W. O.: The War Economy of German East Africa 1914-1917, in: Economic History Review, Bd. 13 (1943), S. 104-110.
Henke, Joseph: England in Hitlers politischem Kalkül. Vom Scheitern der Bündniskonzeption bis zum Kriegsbeginn, Boppard 1973.
Herbert, Ulrich: Best. Studien über Radikalismus, Weltanschauung und Vernunft 1903-1989, Bonn 1996.
Ders.: Liberalisierung als Lernprozess. Die Bundesrepublik in der deutschen Geschichte – eine Skizze, in: Wandlungsprozesse in Westdeutschland. Belastung, Integration, Liberalisierung 1945-1980, herausgegeben von Ulrich Herbert, 2. Aufl. Göttingen 2003, S. 7-49.
Herwig, Holger H.: Das Offizierskorps der kaiserlichen Marine vor 1918, in: Das deutsche Offizierskorps 1860-1960, herausgegeben von Hanns Helmut Hofmann, Boppard 1980, S. 139-161.
Hewitson, Mark: Germany and the Causes of the First World War, Oxford 2004.
Heyden, Ulrich van der: Kolonialgeschichtsschreibung in Deutschland. Eine Bilanz ost- und westdeutscher Kolonialhistoriographie, in: Neue Politsche Literatur, Bd. 48 (2003), S. 401-429.
Hickethier, Knut: Geschichte des deutschen Fernsehens, Stuttgart 1998.
Hildebrand, Klaus: Vom Reich zum Weltreich. Hitler, NSDAP und koloniale Frage1919-1945, München 1969.
Hill, Leonidas E. (Hrsg.): Die Weizäcker-Papiere. Bd. 2: 1933-1950, Stuttgart 1974.
Hiller von Gaertringen, Friedrich Freiherr: Monarchismus in der deutschen
Republik, in: Die Weimarer Republik, herausgegeben von Michael Stürmer, Königstein/Taunus 1980, S. 254-271.
Ders.: Die Deutsch-Nationale Volkspartei in der Weimarer Republik, in: Historische Mitteilungen der Ranke-Gesellschaft, Bd. 9 (1996), S. 169-188.
Hilllgruber, Andreas: Hitlers Strategie, Politik und Kriegführung 1940/41, Frankfurt/M. 1965
Hindenburg, Paul von: Aus meinem Leben, Leipzig 1934.
Hochgeschwender, Michael: The Last Stand: Die Indianerkriege im Westen der USA (1840-1890), in: Kolonialkriege. Militärische Gewalt im Zeichen des Imperialismus, herausgegeben von Thoralf Klein und Frank Schumacher, Hamburg 2006, S. 44-79.
Hodenberg, Christina von: Konsens und Krise. Eine Geschichte der westdeutschen Medienöffentlichkeit 1945-1973, Göttingen 2006.
Hodges, Geoffrey: The Carrier Corps. Military Labour in the East African Campaign 1914-1918, Westport/Conn. 1986.
Ders.: Kariokor. The Story of Military Labour Forces in the Conquest of German East Africa 1914-1918, Nairobi 1999.
Hohorst, Gerd u. a. (Hrsg.): Sozialgeschichtliches Arbeitsbuch. Bd. 2: Materialien zur Statistik des Kaiserreichs 1870-1914, München 1975.
Holzbach, Heidrun: Das System Hugenberg. Die Organisation bürgerlicher Sammlungspolitik vor dem Aufstieg der NSDAP, Stuttgart 1981.

Hordern, Charles (Bearb.): History of the Great War: Military Operations in East Africa. Bd. 1: August 1914 – September 1916, London 1941.
Hoydt, Edwin P.: Guerilla. Colonel von Lettow-Vorbeck and Germany's East African Campaign, New York/London 1981.
Hürten, Heinz: Das Offizierskorps des Reichsheeres, in: Das deutsche Offizierskorps 1860-1960, herausgegeben von Hans Hubert Hofmann, Boppard 1980, S. 231-245.
Ders.: Der Kapp-Putsch als Wende. Über Rahmenbedingungen der Weimarer Republik seit dem Frühjahr 1920, Opladen 1989.
Hürter, Johannes: Hitlers Heerführer. Die deutschen Oberbefehlshaber im Krieg gegen die Sowjetunion 1941/42, München 2006.
Hughes, Daniel L.: The King's Finest. A Social and Bureaucratic Profile of Prussia's General Officers 1871-1914, New York 1987.
Hull, Isabel V.: Absolute Destruction. Military Culture and the Practices of War in Imperial Germany, Ithaca/London 2005.
Hyam, Robert: The Failure of South African Expansion 1908-1948, London 1972.
Iliffe, John: Tanganyika under German Rule 1905-1912, Cambridge 1969.
Ders.: A Modern History of Tanganyika, Cambridge 1979.
Jacob, Ernst-Gerhard (Hrsg.): Kolonialpolitisches Quellenheft. Die deutsche Kolonialfrage 1918-1935, Bamberg 1935.
Jäger, Wolfgang: Historische Forschung und politische Kultur in Deutschland. Die Debatte 1914-1980 über den Ausbruch des Ersten Weltkriegs, Göttingen 1984.
Jarausch, Konrad H.: Der nationale Tabubruch. Wissenschaft, Öffentlichkeit und Politik in der Fischerkontroverse, in: Zeitgeschichte als Streitgeschichte. Große Kontroversen seit 1945, herausgegeben von Martin Sabrow u. a., München 2003, S. 20-40.
Ders. und Martin Sabrow: »Meistererzählungen«. Zur Karriere eines Begriffs, in: Die historische Meistererzählung. Deutungslinien der deutschen Nationalgeschichte nach 1945, herausgeben von Konrad H. Jarausch und Martin Sabrow, Göttingen 2002, S. 9-32.
John, Hartmut: Das Reserveoffizierskorps im Deutschen Kaiserreich 1890-1914. Ein sozialgeschichtlicher Beitrag zur Untersuchung der gesellschaftlichen Militarisierung im wilhelminischen Deutschland, Frankfurt/M. 1981.
Joll, James: The Origins of the First World War, 2. Aufl. London 1992.
Jonas, Erasmus: Die Volkskonservativen 1928-1933. Entwicklung, Struktur, Standort und staatspolitische Zielsetzung, Düsseldorf 1965.
Jones, Larry Eugene: Kuno Graf Westarp und die Krise des deutschen Konservativismus in der Weimarer Republik, in: »Ich bin der letzte Preuße«. Der politische Lebensweg des konservativen Politikers Kuno Graf Westarp, herausgegeben von Larry Eugene Jones und Wolfram Pyta, Köln 2006, S. 109-146.
Kasten, Bernd: Die bürgerlichen Parteien Mecklenburg-Schwerins 1918-1926, in: Mecklenburgische Jahrbücher, Bd. 120 (2005), S. 115-132.
Keithly, David M.: Khaki Foxes. The East Afrika Korps, in: Small Wars and Insurgencies, Bd. 12 (2001), S. 165-185
Kennedy, Paul: The Rise of the Anglo-German Antagonism 1860-1914, London 1980.
Kershaw, Ian: Der Überfall auf Polen und die öffentliche Meinung in Deutschland, in: Politischer Wandel, organisierte Gewalt und nationale Sicherheit. Beiträge zur neueren Geschichte Deutschlands und Frankreichs (Festschrift für Klaus-Jürgen Müller), herausgegeben von Ernst-Willi Hansen u. a., München 1995, S. 237-250.
Ders.: Der Hitler-Mythos. Führerkult und Volksmeinung, München 2002.
Killingray, David: Guardians of Empire, in: Guardians of Empire. The Armed Forces of the Colonial Powers 1700-1964, herausgegeben von David Killingray und David Omissi, Manchester 1999, S. 1-24.
Kitchen, Martin: The German Officer Corps 1890-1914, Oxford 1968.
Kittel, Manfred: Zwischen völkischem Fundamentalismus und gouvernementaler Taktik. DNVP-Vorsitzender Hans Hilpert und die bayerischen Deutschnationalen, in: Zeitschrift für Bayerische Landesgeschichte, Bd. 59 (1996), S. 849-901.
Klautke, Egbert: Auf den Spuren des Sonderwegs. Zur Westorientierung der deutschen Geschichtswissenschaft in der Bundesrepublik, in: Deutschland und die USA in der Internationalen Ge-

schichte des 20. Jahrhunderts (Festschrift für Detlef Junker), herausgegeben von Manfred Berg und Philipp Gassert, Stuttgart 2004, S. 98-112.

Klein, Thoralf: Straffeldzug im Namen der Zivilisation: Der Boxerkrieg in China (1900-1901), in: Kolonialkriege. Militärische Gewalt im Zeichen des Imperialismus, herausgegeben von Thoralf Klein und Frank Schumacher, Hamburg 2006, S. 145- 181.

Klein-Arendt, Reinhard: Kamina ruft Nauen! Die Funkstellen in den deutschen Kolonien 1904-1918, Köln 1996.

Kluge, Ulrich: Die deutsche Revolution 1918/19, Frankfurt/M. 1985.

Köhl, Franz: Der Kampf um Deutsch-Ostafrika, Berlin 1919.

Kohlrausch, Martin: Die Flucht des Kaisers. Doppeltes Scheitern adelig-bürgerlicher Monarchiekonzepte, in: Adel und Bürgertum in Deutschland. Bd. 2: Entwicklungslinien und Wendepunkte im 20. Jahrhundert, herausgegeben von Heinz Reif, Berlin 2001, S. 65-101.

Koller, Christian: »Von Wilden aller Rassen niedergemetzelt.« Die Diskussion um Die Verwendung von Kolonialtruppen in Europa zwischen Rassismus, Kolonial- und Militärpolitik 1914-1930, Stuttgart 2001.

Kommando-Befehl-Sammlung der Kaiserlichen Schutztruppe für Deutsch-Ostafrika, Dar-es-Salaam 1910.

Könnemann, Erwin und Gerhard Schulz (Hrsg.): Arbeiterklasse siegt über Kapp und Lüttwitz, 2 Bände, Berlin (Ost) 1971.

Ders. und Gerhard Schulz (Hrsg.): Der Kapp-Lüttwitz-Ludendorff-Putsch. Dokumente, München 2002.

Koponen, Juhani: Development for Exploitation. German Colonial Policies in Mainland Tanzania 1884-1914, Helsinki 1995.

Krethlow, Carl Alexander: Militärbiographie: Entwicklung und Methodik, in: Militärische Erinnerungskulturen. Soldaten im Spiegel von Biographien, Memoiren und Selbstzeugnissen, herausgegeben von Michael Epkenhans u. a., Paderborn 2006, S. 1-27.

Kriegsgeschichtliche Forschungsanstalt des Heeres (Hrsg.): Darstellungen aus den Nachkriegskämpfen deutscher Truppen und Freikorps. Bd. 6: Die Wirren in der Reichshauptstadt und im nördlichen Deutschland 1918-1920, Berlin 1940.

Kroener, Bernhard R.: Generaloberst Friedrich Fromm. Eine Biographie, Paderborn 2005.

Krüger, Gesine: Kriegsbewältigung und Geschichtsbewußtsein. Realität, Deutung und Verarbeitung des deutschen Kolonialkriegs in Namibia 1904-1907, Göttingen 1999.

Krumeich, Gerd (Hrsg.): Versailles 1919. Ziele-Wirkung-Wahrnehmung, Essen 2001.

Kum'a N'Dumbe III, Alexandre: Hitler voulait l'Afrique. Le projet du Troisième Reich sur le continent africain, Paris 1980.

Kundrus, Birte: Moderne Imperialisten. Das Kaiserreich im Spiegel seiner Kolonien, Köln 2003.

Dies. (Hrsg.): Phantasiereiche. Zur Kulturgeschichte des deutschen Kolonialismus, Frankfurt/M. 2003.

Kuss, Susanne: Deutsche Soldaten während des Boxeraufstandes in China. Elemente und Ursprünge des Vernichtungskrieges, in: Das Deutsche Reich und der Boxeraufstand, herausgegeben von Susanne Kuss und Bernd Martin, Bamberg 2002, S. 165-183.

Laak, Dirk van: Imperiale Infrastruktur. Deutsche Planungen für eine Erschließung Afrikas 1880-1960, Paderborn 2004.

Lässig, Simone: Towards a Biographical Turn? Biography in Modern Historiography –Modern Historiography in Biography, in: Bulletin of the German Historical Institute, Nr. 35 (2004), S. 147-155.

Leistenschneider, Stephan: Auftragstaktik im preußisch-deutschen Heer 1871 bis 1914, Hamburg 2002.

Lessel, Emil von: Böhmen, Frankreich, China 1866-1901. Erinnerungen eines preußischen Offiziers, Köln 1981.

Lettow, Hermann von: Beiträge zur Geschichte des Geschlechts von Lettow-Vorbeck, Lauenburg 1882.

Ders.: Neue Beiträge zur Geschichte des Geschlechts von Lettow-Vorbeck, Stolp 1904.

Lettow-Vorbeck, Elisabeth von: Aus dem Leben Lettow-Vorbecks, in: »Hamburger Fremdenblatt« vom 18. 8. 1919.

Lettow-Vorbeck, Friedrich von: Stockprügel und Gavrotten. Rokoko-Novellen, Berlin 1902.

Lettow-Vorbeck, Paul von: Um Vaterland und Kolonie. Ein Weckruf an die Deutsche Nation, Berlin 1919.
Ders.: Meine Erinnerungen aus Ostafrika, Leipzig 1920.
Ders.: Heia Safari. Deutschlands Kampf um Ostafrika, Leipzig 1920.
Ders.: Wir brauchen wieder Kolonien, in: »Deutsche Tageszeitung« vom 16. 11. 1921.
Ders.: Meine Eindrücke in England, in: »Münchener Neueste Nachrichten« vom 1. 1. 1930.
Ders.: Warum ich aus der DNVP austrat, Berlin 1930.
Ders.: Der Sinn des Kampfes, in: »Münchener Neueste Nachrichten« vom 28. 8. 1930.
Ders.: Was mir die Engländer über Ostafrika erzählten. Zwanglose Unterhaltungen mit ehemaligen Gegnern, 2. Aufl. Leipzig 1939.
Ders.: Deutsch-Ostafrika Siedlungsland? Welche Kriegserfahrungen liegen hierüber vor. Vortrag im Industrie-Club Düsseldorf gehalten am 11. Mai 1934. Als Stenogramm gedruckt, Düsseldorf 1934.
Ders.: Ein Jubiliar schreibt selbst, in: »Die Zeit« vom 23. 3. 1950.
Ders.: Kwa heri Bwana! Auf Wiedersehen, Herr! Erlebnisse in fernen Ländern, Lengerich 1954.
Ders.: Afrika, wie ich es wiedersah, München 1955.
Ders.: Mein Leben, Biberach 1957.
Leutwein, Theodor: 11 Jahre Gouverneur in Deutsch-Südwestafrika, 2. Aufl. Berlin 1907.
Lingen, Kerstin von: Kesselrings letzte Schlacht. Kriegsverbrecherprozesse, Vergangenheitspolitik und Wiederbewaffnung. Der Fall Kesselring, Paderborn 2004.
Linse, Ulrich: Barfüßige Propheten. Erlöser der Zwaniger Jahre, Berlin 1983.
Lochner, R. K.: Kampf im Rufiji-Delta. Das Ende des kleinen Kreuzers »Königsberg«. Die deutsche Marine und Schutztruppe im Ersten Weltkrieg in Ostafrika, München 1987.
Löffler, Jürgen: Walther von Brauchitsch. Eine politische Biographie, Frankfurt/M. 2001.
Longerich, Peter: Die braunen Bataillone. Geschichte der SA, München 1989.
Looff, Max: Deutsche Kolonie in Not. Kriegserinnerungen aus Deutsch-Ostafrika, Berlin 1928.
Loth, Heinrich: Griff nach Ostafrika. Politik des deutschen Imperialismus und antikolonialer Kampf. Legende und Wirklichkeit, Berlin (Ost) 1968.
Louis, Roger W. M.: Britain and Germany's Lost Colonies, Oxford 1967.
Ludendorff, Erich: Meine Kriegserinnerungen 1914-1918, Berlin 1919.
Lüdinghausen gen. Wolff, Baron von: Organisation und Dienst der Kriegsmacht des Deutschen Reichs. Zugleich als Leitfaden der Dienstkenntniß bei der Vorbereitung zum Offiziersexamen, 8. umgearbeitete und vermehrte Aufl. Berlin 1876.
Lüttwitz, Walther von: Im Kampf gegen die November-Revolution, Berlin 1934.
Lutheroth, Ascan Roderich: Tunukwenda. Auf Kriegssafari in Deutsch-Osafrika, Hamburg 1938.
Lutz, Helma (Hrsg.): Kolonialismus und Erinnerungskultur. Die Kolonialvergangenheit im kollektiven Gedächtnis der deutschen und niederländischen Einwanderungsgesellschaft, Münster 2005.
Maddox, Gregory: Famine in Central Tansania, in: Journal of African History, Bd. 31 (1990), S. 181-197.
Malinowski, Stephan: Vom König zum Führer. Sozialer Niedergang und politische Radikalisierung im deutschen Adel zwischen Kaiserreich und NS-Staat, Berlin 2003.
Mann, Eric J.: Mikono ya damu. »Hands of Blood«. African Mercenaries and the Politics of Conflict in German East Africa 1888-1904, Frankfurt/M. 2002.
Manstein, Erich von: Verlorene Siege. Bonn 1955.
Marhefka, Edmund: Der Waffenstillstand 1918/19. Das Dokumentenmaterial der Waffenstillstandsverhandlungen von Compiègne, Spa, Trier und Brüssel, 3 Bände, Berlin 1928.
Marine-Archiv (Hrsg.): Der Krieg zur See 1914-1918. Bd. 7: Die Kämpfe der Kaiserlichen Marine in den deutschen Kolonien, Berlin 1935.
Marshall, Barbara: German Reactions to Military Defeat 1945-1947. The British View, in: Germany in the Age of Total War. Essays in Honour of Francis Carsten, herausgegeben von Volker R. Berghahn und Martin Kitchen, London 1981, S. 218-239.
Maß, Sandra: Weiße Helden, schwarze Krieger. Zur Geschichte kolonialer Männlichkeit in Deutschland 1918-1964, Köln 2006.
Matuschka, Edgar Graf von: Organisationsgeschichte des Heeres 1890-1918, in: Handbuch der deutschen Militärgeschichte 1648-1939, Bd. 5, herausgegeben vom Militärgeschichtlichen Forschungsamt, Frankfurt 1968, S. 157-311.

Ders.: Organisationsgeschichte des Reichsheeres, in: Handbuch der deutschen Militärgeschichte 1648-1939, Bd. 3, herausgegeben vom Militärgeschichtlichen Forschungsamt, Frankfurt/M. 1970, S. 305-343.

Matuschka, Maria Gräfin: Meine Erinnerungen an Deutsch-Ostafrika von 1911-1919, Leipzig 1920.

Maurer, Jürgen und Udo Wengst (Bearb.), Politik und Wirtschaft in der Krise 1930-1932. Quellen zur Ära Brüning. 2 Bände, Düsseldorf 1980

Mayer, Karl J.: Kuno Graf Westarp als Kritiker des Nationalsozialismus, in: »Ich bin der letzte Preuße«. Der politische Lebensweg des konservativen Politikers Kuno Graf Westarp, herausgegeben von Larry Eugene Jones und Wolfram Pyta, Köln 2006, S. 189-216.

McNeill, William H.: Plagues and Peoples, 3. Aufl. New York 1998.

Mechtersheimer, Alfred und Peter Berth, Militarisierungsatlas der BRD. Streitkräfte, Waffen und Standorte. Kosten und Risiken, Darmstadt 1986.

Meinertzhagen, Richard: Kenya Diary 1902-1906, London 1957.

Ders.: Army Diary 1899-1926, London 1960.

Meisner, Heinrich Otto (Hrsg.): Denkwürdigkeiten des Generalfeldmarschalls Alfred Graf von Waldersee. Bd. 3: 1900-1904, Stuttgart 1923.

Mentzel, Heinrich: Die Kämpfe in Kamerun 1914-1916. Vorbereitung und Verlauf, Berlin 1936.

Mergel, Thomas: Das Scheitern des deutschen Tory-Konservatismus. Die Umformung der DNVP zu einer rechtsradikalen Partei 1928-1933, in: Historische Zeitschrift, Bd. 276 (2003), S. 323-360.

Merritt, Anna und Richard Merritt: Public Opinion in Occupied Germany. The OMGUS Surveys 1945-1949, Urbana/Ill. 1970.

Messerschmidt, Manfred: Die politische Geschichte der preußisch-deutschen Armee, in: Handbuch der deutschen Militärgeschichte 1648-1939, Bd. 4/1, herausgegeben vom Militärgeschichtlichen Forschungsamt, München 1974, S. 3-380.

Ders.: Die preußische Armee; in: Handbuch der deutschen Militärgeschichte 1648-1939, Bd. 4/2, herausgegeben vom Militärgeschichtlichen Forschungsamt, München 1975, S. 3-225.

Meteling, Wencke: Der deutsche Zusammenbruch 1918 in den Selbstzeugnissen adeliger preußischer Offiziere, in: Adel und Moderne, herausgegeben von Eckart Conze und Monika Wienfort, Köln und Wien 2004, S. 289-321.

Methner, Wilhelm: Unter drei Gouverneuren. 16 Jahre Dienst in deutschen Tropen, Berlin 1938.

Michels, Eckard: Deutsche in der Fremdenlegion 1870-1965. Mythen und Realitäten, 5. Aufl. Paderborn 2006.

Ders.: Von der Deutschen Akademie zum Goethe-Institut. Sprach- und auswärtige Kulturpolitik 1923-1960, München 2005.

Ders.: Ein Feldzug – zwei Perspektiven? Paul von Lettow-Vorbeck und Heinrich Schnee über den Ersten Weltkrieg in Ostafrika, in: Militärische Erinnerungskultur. Soldaten im Spiegel von Biographien, Memoiren und Selbstzeugnissen, herausgegeben von Michael Epkenhans u. a., Paderborn 2006, S. 152-168.

Ders.: Deutschlands einziger »Kolonialheld« und seine »Askari«. Paul von Lettow-Vorbeck und der Feldzug in Ostafrika im Ersten Weltkrieg, in: Revue d'Allemagne, Bd. 28 (2006), S. 541-554.

Michels, Stefanie: Askari – treu bis in den Tod? Vom Umgang der Deutschen mit ihren schwarzen Soldaten, in: AfrikanerInnen in Deutschland und schwarze Deutsche – Geschichte und Gegenwart, herausgegeben von Marianne Bechhaus-Gerst u. a., Münster 2004, S. 171-184.

Dies.: Reichsadler und Giraffe – Askari am Grab von Lettow-Vorbeck, in: Koloniale und postkoloniale Konstruktion von Afrika und Menschen afrikanischer Herkunft in der deutschen Alltagskultur, herausgegeben von Marianne Bechhaus-Gerst u. a., Frankfurt/M. 2007, S. 315-338.

Militärgeschichtliches Forschungsamt (Hrsg.): Untersuchungen zur Geschichte des Offizierskorps. Anciennität und Beförderung nach Leistung, Stuttgart 1962.

Militärisches Orientierungsheft für Deutsch-Ostafrika, Dar-es-Salaam 1911.

Miller, Charles: Battle for the Bundu. The First World War in East Africa, New York 1974.

Ministère de la Défense Nationale (Hrsg.): Les campagnes coloniales belges 1914-1918. 3 Bände, Brüssel 1927-1932.

Mitchell, T. J. und G. M. Smith: History of the Great War. Medical Services. Casualties and Medical Statistics of the Great War, London 1931.
Mombauer, Annika: Helmuth von Moltke and the Origins of the First World War, Cambridge 2001.
Dies.: Wilhelm, Waldersee and the Boxer Rebellion, in: The Kaiser. New Research on Wilhelm II's Role in Imperial Germany, herausgegeben von Annika Mombauer und Wilhelm Deist, Cambridge 2003, S. 91-118.
Mommsen, Hans: Preußentum und Nationalsozialismus, in: Der Nationalsozialismus. Studien zur Ideologie und Herrschaft, herausgegeben von Wolfgang Benz u. a., Frankfurt/M. 1993, S. 29-41.
Mommsen, Wolfgang: The Topos of Inevitable War in Germany in the Decade Before 1914, in: Germany in the Age of Total War. Essays in Honour of Francis Carsten, herausgegeben von Volker R. Berghahn und Martin Kitchen, London 1981, S. 23-45.
Ders.: Imperial Germany 1867-1919. Politics, Culture and Society in an Authoritarian State, London 1995.
Monclure, John: Forging the King's Sword. Military Education Between Tradition and Modernization. The Case of the Royal Prussian Cadet Corps 1871-1918, New York 1993.
Morlang, Thomas: »Ich habe die Sache satt hier, herzlich satt«. Briefe des Kolonialoffiziers Rudolf von Hirsch aus Deutsch-Ostafrika 1905-1907, in: Militärgeschichtliche Zeitschrift, Heft 61 (2002), S. 489-525.
Ders.: »Die Wahehe haben ihre Vernichtung gewollt«. Der Krieg der »Kaiserlichen Schutztruppe« gegen die Hehe in Deutsch-Ostafrika 1890-1898, in: Kolonialkriege. Militärische Gewalt im Zeichen des Imperialismus, herausgegeben von Thoralf Klein und Frank Schumacher, Hamburg 2006, S. 80-108.
Mosley, Leonard: Duel for Kilimandjaro. An Account of the East African Campaign, London 1963.
Moyse-Bartlett, Hubert: The King's African Rifles. A Study in the Military History of East and Central Africa 1890-1945, Aldershot 1956.
Mrotzek, Fred: Der Kapp-Lüttwitz-Putsch im März 1920, in: Mecklenburgische Jahrbücher, Bd. 120 (2005), S. 133-155.
Mühlhausen, Walter: Die Sozialdemokratie am Scheideweg – Burgfrieden, Parteikrise und Spaltung im Ersten Weltkrieg, in: Der Erste Weltkrieg. Wirkung – Analyse -Wahrnehmung, herausgegeben von Wolfgang Michalka, München 1994, S. 649-671
Müller, Christian: Anmerkungen zur Entwicklung von Kriegsbild und operativ-strategischem Szenario im preußisch-deutschen Heer vor dem Ersten Weltkrieg, in: Militärgeschichtliche Mitteilungen, Heft 57 (1998), S. 385-442.
Müller, Hartmut: Lüderitz und der koloniale Mythos. Kolonialbewegungen in Bremen, in: Diskurs. Bremer Beiträge zu Wissenschaft und Gesellschaft, Heft 6 (1982), S. 125-148.
Ders.: Die Bremer Jahre des Generals Paul von Lettow-Vorbeck, in: Soziale Demokratie und sozialistische Theorie. Festschrift für Hans-Joseph Steinberg zum 60. Geburtstag, herausgegeben von Inge Marßolek und Till Schelz-Brandenburg, Bremen 1995, S. 89-96.
Müller, Klaus-Jürgen: Das Heer und Hitler. Armee und nationalsozialistisches Regime 1933-1940, Stuttgart 1969.
Ders.: Der Tag von Potsdam und das Verhältnis der preußisch-deutschen Militärelite zum Nationalsozialismus, in: Potsdam. Staat, Militär und Residenz in der preußisch-deutschen Militärgeschichte, herausgegeben von Bernhard R. Kroener, Frankfurt/M. 1993, S. 435-449.
Müller, Thomas: Konrad Krafft von Dellmensingen (1862-1953). Porträt eines bayerischen Offiziers, München 2002.
Mulligan, William: The Creation of a Modern German Army. General Walther von Reinhardt and the Weimar Republic 1914-1930, Oxford 2005.
Musambachime, M. C.: The Influenza Epidemic of 1918/19 in Northern Rhodesia, in: Zambia Journal of History, Bd. 6/7 (1993/94), S. 46-73.
Newitt, Malyn: A History of Mozambique, London 1995.
Nigmann, Ernst: Geschichte der kaiserlichen Schutztruppe für Deutsch-Ostafrika, Berlin 1911.

Noelle, Elisabeth und Erich Peter Neumann (Hrsg.): Jahrbuch der öffentlichen Meinung 1947-1955, Allensbach 1956.
Nuhn, Walter: Sturm über Südwest. Der Hereroaufstand von 1904. Ein düsteres Kapitel der deutschen kolonialen Vergangenheit Namibias, Koblenz 1989.
Ders.: Feind überall. Der große Nama-Aufstand 1904-1908 in Deutsch-Südwestafrika. Der erste Partisanenkrieg in der Geschichte der deutschen Armee, Bonn 2000.
Oberkircher, Walter (Hrsg.). General Erich von Gündell. Aus seinen Tagebüchern, Hamburg 1939.
Organisatorische Bestimmungen für die Kaiserlichen Schutztruppen in Afrika (Schutztruppen-Ordnung), Berlin 1898.
Ostertag, Heiger: Bildung, Ausbildung und Erziehung des Offizierskorps im Deutschen Kaiserreich. Eliteideal, Anspruch und Wirklichkeit, Frankfurt/M. 1990.
Ders.: Der soziale Alltag eines Offiziers im Kaiserreich 1913 – ein militärsoziologisches Zeitbild, in: Zeitschrift für Geschichtswissenschaft, Bd. 38 (1990), S. 1067-1080.
Page, Melvin (Hrsg.): Africa and the First World War, Basingstoke 1987.
Paice, Edward: Tip and Run. The Untold Tragedy of the Great War in Africa, London 2007.
Pakenham, Thomas: The Boer War, London 1979.
Paling, Kees M.: Galgemaal voor Pruisen. De mestvaal van de geschiedenis. Het opmerkeliske levensverhaal van Paul von Lettow-Vorbeck. Pruisisch generaal, guerrillo, putschist, 'S-Gravenhaage 1995.
Parson, Timothy: The African Rank-and-File. Social Implications of Colonial Military Servive in the King's African Rifles 1902-1964, Oxford u. a. 1999.
Ders.: All Askaris are Family Men. Sex, Domesticity and Discipline in the King's African Rifles 1902-1964, in: Guardians of Empire. The Armed Forces of the Colonial Powers 1700-1964, herausgegeben von David Killingray and David Omissi, Manchester 1999, S. 157-178.
Patterson, David K. und Gerald F. Pyle: The Geography and Mortality of the 1918 Influenza Pandemic, in: Bulletin of the History of Medicine, Bd. 65 (1991), S. 4-21.
Pélissier, René: Naissance du Mozambique. Résistance et révoltes anti-coloniales (1854-1918), 2 Bände, Paris 1984.
Perras, Arne: Carl Peters and German Imperialism 1856-1918. A Political Biography, Oxford 2004.
Pesek, Michael: Kreuz oder Halbmond. Die deutsche Kolonialpolitik zwischen Pragmantismus und Paranoia in Deutsch-Ostafrika 1908-1914, in: Mission und Gewalt, herausgegeben von J. Becher und Ulrich von Heyden, Stuttgart 2000, S. 97-112.
Ders.: Koloniale Herrschaft in Deutsch-Ostafrika. Expeditionen, Militär und Verwaltung seit 1880, Frankfurt/M. 2005.
Petter, Wolfgang: Das Offizierskorps der deutschen Kolonialtruppen 1889-1918, in: Das deutsche Offizierskorps 1860-1960, herausgegeben von Hans Hubert Hofmann, Boppard 1980, S. 163-173.
Ders.: Der Kampf um die deutschen Kolonien, in: Der Erste Weltkrieg. Wirkung, Wahrnehmung, Analyse, herausgegeben von Wolfgang Michalka, München 1994, S. 392-412.
Pöhlmann, Markus: Kriegsgeschichte und Geschichtspolitik: Der Erste Weltkrieg. Die amtliche deutsche Militärgeschichtsschreibung 1914-1956, Paderborn 2002.
Ders.: »Dass sich ein Sargdeckel über mir schlösse«. Typen und Funktionen von Weltkriegserinnerungen militärischer Entscheidungsträger, in: Der verlorene Frieden. Politik und Kriegskultur nach 1918, herausgegeben von Jost Dülffer und Gerd Krumeich, Essen 2002, S. 149-170.
Poel, Jan van der (Hrsg.): Selections from the Smuts Papers. Bd. 7: August 1945 - October 1950, Cambridge 1973.
Pogge von Strandmann, Hartmut: Imperialism and Revisionism in Interwar Germany, in: Imperialism and After, herausgegben von Wolfgang J. Mommsen und Jürgen Osterhammel, London 1986, S. 90-111.
Poley, Jared: Decolonization in Germany. Weimar Narratives of Colonial Loss and Foreign Occupation, Oxford 2005.
Polzin, Martin: Der Kapp-Putsch in Mecklenburg. Junkertum und Landproletariat in der revolutionären Krise nach dem Ersten Weltkrieg, Rostock 1966.
Pradhan, S. D.: Indian Army in East Africa 1914-1918, Neu-Dehli 1991.

Prittwitz und Gaffron, Oberstleutnant: Geschichte des I. Seebataillons, Oldenburg 1912.
Pürschel, Herbert: Die kaiserliche Schutztruppe für Kamerun. Gefüge und Aufgabe, Berlin 1936.
Pyta, Wolfram: Dorfgemeinschaft und Parteipolitik 1918-1933. Die Verschränkung von Milieu und Parteien in den protestantischen Landgebieten Deutschlands in der Weimarer Republik, Düsseldorf 1996.
Ders.: Paul von Hindenburg als charismatischer Führer der deutschen Nation, in: Charismatische Führer der deutschen Nation, herausgegeben von Frank Möller, München 2004, S. 109-148.
Ders.: Das Zerplatzen der Hoffnungen auf eine konservative Wende. Kuno Graf Westarp und Hindenburg, in: »Ich bin der letzte Preuße«. Der politische Lebensweg des konservativen Politikers Kuno Graf Westarp, herausgegeben von Larry Eugene Jones und Wolfram Pyta, Köln 2006, S. 163-187.
Radkau, Joachim: Das Zeitalter der Nervosität. Deutschland zwischen Bismarck und Hitler, München 1998.
Rang- und Quartierliste des Königlich Preußischen Armee, Berlin 1871 ff.
Reichardt, Sven: Faschistische Kampfbünde. Gewalt und Gemeinschaft im italienischen Squadrismus und in der deutschen SA, Köln/Wien 2002.
Reichstagshandbuch. 3.-5. Wahlperiode, Berlin 1925-1930.
Reif, Heinz: Adel im 19. und 20. Jahrhundert, München 1999.
Ribeiro de Meneses, Filipe: The Abandoned Army. The Portuguese Expeditionary Corps in France 1917-1918, in: Portuguese Studies Review, Bd. 5 (1996), S. 59-72.
Rodenberg, Oberst von: Das Militär-Kabinett, in: Ehrendenkmal der Deutschen Armee und Marine 1871-1918, Berlin 1926, S. 52-66.
Röhl, John C. G.: Wilhelm II. Der Aufbau der persönlichen Monarchie 1888-1900, München 2001.
Rogowski, Christian: »Heraus mit unseren Kolonien!« Der Kolonialrevisionismus der Weimarer Republik und die »Hamburger Kolonialwoche« 1926, in: Phantasiereiche. Zur Kulturgeschichte des deutschen Kolonialismus, herausgegeben von Birte Kundrus, Frankfurt/M. 2003, S. 243-262.
Rohrbach, Paul: Aus Südwestafrikas schweren Tagen, Blätter von Arbeit und Abschied, Berlin 1909.
Rohrkrämer, Thomas: Der Militarismus der »kleinen Leute«. Kriegervereine im deutschen Kaiserreich 1871-1914, München 1990.
Rosenbach, Harald: Das Deutsche Reich, Großbritannien und der Transvaal. Anfänge deutsch-britischer Entfremdung, Göttingen 1993.
Rossbach, Gerhard: Mein Weg durch die Zeit. Erinnerungen und Bekenntnisse, Weilburg/Lahn 1950.
Ruckteschell, Walter von: Der Feldzug in Ostafrika, Berlin 1919.
Rusinek, Bernd-A.: »Das überall frech eindringende moderne Leben...« Hohe Offiziere des Kaiserreichs als antidemokratische Denker, in: Jahrbuch Extremismus und Demokratie, Bd. 4 (1992), S. 29-52.
Rwankote, Matthias Mulumbar: Ostafrika in den Zielvorstellungen der Reichspolitik und den verschiedenen Interessengruppen im Rahmen der kolonialen politischen Aktivitäten in der Zeit der Weimarer Republik, Diss. phil. Universität Köln 1985.
Samson, Anne: Britain, South Africa and the East African Campaign 1914-1918. The Union Comes of Age, London 2006.
Samuels, Martin: Command or Control? Command, Training and Tactics in the British and German Armies 1888-1918, London 1995.
Sanitätsbericht über die kaiserliche Schutztruppe für Deutsch-Südwestafrika Während des Herero- und Hottentottenaufstandes für die Zeit vom 1. 1. 1904 bis 31. 3. 1907, berarbeitet vom Kommando der Schutztruppen im Reichskolonialamt, 2 Bände, Berlin 1909/1920.
Sauer, Bernhard: Gerhard Roßbach – Hitlers Stellvertreter für Berlin, in: Zeitschrift für Geschichtswissenschaft, Bd. 50 (2002), S. 5-21.
Schäfer, Jürgen: Deutsche Militärhilfe an Südamerika. Militär und Rüstungsinteressen in Argentinien, Bolivien und Chile vor 1914, Düsseldorf 1974.
Schäfer, Kerstin A.: Werner von Blomberg. Hitlers erster Feldmarschall. Eine Biographie, Paderborn 2005.

Schaible, Camill: Standes- und Berufspflichten des deutschen Offiziers. Für angehende und jüngere Offiziere des stehenden Heeres und des Beurlaubtenstandes, Berlin 1891.
Scheck, Raffael: Alfred von Tirpitz and German Right-Wing Politics 1914-1930, Atlantic Highlands/New Jersey 1998.
Schieder, Theodor: Der Typus in der Geschichtswissenschaft, in: Staat und Gesellschaft im Wandel der Zeit. Studien zur Geschichte des 19. und 20. Jahrhunderts, herausgegeben von Theodor Schieder, 3. Aufl. München 1974, S. 172-187.
Schildt, Axel: Konservatismus in Deutschland. Von den Anfängen im 18. Jahrhundert bis zur Gegenwart, München 1998.
Ders.: Der Putsch der »Prätorianer, Junker und Alldeutschen«. Adel und Bürgertum in den Anfangswirren der Weimarer Republik, in: Adel und Bürgertum in Deutschland. Bd. 2: Entwicklungslinien und Wendepunkte im 20. Jahrhundert, herausgegeben von Heinz Reif, Berlin 2001, S. 103-125.
Schilling, René: »Kriegshelden«. Deutungsmuster heroischer Männlichkeit in Deutschland 1813-1945, Paderborn 2002.
Schillings, Oliver: Vom Bourgeois zum Citoyen. Fritz Kern zwischen den Lebenswelten Politik und Wissenschaft, Münster 2001
Schirge, Adolf: Mit Lettow-Vorbeck durch Deutsch-Ostafrika 1914-1918, Berlin 1919.
Schivelbusch, Wolfgang: Die Kultur der Niederlage. Der amerikanische Süden 1865-Frankreich 1871-Deutschland 1918, Frankfurt/M. 2003.
Schmidt, Eduard: Erinnerungen an den Feldzug in Deutsch-Ostafrika September 1917 – November 1917, Bern 1931.
Schmidt-Bückeburg, Rudolf: Das Militärkabinett der preußischen Könige und deutschen Kaiser. Seine geschichtliche Entwicklung und staatsrechtliche Stellung 1787-1918, Berlin 1933.
Schmidt-Richberg, Wiegand: Die Regierungszeit Wilhelm II., in: Handbuch der deutschen Militärgeschichte 1648-1939, Bd. 5, herausgegeben vom Militärgeschichtlichen Forschungsamt, Frankfurt 1968, S. 9-155.
Schmitz, Klaus: Militärische Jugenderziehung. Preußische Kadettenhäuser und nationalpolitische Erziehungsanstalten zwischen 1807 und 1936, Köln/Wien 1997.
Schmokel, Wolfe D.: Dream of Empire. German Colonialism 1919-1945, Westport/Ct. 1964.
Schnee, Ada: Meine Erlebnisse während der Kriegszeit in Ostafrika, Leipzig 1918.
Schnee, Heinrich: Deutsch-Ostafrika im Weltkrieg. Wie wir lebten und wie wir kämpften, Leipzig 1919.
Ders. (Hrsg.): Deutsches Koloniallexikon. 3 Bände, Leipzig 1920.
Ders.: Als letzter Gouverneur in Deutsch-Ostafrika. Erinnerungen, Heidelberg 1964.
Schubert, Michael: Der schwarze Fremde. Das Bild des Schwarzafrikaners in der parlamentarischen und publizistischen Kolonialdiskussion in Deutschland von den 1870er bis in die 1930er Jahren, Stuttgart 2003.
Schulte, Bernd-Felix: Die deutsche Armee 1900-1914. Zwischen Beharren und Verändern, Düsseldorf 1977.
Schulte-Varendorff, Uwe: Kolonialheld für Kaiser und Führer. General Lettow-Vorbeck. Mythos und Wirklichkeit, Berlin 2006.
Schulze, Hagen: Freikorps und Republik 1918-1920, Boppard 1969.
Ders. und Etienne François: Einleitung, in: Deutsche Erinnerungsorte, Bd. 1, herausgegeben von Hagen Schulze und Etienne François, München 2001, S. 9-24.
Schwabe, Kurd: Dienst- und Kriegführung in den Kolonien und auf überseeischen Expeditionen, Berlin 1903.
Ders.: Der Krieg in Deutsch-Südwestafrika 1904-1906, Berlin 1907.
Schwarzmüller, Theo: Zwischen Kaiser und »Führer«. Generalfeldmarschall August von Mackensen, 3. Aufl. Paderborn 1997.
Schwarzwälder, Herbert: Geschichte der Freien Hansestadt Bremen. Bd. 3: Bremen in der Weimarer Republik (1919-1933), Hamburg 1983.
Ders.: Geschichte der Freien Hansestadt Bremen. Bd. 4: Bremen in der NS-Zeit (1933-1945), Hamburg 1985.
Seitz, Theodor: Südafrika im Weltkriege, Berlin 1920.
Sibley, J. R.: Tanganyikan Guerilla. East African Campaign 1914-1918, London 1971.

Siegfried, Detlef: Zwischen Aufarbeitung und Schlussstrich. Der Umgang mit der NS-Vergangenheit in den beiden deutschen Staaten 1958 bis 1969, in: Dynamische Zeiten. Die 60er Jahre in den beiden deutschen Gesellschaften, herausgegeben von Axel Schildt u. a., Hamburg 2000, S. 77-113.
Smith, Woodruff D.: The German Colonial Empire, Chapel Hill 1978.
Snyder, Jack: The Ideology of the Offensive. Military Decision-Making and the Disasters of 1914, Ithaca/N.Y. 1984.
Sösemann, Bernd: Die sogenannte Hunnenrede Wilhelm II. Textkritische und interpretatorische Anmerkungen zur Ansprache des Kaisers vom 27. 7. 1900, in: Historische Zeitschrift, Bd. 222 (1976), S. 342-358.
Ders.: Der Verfall des Kaisergedankens im Ersten Weltkrieg, in: Der Ort Kaiser Wilhelms II. in der deutschen Geschichte, herausgegeben von John Röhl, München 1991, S. 145-170.
Solf, Wilhelm: Die Lehren des Weltkriegs für unsere Kolonialpolitik, Stuttgart 1916.
Ders.: Schnee und Lettow-Vorbeck, in: Die Deutsche Nation, Bd. 2 (1920), S. 87-95.
Spraul, Gunter: Der «Völkermord" an den Hereros. Untersuchungen zu einer neuen Kontinuitätstheorie, in: Geschichte in Wissenschaft und Unterrricht, Bd. 39 (1988), S. 713-739.
Statistisches Jahrbuch für das Deutsche Reich. Bd. 30 (1909), Berlin 1909.
Steuber, Dr.: Über die Verwendbarkeit europäischer Truppen in tropischen Kolonien vom gesundheitlichen Standpunkte, in: Vierteljahrshefte für Truppenführung und Heereskunde, Bd. 4 (1907), S. 232-268.
Steudel, Prof. Dr.: Die Gesundheitsverhältnisse bei den Schutztruppen im Kolonialdienst, in: Deutschlands Gesundheitsverhältnisse unter dem Einfluss des Weltkrieges, herausgegeben von F. Bumm, Bd. 2, Stuttgart 1928, S. 237-276.
Stevenson, William: The Ghosts of Africa. The Epic Story of an Astonishing Military Hero, London 1980.
Stoneman, Mark: Bürgerliche und adelige Krieger. Zum Verhältnis von sozialer Herkunft und Berufskultur im wilhelminischen Armee-Offizierskorps, in: Adel und Bürgertum im 19. und 20. Jahrhundert, Bd. 2, herausgegeben von Heinz Reif, Berlin 2000, S. 25-65.
Storz, Dieter: Kriegsbild und Kriegsrüstung vor 1914. Europäische Landstreitkräfte vor dem Ersten Weltkrieg, Herford 1992.
Strachan, Hew: European Armies and the Conduct of War, London 1983.
Ders.: The First World War. Bd. 1: To Arms, Oxord 2001.
Stratis, John C.: A Case Study in Leadership. Colonel Paul Emil von Lettow-Vorbeck, Diss phil. Springfield/Virgina 2002.
Stübig, Heinz: Das höhere militärische Bildungswesen zwischenProfessionalisierung und sozialer Abgrenzung. Zur Entwicklung der Kriegsschulen und der Kriegsakademie in Preußen während des 19. Jahrhunderts, in: Wirtschaft, Wissenschaft und Bildung in Preußen. Zur Wirtschafts- und Sozialgeschichte Preußens im 19. und 20. Jahrhundert, herausgegeben von Karl-Heinrich Kaufhold und Bernd Sösemann, Stuttgart 1998, S. 191-212.
Stumpf, Reinhard: Die Wehrmachtselite. Rang- und Herkunftsstruktur der Deutschen Generale und Admirale 1933-1945, Boppard 1982.
Tessin, Georg: Deutsche Verbände und Truppen 1918-1933. Altes Heer, Freiwilligenverbände, Reichswehr, Heer, Luftwaffe, Landespolizei, Osnabrück 1974.
Thamer, Hans-Ulrich: Verführung und Gewalt. Deutschland 1933-1945, durchgesehene und erweiterte Auflage Berlin 1994.
Theilemann, Wolfram G.: Adel im grünen Rock. Adeliges Jägertum, Großprivatwaldbesitz und die preußische Forstbeamtenschaft 1866-1914, Berlin 2004.
Theweleit, Klaus: Männerphantasien, 2 Bände, Frankfurt 1977/78.
Thimme, Anneliese: Flucht in den Mythos. Die Deutsch-Nationale Volkspartei und die Niederlage von 1918, Göttingen 1969.
Thomas, Michael: Deutschland, England über Alles, München/Berlin 1987.
Thränhardt, Dietrich: Wahlen und politische Strukturen in Bayern 1848-1953. Historisch-soziologische Untersuchungen zum Entstehen eines Parteisystems, Düsseldorf 1973.
Thurman, Judith: Isak Dinesen. The Life of Karen Blixen, Hammondsworth 1984.
Tirpitz, Alfred von: Erinnerungen, Leipzig 1919.

Trumpener, Ulrich: Junkers and Others. The Rise of Commoners in the Prussian Army 1871-194, in: Canadian Journal of History, Bd. 14 (1979), S. 29-47.
Uka, Verena: Eine Geschichte »derer wir uns nicht zu schämen haben«. Auseinandersetzung in der Bundesrepublik Deutschland um koloniale Vergangenheit am Beispiel der Diskussion um den »Tansania-Park« in Hamburg, Magisterarbeit Universität Hannover 2003.
Ulrich, Bernd u. a. (Hrsg.): Untertanen in Uniform. Militär und Militarismus im Kaiserreich 1871-1914, Frankfurt/M. 2001.
Unger-Richer, Brigitta: Walter von Ruckteschell, Dachau 1993.
Union of South Africa (Hrsg.): The Union of South Africa and the Great War 1914-1918. Official History, Pretoria 1924.
Verhandlungen des Reichstages 1871-1933, Berlin 1871 ff.
Verhey, Jeffrey: Der »Geist von 1914« und die Erfindung der Volksgemeinschaft, Hamburg 2000.
Vierhaus, Rudolf (Hrsg.), Das Tagebuch der Baronin Spitzemberg. Aufzeichnungen aus der Hofgesellschaft des Hohenzollernreiches, 3. Aufl. Göttingen 1963.
Vieweg, Burkhard: Macho Porini. Die Augen im Busch. Kautschukpflanzer Karl Vieweg in Deutsch-Ostafrika. Authentische Berichte 1910-1919, Weikersheim 1996.
Vincent-Smith, John: Britain, Portugal and the First World War 1914-1916, in: European Studies Review, Bd. 4 (1974), S. 207-238.
Von Lettow-Vorbeck zum Sozialattaché, Berlin (Ost) 1962.
Wächter, Katja-Maria: Die Macht der Ohnmacht. Leben und Politik des Franz Xaver Ritter von Epp 1868-1946, Frankfurt/M. 1999.
Wagner, Rudolf und E. Buchmann: Wir Schutztruppler. Die deutsche Wehrmacht in Übersee, Berlin 1913.
Wallach, Jehuda: Das Dogma der Vernichtungsschlacht. Die Lehren von Clausewitz und Schlieffen und ihre Wirkungen in zwei Weltkriegen, Berlin 1967.
Walter, Dierk: Warum Kolonialkrieg?, in: Kolonialkriege. Militärische Gewalt im Zeichen des Imperialismus, herausgegeben von Thoralf Klein und Frank Schumacher, Hamburg 2006, S. 14-43.
War Office (Hrsg.): Statistics of the Military Effort of the Britsih Empire during the Great War 1914-1920, London 1922.
Wegner, Bernd: Erschriebene Siege. Franz Halder, die »Historical Division« und die Rekonstruktion des Zweiten Weltkriegs im Geiste des deutschen Generalstabs, in: Politischer Wandel, organisierte Gewalt und nationale Sicherheit. Beiträge zur neueren Geschichte Deutschlands und Frankreichs (Festschrift für Klaus-Jürgen Müller), herausgegeben vomn Ernst Willi Hansen u. a., München 1995, S. 287-302.
Wehler, Hans-Ulrich: Das Deutsche Kaiserreich 1871-1914, 7. Aufl. Göttingen 1994.
Ders.: Deutsche Gesellschaftsgeschichte. Bd. 3: 1848-1914, München 1995.
Weiß, Hermann und Paul Hoser (Hrsg.), Die Deutschnationalen und die Zerstörung der Weimarer Republik. Aus dem Tagebuch von Reinhold Quaatz, München 1989.
Welskopp, Thomas: Identität ex negativo. »Der deutsche Sonderweg« als Historische Meistererzählung in der Bundesrepublik in den 70er und 80er Jahren, in: Die historische Meistererzählung, Deutungslinien deutscher Nationalgeschichte nach 1945, herausgegeben von Konrad H. Jarausch und Martin Sabrow, Göttingen 2002, S. 109-139.
Wenig, Richard: Kriegssafari. Erlebnisse und Eindrücke auf den Zügen Lettow-Vorbecks durch das östliche Afrika, Berlin 1920.
Wer leitet? Die Männer der Wirtschaft und der einschlägigen Verwaltung, Berlin 1940.
Westarp, Kuno Graf: Konservative Politik im Übergang vom Kaiserreich zur Weimarer Republik, Düsseldorf 2001.
Wette, Wolfram: Gustav Noske. Eine politische Biographie, 2. Aufl. Düsseldorf 1988.
Ders.: Zur psychologischen Mobilmachung der deutschen Bevölkerung 1933-1939, in: Der Zweite Weltkrieg. Analysen, Grundzüge, Forschungslage, herausgegeben von Wolfgang Michalka, München 1989, S. 205-223.
Ders. (Hrsg.): Der Krieg des kleinen Mannes. Eine Militärgeschichte von unten, München 1992.
Ders. (Hrsg.), Pazifistische Offiziere in Deutschland 1871-1933, Bremen 1999.
Wiese, Josef: Lettow-Vorbeck, der Held Ostafrikas, Berlin 1922.

Wildt, Michael: Generation der Unbedingten. Das Führerkorps des Reichssicherheitshauptamtes SD, Hamburg 2003.
Winkler, Heinrich August: Weimar 1918-1933. Die Geschichte der ersten deutschen Demokratie, München 1993.
Winter. Jay: The Generation of Memory. Reflections on the »Memory Boom« in Contemporary Historical Studies, in: Bullettin of the German Historical Institute Washington, Nr. 27 (2000), S. 69-92.
Wissmann, Hermann von: Afrika. Schilderungen und Rathschläge für den Aufenthalt und Dienst in den deutschen Schutzgebieten, Berlin 1895.
Wohlfeil, Rainer: Heer und Republik, in: Handbuch der deutschen Militärgeschichte 1648-1939. Bd. 3, herausgegeben vom Militärgeschichtlichen Forschungsamt, Frankfurt/M. 1970, S. 11-303.
Wolff, Theodor: Tagebücher 1914-1919. Der Erste Weltkrieg und die Entstehung der Weimarer Republik in Tagebüchern, Leitartikeln und Briefen des Chefredakteurs am »Berliner Tageblatt« und Mitbegründers der »Deutschen Demokratischen Partei«, 2 Bände, Boppard 1984.
Wolfrum, Edgar: Geschichtspolitik in der Bundesrepublik Deutschland. Der Weg der bundesrepublikanischen Erinnerung, Darmstadt 1999.
Wrochem, Oliver von: Erich von Manstein. Vernichtungskrieg und Geschichtspolitik, Paderborn 2006.
Zabel, Jürgen K.: Das preußische Kadettenkorps. Militärische Jugenderziehung im preußischen Militärsystem, Frankfurt/M. 1978.
Zabel, Rudolf: Deutschland in China, Leipzig 1902.
Zeller, Joachim: Kolonialdenkmäler und Geschichtsbewusstsein. Eine Untersuchung der kolonialen deutschen Erinnerungskultur, Frankfurt/M. 2000.
Ders.: Das Ende der deutschen Kolonialgeschichte – Der Einzug Lettow-Vorbecks und seiner »Heldenschar« in Berlin, in: Kolonialmetropole Berlin. Eine Spurensuche, herausgegeben von Ulrich van der Heyden und Joachim Zeller, Berlin 2002, S. 229-232.
Ziemann, Benjamin: Front und Heimat. Ländliche Kriegserfahrung im südlichen Bayern 1914-1923, Essen 1997.
Zimmerer, Jürgen: Deutsche Herrschaft über Afrikaner. Staatlicher Machtanspruch und Wirklichkeit im kolonialen Namibia, Hamburg 2001.
Ders. und Joachim Zeller (Hrsg.): Völkermord in Deutsch-Südwestafrika. Der Kolonialkrieg (1904-1908) in Namibia und seine Folgen, Berlin 2003.
Zimmermann, Peter: Geschichte von Dokumentarfilm und Reportagen von der Adenauer-Ära bis zur Gegenwart, in: Geschichte des Fernsehens in der Bundesrepublik Deutschland, Bd. 3: Informations- und Dokumentarsendungen, herausgegeben von Peter Ludes u. a., München 1994, S. 213-324.
Zirkel, Kirsten: Military Power in German Colonial Policy. The Schutztruppen and Their Leaders in East and South-West Africa 1888-1918, in: Guardians of Empire. The Armed Forces of the Colonial Powers c. 1700-1964, herausgegeben von David Killingray und David Omissi, Manchester 1999, S. 91-113.

PERSONENREGISTER

Der Name Paul von Lettow-Vorbeck wurde nicht in das Register aufgenommen

Adenauer, Konrad 344
Adolf Friedrich, Herzog von Mecklenburg 344
Aitken, Arthur E. 155, 160, 238
Albrecht, Herzog von Württemberg 103
Ansprenger, Franz 351
Arning, Wilhelm 167

Barth, Emil 271
Bassermann, Ernst 46, 196
Bauer, Gustav 280f., 284f.
Bayer, Maximilian 84, 91
Beazley, W. E. 202
Beck, Ludwig 316
Behn, Fritz 295
Bell, Joachim 249
Below, Ernst von 111
Below, Fritz von 103
Bernhardi, Friedrich von 60, 135-137
Bernuth, Robert von 277, 281, 284, 289
Bethmann Hollweg, Theobald von 135, 139, 144, 147
Binder-Krieglstein, E. Baron von 70f.
Bismarck, Klaus von 350f.
Bismarck, Otto von 28f, 32, 42, 78, 125f., 254, 299, 347, 355
Bleek (Leutnant) 164
Blomberg, Werner von 312
Blücher, Gebhard Lebebrecht Fürst von 11
Bockmann (Marineingenieur) 194. 206
Boell, Ludwig 175, 204, 239, 344
Botha, Louis 178f., 185, 201
Boulanger, Georges 42
Bourdieu, Pierre 58
Brandes (Regierungsrat) 153, 210
Braunschweig, Friedrich 187
Breit, Gotthard 53
Brüning, Heinrich 301-306, 312, 344
Bülow, Bernhard von 61f., 81, 87, 95, 100
Bülow, Karl von 49f., 53, 58
Busche, Jürgen 12
Buxton, Sydney Charles 179, 307f.

Callwell, Charles Edward 84, 86, 91, 97
Chales de Beaulieu, Martin 85, 90
Chilembwe, John 177
Christensen, Christian 200
Christiansen, Carl 167
Churchill, Winston 165
Cixi, chinesische Kaiserinwitwe 61
Collyder, John Johnson 183
Cornelius Frederick 94, 97

Dame (Oberst) 96
Darré, Richard Walter 315, 321
Davies, L. M. 159
Deimling, Berthold von 80, 89f., 95f., 99, 246
Delbrück, Hans 250
Deppe, Ludwig 162, 174, 196f., 199, 223-226
Dernburg, Bernhard 112f., 122, 124, 349
Deventer, Louis Jacob van 184-186, 192f., 202, 205f., 213-215, 219, 221f., 227f., 230-232, 238, 309
Dinesen, Isak 119
Downes, W. D. 239
Düsterberg, Theodor 306
Duignan, Peter 241

Ebert, Friedrich 246, 249, 253, 265, 276, 279-281, 285, 289
Eckermann, Johann Peter 204
Edmonds, J. E. 309
Edward, Prince of Wales 308
Edwards, William Frederick 228f., 232
Eichmann, Adolf 351
Einem, Karl von 282, 303
Epp, Franz Ritter von 72, 321
Ehrhardt, Hermann 265f., 280, 288, 292
Erzberger, Matthias 114
Estorff, Ludwig von 55f., 81, 85, 97, 107, 289, 356
Eugen, Prinz von Savoyen 11

Falkenhayn, Erich von 56, 144, 196, 250
Fendall, Charles Pierce 201, 214, 227, 233
Fischer, Erich 174
Fischer, Fritz 346f., 351, 362
François, Curt von 59
François, Etienne 13
François-Poncet, André 332
Franke, Victor 85, 90, 102, 178, 263
Franz Ferdinand, Erzherzog von Österreich 142f.
Frick, Wilhelm 316
Friedrich II, König von Preußen 25, 254
Friedrich III., Deutscher Kaiser 40

Friedrich Wilhelm, Kurfürst von Hessen 32
Friedrich Wilhelm, Prinz von Preußen 116
Friedrich Wilhelm I, Kurfürst von Brandenburg 254
Friedrich Wilhelm I., König von Preußen 25, 36, 254
Fritsch, Werner Freiherr von 11

Gallieni, Joseph Simon 101
Gann, L. H. 241
Gayl, Freiherr von 172
Georg V., König von England 232
Gerstenmaier, Eugen 350
Gil, José 190, 213
Giordano, Ralph 261, 350, 352f.
Gladel, Paul 338
Glasenapp, Georg von 111, 139
Gneisenau, August Graf Neidhart von 33
Goebbels, Joseph 311, 316, 319, 322
Göring, Hermann 240, 321
Göring, Karl Ernst 240
Götzen, Adolf Graf von 56f., 80, 122
Grandval, Gilbert 337
Grierson, James 65, 68, 69f., 72, 74f.
Groener, Wilhelm 43, 253, 264, 266, 312
Gündell, Erich von 64

Haas, Rudolf de 176, 205, 239
Haldane, Richard 138
Halifax, Edward Lord 323
Hammerstein, Alexander Freiherr von 158, 159, 164f., 174, 356
Hassell, Kai-Uwe von 11, 344, 346f., 350
Hauer, August 184, 194, 199, 204
Hawkins, Edward B. 228f., 232f.
Heinrich, Herzog von Sachen und Bayern („der Löwe") 320
Henderson, Gail Patrick 322
Hergt, Oskar 302
Heyde, von der (Major) 89f.
Himmler, Heinrich 316, 321
Hindenburg, Paul von 11, 34, 196, 246f., 249f., 255, 264-266, 301-304, 306, 311-316, 337, 358
Hinkeldeyn, Joachim 251f., 290, 325, 327
Hinkeldeyn, Karl 251f.
Hinkeldeyn, Peter 251f., 290, 327f.
Hirschfeld, Harald von 263
Hitler, Adolf 255, 311-313, 316-323, 325, 329f., 332, 334, 337
Hochhuth, Rolf 351
Hoffmann, Johannes 337
Hofmann, Heinrich von 265
Hopkins, F. A. 232
Hordern, Charles 159
Hoskins, Reginald 201f., 238

Hülsen-Häseler, Dietrich von 81
Hugenberg, Alfred 301-304, 306
Hughes, Daniel 43f.

Johnson (Askari) 338
Jung, Edgar Julius 299, 303

Kaehler, Siegfried A. 335
Kahr, Gustav Ritter von 316
Kaldenberg (Arbeiter) 288
Kaltmann, Fred 153
Kapp, Wolfgang 266f., 280, 282-286, 288, 290, 301, 306, 344, 350, 359
Kenyatta, Jomo 340
Kepler, Arthur 134, 153, 164, 174
Kern, Fritz 268
Kershaw, Ian 318
Kesselring, Albert 334
Ketteler, Clemens Freiherr von 61
Keudell, Walther von 349
King, Norman 137, 144, 155, 161, 268
King-Hall, Herbert 308
Kitchener, Horatio Lord 101, 164, 177
Koch, Robert 59
Koch, W. H. 110
Köhl, Franz 226f., 240, 344
Kopper, Simon 94
Kraut, Georg 159, 183, 185f., 229, 232, 240, 249, 344

Lambach, Walter 301, 303, 305
Langenn, Erich von 157
Laue, Theodor 316
Lessel, Emil von 62, 65f., 70, 73
Lettow, Hermann von 26, 46
Lettow-Vorbeck, Arnd von (Sohn) 291, 296, 314, 318f., 325, 327f., 359
Lettow-Vorbeck, Arndt von (Bruder) 32, 34-36, 39, 54, 104, 251
Lettow-Vorbeck, Carl von 32
Lettow-Vorbeck, Christine von 32, 315
Lettow-Vorbeck, Elisabeth von 32, 35, 40, 71, 315
Lettow-Vorbeck, Friedrich von 31f., 35f., 39f., 52, 54f., 63, 104, 251, 257, 267, 311, 315
Lettow-Vorbeck, Gerd Wilhelm von 31f., 34, 46, 52
Lettow-Vorbeck, Hans Albrecht von 315
Lettow-Vorbeck, Heloise von 296, 328, 331, 339, 346
Lettow-Vorbeck, Karl Wilhelm von 29
Lettow-Vorbeck, Marie von 30-32, 291, 307, 328
Lettow-Vorbeck, Martha von 251, 290, 323, 325, 327f., 331, 334, 339, 345f., 358
Lettow-Vorbeck, Oskar von 46

Lettow-Vorbeck, Paul Karl (Vater) 29-36, 38-40, 42, 46, 50, 52, 104, 251, 254, 291, 295, 357
Lettow-Vorbeck, Rüdiger von (Onkel) 29
Lettow-Vorbeck, Rüdiger von (Sohn) 291, 296, 314, 318f., 325, 327f., 359
Lettow-Vorbeck, Ruth von 30, 251f., 290, 315, 345
Lettow-Vorbeck, Ursula von 296, 328, 331, 343
Levetzow, Magnus von 288
Leutwein, Theodor 78, 80f., 84f., 96
Liebert, Eduard von 112
Lindemann, Paul 288
Linde-Suden (Hauptmann) 187
Looff, Max 144, 165f., 168, 191f., 203f., 209, 249
Lucke, Rudolf von 290
Ludendorff, Erich 43, 196, 266, 268, 280
Ludwig XIV., König von Frankreich 337
Lübbe, Hermann 336
Lübke, Heinrich 344f.
Lücke, Paul 348
Lüdemann, Hermann 332
Lüderitz, Adolf 12, 78, 295
Lüttwitz, Walther Freiherr von 252, 265f., 277f., 280-288, 290, 301, 306, 350, 359
Lyautey, Hubert 101
Lynecker, Freiherr von 129

MacDonell (Major) 213
Mackensen, August von 247, 264, 314, 326
Maerker, Georg 266
Maharero, Samuel 78, 84, 93f.
Malan, Adolph Gysbert 340
Malinowski, Stefan 315
Mangin, Charles 101
Manstein, Erich von 329, 334
Markert, Richard 314
Marschall von Bieberstein, Freiherr 44
Matthias (Major) 287
Meinertzhagen, Richard 25, 71, 132, 147f., 155, 158f., 168, 173, 183f., 187, 191, 194, 254, 296, 307f., 310, 314, 317f., 324f., 331f., 334f.
Methner, Wilhelm 123
Meyer, Hans 172
Michel, Rudolf 144
Moltke, Helmut von d. Ä. 34, 52, 90
Moltke, Helmut von d. J. 34, 137
Morenga, Jakob 94, 98f.
Mosley, Leonard 345
Müller (Major) 89f.
Müller, Erich 174
Müller, Heinrich 226, 240
Müller, Hermann 300f.
Muhammad V., Sultan des Osmanischen Reiches 150
Muhammad Ahmad („Mahdi“) 125

Nachtigall, Gustav 12
Napoleon I., Kaiser der Franzosen 27, 337
Naumann, Heinrich 227, 240
Needham, J. H. 322
Ney, Michel 337
Nieuwenhuizen, Piet 204f.
Nora, Pierre 13
Northey, Edward 186, 193, 205f., 218, 308
Noske, Gustav 249, 262-266, 272f., 276, 280, 286
Nyerere, Julius 348

Osterhage (Leutnant) 198

Pabst, Waldemar 265f., 280, 288
Papen, Franz von 312, 316
Pasteur, Louis 59
Pavel (Oberstleutnant) 73
Pélissier, René 226
Peters, Carl 12, 88, 125, 347
Pirow, Oswald 309
Pogge von Strandmann, Hartmut 351
Powell, D. H. 309
Puder, Hans 116
Pürschel, Herbert 131

Radbruch, Gustav 288
Rantzau, Christian Graf von 346
Rantzau, Johann Albrecht von 285
Rechenberg, Albrecht Freiherr von 113f., 122-124
Reicke, Georg 249
Reinhardt, Walther 249, 253, 280
Reitzenstein, von (Major) 59
Rentwig, Paul 175:
Rheinbaden, von (Major) 44
Rhode (Oberstleutnant) 40
Ribbentrop, Joachim von 316, 322
Ribbentrop, Wilhelm 281, 284, 289
Rihli, F. G. 188
Ritter, Gerhard 335, 346
Robertson, Brian 332
Roeder, von (Major) 44
Röhm, Ernst 312, 315f.
Röver, Carl 311, 316
Rogge, von (Admiral) 249
Rommel, Erwin 11, 336, 341
Roon, Albrecht von 33
Rosen, Friedrich 246
Rosenberg, von (Oberst) 41
Roßbach, Gerhard 283
Ruckteschell, Walter von 198, 220, 268, 290, 314, 318, 323, 327
Russell, L. A. 232
Rust, Bernhard 313

Salazar, Antonio de Oliveira 341
Sayyid Mohammed Abdille Hassan („Mad Mullah“) 114
Schacht, Hjalmar 321
Scharnhorst, Gerhard 11, 33
Scheidemann, Philipp 249, 265
Schelcher, Geerd 161
Schleicher, Kurt von 264, 312
Schleinitz, Kurt von 114-116, 120, 123, 134, 137, 141
Schlieffen, Alfred Graf von 55, 81, 85f., 95f., 163, 240
Schmidt-Hannover, Otto 306
Schnee, Ada 119
Schnee, Heinrich 15, 51, 54, 119, 123f., 137f., 141-148, 151f., 153, 155f., 161f., 164, 168, 171, 175f., 180-182, 184, 186f., 192f., 197, 203f., 208-210, 215-217, 219f., 225f., 228, 230-233, 236, 239, 246, 249, 260, 270f., 282, 292, 321, 359f.
Schoenaich, Paul Freiherr von 246
Schörner, Ferdinand 263
Schottelius, Justus 294
Schreiner, Hubert 338
Schulz (Oberarzt) 99
Schulze, Hagen 13
Schwabe, Kurd 86, 90, 107
Schwarzhoff, Julius Gross genannt von 64-67, 75, 77
Seldte, Franz 315
Seekt, Hans von 280
Seitz, Theodor 178
Sivkovich, Hans 344
Smith-Dorrien, Horace 183
Smuts, Isie 340
Smuts, Jan 178f., 183-186, 190-193, 196, 201-203, 211f., 237, 307-309, 322, 340
Solf, Wilhelm 113, 124, 135, 137f., 142, 144, 147, 164, 167, 172, 184, 196, 210, 238, 271
Sousa Rosa, Tomas de 213, 219, 221
Spangenberg, Walter 232
Spee, Maximilian Reichsgraf von 160
Spitzemberg, Hildegard Baronin von 63
Stalin, Josef 325
Steiner, Rudolf 34
Steininger, Karl 302
Steltzer, Hans-Georg 12, 347
Strauss, Adolf 318
Strauss, Franz Joseph 344, 346
Stresemann, Gustav 299
Stuemer, Willibald von 173, 203, 218, 224
Styx (Hauptmann) 172

Tafel, Theodor 205, 209f., 210, 240
Taute, Max 204, 223
Thimme, Anneliese 255
Tighe, Michael 238
Tirpitz, Alfred von 109, 135, 223, 268, 297f., 300
Tombeur, Charles 179
Trench, F. J. A. 85, 93, 97
Treviranus, Reinhold 303-305
Trotha, Lothar von 75f., 81f., 84-87, 89-97, 99f., 102, 114, 116, 122, 125, 134, 141, 146, 168, 197, 211, 323
Tse-tung, Mao 242

Vieweg, Karl 197, 204
Viktoria, Deutsche Kaiserin 40

Wahle, Kurt 156, 168, 173, 184, 188f., 204, 249
Waldersee, Alfred Graf von 64, 66-69, 73-75, 77, 79, 331
Waldersee, George Graf von 328
Wapshare, Richard 173, 238
Wartenburg, Johann Graf York zu 12
Weber (Generalmajor) 344
Weizäcker, Ernst von 251, 312, 316, 334
Wendhausen, Albrecht 282, 284
Wendorff, Hugo 284f., 287
Wenig, Richard 175, 232
Werkmeister (Fahnenjunker) 46
Westarp, Kuno Graf 254f., 298, 301-305
Westhaus (Kolonialbeamter) 188
Wilceck, Freiherr von (Oberst) 46
Wildman, B. 323
Wilhelm I., Deutscher Kaiser 31, 40, 42, 254f., 327
Wilhelm II., Deutscher Kaiser 40, 42f., 48, 57, 61f., 64-66, 73, 75f., 78, 87, 100, 104f., 108f., 114, 123, 166, 168, 216, 229, 231, 253-255, 328
Wilson, Woodrow 237
Wintgens, Max 227, 240
Wissmann, Hermann von 12, 122, 125f., 130, 184, 295, 323, 354
Witbooi, Hendrik 94, 97
Wolff, Theodor 250
Wolfheim, Rosi 288

Zechlin, Egmont 346
Zeitzler, Kurt 344
Zelewski, Erich von 132
Zimmermann, Karl 116, 238, 263